D1859061

IFRS Änderungskommentar 2007

Herausgegeben von

Hendrik Vater, Edgar Ernst, Sven Hayn, Liesel Knorr und Peter Mißler

200 Jahre Wiley – Wissen für Generationen

John Wiley & Sons feiert 2007 ein außergewöhnliches Jubiläum: Der Verlag wird 200 Jahre alt. Zugleich blicken wir auf das erste Jahrzehnt des erfolgreichen Zusammenschlusses von John Wiley & Sons mit der VCH Verlagsgesellschaft in Deutschland zurück. Seit Generationen vermitteln beide Verlage die Ergebnisse wissenschaftlicher Forschung und technischer Errungenschaften in der jeweils zeitgemäßen medialen Form.

Jede Generation hat besondere Bedürfnisse und Ziele. Als Charles Wiley 1807 eine kleine Druckerei in Manhattan gründete, hatte seine Generation Aufbruchsmöglichkeiten wie keine zuvor. Wiley half, die neue amerikanische Literatur zu etablieren. Etwa ein halbes Jahrhundert später, während der „zweiten industriellen Revolution" in den Vereinigten Staaten, konzentrierte sich die nächste Generation auf den Aufbau dieser industriellen Zukunft. Wiley bot die notwendigen Fachinformationen für Techniker, Ingenieure und Wissenschaftler. Das ganze 20. Jahrhundert wurde durch die Internationalisierung vieler Beziehungen geprägt – auch Wiley verstärkte seine verlegerischen Aktivitäten und schuf ein internationales Netzwerk, um den Austausch von Ideen, Informationen und Wissen rund um den Globus zu unterstützen.

Wiley begleitete während der vergangenen 200 Jahre jede Generation auf ihrer Reise und fördert heute den weltweit vernetzten Informationsfluss, damit auch die Ansprüche unserer global wirkenden Generation erfüllt werden und sie ihr Ziel erreicht. Immer rascher verändert sich unsere Welt, und es entstehen neue Technologien, die unser Leben und Lernen zum Teil tiefgreifend verändern. Beständig nimmt Wiley diese Herausforderungen an und stellt für Sie das notwendige Wissen bereit, das Sie neue Welten, neue Möglichkeiten und neue Gelegenheiten erschließen lässt.

Generationen kommen und gehen: Aber Sie können sich darauf verlassen, dass Wiley Sie als beständiger und zuverlässiger Partner mit dem notwendigen Wissen versorgt.

William J. Pesce
President and Chief Executive Officer

Peter Booth Wiley
Chairman of the Board

IFRS Änderungskommentar 2007

Herausgegeben von

Hendrik Vater, Edgar Ernst, Sven Hayn, Liesel Knorr und Peter Mißler

WILEY-VCH Verlag GmbH & Co. KGaA

Zitiervorschlag:
Autor in Vater/Ernst/Hayn/Knorr/Mißler (Hrsg.),
IFRS Änderungskommentar 2007, Kommentierung Rz.

1. Auflage 2007

Alle Bücher von Wiley-VCH werden sorgfältig erarbeitet. Dennoch übernehmen Autoren, Herausgeber und Verlag in keinem Fall, einschließlich des vorliegenden Werkes, für die Richtigkeit von Angaben, Hinweisen und Ratschlägen sowie für eventuelle Druckfehler irgendeine Haftung.

Bibliografische Information
Der Deutschen Bibliothek
Die Deutsche Bibliothek verzeichnet diese Publikation in der Deutschen Nationalbibliografie; detaillierte bibliografische Daten sind im Internet über http://dnb.ddb.de abrufbar.

© 2007 WILEY-VCH Verlag GmbH & Co. KGaA, Weinheim

Alle Rechte, insbesondere die der Übersetzung in andere Sprachen, vorbehalten. Kein Teil dieses Buches darf ohne schriftliche Genehmigung des Verlages in irgendeiner Form – durch Photokopie, Mikroverfilmung oder irgendein anderes Verfahren – reproduziert oder in eine von Maschinen, insbesondere von Datenverarbeitungsmaschinen, verwendbare Sprache übertragen oder übersetzt werden. Die Wiedergabe von Warenbezeichnungen, Handelsnamen oder sonstigen Kennzeichen in diesem Buch berechtigt nicht zu der Annahme, dass diese von jedermann frei benutzt werden dürfen. Vielmehr kann es sich auch dann um eingetragene Warenzeichen oder sonstige gesetzlich geschützte Kennzeichen handeln, wenn sie nicht eigens als solche markiert sind.

Printed in the Federal Republic of Germany

Gedruckt auf säurefreiem Papier.

Satz: Kühn & Weyh, Freiburg

Druck und Bindung: Strauss GmbH, Mörlenbach

Wiley Bicentennial Logo: Richard J. Pacifico

Umschlaggestaltung: init GmbH, Bielefeld

ISBN: 978-3-527-50287-5

Geleitwort/Foreword

Globally accepted accounting rules are an indispensable requirement for an effectively functioning global capital market. The IASB is committed to developing, in the public interest, a single set of high quality, understandable and enforceable global accounting standards that require transparent and comparable information in general purpose financial statements. The European Union's adoption of the International Financial Reporting Standards (IFRSs) developed by the International Accounting Standards Board (IASB) ensures that this requirement has been met across Europe which was an important step towards globally accepted accounting principles.

In addition, the IASB co-operates with national accounting standard-setters (e.g. German Accounting Standards Board) to achieve convergence in accounting standards around the world. As of today, over 100 countries currently require or permit the use of, or have a policy of convergence with, IFRSs. At their meetings in April and October 2005, the IASB and the FASB reaffirmed their commitment to the convergence of IFRS and US generally accepted accounting principles (US GAAP). A common set of high quality global standards remains the long-term strategic priority of both the FASB and the IASB. The IASB efforts are to enable the individual national institutions to adopt the standards as their local regulations and to establish the IFRSs as global accounting standards.

Striving for high quality standards and for convergence with national accounting standards continually leads to changes to existing standards, particularly during this transition phase. The IASB is aware that implementing the changes involves much time and organisational effort and it thus attempts to ease the implementation for users, for example by means of transition periods. In order further to accommodate the companies' efforts, the IASB stated that no new standards would become effective before 2009, agreed to allow one year between publication of a standard and its effective date, agreed to publish discussion papers, rather than moving directly to exposure drafts and offered additional public round-table discussions in the near future on key topics on which constituents have expressed particular interest.

This commentary's interesting and new design intends to comment on all (changes to) standards and draft standards, which are to be applied as from the new year on a mandatory or voluntary basis for the first time or are to be approved during this time as IFRSs. I welcome the idea of this publication, which provides users with time saving information regarding the changes and which competently supports users in implementing those changes.

London, July 2007

Sir David Tweedie
Chairman of the International Accounting Standards Board

Vorwort

Nach Inkrafttreten der IAS-Verordnung müssen börsennotierte Unternehmen in Europa seit dem 1. Januar 2005 (bzw. dem 1. Januar 2004 für Vergleichszahlen) ihren Konzernabschluss gemäß internationalen Rechnungslegungsgrundsätzen aufstellen. Dieses für viele Unternehmen einschneidende Ereignis hat jedoch nicht zur Ruhe bei den anzuwendenden Rechnungslegungsprinzipien geführt. Vielmehr unterliegt die IAS/IFRS-Rechnungslegungswelt nach wie vor einem konstant dynamischen Wandlungsprozess. Die Anlässe hierzu sind vielfältig.

Im September 2006 haben sich der IASB und das FASB im Rahmen des Memorandum of Understanding auf eine „Roadmap for Convergence 2006/2008" zwischen den IFRS und den US-GAAP verständigt. Diese Konvergenzbestrebungen finden ihren Ausdruck im „Short-Term-Convergence"-Programm sowie den „Other Convergence Projects", die aus Anwendersicht zu einer Vielzahl von Anpassungen bestehender Rechnungslegungstandards führen werden. Zusätzliche Änderungen ergeben sich aus den Plänen des IASB zur Überarbeitung des Frameworks, dem „Financial Statement Presentation"-Projekt und einer Vielzahl weiterer „regulärer" Standardanpassungen. Das 2006 beschlossene „Annual Improvements Project" sieht zudem vor, einmal jährlich durch einen „Omnibus-Entwurf" weitere kleinere Änderungen bestehender Standards vorzunehmen. Die Veröffentlichung des ersten Änderungsentwurfs ist für Oktober 2007 geplant.

Zwar hat der IASB letztes Jahr eine Stillhaltephase hinsichtlich des In-Kraft-Tretens neuer IFRS verkündigt (sog. „Stable-plattform"). Um den Unternehmen eine Atempause bei der Anwendung neuer Vorschriften zu verschaffen, soll bei neuen IFRS die verpflichtende Anwendung frühestens in 2009 erfolgen. Diese Atempause ist indes auf die Standards beschränkt; Interpretationen sowie die „Annual Improvements" sind von dieser „Erleichterung" ausgenommen. Aus Sicht der Unternehmenspraxis ist aber zu erwarten, dass viele Unternehmen bereits vor 2009 von der Möglichkeit der freiwilligen Anwendung der neuen Standards Gebrauch machen werden, sofern die neuen Standards zu den jeweiligen Aufstellungszeitpunkten seitens der Europäischen Union übernommen wurden. De facto müssen sich Anwender und Prüfer nach wie vor vielfältigen Änderungen stellen.

Das Konzept dieses neuen Kommentars zur Rechnungslegung nach IFRS greift diese Entwicklungen auf. Im Gegensatz zu anderen Kommentaren steht nicht das Gesamtwerk der IFRS im Fokus. Ziel des Änderungskommentars ist es vielmehr, jährlich Änderungen und Neuerungen praxisgerecht zu kommentieren. In diesem Sinne umfasst die Kommentierung

- die im Vorjahr neu verabschiedeten (Ergänzungen bestehender) IFRS, die im Berichtsjahr 2007 erstmals freiwillig oder verpflichtend anzuwenden sind, sowie
- alle Standardentwürfe, die aller Voraussicht nach im Geschäftsjahr 2007 als IFRS oder als Ergänzung zu bestehenden IFRS verabschiedet werden.

Weiterer Bestandteil des Kommentars sind alle Entwürfe von Interpretationen, die aller Voraussicht nach in 2007 als IFRIC verabschiedet werden, sowie die bereits verabschiedeten IFRIC, die wiederum erstmals freiwillig oder verpflichtend anzuwenden sind. Erstmals werden auch die vom IFRIC veröffentlichten „Agenda Decisions" („Non-Interpretations") kommentiert dargestellt. Ergänzend werden wichtige Positionspapiere kommentiert.

Die einzelnen Kommentierungen bleiben im jährlich neu erscheinenden Band des Änderungskommentars bis zum Jahr der erstmaligen Anwendung enthalten. Unternehmen im Anwendungsbereich der IAS-Verordnung dürfen neue Standards und Interpretationen indes erst nach Abschluss des Endorsement-Verfahrens anwenden. Aus diesem Grund umfasst der Änderungskommentar alle Kommentierungen bis zum Abschluss der erstmaligen verpflichtenden Anwendung nach der Anerkennung durch die Europäische Kommission.

Der Änderungskommentar soll dem Leser so die Möglichkeit bieten, sich sowohl einen Gesamtüberblick als auch einen Überblick über einzelne Neuerungen verschaffen zu können. Gleichsam ist der Änderungskommentar ein Kommentar aus der Praxis für die Praxis.

Trotz des nachhaltig dynamischen Umfelds und aller mit einer solchen Erstauflage verbundenen redaktionellen Herausforderungen bedarf auch ein Änderungskommentar eines Redaktionsschlusses. In diesem Sinne sind alle Beiträge auf dem Stand 1. März 2007.

Wir hoffen, mit diesem neuen Konzept einen Beitrag für die Anwendung der Bilanzierung nach IFRS leisten zu können.

Unser besonderer Dank gilt Frau Juliane Jost, Deutsche Post AG, und Herrn Markus Wester vom Verlag Wiley-VCH für ihre tatkräftige Unterstützung bei der Erstellung dieses Werks.

Bonn – Berlin – Hamburg, im März 2007

Dr. Hendrik Vater
Prof. Dr. Edgar Ernst
Prof. Dr. Sven Hayn
Liesel Knorr
Peter Mißler

Inhaltsübersicht

Herausgeberverzeichnis

Professor Dr. Edgar Ernst
Finanzvorstand Deutsche Post AG,
Bonn

Professor Dr. Sven Hayn
Partner, National Office AABS, Leiter des IFRS Area Desk für Zentraleuropa, Ernst & Young AG, Hamburg

Liesel Knorr
Präsidentin des Deutschen Standardisierungsrates (DSR), Berlin

Peter Mißler
Executive Vice President, Corporate Accounting and Controlling, Deutsche Post AG, Bonn

Dr. Hendrik Vater
Director, Leiter Vorstandsstab Finanzen,
Deutsche Post AG, Bonn

Autorenverzeichnis

Dr. Manuel Alvarez
Leiter Konzernbilanzierung, CLAAS KGaA mbh, Harsewinkel

Kati Beiersdorf
Projektmanagerin, DRSC e.V., Berlin

Hans-Kurt Bergheimer
Abteilungsleiter Bilanzen, Bilfinger Berger AG, Mannheim

Ulf Blaum
Partner, National Office AABS, Accounting, Ernst & Young AG, Stuttgart

Michael Brücks
Leiter Fachbereich Grundsätze und Methoden, Konzernrechnungswesen und -controlling, Deutsche Telekom AG, Bonn

Dr. Nils Crasselt
Lehrstuhl für Internationale Unternehmensrechnung, Ruhr-Universität Bochum

Dr. Sven Diehm
Fachbereich Grundsätze und Methoden, Konzernrechnungswesen und -controlling, Deutsche Telekom AG, Bonn

Rolf Funk
Direktor, Leiter Corporate Accounting & Reporting, Bayer AG, Leverkusen

Dr. Jörg-Markus Hitz
Seminar für Allgemeine BWL und für Wirtschaftsprüfung, Treuhandseminar, Universität zu Köln

Dr. Christoph Hütten
Chief Accounting Officer, Head of Corporate Financial Reporting, SAP AG, Walldorf

Dirk Jödicke
Lehrstuhl für Internationale Unternehmensrechnung, Ruhr-Universität Bochum

Professor Dr. Rainer Kasperzak
Lehrstuhl für Rechnungslegung, Technische Universität Berlin

Guido Kerkhoff
Leiter Zentralbereich Konzernrechnungswesen und -controlling, Deutsche Telekom AG, Bonn

Professor Dr. Hanno Kirsch
Professor für controllingorientierte Unternehmensrechnung und internationale Rechnungslegung, Fachhochschule Westküste

Robert Köthner
Chief Accounting Officer, DaimlerChrysler AG, Stuttgart

Dr. Britta Leippe
Leiterin IFRS Competence Center, RWE AG, Essen

Solvy Mayr
Managerin National Office AABS, Mitglied des IFRS Area Desk (Zentraleuropa), Ernst & Young AG, Hamburg

Dr. Isabell Nehmeyer-Srocke
Corporate Financial Reporting, SAP AG, Walldorf

Thomas Oversberg
European Financial Reporting Advisory Group (EFRAG), Brüssel

Professor Dr. Bernhard Pellens
Lehrstuhl für Internationale Unternehmensrechnung, Ruhr-Universität Bochum

Fred Riedel
Leiter Konzernrechnungswesen, RWE AG, Essen

Andrea Schmidt
Financial Analyst, DaimlerChrysler Financial Services AG, Berlin

Dr. Stefan Schreiber
Technical Director, DRSC e.V., Berlin

Carsten Schween
Manager Accounting Methods & Policies, DaimlerChrysler Financial Services AG, Berlin

Dr. Jürgen Spanheimer
Head of IFRS Accounting Policies, Siemens AG, München

Dr. Jürgen Stauber
Fachbereich Grundsätze und Methoden, Konzernrechnungswesen und -controlling, Deutsche Telekom AG, Bonn

Nicolas Träbert
Vorstandsassistent Ressort Finanzen, Deutsche Post AG, Bonn

Die in den Einzelbeiträgen geäußerte Meinung repräsentiert die Auffassung des jeweiligen Autors und muss nicht zwangsläufig mit der Auffassung der Herausgeber oder der übrigen Autoren übereinstimmen.

Abkürzungsverzeichnis

A

a. A.	anderer Ansicht
AABS	Assurance & Advisory Business Solutions
Abb.	Abbildung
ABl. EG	Amtsblatt der EG
Abs.	Absatz
Abschn.	Abschnitt
abzgl.	abzüglich
ADS	Adler/Düring/Schmalz
a. F.	alte Fassung
AfA	Absetzung für Abnutzung
AfS	Available-for-Sale Financial assets
AG	Aktiengesellschaft(en), Application Guidance
AktG	Aktiengesetz
Allg. M.	Allgemeine Meinung
amend	amended
ARC	Accounting Regulatory Committee
Art.	Artikel
ASB	Accounting Standards Board
Aufl.	Auflage

B

BaFin	Bundesanstalt für Finanzdienstleistungsaufsicht
BAnz.	Bundesanzeiger
BB	Betriebs-Berater (Zeitschrift)
BBK	Buchführung, Bilanz und Kostenrechnung (Zeitschrift)
BC	Basis for Conclusions
Bd.	Band
BDA	Bundesvereinigung der Deutschen Arbeitgeberverbände
BDI	Bundesverband der Deutschen Industrie
Beck Bil-Komm.	Beck'scher Bilanzkommentar
Beck HdR	Beck'sches Handbuch der Rechnungslegung
Beil.	Beilage
BFH	Bundesfinanzhof
BFuP	Betriebswirtschaftliche Forschung und Praxis (Zeitschrift)
BGBl.	Bundesgesetzblatt
BilReG	Bilanzrechtsreformgesetz
BMJ	Bundesministerium der Justiz
Buchst.	Buchstabe
BuW	Betrieb und Wirtschaft (Zeitschrift)
BWL	Betriebswirtschaftslehre
bzw.	beziehungsweise

C

ca.	circa
CEBS	Committee of European Banking Supervisors
CEO	Chief Executive Officer
CESR	Committee of European Securities Regulators
CFA	Centre for Financial Market
CON	Concepts Statement
COO	Chief Operating Officer

D

DAX	Deutscher Aktienindex
DB	Der Betrieb (Zeitschrift)
DBW	Die Betriebswirtschaft (Zeitschrift)
DCGK	Deutscher Corporate Governance Kodex
d. h.	das heißt
DIHK	Deutscher Industrie- und Handelskammertag
Diss.	Dissertation
DP	Discussion Paper
DRS	Deutscher Rechnungslegung Standard
DRSC	Deutsches Rechnungslegungs Standards Committee
DSGV	Deutscher Sparkassen und Giroverband
DSR	Deutscher Standardisierungsrat
DStR	Deutsches Steuerrecht (Zeitschrift)

E

€	Euro
E	Entwurf
EBIT	Earnings before Interest and Taxes
EBITDA	Earnings before Interest, Taxes, Depreciation and Amortization
ED	Exposure Draft
EFRAG	European Financial Reporting Advisory Group
EG	Europäische Gemeinschaft
einschl.	einschließlich

EITF	Emerging Issues Task Force
EStG	Einkommensteuergesetz
EStR	Einkommensteuerrichtlinie
etc.	et cetera
EU	Europäische Union
EUR	Euro
e. V.	eingetragener Verein
evtl.	eventuell
EWG	Europäische Wirtschaftsgemeinschaft
F	
F	Rahmenkonzept (Framework)
f.	folgend
FAFVPL	Financial Assets at Fair Value through Profit or Loss
FASB	Financial Accounting Standards Board
FB	Finanzbetrieb (Zeitschrift)
FEE	Fédération de Experts Comptables Européens
ff.	fortfolgende
FIN	FASB Interpretation
FLAC	Financial Liabilities measured at Amortised Cost
FLFVPL	Financial Liabilities at Fair Value through Profit or Loss
Fn.	Fußnote
FN-IDW	Fachnachrichten des Instituts der Wirtschaftsprüfer (Zeitschrift)
FS	Festschrift
FTSE	Financial Times Stock Exchange
FVPL	Fair Value through Profit or Loss
G	
GAAP	Generally Accepted Accounting Principles
GDV	Gesamtverband der Deutschen Versicherungswirtschaft
GE	Geldeinheit
GEFIU	Gesellschaft für Finanzwirtschaft in der Unternehmensführung
gem.	gemäß
GewStG	Gewerbesteuergesetz
ggf.	gegebenenfalls
gl. A.	gleicher Ansicht
GmbH	Gesellschaft(en) mit beschränkter Haftung
GoB	Grundsätze ordnungsmäßiger Buchführung
GuV	Gewinn- und Verlustrechnung
H	
h. A.	herrschende Ansicht
HFA	Hauptfachausschuss
HGB	Handelsgesetzbuch
h. M.	herrschende Meinung
Hrsg.	Herausgeber
HtM	Held-to-Maturity Investments
I	
IAS	International Accounting Standards
IASB	International Accounting Standards Board
IASC	International Accounting Standards Committee
i. Br.	im Breisgau
i. d. F.	in der Fassung
i. d. R.	in der Regel
IDW	Institut der Wirtschaftsprüfer in Deutschland e.V.
IFAC	International Federation of Accountants
IfM	Institut für Mittelstandsforschung
IFRIC	International Financial Reporting Interpretations Committee
IFRS	International Financial Reporting Standards
IG	Implementation Guidance
i. H. v.	in Höhe von
inkl.	inklusive
IOSCO	International Organization of Securities Commissions
IPSASB	International Public Sector Accounting Standards Board
i. R. d.	im Rahmen der/im Rahmen des
IRZ	Zeitschrift für Internationale Rechnungslegung (Zeitschrift)
i. S. d.	im Sinne des/der
i. S. v.	im Sinne von
IStAR	International Standard-Setting Report
i. V. m.	in Verbindung mit
K	
Kap.	Kapitel
KG	Kommanditgesellschaft
KGaA	Kommanditgesellschaft auf Aktien
Km	Kilometer
KMU	Kleine und mittlere Unternehmen

KonTraG	Gesetz zur Kontrolle und Transparenz im Unternehmensbereich
KoR	Zeitschrift für kapitalmarktorientierte Rechnungslegung (Zeitschrift)
krp	Kostenrechnungspraxis (Zeitschrift)
L	
LaR	Loans and Receivables
lt.	laut
M	
max.	maximal
MC	Management Commentary
MD&A	Management's Discussion and Analysis
m. E.	meines Erachtens
MEV	Mindesteinzahlungsverpflichtung
mind.	mindestens
Mio.	Millionen
m. w. N.	mit weiteren Nachweisen
N	
n. F.	neue Fassung
NI	Nicht-Interpretation (Non-Interpretation des IFRIC)
No.	Number
Nr.	Nummer
O	
o.	oder
o. a.	oben angeführt
o. Ä.	oder Ähnliches
OFR	Operating and Financial Review and Prospects
o. g.	oben genannt
o. V.	ohne Verfasser
P	
P	Preface
p. a.	per annum
Par., §	Paragraph
PH	Prüfungshinweis
PiR	Praxis der internationalen Rechnungslegung (Zeitschrift)
POB	Public Oversight Board
PS	Prüfungsstandard
Q	
QC	Questionable Content
R	
Rev.	Revised
RH	Rechnungslegungshinweis
RIC	Rechnungslegungs Interpretations Committee
RL	Richtlinie
RS	Stellungnahme zur Rechnungslegung
Rz.	Randziffer
S	
S.	Seite
s.	siehe
SAC	Standards Advisory Council
SEC	Securities and Exchange Commission
SFAS	Statement of Financial Accounting Standards
SG-AKEU	Schmalenbachgesellschaft-Arbeitskreis Externe Unternehmensrechnung
SIC	Standing Interpretations Committee
SME	Small and Medium-sized Entities
SN	Stellungnahme
s. o.	siehe oben
sog.	sogenannt(er)
StuB	Steuer und Bilanzen (Zeitschrift)
s. u.	siehe unten
T	
Teils.	Teilsatz
TUG	Transparenzrichtlinien-Umsetzungsgesetz
U	
u. a.	und andere; unter anderem
u. Ä.	und Ähnliches
u. E.	unseres Erachtens
UK	United Kingdom
UMTS	Universal Mobile Telecommunications System
UNICE	Union des Confėderations de l'Industrie et des Employeurs d'Europe
US	United States
USA	United States of America

USD	US Dollar
US-GAAP	United States-Generally Accepted Accounting Principles
usw.	und so weiter
u. U.	unter Umständen

V

v.	vom
v. a.	vor allem
vgl.	vergleiche
VÖB	Bundesverband öffentlicher Banken Deutschlands
VorstOG	Vorstandsvergütungs-Offenlegungsgesetz

W

WPg	Die Wirtschaftsprüfung (Zeitschrift)
WpHG	Wertpapierhandelsgesetz
WpÜG	Wertpapiererwerbs- und Übernahmegesetz

Z

z. B.	zum Beispiel
Zfbf	Zeitschrift für betriebswirtschaftliche Forschung (Zeitschrift)
ZfCM	Zeitschrift für Controlling & Management (Zeitschrift)
z. T.	zum Teil
zz.	zurzeit
zzgl.	zuzüglich

IFRS 7 – Financial Instruments: Disclosures

Bearbeitet von:
Guido Kerkhoff und Jürgen Stauber

Inhalt

Schrifttum

Bonin, Finanzinstrumente im IFRS-Abschluss – Planung grundlegender Neuerungen der Angabepflichten durch ED 7 Financial Instruments: Disclosures, DB 2004, S. 1569;

Brücks/Kerkhoff/Stauber, IFRS 7: Darstellung und Umsetzungsaspekte (Teil 1 und 2), Der Konzern 2006, S. 363 und S. 423;

Buchheim/Schmidt, IFRS 7: Angaben zu Finanzinstrumenten – Darstellung und Würdigung, KoR 2005, S. 397;

Eckes/Sittmann-Haury, ED IFRS 7 „Financial Instruments: Disclosures" – Offenlegungsvorschriften für Finanzinstrumente und Auswirkungen aus der Ablösung von IAS 30 für Kreditinstitute, WPg 2004, S. 1195;

Eckes/Sittmann-Haury, Die neuen Offenlegungsvorschriften zu Finanzinstrumenten nach IFRS 7 und zum Kapital nach IAS 1 – Aussagekraft und Implikationen für die Praxis, WPg 2006, S. 425;

Erdmann/Wünsch/Gommlich, IFRS 7 Financial Instruments: Disclosures, KoR 2007, S. 293;

Ernst & Young (Hrsg.), International GAAP 2007, London, 2. Aufl. 2006;

Flintrop, Anlage III: IFRS 7, in Bohl/Riese/Schlüter (Hrsg.), Beck'sches IFRS-Handbuch, München, 2. Aufl. 2006, S. 1295;

Kehm, Offenlegung von Finanzinstrumenten, in Löw (Hrsg.), Rechnungslegung für Banken nach IFRS, Wiesbaden, 2. Aufl. 2005, S. 607;

KPMG (Hrsg.), Offenlegung von Finanzinstrumenten und Risikoberichterstattung nach IFRS 7, Stuttgart 2007;

Kuhn/Paa, Neue Offenlegungsvorschriften nach IFRS 7 Financial Instruments: Disclosures sowie geänderte Angabepflichten zum Kapital nach IAS 1, DB 2005, S. 1977;

Kuhn/Scharpf, Rechnungslegung von Financial Instruments nach IFRS, Stuttgart, 3. Aufl. 2006;

Löw, IFRS 7 – Financial Instruments: Disclosures, WPg 2005, S. 1337;

Löw, Neue Offenlegungsanforderungen zu Finanzinstrumenten und Risikoberichterstattung nach IFRS 7, BB 2005, S. 2175;

Löw, Ausweisfragen in Bilanz und Gewinn- und Verlustrechnung bei Financial Instruments, KoR 2006, Beil. 1;

Scharpf, IFRS 7 Financial Instruments: Disclosures, KoR 2006, Beil. 2.

A. Gegenstand und Relevanz

I. Inhalt

1 *IFRS 7 – Finanzinstrumente: Angaben* („Financial Instruments: Disclosures") wurde im August 2005 veröffentlicht und mit Verordnung der Europäischen Kommission Nr. 108 im Januar 2006 in europäisches Recht übernommen.[1] Der Standard enthält **branchenunabhängige Angabepflichten zu Finanzinstrumenten**, die primär nach *IAS 39 – Finanzinstrumente: Ansatz und Bewertung* („Financial Instruments: Recognition and Measurement") anzusetzen sind, sowie zu solchen, die nicht in der Bilanz angesetzt werden.

2 Neben dem **Standardtext** (inklusive Begründung für die Einführung und einer Zusammenfassung der wesentlichen Vorschriften) wird IFRS 7 um vier Anhänge ergänzt: Anhang A enthält **Begriffsbestimmungen** („Defined Terms"); Anhang B umfasst die **Anwendungsleitlinien** („Application Guidance"; AG); Anhang C thematisiert Änderungen, die sich durch IFRS 7 in anderen Standards ergeben; Anhang D enthält Änderungen für den Fall, dass zwar IFRS 7, nicht jedoch die neuen Regeln zur Nutzung des Wahlrechts der Bewertung von Finanzinstrumenten zum beizulegenden Zeitwert (Fair-Value-Option) vor dem 1.1.2006 angewandt wurden. Standardtext und Anhänge sind integrale Bestandteile von IFRS 7 und wurden damit im EU-Übernahmeprozess berücksichtigt.

---

1) Die amtliche deutsche Übersetzung von IFRS 7 weist gravierende Fehler auf und ist teilweise missverständlich, vgl. hierzu an vielen Stellen Scharpf, KoR 2006, Beil. 2 bzw. Kuhn/Scharpf, S. 583-682; bei den folgenden Ausführungen wird daher im Zweifel die englischsprachige Originalfassung des IASB herangezogen.

Ferner hat das IASB zu IFRS 7 **Implementierungshinweise** („Guidance on Implementing"; IG) sowie die **Grundlagen für die Schlussfolgerungen** („Basis for Conclusions"; BC) veröffentlicht. Diese sind zwar nicht Bestandteil des Standards und haben somit streng genommen keine EU-Rechtswirkung, müssen aber bei Anwendung der einzelnen Vorschriften des IFRS 7 grundsätzlich beachtet werden. 3

II. Bedeutung

Bilanzierungs- und Offenlegungsvorschriften zu Finanzinstrumenten sind zunächst für Finanzdienstleistungsunternehmen wie Banken, Vermögensverwalter, Versicherungen etc. (im Folgenden pauschal als „Banken" bezeichnet) von besonderer Relevanz. IFRS 7 sowie den entsprechenden Rechnungslegungsstandards (→ Rz. 12) wird aber **auch zunehmend Bedeutung für Nicht-Banken** beigemessen, da auch derartige Unternehmen originäre finanzielle Vermögenswerte und Schulden (z. B. Forderungen/Verbindlichkeiten aus Lieferungen und Leistungen oder aus Finanzierungsleasingverhältnissen, Verbindlichkeiten aus Kreditaufnahmen, Anleiheschulden) in wesentlichem Umfang bilanzieren und zudem derivative Finanzinstrumente zur Absicherung von Risiken einsetzten. 4

Nicht-Banken werden bei der Umsetzung von IFRS 7 ggf. vor große Herausforderungen gestellt, da von ihnen zukünftig mehr Informationen verlangt werden und bei ihnen – im Gegensatz zu Banken – die benötigten Erhebungs- und Aufbereitungssysteme nicht bereits für Steuerungs- und Reportingzwecke vorhanden sind.[2] IFRS 7 könnte demnach auch **starken Einfluss auf die internen Risikomanagementsysteme von Nicht-Banken** nehmen. 5

Es obliegt dem Unternehmen, in welchem **Umfang bzw. Detaillierungsgrad** es den in IFRS 7 verlangten Angaben nachkommt, welche Schwerpunkte in Bezug auf die verschiedenen Anforderungsaspekte gelegt bzw. wie die Informationen zusammengefasst werden; hierbei hat der Abschlussersteller letztlich ein Gesamtbild darzustellen, das sich am Nutzen für die Adressaten orientiert (IFRS 7.B3). Somit existiert bezüglich des Bereitstellungsumfangs ein **besonderer Wesentlichkeitsgrundsatz**,[3] wobei auch die allgemeine Vorschrift des IAS 1 bestehen bleibt, der zufolge eine Angabe in einem Standard nicht zwingend erforderlich ist, sofern die Informationen nicht wesentlich sind (IFRS 7.IG3, 7.IG4; IAS 1.11, 1.12; IAS 1.29-1.31). 6

III. Anwendungsbereich

IFRS 7 ist verpflichtend anzuwenden für **Geschäftsjahre, die am oder nach dem 1.1.2007 beginnen** (IFRS 7.43). Eine frühere Anwendung wird empfohlen,[4] ist aber für jährliche Berichtsperioden, die am oder nach dem 1.1.2006 begonnen haben, nicht mehr mit Erleichterungsmöglichkeiten verbunden (IFRS 1.36C; IFRS 7.44; IFRS 7.IG41). 7

Die Regelungen des IFRS 7 sind branchenunabhängig für alle Arten von Finanzinstrumenten relevant, sofern diese nicht ausdrücklich vom Standard ausgenommen sind (→ Rz. 11). IFRS 7 findet zunächst Anwendung auf alle **„klassisch" nach IAS 39 bilanzierten Finanzinstrumente**, d. h. solche, die erstmalig zum beizulegenden Zeitwert angesetzt und in der Folge entsprechend der Zuordnung zu Bewertungskategorien (→ Rz. 29) bewertet werden. Hierzu zählen auch Verträge zum Kauf oder Verkauf nicht-finanzieller Posten nach IAS 39.5-39.7 (IFRS 7.5), die durch Ausgleich in bar oder durch andere Finanzinstrumente erfüllbar sind (z. B. Warentermingeschäfte, Termingeschäfte auf Strom), und bei denen es sich nicht um Verträge zum Zweck des Empfangs oder Verkaufs eines nicht-finanziellen Postens gem. dem erwarteten Einkaufs-, Verkaufs- oder Nutzungsbedarf des Unternehmens („own use contracts") handelt. 8

---

2) Vgl. dazu Eckes/Sittmann-Haury, WPg 2004, S. 1201; Bonin, DB 2004, S. 1573; Kuhn/Paa, DB 2005, S. 1983; Buchheim/Schmidt, KoR 2005, S. 407; Löw, BB 2005, S. 2181; Flintrop in Beck'sches IFRS-Handbuch, Anlage III, Rz. 5; KPMG, S. 6 f. Für eine Darstellung ausgewählter Umsetzungsbeispiele vgl. Erdmann/Wünsch/Gommlich, KoR 2007, S. 293.

3) Vgl. Scharpf, KoR 2006, Beil. 2, S. 7.

4) IFRS 7 für den Konzernabschluss 2005 freiwillig angewandt haben etwa Danske Bank, HSBC Bank, Deutsche Telekom, Fiat.

9 Ferner ist IFRS 7 anzuwenden auf finanzielle Vermögenswerte und Schulden, deren **Bilanzierung nach IAS 39 anhand von Sondervorschriften** erfolgt; darunter fallen etwa:

- Finanzderivate, die in eine bilanzielle Sicherungsbeziehung eingebunden sind;
- bestimmte Kreditzusagen, die in IAS 39.4 aufgeführt werden;
- begebene finanzielle Garantieverträge (Finanzgarantien) i. S. d. IAS 39.9, auf die nicht IFRS 4 angewandt wird.

10 Schließlich muss IFRS 7 auch auf (primär) **nach anderen Standards bilanzierte Finanzinstrumente** wie insbesondere Forderungen/Verbindlichkeiten aus Finanzierungsleasingverhältnissen[5] und auf **bestimmte nicht-bilanzwirksame Finanzinstrumente** angewandt werden (IFRS 7.4). Zu Letzteren zählen z. B. Kreditzusagen und Finanzgarantien, die nicht in IAS 39.4 aufgeführt sind bzw. nicht die Definitionsmerkmale des IAS 39.9 erfüllen, auf welche jedoch die in *IAS 32 – Finanzinstrumente: Darstellung* („Financial Instruments: Presentation") enthaltenen Definitionsmerkmale eines Finanzinstruments zutreffen.

11 Ausdrücklich **vom Anwendungsbereich des IFRS 7 ausgenommen** sind folgende Sachverhalte (IFRS 7.3):

- Anteile an Tochterunternehmen, assoziierten Unternehmen und Joint Ventures, die gem. IAS 27, IAS 28 oder IAS 31 bilanziert werden;
- Rechte und Verpflichtungen eines Arbeitgebers aus Altersversorgungsplänen, welche in den Anwendungsbereich von IAS 19 fallen;
- Anteile des Erwerbers bei Verträgen mit bedingter Gegenleistung im Rahmen eines Unternehmenszusammenschlusses, die nach IFRS 3 bilanziert werden;
- Versicherungsverträge gem. IFRS 4;
- Finanzinstrumente, Verträge und Verpflichtungen im Zusammenhang mit anteilbasierten Vergütungen, die unter den Anwendungsbereich von IFRS 2 fallen.

IV. Regelungszusammenhänge

12 Die Vorschriften des IFRS 7, dem ED 7 voran ging, **ergänzen die Regeln zu Ansatz, Bewertung und Ausweis** von finanziellen Vermögenswerten und finanziellen Verbindlichkeiten in IAS 32 und IAS 39 (IFRS 7.2). Bislang befanden sich die für alle Unternehmen gültigen Angabepflichten zu Finanzinstrumenten in IAS 32; dieser enthält in der Neufassung ausschließlich Definitionen und Ausweisregeln. Ferner existierten mit *IAS 30 – Angaben im Abschluss von Banken und ähnlichen Finanzinstitutionen* („Disclosures in the Financial Statements of Banks and Similar Financial Institutions") bankspezifische Offenlegungsvorschriften, die durch IFRS 7 ersetzt werden (IFRS 7.45).

13 Im Vergleich zu den noch in IAS 32 enthaltenen Angabepflichten sind die Vorschriften zur Bilanz, zur GuV und zum Eigenkapital sowie die weiteren Angabevorgaben (zu Ansatz- und Bewertungsmethoden, bilanziellen Sicherungsbeziehungen, beizulegenden Zeitwerten) mit IFRS 7 weitgehend gleich geblieben; die Regelungen zur Risikoberichterstattung wurden vollständig neu konzipiert.[6]

14 **Zusätzliche Anforderungen zur Bilanz** ergeben sich lediglich durch Angabe(n)

- der Buchwerte aller Bewertungskategorien (→ Rz. 29);
- im Fall der Nutzung der Fair-Value-Option (→ Rz. 33-35);
- zum Wertberichtigungskonto für Kreditausfälle (→ Rz. 53).

15 Als wesentliche Neuerung bei den Angaben **zur GuV/zum Eigenkapital** wird nach IFRS 7 im Gegensatz zu IAS 32 die Angabe der Nettogewinne/-verluste nach Bewertungskategorien (→ Rz. 64) verlangt.

16 Bezüglich der **weiteren Angaben** sind im Vergleich zu den vorherigen Anforderungen folgende wesentliche Änderungen zu verzeichnen:

---

5) Deren Ansatz und Bewertung erfolgt zwar in erster Linie nach IAS 17, die Regelungen des IAS 39 kommen jedoch hinsichtlich Ausbuchungen und Wertminderungen zur Anwendung, vgl. IAS 39.2 (b).

6) Für eine detaillierte Analyse der Unterschiede zu IAS 32 und ED 7 vgl. Brücks/Kerkhoff/Stauber, Der Konzern 2006, S. 363, 423.

- Angaben zu Ansatz- und Bewertungsmethoden (zum Wertberichtigungskonto für Kreditausfälle, zur Zusammensetzung von Zinserträgen/-aufwendungen, zu den Bestimmungskriterien von Wertminderungsaufwendungen, zu neuverhandelten finanziellen Vermögenswerten) (→ Rz. 76);
- Angabe der Gewinne/Verluste aus Grund- und Sicherungsgeschäften bei Absicherungen von beizulegenden Zeitwerten sowie aus Ineffektivitäten bei Absicherungen von Zahlungsströmen und bei Absicherungen von Nettoinvestitionen in ausländische Geschäftsbetriebe (→ Rz. 80);
- Angaben zu Unterschieden zwischen beizulegendem Zeitwert und Transaktionspreis (→ Rz. 90).

Im Rahmen der Vorschriften zur Darstellung von **Risiken** aus Finanzinstrumenten (Ausfall-, Liquiditäts- und Marktrisiken) sind insbesondere folgende quantitativen Angabepflichten hinzugekommen: 17

- Angabe einer Überfälligkeitsanalyse der in Zahlungsverzug befindlichen finanziellen Vermögenswerte (→ Rz. 110);
- Angabe einer Fälligkeitsanalyse für finanzielle Verbindlichkeiten (→ Rz. 115);
- Angabe von Sensitivitätsanalysen für jede Marktrisikoart, der das Unternehmen ausgesetzt ist (→ Rz. 123, 135).

V. Definitionen

Neben Angabepflichten zu individuellen Gegebenheiten (z. B. zur Anwendung der Fair-Value-Option) und solchen, die sich auf alle (jeweils) betroffenen Finanzinstrumente beziehen (etwa Angaben zu Ansatz- und Bewertungsmethoden), enthält IFRS 7 **mehrheitlich Berichterstattungsvorgaben bezüglich zu Gruppen zusammengefassten Finanzinstrumenten.** 18

Vielfach stellt der Standard bei der Gruppierung auf **Klassen** von Finanzinstrumenten ab, die sich grundsätzlich von den Bewertungskategorien des IAS 39 (→ Rz. 29) unterscheiden (IFRS 7.B1). Die Klassenbildung ist dergestalt vorzunehmen, dass den unterschiedlichen Arten der anzugebenden Informationen Rechnung getragen wird und die Charakteristika dieser Finanzinstrumente berücksichtigt werden. Ferner muss eine Überleitungsrechnung zu den in der Bilanz ausgewiesenen Posten möglich sein (IFRS 7.6). 19

IFRS 7 konkretisiert nicht weiter, wie die Klassen zu bestimmen sind; es ist lediglich Folgendes zu beachten (IFRS 7.B2): 20

- Das Unternehmen muss mindestens danach unterscheiden, ob die Finanzinstrumente zum **beizulegenden Zeitwert** oder zu **fortgeführten Anschaffungskosten** bewertet werden.
- Finanzinstrumente, die **nicht im Anwendungsbereich von IFRS 7** liegen (→ Rz. 11), soll man einer oder mehreren **gesonderten Klasse(n)** zuordnen.
- Letztgenannte Gruppierungsvorschrift erscheint widersprüchlich: Einerseits werden bestimmte Finanzinstrumente vom Anwendungsbereich ausgenommen, andererseits soll man diese in gesonderten Klassen darstellen. Insofern wird hier der Ansicht von *Kuhn/Scharpf* zugestimmt, wonach den Bestimmungen des IFRS 7.3 grundsätzlich der Vorzug zu geben ist.[7)]

Wesentliche in IFRS 7 vorkommende **Begriffe** werden im **Anhang A** definiert. Hierbei handelt es sich hauptsächlich um Konkretisierungen der diversen im Standard enthaltenen Risiko-Begriffe; ferner wird dort aufgeführt, was unter einer Darlehensverbindlichkeit („loans payable") sowie unter dem Terminus „überfällig" („past due") zu verstehen ist. 21

Das **Kreditrisiko** („credit risk", auch Ausfallrisiko) stellt das Risiko dar, dass eine Partei eines Finanzinstruments der anderen Partei einen finanziellen Verlust verursacht, indem sie einer Verpflichtung nicht nachkommt. 22

Als **Liquiditätsrisiko** („liquidity risk", auch Refinanzierungsrisiko) wird das Risiko bezeichnet, dass ein Unternehmen Schwierigkeiten bei der Erfüllung seiner sich aus den finanziellen Verbindlichkeiten ergebenden Verpflichtungen hat. 23

Unter **Marktrisiko** („market risk") versteht man IFRS 7 zufolge das Risiko, dass der beizulegende Zeitwert oder künftige Cashflows eines Finanzinstruments auf Grund von Änderungen der Marktpreise schwanken. Zum Marktrisiko zählen die drei folgenden Risikotypen: 24

---

7) Vgl. Kuhn/Scharpf, Rz. 4045.

- **Wechselkursrisiko** („currency risk“, auch Währungsrisiko): Risiko, dass der beizulegende Zeitwert oder künftige Cashflows eines Finanzinstruments auf Grund von Wechselkursschwankungen schwanken;
- **Zinsrisiko** („interest rate risk“): Risiko, dass der beizulegende Zeitwert oder künftige Cashflows eines Finanzinstruments auf Grund von Änderungen des Marktzinssatzes schwanken;
- **sonstiges Preisrisiko** („other price risk“): Risiko, dass der beizulegende Zeitwert oder künftige Cashflows eines Finanzinstruments auf Grund von Änderungen der Marktpreise schwanken (bei denen es sich nicht um jene handelt, die sich aus dem Zinsrisiko oder dem Wechselkursrisiko ergeben), und zwar unabhängig davon, ob diese Änderungen durch Faktoren verursacht werden, die für jedes einzelne Finanzinstrument oder seinen Emittenten spezifisch sind, oder durch Faktoren, die alle ähnlichen auf dem Markt gehandelten Finanzinstrumente betreffen.

25 **Darlehensverbindlichkeiten** sind finanzielle Verbindlichkeiten, bei denen es sich nicht um kurzfristige Verbindlichkeiten aus Lieferungen und Leistungen mit üblichen Kreditbedingungen (Zahlungsfristen) handelt.[8]

26 Ein finanzieller Vermögenswert ist **überfällig**, wenn eine Gegenpartei ihrer vertraglich vereinbarten Zahlungsfrist nicht nachgekommen ist.

B. Zielsetzungen und Angabepflichten im Überblick

27 Die folgende Übersicht stellt die beiden Zielsetzungen bzw. **Generalnormen** (IFRS 7.1; IFRS 7.7; IFRS 7.31) sowie die Angabepflichten überblickartig dar (Abkürzungen → Rz. 64):

Bedeutung von Finanzinstrumenten für die Vermögens-, Finanz- und Ertragslage aufzeigen			**Informationsvermittlung zu Art und Umfang von Risiken aus Finanzinstrumenten**
Angaben zur Bilanz	Angaben zur GuV, zum Eigenkapital	Weitere Angaben	Angaben zu Risiken
– Buchwerte aller Bewertungskategorien; – bei Anwendung der Fair-Value-Option; – Umwidmungen; – Ausbuchungen; – Sicherheiten; – Wertberichtigungskonto für Kreditausfälle; – ausgegebene zusammengesetzte Finanzinstrumente; – vom Unternehmen zu vertretende Zahlungsausfälle, sonstige Vertragsverletzungen.	– Nettoergebnis der Bewertungskategorien FVPL, HtM, LaR, AfS, FLAC; – Gesamtzinserträge/-aufwendungen; – Aufwendungen/ Erträge aus Provisionen; – Zinserträge aus im Wert geminderten finanziellen Vermögenswerten; – Wertminderungsaufwendungen.	– Ansatz- und Bewertungsmethoden; – Bilanzierung von Sicherungsbeziehungen; – beizulegende Zeitwerte, zugehörige qualitative Angaben; – bei Unterschieden zwischen beizulegendem Zeitwert und Transaktionspreis; – zu Finanzinstrumenten, deren beizulegende Zeitwerte nicht anzugeben sind.	– Qualitative Risikoangaben (Ausmaß der Risiken, Ziele/ Strategien/Verfahren zur Steuerung und Messung der Risiken); – zusammengefasste quantitative Daten zum Risikoumfang; – Risikokonzentrationen; – Kreditrisiken (maximale Ausfallrisikobeträge, erhaltene Sicherheiten, Kreditqualität, Neuverhandlungen, Überfälligkeitsanalyse, Einzelwertberichtigungsanalyse); – Liquiditätsrisiken (Fälligkeitsanalyse, Liquiditätsrisikosteuerung); – Marktrisiken (Sensitivitätsanalysen).

8) Im Standard wird nicht konkretisiert, was unter „üblichen Kreditbedingungen“ („normal credit terms“) zu verstehen ist, vgl. Scharpf, KoR 2006, Beil. 2, S. 23.

Den **Angaben zu Risiken** kann **wahlweise** im Abschluss selbst oder **mittels Querverweisen** in andere Berichtsteile (Erklärungen) außerhalb des Abschlusses – wie z. B. Lage- oder Risikobericht – nachgekommen werden, wobei die Dokumente, auf die verwiesen wird, für die Abschlussadressaten zu den gleichen Bedingungen und zum gleichen Zeitpunkt wie der Abschluss verfügbar sein müssen (IFRS 7.B6). 28

C. Angabepflichten im Einzelnen

I. Angaben zur Bilanz

1. Buchwerte

Es sind die Buchwerte der folgenden, **in IAS 39.9 definierten Bewertungskategorien** entweder in der Bilanz oder im Anhang offen zu legen (IFRS 7.8): 29

- „Erfolgswirksam zum beizulegenden Zeitwert bewertete finanzielle Vermögenswerte" („financial assets at fair value through profit or loss"; **FAFVPL**) mit gesonderter Darstellung der unter Anwendung der Fair-Value-Option designierten und der „zu Handelszwecken gehalten" („held for trading") eingestuften aktivischen Finanzinstrumente;
- „Bis zur Endfälligkeit zu haltende Finanzinvestitionen" („held-to-maturity investments"; **HtM**);
- „Kredite und Forderungen" („loans and receivables"; **LaR**);
- „Zur Veräußerung verfügbare finanzielle Vermögenswerte" („available-for-sale financial assets"; **AfS**);
- „Erfolgswirksam zum beizulegenden Zeitwert bewertete finanzielle Verbindlichkeiten" („financial liabilities at fair value through profit or loss"; **FLFVPL**) mit gesonderter Darstellung der unter Anwendung der Fair-Value-Option designierten und der „zu Handelszwecken gehalten" („held for trading") eingestuften passivischen Finanzinstrumente;
- „Zu fortgeführten Anschaffungskosten bewertete finanzielle Verbindlichkeiten" („financial liabilities measured at amortised cost"; **FLAC**).

Die Buchwerte von **Finanzinstrumenten, die in bilanzielle Sicherungsbeziehungen eingebunden sind** (einschließlich als Sicherungsinstrumente eingesetzte Derivate, welche gem. IAS 39.9 keiner Bewertungskategorie angehören), muss das Unternehmen somit nach IFRS 7.8 **nicht gesondert darstellen.**[9] Darüber hinaus hat auch **keine zwingende Aufteilung der Bewertungskategorie AfS** nach finanziellen Vermögenswerten, die zum beizulegenden Zeitwert bewertet werden, und solchen, die zu Anschaffungskosten bewertet werden, zu erfolgen.[10] 30

Momentan besteht für Unternehmen, welche die Buchwerte wahlweise in der Bilanz ausweisen, ein **Regelungswiderspruch zwischen IAS 1 und IFRS 7** hinsichtlich der Bilanzgliederung:[11] 31

- Für Finanzinstrumente werden zumindest die Posten „finanzielle Vermögenswerte (ohne die Beträge, die unter (e), (h) und (i) ausgewiesen werden)" (IAS 1.68 (d)), „nach der Equity-Methode bilanzierte Finanzanlagen" (IAS 1.68 (e)), „Forderungen aus Lieferungen und Leistungen und sonstige Forderungen" (IAS 1.68 (h)), „Zahlungsmittel und Zahlungsmitteläquivalente" (IAS 1.68 (i)), „Verbindlichkeiten aus Lieferungen und Leistungen und sonstige Verbindlichkeiten" (IAS 1.68 (j)) und „finanzielle Schulden (ohne die Beträge, die unter (j) und (k)[12] ausgewiesen werden)" (IAS 1.68 (l)) vorgegeben;
- die vorstehend aufgeführten Posten erfüllen jedoch nicht gleichzeitig die über IFRS 7.8 geforderten Angaben nach Bewertungskategorien.

Es ist zu hinterfragen, ob die über IAS 1.69 und IAS 1.71 (b) gewährten Möglichkeiten zur Änderung der Gliederung und Zusammenfassung bzw. Erweiterung der Posten zum Zweck der besseren Verständlichkeit diesen Regelungswiderspruch relativieren.

---

9) Vgl. dazu auch Löw, BB 2005, S. 2177 bzw. WPg 2005, S. 1347; Scharpf, KoR 2006, Beil. 2, S. 8.

10) Vgl. hierzu kritisch Eckes/Sittmann-Haury, WPg 2004, S. 1196; Brücks/Kerkhoff/Stauber, Der Konzern 2006, S. 435; Scharpf, KoR 2006, Beil. 2, S. 8.

11) Vgl. dazu primär Löw, KoR 2006, Beil. 1, S. 16 und S. 17 f.; vgl. auch Scharpf, KoR 2006, Beil. 2, S. 8 f.

12) IAS 1.68 (k) enthält den Posten „Rückstellungen".

32 Für Nicht-Banken, die ihre Aktiv- und Passivseite in jedem Fall nach Fristigkeit („current"/„non-current") zu unterteilen haben (IAS 1.51, 1.54), bedingt ein alternativer Ausweis in der Bilanz ggf. eine gesonderte Darstellung der Buchwerte pro Bewertungskategorie jeweils für den kurz- und langfristigen Bereich.[13)]

2. Angaben bei Anwendung der Fair-Value-Option

33 Theoretisch kann zwar jeder finanzielle Vermögenswert freiwillig als FAFVPL (Abkürzung → Rz. 29) eingestuft werden, ergänzende Angaben sind jedoch nur zu den designierten **Krediten und Forderungen** erforderlich (IFRS 7.9); diese betreffen:

- das maximale Kreditrisiko (→ Rz. 22), welchem das Unternehmen zum Abschlussstichtag durch den Kredit oder die Forderung ausgesetzt ist;
- den Betrag, um den zugehörige Kreditderivate oder ähnliche Instrumente das maximale Kreditrisiko reduzieren;
- die sowohl während des Berichtszeitraums als auch in kumulativer Form seit der Designation entstandene Änderung des beizulegenden Zeitwerts des Kredits oder der Forderung, die auf Änderungen des Kreditrisikos zurückzuführen ist und sich entweder bestimmt durch
  - die Änderung des beizulegenden Zeitwerts, die nicht auf Änderungen der Marktbedingungen zurückzuführen ist, die zu einem Marktrisiko (→ Rz. 24) geführt haben (→ Rz. 36); oder
  - eine alternative Methode, welche die Änderung des beizulegenden Zeitwerts, die auf Änderungen des Kreditrisikos des Vermögenswerts zurückzuführen ist, nach Einschätzung des Unternehmens zuverlässiger wiedergibt;
- die während des Berichtszeitraums sowie in kumulativer Form seit der Designation des Kredits oder der Forderung entstandene Änderung des beizulegenden Zeitwerts von zugehörigen Kreditderivaten oder ähnlichen Instrumenten.

34 Für als FLFVPL (Abkürzung → Rz. 29) designierte **Verbindlichkeiten** sind anzugeben (IFRS 7.10):

- die sowohl während des Berichtszeitraums als auch in kumulativer Form entstandene Änderung des beizulegenden Zeitwerts, welche auf Änderungen des Kreditrisikos der finanziellen Verbindlichkeit zurückzuführen ist und entweder ermittelt werden kann durch
  - die Änderung des beizulegenden Zeitwerts, die nicht auf Änderungen der Marktbedingungen zurückzuführen ist, die zu einem Marktrisiko (→ Rz. 24) geführt haben (→ Rz. 36); oder
  - eine alternative Methode, welche die Änderung des beizulegenden Zeitwerts, die auf Änderungen des Kreditrisikos der Verbindlichkeit zurückzuführen ist, nach Einschätzung des Unternehmens zuverlässiger wiedergibt;
- die Differenz zwischen dem Buchwert und dem vertraglich vereinbarten Rückzahlungsbetrag der finanziellen Verbindlichkeit bei Fälligkeit.

35 Ferner ist zu designierten Forderungen/Verbindlichkeiten die **Methodik zur Ermittlung der ausfallrisikobezogenen Änderung des beizulegenden Zeitwerts** offen zu legen. Sofern das Unternehmen der Ansicht ist, dass diese nicht glaubwürdig die kreditrisikobezogene Änderung des beizulegenden Zeitwerts wiedergibt, sind zudem die Gründe für die Schlussfolgerung und die aus Sicht des Unternehmens relevanten Faktoren anzugeben (IFRS 7.11).

36 Zu den Änderungen der Marktbedingungen, die zu einem Marktrisiko führen, zählen Änderungen eines Referenzzinssatzes, von Preisen eines Finanzinstruments, von Warenpreisen, von Wechselkursen oder Preis- bzw. Kursindizes (IFRS 7.10).

37 Die **Bestimmungsschritte** zur Ermittlung der **ausfallrisikobezogenen Änderung des beizulegenden Zeitwerts von Verbindlichkeiten**, die nicht auf Änderungen der Marktbedingungen zurückzuführen ist, sind in IFRS 7.B4 enthalten; ein daran anknüpfendes **Berechnungsbeispiel** findet sich in IFRS 7.IG7-7.IG11. Dabei werden beobachtbare Marktpreise bzw. Marktzinssätze für das zu Grunde liegende Schuldinstrument unterstellt.

---

13) Vgl. Löw, KoR 2006, Beil. 1, S. 14 und S. 17; Brücks/Kerkhoff/Stauber, Der Konzern 2006, S. 434. Banken werden ihre Bilanz gem. IAS 1.54 nach aufsteigender oder abnehmender Liquidität aufbauen, womit sich das Erfordernis zum jeweils gesonderten Ausweis nicht ergibt.

38 IFRS 7 enthält keine Hinweise, wie das Unternehmen ausfallrisikobedingte Änderungen der beizulegenden Zeitwerte ohne beobachtbare Marktpreise bzw. Marktzinssätze der Verbindlichkeiten bestimmen kann;[14)] einen diesbezüglichen Vorschlag unterbreitet *Scharpf*[15)].

39 Banken und Versicherungen werden als die **Hauptanwender der Fair-Value-Option** gesehen (IAS 39.BC78A). Für Nicht-Banken kommt eine freiwillige Designation von Finanzinstrumenten vor allem zur Absicherung von festverzinslichen Posten gegen Zinsrisiken als Alternative zur Bilanzierung von Sicherungsbeziehungen in Frage; Absicherungen gegen Währungsrisiken werden hingegen kaum möglich sein, da sich der Anwendungsbereich der Fair-Value-Option auf Finanzinstrumente beschränkt.[16)] Für Nicht-Banken sollten die Angabepflichten demnach kaum Bedeutung haben.

40 Für den Fall, dass die Fair-Value-Option angewandt wird, sind auch Informationen zu den **Ansatz- und Bewertungsmethoden** (→ Rz. 76) bereitzustellen.

3. Angaben zu Umwidmungen

41 Sofern ein finanzieller Vermögenswert auf Grund einer Umwidmung (→ Rz. 42, auch Neueinstufung)

(1) zu Anschaffungskosten oder fortgeführten Anschaffungskosten anstelle des beizulegenden Zeitwerts oder
(2) zum beizulegenden Zeitwert anstelle von Anschaffungskosten oder fortgeführten Anschaffungskosten

bewertet wird, müssen der aus jeder Bewertungskategorie (→ Rz. 29) **entfernte** und der in jede Bewertungskategorie **umgegliederte Betrag** sowie die **Gründe** für die Neueinstufung angegeben werden (IFRS 7.12).

42 Eine **Umwidmung** bezeichnet den Vorgang, dass ein bereits erfasster finanzieller Vermögenswert einer neuen Bewertungskategorie zugeordnet wird. Derartige Rekategorisierungen sind **nur sehr eingeschränkt möglich** (IAS 39.50-39.54).

43 Bezogen auf **Ziffer (1)** kann es sich regelmäßig nur um Neuzuordnungen von der Bewertungskategorie AfS in die Bewertungskategorie HtM sowie um Umgliederungen innerhalb der Bewertungskategorie AfS handeln (Abkürzungen → Rz. 29). Letztere kommen zustande, wenn die beizulegenden Zeitwerte von nicht-börsennotierten Eigenkapitalinstrumenten, die als AfS kategorisiert wurden, nicht mehr zuverlässig bestimmt werden können und diese daher zu Anschaffungskosten zu bewerten sind.[17)]

44 Unter die in **Ziffer (2)** beschriebenen Umwidmungen fallen Reklassifizierungen von den Bewertungskategorien HtM sowie LaR in die Bewertungskategorie AfS; innerhalb letztgenannter Bewertungskategorie sind ferner entsprechende Umgliederungen denkbar, sofern für ursprünglich zu Anschaffungskosten angesetzte Vermögenswerte in der Folge eine zuverlässige Bewertung zum beizulegenden Zeitwert möglich wird.

45 Auf Grund der allgemein sehr restriktiven Möglichkeit zur Umwidmung wird den damit in Verbindung stehenden Angabepflichten im Schrifttum eine **geringe Bedeutung** beigemessen. Dies gilt für Nicht-Banken im Besonderen, da sie die HtM-Bewertungskategorie kaum nutzen.[18)]

4. Angaben zu Ausbuchungen

46 Wenn das Unternehmen einen finanziellen Vermögenswert derart übertragen hat, dass dieser teilweise oder ganz nicht die Kriterien für eine Ausbuchung gem. IAS 39.15-39.37 erfüllt (**partieller oder vollständiger verfehlter Abgang**), hat es **für jede Klasse** von solchen finanziellen Vermögenswerten anzugeben (IFRS 7.13):

- die Art der Vermögenswerte;
- die Art der Risiken und Chancen, denen das Unternehmen (trotz rechtlicher Eigentumsübertragung) nach wie vor ausgesetzt ist;

---

14) Vgl. Brücks/Kerkhoff/Stauber, Der Konzern 2006, S. 368.
15) Vgl. Scharpf, KoR 2006, Beil. 2, S. 13.
16) Vgl. Löw, KoR 2006, Beil. 1, S. 7; Scharpf, KoR 2006, Beil. 2, S. 9.
17) Die nicht verlässliche Schätzbarkeit der beizulegenden Zeitwerte sollte nach IAS 39.AG81 die Ausnahme sein.
18) Vgl. Brücks/Kerkhoff/Stauber, Der Konzern 2006, S. 432; Scharpf, KoR 2006, Beil. 2, S. 17; vgl. auch Löw, KoR 2006, Beil. 1, S. 5.

- wenn die (an sich übertragenen) Vermögenswerte weiterhin vollständig bilanziert werden, die Buchwerte dieser Vermögenswerte und der damit verbundenen Verbindlichkeiten;
- sofern das Unternehmen bestimmte (an sich übertragene) Vermögenswerte weiterhin in dem Umfang bilanziert, der seinem anhaltenden Engagement entspricht, den Gesamtbuchwert der ursprünglichen Vermögenswerte, den Gesamtwert der weiterhin beim Unternehmen angesetzten Vermögenswerte sowie den Buchwert der damit verbundenen Verbindlichkeiten.

47 Die Angabepflichten beziehen sich auf die Vorschriften in IAS 39.15-39.37, in denen geregelt ist, unter welchen Voraussetzungen und in welchem Umfang ein finanzieller Vermögenswert im Zuge einer Übertragung ausgebucht werden kann bzw. muss. So liegt ein partieller oder vollständiger verfehlter Abgang ggf. dann vor, wenn das Unternehmen **nicht alle Chancen und Risiken aus dem finanziellen Vermögenswert überträgt.**[19]

48 Die Beurteilung von Ausbuchungssachverhalten muss stets auf Konzernebene (d. h. nach Einbeziehung aller Tochterunternehmen und zu konsolidierender Zweckgesellschaften) erfolgen (IAS 39.15). Beispielsweise erfüllt die Übertragung von Forderungen im Rahmen von **Verbriefungstransaktionen an Zweckgesellschaften**, die nach SIC-12 voll zu konsolidieren sind, nur dann die Anforderungen für eine Ausbuchung, wenn die Cashflows aus diesen Forderungen mittels Durchreichevereinbarungen („pass through arrangements“) an konzernfremde Dritte weitergeleitet werden.[20] Es ist somit zu hinterfragen, ob im Fall der Übertragung an voll konsolidierte Zweckgesellschaften ohne Durchreichevereinbarungen überhaupt Angabepflichten bestehen.[21]

5. Angaben zu Sicherheiten

49 Zu vom Unternehmen als Sicherheiten **gestellten** (verpfändeten) finanziellen Vermögenswerten müssen angegeben werden (IFRS 7.14):

- die Buchwerte der als Sicherheiten für Verbindlichkeiten und Eventualverbindlichkeiten verpfändeten finanziellen Vermögenswerte, inklusive der Beträge, die gem. IAS 39.37 (a) auf Grund weitgehender Verfügungsrechte des Empfängers gesondert als begebene Sicherungsinstrumente ausgewiesen werden;
- Vereinbarungen und Bedingungen der Verpfändungen.

50 Werden finanzielle oder nicht-finanzielle Sicherheiten **gehalten**, die das Unternehmen ohne Vorliegen eines Ausfalls (Zahlungsverzugs) seitens des Eigentümers der Sicherheiten (Sicherungsgeber) weiterverkaufen oder weiterverpfänden darf, sind nachfolgende Angaben erforderlich (IFRS 7.15):

- der beizulegende Zeitwert der gehaltenen Sicherheit(en);
- der beizulegende Zeitwert einer solchen weiterverkauften und weiterverpfändeten Sicherheit und Informationen darüber, ob das Unternehmen zur Rückgabe (an den Eigentümer) verpflichtet ist;
- in Verbindung mit der Verwendung der Sicherheiten bestehende Vereinbarungen und Bedingungen.

51 Die folgende Übersicht zeigt die wesentlichen in IFRS 7 enthaltenen Angabeanforderungen zu gestellten (Unternehmen ist Sicherungsgeber bzw. Kreditnehmer) und gehaltenen (Unternehmen ist Sicherungsnehmer bzw. Kreditgeber) Sicherheiten in der Gegenüberstellung. Erstere werden ausschließlich innerhalb der Offenlegungsvorschriften zur Bilanz abgefragt; Angabepflichten zu akzeptierten Sicherheiten finden sich auch bei den Regeln zur Darstellung von Ausfallrisiken.

---

19) Vgl. zu den komplexen Ausbuchungsvorschriften im Einzelnen Kuhn/Scharpf, S. 186-247.

20) Vgl. Scharpf, KoR 2006, Beil. 2, S. 17.

21) Ähnlich auch Löw, WPg 2005, S. 1343 f.

	Gestellte Sicherheiten	Gehaltene Sicherheiten			
	Angaben zur Bilanz		Angaben zu Ausfallrisiken		
	IFRS 7.14 (→ Rz. 49)	IFRS 7.15 (→ Rz. 50)	IFRS 7.36 (b) (→ Rz. 104)	IFRS 7.37 (c) (→ Rz. 110)	IFRS 7.38 (→ Rz. 114)
Angabebezug	Betrifft alle verpfändeten finanziellen Vermögenswerte.	Betrifft als Sicherheiten gehaltene finanzielle und nicht-finanzielle Vermögenswerte, die ohne Vorliegen eines Ausfalls seitens des Sicherungsgebers verwertbar sind.	Bezieht sich auf den maximalen Ausfallrisikobetrag.	Bezieht sich auf (1) überfällige, aber noch nicht wertgeminderte (2) einzelwertgeminderte finanzielle Vermögenswerte.	Bezieht sich auf finanzielle und nicht-finanzielle Vermögenswerte, die aus der Inanspruchnahme von akzeptierten Sicherheiten erworben werden.
Quantitative Angaben	Buchwerte verpfändeter Sicherheiten.	Beizulegende Zeitwerte der – gehaltenen Sicherheiten; – verwerteten Sicherheiten.	(keine)	Beizulegende Zeitwerte erhaltener Sicherheiten (sofern schätzbar).	Buchwerte der erworbenen Vermögenswerte.
Qualitative Angaben	Vereinbarungen und Bedingungen der Verpfändungen.	– Ob verwertete Sicherheiten zurückzugeben sind; – Vereinbarungen und Bedingungen in Verbindung mit den verwerteten Sicherheiten.	Beschreibung erhaltener Sicherheiten und anderer risikomindernder Vereinbarungen.		– Art der erworbenen Vermögenswerte; – ggf. geplante Veräußerungsform bzw. Art der Nutzung der erworbenen Vermögenswerte.

Den **Angabepflichten zu angenommen Sicherheiten** (→ Rz. 50) wird im Schrifttum **wenig Bedeutung** beigemessen, denn derartige Sicherheiten, die ohne Vorliegen eines Ausfalls des Kreditnehmers verwertbar sind, werden im deutschen Rechtsraum – zumindest was das traditionelle Kreditgeschäft betrifft – als selten vorkommend eingestuft.[22] 52

6. Angaben zum Wertberichtigungskonto für Kreditausfälle

Sofern finanzielle Vermögenswerte durch Kreditausfälle im Wert gemindert werden und das Unternehmen diese **Wertminderungen in einem gesonderten Konto** (z. B. einem Wertberichtigungskonto für Einzelwertberichtigungen oder Portfoliowertberichtigungen) erfasst, anstatt die Buchwerte der Vermögenswerte unmittelbar zu reduzieren, ist **für jede Klasse** von finanziellen Vermögenswerten eine **Überleitungsrechnung für die Änderungen auf dem Konto** während des Berichtszeitraums (Wertberichtigungsspiegel) anzugeben (IFRS 7.16). 53

22) Vgl. Buchheim/Schmidt, KoR 2005, S. 399; Scharpf, KoR 2006, Beil. 2, S. 20 f. Laut Scharpf können solche Sicherheiten jedoch durchaus im Wertpapierleihegeschäft bestehen.

54 Eine indirekte Erfassung von Wertminderungen über ein gesondertes Konto ist methodisch bedingt stets gegeben, wenn das Unternehmen diese auf Gruppenbasis (**pauschalierte Einzelwertberichtigung, Portfoliowertberichtigung**) bestimmt. Letztere gruppenweise Prüfung auf Wertminderungen ist nach IAS 39 nur für zu fortgeführten Anschaffungskosten bewertete finanzielle Vermögenswerte – d. h. für solche, die der Bewertungskategorie LaR oder HtM zugeordnet sind (Abkürzungen → Rz. 29) – ausdrücklich vorgesehen (IAS 39.63); für Finanzinstrumente der Bewertungskategorie AfS dürfte nur eine direkte Reduktion des Buchwerts in Frage kommen.[23] Unabhängig davon liegt grundsätzlich eine Angabepflicht nach IFRS 7.16 vor, wenn **individuelle Einzelwertberichtigungen** zunächst über ein gesondertes Konto erfasst werden.[24]

55 Die Angabepflichten nach IFRS 7.16 wurden aus IAS 30 übernommen, der ausschließlich **für Banken** und ähnliche Finanzinstitutionen relevant war. Für diese sind die Offenlegungsvorschriften zum Wertberichtigungskonto **von besonderer Bedeutung**, da sie i. d. R. wesentliche Beträge als „Risikovorsorge für Kreditausfälle" offen (Brutto-Forderungsbestand abzüglich negativer Aktivposten „Risikovorsorge") ausweisen.[25] Die Erweiterung des Geltungsbereichs auf **Nicht-Banken** begründet insbesondere Angabepflichten **in Verbindung mit Forderungen aus Lieferungen und Leistungen.**[26]

56 Während IFRS 7.16 ausdrücklich eine gesonderte Berichterstattung nach Klassen vorsieht, wird nicht weiter konkretisiert, ob innerhalb einer Klasse ggf. für Einzelwertberichtigungen, pauschalierte Einzelwertberichtigungen und Portfoliowertberichtigungen gesonderte Wertberichtigungskonten zu bilden und gesondert zu kommentieren sind. Auch werden die Bestandteile der Überleitungsrechnung nicht vorgegeben, womit dem Unternehmen bei der Bestimmung des am besten geeigneten Formats eine gewisse **Flexibilität** gewährt wird (IFRS 7.BC26).

57 Beim Einsatz eines Wertberichtigungskontos sind auch Angaben zu den dabei angewandten **Ansatz- und Bewertungsmethoden** (→ Rz. 76) vorgeschrieben.

7. Angaben zu ausgegebenen zusammengesetzten Finanzinstrumenten mit mehreren eingebetteten Derivaten

58 Hat das Unternehmen ein Instrument ausgegeben,

- das sowohl eine Fremdkapital- als auch eine Eigenkapitalkomponente enthält (zusammengesetztes Finanzinstrument gem. IAS 32.28) und
- mit mehreren eingebetteten Derivaten ausgestattet ist,
- deren Werte voneinander abhängig sind,

muss es Angaben zu diesen **Merkmalen** machen (IFRS 7.17).

59 Die Angabepflicht betrifft **hybride Finanzinstrumente**, die weder eindeutig dem Eigen- noch dem Fremdkapital zugeordnet werden können. Solche zusammengesetzten Finanzinstrumente bestehen aus einem nichtderivativen Basisvertrag und mindestens einem derivativen eingebetteten Finanzinstrument (IAS 39.10). Letzteres bewirkt, dass die Cashflows des zusammengesetzten Instruments ähnlichen Schwankungen ausgesetzt sind wie ein eigenständiges Derivat und hat zur Folge, dass die Zahlungen (zumindest teilweise) in Abhängigkeit von bestimmten Variablen (z. B. Zinsen, Preise, Wechselkurse, Indizes) stehen. Das **eingebettete Derivat** muss **integraler Bestandteil des zusammengesetzten Instruments** sein, d. h. es darf weder unabhängig übertragbar noch mit einer vom Basiskontrakt abweichenden Vertragspartei abgeschlossen worden sein. Beispiele für eingebettete Derivate sind mit Fremdkapitalinstrumenten verbundene Kündigungsrechte oder Möglichkeiten zur Wandelung in Eigenkapitalinstrumente.

60 Eine **verpflichtende Angabe** ergibt sich nur, wenn **alle drei Bedingungen** (→ Rz. 58) **kumulativ erfüllt** sind. Damit muss über herkömmliche („plain vanilla") Wandelanleihen nicht zwingend berichtet werden, da

---

23) Vgl. Scharpf, KoR 2006, Beil. 2, S. 22.

24) Vgl. auch Kuhn/Scharpf, Rz. 4214.

25) Vgl. Eckes/Sittmann-Haury, WPg 2004, S. 1197; Löw, KoR 2006, Beil. 1, S. 20; Scharpf, KoR 2006, Beil. 2, S. 22.

26) Vgl. Brücks/Kerkhoff/Stauber, Der Konzern 2006, S. 435; vgl. auch Löw, WPg 2005, S. 1345.

diese mit dem Wandlungsrecht nur ein eingebettetes Derivat einschließen.[27] Der Angabepflicht unterliegt jedoch z. B. ein Schuldinstrument mit den folgenden Merkmalen (IFRS 7.BC28-7.BC31):

- Der Investor hat die Option zur Wandlung des Schuldinstruments in Eigenkapitalinstrumente des Emittenten.
- Für den Emittent besteht die Möglichkeit zur Kündigung bzw. Rückzahlung des Schuldinstruments, was zur Folge hätte, dass die Option des Investors erlöschen würde.

Sodann existieren zwei Derivate, deren Wertentwicklungen wechselseitig abhängig sind. Dies hat zur Folge, dass die Summe der gesondert ermittelten Werte der Fremd- und Eigenkapitalkomponente nicht dem Wert des gesamten zusammengesetzten Instruments entspricht.

8. Angaben zu vom Unternehmen zu vertretenden Zahlungsausfällen und sonstigen Vertragsverletzungen

Für zum Abschlussstichtag angesetzte **Darlehensverbindlichkeiten** (→ Rz. 25) sind Angaben zu vom Unter- 61
nehmen zu vertretenden **Zahlungsausfällen** (für Zinsen und Tilgungen) bereitzustellen; diese betreffen (IFRS 7.18):

- Einzelheiten zu den während des Berichtszeitraums eingetretenen Ausfällen;
- den Buchwert der zum Abschlussstichtag ausgefallenen Darlehensverbindlichkeiten; und
- Angaben dahingehend, ob der Ausfall behoben wurde oder die Bedingungen für die Darlehensverbindlichkeiten neu ausgehandelt wurden, bevor der Abschluss zur Veröffentlichung freigegeben wurde.

Für während des Berichtszeitraums auftretende **sonstige Verstöße** gegen Vertragsbedingungen, die dem 62
Darlehensgeber ein vorzeitiges Rückzahlungsrecht einräumen, sind die gleichen Angaben wie vorstehend (→ Rz. 61) zu machen, es sei denn, die Verstöße wurden behoben oder das Unternehmen hat die Bedingungen für die Darlehensverbindlichkeit vor dem Abschlussstichtag neu ausgehandelt (IFRS 7.19).

Die Angaben zu letztgenannten Kontraktverstößen betreffen die Nichteinhaltung von bestimmten Vertrags- 63
klauseln, womit dem Kreditgeber die Möglichkeit zur Kündigung eröffnet wird. Berichterstattungspflichtig sind etwa **Verstöße gegen die Einhaltung festgelegter Bilanz- und/oder Erfolgsrelationen** („financial covenants") oder anderer subjektiver Kriterien wie etwa die Aufrechterhaltung der Geschäftstätigkeit oder der Liquidität („subjective acceleration clauses", vgl. SFAS 78.10). Hingegen dem Wortlaut von IFRS 7.19 nach nicht angegeben werden müssen Verstöße, die nicht zu einer vorzeitigen Rückzahlungsoption, sondern z. B. nur zu einer Erhöhung der Zinszahlungen führen.[28]

II. Angaben zur GuV und zum Eigenkapital

1. Nettogewinne/-verluste

Nettogewinne/-verluste aus den Finanzinstrumenten, die unter die folgenden **fünf Bewertungskategorien** fal- 64
len, sind gem. IFRS 7.20 (a) entweder in der GuV oder im Anhang offen zu legen:

- „Erfolgswirksam zum beizulegenden Zeitwert bewertete finanzielle Vermögenswerte/Verbindlichkeiten" („financial assets/liabilities at fair value through profit or loss"; **FVPL**) mit gesonderter Darstellung der designierten und der „zu Handelszwecken gehalten" („held for trading") eingestuften Finanzinstrumente;
- „Bis zur Endfälligkeit zu haltende Finanzinvestitionen" („held-to-maturity investments"; **HtM**);
- „Kredite und Forderungen" („loans and receivables"; **LaR**);
- „Zur Veräußerung verfügbare finanzielle Vermögenswerte" („available-for-sale financial assets"; **AfS**);
- „Zu fortgeführten Anschaffungskosten bewertete finanzielle Verbindlichkeiten" („financial liabilities measured at amortised cost"; **FLAC**).

Für AfS muss das Unternehmen ferner den Gewinn oder Verlust, der während des Berichtszeitraums **direkt** 65
im Eigenkapital erfasst wurde, und den Betrag, welchen es während des Berichtszeitraums **aus dem Eigenkapital entnommen** und in die GuV transferiert hat, ausweisen (IFRS 7.20 (a)).

---

27) Vgl. Scharpf, KoR 2006, Beil. 2, S. 22.
28) Vgl. Scharpf, KoR 2006, Beil. 2, S. 23.

66 Zunächst ist zu beachten, dass im Unterschied zu den Angabepflichten der Buchwerte (→ Rz. 29) bei den vorstehenden Offenlegungsvorschriften die Bewertungskategorien **FAFVPL** und **FLFVPL** zusammengefasst werden, d. h. die diesbezüglichen Nettoergebnisse sind für finanzielle Vermögenswerte und Schulden **nicht gesondert** darzustellen.

67 Welche Aufwendungen und Erträge in das Nettoergebnis nach IFRS 7.20 (a) eingehen, wird hinsichtlich der **Einbeziehung von Zinsen (und Dividenden)** derzeit kontrovers diskutiert. Letztlich lassen sich die unterschiedlichen Ansätze zu folgenden **Alternativen** zusammenfassen:

(1) Bei allen in IFRS 7.20 (a) angesprochenen Bewertungskategorien sind die Zinsen zu berücksichtigen.
(2) Es werden nur die in das Handelsergebnis einfließenden, nicht gesondert erfassten Zinsen einbezogen, da IFRS 7.20 (b) (→ Rz. 72) eine gesonderte Angabe des Zinsergebnisses der nicht erfolgswirksam zum beizulegenden Zeitwert bewerteten Finanzinstrumente fordert.
(3) Das Unternehmen berücksichtigt die Zinsen bei den Nettoergebnissen aller Bewertungskategorien gar nicht.

Alternative **(1)** stützt sich auf den Wortlaut von IFRS 7.20 (a) und geht von gestaffelten Angabepflichten aus, d. h. die Angabepflichten nach IFRS 7.20 (b)-(e) (→ Rz. 72) werden alle als ergänzende Informationen zur Basisangabe nach IFRS 7.20 (a) angesehen. Nach *Scharpf*[29] kann diese Sichtweise jedoch nicht ohne weiteres auf die GuV von Banken übertragen werden. Die Alternativen **(2)** und **(3)** differenzieren hingegen zwischen den gleichrangigen Ergebniskomponenten „Nettoergebnis" nach IFRS 7.20 (a) und „Zinsergebnis" nach IFRS 7.20 (b); sie unterscheiden sich nur hinsichtlich der gesonderten Erfassung des Zinsergebnisses aus dem Handelsbestand, die nicht verpflichtend vorgeschrieben ist. Gemäß dem Wortlaut von IFRS 7.B5 (e) und IFRS 7.BC34 wären beide Alternativen zulässig; u. E. verbietet sich Alternative (3) allerdings, da IFRS 7.20 (b) ausdrücklich die Offenlegung des Zinsergebnisses aus erfolgswirksam zum beizulegenden Zeitwert bewerteten Finanzinstrumenten ausschließt. Diese Ergebniskomponente bliebe somit bei den Angaben nach IFRS 7.20 unberücksichtigt.

Es muss abgewartet werden, ob und wie sich die Fachgremien zu der Thematik äußern. Unabhängig von dieser Diskussion ist jedoch festzuhalten, dass die **gewählte Methodik** zwingend im Rahmen der Angaben zu den **Ansatz- und Bewertungsmethoden** (→ Rz. 76) offen zu legen ist.

68 Neben **Zinsen** und **Dividenden** enthält das Nettoergebnis grundsätzlich alle sonstigen Aufwendungen und Erträge, die im Zusammenhang mit den Finanzinstrumenten der jeweiligen Bewertungskategorie stehen. Dies sind insbesondere die **sich aus der Folgebewertung ergebenden Ergebnisse** (Gewinne/Verluste aus der Währungsumrechnung, aus der erfolgswirksamen Bewertung zum beizulegenden Zeitwert, aus der Wertminderung einschließlich der Rückgängigmachung einer solchen) sowie **Abgangsgewinne/-verluste**.[30] Ferner können darunter ggf. auch beim Zugang ergebniswirksam erfasste Transaktionskosten und laufend erfasste sonstige Entgelte (z. B. Gebühren für Finanzdienstleistungen) subsumiert werden.

69 Theoretisch können bei den Nettoergebnissen der Bewertungskategorien HtM, LaR und AfS (Abkürzungen → Rz. 64) auch Gewinne/Verluste berücksichtigt werden, die das Unternehmen im Rahmen von Absicherungen von beizulegenden Zeitwerten zur **Anpassung des Grundgeschäfts um das abgesicherte Risiko** erfasst. Dies erscheint jedoch nicht sachgerecht, da derartige Beträge zum einen gleichfalls innerhalb der Angaben zur Bilanzierung von Sicherungsbeziehungen offen zu legen sind (→ Rz. 80). Zum anderen führt ein solches Vorgehen auf Grund dessen, dass sich die entsprechenden gegenläufigen Wertänderungen des Sicherungsinstruments keiner Bewertungskategorie zuordnen lassen (→ Rz. 30) und damit nicht eingerechnet werden dürfen, zu einer **verzerrten Darstellung** der Ergebnisse.

70 Dem Wortlaut des IFRS 7.20 (a) zufolge ist pro Bewertungskategorie der Saldo aus Aufwendungen und Erträgen zu präsentieren. Die **Bruttodarstellung** (unsaldiert) gibt das Regelwerk zwar nicht ausdrücklich als Alternative vor, wird aber von *Scharpf*[31] als **zulässig** erachtet. Darüber hinaus können ggf. auch die verschie-

29) Vgl. Scharpf, KoR 2006, Beil 2, S. 25.

30) Vgl. Eckes/Sittmann-Haury, WPg 2004, S. 1198; Brücks/Kerkhoff/Stauber, Der Konzern 2006, S. 435; Scharpf, KoR 2006, Beil. 2, S. 24.

31) Vgl. Scharpf, KoR 2006, Beil. 2, S. 24.

denen Arten von Aufwendungen und Erträgen aus Finanzinstrumenten (→ Rz. 68) einzeln (d. h. die **Ergebnisarten gesondert**) angegeben werden; dies wird mit Blick auf den damit verbundenen höheren Informationswert in der Literatur ebenfalls als standardkonform angesehen.[32)]

Im Unterschied zur wahlweisen Darstellung der Buchwerte in der Bilanz (→ Rz. 29, 31) steht die Ausweisalternative der **Nettoergebnisse in der GuV** in Einklang mit den Vorschriften des IAS 1.[33)] Außer den „Finanzierungsaufwendungen" (IAS 1.81 (b)) enthalten letztere jedoch keine weiteren Posten, in denen ausschließlich Aufwendungen und Erträge aus Finanzinstrumenten subsumiert sein können.[34)] Wird das Wahlrecht in Anspruch genommen, **ergänzt IFRS 7** als lex specialis für Finanzinstrumente die **Bestimmungen zur GuV-Gliederung in IAS 1**.[35)] 71

2. Sonstige Ergebnisse

Das Unternehmen hat gem. IFRS 7.20 (b)-(e) anzugeben: 72

- **Gesamtzinserträge und Gesamtzinsaufwendungen** (berechnet über die Effektivzinsmethode) für finanzielle Vermögenswerte und finanzielle Verbindlichkeiten, die nicht erfolgswirksam zum beizulegenden Zeitwert bewertet werden;
- **Aufwendungen und Erträge aus Provisionen**, welche nicht in die Bestimmung des Effektivzinssatzes einbezogen wurden, sofern diese resultieren aus
  - finanziellen Vermögenswerten und finanziellen Verbindlichkeiten, die nicht erfolgswirksam zum beizulegenden Zeitwert bewertet werden; und
  - treuhänderischen Aktivitäten, die eine Verwaltung oder Platzierung von Vermögenswerten für fremde Rechnung einzelner Personen, Treuhandeinrichtungen, Pensionsfonds etc. zur Folge haben;
- **Zinserträge aus im Wert geminderten finanziellen Vermögenswerten**, die entsprechend IAS 39.AG93 bestimmt werden (→ Rz. 73);
- für jede Klasse von finanziellen Vermögenswerten die **Wertminderungsaufwendungen**.

Bei einem wertgeminderten finanziellen Vermögenswert, der mit den fortgeführten Anschaffungskosten bewertet wird, ist der nach der Vornahme der Wertminderung in der GuV zu vereinnahmende Ertrag durch Aufzinsung unter Verwendung des zur Bestimmung der Wertminderung herangezogenen Effektivzinssatzes zu ermitteln (IAS 39.AG93). Eine solche **Barwertfortschreibung** des Buchwerts bezeichnet man auch als „unwinding".[36)] In der Literatur wird die Bestimmung der Erträge als Herausforderung gesehen, weil tatsächlich noch bezahlte Zinsen bei wertgeminderten Forderungen nicht mehr als Zinsertrag erfasst, sondern als Tilgung der Forderung behandelt werden.[37)] Für Nicht-Banken dürfte sich dies insofern relativieren lassen, da diese außerplanmäßige Abschreibungen im Wesentlichen nur auf Forderungen aus Lieferungen und Leistungen vornehmen, die regelmäßig unverzinslich sind. 73

Neben den quantitativen Angaben zu den Wertminderungsaufwendungen wird im Rahmen der Angaben zu **Ansatz- und Bewertungsmethoden** die Offenlegung der Kriterien für die Bestimmung von Wertminderungsaufwendungen verlangt (→ Rz. 76). 74

32) Vgl. Brücks/Kerkhoff/Stauber, Der Konzern 2006, S. 436; vgl. dazu auch Löw, KoR 2006, Beil. 1, S. 23.
33) IFRS 7.IG13, der konträr zu IAS 1.32, 1.81 auf die Zulässigkeit einer saldierten Darstellung der Finanzierungsaufwendungen (mit den entsprechenden Erträgen) in der GuV hindeutet, wird im Zuge des nächsten „annual improvements process" gestrichen, vgl. IASB Update 11/2006, S. 3.
34) Vgl. Löw, KoR 2006, Beil. 1, S. 19.
35) Vgl. Scharpf, KoR 2006, Beil. 2, S. 24. Nach IAS 1.84 ist der Ausweis zusätzlicher Posten und eine Änderung der GuV-Gliederung grundsätzlich zugelassen.
36) Vgl. dazu im Detail Kuhn/Scharpf, S. 317-326.
37) Vgl. Eckes/Sittmann-Haury, WPg 2006, S. 432; Scharpf, KoR 2006, Beil. 2, S. 26.

III. Weitere Angaben

1. Angaben zu Ansatz- und Bewertungsmethoden

75 Das Unternehmen hat im Rahmen der Zusammenfassung wesentlicher Ansatz- und Bewertungsmethoden die bei der Erstellung des Abschlusses herangezogene(n) Bewertungsgrundlage(n) und sonstige angewandte Ansatz- und Bewertungsmethoden, die für das Verständnis des Abschlusses relevant sind, anzugeben (IFRS 7.21 mit Verweis auf IAS 1.108).

76 Die vorstehende Anforderung wird in IFRS 7.B5 wie folgt konkretisiert:

- Bei **Anwendung der Fair-Value-Option** (primäre Angaben → Rz. 33-35) muss Folgendes angegeben werden:
  - die Art der finanziellen Vermögenswerte oder der finanziellen Verbindlichkeiten;
  - die Kriterien für die Designation beim erstmaligen Ansatz;
  - wie das Unternehmen die in IAS 39.9, 39.11A bzw. 39.12 formulierten Bedingungen für die Anwendung der Fair-Value-Option erfüllt hat. Dies umfasst bei Designation gem. IAS 39.9 (b) (i) auch eine Erläuterung der Umstände der sich ansonsten ergebenden Ansatz- oder Bewertungsinkongruenzen bzw. bei Einstufung nach IAS 39.9 (b) (ii) ferner eine Erläuterung der Vereinbarkeit der Designation als FAFVPL/FLFVPL (Abkürzungen → Rz. 29) mit der dokumentierten Risikomanagement- oder Anlagestrategie.
- Das Unternehmen muss die **Zuordnungskriterien** finanzieller Vermögenswerte zur Bewertungskategorie **AfS** (Abkürzung → Rz. 29) veröffentlichen.
- Es ist anzugeben, ob **marktübliche Käufe und Verkäufe** von finanziellen Vermögenswerten **zum Handels- oder Erfüllungstag** bilanziert werden.
- Sofern ein **Wertberichtigungskonto** (primäre Angaben → Rz. 53) zum Einsatz kommt, sind die **Kriterien** offen zu legen
  - nach denen sich bestimmt, in welchen Fällen der Buchwert von im Wert geminderten finanziellen Vermögenswerten direkt reduziert wird (bzw. im Fall einer Rückgängigmachung der Abschreibung direkt erhöht wird) und wann das Unternehmen ein Wertberichtigungskonto einsetzt;
  - zum Übergang von der Methode der indirekten Erfassung der Wertminderungen über das Wertberichtigungskonto auf die direkte Buchwertkürzung eines im Wert geminderten finanziellen Vermögenswerts.
- Das Unternehmen muss Angaben zur **Zusammensetzung der Nettogewinne/-verluste** (primäre Angaben → Rz. 64) für die einzelnen Bewertungskategorien von Finanzinstrumenten bereitstellen (z. B. ob in die Bewertungskategorie FVPL (Abkürzung → Rz. 64) Zins- oder Dividendenerträge eingehen).
- Es sind die **Kriterien** zur Bestimmung eines etwaigen **Wertminderungsaufwands** (primäre Angaben → Rz. 72) zu nennen.
- Sofern Vertragsbedingungen für finanzielle Vermögenswerte neu verhandelt werden und diese **ohne die Neuverhandlungen überfällig** (→ Rz. 26) **oder wertgemindert wären** (primäre Angaben → Rz. 104), hat das Unternehmen die **Bewertungsmethoden** für diese finanziellen Vermögenswerte offen zu legen.

77 Von **besonderer Relevanz** sind die Angaben zu den **Kriterien zur Bestimmung von Wertminderungsaufwendungen**. IAS 39 enthält diesbezüglich keine konkreten Vorgaben, sondern verweist nur generell auf bestimmte Indikatoren, aus denen sich Hinweise auf eine Wertminderung von Fremdkapitalinstrumenten ergeben können; nähere Ausführungen zu den Wertminderungen von Eigenkapitalinstrumenten fehlen gänzlich. Es ist somit jedem Unternehmen in Abhängigkeit von seiner Risikopolitik überlassen, individuelle Kriterien für die Wertminderungen festzulegen. Diese sind als entscheidungsrelevante Informationen hinreichend konkret offen zu legen.

2. Angaben zur Bilanzierung von Sicherungsbeziehungen

78 **Für jede Art der in IAS 39 geregelten Sicherungsbeziehungen** (Absicherungen von beizulegenden Zeitwerten („fair value hedges"), Absicherungen von Zahlungsströmen („cash flow hedges") und Absicherungen von

Nettoinvestitionen in ausländische Geschäftsbetriebe („hedges of net investments in foreign operations")) sind gem. IFRS 7.22 anzugeben:

- eine Beschreibung jeder Art von Sicherungsbeziehungen;
- eine Beschreibung der als Sicherungsinstrumente designierten Finanzinstrumente mit Angabe der beizulegenden Zeitwerte zum Abschlussstichtag;
- die Art der abgesicherten Risiken.

Für Absicherungen von Zahlungsströmen ist ferner gem. IFRS 7.23 Folgendes offen zu legen: 79

- die Berichtszeiträume, in denen die Zahlungen voraussichtlich eintreten und wann sich diese aller Voraussicht nach auf die Gewinne und Verluste auswirken werden;
- eine Beschreibung aller erwarteten Transaktionen, die in eine Sicherungsbeziehung nach IAS 39 eingebunden waren, deren Eintritt das Unternehmen jedoch nicht länger erwartet;
- der während des Berichtszeitraums direkt im Eigenkapital erfasste Betrag;
- der während des Berichtszeitraums aus dem Eigenkapital in die GuV überführte Betrag, wobei der in jedem Posten der GuV enthaltene Betrag anzugeben ist;
- der Betrag, der dem Eigenkapital entnommen und während des Berichtszeitraums in die Anschaffungskosten bzw. in den sonstigen Buchwert eines nicht-finanziellen Vermögenswerts oder einer nicht-finanziellen Verbindlichkeit einbezogen wurde, sofern es sich um die Absicherung einer erwarteten und mit hoher Wahrscheinlichkeit eintretenden künftigen Transaktion aus dem nicht-finanziellen Posten handelt.

Darüber hinaus müssen gem. IFRS 7.24 **Gewinne/Verluste** angegeben werden: 80

- aus Absicherungen von beizulegenden Zeitwerten – und zwar getrennt nach solchen, die aus der Neubewertung des Sicherungsinstruments sowie aus der Anpassung des Grundgeschäfts um das abgesicherte Risiko resultieren;
- aus Ineffektivitäten bei Absicherungen von Zahlungsströmen und bei Absicherungen von Nettoinvestitionen in ausländische Geschäftsbetriebe.

Bei den Angabepflichten zu den voraussichtlichen Perioden, in denen die Zahlungen eintreten und erfolgswirksam werden (→ Rz. 79), konkretisiert IFRS 7 nicht hinreichend, ob die Cashflows des Grund- oder des Sicherungsgeschäfts gemeint sind.[38] Inhaltlich können aber nur die abgesicherten Zahlungen aus dem Grundgeschäft und nicht diejenigen der Sicherungsinstrumente gemeint sein. 81

3. Angaben zu beizulegenden Zeitwerten

a) Beizulegende Zeitwerte

Für jede Klasse von Finanzinstrumenten sind gem. IFRS 7.25 die **beizulegenden Zeitwerte** derart anzugeben, dass ein **Vergleich mit den Buchwerten möglich** ist. 82

Von dieser Angabepflicht **ausgenommen** sind folgende Sachverhalte (IFRS 7.29): 83

- der Buchwert stellt einen vernünftigen Näherungswert des beizulegenden Zeitwerts dar, wie dies z. B. für Forderungen und Verbindlichkeiten aus Lieferungen und Leistungen der Fall ist;
- Investitionen in nicht-börsennotierte Eigenkapitalinstrumente oder damit verknüpfte Derivate, welche mangels zuverlässiger Bestimmbarkeit des beizulegenden Zeitwerts zu Anschaffungskosten bewertet werden (→ Rz. 94, 95);
- Verträge mit ermessensabhängigen Überschussbeteiligungen (wie in IFRS 4 beschrieben), deren beizulegende Zeitwerte nicht zuverlässig ermittelbar sind.

Bei der Angabe der beizulegenden Zeitwerte ist eine **Saldierung** der klassifizierten beizulegenden Zeitwerte von finanziellen Vermögenswerten und finanziellen Verbindlichkeiten nur in dem Maße zugelassen, wie auch die entsprechenden Buchwerte in der Bilanz saldiert ausgewiesen werden (IFRS 7.26). 84

Zusätzliche Ermittlungs- und Offenlegungspflichten der beizulegenden Zeitwerte ergeben sich für „klassisch" nach IAS 39 angesetzte Finanzinstrumente (→ Rz. 8) nur für zu fortgeführten Anschaffungskosten 85

---

38) Vgl. dazu und folgend Scharpf, KoR 2006, Beil. 2, S. 29.

bewertete Posten der **Bewertungskategorien HtM, LaR und FLAC**, da die bilanziell zum beizulegenden Zeitwert erfassten finanziellen Vermögenswerte und Schulden der Bewertungskategorien FAFVPL, AfS und FLFVPL bereits vorliegen und sich nach IFRS 7.8 (→ Rz. 29, auch Abkürzungen) entweder der Bilanz oder dem Anhang entnehmen lassen.[39] Ferner müssen die beizulegenden Zeitwerte ggf. für bestimmte nicht zum beizulegenden Zeitwert bewertete Finanzinstrumente, die nach IAS 39 anhand von Sondervorschriften bilanziert werden (→ Rz. 9) oder die (primär) nach anderen Standards zu bilanzieren sind (z. B. **Forderungen/Verbindlichkeiten aus Finanzierungsleasingverhältnissen** → Rz. 10), sowie ggf. für nicht-bilanzwirksame Finanzinstrumente (→ Rz. 10) bestimmt bzw. erhoben werden.

86 Ggf. werden Unternehmen gezwungen sein, ihre **Systeme zur Erhebung und Bestimmung der beizulegenden Zeitwerte zu erweitern.**[40] Für die meisten zu fortgeführten Anschaffungskosten angesetzten Finanzinstrumente ergeben sich in der Folge wesentliche Abweichungen zwischen Buchwert und beizulegendem Zeitwert;[41] womit der erste Ausnahmetatbestand des IFRS 7.29 (→ Rz. 83) nicht vorliegt.

87 Im Schrifttum wird es als **zulässig** erachtet, die Angaben zu den beizulegenden Zeitwerten **anhand der Bewertungskategorien des IAS 39** (→ Rz. 29) **bereitzustellen**, d. h. die Klassenbildung (→ Rz. 19) kann entsprechend IFRS 7.8 erfolgen.[42]

b) Qualitative Angaben zu beizulegenden Zeitwerten

88 Ferner sind gem. IFRS 7.27 zu den beizulegenden Zeitwerten die folgenden qualitativen Angaben **je Klasse** zu machen:

- die **Methoden** der Wertermittlung und – sofern eine Bewertungstechnik zur Anwendung kommt – die **Annahmen**, welche das Unternehmen zur Bestimmung des beizulegenden Zeitwerts von Finanzinstrumenten heranzieht (z. B. Zinssätze, Abzinsungssätze);
- ob die beizulegenden Zeitwerte teilweise oder zur Gänze durch unmittelbare Bezugnahme auf **veröffentlichte Kurse eines aktiven Markts** oder mittels **Bewertungstechniken** bestimmt werden (→ Rz. 94);
- ob das Unternehmen die beizulegenden Zeitwerte teilweise oder zur Gänze **durch Verwendung von Bewertungstechniken** ermittelt, welche auf **Annahmen** beruhen, die sich **weder auf Preise beobachtbarer aktueller Markttransaktionen** für das gleiche Instrument (d. h. ohne Änderung oder Umgestaltung) **noch auf sonstige verfügbare Marktdaten** stützen; falls die Höhe von im Abschluss angesetzten beizulegenden Zeitwerten sich wesentlich ändern würde, wenn eine oder mehrere dieser Annahmen in vernünftigerweise mögliche alternative Annahmen umgewandelt werden, ist auf diese Tatsache hinzuweisen, und es sind die Auswirkungen solcher (angenommenen) Änderungen anzugeben. Die Wesentlichkeit wird dabei anhand der Gewinne/Verluste, der Gesamtvermögenswerte oder Gesamtverbindlichkeiten bzw. (sofern Änderungen der beizulegenden Zeitwerte im Eigenkapital erfasst werden) im Hinblick auf das Gesamteigenkapital ermittelt;
- die gesamte erfolgswirksam erfasste Änderung des – unter Verwendung einer solchen Bewertungstechnik bestimmten – beizulegenden Zeitwerts, sofern die Fälle in letztgenannter Aufzählung zutreffen.

89 Bei den qualitativen Angaben zum beizulegenden Zeitwert wirft vor allem der **Berichterstattungsumfang** bzw. Detaillierungsgrad Fragen auf. So lässt sich IFRS 7 z. B. nicht eindeutig entnehmen, ob allgemeine Formulierungen dahingehend, welche Parameter den Bewertungsmethoden zu Grunde liegen, ausreichend sind oder ob die jeweils tatsächlich berücksichtigten Zinssätze/-kurven, Wechselkurse etc. aufgeführt werden müssen.[43]

39) Vgl. Bonin, DB 2004, S. 1570; Brücks/Kerkhoff/Stauber, Der Konzern 2006, S. 436.
40) Vgl. Brücks/Kerkhoff/Stauber, Der Konzern 2006, S. 433; Scharpf, KoR 2006, Beil. 2, S. 35.
41) Vgl. Brücks/Kerkhoff/Stauber, Der Konzern 2006, S. 437.
42) Vgl. Scharpf, KoR 2006, Beil. 2, S. 31.
43) Vgl. Scharpf, KoR 2006, Beil. 2, S. 33 f.

c) Angaben bei Unterschieden zwischen beizulegendem Zeitwert und Transaktionspreis

Weicht der für die Erstbewertung herangezogene Transaktionspreis von dem mit Hilfe eines Bewertungsmodells bestimmten Wert ab („**day-one-profit**“), ist **pro Klasse** von Finanzinstrumenten gem. IFRS 7.28 Folgendes anzugeben: 90

- die bezüglich der erfolgswirksamen Erfassung des Unterschiedsbetrags angewandte Bilanzierungsmethode, um die Änderungen der Faktoren (einschließlich des Zeitfaktors), welche Marktteilnehmer bei der Preisfestlegung berücksichtigen würden, abzubilden;
- der zu Beginn und zum Ende der Periode noch nicht erfolgswirksam amortisierte gesamte Unterschiedsbetrag sowie eine Überleitung der Bestandsveränderungen dieser Größe.

Die Angabepflicht ergibt sich vor dem Hintergrund, dass eine erfolgswirksame Vereinnahmung von derartigen „day-one-profits“ derzeit nicht als zulässig erachtet wird und das Unternehmen den **Unterschiedsbetrag** somit **in der Bilanz zu erfassen** hat.[44] In der Folge kann dieser nur insoweit über die GuV aufgelöst werden, wie er durch die Änderung eines Faktors (einschließlich Zeit) entstanden ist, den Marktteilnehmer bei der Ermittlung eines Preises berücksichtigen würden (IAS 39.AG76A). Wie der Unterschiedsbetrag zu amortisieren ist, lässt sich IAS 39 nicht entnehmen; die **Amortisation** hängt demnach von der Bilanzierungs- bzw. Amortisationspolitik des Unternehmens ab. 91

IFRS 7.IG14 enthält ein **Beispiel**, wie den Anforderungen des IFRS 7.28 nachgekommen werden kann. 92

d) Angaben zu Finanzinstrumenten, deren beizulegende Zeitwerte nicht anzugeben sind

Sofern **Angabepflichten** zu beizulegenden Zeitwerten **auf Grund von nicht zuverlässig ermittelbaren beizulegenden Zeitwerten** von Eigenkapitalinstrumenten, mit Letzteren verknüpften Derivaten oder ermessensabhängigen Überschussbeteiligungen **entfallen** (→ Rz. 83), muss – damit sich die Abschlussadressaten selbst ein Urteil über den Umfang der möglichen Differenzbeträge zwischen Buchwert und beizulegendem Zeitwert bilden können – gem. IFRS 7.30 Folgendes angegeben werden: 93

- die Tatsache, dass der beizulegende Zeitwert nicht angegeben wird, weil dieser nicht zuverlässig ermittelt werden kann;
- eine Beschreibung der Finanzinstrumente und die Angabe ihrer Buchwerte sowie eine Erklärung, warum sich der beizulegende Zeitwert nicht zuverlässig bestimmen lässt;
- Informationen über den Markt für die Instrumente;
- Informationen über das Vorliegen einer Veräußerungsabsicht der Posten (sowie ggf. darüber, wie diese veräußert werden sollen);
- die Tatsache, dass nicht zuverlässig bewertbare Finanzinstrumente ausgebucht werden, den Buchwert zum Abgangszeitpunkt sowie den dabei erfassten Gewinn oder Verlust.

IAS 39 sieht für Eigenkapitalinstrumente und mit solchen verbundenen Derivaten grundsätzlich eine Bewertung zum beizulegenden Zeitwert vor, für dessen Ableitung faktisch eine **Bewertungshierarchie** besteht: Zunächst ist auf notierte Preise auf einem aktiven Markt abzustellen; liegen solche nicht vor, muss der beizulegende Zeitwert unter Anwendung einer Bewertungstechnik ermittelt werden (IAS 39.AG71, 39.AG74). 94

In den seltenen Fällen, in denen das Unternehmen nicht in der Lage ist, die beizulegenden Zeitwerte mittels solcher Bewertungsmethoden zuverlässig (Kriterien finden sich in IAS 39.AG80) zu bestimmen, hat es die Finanzinstrumente zu **Anschaffungskosten** zu bewerten (IAS 39.AG81, 39.46 (c)). Dies löst die vorstehend aufgeführten Angabepflichten (→ Rz. 93) aus. 95

Für Nicht-Banken ist die Vorschrift primär relevant in Verbindung mit **nicht-börsennotierten Anteilen an anderen Unternehmen** (z. B. GmbH-Anteile oder Anteile an Personengesellschaften), für die kein maßgeblicher Einfluss besteht oder die aus anderen Gründen nicht nach IAS 27, IAS 28 oder IAS 31 bilanziert werden. Lässt sich für derartige Eigenkapitalinstrumente der beizulegende Zeitwert nicht zuverlässig abschätzen, ver- 96

---

44) Vgl. Ernst & Young, S. 1330 f. und S. 1532.

bietet sich die Anwendung der Fair-Value-Option (IAS 39.9); es kommt sodann nur eine **Einstufung als AfS** (Abkürzung → Rz. 29) **mit Bewertung zu Anschaffungskosten** in Frage.

IV. Angaben zu Risiken

1. Qualitative Risikoangaben

97 **Für jede Risikoart**, die aus Finanzinstrumenten resultiert, hat das Unternehmen gem. IFRS 7.33 anzugeben:

- das **Ausmaß der Risiken** und die Art und Weise ihrer Entstehung;
- **Ziele, Strategien und Verfahren zur Steuerung der Risiken** sowie die Methoden zur Messung des Risikos;
- Änderungen der obigen Angaben im Vergleich zu früheren Berichtsperioden.

98 Vorschläge, welche Informationen zur Erfüllung der in den beiden ersten Aufzählungen genannten Anforderungen bereitgestellt werden können, enthält IFRS 7.IG15.

99 Die über IFRS 7.33 bereitzustellenden Angaben decken sich weitgehend mit den nach HGB/DRS 15 im **Lagebericht** zum Risikomanagement verlangten Offenlegungen.[45] Deutsche Unternehmen können demnach zur Erfüllung der Anforderungen auf diese Passagen verweisen (→ Rz. 28).

2. Quantitative Risikoangaben

a) Generelle Angabepflichten

100 **Für jede** aus Finanzinstrumenten resultierende **Risikoart** muss angegeben werden (IFRS 7.34):

- **zusammengefasste quantitative Daten** zum Umfang dieses Risikos zum Abschlussstichtag; die Basis hierfür sollen die dem Management (wie in IAS 24 definiert) zur Verfügung gestellten Informationen sein;
- die nach IFRS 7.36-7.42 geforderten **Angaben zu Kredit-, Liquiditäts- und Marktrisiken** (→ Rz. 104-138), soweit diesen nicht durch Erfüllung der Offenlegungspflichten in letztgenannter Aufzählung nachgekommen wird, es sei denn, das Risiko ist nicht wesentlich (→ Rz. 6);
- Risikokonzentrationen (→ Rz. 101), wenn diese nicht bereits aus den Angaben zu obigen Anforderungen ersichtlich werden.

101 **Risikokonzentrationen** ergeben sich bei Finanzinstrumenten, die ähnliche Merkmale aufweisen und in ähnlicher Weise von Änderungen wirtschaftlicher oder anderer Bedingungen betroffen sind. Gem. IFRS 7.B8 umfassen die Angaben Folgendes:

- eine Beschreibung der Art und Weise, wie das Management Konzentrationen feststellt;
- eine Beschreibung der gemeinsamen Merkmale der einzelnen Risikokonzentrationen (z. B. Vertragspartner, räumliche Aspekte, Währung, Markt);
- das Ausmaß des Risikos aus allen Finanzinstrumenten, die das gleiche Merkmal aufweisen.

Weitere Hinweise, wie Risikokonzentrationen entstehen können, enthält IFRS 7.IG18.

102 Sollten die zum Abschlussstichtag vermittelten quantitativen Angaben in Bezug auf die Risiken, denen das Unternehmen während der Berichtsperiode ausgesetzt war, **nicht repräsentativ** sein, hat es gem. IFRS 7.35 **weitere Informationen** bereitzustellen.

103 IFRS 7 stellt grundsätzlich auf die zum Abschlussstichtag bestehenden Risiken ab; darüber hinaus gehende Informationen (z. B. solche auf Durchschnittsbasis) werden nur verlangt, wenn die zu diesem Datum bereitgestellten Angaben das Risiko nicht ausreichend wiedergeben bzw. unrepräsentativ sind (IFRS 7.BC48). Ist das Unternehmen etwa typischerweise in Bezug auf eine bestimmte Währung einem hohen Risiko ausgesetzt, wurde die entsprechende Risikoposition allerdings zum Jahresende glattgestellt, könnte es mittels einer graphischen Darstellung das **Risiko im Zeitverlauf** aufzeigen oder den **höchsten, niedrigsten und durchschnittlichen Risikowert** ausweisen (IFRS 7.IG20).

---

45) Vgl. Brücks/Kerkhoff/Stauber, Der Konzern 2006, S. 437.

b) Angaben zu Kreditrisiken

Bezüglich des Kredit- oder Ausfallrisikos (→ Rz. 22) sind gem. IFRS 7.36 die folgenden Angaben **je Klasse** von Finanzinstrumenten vorgeschrieben: 104

- der Betrag, der das **maximale Ausfallrisiko** zum Abschlussstichtag am besten widerspiegelt (→ Rz. 105, 106) – und zwar ohne Berücksichtigung von ggf. erhaltenen Sicherheiten oder anderen das Risiko mindernden Vereinbarungen wie z. B. Aufrechnungsvereinbarungen, die nicht zu einer Saldierung nach IAS 32 berechtigen;
- bezogen auf den vorstehend angegebenen Betrag eine Beschreibung der **erhaltenen Sicherheiten** und der anderen risikomindernden Vereinbarungen (→ Rz. 107);
- Informationen über die **Kreditqualität** derjenigen finanziellen Vermögenswerte, die **weder überfällig** (→ Rz. 26) **noch wertgemindert** sind (→ Rz. 108);
- der Buchwert der finanziellen Vermögenswerte, die gem. den ursprünglichen Konditionen überfällig oder wertgemindert wären, dies aber auf Grund von **neuverhandelten Vertragsbedingungen** nicht sind (→ Rz. 109, 112).

In der Regel entspricht der **maximale Ausfallrisikobetrag** dem **(Netto-)Buchwert**, d. h. dem Bruttobuchwert abzüglich gem. IAS 32 saldierten Beträgen und nach IAS 39 erfassten Wertminderungsaufwendungen (IFRS 7.B9). 105

IFRS 7.B10 zählt beispielhaft **Tätigkeiten** auf, **die zu einem maximalen Ausfallrisiko führen**. Dies sind etwa die Ausgabe von Krediten/Forderungen, die Platzierung von Einlagen, der Abschluss von Verträgen über Finanzderivate, die Gewährung von Finanzgarantien oder die Erteilung von (nahezu) unwiderruflichen Kreditzusagen. Bei ersteren Aktivitäten entspricht das maximale Ausfallrisiko dem Buchwert der betreffenden finanziellen Vermögenswerte (→ Rz. 105). In Bezug auf begebene Finanzgarantien stellt der Höchstbetrag der Haftung das maximale Ausfallrisiko dar. Für Kreditzusagen, die der Verpflichtete nicht durch Nettoausgleich in bar oder mittels anderer Finanzinstrumente begleichen kann, ist der volle zugesagte Betrag maßgeblich.[46] 106

Hinweise darauf, was im Rahmen der **Angaben zu erhaltenen Sicherheiten** bzw. zu den anderen risikomindernden Vereinbarungen (z. B. erhaltene Finanzgarantien) zu berichten ist, lassen sich IFRS 7.IG22 entnehmen. Neben den wesentlichen Merkmalen der Sicherheiten (Art, Sicherungsgeber und deren Kreditfähigkeit) können z. B. Informationen zur Bewertung und zum Management von erhaltenen Sicherheiten sowie zu Risikokonzentrationen bei der Sicherheitenstellung bereitgestellt werden. 107

Bezüglich der **Angaben zur Kreditqualität** von finanziellen Vermögenswerten, die nicht Not leidend (d. h. weder überfällig noch wertgemindert) sind, enthält IFRS 7 keine genauen Vorgaben (IFRS 7.BC54). Über IFRS 7.IG23 wird jedoch eine **Auflistung möglicher Berichtsinhalte** zur Verfügung gestellt. Demnach sollte das Unternehmen u. a. Informationen über Analysen der eigenen Ausfallrisiken unter Verwendung externer oder interner Ratings sowie über die Art der Vertragspartner und deren historische Ausfallraten offen legen. In Abhängigkeit davon, ob beim Management und bei der Überwachung der Kreditrisiken interne oder externe Ratings berücksichtigt werden, liefern IFRS 7.IG24, 7.IG25 weitere Angabehinweise. Vor dem Hintergrund, dass bei Nicht-Banken Ausfallrisikomodelle i. d. R. kaum zur Anwendung kommen und Forderungen/Ausleihungen auch nicht anhand externer Bonitätseinstufungen beurteilt werden,[47] erscheinen letztgenannte Hinweise allerdings primär für Banken u. ä. Institutionen relevant. So wird die Etablierung entsprechender Ratingbeurteilungssysteme und -prozesse ausschließlich für Berichterstattungszwecke im Schrifttum unter Kosten/Nutzen-Überlegungen hinterfragt.[48] 108

---

46) Vgl. dazu auch Kuhn/Scharpf, Rz. 4503. Die für Finanzgarantien und Kreditzusagen maximalen Ausfallrisikobeträge können wesentlich höher sein als diejenigen, welche als Verbindlichkeiten erfasst werden.

47) Vgl. Buchheim/Schmidt, KoR 2005, S. 402 f.; Löw, BB 2005, S. 2180; Scharpf, KoR 2006, Beil. 2, S. 39; vgl. auch Bonin, DB 2004, S. 1572.

48) Vgl. Brücks/Kerkhoff/Stauber, Der Konzern 2006, S. 439.

109 Für den Fall, dass die **Vertragsbedingungen von finanziellen Vermögenswerten neu verhandelt** werden, weil diese ansonsten überfällig oder wertgemindert wären, hat das Unternehmen für die Posten auch die **Bewertungsmethoden** (→ Rz. 76) anzugeben.

110 Ferner sind zu überfälligen bzw. wertgeminderten Vermögenswerten gem. IFRS 7.37 folgende Angaben **je Klasse** zu machen:

- eine Analyse der Alterstruktur („**Überfälligkeitsanalyse**", „fälligkeitsbezogene Altersanalyse") der finanziellen Vermögenswerte, die zum Abschlussstichtag **überfällig,** aber (noch) **nicht wertgemindert** sind (→ Rz. 111, 112);
- eine **Analyse der finanziellen Vermögenswerte**, die zum Abschlussstichtag **einzeln wertgemindert** sind, einschließlich der Angabe der Faktoren, die das Unternehmen zur Feststellung der Wertminderungstatbestände berücksichtigt hat (→ Rz. 113);
- hinsichtlich der in den letztgenannten Aufzählungen anzugebenden Beträge eine **Beschreibung der erhaltenen Sicherheiten** und der sonstigen risikomindernden Vereinbarungen; sofern sich die beizulegenden Zeitwerte für die Sicherheiten schätzen lassen, sind diese dabei ebenso anzugeben.

111 Der Begriff der **Überfälligkeit** wird derzeit kontrovers diskutiert. IFRS 7.IG26 enthält ein Beispiel, aus dem hervorgeht, dass bei Nichtbegleichung einer fälligen Zahlung die zu Grunde liegende Forderung bereits einen Tag danach als überfällig einzustufen ist. Laut *Löw*[49] wird eine derartig enge Interpretation der Intention der Offenlegungspflicht nicht gerecht, zumal nach Basel II ein Zahlungsverzug erst bei einer Überziehung von 90 Tagen gegeben ist.

112 Die **Angabepflichten zu neuverhandelten Vertragsbedingungen** in IFRS 7.36 (→ Rz. 104) beziehen sich auf diejenigen finanziellen Vermögenswerte, welche ohne geänderte Konditionen überfällig oder wertgemindert wären. In die über IFRS 7.37 (→ Rz. 110) vorgeschriebene **Überfälligkeitsanalyse**, für die IFRS 7.IG28 vier Zeitbänder von je drei Monaten Dauer vorschlägt, sind nur solche überfälligen finanziellen Vermögenswerte einzubeziehen, die nicht bereits wertgemindert wurden. Nach Ansicht von *Scharpf*[50] ist der Standard an diesen Stellen **nicht konkret genug**; es müsse sich jeweils um die „einzeln" wertgeminderten Posten handeln, da nach den Vorgaben des IAS 39 alle finanziellen Vermögenswerte zwingend einer Wertberichtigungsprüfung auf Gruppenbasis unterzogen werden müssen. Somit würden sich die Angabepflichten zu neuverhandelten Vertragsbedingungen auf sämtliche finanzielle Vermögenswerte (d. h. auch auf solche, die gar nicht Not leidend sind) beziehen. Bei der Überfälligkeitsanalyse wären bei wörtlicher Auslegung keine Posten zu berücksichtigen. Dieser Interpretation kann u. E. aus folgenden Gründen nicht gefolgt werden:

- Im Standard wird generell konsequent sowohl zwischen wertberichtigten und nicht wertberichtigten finanziellen Vermögenswerten als auch zwischen einzeln und auf Gruppenbasis wertberichtigten Vermögenswerten unterschieden, so dass die Annahme einer unzureichenden Präzisierung in dieser Vorschrift einer hinreichenden Begründung entbehrt.[51]
- Eine auf Gruppenbasis vorgenommene Wertberichtigungsprüfung bedingt nicht zwingend eine Wertberichtigung. Ursächlich hierfür kann sein, dass Überfälligkeiten nicht zu einem Schadensfall (IAS 39.59) führen (z. B. infolge gestellter Sicherheiten oder anderer risikomindernder Vereinbarungen).
- Es ist entscheidend, wie der Begriff der „Überfälligkeit" definiert wird (→ Rz. 111), denn nicht jede kurzfristige Überfälligkeit muss zwangsweise zu einem Schadensfall und damit zu einer Wertberichtigung führen.

113 Mit Blick auf die **Analyse der finanziellen Vermögenswerte**, die zum Abschlussstichtag **einzeln wertgemindert** sind, empfiehlt IFRS 7.IG29 die Offenlegung des Buchwerts vor Wertminderung sowie des Wertminderungsbetrags. Ferner werden Angaben zur Art und zum beizulegenden Zeitwert von erhaltenen Sicherheiten nahe gelegt.

---

49) Vgl. Löw, BB 2005, S. 2181.

50) Vgl. dazu und folgend Scharpf, KoR 2006, Beil. 2, S. 40 f.

51) Hingegen kann lt. Scharpf, KoR 2006, Beil. 2, S. 41 aus dem Umstand, dass in einem anderen Abschnitt in IFRS 7.37 ausdrücklich auf Einzelwertberichtigungen rekurriert wird, nicht abgeleitet werden, dass für die genannten Angabepflichten bezüglich des Anwendungsbereichs eine andere Sichtweise greift.

Erwirbt das Unternehmen während der Berichtsperiode finanzielle oder nicht-finanzielle Vermögenswerte, indem es **gehaltene Sicherheiten** oder sonstige risikomindernde Vereinbarungen **in Anspruch nimmt**, und erfüllen diese Vermögenswerte die Ansatzkriterien anderer Standards, ist gem. IFRS 7.38 Folgendes anzugeben: 114

- Art und Buchwert der erworbenen Vermögenswerte;
- für den Fall, dass sich die Vermögenswerte nicht unmittelbar in Zahlungsmittel umwandeln lassen, die geplanten Veräußerungsformen bzw. die Art ihrer Nutzung im Unternehmen.

c) Angaben zu Liquiditätsrisiken

Bezüglich des Liquiditätsrisikos (→ Rz. 23) sind die folgenden Angaben vorgeschrieben (IFRS 7.39): 115

- eine Analyse der vereinbarten Fälligkeitstermine („**Fälligkeitsanalyse**", „Restlaufzeitengliederung") für finanzielle Verbindlichkeiten, welche die verbleibenden vertraglich vereinbarten Fälligkeiten (Restlaufzeiten) aufzeigt (→ Rz. 116-120);
- eine Beschreibung der **Art und Weise, wie das Unternehmen das Liquiditätsrisiko steuert** (→ Rz. 121, 122).

Bei der Fälligkeitsanalyse müssen die **undiskontierten vertraglich vereinbarten Zahlungen** einbezogen werden, die z. B. resultieren aus (IFRS 7.B14): 116

- Bruttoverpflichtungen (vor Abzug der Finanzierungskosten) **aus Finanzierungsleasingverhältnissen**;
- festgelegten Preisen **aus Termingeschäften**;
- Nettobeträgen aus zu zahlenden und zu empfangenden Zinsen **aus Zinsswaps**;
- zu Beginn und zum Ende getauschten Beträgen **aus Währungsswaps**;
- zugesagten Beträgen **aus Kreditzusagen** und (außerhalb der Aufzählung von IFRS 7.B14) **aus begebenen Finanzgarantien**.[52)]

Anzahl und Länge der **Zeitbänder**, die der Fälligkeitsanalyse zu Grunde liegen, kann das Unternehmen nach eigenem Ermessen bestimmen; es wird lediglich eine beispielhafte Aufteilung vorgegeben (IFRS 7.B11). 117

Stehen die zu zahlenden Beträge nicht fest (wie dies z. B. bei variabel verzinslichen Verbindlichkeiten der Fall ist), sind die bei der Fälligkeitsanalyse zu berücksichtigenden Werte unter Bezugnahme auf die **Bedingungen am Abschlussstichtag** zu ermitteln (IFRS 7.B16). Laut *Kuhn/Scharpf*[53)] bedingt dies für die Bestimmung künftiger variabler Zinszahlungen die Verwendung von Forward-Zinssätzen. Im Schrifttum wird es hingegen mit Bezug auf IFRS 7.B16 auch für zulässig erachtet, zur Vermeidung des u. U. erheblichen Rechenaufwands die Spot-Zinssätze heranzuziehen.[54)] 118

Sofern ein Gläubiger **Wahlmöglichkeiten bezüglich des Rückzahlungstermins** hat, ist der einzubeziehende Betrag dem Zeitband zuzuordnen, in dem der früheste Termin liegt, zu dem das Unternehmen zur Zahlung verpflichtet werden kann; so sind Sichteinlagen etwa im frühesten Zeitband zu berücksichtigen (IFRS 7.B12). Entsprechend vorzunehmen ist gem. IFRS 7.B13 die Zuordnung von Ratenzahlungen bei Tilgungsverbindlichkeiten (für jede Rate der früheste Zeitpunkt der Zahlungsverpflichtung) und der Cashflows aus Kreditzusagen (frühester Zeitpunkt der Kreditabrufbarkeit). 119

Auf Grund der wenigen Vorgaben zur Ausgestaltung der Fälligkeitsanalyse ergeben sich zahlreiche **Umsetzungsfragen**; in Bezug auf Nicht-Banken werden im Schrifttum einige Aspekte (Einbeziehung von Zins- und Tilgungszahlungen, Berücksichtigung von Cashflows aus derivativen Vermögenswerten, Zeitraster der Analyse, Aufschlüsselungstiefe der Zahlungen) diskutiert.[55)] Dabei wird auch ein Vorschlag zum Aufbau der Fälligkeitsanalyse unterbreitet. 120

52) Vgl. zu Letzterem Scharpf, KoR 2006, Beil. 2, S. 44.

53) Vgl. Kuhn/Scharpf, Rz. 4582.

54) Vgl. dazu und zu den Gründen Brücks/Kerkhoff/Stauber, Der Konzern 2006, S. 439.

55) Vgl. hierzu Brücks/Kerkhoff/Stauber, Der Konzern 2006, S. 439-441.

121 IFRS 7.IG31 enthält Hinweise zu den **Aspekten**, die im Rahmen der Ausführungen zur Art und Weise, wie das Unternehmen das Liquiditätsrisiko steuert und überwacht, einbezogen werden können. Es soll z. B. Berücksichtigung finden, ob

- über bislang nicht in Anspruch genommene Kreditzusagen tatsächlich nicht verfügt wird;
- das Unternehmen finanzielle Vermögenswerte hält, für welche ein liquider Markt existiert und die damit zur Erfüllung der Refinanzierungsanforderungen jederzeit veräußerbar sind;
- Kreditlinien zur Verfügung stehen, auf die im Fall von Liquiditätsengpässen zurückgegriffen werden kann;
- das Unternehmen sehr diversifizierte Finanzierungsquellen hat.

122 Wenn Liquiditätsrisiken anhand von **erwarteten Fälligkeiten** gesteuert werden, kann das Unternehmen diese Analyse ergänzend zur Fälligkeitsanalyse mit den vertraglich festgelegten Terminen angeben (IFRS 7.IG30). Dabei sind allerdings sowohl finanzielle Verbindlichkeiten als auch finanzielle Vermögenswerte einzubeziehen. Darüber hinaus werden weitere Angaben verlangt.

d) Angaben zu Marktrisiken

123 Vorbehaltlich der Relevanz von IFRS 7.41 (→ Rz. 135), hat ein Unternehmen gem. IFRS 7.40 folgende Angaben zu machen:

- eine **Sensitivitätsanalyse für jede Marktrisikoart** (→ Rz. 24), der das Unternehmen zum Abschlussstichtag ausgesetzt ist und die wiedergibt, welche Auswirkungen hypothetische, zum Abschlussstichtag bei vernünftiger Beurteilung jedoch mögliche Änderungen der relevanten Risikovariablen (→ Rz. 126) – z. B. Marktzinssätze, Wechselkurse, Aktienkurse oder Rohstoffpreise (IFRS 7.B18, 7.IG32) – auf Ergebnis und Eigenkapital (→ Rz. 124) haben würden;
- die **Methoden** und **Annahmen**, welche bei der Analyse verwendet bzw. zu Grunde gelegt wurden;
- im Vergleich zu früheren Berichtsperioden in Bezug auf die Methoden und Annahmen vorgenommene Änderungen sowie die Gründe dafür.

124 Die nach IFRS 7.40 (→ Rz. 123) oder IFRS 7.41 (→ Rz. 135) offen zu legenden Sensitivitätsanalysen müssen sich zwar auf die gesamten Unternehmenstätigkeiten erstrecken, das Unternehmen kann jedoch **differenzierte Arten von Sensitivitätsanalysen** für unterschiedliche Klassen von Finanzinstrumenten veröffentlichen. Bezogen auf erstere Analysen ist zudem zu beachten, dass Sensitivitäten, die sich auf **GuV-Wirkungen** beziehen, **getrennt** von denjenigen, welche **Effekte auf das Eigenkapital** zeigen, anzugeben sind (IFRS 7.B27).

125 Mit Verweis auf IFRS 7.1 (b), wonach generell über Risiken zu berichten ist, denen das Unternehmen sowohl während des Berichtszeitraums als auch zum Berichtszeitpunkt ausgesetzt ist, wären die Marktrisiken streng genommen auf Basis der tatsächlichen Bestände während der betrachteten Periode zu bestimmen und darzustellen.[56] Die Bezugnahme auf den Berichtszeitraum wird jedoch nicht verpflichtend vorgeschrieben: Es müssen die **Auswirkungen auf Gewinn bzw. Verlust und Eigenkapital am Bilanzstichtag** angegeben werden unter der Annahme, dass an diesem Datum nach vernünftigem Ermessen eine mögliche Änderung der betreffenden Risikovariable eingetreten ist und auf die zu diesem Zeitpunkt bestehenden Risiken angewandt wurde (IFRS 7.B18 (a)). Entspricht das Risiko zum Abschlussstichtag nicht dem während des Jahres vorherrschenden Risiko, sind zusätzliche Angaben (→ Rz. 137) bereitzustellen. Ferner ist zu beachten, dass man die Auswirkungen auf GuV/Eigenkapital nicht für jede einzelne Änderung innerhalb der Bandbreite vernünftigerweise möglicher Änderungen angeben muss; die Darstellung der Effekte an den Grenzen der Spannen reicht aus (IFRS 7.B18 (b)).

126 Bei der Bestimmung dessen, was eine **nach vernünftiger Beurteilung** (Ermessen) **mögliche Änderung der relevanten Risikovariable** darstellt, sollte das Unternehmen die wirtschaftlichen Rahmenbedingungen seiner Tätigkeit bedenken; „worst case"-Szenarios oder „stress tests" bleiben dabei normalerweise unberücksichtigt. Ist die Änderungsrate der betreffenden Risikovariable (im Zeitverlauf) stabil, muss es seine Festlegung der möglichen Änderungen auch nicht erhöhen (IFRS 7.B19 (a)). Der **Zeitrahmen**, für den die Sensitivitätsanalyse gilt, wird üblicherweise durch die Länge des Berichtszeitraums determiniert (IFRS 7.B19 (b)).

56) Vgl. Kuhn/Scharpf, Rz. 4611.

Die einzubeziehenden **Marktrisikoarten** schließen Zinsrisiken (→ Rz. 128, 129), Wechselkursrisiken (→ Rz. 130-132) und sonstige Preisrisiken (→ Rz. 133) wie Eigenkapital- oder Warenpreisrisiken, Rückzahlungsrisiken oder Restwertrisiken ein (IFRS 7.IG32). Zwar wird die Berücksichtigung von **Interdependenzen** der den einzelnen Marktrisikoarten zu Grunde liegenden Risikovariablen nicht zwingend vorgeschrieben (IFRS 7.BC60), das IASB empfiehlt jedoch z. B., zinsrisikobezogene Sensitivitätsanalysen für jede Währung, in der das Unternehmen wesentlichen Zinsrisiken ausgesetzt ist, bereitzustellen (IFRS 7.IG34). 127

Zinsrisiken (→ Rz. 24) können sowohl bei bilanzierten zinstragenden Finanzinstrumenten als auch bei nicht in der Bilanz angesetzten Finanzinstrumenten (z. B. bestimmten Kreditzusagen) auftreten (IFRS 7.B22). Die Sensitivitätsanalyse sollte diesbezüglich die **Effekte von Marktzinssatzänderungen** auf Zinserträge und -aufwendungen, andere Ergebnisteile (z. B. Handelsgewinn oder -verlust) und – soweit relevant – auf das Eigenkapital zeigen (IFRS 7.IG34). Demnach hat das Unternehmen generell alle variabel verzinslichen originären Finanzinstrumente in die Analyse einzubeziehen (Ausnahme → Rz. 129), da Veränderungen des Referenzzinssatzes Auswirkungen auf das Zinsergebnis (oder auf das Eigenkapital bei Einstufung als AfS (Abkürzung → Rz. 29)) haben (IFRS 7.IG33 (a)). Finanzielle Vermögenswerte und Schulden mit fester Verzinsung müssen hingegen nur berücksichtigt werden, wenn diese zum beizulegenden Zeitwert bewertet werden; denn nur dann kommt es bei Marktzinssatzänderungen zu GuV/Eigenkapital-Wirkungen.[57] 128

Bei variablen Zinszahlungen aus originären Finanzinstrumenten, die als Grundgeschäfte im Rahmen von **Absicherungen von Zahlungsströmen** gegen Zinsänderungsrisiken designiert sind, können – bedingt durch den gegenläufigen Effekt der Sicherungsinstrumente (z. B. Zinsswaps) – bei Änderungen des Marktzinsniveaus nur im Fall von Ineffektivitäten der Sicherungsbeziehungen GuV-Wirkungen auftreten, d. h. das gesamte Zinszahlungsrisiko wird (nahezu) eliminiert.[58] Hingegen beeinflussen marktzinssatzbedingte Wertänderungen der Sicherungsinstrumente die Höhe des Eigenkapitals; bei einem Derivat entspricht dieses **Wertänderungsrisiko** der Marktwertänderung bei hypothetischer Verschiebung der zum Abschlussstichtag geltenden Zinsstrukturkurve („basis-point-value"-Kalkulation).[59] Umgekehrt unterliegen innerhalb von **Absicherungen von beizulegenden Zeitwerten** gegen Zinsänderungsrisiken als Sicherungsinstrumente eingebundene Zinsswaps bei Marktzinssatzänderungen keinem Wertänderungsrisiko (außer die Sicherung ist ineffektiv), da die in der GuV erfasste Änderung durch die erfolgswirksame Buchwertanpassung des fest verzinslichen Grundgeschäfts kompensiert wird. Allerdings muss das **Zinszahlungsrisiko der variablen Seite des Zinsswap** beachtet werden, welches sich aus dem Produkt der angenommenen Änderung des Marktzinsniveaus und dem Kapitalbetrag des Derivats bestimmen lässt.[60] Bei der Ermittlung der GuV-Auswirkungen für **nicht in Sicherungsbeziehungen** nach IAS 39 **eingebundene Derivate** ist **sowohl das Zinszahlungs- als auch das Wertänderungsrisiko** relevant. 129

IFRS 7 zufolge treten **Wechselkursrisiken** (→ Rz. 24) ausschließlich bei monetären Finanzinstrumenten auf, die auf eine andere Währung als die funktionale Währung, in der sie bewertet werden, lauten (IFRS 7.B23). Somit sind bei der Sensitivitätsanalyse nur **monetäre Fremdwährungsgeschäfte** relevant; wechselkursbedingte Differenzen aus der Umrechnung von Abschlüssen in die Konzernwährung (Translationsrisiko) und nicht-monetäre Posten wie gehaltene Eigenkapitalinstrumente bleiben unberücksichtigt.[61] Es muss für jede Währung, die ein wesentliches Risiko für das Unternehmen darstellt, eine Sensitivitätsanalyse präsentiert werden (IFRS 7.B24). 130

Bei der Frage, **welche monetären Einzelposten** in die **wechselkursbedingten Sensitivitätsanalysen einzubeziehen** sind, können die folgenden **Aspekte** von Relevanz sein:[62] 131

---

57) Vgl. Brücks/Kerkhoff/Stauber, Der Konzern 2006, S. 429; Kuhn/Scharpf, Rz. 4632; Ernst & Young, S. 1547.

58) Vgl. dazu und folgend primär Brücks/Kerkhoff/Stauber, Der Konzern 2006, S. 441 f.

59) Vgl. auch Kuhn/Scharpf, Rz. 4632.

60) Gl. A. Kuhn/Scharpf, Rz. 4632.

61) Vgl. Brücks/Kerkhoff/Stauber, Der Konzern 2006, S. 429; Kuhn/Scharpf, Rz. 4621.

62) Vgl. zu diesen Brücks/Kerkhoff/Stauber, Der Konzern 2006, S. 442 f. Einer generellen Nichtberücksichtigung von währungsgesicherten Posten stimmen Kuhn/Scharpf, Rz. 4622 nicht zu.

- Originäre Finanzinstrumente in Fremdwährung (und Zinsaufwendungen/-erträge aus diesen) werden ggf. durch den Einsatz von Währungsderivaten (Devisentermingeschäfte, Devisenswaps) **synthetisch in die funktionale Währung transferiert**, womit sich die Berücksichtigung erübrigt, es sei denn, die Sicherungen weisen wesentliche Ineffektivitäten auf.
- Originären finanziellen Vermögenswerten (Verbindlichkeiten) stehen ggf. in gleicher Höhe originäre finanzielle Verbindlichkeiten (Vermögenswerte) gegenüber („**natural hedges**"), wodurch sich deren wechselkursbedingte Wertänderungen in der GuV ausgleichen und diese deshalb gleichfalls nicht einbezogen werden müssen.
- Im Rahmen von **Absicherungen von Zahlungsströmen** gegen währungsbedingte Schwankungen von Cashflows designierte **Derivate** sind grundsätzlich stets **zu berücksichtigen**, da hypothetische Wechselkursänderungen **Auswirkungen auf das Eigenkapital** haben.
- In **Absicherungen von Nettoinvestitionen in ausländische Geschäftsbetriebe** eingebundene Finanzinstrumente können von der Analyse **ausgeschlossen** werden (außer die Sicherung ist mit Ineffektivitäten verbunden), weil sowohl die wechselkursbedingte Wertänderung der abgesicherten Investition (Grundgeschäft) als auch die gegenläufige Wertänderung des Sicherungsinstruments (Währungsderivat, Fremdwährungsverbindlichkeit) im Eigenkapital erfasst wird, bis die kumulierten Gewinne/Verluste mit dem Abgang des Grundgeschäfts zeitgleich in die GuV zu transferieren sind.

132 Die **hypothetische Auswirkung jedes einbezogenen originären Einzelpostens** kann durch Vergleich des Buchwerts (der mit dem tatsächlichen Stichtagskurs umgerechnet wird) mit dem unter Heranziehung des hypothetischen Wechselkurses umgerechneten Wert bestimmt werden; die Differenz ist der anzugebende Betrag.[63] Bei **Devisentermingeschäften** bzw. **Devisenswaps** lässt sich der Effekt anhand des zukünftig zu kaufenden bzw. zu verkaufenden Fremdwährungsbetrags ermitteln. Analog stellt die Differenz zwischen dem mit tatsächlich vorherrschendem und dem mit angenommenem Wechselkurs umgerechneten Fremdwährungsbetrag die GuV- bzw. Eigenkapitalauswirkung dar.

133 **Sonstige Preisrisiken** ergeben sich z. B. aus Änderungen von Rohstoffpreisen oder Aktienkursen; das Unternehmen könnte etwa die Auswirkungen des Rückgangs bestimmter Börsenindizes, Rohstoffpreise oder anderer Risikofaktoren angeben (IFRS 7.B25). Mit Aktienkursrisiken verbundene Finanzinstrumente sind etwa Bestände an Anteilen anderer Unternehmen, Terminkontrakte und Kauf- oder Verkaufsoptionen in Bezug auf bestimmte Mengen an Eigenkapitalinstrumenten (IFRS 7.B26). Fraglich ist, ob im Zusammenhang mit der Einbeziehung von Rohstoffpreisrisiken auch die Auswirkungen auf nicht-finanzielle Posten wie etwa Öl- oder Edelmetallbestände berücksichtigt werden müssen (dürfen); bei strenger Auslegung stellt der Standard ausschließlich auf Risiken ab, die aus Finanzinstrumenten resultieren.[64] *Löw* plädiert dafür, im Fall von stets einzubeziehenden Terminkontrakten auch die entsprechenden Basisinstrumente in die Analyse aufzunehmen.[65] Eindeutig geregelt wird hingegen, dass für vom Unternehmen als eigene (emittierte) Eigenkapitalinstrumente eingestufte Finanzinstrumente keine Sensitivitätsanalyse erforderlich ist (IFRS 7.B28).

134 IFRS 7.IG36 enthält **Beispiele** dazu, wie man die in IFRS 7.40 verlangten Sensitivitätsanalysen im Anhang darstellen kann. Hierbei werden Zins- und Wechselkurssensitivitäten jeweils gesondert präsentiert.

135 Steuert das Unternehmen seine Risiken mittels anderer Verfahren wie etwa solcher auf Basis von **Value-at-Risk-Modellen**, die Interdependenzen zwischen Risikovariablen abbilden (z. B. zwischen Zinssätzen und Wechselkursen), kann es sich alternativ zu IFRS 7.40 (→ Rz. 123) hinsichtlich der Risikoinformationen auf diese Analysen stützen; dabei sind gem. IFRS 7.41 folgende Angaben zu machen:

- eine Erläuterung der gewählten **Methode** zur Erstellung der Analyse sowie der wesentlichen zu Grunde liegenden **Parameter** und **Annahmen** (→ Rz. 136);
- eine Erläuterung der **mit der Methode verfolgten Zielsetzung** sowie der **Beschränkungen**, die in die Informationen einfließen und dem beizulegenden Zeitwert der involvierten Vermögenswerte und Verbindlichkeiten nicht ausreichend Rechnung tragen.

---

63) Vgl. hierzu und in der Folge Brücks/Kerkhoff/Stauber, Der Konzern 2006, S. 443; Kuhn/Scharpf, Rz. 4622.
64) Vgl. dazu und folgend Löw, BB 2005, S. 2179.
65) Gl. A. Scharpf, KoR 2006, Beil. 2, S. 46.

Im Rahmen der Erläuterungen zur gewählten Methode sowie der zu Grunde liegenden Parameter kann das Unternehmen z. B. die Art des verwendeten Value-at-Risk-Modells (z. B. Monte-Carlo-Simulation) und dessen wesentliche Annahmen (z. B. Haltedauer, Konfidenzintervall) offen legen (IFRS 7.B20). Ferner lassen sich der historische Beobachtungszeitraum und die Gewichtung der Beobachtungen in diesem Zeitraum angeben und die Behandlung von Optionen in den Berechnungen beschreiben. Des Weiteren kann erläutert werden, welche Volatilitäten und Korrelationen (oder alternativ welche Monte-Carlo-Simulationen der Wahrscheinlichkeitsverteilung) Verwendung finden (IFRS 7.B20). 136

Sind die nach IFRS 7.40 (→ Rz. 123) oder IFRS 7.41 (→ Rz. 135) angegebenen **Risikoanalysen** bezüglich des einem Finanzinstrument innewohnenden Risikos **nicht repräsentativ** (z. B. bedingt dadurch, dass das Risiko zum Abschlussstichtag nicht das Risiko während des Geschäftsjahres widerspiegelt, → Rz. 125), muss das Unternehmen diese Tatsache sowie die Gründe dafür angeben (IFRS 7.42). 137

IFRS 7.IG37 führt Hinweise auf, **in welchen Fällen** eine Sensitivitätsanalyse **nicht repräsentativ** ist und damit die in IFRS 7.42 geforderten zusätzlichen Angaben zu machen sind. Dies liegt etwa vor, wenn 138

- Finanzinstrumente Bestimmungen enthalten, deren Effekte nicht über die Sensitivitätsanalyse ersichtlich sind (z. B. Optionen, die in der gewählten Änderungsbandbreite der Risikovariablen aus dem Geld bzw. im Geld bleiben);
- finanzielle Vermögenswerte nicht liquide sind (z. B. wenn ein niedriges Transaktionsvolumen gleichartiger Vermögenswerte vorliegt und das Unternehmen Schwierigkeiten hat, eine Gegenpartei zu finden);
- in großem Umfang in finanzielle Vermögenswerte investiert wurde, die man beim vollständigen Verkauf im Vergleich zu kleineren Paketen mit einem Ab- oder Aufschlag zum notierten Marktpreis veräußern muss.

Was beim Vorliegen der jeweiligen Fälle angeben werden sollte, wird in IFRS 7.IG38-7.IG40 beschrieben.

D. Ausblick

IFRS 7 bringt für Abschlussersteller und -prüfer in Bezug auf die Verständlichkeit der Offenlegungsvorschriften zu Finanzinstrumenten folgende Vorteile mit sich: Der Standard ist systematisch aufgebaut; die Angabepflichten sind nunmehr erstmals in einem Standard gebündelt; den einzelnen Anforderungen sind zwei Generalnormen vorangestellt; über die Anhänge werden umfassende Zusatzinformationen (Definitionen, Konkretisierungen, Hinweise, Beispiele) vermittelt. Diesen wesentlichen Verbesserungen stehen jedoch auch mehrere auslegungsbedürftige oder gar widersprüchliche Regelungen gegenüber. Es bleibt abzuwarten, ob sich dazu über Schrifttum, Fachgremien und Standardsetter ausreichend Klarheit herstellen lässt. Gleichfalls ist abzuwarten, inwieweit die vom Schrifttum prognostizierten Herausforderungen bei der Implementierung des IFRS 7 – welche sich vor allem für Nicht-Banken bezüglich der Angaben zu Risiken ergeben sollen – tatsächlich bestehen. 139

IFRS 8 – Operating Segments

Bearbeitet von:
Manuel Alvarez

Inhalt

Schrifttum

Adler/Düring/Schmaltz, Rechnungslegung nach internationalen Standards, Stuttgart 2002 ff.;

Albrecht/Chipalkatti, Looking for Better Answers? New Segment Reporting, The CPA Journal 5/1998, S. 46;

Alvarez, Segmentberichterstattung nach DRS 3, DB 2002, S. 2057;

Alvarez, Segmentberichterstattung und Segmentanalyse, Diss., Wiesbaden 2004;

Alvarez, Finanzielle und strategische Segmentanalyse, FB 2004, S. 649;

Alvarez/Büttner, ED 8 Operating Segments, KoR 2006, S. 307;

Alvarez/Fink, Qualität der Segmentberichterstattung in Deutschland, KoR 2003, S. 275;

Apel, Segmentberichterstattung nach IAS 14 und DRS 3, BBK 2002, F. 20, S. 615;

Ballwieser, Informationsökonomie, Rechnungslegungstheorie und Bilanzrichtlinie-Gesetz, zfbf 1985, S. 47;

Beer/Deffner/Fink, Qualität der Segmentberichterstattung in der deutschen Publizitätspraxis, KoR 2007, S. 218;

Beine/Nardmann, Abschnitt 20: Segmentberichterstattung, in Ballwieser u. a. (Hrsg.), Wiley Kommentar zur internationalen Rechnungslegung nach IFRS 2006, Weinheim, 3. Aufl. 2007;

Bernards, Segmentberichterstattung diversifizierter Unternehmen, Diss., Köln 1994;

Böcking/Benecke, Der Entwurf des DRSC zur Segmentberichterstattung „E-DRS 3“, WPg 1999, S. 839;

Bohl, § 21: Segmentberichterstattung, in Bohl/Riese/Schlüter (Hrsg.), Beck'sches IFRS-Handbuch, München, 2. Aufl. 2006;

Coenenberg, Jahresabschluss und Jahresabschlussanalyse, Stuttgart, 20. Aufl. 2005;

Coenenberg/Mattner, Segment- und Wertberichterstattung in der Jahresabschlussanalyse, BB 2000, S. 1827;

Delaney/Epstein/Nach/Budak, Wiley GAAP 2002, New York u. a. 2001;

DRSC, Stellungnahme zu ED 8 – Operating Segments v. 18.5.2006;

Europäisches Parlament, Entschließung des Europäischen Parlaments zu dem Entwurf einer Verordnung der Kommission zur Änderung der Verordnung (EG) Nr. 1752/2003 betreffend die Übernahme bestimmter internationaler Rechnungslegungsstandards in Übereinstimmung mit der Verordnung (EG) Nr. 1606/2002 des Europäischen Parlaments und des Rates im Hinblick auf „International Financial Reporting Standard“ (IFRS) 8 bezüglich der Berichterstattung über operative Segmente (C6-0000/0000) vom 18.4.2007, http://www.europarl.europa.eu/sides/getDoc.do?pubRef=-//EP//TEXT+MOTION+B6-2007-0157+0+DOC+XML+V0//DE;

Fey/Mujkanovic, Segmentberichterstattung im internationalen Umfeld, DBW 1999, S. 261;

Fink/Ulbrich, Segmentberichterstattung nach ED 8 – Operating Segments, KoR 2006, S. 233;

Fink/Ulbrich, Verabschiedung des IFRS 8, KoR 2007, S. 1;

Fink/Ulbrich, Segmentberichterstattung nach IFRS 8 aus Sicht der Gestaltungspraxis, PiR 2007, S. 31;

Günther/Schmidt, Externe Portfolioanalyse auf der Basis von Segmentinformationen am Beispiel von Dax-30-Unternehmen, FB 2006, S. 323;

Haaker/Paarz, Die Segmentberichterstattung als Informationsinstrument, KoR 2005, S. 194;

Hacker, Segmentberichterstattung, Diss., Frankfurt a. M. u. a. 2002;

Hacker, Segmentberichterstattung im internationalen Vergleich, BuW 2003, S. 50;

Haller, Segmentberichterstattung, in Haller/Raffournier/Walton (Hrsg.), Unternehmenspublizität im internationalen Wettbewerb, Stuttgart 2000, S. 755;

Haller, IAS 14 Segmentberichterstattung (Segment Reporting), in Baetge u. a. (Hrsg.), Rechnungslegung nach IFRS, Stuttgart, 2. Aufl. 2002;

Haller/Park, Grundsätze ordnungsmäßiger Segmentberichterstattung, zfbf 1994, S. 499;

Haller/Park, Segmentberichterstattung auf Basis des „Management Approach“, krp-Sonderheft 3/1999, S. 59;

Haller/Permanschlager, Anspruch und Wirklichkeit der Segmentberichterstattung nach US-GAAP, BB 2002, S. 1411;

Hayn/Graf Waldersee (Hrsg.), IFRS / US-GAAP / HGB im Vergleich, Stuttgart, 5. Aufl. 2004;

Herrmann/Thomas, An Analysis of Segment Disclosures under SFAS No. 131 and SFAS No. 14, Accounting Horizons 9/2000, S. 287;

Heuser/Theile, IAS/IFRS-Handbuch, Köln, 3. Aufl. 2007;

Hütten, § 36: Segmentberichterstattung, in Lüdenbach/Hoffmann (Hrsg.), Haufe IFRS-Kommentar, Freiburg i. Br., 5. Aufl. 2007;

Kajüter/Barth, Segmentberichterstattung in diversifizierten Konzernen, KoR 2007, S. 110;

Kajüter/Barth, Segmentberichterstattung nach IFRS 8, BB 2007, S. 428;

Kirsch, Segmentbezogene Jahresabschlussanalyse nach IFRS 8, PiR 2007, S. 61;

KPMG (Hrsg.), Insights into IFRS, Frankfurt a. M. 2005;

Küting/Pilhofer, Die neuen Vorschriften zur Segmentberichterstattung nach US-GAAP, DStR 1999, S. 559 (Teil I) und S. 603 (Teil II);

Langguth/Engelmann, Empirische Untersuchung zur Segmentberichterstattung am deutschen Kapitalmarkt, DB 2005, S. 621;

Lüdenbach, § 2: Darstellung des Abschlusses, in Lüdenbach/Hoffmann (Hrsg.), Haufe IFRS-Kommentar, Freiburg i. Br., 5. Aufl. 2007;

Müller/Peskes, Konsequenzen der geplanten Änderungen der Segmentberichterstattung nach IFRS für Abschlusserstellung und Unternehmenssteuerung, BB 2006, S. 819;

Nardmann, Die Segmentberichterstattung, Diss., Herne/Berlin 2002;

Ordelheide/Stubenrath, Segmentberichterstattung, in Ballwieser (Hrsg.), US-amerikanische Rechnungslegung, Stuttgart, 4. Aufl. 2000, S. 379;

Pejic, Segmentberichterstattung im externen Jahresabschluss, Diss., Wiesbaden 1997;

Pellens/Fülbier/Gassen, Internationale Rechnungslegung, Stuttgart, 6. Aufl. 2006;

PWC (Hrsg.), IAS/IFRS – Kapitalmarktorientierte Unternehmen in Deutschland, Düsseldorf 2004;

Schildbach, US-GAAP, München, 2. Aufl. 2002;

Schween, Standardentwurf des IASB zur Segmentberichterstattung, WPg 2006, S. 516;

Zülch/Burghardt, IFRS 8 „Operating Segments", PiR 2007, S. 21.

A. Gegenstand und Relevanz

I. Inhalt

IFRS 8 – Operative Segmente („Operating Segments") regelt die Anforderungen an die im Rahmen der Segmentberichterstattung bereitzustellenden Informationen für die separat darzustellenden Segmente sowie die zusätzlichen unternehmensbezogenen Angabepflichten über Produkte bzw. Dienstleistungen, geographische Regionen und dominante Kunden. Bis auf wenige Ausnahmen stellt IFRS 8 eine **vollständige Adaption von *SFAS 131*** *– Disclosures about Segments of an Enterprise and Related Information* dar. 1

IFRS 8 verfolgt den **Management-Ansatz** („management approach"), der eine ausschließlich an der **internen Organisations- und Berichtsstruktur** sowie an internen Steuerungsgrößen anknüpfende Segmentierung und Berichterstattung vorsieht. Dementsprechend werden bei der Abgrenzung der anzugebenden Segmente und der darzustellenden Informationen unternehmensinterne Gegebenheiten zugrunde gelegt. Dies soll zum einen dazu beitragen, den für externe Berichtszwecke geforderten Berichtsumfang kosten- und zeiteffizient zu ermitteln. Zum anderen sieht der IASB darin eine Stärkung der Entscheidungsnützlichkeit der bereitgestellten Informationen, da es sich um solche Informationen handelt, auf die sich das Management bei Performance-Beurteilungen und Handlungsentscheidungen stützt. Adressaten werden dadurch in die Lage versetzt, die Wirtschaftseinheit aus dem Blickwinkel des Managements zu sehen. 2

Im Einzelnen lassen sich als **wesentliche Merkmale** bzw. Folgewirkungen **des IFRS 8** festhalten: 3

- Ausdehnung der Segmentinformationen im Rahmen von IAS 34 Zwischenberichterstattung;
- Bestimmung berichtspflichtiger Segmente auf Basis der unternehmensintern vorherrschenden Organisations- und Berichtsstruktur ohne Automatismus zur Sicherstellung einer chancen- und risikoorientierten Segmentabgrenzung nach Produktbereichen sowie geographischen Regionen (sog. „risk-and-reward safety net");
- Mindestangabe einer Ergebnis- und Vermögensgröße, ggf. auch der Schulden;

- Ermittlung des Segmentergebnisses und -vermögens unter grundsätzlicher Verwendung unternehmensinterner Bilanzierungs- und Bewertungsgrundsätze;
- zusätzliche Angabe ergebnis- und vermögensbezogener Segmentdaten in Abhängigkeit von der Definition der gewählten Ergebnis- und Vermögensgröße;
- Überleitungsrechnungen zur Überführung segmentierter Daten auf entsprechende, nach IFRS-Grundsätzen ermittelte aggregierte Werte der Wirtschaftseinheit;
- Bereitstellung nicht segmentspezifischer Zusatzangaben („entity-wide disclosures“);
- allgemeine Erläuterungspflichten zur Gewährleistung des Verständnisses der Segmentbewertung und -informationen.

4 Gegenstand dieser Kommentierung ist der am **30.11.2006 vom IASB herausgegebene IFRS 8** einschließlich der in diesem Zusammenhang ebenfalls veröffentlichten Grundlagen für Schlussfolgerungen („Basis for Conclusions“, BC) und Anwendungsleitlinien („Implemention Guidance“, IG). Der Standard ist im Kontext des in IFRS 8.1 verankerten **Kerngrundsatzes** (→ Rz. 34) und der Grundlagen für Schlussfolgerungen auszulegen. Darüber hinaus ist in Zweifelsfällen das **Vorwort** zu den International Financial Reporting Standards sowie das **Rahmenkonzept** für die Aufstellung und Darstellung von Abschlüssen heranzuziehen. Die Grundlagen für Schlussfolgerungen und Anwendungsleitlinien bieten bei der Anwendung des Standards Unterstützung, wenngleich sie nicht Bestandteil des IFRS 8 sind. Sie enthalten Hintergrundinformationen und Begründungen zu einzelnen Vorschriften des IFRS 8 bzw. Anwendungsbeispiele zur Illustrierung von Vorgaben in IFRS 8.

5 Die **Struktur des Kernstandards** stellt sich wie folgt dar:

- Kerngrundsatz (IFRS 8.1);
- Sachlicher Anwendungsbereich (IFRS 8.2-8.4);
- Definition operativer Segmente (IFRS 8.5-8.10);
- Charakterisierung anzugebender Segmente (IFRS 8.11-8.19);
- Segmentinformationen (IFRS 8.20-8.24);
- Segmentbewertungsmethoden (IFRS 8.25-8.30);
- Zusatzangaben nicht segmentspezifischer Art (IFRS 8.31-8.34);
- Übergangsvorschriften und Zeitpunkt des Inkrafttretens (IFRS 8.35-8.36);
- Zurücknahme von IAS 14 (IFRS 8.37).

II. Bedeutung

1. Hintergrund der Neuregelung

6 Im Zuge der bestehenden **Harmonisierungsbestrebungen zwischen dem IASB und FASB** wurde im September 2002 mit einer gemeinsamen Absichtserklärung das in gemeinsamer Verantwortung liegende Konvergenzprojekt initiiert. Teil dieser auch als „Norwalk Agreement“ bezeichneten Übereinkunft bildet das sog. Kurzfrist-Konvergenz-Projekt („short-term convergence project“). Einem gemeinsam entwickelten Fahrplan zufolge sollen vorhandene Regelungsunterschiede zwischen IFRS und US-GAAP bis Ende 2008 beseitigt werden. Betroffen hiervon sind ausschließlich Aspekte, für die bereits Regelungen mit Benchmark-Qualität existieren oder für die eine Lösung mit hoher Qualität kurzfristig erreichbar erscheint. Dem IASB obliegt hierbei die Verantwortung zur entsprechenden Überarbeitung des aktuellen IAS 14 – Segmentberichterstattung. In diesem Zusammenhang hat der IASB bestehende Unterschiede zwischen IAS 14 und SFAS 131 identifiziert, Untersuchungen in der Rechnungslegungstheorie zur Segmentberichterstattung ausgewertet und Diskussionen mit Abschlussnutzern abgehalten (IFRS 8.BC2 f.).

7 Vor diesem Hintergrund veröffentlichte der IASB am 19.1.2006 den als **ED 8 – „Operating Segments“** bezeichneten Entwurf eines neuen Standards zur Segmentberichterstattung.[1] Die Kommentierungsfrist des sehr rege und teilweise kontrovers diskutierten IFRS-Entwurfs lief am 19.5.2006 ab (zu ED 8 gingen insgesamt

---

1) Zu den Einzelheiten des Standardentwurfs vgl. Alvarez/Büttner, KoR 2006, S. 307 ff.; Fink/Ulbrich, KoR 2006, S. 233 ff.; Müller/Peskes, BB 2006, S. 819 ff.; Schween, WPg 2006, S. 516 f.

182 Stellungnahmen ein). Durch Veröffentlichung des endgültigen Standards am 30.11.2006 wurde der Entwicklungsprozess („due process") abgeschlossen. Mit Beginn des Anwendungszeitpunktes (→ Rz. 10) wird IFRS 8 den derzeit gültigen IAS 14 ersetzen (IFRS 8.37).

2. Relevanz der Segmentberichterstattung für die Unternehmenspraxis

Die Segmentberichterstattung stellt ein ergänzendes Informationsinstrument der Unternehmensberichterstattung dar. Als solches bildet sie im Regelungswerk des IASB einen bedeutenden **Bestandteil der Anhangspublizität**. In der Publizitätspraxis wird die Segmentberichterstattung bisweilen sogar als **eigenes Statement innerhalb des Kernabschlusses** herausgestellt (z. B. SIEMENS AG, Geschäftsbericht 2006).[2] Während die Daten im Rahmen der Abschlusserstellung mit Blick auf die Gewährleistung einer Aussage über die Wirtschaftseinheit in ihrer Gesamtheit eine Aggregation bzw. Konsolidierung erfahren, ermöglicht die disaggregierte Sichtweise eine **differenzierte Analyse und Bewertung**. Der hohe Informationsnutzen ist in der Rechnungslegungstheorie durch zahlreiche Untersuchungen empirisch belegt.[3] 8

Aus Praxissicht genießt die Segmentberichterstattung vor allem bei (potenziellen) Investoren und Finanzintermediären besondere Relevanz. Segmentinformationen ermöglichen externen Abschlussadressaten umfangreiche, **geschäftsbereichsorientierte Analysehandlungen** (z. B. Portfolioanalysen[4]), die für die Ableitung von Prognosen der künftigen Entwicklung der gesamten Wirtschaftseinheit grundlegend sind.[5] Mithilfe von Segmentdaten können z. B. einzelne Geschäftsbereiche auf ihre Wertgenerierung bzw. -vernichtung hin untersucht und bestehende Quersubventionierungen aufgedeckt werden.[6] Dementsprechend gilt die Segmentberichterstattung im Kontext der Shareholder Value-Orientierung auch als **Kernelement der wertorientierten Berichterstattung**.[7] 9

III. Anwendungsbereich

1. Zeitpunkt des Inkrafttretens

Der **zeitliche Anwendungsbereich** des künftigen Standards war in ED 8 noch sehr ambitioniert geplant. Er sollte ursprünglich für Geschäftsjahre gelten, die am oder nach dem 1.1.2007 beginnen (ED 8.34). Allerdings wurde im Juni 2006 vom IASB eine Verlautbarung herausgegeben, nach der sämtliche neu herausgegebenen IFRS, einschließlich der in der gemeinsamen Absichtserklärung umgesetzten Projekte, nicht vor dem 1.1.2009 verpflichtend anzuwenden seien. Demzufolge fällt auch der verabschiedete IFRS 8 in diese „Ruhephase". Er tritt erstmals für **Geschäftsjahre, die am oder nach dem 1.1.2009 beginnen**, in Kraft (IFRS 8.35).[8] Eine frühere Umsetzung ist erlaubt; in diesem Fall bedarf es eines entsprechenden Hinweises. Trotz Übernahmeempfehlung der European Financial Reporting Advisory Group (EFRAG) vom 16.1.2007 und des Accounting Regulatory Committee (ARC) vom 2.2.2007 scheint die Anerkennung des IFRS 8 durch die EU („Endorsement") derzeit gefährdet.[9] Dies erweist sich insbesondere für solche Unternehmen als Hindernis, für die aus Praktikabilitätserwägungen eine vorzeitige Umsetzung naheliegend erscheint (→ Rz. 13). Gleichwohl gibt es Unternehmen, die IFRS 8 in Erwartung einer Billigung durch die EU bereits umgesetzt haben.[10] 10

---

2) Vgl. mit Nennung eines weiteren Beispiels auch Heuser/Theile, Rz. 4602.

3) Vgl. Ballwieser, zfbf 1985, S. 47 ff; zu einem Überblick über die einzelnen Untersuchungen vgl. Bernards, S. 48 ff.; Pejic, S. 23 ff.

4) Vgl. zur externen Portfolioanalyse auf der Basis von Segmentinformationen Coenenberg/Mattner, BB 2000, S. 1827 ff.; Günther/Schmidt, FB 2006, S. 323 ff.

5) Vgl. zu den Möglichkeiten der Segmentanalyse im Detail Alvarez, S. 359 ff.; Alvarez, FB 2004, S. 649 ff.; Coenenberg, S. 1070 ff.

6) Vgl. auch Apel, BBK 2002, S. 615.

7) Vgl. Alvarez, DB 2002, S. 2057.

8) So auch bereits vom Board in seinem September Board Meeting bestätigt; vgl. IASB Update 9/2006, S. 6.

9) Das Europäische Parlament weist die Empfehlungen zurück und äußert in einem Entschließungsantrag vom 18.4.2007 erhebliche Bedenken gegen die Billigung des IFRS 8; vgl. Europäisches Parlament, S. 1 ff.

10) Vgl. z. B. SIEMENS AG, Zwischenbericht für das erste Quartal des Geschäftsjahrs 2007, S. 33.

11 Bei **erstmaliger Anwendung** sind die im Segmentbericht anzugebenden **Vergleichsinformationen** früherer Berichtsperioden gemäß den Anforderungen in IFRS 8 **anzupassen** (IFRS 8.36). Hiervon kann abgesehen werden, falls die hierfür notwendigen Daten nicht verfügbar und die Kosten zur Datenerhebung unverhältnismäßig hoch sind.

12 Hinsichtlich der im Rahmen der **Zwischenberichterstattung** bereitzustellenden Segmentinformationen verlangt IFRS 8 **im Jahr der Erstanwendung** die Umsetzung bereits im ersten Zwischenbericht einschließlich der Darstellung entsprechender Vergleichsinformationen früherer unterjähriger Berichtsperioden (IFRS 8.BC61 f.).

13 *Praxishinweis:*

Eine frühere Anwendung des IFRS 8 ist vor allem von kapitalmarktorientierten Mutterunternehmen in Erwägung zu ziehen, die unter die Ausnahmeregelung des Art. 9 der IAS-Verordnung fallen und die eine Umstellung von US-GAAP bzw. HGB auf IFRS unter Nutzung der bis zum 1.1.2007 laufenden Übergangsfrist noch nicht vollzogen haben. Diese Möglichkeit eröffnet sich kapitalmarktorientierten Mutterunternehmen, die ihre Wertpapiere in einem Nicht-Mitgliedsstaat der EU zugelassen haben und zu diesem Zweck anderen international anerkannten Rechnungslegungsstandards unterliegen (i. d. R. SEC-registrierte und nach US-GAAP bilanzierende Unternehmen) oder die Schuldtitel in einem Mitgliedsstaat der EU emittiert haben.[11] Insbesondere für nach US-GAAP bilanzierende Unternehmen stellt dies eine elegante Lösung dar, weil aufgrund der letztlich nur marginalen Unterschiede hier kaum Anpassungsbedarf bei der Rechnungslegungsumstellung besteht.[12] Ein Vorziehen des IFRS 8 bietet sich auch für Unternehmen an, die eine Inanspruchnahme des Kapitalmarkts vor dem Jahr 2009 anstreben.

2. Aufstellungspflicht

14 Der **sachliche Anwendungsbereich** ist geknüpft an die (beabsichtigte) Inanspruchnahme eines Kapitalmarkts. Die Aufstellungspflicht erstreckt sich dabei sowohl auf Unternehmen, die einen **Einzelabschluss** erstellen, als auch auf Mutterunternehmen, die einen **Konzernabschluss** aufstellen, sofern

- die Eigenkapital- oder Schuldinstrumente des Unternehmens bzw. Mutterunternehmens an einem **öffentlichen Markt gehandelt** werden oder
- der Abschluss des Unternehmens bzw. Mutterunternehmens bei einer **Wertpapieraufsichtsbehörde** oder bei einer **sonstigen Aufsichtsbehörde** zum Zweck der Emission von Finanzinstrumenten jeglicher Art an einem öffentlichen Markt eingereicht wurde oder dies im Zuge der Vorbereitung eines Listings („process of filing“) beabsichtigt wird (IFRS 8.2).

15 Der **Begriff öffentlicher Markt** geht über die Definition des Organisierten Markts im Sinne des § 2 Abs. 5 WpHG hinaus. Er ist SFAS 131.9 entnommen und umfasst **alle in- oder ausländischen Börsen** sowie den **Freiverkehr** („over-the-counter market“), einschließlich lokaler oder regionaler Märkte. In Deutschland fallen hierunter der Amtliche Handel, der Geregelte Markt und der Freiverkehr; Privatplatzierungen sind von der Aufstellungspflicht hingegen nicht betroffen.[13]

16 Unklar erscheint indes, wie der Begriff der Emissionsvorbereitung zeitlich abzugrenzen ist, d. h. wann die Phase der Vorbereitung eines Listings beginnt, und ab wann sich folglich ein Unternehmen frühestens in der Pflicht zur Aufstellung eines Segmentberichts befindet. Mit Blick auf die Auslegung des Begriffs „process of filing“ in IAS 27.10 und der nahezu identischen Formulierung in IAS 14.3 („process of issuing“) wird hier u. E. auf ein **aktives In-die-Wege-Leiten** eines Listings abgestellt. Dies bedingt sowohl eine **Beschlussfassung** durch die zuständigen Unternehmensorgane als auch das **Ergreifen konkreter Maßnahmen** (z. B. Vergabe

11) Nach einer PWC-Studie aus dem Jahr 2004 fallen 9 % der deutschen kapitalmarktorientierten Unternehmen unter die Ausnahmeregelung des Art. 9 der IAS-Verordnung; vgl. PWC, S. 25 f.

12) In diesem Sinne auch Fink/Ulbrich, PiR 2007, S. 32; Hütten in Lüdenbach/Hoffmann, § 36, Rz. 208.

13) Vgl. Hütten in Lüdenbach/Hoffmann, § 36, Rz. 7.

eines Mandats an Banken oder Rechtsberater, Erstellung des Emissionsprospekts oder sonstiger erforderlicher Unterlagen) im Wege der Zulassung der Finanzinstrumente an einem öffentlichen Markt.[14] Eine **öffentliche Bekanntmachung** wird ebenfalls als aktive Maßnahme einer konkretisierten Absicht anzusehen sein, zumal aufgrund der erweckten öffentlichen Erwartungshaltung ein berechtigtes Interesse an kapitalmarktorientierten Informationen begründet wird.[15] Jedoch lässt sich allein aus einer – intern dokumentierten – Beschlussfassung einer künftigen Emission noch keine Erstellungspflicht ableiten.[16]

Im **Vergleich zum Standardentwurf** haben sich in Bezug auf **zwei** Aspekte **Änderungen** ergeben: Zum einen bezüglich der Definition der Inanspruchnahme eines Kapitalmarkts und zum anderen bei der Abgrenzung des sachlichen Anwendungsbereichs hinsichtlich des Umfangs der einzubeziehenden Unternehmen. 17

Der IASB setzte sich im Rahmen des Entwicklungsprozesses intensiv mit der **Definition der Kapitalmarktinanspruchnahme** auseinander. Mit Verweis auf den Wortlaut in IAS 27.10 zur Befreiung von der Pflicht zur Aufstellung eines Konzernabschlusses schlug der Mitarbeiterstab eine mit dieser Regelung im Einklang stehende Änderung des sachlichen Anwendungsbereichs vor. Der IASB ist dieser Ansicht auf dem Oktober-Meeting gefolgt[17] und hat diese Vorgabe schließlich in IFRS 8.2 umgesetzt. 18

Hinsichtlich der **Abgrenzung des sachlichen Anwendungsbereichs** sollten ursprünglich auch Unternehmen einbezogen werden, die **Vermögenswerte** für eine große Gruppe von Außenstehenden **treuhänderisch halten** (ED 8.2). Hierunter fallen z. B. Banken, Versicherungsgesellschaften, Wertpapierhändler oder externe Versorgungsträger, wie z. B. Pensionsfonds. Die vorgesehene Erweiterung der Aufstellungspflicht gegenüber IAS 14 entspricht der Absicht des IASB, den Kreis der berichtspflichtigen Unternehmen auf zur öffentlichen Rechenschaft verpflichtete Gesellschaften („publicly accountable entities") auszudehnen (IFRS 8.BC18). Hier sah sich der IASB vor allem wegen der mangelnden klaren Definition der Begrifflichkeit „*hold assets in a fuduciary capacity for a broad group of outsiders*" deutlicher Kritik ausgesetzt (IFRS 8.BC19). Mit Rücksicht hierauf sowie wegen des nicht abgeschlossenen Projekts zur Rechnungslegung von kleinen und mittleren Unternehmen („SME-Projekt") hatte der Board bereits während des laufenden Entwicklungsprozesses im Juli 2006 entschieden, von der Erweiterung des Anwendungsbereichs vorerst wieder Abstand zu nehmen (→ Rz. 119).[18] 19

Darüber hinaus entschied der Board auf seinem Juli-Meeting, in den IFRS 8 eine IAS 14.6 bzw. SFAS 131.9 entsprechende **Befreiungsregelung** hinsichtlich der Aufstellungspflicht **im Bereich des Einzelabschlusses** aufzunehmen.[19] Diese Änderung trägt den häufig von Praktikerseite geäußerten Bedenken einer Mehrfachbelastung von Mutterunternehmen Rechnung, die sowohl einen Einzel- als auch Konzernabschluss erstellen (IFRS 8.BC21). Demnach brauchen Unternehmen, die in ihrer Eigenschaft als Mutterunternehmen einen konsolidierten Abschluss erstellen und den separaten Abschluss des Mutterunternehmens in den veröffentlichten Finanzbericht über den Konzern integrieren, einen **Segmentbericht lediglich im Rahmen des Konzernabschlusses**, nicht jedoch zusätzlich in den zu erstellenden Einzelabschluss aufzunehmen (IFRS 8.4). 20

Schließlich wurde gegenüber dem Standardentwurf eine weitere **Erleichterung in Bezug auf nicht zur Segmentberichterstattung verpflichtete Unternehmen** aufgenommen. ED 8 knüpfte die freiwillige Angabe von Segmentinformationen an die Beachtung des IFRS 8 in seiner Gesamtheit (ED 8.3). Angesichts der geäußerten Kritik schwächte der IASB diese restriktive Regelung deutlich ab (IFRS 8.BC22). So dürfen Unternehmen auf freiwilliger Basis Informationen über einzelne Segmente bereitstellen, solange sie diese nicht als „Segmentinformationen" bzw. „Segmentbericht" umschreiben (IFRS 8.3). Mithin darf die Kennzeichnung solcher Informationen dem Abschlussnutzer nicht die freiwillige Anwendung des IFRS 8 suggerieren. 21

---

14) Gl. A. Hütten in Lüdenbach/Hoffmann, § 36, Rz. 5; KPMG, S. 666; a. A. ADS, Abschn. 28, Rz. 20 sowie Heuser/Theile, Rz. 4601, die jeweils auf den Zeitpunkt der Beantragung der Zulassung zum öffentlichen Handel abstellen.

15) Ähnlich Fink/Ulbrich, KoR 2006, S. 239.

16) A. A. in Bezug auf IAS 14.3 Pellens/Fülbier/Gassen, 2006, S. 819.

17) Vgl. IASB Update 10/2006, S. 6.

18) Vgl. IASB Update 7/2006, S. 5.

19) Vgl. IASB Update 7/2006, S. 5.

22 *Praxishinweis:*

Zur Klarstellung sollten Unternehmen, die einzelne segmentbezogene Angaben außerhalb des Anwendungsbereichs des IFRS 8 machen (wollen), auf die mangelnde Anwendung von IFRS 8 hinweisen. Relevant sein könnte dies z. B. für Unternehmen, die als Kapitalgesellschaft ohne Kapitalmarktorientierung freiwillig einen IFRS-Abschluss erstellen und somit nicht in den Anwendungsbereich von IFRS 8 fallen, jedoch nach Handelsrecht aufgrund der Vorgaben in § 285 Satz 1 Nr. 4 HGB bzw. § 314 Abs. 1 Nr. 3 HGB einer Angabepflicht von segmentierten Umsatzerlösen im Rahmen der Anhangspublizität unterliegen. Hier sollte ein Verweis auf die handelsrechtliche Vorschrift erfolgen.

IV. Regelungszusammenhänge

1. Vergleich von IAS 14 und IFRS 8

23 Die derzeit noch **gültigen Anforderungen** zur Segmentberichterstattung sind in IAS 14 (rev. 1997) geregelt.[20] Hinsichtlich der **Häufigkeit der Bereitstellung** von Segmentinformationen werden die in IAS 14 und künftig in IFRS 8 enthaltenen Angabepflichten ergänzt durch entsprechende Vorgaben im Rahmen von **IAS 34 „Zwischenberichterstattung“**. Wenngleich IAS 34 generell einen deutlich reduzierten Berichtsumfang beinhaltet, wird die Bereitstellung unterjähriger Segmentangaben im Zusammenhang mit der Anwendung des IFRS 8 tendenziell ausgeweitet (→ Rz. 114 ff.).

24 Hinsichtlich der **Bestimmung berichtspflichtiger Segmente** verlangt IAS 14 eine **zweistufige Segmentierung** mit einer zwingenden Einteilung in produktorientierte Segmente („business segments“) und geographische Regionen („geographical segments“).[21] Der in IAS 14 ebenfalls enthaltene Management-Ansatz wird jedoch im Zweifel von dem **chancen- und risikoorientierten Ansatz** („risk and reward approach“) überlagert. Bei der Bestimmung des primären Berichtsformats ist darauf abzustellen, welche Segmentierungsdimension den Ursprung und die Art der Risiken bzw. Erträge am ehesten bestimmt. Bei mehrdimensionaler Segmentierung (vor allem bei Matrixorganisationen) gelten definitionsgemäß produktorientierte Geschäftsbereiche als primäre und geographische Regionen als sekundäre Segmente. IFRS 8 folgt dagegen durchgängig dem **Management-Ansatz**: es besteht weder eine zwingende Einteilung in produktorientierte und regionale Segmente, noch wird eine grundsätzliche Festlegung im Falle einer mehrdimensionalen Segmentierung getroffen (→ Rz. 50).

25 Die **Bilanzierungs- und Bewertungsgrundsätze** in der Segmentberichterstattung folgen gem. IAS 14 dem **Disaggregationsansatz** („disaggregation approach“).[22] Dieser setzt die Verwendung derselben Grundsätze und Methoden voraus, die bereits im Rahmen der Abschlusserstellung Anwendung gefunden haben (IAS 14.44 f.). Die Ermittlung von Segmentdaten ergibt sich aus der Aufgliederung aggregierter Abschlussgrößen. Daneben erfolgt eine **symmetrische Zuordnung von Bestands- und Stromgrößen**. Dies impliziert, die Aufteilung von Vermögenswerten und Schulden auf einzelne Segmente in gleicher Weise vorzunehmen wie die hiermit in direktem Zusammenhang stehenden (betrieblichen) Aufwendungen und Erträge (IAS 14.47). Demgegenüber stellt IFRS 8 auch hinsichtlich der Segmentbewertungsmethoden auf die Anwendung des

---

20) Zu Kommentierungen von IAS 14 im deutschen Schrifttum vgl. im Einzelnen ADS, Abschn. 28; Beine/Nardmann in Ballwieser u. a., Abschn. 20; Bohl in Beck'sches IFRS-Handbuch, § 21; Haller in Baetge u. a., IAS 14; Hütten in Lüdenbach/Hoffmann, § 36; vgl. ergänzend auch Alvarez, S. 67 ff.; Coenenberg, S. 838 ff.; Hacker, BuW 2003, S. 50 ff.; Haaker/Paarz, KoR 2005, S. 194 ff.; Haller in Haller/Raffournier/Walton, S. 755 ff.; Hayn/Graf Waldersee, S. 286 ff.; KPMG, S. 220 ff.; Nardmann, S. 214 ff.

21) Diese Art der Segmentierung wird auch als „two-tier structure“ bezeichnet; vgl. Albrecht/Chipalkatti, The CPA Journal 5/1998, S. 52; eine Segmentierung nach Kundengruppen, die in der Praxis bei Dienstleistungsunternehmen häufig in der internen Steuerung und Berichterstattung im Vordergrund steht, ist somit unter IAS 14 nicht möglich; vgl. Alvarez, DB 2002, S. 2058.

22) Vgl. hierzu ADS, Abschn. 28, Rz. 111; Alvarez, S. 56 f., 105 f.; Haller in Baetge u. a., IAS 14, Rz. 154 ff.; Haller/Park, zfbf 1994, S. 511 ff.; Küting/Pilhofer, DStR 1999, S. 603; Ordelheide/Stubenrath in Ballwieser, S. 398.

Management-Ansatzes ab, der die Zugrundelegung der unternehmensintern verwendeten Grundsätze verlangt (→ Rz. 69 ff.).

Der **Umfang der auszuweisenden Segmentinformationen** ist IAS 14 zufolge entsprechend dem dominierenden Chancen-Risiko-Profil der Segmentierung differenziert. Die Angabepflichten für das primäre Berichtsformat sind im Vergleich zum sekundären Berichtsformat deutlich umfangreicher. Hingegen beschränkt sich der Umfang der Segmentdaten gem. IFRS 8 zunächst auf eine Ergebnis- und Vermögensgröße. Die ggf. neben den Segmentschulden zusätzlich bereitzustellenden Daten werden – entsprechend der Intention des Management-Ansatzes – von der unternehmensintern definierten **Ergebnis- und Vermögensgröße** abhängig gemacht (→ Rz. 78 ff.). Insofern sind die anzugebenden Segmentdaten in IAS 14 nicht nur in Bezug auf die Bewertung, sondern auch hinsichtlich des Berichtsumfangs vergleichsweise standardisiert. 26

Für **primäre Berichtssegmente** sind gem. IAS 14.50 ff. folgende Segmentdaten auszuweisen: 27

- Segmenterträge, d. h. Innen- und Außenerträge;
- Segmentergebnis, gesondert nach fortzuführenden und aufgegebenen Geschäftsbereichen, einschließlich der darin enthaltenen Segmentabschreibungen und sonstigen zahlungsunwirksamen Aufwendungen;
- Segmentvermögen;
- Segmentinvestitionen;
- Segmentschulden;
- Segmentergebnisbeiträge aus nach der Equity-Methode bewerteten assoziierten Unternehmen, Joint Ventures und anderen Unternehmen;
- Beteiligungsansätze von nach der Equity-Methode bewerteten assoziierten Unternehmen, Joint Ventures und anderen Unternehmen.

Die **Angabepflichten für die sekundären Berichtssegmente** umfassen nach IAS 14.69 ff. lediglich die folgenden Segmentdaten: 28

- Segmenterträge mit externen Kunden;
- Segmentvermögen;
- Segmentinvestitionen.

2. Konvergenz mit SFAS 131

Der Verabschiedung des IFRS 8 vorausgegangen war eine **vergleichende Analyse von IAS 14 und SFAS 131**. Hierbei gelangte man zu der Erkenntnis, dass der in SFAS 131 konsequent verfolgte Management-Ansatz Benchmark-Charakter genießt. Als Folge dessen hat der IASB die Regelungen des SFAS 131 nahezu unverändert übernommen. Abweichende Formulierungen zwischen IFRS 8 und SFAS 131 sind weitgehend redaktioneller Natur und spiegeln die jeweiligen begrifflichen Eigentümlichkeiten wider (IFRS 8.IN3; IFRS 8.BC12). 29

IFRS 8 geht mit einem lange Zeit nicht absehbaren **Paradigmenwechsel** einher. Der IASB ließ sich bei seinen Überlegungen vor allem von den bereits im Zusammenhang mit der Verabschiedung von SFAS 131 vorgebrachten Argumenten leiten. Im Wesentlichen werden folgende **Vorteile der konsequenten Umsetzung des Management-Ansatzes** genannt (IFRS 8.BC6 ff.): 30

- höherer Nutzen für externe Abschlussadressaten aufgrund der tendenziell steigenden Zahl der berichtspflichtigen Segmente sowie der Konsistenz mit der unternehmensinternen Berichterstattung und anderen Berichtsinstrumenten, z. B. dem Lagebericht;
- geringere Erstellungskosten für die betroffenen Unternehmen aufgrund der Verwendung einer identischen Datenbasis;
- leichtere Umsetzbarkeit der vom IASB beabsichtigten umfassenderen und zeitnäheren Bereitstellung von Segmentinformationen im Rahmen der Zwischenberichterstattung.

3. Änderungen anderer Regelungsbereiche im Rahmen von IFRS 8

Im Rahmen der Neuregelung zur Segmentberichterstattung ergeben sich zum einen rein **redaktionelle Änderungen** bedingt durch die Anpassung der Segmentbegriffe bzw. den Verweis auf den neuen Standard zur Segmentberichterstattung. Folgende Regelungen sind hiervon betroffen (IFRS 8.B1 ff.): IFRS 5.41 (d), IFRS 6.21, 31

IAS 2.26 und 2.29, IAS 7.50 (d), IAS 19.115, IAS 27.20 sowie IAS 36.IN11 (b) (ii), 36.80 (b), 36.129, 36.130 (c) (ii) und 36.130 (d) (ii).

32 Zum anderen resultieren aus IFRS 8 auch **inhaltliche Anpassungen**. Betroffen sind derzeit IAS 33 und IAS 34. In IAS 33 wird der Wortlaut hinsichtlich der Abgrenzung des sachlichen Anwendungsbereichs zur Bereitstellung von Angaben zum **Ergebnis je Aktie** durch den in IFRS 8.2 (→ Rz. 14) ersetzt, um die Definition der Inanspruchnahme eines Kapitalmarktes aneinander anzugleichen. In IAS 34 wird der Umfang der im Rahmen der **Zwischenberichterstattung** anzugebenden Segmentdaten ausgeweitet (→ Rz. 114 ff.). Daneben veröffentlichte der IASB am 22.2.2007 anlässlich des IFRS 8 einen Änderungsentwurf zu ***IAS 24*** – *Angaben über Beziehungen zu nahe stehenden Unternehmen und Personen* (→ Rz. 120).

V. Definitionen

33 **Hauptentscheidungsträger** („chief operating decision maker"): Unter einem Hauptentscheidungsträger ist eine Person zu verstehen, deren hauptsächliche Aufgabe in der segmentbezogenen Verteilung von Ressourcen und Beurteilung der Leistung innerhalb der Wirtschaftseinheit besteht (→ Rz. 42).[23]

34 **Kerngrundsatz** („core principle"): Der in IFRS 8.1 verankerte Kerngrundsatz stellt die übergeordnete Leitlinie der Segmentberichterstattung dar und bildet in Zweifelsfällen den Auslegungsmaßstab. Demnach muss die Bereitstellung von Informationen geeignet sein, den externen Abschlussadressaten zu helfen, die Art der Geschäftsaktivitäten und daraus resultierende ökonomische Effekte für das berichtspflichtige Unternehmen sowie dessen wirtschaftliches Umfeld einzuschätzen.

35 **Management-Ansatz** („management approach"): Der in IFRS 8 verankerte Management-Ansatz übernimmt sowohl die Organisations- und Berichtsstruktur einer Wirtschaftseinheit im Rahmen der Segmentabgrenzung als auch die intern verwendeten Bilanzierungs- und Bewertungsmethoden für die externe Segmentberichterstattung. Dies eröffnet den Abschlussadressaten die Möglichkeit, die Wirtschaftseinheit aus dem Blickwinkel des Managements zu betrachten und zu beurteilen. Es handelt sich jedoch nicht um einen Management-Ansatz in Reinform, sondern vielmehr um einen **modifizierten Management-Ansatz**, der durch gewisse Einschränkungen (→ Rz. 52 ff.) den Aspekt der Ausgewogenheit von Nutzen und Kosten der Berichterstattung berücksichtigt.

36 **Nicht segmentspezifische Angaben** („entity-wide disclosures"): Hierbei handelt es sich um bestimmte Angaben in Form von produktbezogenen und regionalen Angaben sowie Informationen zu dominanten Kunden. Diese Angaben sind unabhängig von der getroffenen Segmentierung bereitzustellen, und zwar auch von Wirtschaftseinheiten, die lediglich ein operatives Segment aufweisen und die als solche grundsätzlich nicht zur Segmentberichterstattung verpflichtet sind (→ Rz. 75, 101 ff.).

37 **Operatives Segment** („operating segment"): Ein operatives Segment bildet einen Bestandteil einer Wirtschaftseinheit, der die unternehmensinterne Organisations- und Berichtsstruktur widerspiegelt (→ Rz. 40 ff.).

38 **Wirtschaftseinheit**: Hierunter ist ein Unternehmen oder Konzern zu verstehen.

B. Bestimmung berichtspflichtiger Segmente

I. Segmentdefinition

39 Der Konzeption des Management-Ansatzes folgend löst sich IFRS 8 bei der Segmentdefinition von der zwingenden Unterscheidung der Segmente in Geschäftsfelder und geographische Regionen. Die Segmente ergeben sich **unmittelbar aus der internen Organisations- und Berichtsstruktur**.

40 Entsprechend seiner Bezeichnung stellt IFRS 8 auf **operative Segmente** ab. Konkretisierend gilt als operatives Segment ein Bestandteil einer Wirtschaftseinheit,

23) Vgl. Delaney/Epstein/Nach u. a., S. 846.

- dessen Geschäftsaktivitäten potenziell oder tatsächlich zu Aufwendungen oder Erträgen führen,
- dessen operative Ergebnisse regelmäßig von einem Hauptentscheidungsträger überwacht und als Grundlage der Steuerung und Kontrolle der wirtschaftlichen Lage des Unternehmens herangezogen werden, und
- für den gesonderte rechnungslegungsbezogene Informationen verfügbar sind (IFRS 8.5).

Praxishinweis: 41

Im Gegensatz zu IAS 14 ist gem. IFRS 8 eine Segmentierung nach Kundengruppen oder juristischen Einheiten möglich.

Oftmals ist der **Hauptentscheidungsträger** der Chief Executive Officer (CEO) oder Chief Operating Officer (COO) eines Unternehmens. Denkbar sind aber auch ein Managementgremium (z. B. Zentral-/Bereichsvorstand) oder sonstige institutionalisierte Entscheidungsträgerfunktionen (IFRS 8.7). Auch eine Personalunion von einem strategisch verantwortlichen Hauptentscheidungsträger und dem operativ für das Segment zuständigen Segment Manager, der in seiner Funktion i. d. R. an den Hauptentscheidungsträger eines Segments berichtet, ist möglich. Der Begriff „Segment Manager" bezieht sich dabei nicht auf den Titel „Manager", sondern auf die von ihm ausgeübte Funktion (IFRS 8.9). 42

Beispiel: 43

„... Auf Basis des Berichtswesens beurteilt der SAP-Vorstand als Hauptentscheidungsträger den Geschäftsverlauf unter verschiedenen Gesichtspunkten ..."[24]

Nicht jeder Teilbereich einer Wirtschaftseinheit erfüllt zwangsläufig vorgenannte Kriterien als Voraussetzung für die Qualifizierung als ein operatives Segment. So werden gewisse Unternehmensteile, die keine unmittelbaren Außenerträge erzielen, regelmäßig nicht als ein operatives Segment anzusehen sein. Dies trifft insbesondere für **Unternehmensteile mit Stabs- oder Leitungsfunktion** zu, wie z. B. die Unternehmenszentrale/Holding einschließlich ggf. nicht operativer Gesellschaften sowie bestimmte Zentralfunktionen (z. B. strategische Forschung) bzw. Unterstützungs- und Steuerungsprozesse für mehrere Segmente (Shared Services). Gleiches gilt für **Pensionspläne** (IFRS 8.6). Demgegenüber kann ein **Start-up Business**, das bisher keine bzw. nur geringe Erträge erwirtschaftet hat, durchaus ein separates Segment bilden (IFRS 8.5). 44

Vertikal integrierte Segmente sind grundsätzlich als eigenständige Segmente anzusehen, sofern diese für interne Steuerungs-, Kontroll- und Entscheidungszwecke gesondert erfasst werden (IFRS 8.IN12; IFRS 8.5 (a)). Die noch in IAS 14.39 niedergelegte Voraussetzung einer mehrheitlichen Erzielung von Erträgen mit externen Kunden ist hierfür nicht maßgeblich. 45

Praxishinweis: 46

Insbesondere bei Unternehmen, die einen hohen vertikalen Integrationsgrad aufweisen (z. B. Unternehmen aus der Öl-, Gas- und Chemieindustrie), kommt es hierdurch zu einer tendenziellen Ausweitung der Berichtssegmente gegenüber IAS 14, sofern nicht bereits der bestehenden Empfehlung zum gesonderten Ausweis vertikaler Segmente Folge geleistet wird.

II. Segmentabgrenzung

Maßgeblich für die **Segmentierung** im Rahmen der externen Segmentpublizität ist allein die den Hauptentscheidungsträgern **intern als Beurteilungs- und Steuerungsgrundlage dienende Berichtsstruktur** (IFRS 8.IN11; IFRS 8.5 (b)). Dadurch ergeben sich auf der einen Seite in größerem Umfang Gestaltungsspielräume als unter IAS 14. Auf der anderen Seite kommt es eher zur Abbildung realer und objektiv nachprüfbarer Strukturen. 47

24) SAP AG Geschäftsbericht (US-GAAP) 2005, S. 135.

48 Bei **mehreren implementierten Berichtsstrukturen** sind zusätzliche Kriterien für eine eindeutige Segmentierung heranzuziehen. Hierzu gehören **Abgrenzungskriterien**, wie z. B. die Art der Geschäftstätigkeiten der einzelnen Teileinheiten, die Existenz klar abgrenzbarer Verantwortungsbereiche im Management sowie die zentrale Berichtsstruktur, die dem obersten Führungsgremium präsentiert wird (IFRS 8.8).

49 *Praxishinweis:*

Die externe Segmentdarstellung kann entgegen IAS 14 vom Management direkt und ohne Beschränkungen beeinflusst werden. Erfolgen kann dies durch eine entsprechende Ausgestaltung der Organisations- bzw. Führungsstrukturen und/oder durch eine Änderung der Berichtsstruktur, die dem obersten Führungsgremium regelmäßig zur Verfügung gestellt wird. So ist z. B. die Bildung eines anzugebenden Segments durch organisatorische Zusammenlegung von inhomogenen Produktbereichen zu einem operativen Segment generell möglich, während dies unter IAS 14 aufgrund des Prinzips der Segmenthomogenität ausgeschlossen ist. Umgekehrt bedeutet das Prinzip des Management-Ansatzes jedoch auch, dass sich die vorherrschende Berichtsstruktur bzw. die Trennung von organisatorisch verankerten Verantwortungsbereichen unmittelbar in der Segmentierung widerspiegeln muss. So ist z. B. bei einem Industrieunternehmen eine gesonderte Segmentdarstellung einzelner Produkt- bzw. Markenbereiche zwangsläufig anzunehmen, falls diese von unterschiedlichen Bereichsvorständen verantwortet werden, da sich diese regelmäßig im Rahmen ihrer Verantwortlichkeit auf entsprechend ausgestaltete Berichtsstrukturen stützen werden. Der späteren Zusammenfassung existierender operativer Segmente für externe Berichtszwecke werden enge Grenzen gesetzt (→ Rz. 58).

50 Fraglich erscheint indes die Vorgehensweise, falls die einzelnen Teilbereiche unternehmensintern nach **mehreren Segmentierungsdimensionen** abgegrenzt werden („mixed segmentation"). Auch hier ist auf die für interne Steuerungs- und Entscheidungszwecke gewählte Segmentierung abzustellen. Maßgeblich ist der Teilbereich, für den sich der Segment Manager gegenüber der Unternehmensleitung verantwortlich zeigt (IFRS 8.9). Ergibt sich aufgrund parallel existierender, differenzierter Verantwortungsbereiche (**Matrixorganisation**) keine eindeutige Segmentabgrenzung, hat die Einteilung im Kontext des in IFRS 8.1 verankerten **Kerngrundsatzes** (→ Rz. 34) zu erfolgen (IFRS 8.10).[25] Der Standardentwurf sah für diesen Fall – ebenso wie SFAS 131 und IAS 14 – noch eine Segmentierung nach Produkten und Dienstleistungen verpflichtend vor (ED 8.9). Die Aufweichung dieser ursprünglichen Vorgabe ist kritischen Stellungnahmen aus der Praxis geschuldet (IFRS 8.BC27).

51 *Praxishinweis:*

Für Unternehmen mit Matrixstrukturen entstehen Ermessensspielräume für eine produktbezogene oder regionale Segmentierung. Entgegen der bisherigen Vorgaben wird eine regionale Segmentierung nicht zu beanstanden sein, solange dies im Einklang mit dem Kerngrundsatz des IFRS 8.1 steht.

III. Anzugebende Segmente

1. Grundsätzliche Vorgehensweise

52 Bei strenger Zugrundelegung der internen Organisations- und Berichtsstruktur (sog. „pure management approach") führt der Prozess der Segmentabgrenzung zu einer Vielzahl von Einzelsegmenten.[26] Das FASB hat sich im Zusammenhang mit der Einführung von SFAS 131 bereits diesem Problem gewidmet und sich für eine modifizierte Variante („modified management approach") entschieden, die für eine **Beschränkung der anzugebenden Segmente** sorgt.

25) Vgl. Kirsch, PiR 2007, S. 62.
26) Vgl. auch Böcking/Benecke, WPg 1999, S. 842; Haller, S. 771 f.

Die Identifizierung anzugebender Segmente gem. IFRS 8 folgt ebenfalls dem **modifizierten Management-Ansatz**. Sie vollzieht sich grundsätzlich in zwei Prozessschritten: Zunächst ist zu untersuchen, ob eine **Zusammenfassung ähnlicher bzw. vergleichbarer Segmente** möglich ist. Anschließend bedarf es einer **Prüfung**, ob die (ggf. zusammengefassten) Segmente unter Wesentlichkeitsgesichtspunkten zu **einer gesonderten Ausweispflicht** führen. Diese Reihenfolge ist zwingend einzuhalten (IFRS 8.BC30). 53

IFRS 8 orientiert sich hierbei weitestgehend an den bisherigen Vorgaben in IAS 14 (IAS14.34 ff.). Nach IFRS 8.11 sind separate Informationen für die operativen Segmente zu berichten, die 54

- im Rahmen der Segmentabgrenzung gem. IFRS 8.5-8.10 **als operative Segmente identifiziert** wurden oder aus der Zusammenfassung von zwei oder mehreren operativen Segmenten auf der Grundlage der **Aggregationskriterien** in IFRS 8.12 resultieren (→ Rz. 55 ff.) und
- irgendeine der in IFRS 8.13 formulierten **Signifikanzschwellen** überschreiten (→ Rz. 59).

2. Zusammenfassung homogener operativer Segmente

Die Zusammenfassung von zwei oder mehreren operativen Segmenten zu einem berichtspflichtigen Segment ist möglich, sofern diese **ähnliche wirtschaftliche Merkmale** („similar economic characteristics") aufweisen. Konkretisierend versteht IFRS 8 hierunter ähnliche langfristige durchschnittliche **Bruttomargen** (IFRS 8.12). Im Sinne der bisherigen Auslegung von IAS 14 ist mit Blick auf den Zeithorizont die überschaubare Zukunft und nicht ein Vergangenheitszeitraum zu unterstellen.[27] Als weitere Beurteilungsmaßstäbe kommen Rentabilitätskennziffern in Frage. Ähnlichkeit ist dann sowohl hinsichtlich der Ausprägung als auch in Bezug auf die Entwicklung zu unterstellen. 55

Die Zusammenfassung von zwei oder mehreren Segmenten setzt zudem die **Vereinbarkeit mit** dem in IFRS 8.1 formulierten **Kerngrundsatz** („core principle") der Segmentberichterstattung voraus (→ Rz. 34). 56

Darüber hinaus sind bei der Segment-Aggregation sämtliche nachfolgende **homogenitätsbestimmende Faktoren** zu berücksichtigen, die mit denen in IAS 14.9 zur Definition produkt- bzw. leistungsorientierter Segmente übereinstimmen: 57

- Art der Produkte bzw. Dienstleistungen;
- Art der Produktions- bzw. Dienstleistungsprozesse;
- Kundengruppen;
- Vertriebsmethoden;
- soweit anwendbar, die Art des gewöhnlichen Regelungsumfelds.

Homogenität i. S. d. IFRS 8.12 liegt vor, sofern die betroffenen Segmente Ähnlichkeit hinsichtlich **aller** vorgenannten Kriterien aufweisen.

Praxishinweis: 58

Die konkreten Homogenitätskriterien in IFRS 8.12 beziehen sich zwar lediglich auf produkt- bzw. dienstleistungsorientierte Segmente. Allerdings legen bereits die allgemeinen Vorgaben des IFRS 8 enge Maßstäbe an die Zusammenfassung operativer Segmente. Einen Anhaltspunkt bei der Klärung der Frage nach einer möglichen Zusammenfassung liefert die Beurteilung der in der Vergangenheit erzielten durchschnittlichen Bruttomargen der relevanten Bereiche (z. B. auf Basis des betrieblichen Ergebnisses, EBIT oder Ergebnisses vor Steuern) sowie ggf. der relevanten Kapitalrenditen. Obwohl prinzipiell auf die langfristige künftige Performance abzustellen ist, bildet die Entwicklung der Vergangenheit hier zumindest ein zu berücksichtigendes Plausibilitätskriterium. Industrie-, Handels- und Dienstleistungsunternehmen, die ihre Produkt- bzw. Dienstleistungsbereiche in verschiedenen Preissegmenten (z. B. Massenprodukte und Premium- oder Luxusprodukte bzw. Privat- und Geschäftskunden) positioniert haben und mit diesen entsprechend unterschiedliche Ergebnisbeiträge erwirtschaften, dürften eine Zusammenfassung solcher operativer Segmente nur schwer begründen können (siehe aber → Rz. 49).

---

27) Vgl. ADS, Abschn. 28, Rz. 74; Nardmann, S. 229.

3. Begrenzung auf wesentliche operative Segmente

59 Im Anschluss an die Überprüfung einer möglichen Zusammenfassung von Segmenten wird die verpflichtende Angabe einzelner (ggf. zusammengefasster) Segmente unter dem Gesichtspunkt der Wesentlichkeit untersucht. Hierfür werden konkrete **Wesentlichkeitsmerkmale** vorgegeben, deren Erfüllung unmittelbar eine Berichtspflicht auslöst („treshold test"). Dabei ist es ausreichend, dass **eines der** folgenden **Größenkriterien** erreicht wird (IFRS 8.13):

- Die berichteten **Segmenterträge**, einschließlich der Innen- und Außenumsätze, betragen mindestens **10 %** der gesamten externen und intersegmentären Erträge aller operativen Segmente („revenue test");
- das berichtete **Segmentergebnis** beträgt mindestens **10 %** des kumulierten Ergebnisses aller operativen Segmente mit einem ausgewiesenen Gewinn oder aller operativen Segmente mit einem ausgewiesenen Verlust, wobei der jeweils größere absolute Gesamtbetrag zugrunde zu legen ist („profit and loss test");
- das berichtete **Segmentvermögen** entspricht mindestens **10 %** des Gesamtvermögens aller operativen Segmente („asset test").[28]

Darüber hinaus steht es dem Management frei, weitere anzugebende Segmente festzulegen, wenn es diese als für den Abschlussadressaten nützlich erachtet.

60 Der Verweis auf die **berichteten Segmenterträge** („segment revenue") ist nicht – wie in IAS 14.35a – dahingehend zu interpretieren, dass diese mit dem Ertragsbegriff in IAS 18 in Einklang stehen müssen. Vielmehr ergibt sich hier der Begriff Segmenterträge gem. dem Management-Ansatz. Danach sind die Erträge maßgeblich, die in das dem Hauptentscheidungsträger als Beurteilungsgrundlage dienende Segmentergebnis eingeflossen sind. Aufgrund entsprechender Auslegungen in SFAS 131 dürfte u. E. auch in IFRS 8 die begriffliche Beschränkung auf **Segmentumsatzerlöse**, d. h. Innen- und Außenumsätze („revenue from sales"), zulässig sein (→ Rz. 81).

61 Bei der **Durchführung des Segmentergebnistests** („profit and loss test") können aufgrund der konsequenten Umsetzung des Management-Ansatzes in der Praxis Probleme auftreten, wenn die zentralen Entscheidungsträger für die Beurteilung der einzelnen Segmente jeweils **verschiedene Ergebnisgrößen** verwenden. In diesem Fall ist allein für die Bestimmung anzugebender Segmente eine einheitliche Vorgehensweise angezeigt, z. B. durch generelle Zugrundelegung des Betriebsergebnisses.[29] Der tatsächliche Ausweis des jeweiligen Segmentergebnisses im Sinne des Management-Ansatzes bleibt davon jedoch unberührt. Analog ist beim **Segmentvermögenstest** („asset test") zu verfahren.

62 Schließlich bedarf es einer zusätzlichen Prüfung, ob in einem **weiteren Aggregationsschritt** bislang als unwesentlich angesehene operative Segmente mit anderen ebenfalls für sich als unbedeutend qualifizierten Segmenten zum Zweck der Bildung eines berichtspflichtigen Segments zusammengefasst werden können. Hierzu werden die Homogenitätsanforderungen des IFRS 8.12 insofern reduziert, als lediglich Ähnlichkeit in Bezug auf die **Mehrzahl der Kriterien** vorausgesetzt wird (IFRS 8.14). Gleichwohl wird dadurch eine Aggregation verschiedenartiger Segmente unterbunden.

63 Dieser zusätzliche Prüfungsschritt steht auch im Kontext mit der Vorgabe, dass die den anzugebenden Segmenten zuzuordnenden **Außenerträge nicht weniger als 75 %** der aggregierten bzw. konsolidierten Außenerträge der Wirtschaftseinheit ausmachen dürfen (**75 %-Regel**). Mit der Bezugnahme auf die **Außenerträge der Wirtschaftseinheit** ist hier – anders als bei der Bestimmung der Wesentlichkeit – auf den Ertragsbegriff des IAS 18 abzustellen. Demnach sind neben den Innen- und Außenumsätzen grundsätzlich auch **sonstige der gewöhnlichen Tätigkeit** des Unternehmens **zuzurechnende Erträge** einzubeziehen (IAS 18.7). Hierzu gehören auch Erträge, die aus der Nutzung von Vermögenswerten des Unternehmens durch Dritte bzw. andere operative Segmente (Zinsen, Nutzungsentgelte, Dividenden) resultieren (IAS 18.1). Wird die 75 %-Grenze

---

28) Zur Überprüfung der Wesentlichkeitskriterien anhand von Praxisbeispielen vgl. Fink/Ulbrich, PiR 2007, S. 33; Kajüter/Barth, KoR 2007, S. 113.

29) Dies ergibt sich zwangsläufig aus der allgemeinen Begründung des IASB zur Berücksichtigung der US-amerikanischen Anwendungsleitlinien; vgl. IFRS 8.BC31 ff. Obwohl die entsprechende vom FASB herausgegebene Auslegung EITF D-70 nicht explizit in der Begründung des IASB erwähnt wird, ist deren Einbeziehung im Sinne der propagierten Konvergenzabsicht zu unterstellen.

unterschritten, gilt es primär unter Berücksichtigung des IFRS 8.14, ggf. jedoch auch ohne vorherige Zusammenfassung, solange und unabhängig von Wesentlichkeitsgesichtspunkten weitere anzugebende Segmente zu definieren, bis dieser Schwellenwert erreicht ist (IFRS 8.15).

Im Sinne der Gewährleistung der **Stetigkeit und Vergleichbarkeit** der Berichterstattung ist ein in der unmittelbar vorangegangenen Berichtsperiode separat ausgewiesenes Segment weiterhin anzugeben, sofern das Management diesem **unverändert besondere Bedeutung** („continuing significance") beimisst, selbst wenn es die festgelegten Wesentlichkeitsmerkmale i. S. d. IFRS 8.13 aktuell nicht mehr erfüllt (IFRS 8.17). Dies ist zumindest dann anzunehmen, wenn eines der Wesentlichkeitskriterien mit Blick auf das Folgejahr voraussichtlich wieder überschritten wird, mithin die Unwesentlichkeit nur vorübergehender Natur ist.[30] Andererseits muss eine fortgeführte Bedeutung aus Managementsicht nicht zwangsweise und ausschließlich auf die künftige Erfüllung der Wesentlichkeitsmerkmale des IFRS 8.13 zurückgeführt werden, sondern soll auch Ausdruck einer Ermessensentscheidung des Managements („Management Judgement") in einem umfassenderen Kontext sein. In diesem Sinne ist auch der Hinweis in IFRS 8.13 zu verstehen, das Management möge weitere, nicht wesentliche Segmente angeben, sofern es dies für entscheidungsnützlich hält. 64

Analog dazu ist für ein **erstmalig** in der aktuellen Berichtsperiode **separat anzugebendes Segment** ein korrespondierender Ausweis für die Vorperiode zwingend (IFRS 8.18). Jedoch gilt auch in diesem Zusammenhang der **Grundsatz der Abwägung von Nutzen und Kosten** der Informationsbereitstellung. Bei mangelnder Verfügbarkeit der Informationen und unverhältnismäßig hohem Ermittlungsaufwand erscheint ein Unterlassen der Vergleichsdaten vertretbar. 65

Die letztlich nicht anzugebenden und auch nicht freiwillig separat dargestellten Segmente sind, ggf. zusammen mit den Zentralfunktionen und nicht operativen Gesellschaften, gemeinsam – und getrennt vom Eliminierungs-/Konsolidierungsbereich – in einem **Sammelsegment** („all other segments") auszuweisen und im Hinblick auf die enthaltenen Erlösquellen zu beschreiben (IFRS 8.16). Dies beinhaltet, die Art der Erträge zu benennen und zu konkretisieren, aus welchen Bereichen sie entstammen. Zwar entspricht es offensichtlich auch der Intention des IAS 14, die nicht gesondert anzugebenden Segmente in einem Sammelsegment zusammenzufassen (IAS 14.A2), allerdings gibt es in IAS 14 keine explizite Verpflichtung hierzu.[31] Dennoch ist der Ausweis eines Sammelsegments in der aktuellen Berichtspraxis ohnehin vorherrschend.[32] 66

Beispiel: 67

Sonstige				
Industriebeteiligungen	*MAN Finance*	*Zentrale*	*Konsolidierung*	*Gesamt*

„Unter Sonstige sind die Industriebeteiligungen RENK und MAN DWE, MAN Finance sowie die MAN Zentrale dargestellt. Gesellschaften ohne operatives Geschäft sind der Zentrale zugeordnet." (MAN AG Geschäftsbericht 2005, S. 147).[33]

„Das Segment Übrige Aktivitäten beinhaltet die Unternehmensteile, Geschäftsaktivitäten und Beteiligungen, die nicht einem anderen Segment von DaimlerChrysler zugeordnet werden. Dazu gehören die at equity einbezogene Beteiligung an EADS, der Geschäftsbereich DC Off-Highway (im Wesentlichen bestehend aus der MTU-F Gruppe und der Off-Highway Aktivitäten der Detroit Diesel Corporation), die Immobilienaktivitäten, die zentrale Konzernforschung sowie die Holding- und Finanzgesellschaften, über die der Konzern seine operative Geschäftstätigkeit durch die Aufnahme von Geldern an den Kapitalmärkten finanziert ..."[34]

IFRS 8 greift auch die Empfehlung in SFAS 131 auf, die **Anzahl der anzugebenden Segmente** kritisch zu überprüfen. Quasi als Daumenregel wird vorgeschlagen, die zu berichtenden Segmente aus Praktikabilitätsgründen und im Sinne der Vermeidung einer Informationsüberflutung **auf zehn zu limitieren** (IFRS 8.19). 68

30) Vgl. u. a. Heuser/Theile, Rz. 4625.

31) Vgl. ADS, Abschn. 28, Rz. 258; Beine/Nardmann in Ballwieser u. a., Abschn. 20, Rz. 50; Haller in Baetge u. a., IAS 14, Rz. 74.

32) Vgl. Langguth/Engelmann, DB 2005, S. 626.

33) MAN AG Geschäftsbericht (IFRS) 2005, S. 149.

34) DaimlerChrysler AG Geschäftsbericht (US-GAAP) 2005, S. 196.

Die Praxisrelevanz dieser Empfehlung dürfte eher gering sein. Abgesehen davon erstreckt sich diese Empfehlung lediglich auf freiwillig bereitgestellte Segmente.[35]

C. Bilanzierungs- und Bewertungsmethoden

69 Die **Ermittlung der im Segmentbericht anzugebenden Segmentdaten** erfolgt auf der Basis interner Bilanzierungs- und Bewertungsmethoden, selbst wenn diese von den für die Abschlusspublizität anzuwendenden Grundsätzen abweichen (IFRS 8.25). Dies ergibt sich unmittelbar aus der **konsequenten Umsetzung des Management-Ansatzes.** Dem externen Abschlussadressaten sollen damit dieselben Größen zur Verfügung gestellt werden, die unternehmensintern den Hauptentscheidungsträgern als Grundlage dienen, um die segmentbezogene Ressourcenallokation und die Beurteilung der Segmentperformance vorzunehmen.

70 *Beispiel:*

„Die Rechnungslegungsmethoden, die in der internen Berichterstattung über die Tätigkeitsbereiche angewendet werden, entsprechen den unter Textziffer (3) beschriebenen Bilanzierungs- und Bewertungsmethoden. Lediglich bei Währungsumrechnung und den Aufwendungen für aktienorientierte Vergütungsprogramme bestehen Unterschiede. [...] Beginnend zum 1. Januar 2004 hat die SAP die konzerninterne Leistungsverrechnung auf Kostensätze umgestellt, um die Nutzung interner Ressourcen attraktiver zu gestalten. Konzerninterne Leistungen werden nicht mehr als Umsätze, sondern als Reduzierung der Kosten erfasst ...“.[36]

71 Einhergehend mit dem Grundverständnis des Management-Ansatzes erfolgt in IFRS 8 – anders als in IAS 14.16 – auch **keine Definition der Daten** Segmentergebnis („segment profit or loss“), Segmentvermögen („segment assets“) und Segmentschulden („segment liabilities“). Hierbei wird bewusst in Kauf genommen, dass die **fehlende Anwendung standardisierter Grundsätze** unternehmensindividuelle Gestaltungsspielräume eröffnet, die der Objektivität der Darstellung und zwischenbetrieblichen Vergleichbarkeit entgegenstehen. Abhilfe sollen zum einen die an Bedeutung gewinnenden **Überleitungsrechnungen** (→ Rz. 95 ff.) sowie zum anderen **ausführliche Erläuterungen** bestehender Unterschiede zu den im Rahmen der Abschlusspublizität verwendeten Bilanzierungs- und Bewertungsgrundsätzen schaffen (→ Rz. 112).

72 Der durchgängig praktizierte Management-Ansatz eröffnet den Unternehmen die Möglichkeit, hypothetische Werte gem. dem **Ansatz autonomer Einheiten** („autonomous entity approach“) zugrunde zu legen.[37] Dieser Konzeption zufolge werden die (Gemeinschafts-)Komponenten nicht auf Segmente allokiert, sondern jeweils individuell unter **Marktgesichtspunkten** bestimmt.[38] Segmentdaten können grundsätzlich wie bei selbstständig agierenden, nicht diversifizierten Einheiten ermittelt werden.

73 Eine weitere Besonderheit des IFRS 8 stellt das **mangelnde Symmetrieerfordernis** bei der Zuordnung von Bestands- und Stromgrößen dar. So besteht lediglich die Forderung, dass die **Verteilung von (Gemeinschafts-)Komponenten** auf die einzelnen Segmente nach einer begründbaren Vorgehensweise („reasonable basis“) zu erfolgen hat (IFRS 8.25). Durch entsprechende Erläuterungsvorschriften wird dem steigenden Analysebedürfnis der Adressaten insoweit Rechnung getragen, als den Abschlussnutzern Informationen über Ursachen und betragsmäßige Auswirkungen der asymmetrischen Verteilung bereitzustellen sind (IFRS 8.27; → Rz. 112).

74 Eine **Einschränkung** erfährt der Management-Ansatz nur, wenn unternehmensintern mehrere Bilanzierungs- und Bewertungsmethoden Anwendung finden. In diesem Fall sind die Grundsätze maßgeblich, die aus der Sichtweise des Managements die größte Konformität mit den zur Aufstellung des (konsolidierten) Abschlusses verlangten Rechnungslegungsprinzipien aufweisen (IFRS 8.26).

35) Vgl. Fink/Ulbrich, KoR 2007, S. 2; Schildbach, S. 296.
36) SAP AG Geschäftsbericht (US-GAAP) 2005, S. 135 f.
37) Vgl. auch Fink/Ulbrich, PiR 2007, S. 35.
38) Vgl. ADS, Abschn. 28, Rz. 111; Alvarez, S. 54 ff.; Fey/Mujkanovic, DBW 1999, S. 269; Haller/Park, zfbf 1994, S. 511.

D. Auszuweisende Segmentinformationen

I. Arten anzugebender Informationen

Hinsichtlich der auszuweisenden Informationen sind grob zwei Arten zu unterscheiden: **Segmentdaten** und weitere segmentbezogene Informationen für die aus der unternehmensinternen Berichts- und Organisationsstruktur abgeleiteten und anzugebenden operativen Segmente sowie als Ergänzung gewisse, einheitlich definierte und **nicht segmentspezifische Zusatzangaben** („entity-wide disclosures"). 75

IFRS 8 greift in Bezug auf die anzugebenden Segmentinformationen den **Kerngrundsatz** des IFRS 8.1 (→ Rz. 34) auf und verleiht ihm dadurch besonderen Nachdruck (IFRS 8.20). Rechnung tragen sollen dieser obersten Leitlinie v. a. die **segmentbezogenen Informationen** (IFRS 8.21), letztlich aber auch die **nicht segmentspezifischen Zusatzangaben**. Nachfolgend sind die im Weiteren konkretisierten Arten anzugebender Informationen aufgeführt: 76

- Segmentdaten für alle berichtspflichtigen operativen Segmente (IFRS 8.23-8.24; → Rz. 78 ff.);
- Überleitungsrechnungen (IFRS 8.28; → Rz. 95 ff.);
- sonstige Angabepflichten in Form von unternehmensbezogenen Daten (IFRS 8.31-8.34; → Rz. 101 ff.);
- allgemeine Erläuterungspflichten (IFRS 8.22; → Rz. 109 ff.).

Aus Gründen der **Vergleichbarkeit** sind den Segmentdaten und den sonstigen Angabepflichten des aktuellen Berichtszeitraums (einschließlich unterjähriger Berichtsperioden) die entsprechenden Informationen der Vorperiode gegenüberzustellen (IFRS 8.21; IAS 1.36). Bei einer Durchbrechung der Stetigkeit bedarf es einer **Anpassung früherer Segmentinformationen** (IFRS 8.29 f.). In diesem Zusammenhang können Änderungen in der Organisationsstruktur oder Unterschiede aufgrund von Änderungen in Bilanzierungs- und Bewertungsmethoden als Ursache in Frage kommen. 77

II. Segmentdaten

1. Angaben zum Segmentergebnis

Die konsequente Umsetzung des Management-Ansatzes bedingt die Angabe einer Ergebnisgröße, welche Hauptentscheidungsträger für die **Segmentbeurteilung und Ressourcenallokation** heranziehen. Eine zwischenbetriebliche Vergleichbarkeit der Segmentergebnisse wird hierdurch u. U. stark eingeschränkt.[39] 78

Im Sinne einer weniger engen Interpretation des Management-Ansatzes löst bereits die Bereitstellung bestimmter Ergebniskomponenten im Rahmen der **regelmäßigen Berichterstattung an den Hauptentscheidungsträger** eine gesonderte Angabepflicht aus (IFRS 8.23). Der Standard orientiert sich dabei an der überarbeiteten Vorgabe des SFAS 131, im Zuge derer die strenge Anwendung des Management-Ansatzes aufgeweicht wurde.[40] 79

Folgende **zusätzliche ergebnisbezogenen Daten** sind im Falle ihrer Einbeziehung in das Segmentergebnis oder ihrer regelmäßigen unternehmensinternen Bereitstellung an den Hauptentscheidungsträger anzugeben (IFRS 8.23): 80

- Erträge mit externen Kunden;
- intersegmentäre Erträge;

---

39) Untersuchungen in Bezug auf die deutsche Unternehmenspraxis lassen die Verwendung einer Vielzahl unterschiedlicher Segmentergebnisgrößen im Rahmen des als Vorbild für IFRS 8 fungierenden SFAS 131 erkennen; vgl. u. a. Alvarez/Fink, KoR 2003, S. 279 f. Eine Folgeuntersuchung hierzu von Beer/Deffner/Fink sowie eine Studie von Kajüter/Barth zeigen jedoch, dass sich in der jüngeren Vergangenheit die Bandbreite unterschiedlicher Segmentergebnisgrößen im Kontext von SFAS 131 etwas reduziert hat und die Größe EBIT mittlerweile klar dominiert; vgl. Beer/Deffner/Fink, KoR 2007, S. 223; Kajüter/Barth, BB 2007, S. 430; als weitere Erkenntnis ergibt sich aus den empirischen Befunden, dass selbst unter IAS 14 eine einheitliche Auslegung der Ergebnisgröße im Sinne des vorgegebenen Betriebsergebnisses nicht der gelebten Praxis entspricht.

40) Der Wortlaut in IFRS 8.23 „*or are otherwise regularly provided to the chief operating decision maker even if not included in the measure of profit or loss*" stammt aus den vom FASB vorgenommenen Änderungen in SFAS 135.4 x (3).

- Abschreibungen;
- wesentliche zahlungsunwirksame Aufwendungen (außer Abschreibungen) und Erträge;
- Ergebnisbeiträge aus nach der Equity-Methode einbezogenen Unternehmen;
- Zinserträge;
- Zinsaufwendungen;
- wesentliche Ertrags- und Aufwandsposten i. S. v. IAS 1.86;
- Ertragsteuern.

81 Bei den **Segmenterträgen** handelt es sich grundsätzlich um die für die Ermittlung des Segmentergebnisses notwendige Ertragsgröße. Folgt man der Auslegung des SFAS 131, sind die Segmenterträge im Zusammenhang mit der separaten Ausweispflicht als **Umsatzerlöse** zu interpretieren („revenue from sales").[41] Demgegenüber entsprechen die Segmenterträge in IAS 14 der weiter gefassten „Erträge"-Definition in IAS 18 (→ Rz. 63).[42] Die definitorische Abgrenzung der Segmenterträge i. S. v. **Umsatzerlösen mit externen Kunden** und **intersegmentären Umsatzerlösen** – wie auch in der IFRS-Berichtspraxis vorherrschend – ist u. E. zulässig.

82 Die **Abschreibungen** umfassen IAS 16 zufolge und dem Wortlaut nach lediglich den **planmäßigen Wertverzehr** („depreciation and amortisation"). Allerdings erscheint es u. E. sachgerecht, eingetretene **Wertminderungen** von langfristigen Vermögenswerten („impairments") bei gesondertem Ausweis ebenfalls unter den in einem weiten Sinne auszulegenden Begriff der Abschreibungen zu subsumieren, zumal ein in der Berichtsperiode eingetretener Wertminderungsaufwand für das jeweils betroffene und anzugebende operative Segment bereits im Rahmen von IAS 36 darzustellen ist (IAS 36.129 (a) i. V. m. IFRS 8.B9). Des Weiteren ergibt sich bei einer **cashflow-basierten** bzw. -nahen **Ergebnisgröße** (z. B. EBITDA, Brutto- bzw. Netto-Cashflow) zwangsläufig ein Ausweiserfordernis für Abschreibungen, da die Ermittlung einer solchen Größe die Kenntnis der Abschreibungen voraussetzt.[43]

83 Unter **wesentliche zahlungsunwirksame Aufwendungen und Erträge** („material non-cash items") dürften hauptsächlich Rückstellungszuführungen zu fassen sein.[44] Jedoch schließen diese je nach Bedeutung ggf. auch Wertminderungen (→ Rz. 82), Ergebnisbeiträge aus assoziierten Unternehmen, Ergebnisse aus dem Abgang von immateriellen Vermögenswerten und Sachanlagen sowie im Ergebnis erfasste Änderungen des beizulegenden Zeitwerts bei Finanzinstrumenten (Derivate und Trading-Portfolio) ein. Die Abschlussnutzer sollen hierdurch in die Lage versetzt werden, zumindest approximativ einen ertragsnahen Cashflow abzuleiten und somit das Cash-Generierungspotenzial besser einschätzen zu können. Die Angabepflicht umfasst sowohl **Aufwands- als auch Ertragskomponenten**. Die Bezugnahme auf nichtzahlungswirksame Posten („items") lässt auf die Angabe einer **saldierten Gesamtgröße** schließen. Falls diese jedoch Wertminderungen beinhaltet, ist der Betrag der Wertminderungen aufgrund der gesonderten Ausweispflicht (→ Rz. 82) mit einem „davon"-Vermerk zu versehen.

84 Der Aspekt der **Wesentlichkeit** wird im Schrifttum kontrovers diskutiert.[45] Da sich die in IFRS 8.13 niedergelegte Signifikanzschwelle von 10 % lediglich auf den Kontext der Bildung anzugebender Segmente bezieht, ist der Wesentlichkeitsbegriff im Zusammenhang mit IAS 1.11 auszulegen. Demnach gilt als Maßstab, ob das Weglassen einer Angabe zu einer Beeinflussung der wirtschaftlichen Entscheidung des Adressaten führen könnte. Die Konkretisierung wird letztlich mit Bezug auf diesen Grundsatz – sowie im Kontext des Kerngrundsatzes (IFRS 8.1) – einzelfallbezogen und unternehmensindividuell unter Berücksichtigung relevanter Bezugsgrößen (z. B. Vermögen, Umsatz, Ergebnis vor bzw. nach Steuern, Cashflow) vorzunehmen sein.

85 Für überwiegend im Finanzbereich tätige Segmente eröffnet IFRS 8 in Übereinstimmung mit SFAS 131 die Möglichkeit, das **Zinsergebnis als Saldo** zu zeigen, falls der Hauptentscheidungsträger das Zinsergebnis als geeigneter für die Segmentsteuerung erachtet (IFRS 8.23). Diese Vorgehensweise ist dann mit entsprechender

41) Vgl. in Bezug auf eine entsprechende Interpretation von SFAS 131 Delaney/Epstein/Nach u. a., S. 848.
42) Vgl. ADS, Abschn. 28, Rz. 139 ff.; Alvarez, S. 129 ff.; Haller in Baetge u. a., IAS 14, Rz. 101 ff.
43) Vgl. hierzu EITF D-70 in Bezug auf SFAS 131.
44) Vgl. Bohl in Beck'sches IFRS-Handbuch, § 21, Rz. 49; Haller in Baetge u. a., IAS 14, Rz. 133.
45) Vgl. stellvertretend ADS, Abschn. 28, Rz. 187; Haller in Baetge u. a., IAS 14, Rz. 133.

Begründung anzugeben. Tätigt ein Segment nur in unwesentlichem Umfang Finanzgeschäfte, kann die Angabe der Zinsaufwendungen und -erträge unterbleiben (analog zu SFAS 131.95).

Als **wesentliche Ertrags- und Aufwandsposten** i. S. v. IAS 1.86 sind Erfolgskomponenten mit außergewöhnlichem Charakter zu berücksichtigen, die das Segmentergebnis signifikant beeinflusst haben. Hierzu gehören z. B. materiell bedeutsame Beträge bedingt durch Restrukturierungen, Veräußerung von Sachanlagen und Investments, Beendigungen von Rechtsstreitigkeiten und Auflösungen von Rückstellungen (IAS 1.86).[46] Hierunter zu fassen ist im Grundsatz auch das **Ergebnis aus aufgegebenen Geschäftsbereichen** („discontinued operations") gem. IFRS 5 (IAS 1.86 (e)). Da unterstellt wird, dass es sich bei dem Segmentergebnis um eine Größe aus fortgeführtem Geschäft handelt, ist eine Angabepflicht mit Blick auf IFRS 8 zwar nicht generell abzuleiten. Allerdings existiert eine gesonderte Berichterstattung über nicht fortgeführte Geschäftsbereiche losgelöst von der Segmentberichterstattung im Rahmen der Vorschriften in IFRS 5, wonach das Ergebnis nach Steuern aus aufgegebenen Geschäftsbereichen darzustellen ist (IFRS 5.33; → Rz. 97). Hingegen werden wesentliche **Erfolgsbeiträge** im Rahmen der Klassifizierung einzelner **langfristiger Vermögenswerte als „zur Veräußerung gehalten"** („held for sale") oder von Veräußerungsgruppen unter die Segmentangabe in IAS 1.86 zu subsumieren sein, da diese Erfolgskomponenten in den Bereich des fortgeführten Geschäfts fallen (IFRS 5.37). Entsprechende Erfolgsbeiträge sind ohnehin gem. IFRS 5.41 unter Angabe des Segments zu benennen. 86

2. Angaben zum Segmentvermögen

Die **Angabepflicht einer Segmentvermögensgröße** („a measure of total segment assets") besteht generell und losgelöst von der unternehmensinternen Berichterstattung bzw. regelmäßigen Bereitstellung an den Hauptentscheidungsträger. Hierdurch wird sichergestellt, dass der Abschlussnutzer im Zusammenhang mit dem auszuweisenden Segmentergebnis eigene Beurteilungen durch Ermittlung von segmentbezogenen Kapitalrenditen vornehmen kann. 87

Praxishinweis: 88

Für Unternehmen, die im Rahmen der bisherigen Auslegung von SFAS 131 auf eine Angabe des Segmentvermögens verzichtet haben, ergibt sich beim Übergang auf IFRS 8 eine grundsätzliche Angabepflicht.

Beispiel:
„Da Informationen über die Zuordnung von Vermögen und Investitionen zu Berichtssegmenten von der Geschäftsführung gegenwärtig nicht als Entscheidungsgrundlage verwendet werden, werden diese im Berichtswesen der SAP nicht ermittelt."[47]

Neben der Bereitstellung einer Vermögensgröße werden weitere **vermögensbezogene Segmentdaten** verlangt. Hier setzt die Angabepflicht allerdings voraus, dass sie jeweils Komponenten der intern definierten Vermögensgröße sind oder zumindest dem zentralen Entscheidungsträger im Rahmen der **regelmäßigen Berichterstattung** zur Verfügung gestellt werden. Es handelt sich um folgende vermögensbezogene Segmentdaten (IFRS 8.24): 89

- Beteiligungsbuchwerte von at equity einbezogenen Unternehmen;
- Investitionen in das langfristige Segmentvermögen.

Die **Beteiligungsbuchwerte** umfassen Anteile an assoziierten Unternehmen und Joint Ventures bzw. andere Anteile, die im Rahmen von IAS 28 bzw. IAS 31 at equity in den Konzernabschluss einbezogen werden. Aufgrund der Möglichkeit asymmetrischer Zuordnungen ist es prinzipiell denkbar, derartige Informationen im Rahmen der Angaben zum Segmentvermögen bereitzustellen, ohne dass damit zwingend einhergehend auch entsprechende Ergebnisbeiträge darzustellen sind, und umgekehrt. 90

---

46) Vgl. auch Lüdenbach in Lüdenbach/Hoffmann, § 2, Rz. 60 f.
47) SAP AG Geschäftsbericht (US-GAAP) 2005, S. 137.

91 Die **Investitionen in das langfristige Segmentvermögen** werden entgegen dem Gedanken des Management-Ansatzes negativ abgegrenzt. Sie beinhalten nicht: Finanzinstrumente, aktivische latente Steuern, im Zusammenhang mit Pensionsverpflichtungen stehende Vermögenswerte sowie Rechte aus Versicherungsverträgen (IFRS 8.24 (b)).

3. Segmentschulden

92 Die Darstellung der Segmentschulden ist im Gegensatz zur generellen Berichtspflicht von Segmentergebnis und -vermögen nur erforderlich, sofern Segmentschulden auch **im Rahmen der regelmäßigen Berichterstattung** an den Hauptentscheidungsträger bereitgestellt werden (IFRS 8.23). In IAS 14 ist die Angabe der Segmentschulden dagegen Teil des Mindestumfangs an Segmentangaben (IAS 14.56). Vorbehaltlich der unternehmensintern vorgenommenen Abgrenzung werden diese regelmäßig die nicht-zinstragenden Verbindlichkeiten (vor allem Liefer- bzw. Leistungsverbindlichkeiten, erhaltenen Anzahlungen und betrieblich bedingten Rückstellungen) umfassen, sofern sie nicht wegen der Zurechnung zum (Net) Working Capital direkt vom Bruttowert des Segmentvermögens abgesetzt werden. Aufgrund ihrer Bedeutung für die Unternehmenssteuerung sind in den Segmentschulden oftmals auch die **Finanzschulden** enthalten. Steuerverbindlichkeiten und passive Derivate bleiben dagegen zumeist unberücksichtigt, da diese für die Segmentbeurteilung kaum Relevanz besitzen.

93 *Beispiel:*
„Die Finanzverbindlichkeiten umfassen Verbindlichkeiten gegenüber Kreditinstituten, Anleihen, genussscheinähnliche Wertpapiere (Trust Preferred Securities), Verbindlichkeiten aus Finanzierungsleasing, Verbindlichkeiten aus ausstehenden Akquisitionen sowie Konzernverbindlichkeiten. [...] Das betriebsnotwendige Vermögen ermittelt sich als Bilanzsumme abzüglich der aktiven latenten Steuern, der Lieferantenverbindlichkeiten sowie der erhaltenen Anzahlungen."[48]

94 Die Aufnahme der Segmentschulden in den Umfang der Segmentangaben stellt sowohl eine **wesentliche Änderung zum Standardentwurf** als auch eine **Divergenz zu SFAS 131** dar. Der IASB schloss sich ursprünglich der Argumentation des FASB an, wonach die Angabe der Segmentschulden zu keinem wesentlichen Erkenntnisgewinn für den Abschlussnutzer führe, da die Finanzierungsaktivitäten i. d. R. zentral anfielen und die Schulden oftmals nicht Segmenten zugeordnet würden (IFRS 8.BC36 i. V. m. SFAS 131.96). Gleichwohl gibt der Ausweis der Segmentschulden Aufschluss über die Finanzierungsaktivitäten der einzelnen operativen Segmente unter dem Gesichtspunkt des Management-Ansatzes und stellt insofern einen wichtigen Bestandteil der Segmentbeurteilung dar. Des Weiteren ist die segmentierte Allokation der Schulden Voraussetzung für eine effektive, **aussagefähige Unternehmenssteuerung**. Die letztendliche Entscheidung des IASB ist deshalb nachvollziehbar, zumal dadurch gleichzeitig die Abweichungen zu IAS 14 reduziert wurden.

III. Überleitungsrechnungen

95 Die Überleitungsrechnungen („reconciliations") dienen der **Verbindung segmentierter und aggregierter Abschlussgrößen**. Sie fungieren als Brücke zwischen internem Rechnungswesen und externer Berichterstattung.[49] Vor dem Hintergrund der fehlenden Standardisierung der Segmentdaten kommt den Überleitungsrechnungen eine größere Bedeutung zu als in IAS 14. Die Überleitung erfolgt jeweils ausgehend von der Summe der Segmentwerte (einschließlich des Sammelsegments); sie schließt die **betragsmäßige Angabe und angemessene Erläuterung wesentlicher Einzelkomponenten** (→ Rz. 112) ein. Für folgende Segmentdaten werden Überleitungen auf die aggregierten bzw. konsolidierten Werte des Abschlusses vorgeschrieben (IFRS 8.28):

- Segmenterträge;
- Segmentergebnisse;
- Segmentvermögen;
- Segmentschulden;

48) Fresenius Geschäftsbericht (US-GAAP) 2005, S. 185.
49) Vgl. Zülch/Burghardt, PiR 2007, S. 22.

– sonstige wesentliche Segmentdaten.

Bei der Überleitung der **Segmenterträge** werden insbesondere Konsolidierungseffekte aufgrund bestehender Segmentverflechtungen (vertikale Integration, → Rz. 45 f.) bzw. differenzierter interner Verrechnungsmethoden oder Prinzipien bei der Erlösrealisierung eliminiert. 96

Die Überleitung der **Segmentergebnisse** erfolgt grundsätzlich auf das aggregierte bzw. konsolidierte **Ergebnis vor Steuern und Aufgabe von Geschäftsbereichen** (→ Rz. 86). Allerdings kann bei Definition des Segmentergebnisses unter Berücksichtigung von Steuern die Überleitung auch auf das konsolidierte Ergebnis nach Steuern vorgenommen werden. 97

Die **Höhe und Art der Überleitungsbeträge** für Segmentergebnis, Segmentvermögen und Segmentschulden sind unmittelbar von der Abgrenzung dieser Größen und dem Umfang der den einzelnen Segmenten zugeordneten Komponenten, von den zu eliminierenden Beziehungen zwischen den Segmenten sowie vom Grad der Übereinstimmung mit den in den IFRS niedergelegten Bilanzierungs- und Bewertungsmethoden abhängig. So entstehen insbesondere bei rechnungsbedingten Differenzbeträgen aufgrund methodischer Unterschiede bzw. kalkulatorischer Anpassungen (z. B. Anwendung des Ansatzes autonomer Einheiten, Verwendung kalkulatorischer Berechnungsweisen wie die Wertermittlung auf Basis von Wiederbeschaffungskosten oder der Zugrundelegung inflationsbereinigter Werte) Überleitungsbeträge in größerem Umfang, die einer Erklärung bedürfen (→ Rz. 112). 98

In die **Überleitung der sonstigen wesentlichen Segmentdaten** sind vor allem alle bedeutenden Posten einzubeziehen, die das Segmentergebnis beeinflusst haben, jedoch ggf. auch entsprechende Bestandteile des Segmentvermögens bzw. der Segmentschulden (beispielhaft in IFRS 8.IG4 dargestellt). Zum anderen kommt grundsätzlich auch die Überleitung freiwillig angegebener Segmentdaten, wie z. B. der in IAS 14 empfohlene Ausweis eines Segmentcashflows, im Falle der Wesentlichkeit in Betracht (zur Frage der Wesentlichkeit → Rz. 84). 99

Beispiel:[50] 100

Abstimmung der Kennzahlen zum konsolidierten Ergebnis

in Mio. €	*2005*	*2004*
Gesamt-EBITDA der berichterstattenden Segmente	*1 320*	*1 169*
Abschreibungen	*– 320*	*– 315*
Allgemeine Unternehmensaufwendungen Konzern/Sonstiges	*– 31*	*– 9*
Zinsaufwendungen	*– 223*	*– 224*
Zinserträge	*20*	*15*
Ergebnis vor Ertragsteuern und Anteilen anderer Gesellschafter, gesamt	***766***	***636***
Gesamt-EBIT der berichterstattenden Segmente	*1 009*	*870*
Allgemeine Unternehmensaufwendungen Konzern/Sonstiges	*– 40*	*– 25*
Zinsaufwendungen	*– 223*	*– 224*
Zinserträge	*20*	*15*
Ergebnis vor Ertragsteuern und Anteilen anderer Gesellschafter, gesamt	***766***	***636***
Abschreibungen der berichterstattenden Segmente	*311*	*299*
Abschreibungen Konzern/Sonstiges	*9*	*16*
Abschreibungen, gesamt	***320***	***315***

50) Fresenius Geschäftsbericht (US-GAAP) 2005, S. 185.

IV. Sonstige Angabepflichten

101 Ergänzend zu den berichteten Segmentdaten verlangt IFRS 8 weitere nicht segmentspezifische, **produktorientierte und regionale Angabepflichten**, die sich auf die übergeordnete Unternehmensebene beziehen und damit unabhängig von der internen Organisationsstruktur darzustellen sind, außer es wird ohnehin nach Tätigkeitsbereichen bzw. geographischen Regionen gesteuert. Diese als „entity-wide disclosures" bezeichneten Berichtspflichten gelten mithin auch für **Einsegmentunternehmen** (IFRS 8.31). Eine weitere Besonderheit besteht darin, dass die bereitzustellenden Informationen losgelöst vom Management-Ansatz zu bestimmen sind, d. h. unter Verwendung der für den IFRS-Abschluss maßgeblichen Bilanzierungs- und Bewertungsmethoden (IFRS 8.32 f.).

102 Als **produktorientierte Angaben** sind die **Segmenterträge** (-umsatzerlöse) **mit unternehmensexternen Kunden** für einzelne Produkte und Dienstleistungen bzw. Gruppen ähnlicher Produkte und Dienstleistungen zu nennen, es sei denn, die Informationen sind nicht verfügbar und nicht mit vertretbarem Aufwand ermittelbar (IFRS 8.32). In diesem Fall ist diese Tatsache zumindest durch einen entsprechenden Hinweis kenntlich zu machen.

103 Die **Angabepflichten für geographische Regionen** umfassen, vorbehaltlich der Verfügbarkeit bzw. Verhältnismäßigkeit der Informationsbeschaffung, folgende Informationen (IFRS 8.33):

- Segmenterträge (-umsatzerlöse) mit externen Kunden;
- langfristiges Segmentvermögen.

104 Die mit unternehmensfremden Kunden erzielten **Segmenterträge** sind differenziert nach **In- und Ausland** darzustellen. Betragsmäßig **bedeutende Länder** sind dabei **gesondert anzugeben.** Des Weiteren ist darzulegen, nach welchen Prinzipien die Zuordnung der Umsätze zu den einzelnen Ländern erfolgt, d. h. nach Absatzmärkten oder nach Produktionsstandorten (IFRS 8.33 (a)).

105 Die Angaben zum **langfristigen Segmentvermögen** sind ebenfalls **gesondert nach In- und Ausland** bereitzustellen, wobei einzelne bedeutende Länder separat darzustellen sind. IFRS 8 nimmt eine Negativabgrenzung der langfristigen Vermögenswerte vor. Nicht unter die langfristigen Vermögenswerte („non-current assets") zu fassen sind demnach: Finanzinstrumente, aktivische latente Steuern, im Zusammenhang mit Pensionsverpflichtungen stehende Vermögenswerte sowie die sich aus Versicherungsverträgen ergebenden Rechte (IFRS 8.33 (b)). Der IASB sieht in der Einbeziehung immaterieller Vermögenswerte einen Unterschied zu SFAS 131, da sie anders als nach IFRS 8 generell nicht hierunter zu subsumieren seien (IFRS 8.BC56 f.). Diese Auffassung ist u. E. allein mit Blick auf den Wortlaut in SFAS 131 nicht zutreffend.[51)] Zudem rekurriert SFAS 144 bei dem Begriff „long-lived assets" auch auf planmäßig abschreibbare immaterielle Vermögenswerte.[52)] Nicht zuletzt vor dem Hintergrund der sich auch aus den Anforderungen des SFAS 142.45 (c) ergebenden segmentbezogenen Angabepflichten zum Goodwill erscheint die Ansicht des IASB mit Verweis auf die Begründung des FASB-Mitarbeiterstabs insgesamt nicht stichhaltig.

106 Im Gegensatz zu IAS 14 verlangt IFRS 8 auch **Angaben zu dominanten Kunden** („major customers"), mit denen jeweils mindestens 10 % der aggregierten bzw. konsolidierten Erträge (Umsatzerlöse) erzielt werden. Zu nennen sind in diesem Fall der Gesamtbetrag der jeweils mit einem dominanten Kunden erzielten Umsatzerlöse und die hiervon betroffenen Segmente, nicht jedoch die Identität des Kunden und die segmentierte Angabe dieser Umsätze (IFRS 8.34). Durch diese Angabepflicht werden bestehende Abhängigkeiten des berichtenden Unternehmens von einzelnen Kunden unmittelbar ersichtlich.

---

51) Gl. A. auch Delaney/Epstein/Nach u. a., S. 847.

52) Hierauf verweist auch das DRSC in seiner Stellungnahme; vgl. DRSC, S. 3 und 9 f.

Beispiel:[53] 107

Umsatz nach Kunden in Mio. €	***2004***	*%*	***2003***	*%*
A	*1 594,3*	*12,8*	*1 593,7*	*13,8*
B	*1 430,0*	*11,5*	*1 357,9*	*11,8*
C	*1 265,4*	*10,2*	*1 238,8*	*10,7*

Unter der gemeinsamen Kontrolle eines anderen Unternehmens stehende Unternehmen sind, soweit dies dem berichtenden Unternehmen bekannt ist, für Zwecke der Berichterstattung insgesamt als ein einziger dominanter Kunde anzusehen. IFRS 8.34 nimmt dabei keine Unterscheidung zwischen staatlichen Organisationen und privatwirtschaftlich geführten Unternehmen vor (IFRS 8.BC58). So sind auch unter staatlicher Kontrolle befindliche Institutionen (Staats-, Landes- oder Gemeindebehörden) sowie Unternehmen, unabhängig ob im In- oder Ausland ansässig, zu einem Kunden zusammenzufassen und der jeweiligen kontrollierenden staatlichen Behörde zuzurechnen. Diese Vorgabe wurde wegen der mangelnden Praktikabilität bei der Umsetzung vielfach kritisiert (→ Rz. 120). 108

V. Allgemeine Erläuterungspflichten

Zusätzlich zu den dargestellten Segmentdaten und sonstigen Angabepflichten werden zum generellen Verständnis weitere **allgemeine Erläuterungen** („general information") sowie **erklärende Ausführungen** („explanations") verlangt. 109

Die **allgemeinen Erläuterungen** dienen in erster Linie der Veranschaulichung der internen Organisationsstruktur und Berichterstattung. Sie sind von grundlegender Bedeutung, um vor dem Hintergrund der konsequenten Umsetzung des Management-Ansatzes die Basis sowohl für die Abgrenzung der Segmente als auch für die Ermittlung der Segmentdaten ersichtlich zu machen. Folgende Informationen sind dabei bereitzustellen (IFRS 8.22): 110

- Verbale **Ausführungen zu den Bestimmungsfaktoren der Segmentabgrenzung**, einschließlich einer Beschreibung der internen Organisationsstruktur sowie einer Angabe, ob Segmente zusammengefasst wurden;
- **Darstellung der Produkte und Dienstleistungen**, mit denen operative Segmente ihre Erträge erwirtschaften.

Beispiel:[54] 111

„Im internen Berichtswesen der SAP wird die Unternehmenstätigkeit differenziert abgebildet. [...]. Da weder die Aufteilung nach Tätigkeitsbereichen noch diejenige nach geografischen Regionen dominiert, wird die Abgrenzung der operativen Segmente nach Tätigkeitsbereichen vorgenommen. Mit den Bereichen Produkt, Beratung und Schulung hat die SAP drei operative Segmente."

[...]

"Produkt

Die Aktivitäten im Berichtssegment Produkt erstrecken sich auf den Vertrieb und die Lizenzierung der Softwareprodukte, Entwicklungsprojekte sowie auf die Wartung, die ihrerseits die technische Hilfe, die Unterstützung bei Problemlösungen, die Bereitstellung von Dokumentationen sowie die Auslieferung neuer Programmstände umfasst.

Beratung

Das Segment Beratung unterstützt Kunden bei der Implementierung von SAP-Softwareprodukten sowie in den Bereichen Projektplanung, Einsatz- und Machbarkeitsstudien, Analysen, Organisationsberatung, Systemanpassung und -optimierung, Releasewechsel und Schnittstellenimplementierung.

---

53) Continental AG Geschäftsbericht (US-GAAP) 2004, S. 101.
54) SAP AG Geschäftsbericht (US-GAAP) 2005, S. 135 ff.

Schulung

Im Bereich Schulung werden Ausbildungsveranstaltungen zur Nutzung der SAP-Softwareprodukte und zu verwandten Themen für Kunden und Partner durchgeführt. Die Ausbildungsaktivitäten umfassen Standardschulungen in den Schulungsräumen der SAP, individuelle Schulungsprogramme, Anwenderschulungsprojekte sowie E-Learning."

112 **Erklärende Erläuterungen** stehen im Zusammenhang mit den berichteten Ergebnis- und Vermögensgrößen sowie ggf. Schulden der einzelnen Segmente einschließlich deren Überleitung auf die konsolidierten Werte. Sie werden verlangt, da sich Abweichungen in den zugrunde gelegten Bewertungsgrundsätzen und -methoden ergeben können, die ohne zusätzliche Informationen zu einer erheblichen Beeinträchtigung des Verständnisses für die im Segmentbericht ausgewiesenen Segmentdaten und die Überleitungsbeträge führen können (IFRS 8.BC14). Die Erläuterungen umfassen dabei insbesondere folgende Aspekte (IFRS 8.27):

- Die Grundsätze für die Verrechnung intersegmentärer Transaktionen;
- die Ursachen für Unterschiede zwischen dem Segmentergebnis und dem aggregierten bzw. konsolidierten Ergebnis vor Steuern und der Aufgabe von Geschäftsbereichen;
- die Gründe für Unterschiede zwischen dem Segmentvermögen und dem aggregierten bzw. konsolidierten Vermögen;
- die Gründe für Unterschiede zwischen den Segmentschulden und den aggregierten bzw. konsolidierten Schulden;
- eingetretene Änderungen in den Bewertungsmethoden im Vergleich zu vergangenen Berichtszeiträumen sowie
- die Ursache und die Auswirkungen asymmetrischer Zuordnungen von Erfolgs- und Bestandsgrößen auf anzugebende Segmente.

E. Synoptische Übersicht über die IFRS-Berichtspflichten zur Segmentberichterstattung

113 Nachfolgende synoptische Übersicht stellt die Angabepflichten zur Segmentberichterstattung gem. IFRS 8 dem entsprechenden Standardentwurf ED 8 sowie der aktuell gültigen Regelung des IAS 14 gegenüber.

	IAS 14	**ED 8**	**IFRS 8***
Segmentdaten	Primäre Segmentebene	Operative Segmente	Operative Segmente
Segmenterträge (Umsatzerlöse) mit Externen Kunden	X [Par. 51]	X[1)] [Par. 22 (a)]	X[1)] [Par. 23 (a)]
Intersegmentäre Erträge (Umsatzerlöse)	X [Par. 51]	X[1)] [Par. 22 (b)]	X[1)] [Par. 23 (b)]
Segmentergebnis	X [Par. 52]	X [Par. 22]	X [Par. 23]
Segmentabschreibungen (planmäßig, Wertminderung)	X [Par. 58; IAS 36.129 (a)]	X[1)] [Par. 22 (e), IAS 36.129 (a)]	X[1)] [Par. 23 (e), IAS 36.129 (a)]
Andere (wesentliche) nicht zahlungswirksame Posten	X [Par. 61]	X[1)] [Par. 22 (i)]	X[1)] [Par. 23 (i)]
Segmentergebnisbeiträge aus at Equity bewerteten Anteilen	X [Par. 64]	X[1)] [Par. 22 (g)]	X[1)] [Par. 23 (g)]
Zinsaufwendungen und -erträge (ggf. -ergebnis)	—	X[1)] [Par. 22 (c), (d)]	X[1)] [Par. 23 (c), (d)]
Ertragsteuern	—	X[1)] [Par. 22 (h)]	X[1)] [Par. 23 (h)]
Wesentliche Aufwendungen und Erträge (IAS 1.86)	—	X[1)] [Par. 22 (f)]	X[1)] [Par. 23 (f)]
Segmentvermögen	X [Par. 55]	X [Par. 22]	X [Par. 23]
Buchwerte von at Equity bewerteten Anteilen	X [Par. 66]	X[2)] [Par. 23 (a)]	X[2)] [Par. 24 (a)]
Segmentinvestitionen	X [Par. 57]	X[2)] [Par. 23 (b)]	X[2)] [Par. 24 (b)]
Segmentschulden	X [Par. 56]	—	X[3)] [Par. 23]
Überleitungsrechnungen	X [Par. 67]	X [Par. 27]	X [Par. 28]

	IAS 14	ED 8	IFRS 8*
Segmentdaten	Primäre Segmentebene	Operative Segmente	Operative Segmente
Zusätzliche segment- bzw. unternehmensbezogene Daten	Sekundäre Segmentebene	Unternehmens-ebene	Unternehmens-ebene
Erträge (Umsatzerlöse) mit externen Kunden	X [Par. 69 (a), 70 (a), 71]	X[4)] [Par. 31, 32 (a)]	X[4)] [Par. 32, 33 (a)]
Vermögen	X [Par. 69 (b), 70 (b), 72 (a)]	X[5)] [Par. 32 (b)]	X[5)] [Par. 33 (b)]
Investitionen	X [Par. 69 (c), 70 (c), 72 (b)]	—	—
Dominante Kunden	—	X [Par. 33]	X [Par. 34]
Sonstige Angabe- und Erläuterungspflichten			
Vorjahresangaben	X [F.42]	X [Par. 20]	X [Par. 21]
Durchbrechung der Stetigkeit	X [Par. 76]	X [Par. 26 (d)]	X [Par. 27 (e)]
Produkte und Dienstleistungen je Segment	X [Par. 81]	X [Par. 21 (b)]	X [Par. 22 (b)]
Verrechnungspreise für Intersegmenttransaktionen	X[6)] [Par. 75]	X [Par. 26 (a)]	X [Par. 27 (a)]
Bestimmungsfaktoren der Segmentabgrenzung	—	X [Par. 21 (a)]	X [Par. 22 (a)]
Zusammensetzung der anzugebenden Segmente	X [Par. 81]	X [Par. 21 (a)]	X [Par. 22 (a)]
Ermittlung der Segmentdaten	—	X [Par. 26]	X [Par. 27]
Bewertungsunterschiede und wesentliche Posten im Rahmen der Überleitungsrechnung	—	X [Par. 26 (b), (c), 27]	X [Par. 27 (b), (c), (d), 28]
Unterschiede aufgrund von Methodenänderungen	X [Par. 76]	X [Par. 26 (d)]	X [Par. 27 (e)]
Angabepflichten bei Aufgabe von Segmenten	X [Par. 52A, IFRS 5.41 (d)]	X [IFRS 5.41 (d)]	X [IFRS 5.41 (d)]
Asymmetrische Zuordnungen	N/A	X [Par. 26 (e)]	X [Par. 27 (f)]
Vertikal integrierte Segmente, die mehr als 10 % der Unternehmenserträge mit fremden Kunden erzielen	X[6)] [Par. 74]	—	—

* Der Standard ist erstmals für am oder nach dem 1.1.2009 beginnende Geschäftsjahre verpflichtend anzuwenden.

1) Angabe ist nur erforderlich, falls die Position Bestandteil des intern berichteten Segmentergebnisses bzw. Gegenstand der regelmäßigen internen Berichterstattung an zentrale Entscheidungsträger ist.

2) Angabe ist nur erforderlich, falls die Position Bestandteil des intern berichteten Segmentvermögens bzw. Gegenstand der regelmäßigen internen Berichterstattung an zentrale Entscheidungsträger ist.

3) Angabe ist nur erforderlich, falls die Position Gegenstand der regelmäßigen internen Berichterstattung an zentrale Entscheidungsträger ist.

4) Angaben sind jeweils für Produktbereiche und geographische Regionen zu machen, falls die anzugebenden Segmente nicht produktorientiert bzw. regional abgegrenzt wurden.

5) Angaben sind nur für geographische Regionen im Fall nicht regional abgegrenzter operativer Segmente zu machen.

6) Angaben sind für die primäre Segmentebene zu machen.

F. Segmentinformationen im Rahmen der Zwischenberichterstattung

Als Folge von IFRS 8 erhalten die im Rahmen der Zwischenberichterstattung bereitzustellenden Segmentinformationen ein größeres Gewicht. Dies zeigt sich in einer tendenziellen Ausweitung der **Segmentdaten**, einer neuerdings geforderten **Überleitungsrechnung** sowie **allgemeinen Erläuterungspflichten** (IFRS 8.B8 i. V. m. IAS 34.16 (g)). Als Segmentdaten sind hiernach grundsätzlich auszuweisen: 114

- Erträge mit externen Kunden;
- intersegmentäre Erträge;

- Segmentergebnis;
- Segmentvermögen.

115 Die **Erträge** (Umsatzerlöse) mit externen Kunden und anderen operativen Segmenten sind darzustellen, wenn diese Bestandteil des generell auszuweisenden **Segmentergebnisses** sind oder im Rahmen der regelmäßigen Berichterstattung an den Hauptentscheidungsträger bereitgestellt werden, wovon grundsätzlich auszugehen ist. Die verpflichtende Bereitstellung des **Segmentvermögens** setzt voraus, dass sich dieses seit dem vorangegangenen Jahresfinanzbericht betragsmäßig **wesentlich** verändert hat (zur Wesentlichkeit → Rz. 97).

116 Die **Überleitung der Summe der Segmentergebnisse** erfolgt grundsätzlich auf das Ergebnis vor Steuern und Aufgabe von Geschäftsbereichen. Entsprechend der Vorgehensweise im Jahresfinanzbericht kann die Überleitung auch auf das konsolidierte Ergebnis nach Steuern vorgenommen werden (→ Rz. 86). Die Segmentdaten sind einschließlich der entsprechenden **Vergleichswerte** darzustellen (IAS 34.20 (a) und (b); IAS 1.36).

117 Die **allgemeinen Erläuterungspflichten** umfassen eine Beschreibung von zwischenzeitlich eingetretenen Änderungen in den Bestimmungsfaktoren der Segmentabgrenzung oder der Ermittlung der Segmentergebnisse sowie von wesentlichen separat dargestellten Überleitungsbeträgen.

G. Ausblick

118 Die mit der Herausgabe des IFRS 8 erfolgte Adaption von SFAS 131 führt nicht nur zu einer Konvergenz der Anforderungen im Bereich der Segmentberichterstattung. Sie ist vielmehr auch als Vorgriff auf eine stärkere Segmentbezogenheit von Informationen in anderen Berichtsinstrumenten zu sehen, die ebenfalls dem Management-Ansatz folgen. Im Vordergrund steht die Herstellung einer engen **Verzahnung der Segmentberichterstattung mit den Kommentierungen des Managements** zu zentralen Aspekten der Ertrags-, Finanz- und Vermögenslage in einem mit dem handelsrechtlichen Lagebericht vergleichbaren Informationsinstrument. Der IASB hat in diesem Zusammenhang bereits am 7.11.2005 ein Arbeitspapier zur öffentlichen Diskussion gestellt (→ DP Managementbericht). Die breite Fundierung des Management-Ansatzes in beiden Instrumenten soll die Entscheidungsnützlichkeit der Finanzberichterstattung erhöhen, indem sie umfangreiche Analysehandlungen externer Adressaten im Kontext einer mit der Segmentberichterstattung vereinheitlichten und an der Segmentebene anknüpfenden Informationsgrundlage ermöglicht (MC.A13; MC.A31; MC.A44). Pate hierfür stehen die sog. „Management's Discussion and Analysis of Financial Conditions and Results of Operations" (MD&A) und „Operating and Financial Review and Prospect" (OFR), die einen Kernbestandteil der Berichtspflicht in- bzw. ausländischer SEC-registrierter Unternehmen (Form 10-K bzw. Form 20-F) bilden. Es ist zu erwarten, dass der eingeleitete Entwicklungsprozess in einen IFRS münden wird, der diesem Gedanken Rechnung trägt.

119 Des Weiteren steht mit Abschluss des **„SME-Projekts"** (→ IFRS für KMU) eine Änderung des IFRS 8 bevor. Denn der IASB spricht sich klar für eine Erweiterung des sachlichen Anwendungsbereichs um **zur öffentlichen Rechenschaft verpflichtete Unternehmen** im Einklang mit der festgelegten Definition in dem künftigen „International Financial Reporting Standard for Small and Medium-sized Entities" aus (IFRS 8.BC20; → Rz. 19). Im Juni 2004 wurde vom IASB hierzu ein erstes Diskussionspapier veröffentlicht. Der Board hat darüber hinaus eine Arbeitsgruppe gebildet, um verschiedene Ansichten und Kommentare in das Projekt einfließen zu lassen. Ein interner Standardentwurf des Mitarbeiterstabs wurde im August 2006 bzw. ein überarbeiteter Entwurf im November 2006 fertig gestellt.[55] Auf dieser Grundlage veröffentlichte der Board den Entwurf eines IFRS for Small and Medium-sized Entities am 15.2.2007. Der endgültige Standard soll nach aktuellem Arbeitsprogramm des IASB in 2008 verabschiedet werden.

---

55) Vgl. Heuser/Theile, Rz. 5203 f.

Schließlich veröffentlichte der IASB als Folge der Angaben zu dominanten Kunden einen Änderungsentwurf zu *IAS 24* – ***Angaben über Beziehungen zu nahe stehenden Unternehmen und Personen***. Dieser resultiert aus der Kritik an der umfassenden Berücksichtigung staatlich kontrollierter Institutionen und Unternehmen als dominante Kunden (→ Rz. 108). Ziel der beabsichtigten Änderung ist es, künftig einen gleichen Wortlaut und eine konsistente Handhabung im Kontext beider Regelungsbereiche herbeizuführen. So sieht ED IAS 24 eine Reduzierung der Angabepflichten für Unternehmen vor, die lediglich aufgrund staatlicher Kontrolle oder wesentlicher Beeinflussung durch den Staat als nahe stehende Unternehmen anzusehen sind. 120

IFRIC 8 – Scope of IFRS 2

Bearbeitet von:
Bernhard Pellens, Nils Crasselt und Dirk Jödicke

Inhalt

Schrifttum

Deutsches Rechnungslegungs Standards Committee e.V., Anwendungshinweise des DRSC staff zu IFRIC 8 Scope of IFRS 2, KoR 2006, S. 329;

IDW, Stellungnahme zu IFRIC D16 – Scope of IFRS 2 v. 18.7.2005;

KPMG, Stellungnahme zu IFRIC D16 – Scope of IFRS 2 v. 19.7.2005;

Küting/Dürr, IFRS 2 Share-based Payment – ein Schritt zur weltweiten Konvergenz?, WPg 2004, S. 609;

Pellens/Crasselt, Bilanzierung von Aktienoptionsplänen und ähnlichen Entgeltformen nach IFRS 2 „Share-based Payment", KoR 2004, S. 113;

Pellens/Crasselt, IFRS 2 „Share-based Payment" – Anwendungsfragen bei nicht börsennotierten Gesellschaften, PiR 2005, S. 35;

PwC, Stellungnahme zu IFRIC D16 – Scope of IFRS 2 v. 18.7.2005;

RIC, Stellungnahme zu IFRIC D16 – Scope of IFRS 2 v. 18.7.2005;

Schreiber, IFRS 2 Share-based Payment – Aktuelle Verlautbarungen zu Änderungen und Zweifelsfragen, KoR 2006, S. 298;

Schreiber/Beiersdorf, IFRIC D16 und D17 – Interpretationsentwürfe zur IFRS 2 Share-based Payment, KoR 2005, S. 338;

Vater, Bilanzierung von Stock Options und ähnlichen Vergütungsinstrumenten nach IFRS 2 „Share-based Payment", StuB 2004, S. 801.

A. Gegenstand und Relevanz

I. Inhalt

1 Die im Januar 2006 veröffentlichte Interpretation IFRIC 8 konkretisiert den Anwendungsbereich von IFRS 2 – Anteilsbasierte Vergütung.[1] In der Interpretation wird die Frage behandelt, ob auch dann eine nach IFRS 2 zu bilanzierende anteilsbasierte Vergütung vorliegt, wenn die für die gewährte Vergütung zu erbringende **Gegenleistung nicht identifizierbar** ist. Nach IFRIC 8.8-8.9 ist die Identifizierbarkeit der Gegenleistung grundsätzlich nicht erforderlich, damit eine Transaktion in den Anwendungsbereich von IFRS 2 fällt. Allerdings sieht das IFRIC auch Ausnahmesachverhalte (z. B. bei Unternehmensübertragungen), in denen IFRS 2 nicht zur Anwendung kommt. Des Weiteren enthält die Interpretation in IFRIC 8.10-8.12 auch Hinweise zur Bewertung nicht identifizierbarer Güter und Dienstleistungen.

2 Die Interpretation legt in 14 Textziffern den Hintergrund, den Anwendungsbereich, die Fragestellung, den Beschluss sowie den Zeitpunkt des Inkrafttretens und Übergangsvorschriften dar. Die Interpretation wird ergänzt durch ein Anwendungsbeispiel sowie eine Erläuterung der Beschlussfassung („Basis for Conclusion"), die aber keine integralen Bestandteile der Interpretation sind.

II. Bedeutung

3 Die Interpretation ist insbesondere bei Ausgabe von Unternehmensanteilen oder Optionen auf solche Anteile relevant, für die das Unternehmen **keine identifizierbare Gegenleistung** erhält. Als Beispiele hierfür nennt das IFRIC die unentgeltliche Ausgabe von Anteilen zur wirtschaftlichen Unterstützung bestimmter Personengruppen (IFRIC 8.IE1) sowie die Übertragung von Anteilen an wohltätige Organisationen (IFRIC 8.2).

4 Neben solchen eher ungewöhnlichen Sachverhalten, die den Anlass für die Interpretation gegeben haben, führt IFRIC 8 potenziell zu einer wesentlichen Erweiterung des Anwendungsbereichs von IFRS 2. Nach IFRS 2.2 ist der Standard auf alle Transaktionen anzuwenden, bei denen Güter oder Dienstleistungen durch eine anteilsbasierte Vergütung entgolten werden. Durch die weite Interpretation des Begriffs „Güter und Dienstleistungen" in IFRIC 8 könnten nunmehr eine **Vielzahl zusätzlicher Sachverhalte** unter IFRS 2 fallen, bei denen lediglich zukünftige wirtschaftliche Vorteile, die nicht einmal identifizierbar sein müssen, erhofft werden. Zudem scheint es nach der Ansicht des IFRIC keine Rolle zu spielen, ob diese Vorteile dem Unternehmen vom Empfänger der Vergütung oder einer dritten Partei zufließen.

III. Anwendungsbereich

5 Der **sachliche Anwendungsbereich** von IFRIC 8 ergibt sich grundsätzlich aus dem Anwendungsbereich von IFRS 2. Nach IFRS 2.2-2.4 gilt der Standard für alle Transaktionen, bei denen Unternehmensanteile (insbesondere Aktien) oder Optionen auf solche Anteile (insbesondere Aktienoptionen) als Vergütung für Güter oder Dienstleistungen, inklusive Arbeitsleistungen von Mitarbeitern, gewährt werden (Anteilsbasierte Vergütungen mit Ausgleich durch Eigenkapitalinstrumente). Darüber hinaus gilt IFRS 2 auch für Transaktionen, bei denen das Unternehmen zu Vergütungszwecken eine Zahlungsverpflichtung eingeht, deren Höhe an der Wertentwicklung von eigenen Unternehmensanteilen bemessen wird (Anteilsbasierte Vergütungen mit Barausgleich), sowie Kombinationen aus beiden Möglichkeiten (Anteilsbasierte Vergütungen mit wahlweisem Barausgleich oder Ausgleich durch Eigenkapitalinstrumente). Die Interpretation bezieht sich nach IFRIC 8.6 speziell auf solche anteilsbasierten Vergütungen, bei denen die Gegenleistung zugunsten des Unternehmens ganz oder teilweise nicht identifizierbar ist. Sie gilt dabei unabhängig davon, ob das Unternehmen Eigenkapitalinstrumente gewährt oder ein Barausgleich erfolgen soll. Praktische Anwendung dürfte sie allerdings im Wesentlichen bei der Ausgabe von Eigenkapitalinstrumenten finden.

---

1) Zu IFRS 2 vgl. z. B. Küting/Dürr, WPg 2004, S. 609; Pellens/Crasselt, KoR 2004, S. 113; Vater, StuB 2004, S. 801.

Aus dem Anwendungsbereich der Interpretation **explizit ausgeschlossen** sind gem. IFRIC 8.6 solche Transaktionen, die nach IFRS 2.3-2.6 generell nicht nach IFRS 2 zu behandeln sind. Hierzu zählen Transaktionen zwischen Anteilseignern, die eindeutig einem anderen Zweck als der Vergütung von Gütern und Dienstleistungen dienen (IFRS 2.3), Transaktionen zwischen Unternehmen und Mitarbeitern bzw. anderen Gegenparteien in ihrer Funktion als Anteilseigner (IFRS 2.4) und Transaktionen, die explizit in anderen Standards geregelt sind, wie z. B. nach IFRS 3 zu bilanzierende Unternehmenskäufe, bei denen der Kaufpreis ganz oder teilweise durch Ausgabe eigener Eigenkapitalinstrumente entrichtet wird. 6

Zeitlich ist die am 12.1.2006 veröffentlichte Interpretation gemäß IFRIC 8.13 auf Geschäftsjahre anzuwenden, die am oder nach dem 1.5.2006 beginnen. Eine vorzeitige Anwendung ist möglich, wobei hierüber im Anhang zu berichten ist. IFRIC 8 wurde am 8.9.2006 durch die Verordnung (EG) Nr. 1329/2006 von der EU-Kommission übernommen und anschließend im Amtsblatt der Europäischen Union veröffentlicht. 7

IV. Regelungszusammenhänge

IFRIC 8 regelt ein Spezialproblem der anteilsbasierten Vergütung und steht somit in engem Zusammenhang zu IFRS 2 – Anteilsbasierte Vergütung, dessen Anwendungsbereich die Interpretation konkretisiert. Der Standard selbst soll im Laufe des Jahres kleinere Änderungen durch einen Änderungsstandard erfahren, der bereits als Entwurf vorliegt (→ ED IFRS 2amend). Die als IFRIC 8 verabschiedete Interpretation geht auf den **Interpretationsentwurf IFRIC D16** zurück. Neben einigen sprachlichen Änderungen wurden gegenüber dem Entwurf insbesondere Hinweise zur Bewertung der nicht identifizierbaren Güter oder Dienstleistungen ergänzt. Neben IFRIC 8 existiert mit IFRIC 11 – „Group and Treasury Share Transactions" (→ IFRIC 11) eine weitere Interpretation zu IFRS 2, in der konzernspezifische Fragen im Zusammenhang mit anteilsbasierten Vergütungen behandelt werden. Darüber hinaus existieren einige „Nicht-Interpretationen" des IFRIC zu IFRS 2 (→ Nicht-Interpretationen).[2] 8

V. Definitionen

Für das Verständnis der Interpretation bedarf es keiner speziellen Definitionen. 9

B. Problemhintergrund

Haupteinsatzgebiet anteilsbasierter Vergütungen ist die Vergütung von Mitarbeitern. Dabei wird ein Teil der erbrachten Arbeitsleistung dadurch vergütet, dass die Vergütungsempfänger für Eigenkapitalinstrumente einen unter dem beizulegenden Zeitwert liegenden Preis zahlen müssen bzw. ihnen eine zusätzliche, von der Wertentwicklung der Anteile abhängige Barvergütung versprochen wird. Dabei geht der IASB in IFRS 2.12 davon aus, dass die Lücke zwischen dem beizulegenden Zeitwert der Vergütung und der finanziellen Gegenleistung durch den Wert der erbrachten bzw. noch zu erbringenden Arbeitsleistung geschlossen wird. Hintergrund der Interpretation IFRIC 8 ist nun die Frage, wie anteilsbasierte Vergütungen zu bilanzieren sind, für die **gar keine oder aber keine angemessene unmittelbare Gegenleistung** in Form identifizierbarer Güter oder Dienstleistungen an das Unternehmen fließt. 10

Als **Beispiele** für solche Transaktionen nennt das IFRIC die Ausgabe von Anteilen an wohltätige Organisationen zum Zweck der Imageverbesserung (IFRIC 8.2) oder an einen bestimmten Personenkreis als Ausgleich für eine historische Benachteiligung (IFRIC 8.IE1). Letzteres Beispiel konkretisiert sich in den in Südafrika verbreiteten „black economic empowerment schemes", die Anlass für die Arbeit an der Interpretation waren.[3] Durch solche Programme soll die Beteiligung der schwarzen Bevölkerung an der südafrikanischen Wirtschaft gefördert werden. Die Empfänger brauchen dabei nicht in einem Mitarbeiterverhältnis zu stehen und das 11

---

2) Vgl. zu den verschiedenen aktuellen Verlautbarungen und Projekten im Zusammenhang mit IFRS 2 inklusive der IFRIC „Nicht-Interpretationen" Schreiber, KoR 2006, S. 298.

3) Vgl. Schreiber, KoR 2006, S. 302 f.; Schreiber/Beiersdorf, KoR 2005, S. 339.

Unternehmen erwartet keine direkte Gegenleistung von ihnen. Allerdings kann das Unternehmen andere Vorteile aus der Auflegung eines solchen Programms ziehen. So besteht die Aussicht, wirtschaftliche Sanktionen zu vermeiden, und es wird die Möglichkeit geschaffen, sich um staatliche Aufträge zu bewerben.

C. Regelungsinhalt

I. Konkretisierung des Anwendungsbereichs von IFRS 2

12 Wesentlicher Regelungsinhalt der Interpretation ist, dass auch solche Transaktionen, bei denen die Gegenleistung in Form von Gütern oder Dienstleistungen ganz oder teilweise nicht identifiziert werden kann, in den Anwendungsbereich von IFRS 2 fallen (IFRIC 8.8). Das IFRIC stellt die Vermutung auf, dass ein Unternehmen im Falle eines scheinbaren Ungleichgewichts von Leistung und Gegenleistung zusätzlich **nicht identifizierbare Güter oder Dienstleistungen** erhält bzw. erwartet zu erhalten (IFRIC 8.9). Eine einzelne Identifikation der erhaltenen Güter und Dienstleistungen ist dabei nach IFRIC 8.BC4 genauso wenig notwendig wie – analog zu Arbeitsleistungen von Mitarbeitern – deren Aktivierbarkeit.

13 Grundgedanke der Interpretation ist, dass die Unternehmensleitung oder die Anteilseigner einer anteilsbasierten Transaktion in einem **marktwirtschaftlichen Umfeld** nur dann zustimmen werden, wenn mit einer angemessenen Gegenleistung für die gewährten Eigenkapitalinstrumente (bzw. das gemachte Zahlungsversprechen) zu rechnen ist (IFRIC 8.BC4). Allerdings sieht das IFRIC auch die Möglichkeit, diese Hypothese zu widerlegen. Als Beispiel hierfür nennt es in einer Fußnote zu IFRIC 8.BC5 den Fall, dass Unternehmensanteile im Rahmen einer Schenkung im Familienkreis übertragen werden. Der wirtschaftliche Vorteil des Schenkungsempfängers impliziert keinen Ressourcenzufluss beim Unternehmen.

II. Hinweise zur Bewertung nicht identifizierbarer Güter und Dienstleistungen

14 Obwohl sich die Interpretation laut ihres Titels sowie der in IFRIC 8.7 formulierten Fragestellung nur auf den Anwendungsbereich von IFRS 2 bezieht, werden in IFRIC 8.10-8.12 auch **Bewertungsregeln** formuliert.

15 Nach IFRIC 8.10 sind **identifizierbare Güter oder Dienstleistungen** gemäß den Bewertungsprinzipien in IFRS 2 zu bewerten. Hiernach besteht bei Transaktionen mit Ausgleich durch Eigenkapitalinstrumente grundsätzlich die widerlegbare Vermutung, dass der beizulegende Zeitwert der zufließenden Ressourcen direkt ermittelt werden kann. Andernfalls sind die Ressourcen „indirekt unter Bezugnahme auf den beizulegenden Zeitwert der Eigenkapitalinstrumente" zu bewerten (IFRS 2.10). Fließen dem Unternehmen Arbeitsleistungen von Mitarbeitern zu, ist die indirekte Bewertung nach IFRS 2.11 verpflichtend.

16 Bei der Bewertung einer **nicht identifizierbaren Gegenleistung** scheidet die direkte Bewertung offensichtlich aus. Dementsprechend soll der beizulegende Zeitwert nicht identifizierbarer Güter oder Dienstleistungen gemäß IFRIC 8.11 zum Unterschiedsbetrag zwischen Leistung und identifizierbarer Gegenleistung, also zum Unterschiedsbetrag zwischen dem beizulegenden Zeitwert der anteilsbasierten Vergütung und dem Wert der identifizierten Güter oder Dienstleistungen, ermittelt werden.

17 **Bewertungszeitpunkt** für nicht identifizierbare Güter oder Dienstleistungen ist gem. IFRIC 8.12 der Tag der Gewährung der anteilsbasierten Vergütung. Für anteilsbasierte Transaktionen mit Barausgleich zu bildende Rückstellungen sind aber dem allgemeinen Prinzip von IFRS 2.30 entsprechend zu jedem späteren Abschlussstichtag bis zur Auszahlung bzw. zum Ende der Laufzeit neu mit dem beizulegenden Zeitwert zu bewerten.

D. Kritische Würdigung

IFRIC 8 folgt der Leitlinie, dass ein in einem marktwirtschaftlichen Umfeld operierendes Unternehmen bzw. seine Anteilseigner nur dann Anteile, Optionen auf Anteile oder wertgleiche Zahlungsversprechen gewähren werden, wenn eine Gegenleistung von mindestens gleichem Wert zu erwarten ist (IFRIC 8.BC4). Damit steht sie im **Einklang mit IFRS 2**, der bei der indirekten Bewertung von Arbeitsleistungen ebenfalls diesem Gedanken folgt. Vor diesem Hintergrund stellt sich allerdings die Frage, ob die Interpretation überhaupt notwendig ist.[4] Schließlich verlangt IFRS 2 nicht explizit, dass die Gegenleistung identifizierbar sein muss. Auch verbesserte oder zusätzliche Arbeitsleistungen, zu denen zur Management- und Mitarbeiterentlohnung eingesetzte anteilsbasierte Vergütungen motivieren sollen, lassen sich nicht zweifelsfrei identifizieren. IFRIC 8 führt damit in erster Linie zur Verallgemeinerung der in IFRS 2.BC37 explizit nur für die Vergütung von Arbeitsleistungen formulierten Annahme der Ausgeglichenheit der betrachteten Transaktionen. 18

Eine Besonderheit der „black economic empowerment schemes", die den Anlass für die Interpretation gaben, ist, dass das Unternehmen die **Gegenleistung** nicht von den Vergütungsempfängern, sondern **von einer dritten Partei**, konkret dem südafrikanischen Staat, erhält. Die Anwendung der Prinzipien von IFRS 2 auf diesen Sachverhalt könnte als eine Ausweitung des Anwendungsbereichs des Standards gewertet werden, da dessen Wortlaut die Identität von Vergütungsempfänger und Erbringer der Gegenleistung zu implizieren scheint.[5] Da IASB und IFRIC auf entsprechende Hinweise im Entstehungsprozess von IFRIC 8 nicht mit einem Änderungsvorschlag für IFRS 2 oder weitergehenden Ausführungen in der Interpretation selbst reagiert haben, ist davon auszugehen, dass IFRS 2 nach Ansicht der Standardsetzungsgremien generell auch Transaktionen betrifft, bei denen die Gegenleistung von einer dritten, nicht von der Vergütung profitierenden Partei erbracht wird. 19

Wenngleich IFRIC 8 die bilanzielle Behandlung der beispielhaft genannten Sachverhalte im Einklang mit IFRS 2 löst, wirft die Interpretation doch auch eine Reihe weitergehender Fragen auf. Insbesondere bleibt die **Trennlinie zwischen reinen Kapitaltransaktionen und Transaktionen mit Vergütungscharakter** weiterhin unscharf. Dies liegt vor allem daran, dass IFRIC 8 zwar für beide Arten von Transaktionen Beispiele enthält, jedoch keine allgemeinen Prinzipien zur Abgrenzung formuliert werden. Insbesondere versäumt es das IFRIC genauso wie zuvor der IASB, den **Begriff der Güter oder Dienstleistungen** genau zu definieren.[6] Die Aufzählung möglicher Sachverhalte in IFRS 2.5 schließt erhoffte, nicht einzeln identifizierbare wirtschaftliche Vorteile durch seine offene Formulierung nicht explizit aus. IFRIC 8 enthält hierzu keine weitergehenden Hinweise, jedoch legt das illustrierende Beispiel nahe, dass auch erhoffte wirtschaftliche Vorteile – im Anwendungsbeispiel: verbesserte Marktposition und Gewinnung neuer Mitarbeiter aufgrund einer Imageverbesserung – als Güter oder Dienstleistungen im Sinne von IFRS 2 anzusehen sind. 20

Eine Abgrenzung zwischen Kapital- und Vergütungstransaktionen hätte auch durch klare, über IFRS 2.3-2.6 hinausgehende **Ausschlusskriterien für den Anwendungsbereich von IFRS 2** erreicht werden können. Auch hier bleibt das IFRIC aber wenig konkret, so dass bei Grenzfällen erhebliche Ermessensspielräume entstehen können. Lediglich das in einer Fußnote zu IFRIC 8.BC5 eingefügte Beispiel einer Transaktion, bei der nicht von einem Vorteil des Unternehmens auszugehen ist, gibt einige Aufschlüsse. Werden Anteile im Rahmen einer Vermögensumschichtung unter Familienmitgliedern weitergegeben und bestehen keine Hinweise auf einen Vorteil des Unternehmens, soll IFRS 2 – wie auch bereits aus IFRS 2.3 abgeleitet werden kann – nicht angewendet werden. Wie jedoch ist z. B. der Fall zu beurteilen, wenn ein Unternehmensinhaber aus erbschaftsteuerlichen Gründen bereits zu Lebzeiten Anteile unentgeltlich an seinen Sohn überträgt, der gleichzeitig auch als Geschäftsführer des Unternehmens tätig ist? Inwiefern der wirtschaftliche Vorteil aus dem Anteilstransfer (auch) eine Vergütung für die Geschäftsführertätigkeit ist, lässt sich allgemeingültig kaum beurteilen. Bei solchen und ähnlichen Transaktionen ist im Einzelfall zu entscheiden, ob sie Vergütungscharakter besitzen und damit nach IFRS 2 zu bilanzieren sind. 21

---

4) Vgl. Schreiber/Beiersdorf, KoR 2005, S. 339 sowie die Stellungnahmen des IDW und des RIC zu IFRIC D16, beide vom 18.7.2005.

5) Vgl. die Stellungnahme des RIC zu IFRIC D16 vom 18.7.2005.

6) Vgl. DRSC, KoR 2006, S. 331; Schreiber/Beiersdorf, KoR 2005, S. 339.

22 Weitere Abgrenzungsschwierigkeiten ergeben sich prinzipiell bei jeder **Ausgabe von Unternehmensanteilen unter dem aktuellen Marktpreis bzw. -wert**. Es erscheint keineswegs zwingend, dass eine Vergütungstransaktion nur dann vorliegt, wenn sich das Angebot zur Zeichnung junger Anteile auf einen bestimmten Personenkreis beschränkt. Gibt ein Unternehmen im Rahmen einer Kapitalerhöhung unter Ausschluss des Bezugsrechts junge Aktien zu einem geringeren Preis als dem aktuellen Marktpreis aus, so könnte dies ebenso in den Anwendungsbereich von IFRS 2 fallen, wie das weit verbreitete „Underpricing" bei der erstmaligen Börseneinführung von Unternehmensanteilen.[7] Aufgrund der Hypothese eines ausgeglichenen Verhältnisses von Leistung und Gegenleistung muss aus IFRIC 8 im Prinzip auch hier geschlossen werden, dass zu prüfen ist, ob das Unternehmen sich einen wirtschaftlichen Vorteil, z. B. aufgrund einer Imageverbesserung oder eines höheren Bekanntheitsgrads als „Börsenliebling", erhofft. Das IFRIC will diesem Problem offensichtlich mit dem Hinweis auf IFRS 2.4 in IFRIC 8.6 begegnen, wonach Mitarbeitern und anderen Gegenparteien in ihrer Funktion als Aktionär gewährte wirtschaftliche Vorteile bei der Ausgabe von Eigenkapitalinstrumenten keine Bilanzierungspflicht nach IFRS 2 auslösen.[8] Fraglich bleibt allerdings, wie der Fall zu bewerten ist, wenn sich das Unternehmen das Entstehen wirtschaftlicher Vorteile im Austausch mit Dritten, z. B. bei zukünftigen Kapitalaufnahmen, erhofft. Es könnte dann zusätzlich zu dem für die Eigenkapitalinstrumente gezahlten Zeichnungspreis von einem nach IFRS 2 zu bilanzierenden Ressourcenzufluss in Form einer nicht identifizierbaren Gegenleistung auszugehen sein.

23 Eine weitergehende Implikation der Interpretation ist, dass sie praktisch zu einer **Umkehr der in IFRS 2 festgelegten Bewertungshierarchie** führt.[9] Wie bereits dargelegt (→ Rz. 14 ff.), ist nach IFRS 2.10 grundsätzlich der beizulegende Zeitwert der erhaltenen Güter oder Dienstleistungen der relevante Bewertungsmaßstab. Eine Bewertung der Vergütung, insbesondere in Form von Eigenkapitalinstrumenten, stellt demgegenüber die – bei Arbeitsleistungen von Mitarbeitern nach IFRS 2.11 verpflichtende – Ausnahme von diesem Grundsatz dar. IFRIC 8 legt nun nahe, dass zur Prüfung der Ausgeglichenheit von Leistung und Gegenleistung immer auch eine Bewertung der Vergütung notwendig ist. Soweit sich ein Ungleichgewicht zu Lasten des Unternehmens ergibt, wäre automatisch der beizulegende Zeitwert der Vergütung der relevante Bewertungsmaßstab. Der nicht den identifizierbaren Gütern oder Dienstleistungen zuzurechnende Teil wäre dann als Wert nicht identifizierbarer Gegenleistungen zusätzlich aufwandswirksam zu erfassen.

24 Eine konsequente Umsetzung dieses Gedankens würde unweigerlich dazu führen, dass bei *jeder* Ausgabe von Eigenkapitalinstrumenten geprüft werden müsste, ob sich Leistung und Gegenleistung ausgleichen.[10] Dies dürfte insbesondere nicht börsennotierte Gesellschaften vor Probleme stellen, da hier bereits die Ermittlung des Anteilswerts eine umfangreiche Bewertungsaufgabe darstellt.[11] Aber auch bei börsennotierten Gesellschaften können sich Bewertungsschwierigkeiten ergeben, wenn z. B. die ausgegebenen Anteile Handelsbeschränkungen unterliegen, die zu Abweichungen vom Aktienkurs führen. Eine so weitgehende Auslegung wird jedoch vom IFRIC selbst in IFRIC 8.BC7 abgelehnt. Es sei weder notwendig noch angemessen, jede anteilsbasierte Vergütungstransaktion auf ein **Ungleichgewicht von Leistung und Gegenleistung** zu prüfen. Konkrete Kriterien, die eine solche Prüfung auslösen sollen, werden allerdings nicht genannt. Folglich steht diese Entscheidung weitgehend im Ermessen der Unternehmensleitung bzw. des Wirtschaftsprüfers.[12]

---

7) Vgl. hierzu die Stellungnahme von Ernst & Young zu IFRIC D16 v. 12.7.2005.

8) Vgl. hierzu IFRIC Update 12/2005, S. 1.

9) Vgl. die Stellungnahmen von PWC und KPMG zu IFRIC D16 v. 18. bzw. 19.7.2006 sowie ähnlich auch DRSC, KoR 2006, S. 331.

10) Vgl. Pellens/Crasselt, PiR 2005, S. 38.

11) Vgl. Pellens/Crasselt, PiR 2005, S. 39 f.

12) Vgl. ähnlich DRSC, KoR 2006, S. 331.

E. Ausblick

IFRIC 8 wurde vom IFRIC am 12.1.2006 veröffentlicht und von der **EU-Kommission** am 8.9.2006 in europäisches Recht transformiert. Für europäische IFRS-Anwender steht somit der Anwendung der Interpretation auf alle Geschäftsjahre, die am oder nach dem 1.5.2006 begonnen haben bzw. beginnen, nichts mehr im Wege. 25

Es bleibt abzuwarten, ob IASB und IFRIC in Zukunft weitere Projekte zur Konkretisierung des Anwendungsbereichs von IFRS 2 bearbeiten werden. Angesichts der Tatsache, dass trotz IFRIC 8 weiter **Abgrenzungsprobleme zwischen Kapitaltransaktionen und anteilsbasierten Vergütungen** bestehen, ist dies nicht auszuschließen. Für kleinere Klarstellungen stehen dem IFRIC dabei neben dem Instrument der Interpretationen auch die im IFRIC Update veröffentlichten sog. „Nicht-Interpretationen" (→ IFRIC Nicht-Interpretationen) offen. 26

IFRIC 9 – Reassessment of Embedded Derivatives

Bearbeitet von:
Andrea Schmidt und Carsten Schween

Inhalt

Schrifttum

Ernst & Young, Stellungnahme zu IFRIC D 15 – Reassessment of Embedded Derivatives v. 31.5.2005;
IDW, Stellungnahme zu IFRIC D 15 – Reassessment of Embedded Derivatives v. 30.5.2005;
RIC, Stellungnahme zu IFRIC D 15 – Reassessment of Embedded Derivatives v. 7.6.2005;
Roese/Trepte/Vielmeyer, IFRIC Interpretation 9: Neubeurteilung der Abspaltungspflicht eingebetteter Derivate, WPg 2006, S. 1089;
Schmidt/Schreiber, IFRIC 9 „Neubeurteilung eingebetteter Derivate", KoR 2006, S. 445;
Zülch/Fischer, Konkretisierung der bilanziellen Abbildung eingebetteter Derivate gem. IFRIC 9, PiR 2006, S. 117.

A. Gegenstand und Relevanz

I. Inhalt

IAS 39 trifft Regelungen zur Bilanzierung von derivativen Komponenten, die in einem nicht derivativen Basisvertrag eingebettet sind, und sieht unter bestimmten Bedingungen deren Abspaltung und separate Bilanzierung vor. Nicht in IAS 39 geregelt ist die Frage, ob und unter welchen Umständen auch nach Ersterfassung des Gesamtvertrages eine **erneute Prüfung der Trennungspflicht** oder gar eine fortlaufende Neubeurteilung erforderlich ist. Ebenfalls nicht geregelt ist, ob IFRS-Erstanwender für die Beurteilung der Trennungspflicht den **Zeitpunkt** des Vertragsabschlusses oder den Zeitpunkt der Erstanwendung der IFRS zugrunde zu legen 1

haben. In der Praxis führte dies ggf. zu einer unterschiedlichen bilanziellen Behandlung wirtschaftlich identischer Sachverhalte. IFRIC 9 nimmt sich dieser beiden Fragen an und legt eine einheitliche Vorgehensweise fest.

II. Bedeutung

2 Eingebettete Derivate sind im Banken- und Finanzdienstleistungsbereich in Fülle anzutreffen, vor allem wenn es um strukturierte Produkte geht. Daneben enthalten aber auch zahlreiche Lieferverträge eingebettete Derivate, z. B. wenn sie auf eine Fremdwährung lauten oder Preisanpassungen vorsehen, sobald ein notierter Referenzpreis sich ändert. Zu dieser Kategorie Verträge können beispielsweise Stromlieferverträge gehören, aber auch solche über die Lieferung von Kaffee, Erdöl, Getreide und anderer börsengehandelter Rohstoffe. IAS 39 sieht für diese und andere Verträge Ausnahmen von der Abspaltung und separaten Bilanzierung der derivativen Komponenten vor (hierzu → Rz. 10 ff.). Kommt es jedoch infolge von Vertragsänderungen oder einer Änderung der wirtschaftlichen Rahmenbedingungen dazu, dass die Voraussetzungen für die Inanspruchnahme der Ausnahmeregelung nicht länger erfüllt sind, wird die in IFRIC 9 behandelte Frage der Neubeurteilung der Trennungspflicht relevant.

III. Anwendungsbereich

3 IFRIC 9 ist grundsätzlich auf alle eingebetteten Derivate im Geltungsbereich des IAS 39 anzuwenden (IFRIC 9.3). Ausdrücklich ausgenommen sind jedoch Derivate, die im Rahmen von Unternehmenszusammenschlüssen erworben werden (IFRIC 9.5). Ebenso trifft IFRIC 9 keine Regelungen zu Fragen der Neubewertung, die sich aus der Neubeurteilung der eingebetteten Derivate ergeben (IFRIC 9.4).

IV. Regelungszusammenhänge

4 Die Vorschriften für eingebettete Derivate sind in IAS 39.10-39.13 sowie im Anhang in den Abschnitten IAS 39.AG27-39.AG33B enthalten. Darüber hinaus enthält der Abschnitt C der „Leitlinien zur Anwendung von IAS 39“ weitere Regelungen. Die Vorschriften und Anwendungsregelungen des IAS 39 haben den Erstansatz im Fokus. Nicht ausdrücklich geregelt ist bislang, wie bei Wegfall der Trennungspflicht mit dem bestehenden Buchwert eines bereits separat bilanzierten Derivates zu verfahren ist. Ebenso wenig ist abschließend geklärt, wie ein künftig separat anzusetzendes Derivat vom bisherigen Buchwert des Gesamtinstrumentes zu trennen ist. IFRIC 9 adressiert das Problem der Neubewertung infolge einer Neubeurteilung im Anhang (IFRIC 9.BC9), klammert dessen Lösung jedoch von seinem Anwendungsbereich aus (IFRIC 9.4). Zu einem Lösungsansatz anhand der bestehenden Vorschriften des IAS 39 → Rz. 33 ff.

V. Definitionen

5 Ein **Finanzinstrument** ist ein Vertrag, der gleichzeitig bei dem einen Unternehmen zu einem finanziellen Vermögenswert und bei dem anderen Unternehmen zu einer finanziellen Verbindlichkeit oder einem Eigenkapitalinstrument führt (IAS 32.11).

6 Ein **Derivat** ist ein Finanzinstrument oder ein anderer Vertrag, der in den Anwendungsbereich des IAS 39 fällt und alle der drei nachstehenden Merkmale aufweist:

(1) sein Wert verändert sich infolge einer Änderung eines bestimmten Zinssatzes, Preises eines Finanzinstruments, Rohstoffpreises, Wechselkurses, Preis- oder Zinsindexes, Bonitätsratings oder Kreditindexes oder einer ähnlichen Variablen, sofern im Fall einer nicht finanziellen Variablen die Variable nicht spezifisch für eine Partei des Vertrags ist (auch „Basis“ genannt);

(2) es erfordert keine Anschaffungsauszahlung oder eine, die im Vergleich zu anderen Vertragsformen, von denen zu erwarten ist, dass sie in ähnlicher Weise auf Änderungen der Marktbedingungen reagieren, geringer ist; und

(3) es wird zu einem späteren Zeitpunkt beglichen (IAS 39.9).

Ein **eingebettetes Derivat** bezeichnet den derivativen Bestandteil eines nicht derivativen Basisvertrages, wenn der derivative Bestandteil bewirkt, dass ein Teil der Cashflows aus dem Gesamtvertrag ähnlichen Schwankungen ausgesetzt ist wie ein freistehendes Derivat (IAS 32.10). 7

Der **beizulegende Zeitwert** („fair value") ist der Betrag, zu dem zwischen sachverständigen, vertragswilligen und voneinander unabhängigen Geschäftspartnern ein Vermögenswert getauscht oder eine Schuld beglichen werden könnte (IAS 32.11). 8

B. Konkretisierung der Trennungspflicht eingebetteter Derivate

I. Konzept der Trennung eingebetteter Derivate gem. IAS 39

Bestimmte strukturierte Finanzprodukte und andere Verträge (IAS 39.11 nennt sie „hybrid instruments" oder „combined instruments", zu einigen Beispielen für Nicht-Finanzprodukte → Rz. 2) weisen neben einer nicht derivativen Basiskomponente ein oder mehrere derivative Bestandteile auf. Diese derivativen Bestandteile werden in IAS 39.10 als **eingebettete Derivate** bezeichnet, wenn sie bewirken, dass ein Teil der Cashflows aus dem strukturierten Instrument ähnlichen Schwankungen ausgesetzt ist wie ein freistehendes Derivat (IAS 39.10). Die vom eingebetteten Derivat hervorgerufenen Cashflow-Schwankungen können z. B. durch Veränderungen eines bestimmten Zinssatzes, eines Aktien- oder Rohstoffpreises, eines Wechselkurses, eines Preis- oder Kursindexes oder einer anderen Variablen ausgelöst werden.[1)] 9

Prinzipiell kann die Variable **nicht-finanzieller Natur** sein. Beispielsweise kann ein Vertrag Cashflows vorsehen, die je nach Höhe eines Ernteertrages variieren. Bei nicht-finanziellen Variablen unterliegt der derivative Vertragsbestandteil nur dann den Vorschriften für eingebettete Derivate, wenn die Variable nicht spezifisch für eine Vertragspartei ist (IAS 39.10).[2)] So gelten die Vorschriften z. B. nicht für Verträge, deren Variable der von einer Vertragspartei erzielte Ernteertrag ist. 10

Ebenfalls von den Vorschriften für eingebettete Derivate ausgenommen sind derivative Komponenten, die unabhängig vom Basisvertrag **selbstständig vertraglich übertragbar** sind oder mit einer **anderen Vertragspartei** abgeschlossen wurden als der Basisvertrag. Solche derivativen Komponenten sind wie eigenständige Finanzinstrumente zu behandeln (IAS 39.10). 11

Zweck der Vorschriften für eingebettete Derivate ist es, **Gestaltungsmöglichkeiten einzuschränken**. Ein Unternehmen soll die Ansatz- und Bewertungsvorschriften für Derivate nicht dadurch umgehen können, dass es ein Derivat in ein anderes nicht-derivatives Finanzinstrument (oder einen anderen Vertrag) einbindet und den gesamten Vertrag einschließlich Derivat gemäß den Regelungen für nicht derivative Finanzinstrumente bilanziert (IAS 39.BC37). Deshalb sieht IAS 39 vor, dass eingebettete Derivate unter bestimmten Voraussetzungen von dem nicht-derivativen Bestandteil zu trennen und wie freistehende Derivate zu bilanzieren sind. 12

---

1) Credit Suisse verweist im Anhang, Ziffer 33 ihrer Form 20-F SEC Berichterstattung z. B. auf eingebettete Derivate, deren Wert sich nach der Veränderung eines Drittparteien-Kreditrisikos oder einer nicht-standardmäßigen Zins- oder Währungskomponente bestimmt (Form 20-F der Credit Suisse Group, Annual Report 2005, S. 162).

2) Der IASB hat auf seiner Sitzung vom Februar 2007 klargestellt, dass die Ausnahmeregelung für Verträge mit nicht-finanziellen Variablen im Rahmen der Veröffentlichung des *IFRS 4 – Insurance Contracts* eingeführt wurde und speziell Versicherungsverträge von den Vorschriften für die Derivatebilanzierung ausgenommen werden sollten. Da Versicherungsverträge sowieso vom Anwendungsbereich des IAS 39 ausgeschlossen sind, hat der IASB die Ausnahmeregelung im Rahmen dieser Sitzung für überflüssig erklärt und vorläufig entschieden, sie aus der Derivate-Definition in IAS 39.9 zu streichen. Obwohl dies nicht explizit beschlossen wurde, ist davon auszugehen, dass die Streichung, wenn sie kommt, zugleich IAS 39.10 betreffen wird. In diesem Fall würden beispielsweise auch Verträge, deren Variable der Ernteertrag einer der Vertragpartner ist, künftig unter die Vorschriften für eingebettete Derivate fallen.

13 Das **Trennungskonzept** nach IAS 39 lässt sich schematisch wie folgt zusammenfassen:

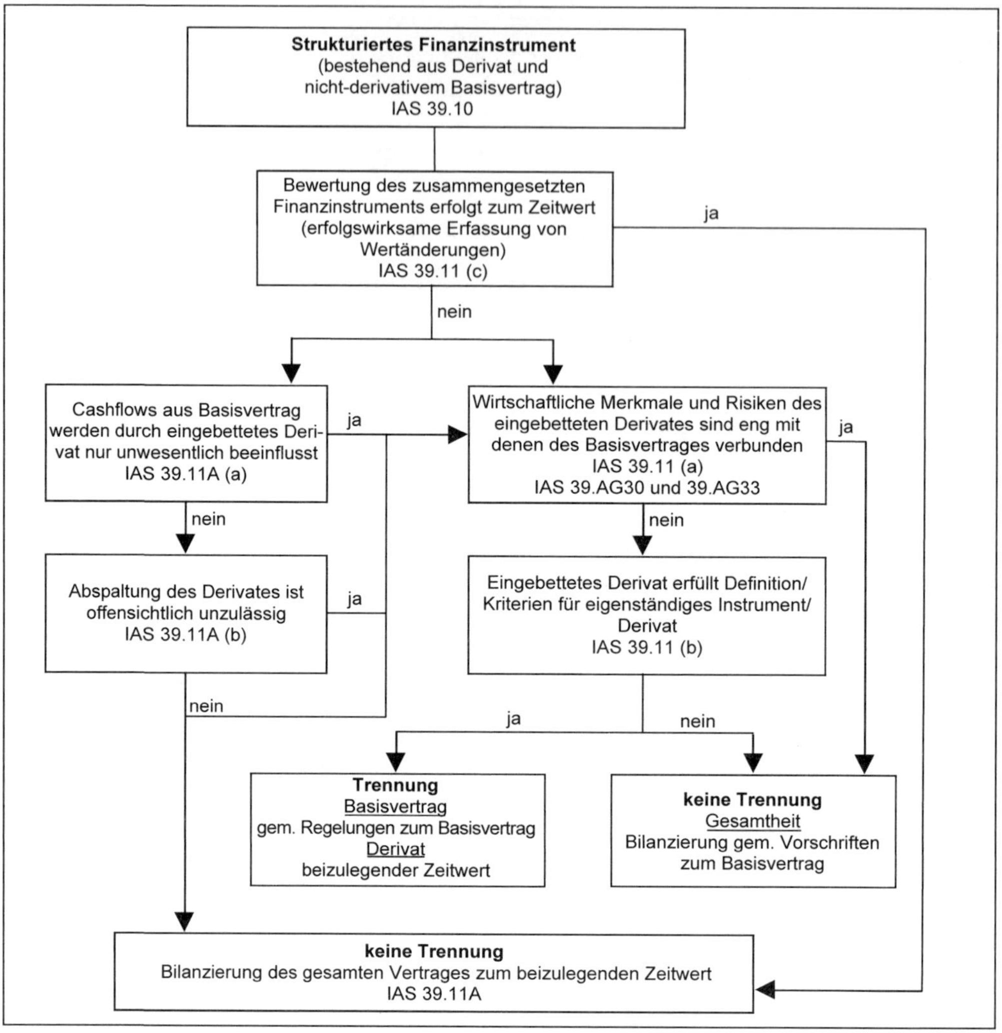

14 Eine **Trennung** des eingebetteten Derivats ist gem. IAS 39.11 vorzunehmen, wenn folgende drei **Voraussetzungen** erfüllt sind:

- Die wirtschaftlichen Merkmale und Risiken des eingebetteten Derivats sind nicht eng mit den wirtschaftlichen Merkmalen und Risiken des Basisvertrags verbunden (sog. „clearly & closely related"-Kriterium, (→ Rz. 17 f.).
- Ein eigenständiges Instrument mit denselben Merkmalen wie das eingebettete Derivat würde die Definition eines Derivats erfüllen (→ Rz. 16).
- Das strukturierte Finanzinstrument wird nicht bereits in seiner Gesamtheit erfolgswirksam zum beizulegenden Zeitwert bilanziert.

15 Ist die **dritte Voraussetzung** erfüllt und das gesamte Instrument wird bereits wie ein Derivat zum beizulegenden Zeitwert bilanziert, ist eine Umgehung der Derivate-Bilanzierung durch Einbettung in den Basisvertrag ausgeschlossen. Deshalb bedarf es hier keiner Trennung und separaten Bilanzierung des eingebetteten Derivats.

Das **zweite Kriterium** verlangt, dass eingebettete Bestandteile nur dann getrennt vom Basisvertrag bilanziert werden, wenn sie als freistehendes Instrument die Definition eines Derivats gem. IAS 39.9 erfüllen würden. Dadurch ist sichergestellt, dass die Trennungsvorschriften für eingebettete Derivate nicht zum Bilanzansatz derivativer Komponenten führen, die als freistehende Instrumente wegen Nichterfüllung der Definitionskriterien für Derivate nicht angesetzt werden dürften. 16

Das erste, also das **„clearly & closely related"-Kriterium** ist das schwierigste von allen, unter anderem weil IAS 39 keine Definition von „clearly & closely related" enthält. Das Kriterium wurde aus praktischen Erwägungen eingeführt, um Unternehmen die aufwendigen Bilanzierungsvorschriften zumindest dann zu ersparen, wenn es unwahrscheinlich ist, dass das Derivat zur Erzielung eines bestimmten Bilanzierungsergebnisses eingebettet wurde (IAS 39.BC37). Unwahrscheinlich ist dies nach Auffassung des IASB im Allgemeinen bei Vorliegen einer engen wirtschaftlichen Beziehung zwischen eingebettetem Derivat und Basisvertrag (also bei Erfüllung des „clearly & closely related" Kriteriums; IAS 39.BC37). 17

Statt einer Definition von „clearly & closely related" listet IAS 39.AG30 eine Reihe von Beispielen von eingebetteten Derivaten auf, die hinsichtlich der wirtschaftlichen Merkmale und Risiken **nicht eng** mit dem Basisvertrag verbunden sind. In der Regel besteht keine enge wirtschaftliche Beziehung, wenn das eingebettete Derivat von einer Eigenkapitalvariablen (z. B. einem Aktienindex) abhängt, der Basisvertrag hingegen ein Schuldinstrument (z. B. eine fix verzinsliche Anleihe) darstellt. 18

Eine zweite Liste (in IAS 39.AG33) enthält Beispiele von eingebetteten Derivaten, die demgegenüber in **enger Beziehung** zum Basisvertrag stehen. Eine solche enge Beziehung kann z. B. vorliegen, wenn in eine variabel verzinsliche Anleihe eine Ober- oder Untergrenze auf Zinssätze (also ein Zinscap oder Zinsfloor) eingebettet ist.[3] 19

Kommt es gem. IAS 39.11 zur Herauslösung des eingebetteten Derivats aus dem strukturierten Finanzinstrument, ist es wie ein selbstständiges Derivat, also grundsätzlich **erfolgswirksam zum beizulegenden Zeitwert** zu bilanzieren.[4] Der verbleibende Basisvertrag wird separat gemäß den für ihn geltenden Vorschriften bilanziert. 20

Erfolgt **keine Trennung** von eingebettetem Derivat und Basisvertrag, wird das strukturierte Instrument in seiner Gesamtheit nach den für den Basisvertrag geltenden Vorschriften bilanziert. 21

Seit Einführung der Option zur Bilanzierung mit dem beizulegenden Zeitwert[5] haben Unternehmen grundsätzlich die Möglichkeit, auf eine getrennte Bilanzierung von eingebettetem Derivat und Basisvertrag zu verzichten und stattdessen Verträge mit eingebetteten Derivaten **in ihrer Gesamtheit erfolgswirksam** zum beizulegenden Zeitwert zu bilanzieren (IAS 39.11A). Diese Möglichkeit besteht jedoch nicht, wenn die eingebetteten Derivate die ansonsten anfallenden Cashflows aus dem Vertrag nur unerheblich verändern oder wenn leicht – d. h. ohne oder nur mit geringem Analyseaufwand – ersichtlich ist, dass eine Abspaltung der eingebetteten Derivate unzulässig wäre (IAS 39.11A). 22

---

3) Dies ist allerdings nicht immer der Fall; so liegt z. B. gem. IAS 39.A33 (b) dann keine enge Beziehung vor, wenn der Zinscap oder -floor mit einer Hebelwirkung ausgestaltet ist.

4) Die Bilanzierung zum beizulegenden Zeitwert bei Erstansatz ergibt sich aus IAS 39.43, die Folgebilanzierung von Derivaten prinzipiell zum beizulegenden Zeitwert aus IAS 39.46 und 39.47 (a), die grundsätzlich ergebniswirksame Vereinnahmung von Bewertungsgewinnen und -verlusten aus IAS 39.55; eine Ausnahme von der Bilanzierung zum beizulegenden Zeitwert besteht nur, wenn das Derivat als Eigenkapital zu klassifizieren ist (IAS 39.2 (a)) oder es sich um ein Derivat auf ein nicht notiertes Eigenkapitalinstrument handelt, dessen beizulegender Zeitwert sich nicht verlässlich ermitteln lässt und das nur durch Andienung des Eigenkapitalinstrumentes erfüllt werden kann (IAS 39.46 (c) und 39.47 (a)); eine Ausnahme von der ergebniswirksamen Vereinnahmung von Änderungen des beizulegenden Zeitwerts ergibt sich, wenn das eingebettete Derivat als Sicherungsinstrument in eine Absicherung von Cashflows („Cash Flow Hedge") oder in die Absicherung einer Auslandsbeteiligung einbezogen wird; die Grundsätze zur Bilanzierung von Sicherungsgeschäften werden in IAS 39.85-39.102 behandelt.

5) Die Option zur Bilanzierung mit dem beizulegenden Zeitwert gilt für Geschäftsjahre, die am 1.1.2006 oder später beginnen; eine frühere Anwendung wird empfohlen.

23 Zu einer ergebniswirksamen Bilanzierung zum beizulegenden Zeitwert des gesamten strukturierten Instrumentes kommt es auch dann, wenn sich aus IAS 39.11 eine Trennungspflicht ergibt, aber eine gesonderte Bewertung des eingebetteten Derivats weder bei Erwerb noch an nachfolgenden Stichtagen möglich ist (IAS 39.12).[6]

24 Neben der grundsätzlichen Vorschrift, dass eingebettete Derivate unter bestimmten Bedingungen vom Basisvertrag zu trennen sind, lässt IAS 39 jedoch offen, ob die Trennungspflicht nur bei **Erstansatz oder** ggf. auch in **späteren Perioden** zu überprüfen ist.

25 Ebenso enthalten weder IAS 39 noch IFRS 1 bislang eine Vorschrift zum **Zeitpunkt**, den ein Erstanwender der IFRS für die Beurteilung der Trennungspflicht heranzuziehen hat. Infrage kommen der Zeitpunkt des Vertragsabschlusses des strukturierten Instrumentes oder der Zeitpunkt der Erstanwendung.

II. Konkretisierung der Trennungspflicht durch IFRIC 9

1. Konkretisierung der Neubeurteilung nach Vertragsabschluss oder bei separatem Erwerb eines strukturierten Finanzinstruments

26 IFRIC 9 trifft Regelungen zur Neubeurteilung der Trennungspflicht in Bezug auf bilanziell **bereits erfasste** strukturierte Finanzinstrumente. Für den separaten Erwerb bereits laufender Verträge verweist IFRIC 9 auf bereits bestehende Vorschriften des IAS 39.

27 Für bereits erfasste strukturierte Finanzinstrumente schließt IFRIC 9.7 eine Neubeurteilung der Trennungspflicht nach Erstansatz grundsätzlich aus, es sei denn, es kommt zu einer Änderung der Vertragsbedingungen und infolgedessen zu einer **erheblichen Änderung der vertraglichen Zahlungsströme**. Wird jedoch eine solche erhebliche Änderung der Zahlungsströme durch eine Vertragsänderung herbeigeführt, besteht hingegen eine Neubeurteilungspflicht (IFRIC 9.7). Ob eine Änderung der Zahlungsströme aus dem eingebetteten Derivat, dem Basisvertrag oder beiden erheblich ist, ist nach dem Ausmaß der Änderung sowie anhand eines Vergleichs der vor und nach der Vertragsänderung erwarteten Cashflows zu beurteilen (IFRIC 9.7).[7]

28 Das IFRIC begründet seine Entscheidung, ein grundsätzliches Neubeurteilungsverbot einzuführen, aber im Ausnahmefall einer erheblichen Änderung der Zahlungsströme infolge einer Vertragsänderung eine Neubeurteilungspflicht vorzusehen, zunächst mit dem Sinn und Zweck der Regelungen zu den eingebetteten Derivaten. Wie bereits ausgeführt (→ Rz. 12) zielen die Regelungen zu den eingebetteten Derivaten darauf ab, **Gestaltungsmöglichkeiten einzuschränken**, also beispielsweise zu verhindern, dass ein Unternehmen die Bilanzierung eines Forwardkontraktes zum beizulegenden Zeitwert umgeht, indem es den Forward in ein nicht-derivatives Schuldinstrument einbindet. Das IFRIC stellt in diesem Zusammenhang fest, dass die Änderung externer Umstände, da sie anders als eine Vertragsänderung nicht gezielt von einer Vertragspartei herbeigeführt werden kann, keinen Umgehungstatbestand darzustellen vermag (IFRIC 9.BC6).

29 Des Weiteren wird vom IFRIC angeführt, dass eine fortlaufende Neubeurteilung die Unternehmen zur Einrichtung **aufwendiger Überwachungs- und Analyseprozesse** zwingen würde, um die Folgen von Marktentwicklungen auf die Bilanzierung für jeden Einzelfall zeitnah beurteilen zu können. Das IFRIC hält dies ggf. für eine zu große Belastung für die Unternehmen (IFRIC 9.BC7).

---

6) Eine gesonderte Bewertung ist nach IAS 39.13 selbst dann möglich, wenn sich der beizulegende Zeitwert des eingebetteten Derivats als Differenz aus dem beizulegenden Zeitwert des Gesamtvertrags und dem beizulegenden Zeitwert des Basisvertrages bestimmen lässt; erst wenn auch diese Ermittlungsmethode scheitert, kommt es zur Bilanzierung des Gesamtvertrages mit dem beizulegenden Zeitwert gem. IAS 39.12.

7) Schmidt/Schreiber, KoR 2006, S. 447 weisen darauf hin, dass der Erheblichkeitstest dem Konzept der wirtschaftlichen Substanz aus IAS 16.25 und IAS 38.46 ähnelt.

Schließlich wird das grundsätzliche Verbot einer Neubeurteilungspflicht mit dem Hinweis begründet, dass IAS 39 in den Anleitungen zur Anwendung eine Beurteilung des „clearly & closely related"-Kriteriums (→ Rz. 14 ff.) bei bestimmten Verträgen **nur bei Erstansatz** vorsieht (IFRIC 9.BC8).[8] 30

Sofern es sich demgegenüber nicht um vom Unternehmen bereits erfasste zusammengesetzte Finanzinstrumente, sondern um den **nachträglichen Erwerb bereits laufender Verträge** handelt, erfolgt die Beurteilung der Trennungspflicht auf Grundlage der zum Erwerbszeitpunkt vorliegenden Bedingungen (IFRIC 9.7).[9] IFRIC 9 folgt hier der Vorschrift des IAS 39.AG33A, nach der ein Unternehmen eingebettete Derivate hinsichtlich der Trennungspflicht zu untersuchen hat, wenn es Vertragpartei des zugrunde liegenden strukturierten Finanzinstrumentes wird (IFRIC 9.BC10). 31

2. Konkretisierung der Trennungspflicht im Rahmen der IFRS-Erstanwendung

Für Erstanwender der IFRS stellt sich die Frage, ob für die Beurteilung der Trennungspflicht auf den **Zeitpunkt** des Vertragsabschlusses oder den Zeitpunkt der erstmaligen Anwendung der IFRS abzustellen ist. Gemäß IFRIC 9.8 hat ein Erstanwender die Trennungspflicht grundsätzlich im Hinblick auf den Zeitpunkt zu beurteilen, an dem der Erstanwender Vertragspartei wurde. Kommt es jedoch nachfolgend wegen einer Vertragsänderung zu einer erheblichen Änderung der Zahlungsströme, ist (wie von IFRIC 9.7 gefordert) auf den Zeitpunkt der Vertragsänderung abzustellen (IFRIC 9.8). Diese Vorschrift steht im Einklang mit dem Grundsatz des IFRS 1 einer vollständig retrospektiven Anwendung der IFRS durch Erstanwender (IFRIC 9.BC13) und stellt damit sicher, dass gleiche Verträge von Erstanwendern ebenso bilanziert werden wie von Unternehmen, die bei Vertragsabschluss bereits IFRS-Anwender waren. 32

C. Bilanzielle Auswirkungen der Neubeurteilung

I. Hintergrund

IFRIC 9 regelt lediglich, ob und unter welchen Bedingungen die Frage der Trennung des eingebetteten Derivats vom Basisvertrag neu zu beurteilen ist. Ausdrückliche Regelungen zur **Folgebilanzierung** von Verträgen, deren Überprüfung ergibt, dass eine Trennungspflicht entweder erstmals entsteht bzw. künftig wegfällt, trifft IFRIC 9 nicht. Wie eingebettetes Derivat und Basisvertrag bei Entstehung bzw. bei Wegfall einer Trennungspflicht bilanziell darzustellen sind, ist damit anhand der bestehenden Vorschriften des IAS 39 zu beurteilen. 33

II. Wegfall der Trennungspflicht

Ergibt die Neubeurteilung, dass ein bislang separat zum beizulegenden Zeitwert bilanziertes Derivat infolge einer Vertragsänderung nicht länger getrennt vom Basisvertrag zu bilanzieren ist, stellt sich die Frage, wie nach Wegfall der separaten Bilanzierung mit dem Buchwert des eingebetteten Derivats zu verfahren ist. IFRIC 9.BC9 führt drei **Möglichkeiten** auf: 34

(1) Das separat bilanzierte Derivat wird erfolgswirksam ausgebucht, der Basisvertrag weiterhin so bilanziert wie bisher.

(2) Der Bilanzansatz des Derivats wird zunächst beibehalten. In der Folge wäre der Buchwert über die Laufzeit zu amortisieren oder alternativ erst bei Ausbuchung (Verkauf oder Fälligkeit) des Basisvertrages auszubuchen.

---

8) Verwiesen wird auf IAS 39.AG33 (b): „*An embedded floor or cap on the interest rate on a debt contract or insurance contract is closely related to the host contract, provided the cap is at or above the market rate of interest and the floor is at or below the market rate of interest* when the contract is issued, *and the cap or floor is not leveraged in relation to the host contract. Similarly, provisions included in a contract to purchase or sell an asset (eg a commodity) that establish a cap and a floor on the price to be paid or received for the asset are closely related to the host contract if both the cap and floor were out of the money* at inception *and are not leveraged.*" (Hervorhebungen des IFRIC).

9) Und ggf. später erneut, wenn es infolge einer Vertragsänderung zu einer erheblichen Änderung der Cashflows kommt.

(3) Der Buchwert des Derivats könnte dem Buchwert des Basisvertrages zugeschlagen bzw. mit ihm verrechnet und der Gesamtvertrag forthin (ggf. unter Verwendung einer neuen Effektivverzinsung)[10] zu fortgeführten Anschaffungskosten bilanziert werden.

35 Das IFRIC diskutiert diese drei Möglichkeiten im Zusammenhang mit den Gründen, die gegen eine laufende Neubeurteilung von strukturierten Verträgen sprechen, und hält hinsichtlich der Möglichkeiten (1) und (3) fest, dass sich eine Ergebniswirkung (Möglichkeit 1) bzw. eine Änderung von Buchwert und Effektivverzinsung (Möglichkeit 3) bei laufender Neubeurteilung selbst dann einstellen würde, wenn es weder zu einer neuen Transaktion, noch zu einer Wertänderung des Gesamtvertrages bzw. seiner Komponenten, noch zu einer Änderung seines wirtschaftlichen Gehaltes käme (IFRIC 9.BC9 (a) und 9.BC9 (c)).

36 Das IFRIC schließt die Diskussion mit dem Hinweis ab, dass sich bei der präferierten Lösung eines außer im Fall einer wesentlichen Vertragsänderung grundsätzlich bestehenden Neubeurteilungsverbotes das Problem eines Auseinanderklaffens von Bilanzierungseffekt und wirtschaftlicher Veranlassung nicht stelle (IFRIC 9.BC9). In der Tat ist ja die Neubeurteilung nach IFRIC 9.7 nur dann zulässig, wenn eine Vertragsänderung die Zahlungsströme aus dem Vertrag erheblich ändert, wenn es also im Regelfall zu einer Änderung des wirtschaftlichen Gehaltes oder zu einer Wertänderung des Gesamtvertrages bzw. seiner Komponenten kommen dürfte.

37 Wie aber ist nach einer **erheblichen Änderung der Zahlungsströme** mit den bestehenden **Buchwerten** zu verfahren? IFRIC 9 klammert die Klärung dieser Frage von seinem Regelungsbereich aus (→ Rz. 3), so dass für deren Beantwortung auf die bestehenden Vorschriften des IAS 39 zurückzugreifen ist (bzw. hinsichtlich des Basisvertrages auf die Vorschriften anderer Standards, soweit es sich hierbei um einen nichtfinanziellen Vermögenswert bzw. eine nichtfinanzielle Schuld handelt).

38 Eine erhebliche Vertragsänderung im Sinne des IFRIC 9.7 ließe sich wirtschaftlich betrachtet als **Aufhebung des bisherigen Vertrages und Abschluss eines neuen** interpretieren. Wie oben angedeutet (→ Rz. 36) scheint ja auch IFRIC 9.BC9 die für eine Neubeurteilung qualifizierende Vertragsänderung als eine Transaktion aufzufassen, die den wirtschaftlichen Gehalt des bisherigen Vertrages ändert oder eine Wertänderung des Gesamtvertrages bzw. einer seiner Komponenten herbeiführt. Insofern ließe sich argumentieren, dass zwischen einer Vertragsänderung im Sinne des IFRIC 9.7 und dem Abschluss eines Neuvertrages wirtschaftlich kein Unterschied besteht.

39 Folgt man dieser Sichtweise, müsste bei Wegfall der Trennungspflicht nicht nur das **eingebettete Derivat ausgebucht** werden, sondern auch der **Buchwert des Basisvertrags quasi abgehen** und der „neue" Vertrag (ggf. einschließlich weiterer infolge der Vertragsänderung zugehender Vermögenswerte und Schulden[11]) gemäß den **Erstansatzvorschriften** des IAS 39.43[12] zum beizulegenden Zeitwert (ggf. unter Einschluss von Transaktionskosten) angesetzt werden.

---

10) Zur Auswirkung der Ausbuchung des Derivats auf die Effektivverzinsung des Gesamtvertrages siehe Roese/Trepte/Vielmeyer, WPg 2006, S. 1092.

11) Kommt es infolge der Vertragsänderung zu einer Wertänderung des Gesamtvertrages, dürfte die Partei mit dem Wertverlust sich bei Vertragsänderung (soweit die Änderung zu Marktbedingungen erfolgt) den erlittenen Wertverlust z. B. durch Vereinbarung einer Ausgleichszahlung vergüten lassen, die dann natürlich auch zu bilanzieren wäre.

12) Handelt es sich bei dem Basisvertrag um einen nichtfinanziellen Bilanzposten, sind die Ansatzvorschriften anderer Standards (d. h. zumeist das Anschaffungskostenprinzip) zu beachten.

Je nachdem, ob es sich bei dem neuen Vertrag um ein Finanzinstrument handelt oder nicht, und je nachdem, wie der neue Vertrag zu klassifizieren ist bzw. klassifiziert wird[13)], würde er **nachfolgend zum beizulegenden Zeitwert oder zu fortgeführten Anschaffungskosten** bilanziert werden. 40

In der Regel bestimmt der **Transaktionspreis** (also die beizulegenden Zeitwerte des „hingegebenen" Derivats und des Basisvertrags zuzüglich etwaiger ab- oder zufließender Ausgleichszahlungen o. Ä.) den beizulegenden Zeitwert des neuen Instrumentes bei Erstansatz (IAS 39.AG76). Die Differenz zwischen beizulegendem Zeitwert und Buchwert des Basisvertrages zum Zeitpunkt der Vertragsänderung wäre damit als realisierter Gewinn oder Verlust zu vereinnahmen. Entstehen im Rahmen der Vertragsänderung Transaktionskosten, wären diese bei Erstansatz (ergebnisneutral) von den anzusetzenden Vermögenswerten oder Schulden abzusetzen, es sei denn, das neue Instrument wird ergebniswirksam zum beizulegenden Zeitwert bewertet. In diesem Fall wären die Transaktionskosten gem. IAS 39.43 bei Erstansatz ergebniswirksam zu berücksichtigen. 41

Beispiel 1: 42

Ein europäisches Unternehmen nimmt bei einer amerikanischen Bank ein 5-jähriges endfälliges Darlehen in Höhe von 10 Mio. € auf, dessen jährliche Zinszahlungen eine Fixverzinsung von 3 % zuzüglich der Wertveränderung eines Aktienindex vorsehen. Eine marktgerechte Fixverzinsung ohne derivativen Bestandteil hätte zum Zeitpunkt des Vertragsabschlusses 5 % betragen. Da die Veränderung des Aktienindex nicht in enger wirtschaftlicher Beziehung mit der Veränderung des dem Basisinstruments zugrunde liegenden Zinsniveaus steht, ist der im Gesamtvertrag eingebettete Equity-Zins-Swap separat zu bilanzieren. Nach Ablauf von zwei Jahren werden die Darlehenskonditionen dahingehend geändert, dass statt der bisher vereinbarten Zahlungen künftig fixe Zinszahlungen in USD vorgesehen sind. USD ist die funktionale Währung des Darlehensgebers, daher ist nach IAS 39.AG33 (d) der eingebettete Cross Currency Swap nicht länger separat vom Darlehensvertrag zu bilanzieren.[14)] *Zum Zeitpunkt der Vertragsänderung hat der Equity-Zins-Swap einen negativen beizulegenden Zeitwert von 100 000 €. Der Basisvertrag ist zu fortgeführten Anschaffungskosten von – 10 Mio. € bilanziert. Der beizulegende Zeitwert des Basisvertrages beträgt wegen des seit Darlehensbeginns gestiegenen €-Zinsniveaus – 9,7 Mio. €. Die Parteien vereinbaren den durch den beizulegenden Zeitwert entstandenen Netto-Gewinn von (300 000 € – 100 000 € =) 200 000 € nicht durch eine Ausgleichszahlung, sondern durch eine entsprechende Ausgestaltung des künftigen Derivats abzugelten. Der künftige Zinssatz wird daher so niedrig angesetzt, dass der geänderte Fremdwährungs-Darlehensvertrag einschließlich Derivat insgesamt einen beizulegenden Zeitwert von 9,8 Mio. € hat. Die Vertragsänderung wird wie folgt abgebildet:*

	Soll	*Haben*
Negativer beizulegender Zeitwert-Swap	*100 000*	
Darlehensverbindlichkeit	*200 000*	
Gewinn aus Vertragsänderung		*300 000*

13) IAS 39.9 sieht für finanzielle Vermögenswerte vier Kategorien vor: „ergebniswirksam zum beizulegenden Zeitwert bewertete Instrumente", „zur Veräußerung verfügbare Instrumente", „bis zur Endfälligkeit gehaltene Instrumente" und „Kredite & Forderungen". Von Sachverhalten bei der Bilanzierung von Sicherungsgeschäften abgesehen sind nur die letzten beiden sowie bestimmte nicht notierte Eigenkapitalinstrumente nicht zum beizulegenden Zeitwert, sondern zu fortgeführten Anschaffungskosten zu bewerten (IAS 39.46). Finanzielle Verbindlichkeiten sind grundsätzlich zu fortgeführten Anschaffungskosten zu bewerten (IAS 39.47). Ausnahmen hiervon bestehen u. a. bei Ausübung der Option zur Bilanzierung mit dem beizulegenden Zeitwert, bei Sachverhalten i. d. R. bei Bilanzierung von Sicherungsgeschäften oder wenn die Verbindlichkeit im Rahmen einer Übertragung von Finanzaktiva entsteht (IAS 39.47). Handelt es sich bei dem neuen Vertrag nicht um ein Finanzinstrument, sind die Vorschriften anderer Standards einschlägig.

14) IAS 39.AG33 (c) und (d) befassen sich mit Fremdwährungsderivaten und erläutern, unter welchen Umständen ein Fremdwährungsderivat eng mit dem Basisvertrag verbunden und damit bilanziell nicht von ihm zu trennen ist. Beispielsweise hat unter bestimmten Bedingungen eine getrennte Bilanzierung zu unterbleiben, wenn die dem Derivat zugrunde liegende Fremdwährung die funktionale Währung einer substantiell am Vertrag beteiligten Partei oder die im internationalen Handel übliche Währung für die zu liefernden Waren (z. B. US-Dollar bei Erdölgeschäften) darstellt (IAS 39.AG33 (d) (i) und (ii)).

Der Swap wurde damit ausgebucht, der Buchwert des Darlehens entspricht seinem beizulegenden Zeitwert nach Vertragsänderung, und der bislang noch nicht ergebniswirksam verbuchte Gewinn aus dem beizulegenden Zeitwert des glattgestellten Darlehensvertrags wird realisiert. Der durch den beizulegenden Zeitwert entstandene Verlust aus dem eingebetteten Derivat wurde bereits im Rahmen der Bewertung zum beizulegenden Zeitwert ergebniswirksam. Bei Vertragsänderung ergebniswirksam wird damit nur die Differenz aus Buchwert (-10 Mio. €) und beizulegendem Zeitwert (- 9,7 Mio. €) des (alten) Basisvertrages.

43 Ein davon **abweichender Ergebniseffekt** entsteht, wenn die Vertragsänderung ausnahmsweise nicht zu Marktbedingungen erfolgt, also ein Vertragspartner auf den aus dem beizulegenden Zeitwert entstandenen Gewinn (z. B. infolge einer Notsituation) verzichtet.

44 Ein abweichender Ergebniseffekt kann auch entstehen, wenn es sich bei dem Gesamtvertrag um ein **nicht ansatzfähiges schwebendes Geschäft mit eingebetteter derivativer Komponente** handelt, die infolge der Vertragsänderung nicht länger getrennt vom Basisvertrag zu bilanzieren ist. Ein Beispiel für solch ein schwebendes Geschäft mit eingebettetem Derivat wäre ein Liefervertrag, der den Käufer zunächst zur Zahlung in einer wirtschaftlich nicht eng mit dem Basisvertrag verbundenen Fremdwährung verpflichtet. Wird die ursprüngliche Vertragswährung ersetzt durch die funktionale Währung des Lieferanten und ergibt eine nach IFRIC 9.7 erforderliche Überprüfung, dass eine getrennte Bilanzierung der derivativen Fremdwährungskomponente künftig zu unterbleiben hat, kommt es wegen des Ansatzverbotes für den geänderten Gesamtvertrag auch dann zu keinem Bilanzansatz, wenn der Gesamtvertrag einen beizulegenden Zeitwert ungleich Null hat. In diesem Fall wäre bei Vertragsänderung lediglich der beizulegende Zeitwert des bislang bilanzierten Derivates vollständig auszubuchen bzw. teilweise oder vollständig mit einer ggf. geleisteten Ausgleichszahlung zu verrechnen.

45 Schließlich kann sich aber auch bei Ansatz des Gesamtvertrages zum beizulegenden Zeitwert ein zusätzlicher Ergebniseffekt ergeben, wenn für das neue Instrument ein **notierter Preis auf einem aktiven Markt** besteht (IAS 39.48A) oder der beizulegende Zeitwert dieses Finanzinstruments durch einen Vergleich mit **anderen beobachtbaren aktuellen Markttransaktionen** desselben Instruments nachgewiesen bzw. mithilfe einer Bewertungsmethode ermittelt wird, deren Variablen nur aus Daten von beobachtbaren Märkten bestehen (IAS 39.AG76). In diesen Fällen wäre das neue Instrument in Höhe des notierten Preises bzw. des ermittelten beizulegenden Zeitwerts anzusetzen und eine etwaige Differenz zum Transaktionspreis ergebniswirksam zu erfassen.

46 Ob eine solche Bilanzierung sich jedoch zweifelsfrei aus IAS 39 ergibt, hängt entscheidend davon ab, ob sich eine erhebliche Vertragsänderung im Sinne des IFRIC 9.7 als Aufhebung des bisherigen Vertrages und Abschluss eines neuen interpretieren lässt und damit die **Ausbuchung** nicht nur des eingebetteten Derivats, sondern auch des Basisvertrages rechtfertigt.[15] Die Ausbuchungsvorschriften des IAS 39 sehen eine Ausbuchung von finanziellen Vermögenswerten und Schulden erst und immer dann vor, wenn die vertraglichen Rechte auf Cashflows aus dem finanziellen Vermögenswert auslaufen (IAS 39.17)[16], bzw. im Fall einer finanziellen Schuld, wenn die eingegangenen Verpflichtungen erfüllt oder aufgehoben werden oder auslaufen (IAS 39.39). Ob eine in ihren Cashflow-Auswirkungen erhebliche Vertragsänderung diese Voraussetzungen erfüllt, mag unterschiedlich beurteilt werden. Insoweit wäre eine diesbezügliche Klärung durch das IFRIC wünschenswert.

III. Entstehung der Trennungspflicht infolge einer Neubeurteilung

47 Ergibt eine nach IFRIC 9.7 erforderliche Überprüfung der Trennungspflicht, dass ein bislang nicht separat bilanziertes eingebettetes Derivat künftig vom Basisvertrag zu trennen ist, unterliegt es nach IAS 39.11 den Bilanzierungsvorschriften für freistehende Derivate und ist folglich grundsätzlich ergebniswirksam zum beizu-

15) Roese/Trepte/Vielmeyer, WPg 2006, S. 1093 unterstreichen den „Transaktionscharakter" einer wesentlichen Vertragsmodifikation i. S. d. IFRIC 9.7, legen sich in Bezug auf die Behandlung des bisherigen Buchwertes jedoch nicht fest, sondern verweisen auf die „allgemeinen Regelungen des IAS 39".

16) Die ggf. erforderliche Ausbuchung von Finanzinstrumenten bei deren Übertragung auf Dritte (IAS 39.17 (b)) spielt hier keine Rolle und wird daher nicht näher untersucht.

legenden Zeitwert zu bilanzieren[17] (zu den Ausnahmen von der Bilanzierung zum beizulegenden Zeitwert bzw. von der ergebniswirksamen Vereinnahmung von Veränderungen des beizulegenden Zeitwertes → Rz. 20, Fußnote). Alternativ kann es über die Ausübung des Wahlrechts gem. IAS 39.11A bzw. wenn sich ein separater beizulegender Zeitwert des Derivats nicht ermitteln lässt, über IAS 39.12 (→ Rz. 22 f.) zu einer grundsätzlich ergebniswirksamen Bilanzierung des Gesamtvertrages zum beizulegenden Zeitwert kommen.

Folgt man den Überlegungen im vorigen Abschnitt (→ Rz. 34 ff.) und bilanziert die für eine Neubeurteilung qualifizierende Vertragsänderung wie den **Abgang des alten und Zugang eines neuen Vertrages**, ist der bisher angesetzte Gesamtvertrag auszubuchen und neben dem eingebetteten Derivat auch der Basisvertrag (sowie weitere im Rahmen der Vertragsänderung zugehende Vermögenswerte und Schulden) zum beizulegenden Zeitwert einzubuchen. Je nachdem, ob es sich beim Basisvertrag um einen finanziellen oder nichtfinanziellen Bilanzposten handelt und je nach Klassifizierung eines finanziellen Basisvertrages (→ Rz. 40) ist er nachfolgend erfolgsneutral zum beizulegenden Zeitwert[18] oder zu fortgeführten Anschaffungskosten zu bilanzieren[19]. 48

Kommt es hingegen zur Bilanzierung des **Gesamtvertrages** zum beizulegenden Zeitwert, weil das Wahlrecht gem. IAS 39.11A ausgeübt wurde oder ein separater beizulegender Zeitwert für das eingebettete Derivat nicht ermittelt werden konnte (→ Rz. 22 ff.), ist der Gesamtvertrag auch in Folgeperioden ergebniswirksam zum beizulegenden Zeitwert anzusetzen. 49

Wie bereits zum Wegfall des Trennungspflicht ausgeführt (→ Rz. 41), kommt es in Höhe der Differenz zwischen beizulegendem Zeitwert und Buchwert zum Zeitpunkt der Vertragsänderung zu einem **Ergebniseffekt**. Mit dem Unterschied freilich, dass es diesmal nicht nur um Buchwert und beizulegenden Zeitwert des Basisvertrages geht, sondern um die beizulegender Zeitwert/Buchwert-Differenz des Gesamtvertrages. Damit werden zusätzlich zur Änderung des beizulegenden Zeitwerts der Basiskomponente die bislang nicht vereinnahmten Änderungen des beizulegenden Zeitwerts des eingebetteten Derivats ergebniswirksam. 50

Beispiel 2: 51

Variiert man den in Beispiel 1 diskutierten Fall dahingehend, dass die eingebetteten Derivate (einschließlich ihrer beizulegenden Zeitwerte) vertauscht, also infolge der Vertragsänderung ein bislang nicht separat bilanzierter Cross Currency Swap durch einen künftig getrennt vom Basisdarlehen anzusetzenden Equity-Zinsswap ersetzt wird, stellen sich Buchwerte und beizulegende Zeitwerte wie folgt dar:

Buchwert Gesamtvertrag (alt):	*– 10 000 000 €*
Beizulegender Zeitwert Gesamtvertrag (vor Vertragsänderung):	*– 9 800 000 €*
davon beizulegender Zeitwert Basisdarlehensvertrag:	*– 9 700 000 €*
davon beizulegender Zeitwert Cross Currency Swap:	*– 100 000 €*
Beizulegender Zeitwert Gesamtvertrag (infolge Vertragsänderung):	*– 9 800 000 €*
davon beizulegender Zeitwert Basisdarlehensvertrag (mit neuen Marktzins):	*– 10 000 000 €*
davon beizulegender Zeitwert Equity-Zinsswap (hinzukommed):	*200 000 €*

Die Vertragsänderung würde wie folgt bilanziert:

	Soll	*Haben*
Positiver beizulegender Zeitwert Equity-Zinsswap:	*200 000 €*	
Gewinn aus Vertragsänderung:		*200 000 €*

Anders als im Beispiel 1 wird auch der bis zur Vertragsänderung aufgelaufene Verlust aus dem beizulegenden Zeitwert des eingebetteten Derivats von – 100 000 € wegen der unterbliebenen separaten Bilanzierung erst bei Vertragsänderung ergebniswirksam. Deshalb schmälert sich der Ergebniseffekt gegenüber den in Beispiel 1 realisierten 300 000 € um 100 000 €.

---

17) Roese/Trepte/Vielmeyer, WPg 2006, S. 1091 f. gehen in diesem Zusammenhang auf die unterschiedliche Berücksichtigung von Derivaten mit oder ohne Optionscharakter ein.

18) Eine erfolgswirksame Bilanzierung des Basisvertrages scheidet aus, da in diesem Fall auch der Gesamtvertrag erfolgswirksam zum beizulegenden Zeitwert bilanziert werden müsste und insoweit das Trennungskriterium gem. IAS 39.11 (c) eine Abspaltung des Derivats untersagen würde; zu den Trennungskriterien → Rz. 14 ff.

19) Zur Änderung der Effektivverzinsung infolge der Abspaltung siehe Roese/Trepte/Vielmeyer, WPg 2006, S. 1092.

52 Ebenso kann es – analog zum Fall in → Rz. 45 – über die Vorschriften zur Ermittlung des beizulegenden Zeitwerts gem. IAS 39.48A bzw. IAS 39.A76 zu einer **Differenz** zwischen dem anzusetzenden **beizulegenden Zeitwert und dem Transaktionspreis** (bisheriger Buchwert des Gesamtvertrages sowie Effekt aus weiteren vereinbarten Ausgleichszahlungen o. Ä.) und damit zu einer weiteren Ergebniswirkung bei Vertragsänderung kommen.

53 Schließlich kann bei einem **bislang nicht bilanzierten schwebenden Geschäft** der separate Ansatz des eingebetteten Derivats zu einem Ergebniseffekt führen. Wird in den neuen Vertrag der bisher von einer Partei erzielte Gewinn aus beizulegendem Zeitwert über eine entsprechende Ausgestaltung des eingebetteten Derivats eingepreist, hat das eingebettete Derivat bei Vertragsänderung einen positiven oder negativen beizulegenden Zeitwert, der ergebniswirksam anzusetzen wäre. Alternativ ist denkbar, dass der geänderte Vertrag aktuelle Marktbedingungen reflektiert und die bislang über den beizulegenden Zeitwert entstandenen Gewinne über eine Ausgleichszahlung o. Ä. abgegolten werden. Das eingebettete Derivat hätte in diesem Fall u. U. einen beizulegenden Zeitwert von Null[20)] und die Ausgleichszahlung wäre als realisierter Gewinn oder Verlust aus der „Glattstellung" des bisherigen Gesamtvertrages ergebniswirksam zu vereinnahmen.

54 Auch in Bezug auf die Entstehung einer Trennungspflicht ist die bilanzielle Abbildung jedoch **keineswegs eindeutig**. Eine Klärung durch das IFRIC wäre auch in dieser Hinsicht hilfreich.[21)]

D. Ausblick

55 IFRIC 9 sieht eine Überprüfung der Trennungspflicht nur im Ausnahmefall einer infolge Vertragsänderung erheblichen Änderung der ursprünglichen Zahlungsströme vor. Kommt es zum vorgesehenen Ausnahmefall einer Überprüfung und im Rahmen der Überprüfung zum Wegfall einer bislang separaten Bilanzierung bzw. zur erstmaligen Trennung von Derivat und Basisvertrag, stellt sich die Frage, wie mit den bisherigen Buchwerten zu verfahren ist. Trotz der bestehenden Ansatzvorschriften des IAS 39 ist die bilanzielle Abbildung eines Wegfalls der Trennungspflicht bzw. deren erstmalige Entstehung nicht abschließend geregelt (→ Rz. 45). Insbesondere die Frage, ob eine wesentliche Vertragsänderung zum Ansatz des geänderten Vertrages bzw. seiner Bestandteile zum beizulegenden Zeitwert führt, bleibt zunächst offen.

56 Ebenfalls ungeklärt sind Fragen im Zusammenhang mit dem Erwerb von strukturierten Verträgen im Rahmen eines Unternehmenserwerbs, und zwar insbesondere die Frage, welchen Zeitpunkt der Erwerber für die Prüfung der Trennungspflicht zugrunde zu legen hat: ist es der Zeitpunkt, in dem der Vertrag im Rahmen des Unternehmenserwerbs zugeht, oder der Zeitpunkt, an dem das erworbene Unternehmen Vertragspartei wurde? Die Beantwortung dieser Frage hängt davon ab, ob der Erwerber mit dem Unternehmenserwerb zugleich Vertragspartei des strukturierten Vertrages wird oder nicht. Für beide Alternativen lassen sich Gründe finden.[22)]

57 Das IFRIC hat auf seiner Sitzung vom November 2006 den Beschluss gefasst, offene Fragen im Zusammenhang mit Verträgen, die im Rahmen eines Unternehmenserwerbs zugehen, an das IFRIC Agenda Committee weiterzuleiten und dort klären zu lassen, ob diese Fragen in einer separaten Interpretation behandelt werden sollen.[23)] Nachdem der IASB im Februar 2007 den Mitarbeiterstab im Rahmen des Projektes zu Unternehmenszusammenschlüssen angewiesen hat, zu diesem Thema Bilanzierungsprinzipien zu entwickeln[24)], wird das IFRIC das Thema jedoch vermutlich nicht weiterverfolgen. Auch hinsichtlich einer Klärung von Erst- und Folgebewertung des geänderten Vertrags sind vom IFRIC derzeit keine weiteren Schritte geplant.

---

20) Es sei denn, es enthält Optionselemente; zu deren Auswirkung auf den beizulegenden Zeitwert von eingebetteten Derivaten siehe Roese/Trepte/Vielmeyer, WPg 2006, S. 1091 f.

21) Auf diesbezüglichen Klärungsbedarf wird in den Stellungnahmen zum Entwurf verschiedentlich hingewiesen, siehe z. B. Ernst & Young, Stellungnahme v. 31.5.2005.

22) Für einen kurzen Überblick über die Gründe siehe Schmidt/Schreiber, KoR 2006, S. 450; der Regelungsbedarf hinsichtlich des Beurteilungszeitpunktes bei Unternehmenserwerben wurde ebenfalls in einer Reihe von Stellungnahmen thematisiert, siehe z. B. RIC, Stellungnahme v. 7.6.2005 oder IDW, Stellungnahme v. 30.5.2005.

23) IFRIC Update 11/2005, S. 2.

24) IASB Update 2/2007, S. 1.

IFRIC 10 – Interim Financial Reporting and Impairment

Bearbeitet von:
Fred Riedel und Britta Leippe

Inhalt

Schrifttum

Ernst & Young (Hrsg.), International GAAP 2007, London, 2. Aufl. 2006;
Kopatschek, IFRIC 10 – Zwischenberichterstattung und Impairment, WPg 2006, S. 1504;
KPMG (Hrsg.), Insights into IFRS, Suffolk, 3. Aufl. 2006/2007;
Schreiber, IFRIC-Verlautbarungen der letzten 18 Monate: die Interpretationen IFRIC 6 bis IFRIC 10 und ausgewählte „Non-Interpretations", BB 2006, S. 1842.

A. Gegenstand und Relevanz

I. Inhalt

IFRIC 10 regelt, dass in Zwischenabschlüssen vorgenommene außerplanmäßige Abschreibungen bei Vermögenswerten, für die nach IFRS ein Zuschreibungsverbot gilt, im Jahresabschluss nicht rückgängig gemacht werden dürfen, wenn bis zum Abschlussstichtag eine Werterholung stattgefunden hat (IFRIC 10.8). Folge ist, dass die Häufigkeit der Berichterstattung die Höhe des Jahresergebnisses beeinflussen kann. 1

II. Bedeutung

IFRIC 10 löst einen Konflikt, der sich aus IAS 36 und IAS 39 einerseits sowie IAS 34 andererseits ergibt. IAS 36 und IAS 39 verbieten die Zuschreibung bestimmter, in Vorperioden außerplanmäßig abgeschriebener Vermögenswerte. Nach IAS 34 darf die Häufigkeit der Berichterstattung keinen Einfluss auf das Ergebnis haben. Ein Unternehmen, das in einem Zwischenabschluss eine außerplanmäßige Abschreibung bei einem der betroffenen Vermögenswerte vorgenommen hat, verstößt im Falle einer Werterholung bis zum Abschlussstichtag gegen einen dieser Grundsätze: Bei Verzicht auf eine Zuschreibung beeinflusst die Häufigkeit der Berichterstattung das Ergebnis, denn ein Unternehmen, das nur einen Jahresabschluss aufstellt, hätte – da am Bilanzstichtag keine Wertminderung vorliegt – keine außerplanmäßige Abschreibung vorgenommen. Bei Vornahme einer Zuschreibung würde das Ergebnis zwar nicht von der Häufigkeit der Berichterstattung beein- 2 flusst, das Unternehmen hätte aber gegen IAS 36 bzw. IAS 39 verstoßen. Um diesen Konflikt zu lösen, trifft IFRIC 10 eine Festlegung und gibt IAS 36 und IAS 39 für diese Fragestellung den Vorrang vor IAS 34.

III. Anwendungsbereich

3 Der sachliche Anwendungsbereich von IFRIC 10 umfasst Vermögenswerte, für die ein Zuschreibungsverbot gilt, d. h. Geschäfts- oder Firmenwerte, Eigenkapitalinstrumente (Beteiligungen), die als zur Veräußerung verfügbar klassifiziert werden, und zu Anschaffungskosten bilanzierte finanzielle Vermögenswerte.

4 IFRIC 10 ist erstmalig anzuwenden für Geschäftsjahre, die am oder nach dem **1.11.2006** beginnen. Eine frühzeitige Anwendung ist möglich und im Anhang zu erläutern (IFRIC 10.10).

5 Die Interpretation ist grundsätzlich **prospektiv** anzuwenden (IAS 10.10), allerdings ab dem Zeitpunkt der erstmaligen Anwendung von IAS 36 (für Geschäfts- oder Firmenwerte) und der Bewertungsvorschriften von IAS 39 (für Beteiligungen und zu Anschaffungskosten bilanzierte finanzielle Vermögenswerte). Die erstmalige Anwendung von IAS 36 für Geschäfts- oder Firmenwerte richtete sich nach dem Zeitpunkt des Unternehmenszusammenschlusses, bei dem der Geschäfts- oder Firmenwert erworben wurde: IAS 36 war verpflichtend anzuwenden, wenn der Zeitpunkt des Vertragsabschlusses für den Unternehmenszusammenschluss am oder nach dem 31.3.2004 liegt (IAS 36.139). Die Bewertungsvorschriften des IAS 39 waren erstmalig verpflichtend anzuwenden für Geschäftsjahre, die am oder nach dem 1.1.2005 begonnen haben.[1)]

6 Sowohl IAS 36 als auch IAS 39 haben eine **freiwillige frühere Anwendung** zugelassen. Entscheidend für die Anwendung von IFRIC 10 ist daher der Zeitpunkt der erstmaligen Anwendung dieser Standards im bilanzierenden Unternehmen, nicht der Zeitpunkt der verpflichtenden erstmaligen Anwendung.

7 IFRIC 10 ist noch nicht von der EU angenommen worden. Die EFRAG hat trotz Bedenken eine Endorsement-Empfehlung ausgesprochen; die Entscheidung der EU wird für Mai 2007 erwartet.

IV. Definitionen

8 **Eigenkapitalinstrument (equity instrument)**: Ein Eigenkapitalinstrument ist ein Vertrag, der einen Residualanspruch an den Vermögenswerten eines Unternehmens nach Abzug aller dazugehörigen Schulden begründet (IAS 32.11).

Finanzieller Vermögenswert (financial asset): Finanzielle Vermögenswerte umfassen (IAS 32.11):

- flüssige Mittel;
- ein als Aktivum gehaltenes Eigenkapitalinstrument eines anderen Unternehmens;
- ein vertragliches Recht:
  - flüssige Mittel oder andere finanzielle Vermögenswerte von einem anderen Unternehmen zu erhalten; oder
  - finanzielle Vermögenswerte oder finanzielle Verbindlichkeiten mit einem anderen Unternehmen zu potenziell vorteilhaften Bedingungen auszutauschen;

  oder
- ein Vertrag, der in eigenen Eigenkapitalinstrumenten des Unternehmens erfüllt werden wird oder kann, und bei dem es sich um Folgendes handelt:
  - ein nicht derivatives Finanzinstrument, das eine vertragliche Verpflichtung des Unternehmens beinhaltet oder beinhalten kann, eine variable Anzahl von Eigenkapitalinstrumenten des Unternehmens zu erhalten; oder

1) Dabei wird unterstellt, dass sich das IFRIC auf die aktuell gültigen Fassungen von IAS 36 und IAS 39 bezieht, auch wenn insbesondere die Bewertungsvorschriften für Finanzinstrumente auch schon in früheren Fassungen von IAS 39 enthalten waren.

– ein derivatives Finanzinstrument, das auf andere Weise als durch den Austausch eines festen Betrags an flüssigen Mitteln oder anderen finanziellen Vermögenswerten gegen eine feste Anzahl von Eigenkapitalinstrumenten des Unternehmens erfüllt werden wird oder kann. In diesem Sinne beinhalten die Eigenkapitalinstrumente eines Unternehmens keine Instrumente, die selbst Verträge über den künftigen Empfang oder die künftige Abgabe von Eigenkapitalinstrumenten des Unternehmens darstellen.

Wertminderungsaufwand (impairment loss): Ein Wertminderungsaufwand ist der Betrag, um den der Buchwert eines Vermögenswerts oder einer zahlungsmittelgenerierenden Einheit seinen erzielbaren Betrag übersteigt (IAS 36.6).

Zwischenberichtsperiode (interim period): Eine Zwischenberichtsperiode ist eine Finanzberichtsperiode, die kürzer als ein gesamtes Geschäftsjahr ist (IAS 34.4).

Zwischenbericht (interim financial report): Ein Zwischenbericht ist ein Finanzbericht, der einen vollständigen Abschluss oder einen verkürzten Abschluss für eine Zwischenberichtsperiode enthält (IAS 34.4).

V. Regelungszusammenhänge

IFRIC 10 ist insbesondere im Zusammenhang mit IAS 36 und IAS 39 einerseits sowie IAS 34 andererseits zu sehen (→ Rz. 2). 9

B. Außerplanmäßige Abschreibungen und Zuschreibungen nach IAS 36 und IAS 39

Nach **IAS 36** sind Vermögenswerte – mit wenigen Ausnahmen[2] – bei Vorliegen bestimmter Indikatoren (IAS 36.12-IAS 36.14) einem Wertminderungstest zu unterziehen. Bestimmte Vermögenswerte, u. a. **Geschäfts- oder Firmenwerte**, sind zudem unabhängig vom Vorliegen bestimmter Indikatoren jährlich auf Wertminderung zu testen (IAS 36.10). Ergibt dieser Test, dass ein Vermögenswert in seinem Wert gemindert ist – weil der Buchwert höher als der erzielbare Betrag ist – ist der Vermögenswert außerplanmäßig abzuschreiben (IAS 36.59). 10

Liegen in einer späteren Berichtsperiode Anhaltspunkte dafür vor, dass sich der Wert eines außerplanmäßig abgeschriebenen Vermögenswerts wieder erholt hat, ist grundsätzlich zu prüfen, ob eine **Zuschreibung** vorzunehmen ist (IAS 36.110 f.). Eine Zuschreibung ist vorzunehmen, wenn der erzielbare Betrag den Buchwert übersteigt (IAS 36.114). Eine Ausnahme gilt für Geschäfts- oder Firmenwerte: Hier ist eine Zuschreibung nicht zulässig (IAS 36.110, IAS 36.114). Begründung für diese Regelung ist das Verbot der Aktivierung selbst geschaffener Geschäfts- oder Firmenwerte. Nach einer Wertminderung eines Geschäfts- oder Firmenwertes ist es nicht möglich zu unterscheiden, welcher Teil einer Wertaufholung auf die Erholung des ursprünglich erworbenen Werts zurückzuführen ist und welcher Teil auf die Schaffung eines internen Geschäfts- oder Firmenwertes entfällt (IAS 36.BC 189). 11

Nach **IAS 39** sind auch **finanzielle Vermögenswerte** bei Vorliegen bestimmter Ereignisse auf Wertminderung zu testen; ist der Buchwert höher als der Vergleichswert[3], ist eine Abschreibung vorzunehmen (IAS 39.58 f.). Bei Finanzinstrumenten, die als zur Veräußerung verfügbar klassifiziert wurden, sind bei Vorliegen einer Wertminderung bisher im Eigenkapital erfasste kumulierte Verluste bis zur Höhe der Wertminderung in die GuV umzubuchen (IAS 39.67). Eine über den im Eigenkapital erfassten Betrag hinausgehende Wertminderung wird direkt erfolgswirksam in der GuV erfasst. 12

---

2) Aus dem Anwendungsbereich von IAS 36 sind solche Vermögenswerte ausgenommen, die mit dem beizulegenden Zeitwert bewertet werden oder für die andere Standards gesonderte Vorschriften zu außerplanmäßigen Abschreibungen enthalten, u. a. finanzielle Vermögenswerte (IAS 36.2).

3) Je nach Art des finanziellen Vermögenswerts werden die Vergleichswerte unterschiedlich ermittelt, vgl. IAS 39.63 ff.

13 Grundsätzlich ist auch bei finanziellen Vermögenswerten eine **Zuschreibung** vorzunehmen, wenn sich die Wertminderung in einer späteren Periode verringert (IAS 39.65, IAS 39.70). Zu beachten sind allerdings die folgenden Ausnahmen: Bei finanziellen Vermögenswerten, die zu Anschaffungskosten bilanziert werden[4], und bei Beteiligungen, die als zur Veräußerung verfügbar klassifiziert werden, dürfen keine erfolgswirksamen Zuschreibungen vorgenommen werden (IAS 39.66, IAS 39.69). Ist der beizulegende Wert in zukünftigen Perioden wieder gestiegen, sind zur Veräußerung verfügbare finanzielle Vermögenswerte zwar mit dem höheren Wert anzusetzen; die Wertänderung ist aber trotz der erfolgswirksamen Abschreibung nicht in der GuV, sondern im Eigenkapital zu erfassen.[5] Grund dafür ist, dass nach Ansicht des IASB eine Unterscheidung zwischen Werterhöhungen, die aus dem Wegfall des Grundes für die außerplanmäßige Abschreibung resultieren, und Werterhöhungen aus anderen Gründen nicht möglich ist (IAS 39.BC 130).

C. Wertminderungstests in Zwischenabschlüssen nach IAS 34

14 Gemäß IAS 34.28 beruht die Zwischenberichterstattung auf zwei Grundsätzen:

- Im Zwischenabschluss sind die **gleichen Bilanzierungs- und Bewertungsmethoden** anzuwenden wie im Jahresabschluss; das gilt nach IAS 34.30 auch für die Regeln zur Durchführung von Wertminderungstests.
- Die **Häufigkeit der Berichterstattung** eines Unternehmens (jährlich, halb- oder vierteljährlich) darf die Höhe des Jahresergebnisses nicht beeinflussen.

15 Nach IAS 36 sind **Geschäfts- oder Firmenwerte** grundsätzlich einmal jährlich auf Wertminderung zu testen, und zwar zu einem beliebigen, allerdings stetig beizubehaltenden Zeitpunkt während des Geschäftsjahres (IAS 36.10 (b), IAS 36.96).[6] Zusätzlich ist ein Wertminderungstest durchzuführen, wenn Indikatoren für eine Wertminderung vorliegen (IAS 36.9, IAS 36.12 ff.). Die Anwendung der gleichen Methoden in Zwischen- und Jahresabschlüssen impliziert grundsätzlich, dass Wertminderungstests auch in Zwischenabschlüssen durchzuführen sind.[7] IAS 34 bietet hier allerdings Erleichterungen: Detaillierte Berechnungen sind nur dann anzustellen, wenn Anzeichen für eine wesentliche Wertminderung seit dem letzten Jahresabschlussstichtag vorliegen (IAS 34.B36).

16 IAS 39 enthält keine expliziten Regelungen für den Zeitpunkt oder die Häufigkeit zur Durchführung von Wertminderungstests bei **finanziellen Vermögenswerten**; es ist lediglich „an jedem Bilanzstichtag" zu prüfen, ob Hinweise für eine Wertminderung vorliegen (IAS 39.58). Die Anwendung der gleichen Methoden im Zwischen- und Jahresabschluss impliziert aber auch für finanzielle Vermögenswerte, dass Hinweise für Wertminderungen in Zwischenabschlüssen zu berücksichtigen sind.[8]

D. Zusammenspiel von IAS 36/IAS 39 und IAS 34

17 Das Verbot der erfolgswirksamen Zuschreibung bestimmter Vermögenswerte sowie die Pflicht, auch in Zwischenabschlüssen zumindest bei Anzeichen für wesentliche Wertminderungen einen Wertminderungstest durchzuführen, kann dazu führen, dass Unternehmen, die Zwischenabschlüsse aufstellen, im Jahresabschluss ein anderes Ergebnis ausweisen als Unternehmen, die auf Zwischenabschlüsse verzichten. Dieser Fall tritt ein, wenn Vermögenswerte, bei denen eine Zuschreibung verboten ist, unterjährig im Wert gemindert sind, sich der Wert aber bis zum Geschäftsjahresende wieder erholt. Ein Unternehmen, das Zwischenabschlüsse aufstellt,

---

4) Nicht notierte Eigenkapitalinstrumente, deren beizulegender Zeitwert nicht verlässlich bestimmt werden kann, oder auf der Aktivseite ausgewiesene Derivate, die durch Lieferung eines nicht notierten Eigenkapitalinstruments erfüllt werden, vgl. IAS 36.66.

5) Vgl. KPMG, S. 381.

6) Eine Ausnahme besteht, wenn eine zahlungsmittelgenerierende Einheit mit zugeordnetem Geschäfts- oder Firmenwert während des Geschäftsjahres erworben wird. In diesem Fall ist der Wertminderungstest zwingend bis zum Stichtag dieses Geschäftsjahres durchzuführen, auch wenn der Test ansonsten zu einem anderen Zeitpunkt, der vor der Erwerbszeitpunkt liegt, durchgeführt wird, vgl. IAS 36.96.

7) Vgl. Ernst & Young, S. 1356.

8) Vgl. Ernst & Young, S. 1356.

muss den Vermögenswert in einem Zwischenabschluss abschreiben, darf aber später keine Zuschreibung vornehmen. Ein Unternehmen, das keine Zwischenabschlüsse aufstellt, nimmt keine Abschreibung vor, da sich der Wert bis zum Jahresende wieder erholt hat.[9] Folglich weisen die beiden Unternehmen im Jahresabschluss bei gleichem Sachverhalt **unterschiedliche Ergebnisse** aus.

Durch die Umbuchung von im Eigenkapital erfassten Verlusten bei zur Veräußerung verfügbaren Beteiligungen in die GuV kommt es zudem zu einer **unterschiedlichen Eigenkapitalstruktur**. Das Unternehmen, das unterjährig eine Abschreibung vornimmt, bucht bis zu diesem Zeitpunkt erfasste Verluste aus der Neubewertungsrücklage aus und zeigt den Betrag – abhängig von der Gewinnverwendung – im Ergebnis oder in den Gewinnrücklagen. Zudem entsteht durch die Abschreibung eine neue Wertbasis als Grundlage für die erfolgsneutrale Bewertung der Finanzinstrumente in Folgeperioden. Bei einem anderen Unternehmen, das nur einen Jahresabschluss aufstellt, bleiben die Verluste in der Neubewertungsrücklage stehen; die ursprünglichen Anschaffungskosten bilden weiterhin die Basis für die erfolgsneutrale Bewertung der Beteiligung. 18

Beispiel: 19
Unternehmen A und Unternehmen B halten Aktien des Unternehmens X, die als zur Veräußerung verfügbare Eigenkapitalinstrumente bilanziert werden. A und B haben die Aktien zum gleichen Zeitpunkt zu Anschaffungskosten von 100 € erworben. Am 30.6. ist der Kurs der X-Aktien auf 60 € gesunken und am 31.12. auf 120 € gestiegen. A stellt zum 30.6. einen Halbjahresabschluss auf, während B auf die Erstellung von Zwischenabschlüssen verzichtet.

Da der beizulegende Zeitwert der X-Aktie unter den Anschaffungskosten liegt, schreibt A – unter der Annahme, dass eine Wertminderung gemäß IAS 39.59 vorliegt – die Wertpapiere zum 30.6. auf 60 € erfolgswirksam ab. Obwohl sich der Wert bis zum Geschäftsjahresende wieder erholt hat und sogar über die Anschaffungskosten hinaus gestiegen ist, darf A die Aktien nicht wieder erfolgswirksam zuschreiben. Stattdessen ist die Werterhöhung um 60 € erfolgsneutral in der Neubewertungsrücklage im Eigenkapital zu erfassen.

Für B liegt im Jahresabschluss kein Grund für eine außerplanmäßige Abschreibung vor, da der beizulegende Zeitwert zum 31.12. über den Anschaffungskosten liegt. B erfasst die Werterhöhung von 20 € in der Neubewertungsrücklage im Eigenkapital. Die Konsequenz dieser Regelung ist, dass A und B den gleichen Sachverhalt unterschiedlich bilanzieren; sowohl die Neubewertungsrücklage im Eigenkapital als auch das Ergebnis unterscheiden sich.

IFRIC 10 löst den beschriebenen Konflikt durch eine **Festlegung**: In Zwischenabschlüssen vorgenommene außerplanmäßige Abschreibungen bei den betroffenen Vermögenswerten dürfen im Jahresabschluss nicht wieder rückgängig gemacht werden (IFRIC 10.8). Damit wird zwar der Widerspruch zwischen den Regelungen von IAS 36 und IAS 39 einerseits und IAS 34 andererseits aufgelöst; das Problem, dass die Häufigkeit der Berichterstattung das Ergebnis beeinflusst, bleibt aber bestehen. 20

E. Kritische Würdigung

Für die in IFRIC 10 getroffene Festlegung gibt es keine theoretische Begründung. Das IFRIC löst einen Widerspruch zwischen zwei Regelungen, indem es einer Regelung – die es für die speziellere hält (IFRIC 10.BC 9) – den Vorzug gibt. Die einzige Begründung für den vom IFRIC eingeschlagenen Weg ist, dass die Gründe für das Verbot erfolgswirksamer Zuschreibungen bei Eigenkapitalinstrumenten und Geschäfts- oder Firmenwerten auch für Zwischenabschlüsse Gültigkeit besitzen (IFRIC 10.BC 10). Damit wird jedoch nicht begründet, warum die Vorschrift des IAS 34 für den Fall der Wertaufholung bei den betroffenen Vermögenswerten nicht relevant ist und als allgemeiner als die Regelungen von IAS 36 und IAS 39 angesehen wird. 21

---

9) Dieses Problem besteht nicht nur i. R. d. Zwischenberichterstattung, sondern auch bei Unternehmen mit unterschiedlichen Abschlussstichtagen: Bei Unternehmen A tritt eine Wertminderung kurz vor dem Bilanzstichtag auf, so dass im Jahresabschluss eine außerplanmäßige Abschreibung vorzunehmen ist. Nach dem Bilanzstichtag erholt sich der Wert wieder, eine Zuschreibung ist jedoch nicht zulässig. Bei Unternehmen B treten Wertminderung und Werterholung zu den gleichen Zeitpunkten wie bei Unternehmen A auf. Da für B aber der Bilanzstichtag nicht zwischen den beiden Zeitpunkten liegt (und keine Zwischenabschlüsse erstellt werden), nimmt B keine Abschreibung vor.

22 Neben der fehlenden konzeptionellen Begründung schafft das IFRIC mit IFRIC 10 eine Sonderregelung für einen bestimmten Anwendungsfall. IFRIC 10 regelt ausdrücklich, dass die in dieser Interpretation getroffene Festlegung ausschließlich für den beschriebenen Konflikt zwischen IAS 34 einerseits und IAS 36/IAS 39 andererseits gilt. Eine Übertragung auf andere mögliche Konflikte zwischen IAS 34 und anderen Standards ist nicht zulässig (IFRIC 10.9). Das IFRIC löst sich damit von der prinzipienbasierten Standardsetzung, die den IFRS eigentlich zugrunde liegen soll, und schafft eine regelbasierte Rechnungslegungsnorm.[10)]

23 Die Lösung dieses Konflikts ist letztlich nur durch eine grundlegende Änderung der Standards möglich.[11)] Das wäre Aufgabe des IASB, nicht des IFRIC.[12)]

F. Ausblick

24 Obwohl die Regelung des IFRIC 10 aufgrund ihrer fehlenden konzeptionellen Grundlage eher als Zwischenlösung angesehen werden sollte, steht das Thema derzeit nicht mehr auf der Tagesordnung des IASB. Insofern ist nicht davon auszugehen, dass es kurzfristig zu einer grundsätzlichen Lösung durch die Änderung der Standards kommt.

---

10) Vgl. Kopatschek, WPg 2006, S. 1506.

11) Vgl. Ernst & Young, S. 2481; diese Anmerkung war auch Inhalt zahlreicher Stellungnahmen zum Entwurf der Interpretation, vgl. IFRIC 10.BC 5.

12) Vgl. Schreiber, BB 2006, S. 1846.

IFRIC 11 – IFRS 2: Group and Treasury Share Transactions

Bearbeitet von:
Bernhard Pellens, Nils Crasselt und Dirk Jödicke

Inhalt

Schrifttum

Gebhardt, Konsistente Bilanzierung von Aktienoptionen und Stock Appreciation Rights – eine konzeptionelle Auseinandersetzung mit E-DRS 11 und IFRS ED 2, BB 2003, S. 675;

IDW, Stellungnahme zu IFRIC D17 – IFRS 2: Group and Treasury Share Transactions v. 18.2.2005;

Kirschenheiter/Mathur/Thomas, Accounting for employee stock options, Accounting Horizons 2/2004, S. 135;

Küting/Dürr, IFRS 2 Share-based Payment – ein Schritt zur weltweiten Konvergenz?, WPg 2004, S. 609;

o. V., FN-IDW 1996, S. 405;

Pellens/Crasselt, Bilanzierung von Aktienoptionsplänen und ähnlichen Entgeltformen nach IFRS 2 „Share-based Payment“, KoR 2004, S. 113;

Pellens/Fülbier/Gassen, Internationale Rechnungslegung, Stuttgart, 6. Aufl. 2006;

RIC, Stellungnahme zu IFRIC D17 – IFRS 2: Group and Treasury Share Transactions v. 18.7.2005;

Schreiber, IFRS 2 Share-based Payment – Aktuelle Verlautbarungen zu Änderungen und Zweifelsfragen, KoR 2006, S. 298;

Schreiber/Beiersdorf, IFRIC D16 und D17 – Interpretationsentwürfe zur IFRS 2 Share-based Payment, KoR 2005, S. 338;

Seibert, Stock Options für Führungskräfte – zur Regelung im Kontrolle- und Transparenzgesetz (KonTraG), in Pellens (Hrsg), Unternehmenswertorientierte Entlohnungssysteme, Stuttgart 1998, S. 29;

Sigloch/Egner, Bilanzierung von Aktienoptionen und ähnlichen Entlohnungsformen, BB 2000, S. 1878;

Thiele, Die Bilanzierung von Aktienoptionsplänen auf der Basis bedingter Kapitalerhöhungen vor dem Hintergrund des GoB-Systems, WPg 2002, S. 766;

Vater, Bilanzierung von Stock Options und ähnlichen Vergütungsinstrumenten nach IFRS 2 „Share-based Payment“, StuB 2004, S. 801.

A. Gegenstand und Relevanz

I. Inhalt

1 Die im November 2006 veröffentlichte Interpretation IFRIC 11 konkretisiert *IFRS 2 – Anteilsbasierte Vergütung*[1] hinsichtlich verschiedener Sachverhalte, bei denen bislang Unklarheiten bestanden, ob sie als **anteilbasierte Transaktionen mit Ausgleich durch Eigenkapitalinstrumente oder mit Barausgleich** zu klassifizieren und dementsprechend zu bilanzieren sind. Die Regelungen beziehen sich dabei zum Teil nur auf den Einzel- bzw. Teilkonzernabschluss von Tochterunternehmen.

2 Beim ersten, in IFRIC 11.1 beschriebenen Sachverhaltskomplex handelt es sich um die Bilanzierung von Vergütungsplänen, bei denen Mitarbeiter Ansprüche auf Anteile des Unternehmens erwerben, die nicht mit jungen, sondern mit **bereits bestehenden Anteilen** erfüllt werden sollen. Nach IFRIC 11.7 sind solche Transaktionen ausnahmslos als Transaktionen mit Ausgleich durch Eigenkapitalinstrumente zu bilanzieren. Der ggf. notwendige Rückkauf eigener Anteile am Kapitalmarkt ist als separate Transaktion entsprechend *IAS 32 – Finanzinstrumente: Angaben und Darstellung* zu erfassen.

3 Beim zweiten, in IFRIC 11.2-11.3 beschriebenen Sachverhaltskomplex geht es um die Abbildung konzernweiter, auf Anteilen des Mutterunternehmens basierender Vergütungstransaktionen im **Einzel- bzw. Teilkonzernabschluss von Tochterunternehmen**. Nach IFRIC 11.8 sind Transaktionen, bei denen das Mutterunternehmen eigene Eigenkapitalinstrumente an Mitarbeiter von Tochterunternehmen ausgibt, auch beim Tochterunternehmen als Transaktionen mit Ausgleich durch Eigenkapitalinstrumente zu erfassen. Gewährt hingegen das Tochterunternehmen Eigenkapitalinstrumente des Mutterunternehmens, liegt nach IFRIC 11.11 aus Sicht des Tochterunternehmens eine Transaktion mit Barausgleich vor. Des Weiteren enthalten IFRIC 11.9-11.10 Regelungen für den Fall, dass ein Mitarbeiter mit Ansprüchen aus einem konzernweiten anteilsbasierten Vergütungsplan während des Leistungszeitraums zwischen Konzerngesellschaften wechselt.

4 Die Interpretation enthält in 13 Textziffern die Fragestellungen, den Beschluss, den Zeitpunkt des Inkrafttretens und Übergangsvorschriften. Die Interpretation wird ergänzt durch ein Anwendungsbeispiel sowie eine Erläuterung der Beschlussfassung („Basis for Conclusion"), die aber keine integralen Bestandteile der Interpretation sind.

II. Bedeutung

5 IFRIC 11 ist von erheblicher Bedeutung, da die behandelten Sachverhalte in der Unternehmenspraxis weit verbreitet sind. Nachdem 1998 die aktienrechtlichen Regelungen zum Aktienrückkauf durch das Gesetz zur Kontrolle und Transparenz im Unternehmensbereich (KonTraG)[2] gelockert wurden, ist die Einholung eines Hauptversammlungsbeschlusses über den **Rückkauf eigener Aktien** zum Zweck der Bedienung von Aktienoptionsplänen in Deutschland gängige Praxis. Auch die **konzernweite Ausgabe von Optionsrechten auf Aktien des Mutterunternehmens** ist vielfach zu beobachten. Nur bei börsennotierten Tochterunternehmen, wie z. B. der Fresenius Medical Care KGaA als Tochter der Fresenius AG, sind anteilsbasierte Vergütungen vorzufinden, die sich nicht auf Anteile am Mutterunternehmen, sondern auf Anteile am Tochterunternehmen beziehen.

6 Die Entscheidungen des IFRIC zur Klassifikation der verschiedenen Sachverhalte können erheblichen **Einfluss auf das Jahresergebnis und die Eigenkapitalquote** haben. Bei als anteilsbasierte Vergütungen mit Ausgleich durch Eigenkapitalinstrumente klassifizierten Transaktionen ist der zu verrechnende Aufwand einmalig und endgültig zum Zeitpunkt der Gewährung zu ermitteln und der bilanzielle Ausgleich erfolgt durch eine erfolgsneutral zu vereinnahmende Eigenkapitalerhöhung. Bei als anteilsbasierte Vergütung mit Barausgleich klassifizierten Transaktionen ist hingegen die Aufwandshöhe bis zur Ausübung der Rechte bzw. ihrem Verfallen regelmäßig neu zu ermitteln und der bilanzielle Ausgleich erfolgt durch Bildung einer Rückstellung. Inso-

---

1) Zu IFRS 2 vgl. z. B. Küting/Dürr, WPg 2004, S. 609; Pellens/Crasselt, KoR 2004, S. 113; Vater, StuB 2004, S. 801.

2) Zu den relevanten Regelungen des KonTraG vgl. Seibert in Pellens, S. 29.

fern führen Transaktionen mit Barausgleich zu einer höheren Ergebnisvolatilität und einer niedrigeren Eigenkapitalquote.

Soweit sich die Interpretation auf Fragen der Bilanzierung im Einzelabschluss bezieht, hängt ihre Bedeutung stark davon ab, in welchem Ausmaß sich deutsche Unternehmen zur **freiwilligen IFRS-Anwendung im Einzelabschluss** entscheiden. Wenn die Bilanzierung hier weiterhin nach den Regeln des HGB erfolgt, hat IFRIC 11 keine unmittelbare Bedeutung. Soweit die Unternehmen bei der HGB-Bilanzierung den mit IFRS 2 inhaltlich vergleichbaren Standardentwurf *E-DRS 11 „Bilanzierung von Aktienoptionsplänen und ähnlichen Entgeltformen“*[3] aus dem Jahr 2001 beachten, kann IFRIC 11 allerdings zur Hilfestellung herangezogen werden. 7

III. Anwendungsbereich

Der **sachliche Anwendungsbereich** von IFRIC 11 ergibt sich grundsätzlich aus dem Anwendungsbereich von IFRS 2. Nach IFRS 2.2-2.4 gilt der Standard für alle Transaktionen, bei denen Unternehmensanteile (insbesondere Aktien) oder Optionen auf solche Anteile (insbesondere Aktienoptionen) als Vergütung für Güter oder Dienstleistungen, inklusive Arbeitsleistungen von Mitarbeitern, gewährt werden (Anteilsbasierte Vergütungen mit Ausgleich durch Eigenkapitalinstrumente). Darüber hinaus gilt IFRS 2 auch für Transaktionen, bei denen das Unternehmen zu Vergütungszwecken eine Zahlungsverpflichtung eingeht, deren Höhe an der Wertentwicklung von eigenen Unternehmensanteilen bemessen wird (Anteilsbasierte Vergütungen mit Barausgleich), sowie Kombinationen aus beiden Möglichkeiten (Anteilsbasierte Vergütungen mit wahlweisem Barausgleich oder Ausgleich durch Eigenkapitalinstrumente). Nach IFRS 2.3 fallen auch solche Transaktionen in den Anwendungsbereich von IFRS 2, bei denen Anteilseigner Eigenkapitalinstrumente des Unternehmens als Vergütung für Lieferungen oder Leistungen an das Unternehmen gewähren. 8

Der **konkrete Anwendungsbereich von IFRIC 11** erstreckt sich auf einige spezielle Sachverhalte der anteilsbasierten Vergütung. Zum einen geht es um Transaktionen, bei denen Mitarbeiter einen Anspruch auf Unternehmensanteile erwerben, der nicht mit jungen Anteilen aus einer Kapitalerhöhung, sondern mit bereits bestehenden Anteilen erfüllt werden soll. Das Unternehmen muss in diesem Fall entweder die Anteile am Kapitalmarkt zurückkaufen oder aber die Anteile werden bei Ausübung direkt von Anteilseignern (z. B. der Muttergesellschaft) an die Mitarbeiter transferiert. Zum anderen geht es darum, wie konzernweite anteilsbasierte Vergütungspläne im Einzel- bzw. Teilkonzernabschluss von Tochterunternehmen abzubilden sind. Bei solchen Transaktionen erhalten Mitarbeiter von Tochterunternehmen üblicherweise Ansprüche auf Anteile des Mutterunternehmens. 9

Zeitlich ist die am 2.11.2006 veröffentlichte Interpretation gem. IFRIC 11.12 auf Geschäftsjahre anzuwenden, die am oder nach dem 1.3.2007 beginnen. Eine vorzeitige Anwendung ist möglich, wobei hierüber im Anhang zu berichten ist. IFRIC 11 wurde bislang noch nicht von der EU-Kommission übernommen. Jedoch befürwortet die EFRAG in ihrem Empfehlungsschreiben an die EU-Kommission vom 17.1.2007 die Übernahme der Interpretation in Gemeinschaftsrecht, so dass mit einem baldigen Endorsement zu rechnen ist. 10

IV. Regelungszusammenhänge

IFRIC 11 konkretisiert IFRS 2 hinsichtlich der bilanziellen Abbildung anteilsbasierter Vergütungen bei der Bedienung mit eigenen Anteilen und innerhalb eines Konzerngefüges. Der Standard selbst soll im Laufe des Jahres kleinere Änderungen durch einen Änderungsstandard erfahren, der bereits als Entwurf vorliegt (→ ED IFRS 2amend). Die als IFRIC 11 verabschiedete Interpretation geht auf den **Interpretationsentwurf IFRIC D17** zurück. Trotz einer umfangreichen Überarbeitung stimmt die endgültige Interpretation inhaltlich in den wichtigsten Fragen mit dem Entwurf überein. Allerdings wurden die im Entwurf enthaltenen Hinweise zur Bilanzierung im Einzelabschluss des Mutterunternehmens und zur Erfassung von Ausgleichszahlungen weitgehend aus dem Text eliminiert. Neben IFRIC 11 existiert mit *IFRIC 8 – Anwendungsbereich von IFRS 2* 11

3) Zu E-DRS 11 und zur Bilanzierung von Aktienoptionen nach HGB vgl. z. B. Thiele, WPg 2002, S. 766.

(→ IFRIC 8) eine weitere Interpretation zu IFRS 2, in welcher der Anwendungsbereich des Standards konkretisiert wird. Darüber hinaus existieren einige „Nicht-Interpretationen" des IFRIC zu IFRS 2.[4)]

V. Definitionen

12 Wesentlich zum Verständnis der Interpretation sind die IFRS 2 zugrunde liegenden Begriffe der anteilsbasierten Transaktionen mit Ausgleich durch Eigenkapitalinstrumente („equity-settled share-based payment transactions") und mit Barausgleich („cash-settled share-based payment transactions") im Kontext konzernweiter Vergütungsvereinbarungen.

13 Vergütungstransaktionen mit **Ausgleich durch Eigenkapitalinstrumente**, in der deutschsprachigen Literatur auch als Vergütung mit echten Eigenkapitalinstrumenten bezeichnet,[5)] liegen nach IFRS 2.2 (a) vor, wenn Mitarbeiter oder andere Parteien Eigenkapitalinstrumente eines Unternehmens als Gegenleistung für dem Unternehmen zufließende Ressourcen (Güter oder Dienstleistungen) erhalten. Dabei spielt es gem. IFRS 2.3 keine Rolle, ob die Eigenkapitalinstrumente vom Unternehmen selbst oder von Anteilseignern, z. B. dem Mutterunternehmen, gewährt werden. Interpretationsbedürftig erscheint der letzte Satz in IFRS 2.3, nach dem der Standard auch bei der „Übertragung von Eigenkapitalinstrumenten des Mutterunternehmens oder anderer Unternehmen im selben Konzern des Unternehmens" gilt. Das IFRIC stellt fest, hieraus könne nicht zweifelsfrei geschlossen werden, dass solche Transaktionen im Einzel- oder Teilkonzernabschluss des Tochterunternehmens als anteilsbasierte Vergütung mit Ausgleich durch Eigenkapitalinstrumente zu behandeln sind, da keine Anteile des bilanzierenden Unternehmens gewährt werden (IFRIC 11.BC8).

14 Eine Vergütung mit **Barausgleich**, in der deutschen Literatur auch als Vergütung mit virtuellen Eigenkapitalinstrumenten bezeichnet,[6)] liegt nach IFRS 2.2 (b) vor, wenn Mitarbeiter oder andere Parteien an die Wertentwicklung von Unternehmensanteilen gebundene Zahlungen als Gegenleistung für dem Unternehmen zufließende Ressourcen erhalten. Nicht zweifelsfrei unter diese Definition fallen Transaktionen, die zwar zu einem Abfluss von Zahlungsmitteln beim Unternehmen führen, bei denen die Mitarbeiter aber Anteile des Unternehmens, des Mutterunternehmens oder eines anderen Konzernunternehmens erhalten. Für die Klassifizierung solcher Transaktionen ist zu entscheiden, ob der Zahlungsabfluss beim Unternehmen, z. B. aufgrund eines Aktienrückkaufs oder einer Ausgleichszahlung, oder der Zahlungszufluss bei den Mitarbeitern das charakteristische Merkmal von Vergütungen mit Barausgleich ist.

B. Einsatz bereits bestehender Unternehmensanteile zur anteilsbasierten Vergütung

I. Problemhintergrund und Regelung

15 Das Haupteinsatzgebiet anteilsbasierter Vergütungen ist die Vergütung von Mitarbeitern. Dabei erhalten diese Unternehmensanteile oder Optionen auf Unternehmensanteile als Gegenleistung für Arbeitsleistungen. Dem Unternehmen stehen dabei verschiedene **Möglichkeiten** offen, die **Anteile bereit zu stellen**. Die vom deutschen Gesetzgeber als Normalfall angesehene Möglichkeit ist die Bereitstellung junger Anteile aus einer bedingten Kapitalerhöhung gem. § 192 Abs. 2 Nr. 3 AktG. Daneben besteht aber auch die Möglichkeit, bereits bestehende Anteile zu verwenden. Hierzu muss das Unternehmen entweder die Anteile auf Grundlage von § 71 Abs. 1 Nr. 2 bzw. 8 AktG am Kapitalmarkt zurückkaufen oder aber es muss eine Vereinbarung mit einem Anteilseigner, bei konzernverbundenen Unternehmen im Regelfall dem Mutterunternehmen, über die Bereitstellung der Anteile vorliegen. Gegebenenfalls verpflichtet sich das Unternehmen dabei, eine Ausgleichszahlung an das Mutterunternehmen zu leisten.

---

4) Vgl. zu den verschiedenen aktuellen Verlautbarungen und Projekten im Zusammenhang mit IFRS 2 inklusive der *IFRIC „Nicht-Interpretationen"* Schreiber, KoR 2006, S. 298.

5) Vgl. z. B. Pellens/Fülbier/Gassen, S. 479.

6) Vgl. z. B. Pellens/Fülbier/Gassen, S. 479.

16 IFRIC 11 behandelt die Frage, ob Transaktionen unter Rückgriff auf bereits bestehende eigene Anteile bei der Anwendung von IFRS 2 als Transaktionen mit Ausgleich durch Eigenkapitalinstrumente oder als Transaktionen mit Barausgleich zu klassifizieren sind. In IFRIC 11.7 wird klargestellt, dass Transaktionen, bei denen Eigenkapitalinstrumente desjenigen Unternehmens zum Einsatz kommen, das Empfänger der vergüteten Güter oder Dienstleistungen ist, stets als **Transaktionen mit Ausgleich durch Eigenkapitalinstrumente** zu behandeln sind. Dabei spielt es keine Rolle, auf welche Weise (Kapitalerhöhung, Rückkauf, Vereinbarung mit Anteilseignern) und von wem (Unternehmen, Anteilseigner) die Anteile bereit gestellt werden. Soweit das Unternehmen dazu verpflichtet ist, Anteile am Kapitalmarkt zurückzukaufen oder Ausgleichszahlungen zu leisten, sind diese Sachverhalte als separate Geschäftsvorfälle zu bilanzieren. Hierzu wird in IFRIC 11.BC6 auf die entsprechenden Regelungen in IAS 32 verwiesen.

II. Kritische Würdigung

17 Der Wertung anteilsbasierter Vergütungen auf Basis eines Rückkaufs eigener Anteile als Transaktionen mit Ausgleich durch Eigenkapitalinstrumente liegt der Gedanke zugrunde, dass der Rückkauf und die anschließende Wiederausgabe der Anteile eine **Kapitaltransaktion** darstellt, aus der das Unternehmen weder einen Gewinn noch einen Verlust erzielen kann. Aus diesem Grund hat der IASB bereits in IFRS 2.BC70-2.BC74 eine Bewertung anteilsbasierter Vergütungstransaktionen unter Bezugnahme auf den Rückkaufpreis eigener Anteile abgelehnt. Dieser Teil der Interpretation hat insofern nur klarstellenden Charakter. Ebenso geht bereits aus IFRS 2.3 hervor, dass eine Gewährung von Anteilen durch das Mutterunternehmen oder andere Anteilseigner als Transaktion mit Ausgleich durch Eigenkapitalinstrumente zu behandeln ist.

18 Die Interpretation verdeutlicht allerdings ein **Grundproblem von IFRS 2**: Kauft ein Unternehmen eigene Aktien zum Zeitpunkt der Ausübung von Aktienoptionen zurück, resultiert hieraus der gleiche Netto-Zahlungsstrom wie bei einem Barausgleich. Trotz identischer Auswirkungen auf die Liquidität ergeben sich durch die Klassifizierung der ersten Transaktion als mit Ausgleich durch Eigenkapitalinstrumente und der zweiten Transaktion als mit Barausgleich potenziell unterschiedliche Aufwandshöhen und -verteilungen. Dieses Problem ist jedoch nicht im Rahmen einer Interpretation zu Einzelfragen der anteilsbasierten Vergütung zu lösen, da es aus den allgemeinen Abgrenzungskriterien für Eigen- und Fremdkapital im Rahmenkonzept des IASB resultiert, die auch IFRS 2 zugrunde liegen.[7)]

C. Erfassung konzernweiter anteilsbasierter Vergütungen beim Tochterunternehmen

I. Problemhintergrund und Regelung

19 Bei der Formulierung von IFRS 2 ist der IASB von der implizierten Annahme ausgegangen, dass es sich bei den gewährten Eigenkapitalinstrumenten um Anteile oder Optionen auf Anteile der bilanzierenden Einheit handelt (IFRIC 11.BC8). Diese Annahme ist aber verletzt, wenn ein Tochterunternehmen in seinem Einzel- oder Teilkonzernabschluss **konzernweite, auf Anteilen des Mutterunternehmens basierende Vergütungspläne** berücksichtigen muss, an denen seine Mitarbeiter teilnehmen. IFRIC 11.3 unterscheidet hierbei zwei mögliche Situationen. Im ersten Fall werden die Eigenkapitalinstrumente direkt vom Mutterunternehmen, im zweiten Fall vom Tochterunternehmen selbst gewährt.

20 Im Konzernabschluss des Mutterunternehmens führen beide Gestaltungsvarianten zu einer identischen bilanziellen Abbildung als Transaktionen mit Ausgleich durch Eigenkapitalinstrumente (IFRIC 11.BC15). Die **Abbildung im Einzel- oder Teilkonzernabschluss** des Tochterunternehmens bleibt in IFRS 2 jedoch offen, da die Transaktionen den in IFRS 2.2 genannten Sachverhalten nicht eindeutig zugeordnet werden können (IFRIC 11.BC8 und 11.BC13). Weder erhalten die Mitarbeiter Eigenkapitalinstrumente des Unternehmens, noch verpflichtet sich das Unternehmen zu Zahlungen an die Mitarbeiter, deren Höhe von der Wertentwick-

---

7) Zur Forderung einer Vereinheitlichung der Bilanzierung von echten und virtuellen Aktienoptionen vgl. z. B. Gebhardt, BB 2003, S. 675; Kirschenheiter/Mathur/Thomas, Accounting Horizons 2/2004, S. 135; Sigloch/Egner, BB 2000, S. 1878.

lung der eigenen Unternehmensanteile abhängt. Gleichwohl kommt es zu einem Ressourcenzufluss beim Tochterunternehmen in Form der vergüteten Arbeitsleistung, der nach IFRS 2 zu bilanzieren ist.

21 In IFRIC 11 wird die Frage geklärt, wie diese Transaktionen bei der Bilanzierung im Einzel- bzw. Teilkonzernabschluss von Tochterunternehmen nach IFRS 2 zu klassifizieren und bilanzieren sind. Im Einzelnen kommt das IFRIC hierbei zu folgenden Ergebnissen:

(1) Werden Eigenkapitalinstrumente des Mutterunternehmens **vom Mutterunternehmen** an Mitarbeiter von Tochterunternehmen ausgegeben, ist die Transaktion im Einzel- oder Teilkonzernabschluss des Tochterunternehmens nach den Regeln für anteilsbasierte Vergütungen mit Ausgleich durch Eigenkapitalinstrumente zu bilanzieren (IFRIC 11.8)

(2) Werden Eigenkapitalinstrumente des Mutterunternehmens **von einem Tochterunternehmen** an dessen Mitarbeiter ausgegeben, ist die Transaktion im Einzel- oder Teilkonzernabschluss des Tochterunternehmens nach den Regeln für anteilsbasierte Vergütungen mit Barausgleich zu bilanzieren. Dabei spielt es keine Rolle, auf welche Weise das Tochterunternehmen die Eigenkapitalinstrumente beschafft (IFRIC 11.11). Die Beschaffung der Eigenkapitalinstrumente ist als separater Geschäftsvorfall zu buchen (IFRIC 11.BC17).

22 Weiterhin wird die Frage behandelt, wie vorzugehen ist, wenn ein Mitarbeiter, der an einem konzernweiten Vergütungsplan partizipiert, **von einem Konzernunternehmen zu einem anderen wechselt**, ohne dass hierdurch seine Ansprüche aus dem Vergütungsplan erlöschen. Diese Frage wird jedoch nur für den ersten Fall, also bei einer Ausgabe der Instrumente durch das Mutterunternehmen, geregelt:

(3) Wechselt ein Mitarbeiter, der an einem konzernweiten Vergütungsplan auf Basis von Eigenkapitalinstrumenten des Mutterunternehmens partizipiert, während des Leistungszeitraums zwischen zwei oder mehreren Tochterunternehmen, ist der Gesamtaufwand zeitproportional auf die Tochterunternehmen aufzuteilen. Verfallen die Optionen während des Leistungszeitraums, weil nicht kapitalmarktbezogene Ausübungsbedingungen verletzt werden, ist der bereits gebuchte Aufwand bei allen beteiligten Tochterunternehmen entsprechend IFRS 2.19 wieder rückgängig zu machen (IFRIC 11.9-11.10).

II. Kritische Würdigung

23 Werden Mitarbeiter mit eigenen Eigenkapitalinstrumenten des bilanzierenden Unternehmens vergütet, spielt es für die Klassifizierung und Bilanzierung der Transaktionen gemäß IFRS 2.3 und IFRIC 11.7 keine Rolle, ob die Eigenkapitalinstrumente von Anteilseignern oder vom Unternehmen selbst transferiert werden. Auch die beiden in IFRIC 11.3 genannten Sachverhalte unterscheiden sich nur dadurch, dass die gleichen Eigenkapitalinstrumente, hier jedoch die des Mutterunternehmens, einmal vom Mutterunternehmen und einmal vom Unternehmen selbst ausgegeben werden. Gleichwohl werden die Transaktionen nach IFRIC 11.8 und 11.11 **unterschiedlich klassifiziert** und haben dementsprechend auch unterschiedliche bilanzielle Konsequenzen im Einzel- oder Teilkonzernabschluss des Tochterunternehmens.

24 Diese bereits im Entwurf IFRIC D17 enthaltene Differenzierung der beiden Sachverhalte ist in zahlreichen Stellungnahmen dahingehend kritisiert worden, dass sie die **übereinstimmende ökonomische Substanz der Sachverhalte** vernachlässige.[8] Insbesondere wird darauf verwiesen, dass die Entscheidung über die Ausgabe der Eigenkapitalinstrumente in den meisten Fällen vom Mutterunternehmen bzw. gemeinsam von Mutter- und Tochterunternehmen getroffen werde. Eine differenzierte Behandlung könne dazu führen, dass Transaktionen zielgerichtet strukturiert werden, um einen gewünschten Bilanzausweis im Einzel- oder Teilkonzernabschluss des Tochterunternehmens herzustellen. Das IFRIC führt gegen diese Argumente an, dass die ökonomische Substanz nur aus der Sicht des Konzerns und der Mitarbeiter, nicht aber aus der Perspektive des Tochterunternehmens identisch sei (IFRIC 11.BC15). Während im zweiten Fall das Unternehmen selbst die Verpflichtung eingehe, Vermögenswerte zu transferieren, werde diese Verpflichtung im ersten Fall vom Mutterunternehmen übernommen.

8) Vgl. Schreiber/Beiersdorf, KoR 2005, S. 341; Schreiber, KoR 2006, S. 304 sowie die Stellungnahmen des RIC und des IDW zu IFRIC D17, jeweils v. 18.7.2005.

Dieses Argument ist hinsichtlich der **Gegenbuchung im Eigen- bzw. Fremdkapital** als treffend anzusehen. Dies kann am Beispiel von Lohnzahlungen an Mitarbeiter eines Tochterunternehmens verdeutlicht werden, die direkt vom Mutterunternehmen ausgezahlt werden. In diesem Fall wäre im Einzelabschluss des Tochterunternehmens eine erfolgsneutral zu vereinnahmende Eigenkapitalerhöhung in Höhe der Zahlung an die Mitarbeiter zu buchen. Zahlt das Unternehmen die Löhne hingegen selbst, ist für eine bereits bestehende Verpflichtung eine Rückstellung zu bilden. Wenig überzeugend ist das Argument jedoch im Hinblick auf die **Aufwandshöhe und -verteilung**. Es ist kaum einsichtig, warum die gleiche Verpflichtung je nach gewählter Gestaltung einen Aufwand in unterschiedlicher Höhe verursachen soll. Allerdings muss bedacht werden, dass das IFRIC sich bei der Interpretation im Rahmen von IFRS 2 bewegt, der ebenfalls in Abhängigkeit von der Klassifizierung als Eigen- oder Fremdkapital erhebliche Unterschiede bei der Aufwandshöhe und -verteilung vorsieht. Folglich kann diese Kritik kaum im Rahmen einer Interpretation beachtet werden. Dies ginge nur durch grundlegende Änderungen in IFRS 2. 25

Die in IFRIC 11 festgelegte Differenzierung hat weiterhin zur Konsequenz, dass der gleiche Sachverhalt auf der **Ebene des Tochterunternehmens** und auf **Konzernebene** unterschiedlich zu bilanzieren ist. Gewährt das Tochterunternehmen Optionen auf Anteile des Mutterunternehmens, ist auf Konzernebene ein Aufwand in Höhe des beizulegenden Zeitwerts der Optionen zu buchen. Auf der Ebene des Tochterunternehmens ist hingegen der Ausübungsgewinn der Mitarbeiter entscheidend. Dementsprechend ergeben sich – bei komplexen Konzernstrukturen erhebliche – zusätzliche Konsolidierungserfordernisse.[9] 26

Anders als der Entwurf IFRIC D17 konzentriert sich IFRIC 11 allein auf die Klassifizierung der behandelten Sachverhalte. Überlegungen zur **Bilanzierung im Einzelabschluss des Mutterunternehmens** und zur **Erfassung von Ausgleichszahlungen**, die im Entwurf zu finden waren, sind in der endgültigen Interpretation nicht mehr enthalten. Hierdurch bleiben insbesondere bei der Behandlung von Ausgleichszahlungen vielfältige Fragen offen. Gemäß IFRIC D17.IE5 sollten Ausgleichszahlungen für vom Mutterunternehmen administrierte Aktienoptionspläne als Kapitalrückzahlung an das Mutterunternehmen gebucht werden. Beim Mutterunternehmen würde die Zahlung entsprechend zu einer Verringerung des Beteiligungsbuchwerts führen. Damit wäre beim Tochterunternehmen sichergestellt, dass es zu keiner Doppelerfassung von Aufwendungen kommt. Denkbar wäre aber auch eine aufwandswirksame Erfassung durch Bildung einer Rückstellung, wie sie in einem vergleichbaren Fall für die Bilanzierung nach HGB vorgeschlagen worden ist.[10] Jedoch wäre dann konsequenterweise auch die Übernahme der Verpflichtung durch das Mutterunternehmen erfolgswirksam zu vereinnahmen, um per Saldo den gleichen Aufwand auszuweisen, der sich bei einer Beschaffung der Aktien vom Mutterunternehmen und deren zwischenzeitliche Buchung als Vermögenswerte des Tochterunternehmens ergäbe. Das IFRIC schließt die Klärung dieser Fragen jedoch in IFRIC 11.BC12 mit der Begründung aus, dass es den Anwendungsbereich der Interpretation nicht auf konzerninterne Zahlungsvereinbarungen ausdehnen wolle. 27

Offen bleibt in IFRIC 11 auch, wie bei der Übernahme von **an der Wertentwicklung der Anteile des Mutterunternehmens abhängigen Zahlungsverpflichtungen** durch das Mutterunternehmen vorzugehen ist. Auch in diesem Fall fließen dem Tochterunternehmen Ressourcen in Form von Arbeitsleistungen zu. Eine unmittelbare Verpflichtung des Tochterunternehmens liegt aber nicht vor, so dass analog zur direkten Anteilsausgabe des Mutterunternehmens eine Gegenbuchung des Personalaufwands im Eigenkapital vorzunehmen ist. Allerdings bleibt offen, welcher Wertansatz hierbei relevant ist. Eine analoge Vorgehensweise zur direkten Anteilsausgabe des Mutterunternehmens würde eine endgültige Bewertung zum Zeitpunkt der Gewährung erfordern. Jedoch weicht die vom Mutterunternehmen zu leistende Zahlung in aller Regel von diesem Wert ab. Fraglich ist deshalb, ob hier eine spätere Anpassung von Aufwands- und Eigenkapitalbuchungen zulässig ist. 28

9) Vgl. Schreiber/Beiersdorf, KoR 2005, S. 341.
10) Vgl. o.V., FN-IDW 1996, S. 405.

29 Die Regelungen im Zusammenhang mit dem **Wechsel von Mitarbeitern** sind eine konsequente Umsetzung der Prinzipien von IFRS 2 und somit zu begrüßen. Allerdings führen sie dazu, dass bei konzernweiten Vergütungsplänen zusätzliche Dokumentationspflichten entstehen. Insbesondere müssen Tochterunternehmen auch nach einem Wechsel überprüfen, ob ehemalige Mitarbeiter Ausübungsbedingungen verletzt haben.

D. Ausblick

30 IFRIC 11 wurde vom IFRIC am 2.11.2006 veröffentlicht und angesichts des positiven Empfehlungsschreibens der EFRAG ist mit einem **baldigen Endorsement** der Interpretation durch die EU-Kommission zu rechnen. Für europäische IFRS-Anwender steht dann der Anwendung auf alle Geschäftsjahre, die am oder nach dem 1.3.2007 beginnen, nichts mehr im Wege.

31 IFRIC 11 macht sehr deutlich, dass die allgemeinen **Abgrenzungskriterien für Eigen- und Fremdkapital** bei wirtschaftlich nahezu identischen Sachverhalten zu erheblichen Unterschieden in der Bilanzierung führen können. Dieses bereits bei der Entwicklung von IFRS 2 beobachtete Problem ist aber nicht in einem Einzelstandard oder einer Interpretation, sondern nur durch eine grundsätzliche Anpassung des Rahmenkonzepts möglich. Eine Änderung der dort formulierten Kriterien im Rahmen des Projekts zur Abgrenzung von Eigen- und Fremdkapital erscheint jedoch derzeit wenig wahrscheinlich.

IFRIC 12 – Service Concession Arrangements

Bearbeitet von:
Hans-Kurt Bergheimer, Thomas Oversberg, Nicolas Träbert und Hendrik Vater

Inhalt

Schrifttum

Baetge/Wollmert/Kirsch/Oser/Bischof (Hrsg.), Rechnungslegung nach IFRS, Loseblatt, Stuttgart, 2. Aufl. 2002;
Deloitte-Touche-Tohmatsu, Stellungnahme zu IFRIC D12-D14 v. 6.5.2006;
Ernst & Young (Hrsg.), International GAAP 2007, Global Edition 2, London 2006;

Ernst & Young Belgien, EYe on IFRS Newsletter, Dezember 2006, http://www.ey.com/global/download.nsf/Belgium_E/EYe-IFRS-December2006/$file/EYe-IFRS-December2006.pdf;

EFRAG, Stellungnahme zu IFRIC D12-D14 v. 25.5.2005;

Hasenburg/Beyhs, Die Bilanzierung von Dienstleistungslizenzen nach den Entwürfen des IFRIC D12 bis IFRIC D14, WPg 2005, S. 973 ff.;

RIC, Stellungnahme zu IFRIC X Service Concession Arrangements v. 7.11.2006;

Zülch/Gebhardt, Abbildung von Konzessionsvereinbarungen gem. IFRIC 12, PIR 2007, S. 52 ff.

A. Gegenstand und Relevanz

I. Inhalt

1 IFRIC 12 regelt die Bilanzierung von Dienstleistungslizenzvereinbarungen („public to private service concession agreements") im Rahmen von **Infrastrukturprojekten** (IFRIC 12.4). Beispiele für solche Projekte stellen der Bau von Straßen, Krankenhäusern, Flughäfen, Gefängnissen etc. dar (IFRIC 12.1). Charakteristischerweise übernehmen private Unternehmen (Betreiber) die Erstellung, Erweiterung oder den Betrieb der Infrastrukturmaßnahmen in Kooperation mit einer Einrichtung der öffentlichen Hand. Wesentliches Merkmal solcher Vereinbarungen ist gem. IFRIC 12.2 die Verpflichtung des Betreibers, die Infrastruktur während der vereinbarten Laufzeit so herzustellen oder zu betreiben, dass sie für die Allgemeinheit nutzbar ist. Das private Unternehmen ist für den Bau, den Betrieb oder die Erhaltungsmaßnahmen verantwortlich. Dienstleistungslizenzen sehen vor, dem Betreiber die öffentliche Infrastruktur nur für einen begrenzten Zeitraum zur Nutzung zu überlassen (IFRIC 12.3).

2 IFRIC 12 regelt vor diesem Hintergrund die Fragen des **Bilanzansatzes** der zugrundeliegenden Infrastruktur und Vergütung sowie die Vorgehensweise bei der **Umsatzerfassung**. Grundsätzlich unterscheidet sich die Darstellung im Jahresabschluss (d. h. Bilanz und GuV) solcher Vereinbarungen abhängig davon, wer das Nachfragerisiko trägt. Dementsprechend erfolgt eine Bilanzierung entweder als immaterieller Vermögenswert, als Finanzinstrument oder als ein Mix aus beiden, mit ebenfalls unterschiedlicher Umsatzerfassung.

3 Während die ursprünglich veröffentlichten D12 bis D14 noch von **unterschiedlichen Modellen** ausgingen („Financial-Asset"-Modell kontra „Intangible-Asset"-Modell), macht IFRIC 12 keinerlei Referenz zu unterschiedlichen Modellen mehr. Zur besseren Unterscheidung werden die Begriffe hier indes weiterhin benutzt.

II. Bedeutung

4 Die Veröffentlichung von IFRIC 12 trägt der **zunehmenden Relevanz von Auftragsvergaben der öffentlichen Hand an private Unternehmen** Rechnung.[1] Wurden Infrastrukturmaßnahmen in der Vergangenheit häufig durch die öffentliche Hand selbst erstellt, durchgeführt und durch öffentliche Mittel finanziert, haben zunehmend leere öffentliche Kassen und die Bereitstellung einer Vielzahl der notwendigen Dienstleistungen durch private Anbieter dazu geführt, dass viele Länder dazu übergehen, Dienstleistungslizenzverträge mit dem privaten Sektor einzugehen. Auch die Nutzung von Effizienzsteigerungen, die durch die Einbindung des betriebswirtschaftlichen Know-how der privaten Unternehmen erzielt werden können, werden oftmals als Gründe für die zunehmende Zahl der Dienstleistungslizenzverträge genannt.

5 IFRIC 12 regelt vor diesem Hintergrund die **bilanzielle Behandlung** von Dienstleistungslizenzvereinbarungen für den **privaten Sektor** und dient somit der Klarstellung bestimmter Sachverhalte bezüglich bestehender Verlautbarungen des IASB. Bislang sahen die Regelungen der IFRS zu Dienstleistungslizenzen (SIC-29) lediglich gewisse Angabepflichten im Anhang vor, welche auch weiterhin anzuwenden sind. In diesem Zusammenhang bleibt zu erwähnen, dass der Geltungsbereich von SIC-29 wesentlich weiter gefasst ist als der von IFRIC 12.[2]

---

1) Vgl. Hasenburg/Beyhs, WPg 2005, S. 973.

2) Vgl. Ernst & Young, S. 2011.

III. Regelungszusammenhänge

In den Geltungsbereich von IFRIC 12 fallen Sachverhalte, in denen der Betreiber einer Infrastruktur eine **Dienstleistung für einen öffentlichen Auftraggeber**, wie z. B. Finanzierung, Betrieb oder laufende Instandhaltung der Infrastruktur, erbringt (IFRIC 12.2). 6

Die zur Anwendung kommenden **Standards und Interpretationen** zur korrekten Darstellung im IFRS-Abschluss sind breit gefächert und machten es für das IFRIC äußerst mühsam, ein kohärentes Modell zu entwickeln. Zur Klärung der Frage, bei wem die Infrastruktur zu bilanzieren ist, muss eine Prüfung gem. Rahmenkonzept, IAS 16, IAS 17 und IFRIC 4 erfolgen (IFRIC 12.BC20 ff.). Die Erfassung und Bewertung der Erträge aus dem zugrunde liegenden Dienstleistungsvertrag hat gem. IAS 18 zu erfolgen (IFRIC 12.13). Für die Herstellungsphase sind gem. IFRIC 12.14 hingegen die Vorschriften von IAS 11 verbindlich. Fremdkapitalkosten, welche dem Betreiber im direkten Zusammenhang mit der Erbringung der Dienstleistung entstehen, sind entsprechend IAS 23 zu behandeln. Für die Bilanzierung der finanziellen Vermögenswerte finden die Regelungen von IAS 32 und IAS 39 (sowie des IFRS 7) Anwendung (IFRIC 12.23). Ist dem Betreiber aus der Dienstleistungskonzessionsvereinbarung ein immaterieller Vermögenswert zuzurechnen, kommt IAS 38 zur Anwendung (IFRIC 12.26). Evtl. vorhandene Sanierungs- oder Rückbauverpflichtungen fallen gem. IFRIC 12.21 in den Anwendungsbereich von IAS 37. 7

Im Zusammenhang mit Vermögensgegenständen, bei denen eine **Überlassung an den Betreiber** erfolgt und dieser die Verfügungsmacht erhält, stellt IFRIC 12 klar, dass IAS 20 keine Anwendung findet. Stellen diese Vermögensgegenstände eine Gegenleistung für die Erbringung einer Dienstleistung dar, sind sie gem. IFRIC 12.27 zum beizulegenden Zeitwert beim Betreiber zu erfassen. 8

IV. Anwendungsbereich

In der Praxis existiert eine Vielzahl unterschiedlichster Varianten von Dienstleistungsvereinbarungen (IFRIC 12.BC9). Prägend für viele solcher Vereinbarungen sind die längerfristige Geschäftsbeziehung zwischen Auftraggeber und Betreiber sowie hohe Anfangsinvestitionen. Vor dem Hintergrund einer äußerst umfangreichen Zahl an Einzelfallregelungen hat das IFRIC versucht, den Umfang der Interpretation einzugrenzen und auf **Dienstleistungslizenzvereinbarungen zwischen privaten Unternehmen und der öffentlichen Hand** zu reduzieren (IFRIC 12.BC10). Vereinbarungen zwischen privaten Geschäftspartnern sind somit bewusst aus dem Anwendungsbereich des IFRIC 12 herausgenommen worden. Begründet wurde dies in IFRIC 12.BC14 mit einem primären Regelungsbedarf für „public-to-private-service-concession-arrangements". Eine analoge Anwendung auf Vereinbarungen zwischen privaten Geschäftspartnern ist allerdings über IAS 8.7-8.12 möglich (IFRIC 12.BC15). 9

Darüber hinaus ist die Interpretation gem. IFRIC 12.4-12.7 nur auf solche Vereinbarungen anwendbar, in denen die folgenden Voraussetzungen **kumulativ** vorliegen: 10

- Der Lizenzgeber schreibt dem Betreiber vor, welche Art der Dienstleistung mit der zur Verfügung gestellten Infrastruktur an wen und zu welchem Preis erbracht werden muss; und
- Der Lizenzgeber verfügt – entweder durch Eigentum, Anspruchsberechtigung („beneficial entitlement") oder auf eine andere Art und Weise – über evtl. vorhandene signifikante Residualansprüche an der Infrastruktur nach Beendigung der Vereinbarung[3]. Eine Ausnahme bilden Vermögenswerte, welche über ihre gesamte wirtschaftliche Nutzungsdauer als Teil der Dienstleistungslizenz genutzt werden („whole of life assets"). Im Fall solcher Vermögenswerte spielt gem. IFRIC 12.6 die Residualanspruchsbedingung des IFRIC 12.5 (b) keine Rolle.
- Die Infrastruktur wurde für Zwecke der Dienstleistungslizenz von einem Dritten erworben oder neu hergestellt oder es handelt sich um bereits vorhandene Infrastruktur des Lizenzgebers, welche dem Betreiber für Zwecke der Dienstleistungslizenzvereinbarung zugänglich gemacht wird.

---

3) Vgl. Zülch/Gebhardt, PiR 2007, S. 52.

11 Somit wird eine Vielzahl von in der Praxis anzutreffenden Vereinbarungen **explizit von dem Geltungsbereich der Interpretation ausgeschlossen**. Hierunter fallen z. B. Vereinbarungen, welche ein Leasing der Infrastruktur an Betreiber vorsehen oder Fälle, in denen der Betreiber vor Beginn der Dienstleistungsvereinbarung die Infrastruktur bereits als Sachanlagevermögen bilanziert hat (IFRIC 12.BC12). U. a. verweist IFRIC 12.8 hier auch auf bereits bestehende Regelungen (IAS 16). Auf der anderen Seite führt eine fehlende scharfe Definition von Dienstleistungslizenzvereinbarungen dazu, dass viele Transaktionen, die im Allgemeinen nicht als Dienstleistungslizenzvereinbarungen angesehen wurden, prinzipiell in den Anwendungsbereich von IFRIC 12 fallen, so z. B. u. U. öffentlich-rechtlich regulierte Märkte.[4)]

12 Das IFRIC begründet den **engen Anwendungsbereich** damit, dass eine Berücksichtigung weiterer Einzelfälle den Zeitrahmen für die Erstellung der Interpretation wesentlich ausgeweitet hätte (IFRIC 12.BC7). Da der Anwendungsbereich allerdings während der Kommentierungsphase von unterschiedlichster Seite kritisiert[5)] wurde (IFRIC 12.BC12 f.), hat das IFRIC versucht, für typische Dienstleistungslizenzvereinbarungen Referenzen mit entsprechenden Regelungsverweisen als Hilfestellung bereitzustellen. Das IFRIC vertrat die Ansicht, dass nur, wenn sich in der Praxis herausstellen sollte, dass dies nicht ausreichend sei, ein separates Projekt zur Klärung des spezifischen Sachverhaltes unternommen werden sollte (IFRIC 12.BC12 f.).

13 Die nachfolgende Tabelle stellt in der Praxis besonders **häufig anzutreffende Vereinbarungen** nach Kategorien geordnet dar.[6)]

Kategorie	**Leasingnehmer**	**Dienstleister**			**Eigentümer**	
Typische Vertragsmodelle	Leasing (Betreiber leased den Vermögensgegenstand v. Auftraggeber)	Service- u./o. Wartungsvertrag (Besonderheiten z. B. Forderungseinzug)	Sanierung, Betrieb, Transfer	Erstellung, Betrieb, Transfer	Erstellung, Besitz, Betrieb	100% Verkauf, Privatisierung, Corporation
Eigentum des Vermögensgegenstandes	Auftraggeber				Betreiber	
Investition	Auftraggeber		Betreiber			
Demand-Risiko	geteilt	Auftraggeber	Betreiber u./o. Auftraggeber		Betreiber	
Übliche Vertragslaufzeit (in Jahren)	8-20	1-5	25-30			unbestimmt (ggf. durch Lizenz limitiert)
Residualanspruch	Auftraggeber				Betreiber	
Relevante IFRSs	IAS 17	IAS 18	IFRIC 12		IAS 16	

14 Während die Behandlung der Extremfälle (siehe am linken und rechten Rand der Tabelle) relativ klar ist, erfasst IFRIC 12 den **Mittelbereich**, in dem, in den Augen des IFRIC, die größten Unklarheiten bestanden. Das IFRIC weist ausdrücklich darauf hin, dass die Übersicht keinen Anspruch auf eine vollständige Darstellung aller möglichen Einzelfallvereinbarungen erhebt. Zudem ist in der Praxis häufig keine eindeutige Zuordnung der Vereinbarungen zu den dargestellten Vereinbarungsgruppen möglich.[7)]

---

4) Vgl. Ernst & Young, S. 1989.

5) Eine Übersicht über die Hauptpunkte der vom IFRIC erhaltenen Stellungnahmen findet sich in den IFRIC Information for Observers, September 2005.

6) Vgl. IFRIC 12.Information Note 2.

7) Vgl. IFRIC 12.Information Note 2.

15 Das IFRIC hat bewusst darauf verzichtet, die **Bilanzierung auf Seiten des Lizenzgebers** in den Anwendungsbereich von IFRIC 12 einzubeziehen („grantor-accounting"). Das IFRIC begründete dies damit, dass Lizenzgeber für Vereinbarungen im Anwendungsbereich von IFRIC 12 öffentlich-rechtliche Institutionen sind (IFRIC 12.9, 12.BC15). Die IFRS-Vorschriften sind jedoch grundsätzlich für die nicht gewinnorientierten Aktivitäten des öffentlichen und privaten Sektors nicht relevant. Dementsprechend umfasst IFRIC 12 nicht die Bilanzierung von Dienstleistungslizenzvereinbarungen auf Seiten des öffentlichen Auftraggebers. Für die Behandlung der Dienstleistungslizenzvereinbarungen seitens des Konzessionsgebers hat der International Public Sector Accounting Standards Board (IPSASB) ein eigenes Projekt aufgesetzt.

16 Nachfolgend ist ein Entscheidungsbaum abgebildet, anhand dessen der Anwendungsbereich von IFRIC 12 abgegrenzt werden kann:[8)]

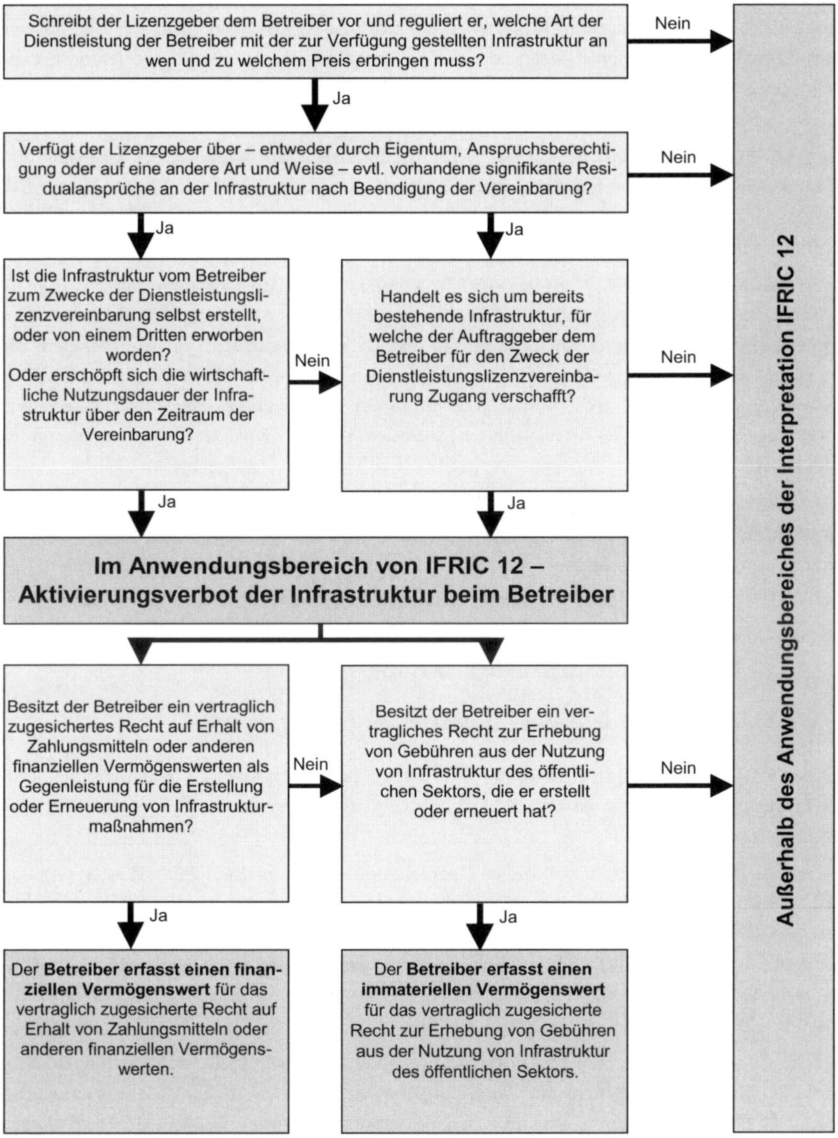

8) Vgl. IFRIC 12.Information Note 1.

17 IFRIC 12 gem. IFRIC 12.28 ist **erstmalig anzuwenden** für Geschäftsjahre, die am oder nach dem **1.1.2008** beginnen. Eine frühzeitige Anwendung ist möglich und im Anhang zu erläutern (vgl. SIC-29, Zeitpunkt des Inkrafttretens).

18 Die Interpretation ist grundsätzlich **retrospektiv** anzuwenden (IFRIC 12.BC72-12.BC75).

V. Definitionen

19 Eine **Dienstleistungslizenzvereinbarung** („public to private service concession agreement") ist eine Vereinbarung, durch die eine öffentliche Institution einen oder mehrere Aufträge an private Betreiber zur Bereitstellung von öffentlichen Dienstleistungen (z. B. Bau von Straßen, Brücken, Tunnel, Gefängnisse, etc.) vergibt.[9]

20 Bei dem **Financial-Asset-Model** (Garantierte Zahlungszusagen an den Betreiber bzw. Finanzielles-Vermögenswert-Modell) erfasst der Betreiber einen finanziellen Vermögenswert für das vertraglich zugesicherte Recht auf Erhalt von Zahlungsmitteln oder anderen finanziellen Vermögenswerten als Gegenleistung für die Erstellung, die Erneuerung von Infrastrukturmaßnahmen und deren Betrieb für den öffentlichen Sektor (IFRIC 12.16).

21 Im Fall des **Intangible-Asset-Model** (Nutzungsabhängige Zahlungszusage an den Betreiber bzw. Immaterielles-Vermögenswert-Modell) erfasst der Betreiber einen immateriellen Vermögenswert für das vertraglich zugesicherte Recht zur Erhebung von Gebühren aus der Nutzung von Infrastruktur des öffentlichen Sektors, die er erstellt oder erneuert hat (IFRIC 12.17).

22 Ein **Lizenzgeber** („grantor") i. S. v. IFRIC 12 ist gem. IFRIC 12.4 eine öffentlich-rechtliche Institution (z. B. Regierungen oder anderweitige Einrichtungen des öffentlichen Rechts). Der Lizenzgeber überträgt dem Lizenznehmer für die Laufzeit der Lizenz normalerweise: (a) das Recht, Dienstleistungen zu erbringen, die der Öffentlichkeit Zugang zu wichtigen wirtschaftlichen und sozialen Einrichtungen gewähren; und (b) in einigen Fällen das Recht, bestimmte materielle, immaterielle und/oder finanzielle Vermögenswerte zu benutzen (SIC-29.2). In der Regel handelt es sich hierbei um Institutionen, welche nicht mit Gewinnerzielungsabsicht handeln (IFRIC 12.BC15).

23 Der **Lizenznehmer/Betreiber** („operator") i. S. v. IFRIC 12 ist gem. IFRIC 12.4 ein Privatunternehmen, welches (a) sich verpflichtet, Dienstleistungen entsprechend bestimmter Vertragsbedingungen für die Laufzeit der Lizenz zu erbringen; und (b) sich verpflichtet, ggf. nach Ablauf der Lizenz die Rechte zurückzugeben, die es am Anfang der Laufzeit der Lizenz erhalten bzw. während der Laufzeit der Lizenz erworben hat (SIC-29.2).

B. Bilanzielle Erfassung

I. Zugangsrecht vs. Nutzungsrecht an der Infrastruktur

24 IFRIC 12.11 ordnet das wirtschaftliche Eigentum an der betroffenen Infrastruktur nicht dem Betreiber, sondern vielmehr dem **Lizenzgeber** zu. Dabei ist unerheblich, ob die Vermögenswerte selber erstellt oder von einem Dritten erworben wurden.

25 Das IFRIC kam nach reichlicher Überlegung zu dieser Überzeugung, indem es unter Berücksichtigung von IAS 16, IAS 17, IFRIC 4 und dem Rahmenkonzept schlussfolgerte, dass der Betreiber auf Grund der restriktiven Bedingungen in den Dienstleistungslizenzvereinbarungen de facto lediglich **unterschiedlichste Dienstleistungen erbringt** und zur Erfüllung dieser Dienstleistungen vom Lizenzgeber ein Zugangsrecht zur Infrastruktur erhält. Die entscheidende Fragestellung lautet daher, welche Partei die Nutzung der Infrastruktur kontrolliert (u. a. auch IFRIC 4.9).

26 Ein solches Zugangsrecht unterscheidet sich laut IFRIC 12 von einem Nutzungsrecht, welches z. B. IFRIC 4 zugrunde liegt, durch die **Einschränkungen in der Verfügungsmacht**, welche in IFRIC 12.5 festgeschrieben wurden (IFRIC 12.BC27). So bestimmt der Lizenzgeber die Verwendung der Infrastruktur, den Empfänger-

9) Vgl. Hasenburg/Beyhs, WPg 2005, S. 974.

kreis und die Preise. Darüber hinaus stehen ihm sämtliche signifikanten Residualansprüche nach Beendigung der Lizenzvereinbarung zu.[10] Damit kontrolliert der Lizenzgeber in den Augen des IFRIC die Nutzung.[11]

Das IFRIC stellt des Weiteren fest, dass auch ein **Verkauf** gem. IAS 18 vorliege, da dem Lizenzgeber ein Verfügungsrecht in einem Maße zur Verfügung stehe, wie dies gewöhnlich mit dem Eigentum verbunden sei (IFRIC 12.BC27). 27

Ursprünglich hatte das IFRIC im Interpretationsentwurf D12 eine ausführliche Debatte über die Frage der Kontrolle der Infrastruktur geführt und in diesem Zusammenhang darauf verwiesen, dass die Abgrenzung auf der Grundlage des „Kontrollansatzes" einer Abgrenzung, die auf den „Chancen und Risiken" beruht, überlegen sei. Dies wurde in der Mehrzahl der Stellungnahmen scharf kritisiert.[12] In der abschließenden Diskussion wurde die Fragestellung in der Form abgewandelt (ohne den Kontrollansatz aufzugeben), dass sich das IFRIC nun darauf berief, der Betreiber sei lediglich ein ausführendes Organ, ohne materielle Gestaltungsfreiheiten zu haben und somit auch nicht Inhaber von Nutzungsrechten an der Infrastruktur (IFRIC 12.BC20 ff.). Sämtliche bilanzrelevanten Fragstellungen reduzieren sich somit auf die **Bilanzierung der Gegenleistung** (IFRIC 12.BC25). 28

Eine Bilanzierung auf Basis der Leasingvorschriften ist aufgrund der Einschränkungen der Verfügungsmacht für Dienstleistungslizenzen nicht möglich (IFRIC 12.BC22 ff.). Um mögliche Überschneidungen mit IFRIC 4 zu vermeiden, ist der Anwendungsbereich der Interpretation entsprechend angepasst worden (IFRIC 12.BC29). 29

II. Bilanzierung der Gegenleistung

1. Überblick

IFRIC 12.15 sieht eine Unterscheidung bezüglich der bilanziellen Abbildung der Gegenleistung für die Erbringung der Dienstleistungen vor. Diese stellt, ohne im Beschluss („consenus") als solches erwähnt zu werden, darauf ab, welcher der beiden Vertragspartner de facto das **Nachfragerisiko** („demand risk") in Bezug auf die Dienstleistung und die daraus resultierenden Zahlungen trägt (IFRIC 12.BC36 ff.). Ausgestaltet wurde dies im Beschluss, in dem hinterfragt wird, ob der Betreiber ein vertragliches Recht besitzt, Zahlungsmittel zu erhalten, entweder direkt oder indirekt vom Lizenzgeber. Steht dem Betreiber ein solches vertragliches Recht zu, so stellen die Zahlungen, die direkt durch die Nutzer erfolgen, lediglich eine Einbehaltung durch den Betreiber im Auftrag für den Lizenzgeber dar.[13] 30

Sollte das Nachfragerisiko beim Lizenzgeber liegen, so erfolgt die Bilanzierung der Gegenleistung als finanzieller Vermögenswert (IFRIC 12.16, 12.BC42). Verbleibt das Risiko hingegen beim Betreiber, ist ein immaterieller Vermögenswert zu bilanzieren (IFRIC 12.17, 12.BC47). Sollten beide Parteien Teile des Nachfragerisikos tragen, muss gem. IFRIC 12.18 eine Aufteilung der Gegenleistung in einen finanziellen und einen immateriellen Vermögenswert entsprechend der **Risikoaufteilung** erfolgen. 31

In diesem Zusammenhang ist darauf hinzuweisen, dass IFRIC 12.12 f. vorsieht, Vereinbarungen von Dienstleistungslizenzen, und damit auch die Bilanzierung der Gegenleistung, mindestens in eine **Konstruktions- und eine Betreiberphase** aufzuteilen. 32

2. Das Intangible-Asset-Model (Nutzungsabhängige Zahlungszusage an den Betreiber)

Gemäß IFRIC 12.17 ist ein immaterieller Vermögenswert dann anzusetzen, wenn der Betreiber ein Recht auf Erhebung einer **Nutzungsgebühr** von den Infrastrukturnutzern erhält. Hierbei handelt es sich nicht um ein unbedingtes Recht auf Erhalt von Zahlungen, da der zu erzielende Betrag abhängig von dem Ausmaß der Inanspruchnahme der Infrastruktur durch die Nutzer (Nachfragerisiko) ist. Es besteht kein unmittelbarer ver- 33

---

10) Vgl. Hasenburg/Beyhs, WPg 2005, S. 973.

11) Anhang A: Anleitung zur Anwendung zur IFRIC 12 enthält einige Erläuterungen im Zusammenhang mit Vermögenswerten, die nur teilweise zur Erbringung der Dienstleistungslizenz genutzt werden.

12) Vgl. stellvertretend EFRAG, S. 2

13) Vgl. Ernst & Young, S. 1995.

traglich zugesicherter Rechtsanspruch auf Zahlung einer Nutzungsgebühr. Vielmehr erhält der Betreiber jedoch das Recht, für die zukünftige Inanspruchnahme der Infrastruktur Gebühren in Rechnung zu stellen (IFRIC 12.BC38, 12.IE14). Diese, sich erst nach Inanspruchnahme der Dienstleistung konkretisierende Forderung kann sich gegen den Lizenzgeber oder gegen die Nutzer selbst richten. In beiden Fällen sind die Zahlungen jedoch nicht garantiert, der Betreiber trägt somit das wirtschaftliche Risiko, dass die erzielbaren Zahlungen die Kosten der Investition decken (IFRIC 12.BC47).

34 Der immaterielle Vermögenswert des Betreibers stellt somit eine Lizenz i. S. v. IAS 38 dar. Entsprechend richtet sich die Bilanzierung nach IAS 38. Dies gilt sowohl für den erstmaligen Bilanzansatz der Lizenz zum beizulegenden Teilwert („fair value") der erbrachten Gegenleistung; diese entspricht i. d. R. dem beizulegenden Zeitwert der Gegenleistung für die Konstruktionsdienstleistung (IFRIC 12.26, 12.IE14). Die Folgebewertung richtet sich ebenfalls nach IAS 38 (IFRIC 12.BC66). Erwähnenswert ist in diesem Zusammenhang, dass die Regelungen des IAS 38 in Bezug auf die Abschreibungsmethode allgemein vorsehen, dass eine **Abschreibungsmethode**, die zu einem niedrigeren kumulierten Abschreibungsbetrag führt als die lineare Methode, generell untersagt ist (IAS 38.98). Dies würde i. d. R. zu erheblich höheren Anlaufverlusten auf Grund der Abschreibungen führen. In seiner Dezember 2006-Sitzung hat der IASB daher beschlossen, die Regelungen des IAS 38 in dieser Hinsicht im Rahmen des neuen jährlichen Verbesserungsprozesses zu verändern.[14)]

35 Das IFRIC hat in seinen Überlegungen ebenfalls solche Vereinbarungen erörtert, in denen das wirtschaftliche Risiko hinsichtlich einer **Nichtdeckung der Investitionskosten** minimiert wird. Auf folgende Konstellationen wurde hingewiesen (IFRIC 12.BC50):

- Regulierung der Gebührenerhebung für die Inanspruchnahme der Dienstleistung mit dem Ziel, dem Betreiber einen substantiellen Teil seiner Investition abzusichern;
- dem Betreiber wird zugestanden, so lange Gebühren zu erheben, bis ein bestimmtes, vorab vereinbartes Renditeziel erreicht wird. Danach endet die Vereinbarung automatisch.

36 In beiden Fällen wäre der Betreiber nach **wirtschaftlicher Betrachtungsweise** abgesichert. Eine Einstufung der Vermögenswerte als finanzielle Vermögenswerte könnte demnach naheliegen (IFRIC 12.BC51). Das IFRIC verneint diese Auffassung jedoch und subsumiert derartige Sachverhalte unter die Regelung des „Intangible-Asset-Model".

37 Dies wird damit begründet, dass gem. IAS 32 das Vorliegen eines finanziellen Vermögenswerts lediglich davon abhängig ist, ob ein unbedingtes Recht auf Erhalt einer Zahlung vorliegt. Da ein solches hier nicht bestehe, könne eine Bilanzierung als finanzieller Vermögenswert nicht in Frage kommen (IFRIC 12.BC52).

38 Wird der Betreiber für die Entwicklung der Infrastruktur sowohl in Form eines finanziellen als auch eines immateriellen Vermögenswerts entlohnt, so ist jeder Teil der Lizenzvereinbarung **getrennt zu bilanzieren** und die entsprechenden oben diskutierten Regelungen sind anzuwenden („bifurcation"; IFRIC 12.BC53-12.BC54).

3. Das Financial-Asset-Model (Garantierte Zahlungszusagen an den Betreiber)

39 Ein finanzieller Vermögenswert ist in Übereinstimmung mit den Regelungen von IAS 32 dann anzusetzen, wenn der Betreiber ein **unbedingtes vertragliches Recht** auf Erhalt einer Zahlung oder eines sonstigen finanziellen Vermögenswerts seitens des Lizenzgebers für die Bereitstellung der Dienstleistung erhält. Ein unbedingtes Recht auf Erhalt einer Zahlung i. S. v. IFRIC 12 liegt gem. IFRIC 12.16 vor, wenn der Lizenzgeber dem Betreiber die Zahlung:

- eines festen oder bestimmbaren Betrages vertraglich fest zusagt, oder
- den Unterschiedsbetrag zwischen den von den Nutzern erhaltenen und dem festen oder bestimmbaren Betrag vertraglich oder rechtlich (IFRIC 12.19) garantiert.

40 Laut IFRIC 12 stellt die Gegenleistung einen **finanziellen Vermögenswert** dar, wenn der Betreiber, unabhängig von der tatsächlichen Nutzung, Zahlungen garantiert bekommen hat, d. h. keinerlei Nachfragerisiko

---

14) Vgl. IASB Update 12/2006, S. 5, http://www.iasb.org/NR/rdonlyres/843BCA59-0578-4DC6-A052-7D8D07D01B57/0/Upd0612.pdf.

trägt. Somit handelt es sich bei den genannten Zahlungsansprüchen um (gerichtlich) durchsetzbare Forderungen (IFRIC 12.BC42).

Das Financial-Asset-Model ist auch dann anzuwenden, wenn die **Zahlungen von der Erfüllung von Qualitäts- und Effizienzanforderungen an die Infrastruktur durch den Betreiber abhängig sind.** Begründet wird diese Sichtweise durch das IFRIC damit, dass sich die Position des Betreibers nicht von anderen Geschäftsvorfällen unterscheidet, in denen die Zahlung für Güter oder Leistungen unter der Bedingung geleistet wird, dass diese bestimmte Leistungsmerkmale erfüllen (IFRIC 12.BC44-12.BC45). 41

Dienstleistungen, welche in der **Konstruktionsphase** erbracht werden, sind auf der Basis von IAS 11 zu bilanzieren. Die so unter IAS 11 erfassten Umsätze stellen finanzielle Vermögenswerte im Sinne des IAS 32 dar und die erstmalige Erfassung (zum beizulegenden Zeitwert) erfolgt gem. IAS 39.[15] Hierbei grenzt IFRIC 12.24 die grundsätzlich in Frage kommenden vier Kategorien von IAS 39 jedoch auf folgende drei Möglichkeiten ein: 42

- Finanzielle Vermögenswerte, die erfolgswirksam zum beizulegenden Zeitwert bewertet werden,
- Kredite und Forderungen, oder
- zur Veräußerung stehende finanzielle Vermögenswerte.

Eine Einstufung des finanziellen Vermögenswerts als eine **„bis zur Endfälligkeit gehaltene Finanzinvestition"** wird grundsätzlich nicht in Erwägung gezogen (IFRIC 12.BC60). Das IFRIC argumentiert diesbezüglich wie folgt: Ein finanzieller Vermögenswert erfüllt die Definition einer bis zur Endfälligkeit gehaltenen Finanzinvestition lediglich dann, wenn er nicht als Kredit oder Forderung einzustufen ist. Dies ist dann der Fall, wenn der Kredit oder die Forderung 43

- an einem aktiven Markt gehandelt wird; oder
- der Inhaber seine ursprüngliche Investition aus anderen Gründen als einer Bonitätsverschlechterung nicht mehr annähernd vollständig wiedererlangen kann.

Das Vorliegen eines aktiven Marktes ist für Dienstleistungslizenzvereinbarungen i. S. d. IFRIC 12 vom IFRIC negiert worden.[16] Liegen die Voraussetzungen des zweiten Punktes vor, würde dies eine Klassifizierung als ein zur Veräußerung verfügbarer Vermögenswert nach sich ziehen, also ebenfalls eine Klassifizierung als bis zur Endfälligkeit gehaltene Finanzinvestition ausschließen (IFRIC 12.BC61). 44

Wird der finanzielle Vermögenswert als **Kredit oder Forderung** bzw. als **zur Veräußerung verfügbarer finanzieller Vermögenswert** klassifiziert, unterliegt der Ansatz und die Bewertung gem. IFRIC 12.25 der Effektivzinsmethode gem. IAS 39. 45

III. Bilanzierung von Instandhaltungsverpflichtungen der Infrastruktur

Hat sich ein Betreiber vertraglich verpflichtet, die genutzte Infrastruktur in einem festgelegten betriebsbereiten Zustand zu halten oder vor Übergabe an den Lizenzgeber in einen bestimmten Zustand zu versetzen, sind diese Verpflichtungen gem. IFRIC 12.21 u. U. bilanziell zu erfassen. Mit Ausnahme von Maßnahmen zur Erweiterung von Infrastrukturen (welche immer als separate Dienstleistung angesehen werden), sind vertraglich eingegangene Verpflichtungen (z. B. Garantie eines definierten Qualitätsniveaus) entsprechend den Regelungen von IAS 37 zu erfassen und zu bewerten. Obgleich auf Seiten des Betreibers ein Aktivierungsverbot der Infrastruktur besteht, müssen derartige **Zusicherungen** als Verpflichtung gegenüber dem Lizenzgeber bilanziert werden. Es bleibt zu erwähnen, dass für den Fall, dass es sich bei den Instandhaltungsverpflichtungen um eigenständige Dienstleistungen handelt, welche als solche in Vereinbarungen von Dienstleistungslizenzen explizit ausgewiesen wurden, eine Rückstellungsbildung nicht in Frage kommt (IFRIC 12.IE1 ff.). 46

15) Vgl. Ernst & Young, S. 1996 ff.
16) Vgl. Zülch/Gebhardt, PiR 2007, S. 53.

47 Da derartige **Instandhaltungs- oder Erweiterungsverpflichtungen** in der Praxis in den unterschiedlichsten Ausprägungen und Formen auszumachen sind, entschied das IFRIC, keine Regelungen zum Ansatzzeitpunkt zu erlassen; vielmehr finden die entsprechenden allgemeinen Vorschriften von IAS 37 Anwendung (IFRIC 12.BC56).

C. Umsatzerfassung

I. Erfassung und Bewertung von Dienstleistungsentgelten

1. Überblick

48 Neben der Einordnung der bilanziellen Fragen spielen Aspekte der **Umsatzerfassung** eine bedeutende Rolle. IFRIC 12.13 differenziert bei der Erfassung der Umsatzerlöse aus Dienstleistungslizenzen analog zur bilanziellen Kategorisierung nach dem Financial-Asset-Model und dem Intangible-Asset-Model. IFRIC 12.12 unterstellt (→ Rz. 9 f.), dass der Betreiber lediglich als Dienstleister für den Lizenzgeber fungiert. Die Dienstleistung kann in der Entwicklung oder Erweiterung einer Infrastruktur, und / oder deren Betrieb und Instandhaltung über die Vereinbarungsdauer bestehen.

49 Für Dienstleistungen mit Bezug zur Entwicklung oder Erweiterung einer Infrastrukturmaßnahme gelten gem. IFRIC 12.14 die Regelungen von IAS 11. Dienstleistungen in Verbindung mit dem Betrieb der Infrastruktur-Vermögenswerte fallen gem. IFRIC 12.20 in den Anwendungsbereich von IAS 18. Erbringt der Betreiber **mehrere Dienstleistungsarten** (z. B. Entwicklung und Betrieb) im Rahmen einer einzelnen Lizenzvereinbarung, so sind gem. IAS 18 die Verträge entsprechend aufzuteilen und die Leistungsentgelte – sofern separierbar – den entsprechenden (Teil-) Dienstleistungen zuzuordnen (IFRIC 12.12-12.13). Dies gilt auch dann, wenn die Dienstleistungslizenzvereinbarung in ihrer Gesamtheit als einzelner Vertrag ausgehandelt worden ist.

2. Erfassung von Umsatzerlösen nach dem Intangible-Asset-Model

50 Da der Betreiber in diesem Fall für seine Konstruktionsleistungen nicht in Bargeld, sondern durch Erhebung einer Lizenz vergütet wird, unterstellt IFRIC 12, dass es zu einem Tauschvorgang der Konstruktionsdienstleistungen gegen den immateriellen Vermögenswert kommt, auf den die Regelungen des IAS 18 hinsichtlich **Tauschgeschäfte** Anwendung finden. Somit erfolgt die Umsatzerfassung in Höhe des beizulegenden Teilwerts („fair value“) des immateriellen Vermögenswerts (Lizenz) entsprechend dem Leistungsfortschritt („percentage-of-completion“) gem. IAS 11 (IFRIC 12.15).

51 Das IFRIC weist darauf hin, dass in solchen Fällen die Umsätze zwar nicht den tatsächlichen **Zahlungseingängen** entsprechen, die Regelungen jedoch konsistent mit den geltenden Vorschriften für Tauschgeschäfte sind (IFRIC 12.BC34).

52 Als zweites eigenständiges Dienstleistungsgeschäft werden in der **Betriebsphase** die Zahlungen der Infrastrukturnutzer für die bereitgestellte Dienstleistung interpretiert (IFRIC 12.BC34). Die Umsatzerfassung erfolgt gem. IAS 18, so dass die Umsatzerlöse entsprechend der mit der Nutzung der Infrastruktur fälligen Gebühren erfasst werden (IFRIC 12.IE18).

3. Erfassung von Umsatzerlösen nach dem Financial-Asset-Model

53 Im Financial-Asset-Model erfolgt die Erfassung der Auftragserlöse sowohl in der Konstruktionsphase wie auch in der Betreiberphase entsprechend dem **Leistungsfortschritt** („percentage-of-completion“; IFRIC 12.IE4). Im Gegensatz zum Intangible-Asset-Model wird allerdings kein Tauschgeschäft angenommen, so dass es zu keiner Entkopplung des zu erfassenden Umsatzes vom zugesagten Geldzufluss kommt.

Beispiel:[17)]
Ein Betreiber baut eine Straße, für die Kosten in Höhe von 100 Geldeinheiten (GE) anfallen. Der Gewinn in der Konstruktionsphase beträgt 10 GE. Zudem werden Zahlungseingänge in Höhe von 200 GE über die gesamte Vertragsdauer erwartet.

Gemäß dem Financial-Asset-Model hat der Betreiber eine Forderung in Höhe von 200 GE. Davon erfasst er 110 GE als Umsatz aus Konstruktionsdienstleistungen und die verbliebenen 90 GE werden über die Vertragsdauer verteilt.

Gemäß dem Intangible-Asset-Model erfasst der Betreiber einen Umsatz von 110 GE und einen immateriellen Vermögenswert in gleicher Höhe. Im Laufe der Vertragsdauer wird der immaterielle Vermögenswert entsprechend den Zahlungseingängen in Höhe von 200 GE aufgelöst, welche selbst wiederum Umsätze darstellen.

Während in beiden Fällen das Gesamtergebnis jeweils gleich ist, werden im Intangible-Asset-Model Umsätze in Höhe von 310 GE ausgewiesen.

II. Finanzierungskosten

Hinsichtlich der Finanzierungskosten, die dem Betreiber mit der Entwicklung, Erweiterung und dem Betrieb der Infrastruktur entstehen, sind gem. IFRIC 12.22 grundsätzlich die Regelungen des IAS 23 anzuwenden. IFRIC 12 unterscheidet im Rahmen seines Anwendungsbereiches die bilanzielle Behandlung von **Fremdkapitalzinsen** für finanzielle und immaterielle Vermögenswerte. 54

Gemäß IAS 23 sind Fremdkapitalkosten grundsätzlich in der Periode erfolgswirksam als **Aufwand** zu erfassen, in der sie angefallen sind, außer sie können dem Erwerb, Bau oder der Herstellung eines qualifizierten Vermögenswerts zugeordnet werden. In diesem Fall können sie als Teil der Anschaffungs- oder Herstellungskosten dieses Vermögenswerts aktiviert werden. 55

Immaterielle Vermögenswerte im Sinne des IFRIC 12 erfüllen grundsätzlich die Definition eines qualifizierten Vermögenswerts (IFRIC 12.BC58). Hierzu fingiert das IFRIC Folgendes: Da die Lizenz erst nach Entstehung oder Erweiterung der Infrastruktur greift, ist stets beträchtliche Zeit erforderlich, um die Lizenz in einen betriebsbereiten Zustand zu versetzen. Damit erfüllt der immaterielle Vermögenswert das allgemeine Kriterium zur **Aktivierung** von Fremdkapitalkosten, wonach ein „beträchtlicher Zeitraum erforderlich ist, um den Vermögenswert in seinen beabsichtigten gebrauchs- oder verkaufsfähigen Zustand zu versetzen" (IFRIC 12.BC57). 56

Hingegen schlussfolgerte das IFRIC, dass finanzielle Vermögenswerte i. S. v. IFRIC 12 nicht die Definition eines qualifizierten Vermögenswerts erfüllen (IFRIC 12.BC58). 57

In der Praxis sind ggf. auch Fälle anzutreffen, in denen das vom Betreiber aufgenommene Fremdkapital vor seiner Verwendung zum Zwecke der Dienstleistung angelegt wird (IFRIC 12.BC59). Hier besteht ein **Wahlrecht**, sämtliche Kapitalerträge, die im Rahmen solcher Anlagen erzielt werden, entsprechend IAS 39 zu bilanzieren oder entsprechend den Regelungen des IAS 23 zu verfahren und die erzielten Kapitalerträge vom aktivierten Betrag in Abzug zu bringen. 58

D. Kritische Würdigung

I. Hintergrund

Die Bilanzierung von Dienstleistungslizenzvereinbarungen berührt eine Vielzahl von unterschiedlichen Fragestellungen und verlangt die Berücksichtigung von insgesamt 17 IASB-Verlautbarungen, vom Rahmenkonzept angefangen, über IAS 16 und IAS 32, bis hin zu IFRIC 4 (→ Rz. 7). Das IFRIC veröffentlichte im März 2005 zur öffentlichen Kommentierung die Entwürfe der Interpretationen D12 bis D14. Ausweislich IFRIC 12.BC5 erhielt das IFRIC 77 Stellungnahmen, welche den Entwürfen mehrheitlich ablehnend gegenüberstanden.[18)] 59

---

17) Vgl. Ernst & Young, S. 2001.
18) Vgl. IFRIC Information for Observers, September 2005.

Nach langer Überarbeitungszeit wurden die Entwürfe grundlegend überarbeitet und in IFRIC 12 zusammengeführt.[19]

60 Obwohl IFRIC 12, insgesamt gesehen, die Problematik der Vereinbarungen von Dienstleistungslizenzen innerhalb des Korsetts der bestehenden IFRS zufriedenstellend darstellt und die Dienstleistungslizenz-Industrie ein nützliches Werkzeug zur Analyse und Bilanzierung an die Hand bekommen hat, verbleiben mehrere **Kritikpunkte**, welche vom IFRIC nicht berücksichtigt wurden. Einige der Hauptpunkte werden nachstehend dargestellt.

II. Nutzungsrecht kontra Zugangsrecht

61 Die Unterscheidung zwischen Transaktionen, welche in den Anwendungsbereich von IFRIC 4 und denen, die unter die Regelungen von IFRIC 12 fallen, war einer der Kernpunkte in der Diskussion über Dienstleistungslizenzvereinbarungen. Nicht verwunderlich ist daher, dass ein Großteil der Schlussfolgerungen diesem Thema gewidmet ist (IFRIC 12.BC20 ff.). Schlussendlich kam das IFRIC zu dem Ergebnis, dass die Infrastruktur beim Betreiber einem **Bilanzierungsverbot** unterliegt, da er die Nutzung nicht kontrolliert und lediglich eine Kons-truktionsdienstleistung an den Lizenzgeber erbringt und daher nur über ein Zugangsrecht verfügt (→ Rz. 28).

62 Es bleibt u. E. allerdings weiterhin möglich, dass Vermögenswerte sowohl in den Anwendungsbereich von IFRIC 12 also auch von IFRIC 4 fallen könnten. Nach unserem Verständnis könnten z. B. eine Vielzahl von **Outsourcingverträgen** sowohl die Bedingungen von IFRIC 4 als auch von IFRIC 12 erfüllen.[20] Auch das IFRIC (IFRIC 12.BC29) selbst scheint sich dieser Möglichkeit bewusst zu sein und hat daher den Anwendungsbereich von IFRIC 4 angepasst („the IFRIC did not regard the choice between accounting treatments as appropriate because it could lead to different accounting treatments for contracts that have similar economic effects.").

63 Es bleibt nach Auffassung der Autoren zweifelhaft, wie ein und dieselbe Transaktion entweder als Nutzungsrecht oder als Zugangsrecht angesehen werden kann, ohne dass eine der beiden Interpretationen fehlerhaft ist. Sollte es sich bei den beiden Rechten allerdings tatsächlich um zwei völlig unterschiedliche Sachverhalte handeln, dann erscheint es u. E. nicht sachgerecht, lediglich Dienstleistungslizenzvereinbarungen aus dem Anwendungsbereich auszuschließen. Vielmehr hätten dann sämtliche Zugangsrechte explizit aus IFRIC 4 herausgenommen werden und eine weitaus detaillierte Diskussion über den Unterschied zwischen den beiden Rechten stattfinden müssen. Es bleibt daher zu hoffen, dass sich das IFRIC dieser Problematik nochmals annimmt und die Grenzlinie zwischen den beiden Konzepten deutlicher zieht.

III. Ausweitung der Definition des finanziellen Vermögenswerts

64 Der Betreiber bilanziert einen finanziellen Vermögenswert, wenn er ein unbedingtes vertragliches Recht auf Erhalt einer Zahlung oder eines sonstigen finanziellen Vermögenswerts seitens des Lizenzgebers für die Bereitstellung der Dienstleistung erhält (ausführlich → Rz. 33 f.). Ein **unbedingtes Recht** auf Erhalt einer Zahlung i. S. v. IFRIC 12 liegt gem. IFRIC 12.16 vor, wenn der Lizenzgeber dem Betreiber die Zahlung:

- Eines festen oder bestimmbaren Betrages vertraglich fest zusagt, oder
- den Unterschiedsbetrag zwischen den von den Nutzern erhaltenen und dem festen oder bestimmbaren Betrag vertraglich oder rechtlich (IFRIC 12.19) garantiert.

---

19) Eine Übersicht über die Hauptunterschiede zwischen IFRIC 12 und D12-D14 findet sich in IFRIC 12.BC77; vgl. detaillierter hierzu Ernst & Young Belgien, S. 3 ff.

20) Ähnlicher Ansicht Ernst & Young, S. 1998 f.

Die in der zweiten Alternative aufgeführte **Garantie** ermöglichte es dem IFRIC, die Prämisse des Nachfragerisikos zu operationalisieren, gleichzeitig den Anwendungsbereich des Financial-Asset-Model auszuweiten und somit eine Vielzahl von Vereinbarungen, die unter den vorgesehenen Regelungen des D12 noch in das Alternativmodel gefallen wären, in das Modell des finanziellen Vermögenswerts einzugliedern. 65

Eine solche Ausweitung des Anwendungsbereiches war allerdings nur mit einem „Kunstgriff" möglich. Im Fall, dass der Lizenzgeber eine Garantie bezüglich des Unterschiedsbetrages gibt, besitzt der Betreiber – in traditioneller Sicht – zwei Rechte. Zum einen das Recht, die Nutzer für deren Nutzung mit Gebühren zu belasten und zum anderen eine Garantie vom Betreiber, welches ihn vor einem Nachfrageausfall schützt. 66

Das IFRIC stellte in der Grundlage für Schlussfolgerungen zu D12 dar, dass die Garantie einen eigenständigen Vermögenswert repräsentiert, welcher zum **beizulegenden Teilwert** („fair value") bewertet werden muss (IFRIC D 12.BC42). Zusätzlich hätte der Betreiber das Recht, dem Nutzer „Gebühren in Rechnung" zu stellen, welches ebenfalls eigenständig bewertet würde. 67

IFRIC 12 kommt hingegen zu dem Schluss, dass der Betreiber die Gebühren lediglich im Auftrag des Lizenzgebers von den Nutzern erhebt und diese daher de facto Zahlungen durch den Lizenzgeber darstellen. Da die Garantie nicht unter die Regelungen zu finanziellen Garantien im IAS 39 subsumiert werden kann, hat in den Augen des IFRIC auch keine getrennte Betrachtung zu erfolgen (IFRIC 12.BC43). Vielmehr handelt es sich bei den beiden Rechten zusammengenommen um einen einzigen finanziellen Vermögenswert, da der Betreiber de facto eine **Forderung** gegenüber dem Lizenzgeber besitzt. 68

Dies ist insoweit überraschend, als dass IAS 32.11 darlegt, dass ein **Finanzinstrument** ein Vertrag ist, der gleichzeitig bei dem einen Unternehmen zu einem finanziellen Vermögenswert und bei dem anderen Unternehmen zu einer finanziellen Verbindlichkeit oder einem Eigenkapitalinstrument führt. Obwohl die Substanz im Zusammenhang mit Vereinbarungen von Dienstleistungslizenzen u. E. korrekt erfasst wurde, sind die Autoren nicht überzeugt, dass unter anderen Umständen ein Garantiegeber wirklich davon ausgeht, eine finanzielle Verbindlichkeit über den Gesamtbetrag zu haben. 69

Es ist momentan noch unklar, ob und welche **Auswirkungen** dies **auf die Bilanzierung** von finanziellen Vermögenswerten außerhalb von Dienstleistungslizenzvereinbarungen hat. 70

In diesem Zusammenhang ist kritisch anzumerken, dass IFRIC 12 in der Art und Weise interpretiert werden kann, dass im Falle des Modells des finanziellen Vermögenswerts während der **Konstruktionsphase** ebenfalls ein finanzieller Vermögenswert vorliegt (IFRIC 12.16, 12.IE7 ff.). Das IFRIC hat sich u. E. mit dieser Fragestellung nicht wirklich abschließend beschäftigt und die Konsequenzen, die eine derartige Interpretation nach sich ziehen würde, nicht bedacht. 71

IV. Von Zahlungseingängen losgelöste Umsatzerfassung im Intangible-Asset-Model

Eine der Folgen der Fiktion eines Tausches der Konstruktionsleistung gegen eine Lizenz (→ Rz. 50) ist die Loslösung der erfassten Umsätze von den zugrundeliegenden Zahlungsmittelströmen. Nicht nur eine Vielzahl von Kommentatoren hielten dies für unglücklich,[21] sondern auch einige IFRIC-Mitglieder (IFRIC 12.BC35). In der nach der Veröffentlichung von IFRIC 12 vom RIC veröffentlichten Stellungnahme werden Bedenken gegen die Konsequenzen der Umsatzerfassung im Rahmen des Intangible-Asset-Model geäußert.[22] In der Literatur wird kritisiert, dass gem. IAS 38.46 Tauschtransaktionen nur dann einen wirtschaftlichen Gehalt haben, wenn die zukünftigen Zahlungsströme sich als Ergebnis des Tausches ändern, welches in der Literatur jedoch gerade verneint wird.[23] 72

21) Vgl. beispielhaft Deloitte-Touche-Tohmatsu, S. 7.
22) Vgl. RIC, S. 1 f.
23) Vgl. RIC, S. 2.

73 Die Loslösung der bilanzierten Umsätze von den Zahlungseingängen ist u. E. hingegen als logische Konsequenz der in IAS 18.12 enthaltenen Regelungen bezüglich Tauschgeschäften zu sehen.[24] Trägt der Betreiber das **Nachfragerisiko**, so erbringt er in der **Konstruktionsphase** eine Erstellungsdienstleistung im Austausch für eine Lizenz, d. h. die Regelungen des IAS 38.46 sind nicht einschlägig, sondern IAS 11 bzw. IAS 18[25]. In der **Betriebsphase**, in der die Lizenz zur Leistungserbringung genutzt wird, erfolgt dann eine Betriebsdienstleistung im Austausch für Zahlungsmittel (IAS 18). De facto handelt es sich hierbei um zwei unterschiedliche Transaktionen. Demgegenüber handelt es sich bei Vorliegen des Financial-Asset-Models um eine Transaktion mit mehreren Elementen.

V. Anwendbarkeit von IAS 11, wenn Nachfragerisiko beim Betreiber verbleibt

74 Während der Konstruktionsphase kommen gem. IFRIC 12.14 die Vorschriften des IAS 11 zur Anwendung. Liegt das Nachfragerisiko beim Betreiber, erfolgt die Entlohnung für die Konstruktionsdienstleistungen in Form eines Rechtes, **Gebühren** an die zukünftigen Nutzer der Infrastruktur zu erheben (IFRIC 12.17).

75 Die Zielsetzung von IAS 11 ist es, Regelungen bezüglich der bilanziellen Erfassung der Aufwendungen und Erträge während der Herstellungsphase bereitzustellen (IAS 11.22-11.35). In diesem Zusammenhang legt IAS 11.6 dar, dass im Anwendungsbereich zwei Arten von Verträgen existieren, namentlich Festpreisverträge und Kostenzuschlagsverträge.

76 Ein **Festpreisvertrag** ist gem. IAS 11.3 ein Fertigungsauftrag, für den der Auftragnehmer einen festen bzw. einen pro Outputeinheit festen Preis vereinbart. Ein **Kostenzuschlagsvertrag** ist hingegen ein Fertigungsauftrag, bei dem die festgelegten Kosten zuzüglich eines vereinbarten Aufschlages vergütet werden (IAS 11.3). Beide Vertragsgestaltungen haben gemeinsam, dass die Auftragserlöse für den Betreiber bekannt sind, entweder da sie vorher fixiert wurden (Festpreisverträge) oder da der Auftragsgeber eine bestimmte Marge garantiert (Kostenzuschlagsverträge). Konsequenterweise werden in IAS 11 die Auftragserlöse daher umschrieben als (a) der ursprünglich im Vertrag vereinbarte Erlös und (b) als Zahlungen für Abweichungen vom ursprünglich vereinbarten Gesamtwerk, eventuelle Nachforderungen für Kosten, die im Preis nicht kalkuliert waren, sowie Prämien.

77 Problematisch ist in diesem Zusammenhang, dass gem. IFRIC 12.17 die Auftragserlöse weder vertraglich festgelegt wurden, noch vereinbart wurde, dass der Betreiber seine Kosten an den Lizenzgeber mit einem Kostenaufschlag weiterberechnen kann.

78 Dem kann indes entgegengehalten werden, dass es immanent für **Fertigungsaufträge** ist, einer Vielzahl von Schätzungen zu unterliegen.[26] So legt IAS 11 u. a. dar, dass verlässliche Schätzungen dann möglich sind, wenn ein Vertrag abgeschlossen wurde, welcher die durchsetzbaren Rechte und Pflichten festlegt und die Vertragserfüllung definiert wurde. Allerdings verlangt IAS 11.29 eben auch, dass die Gegenleistung fixiert wurde. Eine solche nach IAS 11.29 vorzunehmende Festlegung dürfte durch die beiden, im Rahmen der Bemessung der Ertragshöhe der für den Tauschvorgangs relevanten Werte regelmäßig bestimmbar sein.

79 Daher erscheint es u. E. zumindest zweifelhaft, dass Dienstleistungslizenzvereinbarungen, bei denen der Betreiber das Nachfragerisiko trägt, tatsächlich in den Anwendungsbereich von IAS 11 fallen. Obwohl eine Auslegung solcher Verträge als Festpreis- oder Kostenaufschlagverträge u. U. möglich erscheint, sind die Verfasser besorgt (ungeachtet dessen, dass eine solche Behandlung für Dienstleistungslizenzvereinbarungen als akzeptabel, ja sogar gewünscht angesehen werden kann), dass das IFRIC die Konsequenzen der hierfür notwendigen weiten Auslegungskriterien nicht vollständig bedacht hat.

---

24) Die Annahme eines solchen Tauschgeschäftes erscheint ebenfalls zwingend notwendig, um Sachverhalte sinnvoll abzubilden, indem z. B. der Betreiber eine Straße von 250 km baut, allerdings nur für 100 km Gebühren erheben darf. Sollte kein Tausch stattgefunden haben, wäre es argumentativ relativ schwierig, eine Kapitalisierung der Gesamtkosten (250 km) für eine Lizenz für 100 km zu gewährleisten.

25) Da IAS 11 keine eigenständigen Regelungen für Tauschgeschäfte enthält, wird auf IAS 18 verwiesen.

26) Vgl. Seeberg in Baetge/Wollmert/Kirsch/Oser/Bischof, IAS 11 Rz. 16.

VI. Notwendigkeit der Würdigung der wirtschaftlichen Substanz des Dienstleistungskonzessionsvertrages

Werden sämtliche Leistungskomponenten, insbesondere die Bau- und Betreiberleistung, durch das Unternehmen selbst ausgeführt und trägt es insoweit sämtliche Chancen und Risiken aus dieser Leistungserbringung, liefert IFRIC 12 durchaus adäquate Anwendungsregelungen. 80

Als problematisch erweist sich allerdings die – vom IFRIC korrekt erkannte, aber nicht zufriedenstellend reflektierbare – abschließende Würdigung der tatsächlichen Ausgestaltung von Dienstleistungslizenzverträgen. Diese können z. B. so strukturiert sein, dass die vorhandenen **Projektrisiken** auf die Risikomanagementkompetenzen der einzelnen Projektpartner verteilt werden. Speziell für einen Auftrag errichtete Betreiberprojektgesellschaften übernehmen hierbei die Management- und Koordinationsfunktionen, während die eigentliche Leistungserbringung für die Erstellung des Projektes und die anschließenden Betreiberleistungen teilweise oder vollständig an Subunternehmer weitergegeben und die Risiken der Projektfinanzierung durch Finanzierung auf einer „non-recourse“-Basis (eine weitergehende über das Projektvermögen hinausgehende Haftung des Betreibers besteht nicht) begrenzt werden. 81

In solchen Fällen hat ein Dienstleistungskonzessionsvertrag aus der Sicht des Eigenkapitalgebers mehr den **Charakter einer Finanzinvestition** (mit mehr oder weniger sicheren Cashflows) als die Investition in ein am Markt operierendes Unternehmen im klassischen Sinne. 82

Beispielsweise kann es auf der Ebene der Betreibergesellschaft bei Anwendung von IFRIC 12 vor allen Dingen in der Anfangsphase von Intangible-Asset-Model-Fällen zu einem (vorübergehenden) **Verlustausweis** kommen, der den Eigenkapitalbetrag der Gesellschaft übersteigt, ohne dass bezüglich des Fortbestehens der Betreibergesellschaft (aufgrund der Cashflow-Planung) Zweifel bestehen. Im Rahmen der Einbeziehung der Betreibergesellschaft in den Konzernabschluss (z. B. bei Vollkonsolidierung der Betreibergesellschaft) muss allerdings ein Verlust auch dann dargestellt werden, wenn er den maximal möglichen Verlust der vom Eigenkapitalgeber getätigten Einlage (Projektinvestition) übersteigt. Eine der wirtschaftlichen Substanz des Vertrages entsprechende Bilanzierung ist somit weder durch IFRIC 12 noch im Rahmen der bestehenden IFRS-Literatur möglich. 83

Die oben dargestellten (→ Rz. 70, 77, 81), aber auch andere während der Diskussion über Dienstleistungslizenzvereinbarungen von verschiedenen Seiten vorgebrachten Problematiken hätten das IFRIC u. E. dahingehend überzeugen sollen, IFRIC 12 deutlich als Zwischenlösung darzustellen. Des Weiteren hätte es u. E. eine eindeutige Empfehlung an den IASB geben sollen, das Thema der Bilanzierung von Dienstleistungslizenzen mittelfristig auf die Agenda zu setzen, um eine generelle Debatte über diese und ähnliche Probleme zu ermöglichen. 84

E. Ausblick

Vereinbarungen von Dienstleistungslizenzen sind ohne Zweifel ein schwieriges Thema. Nie zuvor benötigte das IFRIC so viel Zeit, eine Interpretation zu verabschieden. Als es endlich soweit war, wurde im November 2006 eigens ein öffentliches Meeting mit den verschiedenen Interessengruppen und Betroffenen abgehalten, mit dem Ziel, fundamentale Fehler in der Interpretation zu identifizieren und diskutieren. Obwohl eine Mehrzahl von kritischen Anmerkungen im Rahmen der Diskussion vorgebracht wurden, wurde IFRIC 12 nahezu unverändert in der gleichen Woche vom IASB verabschiedet, da die Mehrheit der bei der Versammlung Anwesenden der Meinung war, dass es besser wäre, IFRIC 12 zu verabschieden, als weiterhin nicht über eine verbindliche Interpretation zu verfügen. Die vom IASB vorgenommene Änderung bezog sich auf einen ursprünglich in IFRIC 12 enthaltenen Verweis auf IAS 38.98, welcher auf Grund der dargelegten Kritik bezüglich der erlaubten Abschreibungsmethoden entfernt wurde. 85

Die EFRAG kam im Dezember 2006-Meeting mit einer knappen Mehrheit zu dem Schluss, tendenziell eine positive (Entwurfs-) Übernahmeentscheidung zu geben. Diese wurde nach dem regulären Januar 2007-Treffen wieder zurückgenommen und auf einen Termin nach einem zusätzlichen Treffen Ende Januar 2007 verscho- 86 ben. Schlussendlich, und nach langer Diskussion, kam die EFRAG zu der Überzeugung, dass IFRIC 12 eine korrekte Interpretation der bestehenden IFRS ist. Nichtsdestotrotz waren mehrere EFRAG-Mitglieder besorgt über eine analoge Anwendung einiger Schlussfolgerungen, die das IFRIC in IFRIC 12 gezogen hatte. Die überwiegende Mehrheit der EFRAG-Mitglieder sah darin jedoch keinen Grund, eine positive Entwurf-Übernahmeempfehlung zu verweigern.[27)]

87 Insgesamt gesehen, hätten es viele Kommentatoren – und ebenso die Autoren – vorgezogen, wenn sich nicht das IFRIC, sondern der IASB selbst mit der Problematik befasst hätte. Dies hätte es dem IASB erlaubt, ein kohärentes Modell zu entwickeln, ohne den gleichen interpretativen Beschränkungen wie das IFRIC zu unterliegen, da es sich von bestehenden Regelungen in anderen Standards hätte lösen können.

88 Obwohl u. E. zu vermuten bleibt, dass der IASB Vereinbarungen von Dienstleistungslizenzen kurz bis mittelfristig nicht in die Arbeitsagenda aufnehmen wird, wird der IASB nicht darum herumkommen, sich der Problematik in näherer Zukunft nochmals – zumindest teilweise – anzunehmen. So erfolgt eine Änderung von IAS 38 im Rahmen des jährlichen Verbesserungsprozesses. Des Weiteren muss IFRIC 12 überprüft werden, wenn die zugrundeliegenden Standards wie IAS 23, IAS 37 etc. verändert werden, um sicherzustellen, dass diese Änderungen keine unerwünschten Konsequenzen für Vereinbarungen von Dienstleistungslizenzen haben.

27) Vgl. EFRAG Draft Endorsement Advice zu IFRIC 12.

IFRIC Rejection Notes

Bearbeitet von:
Stefan M. Schreiber

Inhalt

Schrifttum

Adler/Düring/Schmaltz, Rechnungslegung nach internationalen Standards, Loseblatt, Stuttgart 2002-2006;

Baetge/Hayn/Ströhler, Kommentierung zu IFRS 3, in Baetge/Wollmert/Kirsch/Oser/Bischof (Hrsg.), Rechnungslegung nach IFRS, Loseblatt, Stuttgart, 2. Aufl. 2003-2006;

Beiersdorf/Bogajewskaja, Von der Entwicklung der IFRS bis zur Übernahme in Europäisches Recht, Accounting 10/2005, S. 5;

Bohl/Riese/Schlüter (Hrsg.), Beck'sches IFRS-Handbuch, München, 2. Aufl. 2006;

Hailer/Rump, Hedge-Effektivität: Lösung des Problems der kleinen Zahlen, Kreditwesen 2003, S. 599;

Kirsch, Konzeption der Gewinn- und Verlustrechnung nach HGB und IFRS, StuB 2006, S. 651;

Kleekämper u. a., Kommentierung zu IAS 1, in Baetge/Wollmert/Kirsch/Oser/Bischof (Hrsg.), Rechnungslegung nach IFRS, Loseblatt, Stuttgart, 2. Aufl. 2003–2006;

KPMG, Insights into IFRS, Suffolk, 3. Aufl. 2006;

Kühne, Ertragsvereinnahmung in der Diskussion des IASB: Hoffnung für das Realisationsprinzip?, WPg 2006, S. 1393;

Kühne/Schreiber, Bilanzierung von Kundenbonusprogrammen nach IFRS: Darstellung und kritische Würdigung des Interpretationsentwurfs IFRIC D20, KoR 2006, S. 573;

Kümpel/Becker, Leasing nach IFRS, München 2006;

Lüdenbach/Hoffmann (Hrsg.), Haufe IFRS-Kommentar, Freiburg i. Br., 4. Aufl. 2006;

PricewaterhouseCoopers, Manual of Accounting – IFRS for the UK, Kingston-upon-Thames 2005;

Scharpf, Hedge Accounting nach IAS 39: Ermittlung und bilanzielle Behandlung der Hedge (In)-Effektivität, KoR 2004, Beilage 1;

Schreiber, Das neue IFRIC-Handbuch und seine Bedeutung für die IFRS-Praxis, KoR 2007, S. 305;

Schreiber, IFRIC-Interpretationen – Beteiligung von IFRS-Anwendern am Entwicklungsprozess und aktuelle Entwürfe, BB 2006, S. 1379;

Schreiber, IFRIC-Verlautbarungen der letzten 18 Monate: die Interpretationen IFRIC 6 bis IFRIC 10 und ausgewählte „Non-Interpretations", BB 2006, S. 1842;

Schreiber, IFRS 2 Share-based Payment – Aktuelle Verlautbarungen zu Änderungen und Zweifelsfragen, KoR 2006, S. 298;

Tonne, Die Rolle EFRAGs bei der Entwicklung, Übernahme und Anwendung der IFRS, Accounting 7/2006, S. 9;

Wüstemann/Kierzek, Bilanzierung von Kundentreueprogrammen nach IFRS: Schließung der Regelungslücke durch IFRIC D20?, BB 2006, S. 2810.

A. Verhältnis zwischen IFRIC-Interpretationen, IFRIC Agenda-Entscheidungen und IFRIC Nicht-Interpretationen

1 Vor knapp zehn Jahren, im Juli 1997, wurden vom damaligen Standing Interpretations Committee (**SIC**) die ersten drei Interpretationen zu einzelnen IFRS-Fragestellungen herausgegeben. Bis Ende 2001 verabschiedete das SIC insgesamt 31 Interpretationen, von denen derzeit – z. T. in modifizierter Form – noch elf in Kraft sind. Die restlichen Interpretationen wurden größtenteils im Rahmen von Standardüberarbeitungen in die jeweiligen IAS bzw. IFRS integriert.

2 Das **IFRIC**, das als Nachfolgegremium des SIC Anfang 2002 seine Arbeit aufnahm, hat bislang zwölf Interpretationen veröffentlicht, die mit den SIC-Interpretationen allerdings nur bedingt vergleichbar sind, da sie die jeweiligen Fragestellungen in aller Regel detaillierter beleuchten, eine ausführliche Begründung der Beschlussfassung („basis for conclusions") enthalten und einem langwierigeren Entwicklungsprozess („due process") unterliegen, in den die Öffentlichkeit deutlich stärker einbezogen ist als zu Zeiten der SIC-Interpretationen.[1] Da *IFRIC 3 – Emissionsrechte* zurückgezogen wurde, sind derzeit elf IFRIC-Interpretationen in Kraft.

3 Während die dem SIC angetragenen, aber von diesem nicht bearbeiteten Fragestellungen für die Öffentlichkeit nicht sichtbar waren, ist der Prozess der Annahme und Ablehnung von potenziellen Themen durch das IFRIC transparenter. Die Fragestellungen, die keinen Eingang in das Arbeitsprogramm des IFRIC gefunden haben, werden im ein bis zwei Wochen nach der jeweiligen IFRIC-Sitzung erscheinenden IFRIC Update skizziert, wobei die Ablehnung kurz begründet wird. Das IFRIC nennt diese Ablehnungen „IFRIC Agenda Decisions" (**IFRIC Agenda-Entscheidungen**). Während in den ersten Jahren der IFRIC-Tätigkeit die Themenablehnungen nicht zunächst im Entwurf und ohne einen die Öffentlichkeit einbeziehenden Entwicklungsprozess verabschiedet wurden, hat die interessierte Öffentlichkeit seit Mitte 2005 die Möglichkeit, den Entwicklungsprozess der IFRIC Agenda-Entscheidungen durch Stellungnahmen aktiv zu begleiten (erläuternd → Rz. 7 f.).

1) Zu Details des Entwicklungsprozesses von IFRIC-Interpretationen vgl. das im Februar 2007 veröffentlichte IFRIC Handbuch zum Entwicklungsprozess („Due Process Handbook for the IFRIC"), das unter www.iasb.org verfügbar ist (Stand 15.2.2007).

Den zum 1.3.2007 geltenden elf IFRIC-Interpretationen standen zu diesem Zeitpunkt 110 Ablehnungen in Form von IFRIC Agenda-Entscheidungen gegenüber.[2] Ohne hier bereits auf die verschiedenen Gründe für eine Themenablehnung einzugehen (ausführlich zum Kriterienkatalog → Rz. 9 ff.), können grundsätzlich zwei Arten von IFRIC Agenda-Entscheidungen unterschieden werden. Zum einen handelt es sich um Ablehnungen, in denen das IFRIC hinsichtlich der jeweils eingereichten Fragestellung Aussagen zur IFRS-Bilanzierung trifft, die über eine bloße Wiedergabe von Passagen aus einzelnen IFRS bzw. von anderen vom IFRIC oder dem IASB bereits zu einem früheren Zeitpunkt veröffentlichten Äußerungen hinausgehen. In Anspielung auf die fehlende Zugehörigkeit solcher Anwendungshinweise zu den IFRS, wird diese Form von IFRIC Agenda-Entscheidungen in der Literatur auch „Non-Interpretation" (**Nicht-Interpretation**) oder No-IFRIC genannt.[3] Dieser Begrifflichkeit wird hier gefolgt. 4

Zum anderen umfassen die veröffentlichten IFRIC Agenda-Entscheidungen Ablehnungen von Fragestellungen, in denen dem IFRS-Anwender keine oder zumindest nicht ausreichende Hinweise auf eine mögliche Lösung des behandelten Bilanzierungsproblems gegeben werden, sondern die sich **im Wesentlichen auf formale Gründe für die Ablehnung** beschränken. Ein Beispiel hierfür ist der Verweis darauf, dass eine Fragestellung bereits im Rahmen eines laufenden IASB-Projekts behandelt wird. 5

Das IFRIC betont zwar in jedem IFRIC Update, dass die dort enthaltenen Nicht-Interpretationen und die sonstigen IFRIC Agenda-Entscheidungen lediglich Informationen darstellen und nicht zu den IFRS zählen. Bei den Nicht-Interpretationen, die materielle Aussagen zur IFRS-Bilanzierung enthalten, ist aber tendenziell davon auszugehen, dass sie im Sinne eines Anwendungshinweises zumindest eine **faktische Bindungswirkung** entfalten und somit die offiziellen IFRIC-Interpretationen ergänzen.[4] Aus diesem Blickwinkel betrachtet würden die Nicht-Interpretationen somit neben den SIC- und IFRIC-Interpretationen einen Beitrag zur einheitlichen Anwendung der IFRS leisten. Andererseits sprechen gewichtige Argumente wie z. B. der im Vergleich zu IFRIC-Interpretationen deutlich eingeschränkte Entwicklungsprozess gegen eine Bindungswirkung der Nicht-Interpretationen. Die im Verlaufe der letzten zwei Jahre an Intensität zugenommene Diskussion über die Konsequenzen der Nicht-Interpretationen für die IFRS-Bilanzierung kann somit nach wie vor nicht als abgeschlossen betrachtet werden (ausführlich → Rz. 79 ff.). 6

B. Entwicklung von IFRIC Agenda-Entscheidungen

I. Übersicht über den Entwicklungsprozess

Das IFRIC erreicht eine Vielzahl von IFRS-Fragestellungen, die nach Ansicht der einreichenden Personen bzw. Institutionen einer Interpretation durch das IFRIC bedürfen. Es ist nahe liegend, dass nicht sämtliche Themen tatsächlich für eine Interpretation geeignet sind, so dass ein Filterungsprozess erforderlich ist. Bis Anfang 2007 war es die Aufgabe des bis dahin monatlich tagenden **IFRIC Agenda Committee**, über die Eignung einer Fragestellung zu diskutieren und im Ergebnis eine Empfehlung gegenüber dem IFRIC abzugeben. Auf Grund der von zahlreichen Personen und Institutionen wiederholt geäußerten Kritik an Organisation und Arbeitsweise des IFRIC Agenda Committee sowie insbesondere am Ausschluss der Öffentlichkeit von dessen Sitzungen[5] hat sich der IASB im Dezember 2006 dafür ausgesprochen, dieses Gremium aufzulösen und dessen Aufgaben dem IFRIC zu übertragen.[6] Seit der IFRIC-Sitzung im März 2007 befasst sich das IFRIC mit den ihm unterbreiteten Fragestellungen somit in zwei Stufen: In einer der eigentlichen IFRIC-Sitzung vorgeschalteten Sitzung diskutiert das IFRIC auf der Basis von Analysen des IASB-Stabs die einzelnen Themen, trifft aber noch keine Entscheidungen. Erst in einer folgenden Sitzung entscheidet das IFRIC über Annahme oder Ableh- 7

---

2) Eine Übersicht über sämtliche IFRIC Agenda-Entscheidungen ist unter http://www.iasb.org/Current+Projects/IFRIC+-Projects/IFRIC+Projects.htm abrufbar (Stand 1.3.2007).

3) Vgl. Schreiber, BB 2006, S. 1842.

4) Vgl. die tendenziell in diese Richtung gehenden Äußerungen des IASB im IASB Update 12/2006, S. 5.

5) Zu dieser Kritik vgl. Schreiber, KoR 2007, S. 308 sowie Schreiber, BB 2006, S. 1380 m. w. N.

6) Vgl. IASB Update 12/2006, S. 5. Die Treuhänder (Trustees) der IASC Foundation haben diesem Vorschlag des IASB im Januar 2007 zugestimmt.

nung der Fragestellungen. In Abhängigkeit von dieser Entscheidung wird auf Basis der jeweils eingereichten Fragestellung letztlich entweder eine Interpretation entwickelt oder die Fragestellung im Wege einer IFRIC Agenda-Entscheidung abgelehnt.

8 Lehnt es das **IFRIC** ab, ein eingereichtes Thema in sein Arbeitsprogramm aufzunehmen, wird im IFRIC Update der Sachverhalt kurz dargestellt und die Ablehnung begründet. Hierbei handelt es sich zunächst nur um einen Vorschlag des IFRIC, der von der interessierten Öffentlichkeit mindestens 30 Tage lang kommentiert werden kann. Erst in der auf das Ende der Kommentierungsfrist folgenden IFRIC-Sitzung wird unter Berücksichtigung der eingegangenen Stellungnahmen endgültig entschieden, ob ein Thema in das Arbeitsprogramm des IFRIC aufgenommen wird oder nicht.[7] Verbleibt es bei der Ablehnung, wird im auf die jeweilige IFRIC-Sitzung folgenden IFRIC Update die verabschiedete IFRIC Agenda-Entscheidung veröffentlicht, wobei hervorzuheben ist, dass der IASB in diesen Prozess nicht notwendigerweise involviert ist.

II. Kriterien für die Aufnahme eines Themas in das IFRIC-Arbeitsprogramm

9 Welche Kriterien das für Interpretationen zuständige Gremium bei seiner Entscheidung hinsichtlich der Aufnahme eines Themas in das Arbeitsprogramm heranzieht, war lange Zeit intransparent. Während zu Zeiten des SIC keinerlei schriftliche Aussagen zu diesem Prozess vorlagen, standen der Öffentlichkeit nach Einrichtung des IFRIC zumindest knappe Ausführungen im Vorwort zu den IFRIC-Interpretationen zur Verfügung (IFRIC P.27). Des Weiteren konnten Gründe für die Ablehnung eines Themas den bereits veröffentlichten IFRIC Agenda-Entscheidungen entnommen werden. Ein differenzierter **Kriterienkatalog** lag bis zur Veröffentlichung des IFRIC Handbuchs zum Entwicklungsprozess („Draft Due Process Handbook for the IFRIC") allerdings nicht vor.[8]

10 Aus dem IFRIC Handbuch zum Entwicklungsprozess und dessen praktischer Umsetzung in den IFRIC Agenda-Entscheidungen der jüngeren Vergangenheit lassen sich die folgenden Kriterien für die Aufnahme eines Themas in das Arbeitsprogramm des IFRIC ableiten[9], wobei anzumerken ist, dass nicht sämtliche Kriterien für eine letztlich als interpretationsrelevant anzusehende Fragestellung erfüllt sein müssen[10]:

11 Kriterium 1 – **Allgemeine Praxisrelevanz**: Die Fragestellung muss von allgemeiner praktischer Bedeutung sein und darf somit nicht nur wenige Unternehmen oder Länder betreffen. Gleichzeitig muss die Fragestellung thematisch ausreichend abgegrenzt sein, d. h. sie hat einen spezifischen, die IFRS-Bilanzierung betreffenden Sachverhalt zum Gegenstand zu haben.

12 Kriterium 2 – **Divergenz in der Bilanzierungspraxis**: Es muss davon auszugehen sein, dass die Fragestellung in der Praxis unterschiedlich gelöst wird bzw. die einschlägigen IFRS hinsichtlich der Fragestellung in der Praxis unterschiedlich interpretiert werden könnten. Zudem muss eine Vereinheitlichung der divergierenden Praxis als eine Verbesserung der IFRS-Bilanzierung anzusehen sein.

13 Kriterium 3 – **Fehlen einer eindeutigen IFRS-Regelung**: Sofern eine Fragestellung unter Heranziehung einer eindeutigen Regelung in den geltenden IFRS gelöst werden kann, besteht keine Veranlassung für die Entwicklung einer Interpretation. Das IFRIC unterstellt beim Vorliegen einer eindeutigen IFRS-Regelung, dass eine divergierende Bilanzierungspraxis nicht zu erwarten sei.

14 Kriterium 4 – **Fehlen einer sonstigen, (noch) nicht zu den IFRS zählenden Verlautbarung** des IASB oder des IFRIC: Das dritte Kriterium gilt entsprechend, wenn sich das IFRIC oder der IASB in der Vergangenheit bereits mit der betreffenden oder einer ähnlichen Fragestellung befasst haben, ohne dass sich dies bislang in einem Standard oder einer Interpretation niedergeschlagen hat. Voraussetzung hierfür ist allerdings, dass die Sichtweisen dieser Gremien bereits in schriftlicher Form zum Ausdruck gekommen sind, z. B. durch entspre-

---

7) Vgl. IFRIC Handbuch zum Entwicklungsprozess, Rz. 25 sowie Schreiber, BB 2006, S. 1381.

8) Das im April 2005 veröffentlichte Diskussionspapier „IFRIC Review of Operations" (interne Tätigkeitsüberprüfung) enthielt zwar in Rz. 24-31 einige Ausführungen zu Themenablehnungen, nicht aber Kriterien für die Annahme oder Ablehnung einer Fragestellung.

9) Vgl. im Folgenden IFRIC Handbuch zum Entwicklungsprozess, Rz. 18, 24, 27 sowie Schreiber, KoR 2007, S. 306.

10) Vgl. IFRIC Handbuch zum Entwicklungsprozess, Rz. 24.

chende Darstellungen im IASB Update bzw. IFRIC Update oder durch einen Standard- bzw. Interpretationsentwurf.

15 Kriterium 5 – **Prinzipienbasierung**: Die Fragestellung muss prinzipienbasiert lösbar und darf nicht nur im Wege von regelbasierten Anwendungshinweisen („guidance“) handhabbar sein.[11] Hieraus folgt auch, dass überall dort, wo auf Grund der Prinzipienbasierung von Standards Beurteilungs- und Ermessensprozesse („judgement“) zum Einsatz kommen müssen, grundsätzlich kein Raum für eine Interpretation ist, da dies den Weg zu einer Regelbasierung der IFRS bereiten würde.

16 Kriterium 6 – **Auslegung innerhalb der geltenden IFRS**: Die Fragestellung muss unter Zugrundelegung der geltenden IFRS lösbar sein. Dies impliziert, dass eine Fragestellung, deren zweckmäßige Lösung eine Änderung geltender IFRS erfordern würde (z. B. auf Grund von sich hinsichtlich der Fragestellung widersprechender Standards), vom IFRIC nicht in dessen Arbeitsprogramm aufzunehmen ist. Vielmehr hat ggf. eine Weiterleitung der Thematik an den IASB zu erfolgen. Entsprechendes gilt, wenn sich anlässlich einer beim IFRIC eingereichten Fragestellung herausstellt, dass eine Regelung in einem Standard unklar ist und diese Unklarheit nicht durch eine prinzipienbasierte Auslegung im Einzelfall beseitigt werden kann.

17 Kriterium 7 – Im Falle einer **Überschneidung mit IASB-Projekten, Abwägung der Dringlichkeit**: Falls die Fragestellung einen Standard betrifft, dessen Überarbeitung vom IASB konkret geplant ist oder bereits begonnen wurde, so ist eine Interpretation nur dann zu entwickeln, wenn davon ausgegangen werden kann, dass das IFRIC schneller als der IASB zu einer Lösung gelangen und eine dringende Notwendigkeit für eine Interpretation gesehen wird.

18 Kriterium 8 – **Ausreichende Wahrscheinlichkeit einer zeitnahen Beschlussfassung**: Es muss wahrscheinlich sein, dass das IFRIC in einem angemessenen Zeitrahmen zu einer Beschlussfassung und somit zur Fertigstellung der Interpretation gelangt. Die Beschlussfassung über einen Interpretationsentwurf bzw. eine Interpretation darf i. d. R. nicht mehr als jeweils drei IFRIC-Sitzungen in Anspruch nehmen. Andernfalls ist die Fragestellung grundsätzlich aus dem Arbeitsprogramm des IFRIC zu streichen und ggf. an den IASB zu übergeben.

19 Während die ersten vier Kriterien (→ Rz. 11-14) unter das allgemeine Kriterium der Relevanz gefasst werden können, betrifft das fünfte Kriterium (→ Rz. 15) zwar relevante, aber nur regelbasiert behandelbare Fragestellungen, die nicht im Wege einer Interpretation, sondern allenfalls durch spezifische Anwendungshinweise („guidance“) lösbar wären. Die Kriterien sechs und sieben (→ Rz. 16 f.) betreffen die grundsätzliche Zuständigkeit des IASB (und damit die Unzuständigkeit des IFRIC) für eine Fragestellung. Das achte Kriterium (→ Rz. 18) schließlich bezieht sich auf die Durchführbarkeit und damit den zeitlichen Aspekt einer Interpretationsentwicklung.

III. Diskussion einzelner Kriterien

20 Die Praxis der IFRIC Agenda-Entscheidungen zeigt, dass sich das IFRIC zur Begründung der Ablehnung von eingereichten Fragestellungen bereits sämtlicher Kriterien bedient hat. Eine gewisse Häufung ist allerdings beim **dritten Kriterium** (Fehlen einer eindeutigen IFRS-Regelung, → Rz. 13) zu beobachten. Gerade der Rückgriff auf dieses Kriterium, d. h. die Feststellung des IFRIC, dass eine Fragestellung abzulehnen ist, weil der **einschlägige Standard eindeutig** sei, hat aber bereits zu erheblicher Kritik geführt. Zum einen wurde in der Bilanzierungspraxis die vom IFRIC in vielen Fällen unterstellte Eindeutigkeit eines Standards vor Veröffentlichung der entsprechenden IFRIC Agenda-Entscheidungen häufig nicht wahrgenommen, was angesichts der unklaren Bindungswirkung dieser Verlautbarungen immer wieder zu Irritationen geführt hat.[12] Zum anderen gibt es zu denken, dass es in der Vergangenheit wiederholt längere und kontroverse Diskussionen über einzelne Fragestellungen im Rahmen der IFRIC-Sitzungen gegeben hat, diese letztlich aber mit der

---

11) Vgl. IFRIC Handbuch zum Entwicklungsprozess, Rz. 6.

12) Ein besonders prominentes Beispiel für eine aus Sicht des IFRIC, nicht aber aus Sicht vieler IFRS-Anwender eindeutigen Regelung, ist die IAS 39 betreffende Nicht-Interpretation *Impairment of an Equity Security*, die vom IFRIC im Juni 2005 veröffentlicht wurde; vgl. IFRIC Update 6/2005, S. 5 sowie die kritische Würdigung bei Schreiber, BB 2006, S. 1847.

Feststellung endeten, dass der für die jeweilige Fragestellung einschlägige Standard eindeutig ist und somit auf die Entwicklung einer Interpretation zu verzichten sei.

21 Das IFRIC setzt sich durch diese Vorgehensweise nicht nur dem Vorwurf aus, Informationen aus der Diskussion zurückhalten zu wollen[13)], sondern bereitet damit auch Mutmaßungen den Weg, dass das dritte Kriterium faktisch als **Default-Kriterium** dient. Danach würde auf die Eindeutigkeit eines Standards nicht nur in begründeten Fällen zurückgegriffen, sondern auch dann, wenn eine Fragestellung aus im Kriterienkatalog eigentlich nicht vorgesehenen Gründen – z. B. einer zu großen Anzahl von eingereichten Themen – abgelehnt werden soll. Schließlich suggeriert ein nicht ausreichend belegter Verweis auf die Eindeutigkeit eines Standards ggf. fälschlicherweise, dass eine vor Veröffentlichung der entsprechenden IFRIC Agenda-Entscheidung abweichende bisherige Bilanzierungspraxis fehlerhaft war. Der IASB hat das IFRIC aus diesen Überlegungen heraus im Rahmen seiner Dezember-Sitzung 2006 dazu angehalten, das „Eindeutigkeits-Kriterium" nur unter Anwendung größter Sorgfalt heranzuziehen.[14)]

22 Des Weiteren ist die vom IFRIC in Anwendung des **vierten Kriteriums** (Fehlen einer sonstigen, (noch) nicht zu den IFRS zählenden Verlautbarung, → Rz. 14) bereits mehrfach erfolgte Bezugnahme auf **nicht zu den IFRS zählenden Verlautbarungen** des IASB bzw. des IFRIC problematisch. Anstatt der Klarheit schaffenden Erweiterung der verbindlichen IFRS in Form einer Interpretation verweist das IFRIC in solchen IFRIC Agenda-Entscheidungen auf Verlautbarungen, deren Bindungswirkung (ebenso wie die der IFRIC Agenda-Entscheidungen) unklar ist und die nicht den vorgeschriebenen Entwicklungsprozess durchlaufen haben.

23 Schließlich zeigt die IFRIC-Praxis, dass sich das IFRIC des **achten Kriteriums** (ausreichende Wahrscheinlichkeit einer **zeitnahen Beschlussfassung**, → Rz. 18) nicht nur im Falle bereits erfolgter, längerer Diskussionen und zur Ablehnung zu komplexer Fragestellungen bedient, sondern auch prophylaktisch, d. h. bereits i. R. d. ersten Diskussion mit einer Fragestellung. Diese Vorgehensweise mag zwar pragmatisch sein und zu Zeitersparnissen führen, ist aber dennoch unbefriedigend, da sich das IFRIC hierdurch die Möglichkeit nimmt, über die Notwendigkeit einer Interpretation genauer nachzudenken. Für die betroffenen IFRS-Anwender ist eine auf dieser Begründung basierende Ablehnung jedenfalls nicht hilfreich.[15)]

C. In 2006/2007 veröffentlichte IFRIC Agenda-Entscheidungen

I. Klassifizierung anhand des Kriterienkatalogs

24 Von den seit Einrichtung des IFRIC bis zum 1.3.2007 verabschiedeten 110 IFRIC Agenda-Entscheidungen wurden **27 im Jahr 2006 und 4 im Jahr 2007** veröffentlicht. Knapp die Hälfte dieser IFRIC-Verlautbarungen betreffen Fragestellungen aus drei Standards: *IFRS 39 – Finanzinstrumente: Ansatz und Bewertung* ist sechs Mal und *IFRS 2 – Aktienbasierte Vergütung* fünf Mal vertreten; des Weiteren liegen zu *IAS 32 – Finanzinstrumente: Darstellung* vier IFRIC Agenda-Entscheidungen vor. Die restlichen 16 Ablehnungen verteilen sich auf zehn Standards und eine Interpretation. Die ganz überwiegende Mehrheit der IFRIC Agenda-Entscheidungen bezieht sich auf den IFRS-Konzernabschluss. Lediglich zwei Fragestellungen betreffen ausdrücklich den IFRS-Jahresabschluss.

25 IFRIC Agenda-Entscheidungen sind für IFRS-Anwender von besonderem Interesse, wenn sie anwendbare Aussagen zur IFRS-Bilanzierung enthalten (und somit Nicht-Interpretationen darstellen), da diese als **die IFRS ergänzenden Hinweise** aufgefasst werden können, wie ein bestimmter Sachverhalt im IFRS-Abschluss abzubilden ist. Solche fachlichen Aussagen finden sich nicht nur in den Begründungen, warum ein hinsichtlich einer Fragestellung einschlägiger Standard aus Sicht des IFRIC eindeutig ist. Vielmehr sind fachliche Aus-

---

13) Aussagen des IFRIC-Koordinators i. R. d. IASB-Sitzung im Dezember 2006 lässt sich entnehmen, dass künftig wieder eine offenere Informationspolitik betrieben werden soll und hierdurch auf Begründungen wie „the standard is clear" zunehmend verzichtet werden könnte; vgl. IStaR 12/2006, S. 6.

14) Vgl. IASB Update 12/2006, S. 5.

15) Vgl. die entsprechende Kritik u. a. in den Stellungnahmen des RIC v. 6.9.2006 und 20.9.2006 unter www.standardsetter.de/drsc/ric.html (Stand 1.3.2007).

sagen auch in IFRIC Agenda-Entscheidungen enthalten, in denen eine Fragestellung eigentlich aus formalen Gründen abgelehnt wird. Insofern ist jegliche IFRIC Agenda-Entscheidung daraufhin zu untersuchen, ob sie eine Nicht-Interpretation darstellt.

Nachfolgend werden die in 2006 sowie im Januar 2007 veröffentlichten IFRIC Agenda-Entscheidungen **nach dem vom IFRIC primär herangezogenen Kriterium klassifiziert** und tabellarisch dargestellt.[16] Handelt es sich um eine Nicht-Interpretation im hier verstandenen Sinne (→ Rz. 4), so wird dies vermerkt. Im Anschluss werden die wesentlichen Inhalte der identifizierten 13 Nicht-Interpretationen (IFRIC NI) nach Standards gegliedert dargestellt und kritisch gewürdigt (→ Rz. 28 ff.). 26

Bezeichnung:[17]	**Fragestellung:**	**IFRIC-NI?**
Kriterium 1 – Allgemeine Praxisrelevanz:		
IAS 32-3	Foreign currency instruments exchangeable into equity instruments of the parent entity of the issuer	nein
IAS 39-6	Valuation of electricity derivatives	nein
IFRS 2-5	Incremental fair value to employees as a result of unexpected capital restructurings	nein
Kriterium 2 – Divergenz in der Bilanzierungspraxis:		
IAS 17-4	Leases of land that do not transfer title to the lessee	ja (→ Rz. 35 ff.)
IAS 38-3	Adoption of IAS 38 (revised 2004)	nein
IAS 39-9	Short trading	ja (→ Rz. 75 ff.)
Kriterium 3 – Fehlen einer eindeutigen IFRS-Regelung:		
IAS 27-1	Separate financial statements issued before consolidated financial statements	nein
IAS 32-1	Changes in the contractual terms of an existing equity instrument resulting in it being reclassified to financial liability	ja (→ Rz. 43 ff.)
IAS 39-10	Financial instruments puttable at an amount other than fair value	nein
IFRS 2-2	Scope of IFRS 2: Share plans with cash alternatives at the discretion of the entity	ja (→ Rz. 56 ff.)
IFRS 2-3	Share plans with cash alternatives at the discretion of employees: grant date and vesting periods	ja (→ Rz. 59 f.)
IFRS 2-4	Fair value measurement of post-vesting transfer restrictions	nein
IFRS 3-2	Whether a new entity that pays cash can be identified as the acquirer	ja (→ Rz. 61 f.)
IFRS 3-3	„Transitory“ common control	ja (→ Rz. 63 ff.)
IFRS 6-1	Application of the 'full-cost' method	nein
Kriterium 4 – Fehlen einer sonstigen IASB- oder IFRIC-Verlautbarung:		
IAS 11-1	Allocation of profit in a single contract	ja (→ Rz. 31 ff.)
IAS 32-2	Classification of a financial instrument as liability or equity	nein
Kriterium 5 – Prinzipienbasierung:		
IAS 12-5	Scope of IAS 12	nein
IAS 27-2	SIC-12 Consolidation – Special Purpose Entities – Relinquishment of control	nein
IAS 39-7	Testing of hedge effectiveness on a cumulative basis	ja (→ Rz. 52 ff.)

16) Die IFRIC Agenda-Entscheidung zum Thema *Derecognition of Financial Assets* vom Januar 2007 wurde in die Tabelle nicht aufgenommen, da es sich hierbei nicht um eine Themenablehnung, sondern um die Rücknahme der ursprünglich getroffenen Ablehnungsentscheidung handelt. Die IFRIC Agenda-Entscheidung enthält somit lediglich die Information, dass das Thema in das Arbeitsprogramm des IFRIC aufgenommen wurde.

17) Die hier genannten Bezeichnungen entsprechen der offiziellen Referenzierung der einzelnen IFRIC Agenda-Entscheidungen; die erste Zahl steht hierbei für den einschlägigen Standard; die zweite Zahl ist eine laufende Nummer, die wiedergibt, um die wievielte IFRIC Agenda-Entscheidung des IFRIC zu dem jeweiligen Standard es sich seit Beginn der Referenzierung im Jahr 2005 handelt.

Bezeichnung:[18]	Fragestellung:	IFRIC-NI?
Kriterium 6 – Auslegung innerhalb der geltenden IFRS:		
IAS 1-3	Whether the liability component of a convertible instrument should be classified as current or non-current	ja (→ Rz. 28 ff.)
IAS 16-1	Revaluation of investment properties under construction	nein
IAS 17-5	Recognition of contingent rentals	ja (→ Rz. 40 ff.)
IAS 39-8	Definition of a derivative: Indexation on own EBITDA or own revenue	ja (→ Rz. 70 ff.)
IFRS 7-1	Presentation of „net finance costs“ on the face of the income statement	ja (→ Rz. 66 ff.)
Kriterium 7 – Grundsätzlich keine Überschneidung mit IASB-Projekten:		
IFRS 3-4	Are puts or forwards received by minority interests in a business combination contingent consideration?	nein
Kriterium 8 – Ausreichende Wahrscheinlichkeit einer zeitnahen Beschlussfassung:		
IAS 18-1	Subscriber acquisition costs in the telecommunications industry	nein
IAS 32-4	Puts and forwards held by minority interests	nein
IAS 38-2	Classification and accounting for SIM cards	nein
IFRS 2-6	Employee benefit trusts in the separate financial statements of the sponsor	nein

27 Im Ergebnis wurden 17 der 30 in der obigen Tabelle enthaltenen IFRIC Agenda-Entscheidungen nicht als Nicht-Interpretation klassifiziert. Während acht dieser 16 Verlautbarungen keinerlei Aussagen aufweisen, die im Rahmen der IFRS-Bilanzierung anwendbar wären (IAS 16-1, IAS 18-1, IAS 32-3, IAS 38-2, IAS 38-3, IFRS 2-5, IFRS 2-6 und IFRS 3-4), enthalten weitere acht IFRIC Agenda-Entscheidungen lediglich Aussagen zur IFRS-Bilanzierung, die nicht über den Verweis auf Passagen in einzelnen IFRS hinausgehen bzw. die sich offensichtlich unmittelbar aus den geltenden IFRS ableiten lassen (IAS 12-5, IAS 27-1, IAS 27-2, IAS 32-4, IAS 39-6, IAS 39-10, IFRS 2-4 und IFRS 6-1). In einem Fall schließlich besteht die IFRIC Agenda-Entscheidung darin, zuvor im IASB-Update veröffentlichte Äußerungen des IASB wörtlich wiederzugeben (IAS 32-2).

II. Nicht-Interpretationen des Jahres 2006

1. IFRIC-NI IAS 1-3

28 *IFRIC-NI IAS 1-3*[19] *– Whether the Liability Component of a Convertible Instrument should be Classified as Current or Non-current* wurde vom IFRIC im November 2006 verabschiedet.[20] Gemäß IAS 32.28 sind bei einem **wandelbaren Finanzinstrument** die Eigenkapital- und die Fremdkapitalkomponente zu trennen und separat zu bilanzieren. Im vom IFRIC zu entscheidenden Fall bestand die Eigenkapitalkomponente im Recht des Inhabers, das Finanzinstrument zum Fälligkeitstermin oder zu einem beliebig früheren Zeitpunkt in eine festgelegte Anzahl Eigenkapitalinstrumente zu wandeln. Hingegen stellte die Verpflichtung des Emittenten, dem Inhaber zum länger als zwölf Monate entfernten Fälligkeitstermin flüssige Mittel zu liefern, die Fremdkapitalkomponente des wandelbaren Finanzinstruments dar. Fraglich war in diesem Zusammenhang, ob die Fremdkapitalkomponente im IFRS-Abschluss des Emittenten als kurzfristig („current“) oder langfristig („non-current“) zu klassifizieren ist.

29 Das IFRIC kam zu dem Schluss, dass die Fragestellung unter Zugrundelegung der derzeit gültigen IFRS nicht eindeutig beantwortet werden kann, da in IAS 1 und im Rahmenkonzept Regelungen enthalten sind, die **sowohl die Klassifizierung als kurzfristig als auch als langfristig** nahe legen. Das IFRIC kündigt am Ende

18) Die hier genannten Bezeichnungen entsprechen der offiziellen Referenzierung der einzelnen IFRIC Agenda-Entscheidungen; die erste Zahl steht hierbei für den einschlägigen Standard; die zweite Zahl ist eine laufende Nummer, die wiedergibt, um die wievielte IFRIC Agenda-Entscheidung des IFRIC zu dem jeweiligen Standard es sich seit Beginn der Referenzierung im Jahr 2005 handelt.

19) Hierbei handelt es sich nicht um eine offizielle Bezeichnung, sondern um eine für diese Kommentierung gewählte Konvention.

20) Vgl. IFRIC Update 11/2006, S. 6.

der Nicht-Interpretation an, die Fragestellung zur Klärung – ggf. durch eine Anpassung von IAS 1 – an den IASB weiterleiten zu wollen.

Der IASB hat sich mit der Fragestellung im Rahmen seiner Sitzung im November 2006 und somit bereits zwei Wochen nach der Beschlussfassung des IFRIC befasst.[21] Zwar träfe es zu, dass IAS 1.60 (d) eine Klassifizierung als kurzfristig nahe legt, da der Emittent nicht das uneingeschränkte Recht hat, die Erfüllung der Verpflichtung um mindestens zwölf Monate nach dem Bilanzstichtag zu verschieben. Diese Lösung entspräche aber nicht dem Zweck der Klassifizierung von Bilanzposten in kurz- und langfristig, den Adressaten des IFRS-Abschlusses aussagekräftige Informationen über die Liquiditätslage eines Unternehmens zur Verfügung zu stellen. Der IASB beschloss daher, IAS 1 im Rahmen des neu eingeführten **„Annual Improvements Process"**[22] (jährlichen Verbesserungsprozesses) insoweit zu ändern, dass die Klassifizierung der Fremdkapitalkomponente von wandelbaren Finanzinstrumenten eindeutig als langfristig zu erfolgen hat. Da der Entwurf des die Annual Improvements enthaltenen Dokuments voraussichtlich erstmalig im Oktober 2007 veröffentlicht wird[23] und die aufgezeigten Konflikte innerhalb der IFRS somit zunächst bestehen bleiben, dürften bis zum Inkrafttreten dieser Änderung beide Ausweisvarianten als zulässig anzusehen sein. 30

2. IFRIC-NI IAS 11-1

IFRIC-NI IAS 11-1 – Allocation of Profit in a Single Contract wurde vom IFRIC im November 2006 verabschiedet.[24] Bei diesem Thema, auf das das IFRIC im Rahmen der Entwicklung von *IFRIC 12 – Vereinbarungen von Dienstleistungslizenzen* aufmerksam geworden ist, geht es um die Frage, ob für unterschiedliche Komponenten eines einzelnen Vertrages **unterschiedliche Gewinnspannen** abgebildet werden können. 31

In seiner Antwort verweist das IFRIC zum einen auf IAS 18.13 i. V. m. IAS 18.4. Im Falle eines einzelnen Vertrages, der sowohl eine Fertigungsleistung als auch eine mit der Fertigung nicht in einem direkten Zusammenhang stehende Dienstleistung umfasst, folgt aus IAS 18.13 die verpflichtende **Aufteilung des Vertrages in zwei Komponenten**. Während die Fertigungskomponente gem. IAS 11 zu bilanzieren ist, muss für die Dienstleistungskomponente IAS 18 herangezogen werden. Das IFRIC führt weiter aus, dass die Berücksichtigung unterschiedlicher Gewinnspannen für diese beiden Komponenten Konsequenz dieser Zweiteilung sein kann, wobei dies IAS 18 nicht direkt zu entnehmen ist. 32

Des Weiteren verweist das IFRIC auf den Interpretationsentwurf *IFRIC D20 – Kundenbindungsprogramme.* In der Beschlussfassung von **IFRIC D20** spricht sich das IFRIC für die Anwendung von IAS 18.13 auf Kundenbonusprogramme aus, d. h. für die getrennte Bilanzierung von verkauftem Produkt und zu gewährender Prämie (ausführlich → IFRIC D20 Rz. 15).[25] Die Anwendung von IAS 18.13 und somit die Aufspaltung eines Vertrages in zwei Komponenten impliziert nach der in IFRIC D20 zum Ausdruck kommenden Ansicht des IFRIC, dass auch unterschiedliche Gewinnspannen dieser Komponenten bilanziell zu berücksichtigen sind. 33

Da die Fragestellung durch die entsprechenden Regelungen in IAS 11, IAS 18 und IFRIC D20 ausreichend abgedeckt sei, sah das IFRIC keine Notwendigkeit, das Thema in sein Arbeitsprogramm aufzunehmen. Auch wenn es folgerichtig erscheint, dass bei einem unter IAS 18.13 fallenden Vertrag ggf. unterschiedliche Gewinnspannen der jeweiligen Komponenten berücksichtigt werden, verwundert doch insbesondere der Rückgriff auf einen Interpretationsentwurf, der zum Zeitpunkt der Veröffentlichung von IFRIC-NI IAS 11-1 noch gar nicht abschließend diskutiert war. Die Stellungnahmen zu IFRIC D20, die erst zwei Monate nach Veröffentlichung der vorliegenden Nicht-Interpretation erstmals vom IFRIC diskutiert wurden, offenbarten vielfach eine überaus kritische Haltung der interessierten Öffentlichkeit gegenüber der undifferenzierten Anwendung 34

---

21) Vgl. IASB Update 11/2006, S. 3.

22) Hierbei werden mehrere kleinere, bereits beschlossene Standardänderungen zunächst gesammelt und zu einem späteren Zeitpunkt in einem Dokument veröffentlicht.

23) Vgl. IASB Update 11/2006, S. 3.

24) Vgl. IFRIC Update 11/2006, S. 6 f.

25) Vgl. zur Diskussion, ob Kundenbonusprogramme als Mehrkomponentengeschäfte im Sinne von IAS 18.13 oder als einheitlicher Vertrag im Sinne von IAS 18.19 anzusehen sind, Kühne/Schreiber, KoR 2006, S. 576 f. und Wüstemann/Kierzek, BB 2006, S. 2812 ff.

von IAS 18.13 auf Kundenbonusprogramme.[26] Selbst wenn man die Ansicht des IFRIC teilt, dass Kundenbonusprogramme gem. IAS 18.13 als Mehrkomponentengeschäfte zu bezeichnen sind und ggf. unterschiedliche Gewinnspannen für verkauftes Produkt und gewährte Prämie bilanziert werden müssen, könnte es angesichts der intensiv und kontrovers geführten Diskussionen im Rahmen des laufenden **Projekts „Erträge" des IASB**[27] als voreiliger Schritt des IFRIC angesehen werden, die Relevanz der Beschlussfassung in IFRIC D20 im Wege einer Nicht-Interpretation über Kundenbonusprogramme hinaus auszuweiten. Insofern ist der Verweis auf IFRIC D20 in IFRIC-NI IAS 11-1 zumindest als unglücklich zu bezeichnen.

3. IFRIC-NI IAS 17-4

35 *IFRIC-NI IAS 17-4 – Leases of Land that do not Transfer Title to the Lessee* wurde vom IFRIC im März 2006 verabschiedet.[28] Kern dieser Nicht-Interpretation ist die Frage, ob **Grundstücks-Leasingverträge mit einer extrem langen Laufzeit**, die am Ende der Laufzeit keinen Übergang des Eigentums an dem Grundstück auf den Leasingnehmer vorsehen, als **Operating- oder Finanzierungs-Leasingverhältnisse** anzusehen sind. In der Praxis sind solche langfristigen, z. T. über mehrere hundert Jahre gehenden Nutzungsüberlassungsvereinbarungen, z. B. in Form von Erbpachtverträgen, nicht unüblich. In IAS 17.11 in der noch nicht durch das Ende 2003 abgeschlossene Improvements Project geänderten Fassung wurde deutlich, dass selbst bei derart langen Laufzeiten die Voraussetzungen für ein Finanzierungs-Leasingverhältnis nicht erfüllt sind, sofern kein Eigentumsübergang auf den Leasingnehmer erfolgt. Begründet wurde dies mit der üblicherweise unbegrenzten wirtschaftlichen Nutzungsdauer von Grundstücken, die impliziert, dass dem Leasingnehmer nicht im Wesentlichen alle mit dem Eigentum verbundenen Chancen und Risiken übertragen wurden. Die Bilanzierung von geleasten Grundstücken nach den für Finanzierungs-Leasingverhältnisse geltenden Regeln kam somit außer im Falle des Eigentumsübergangs nicht in Betracht.

36 Im Rahmen des Improvements Projects blieb der Wortlaut von IAS 17.11, nun in IAS 17.14 enthalten, nahezu unverändert. Einzige Ausnahme war, dass bei einem Grundstück-Leasingverhältnis ohne Eigentumsübergang dem Leasingnehmer **normalerweise** nicht im Wesentlichen alle mit dem Eigentum verbundenen Chancen und Risiken übertragen wurden. In IFRIC-NI IAS 17-4 wird darauf hingewiesen, dass das Einfügen des Wortes „normally" in der Praxis z. T. als Klarstellung des IASB verstanden wurde, dass auch andere Sachverhalte als der Übergang des Eigentums an dem Grundstück auf den Leasingnehmer zu einem Finanzierungs-Leasingverhältnis führen könnten. Zu denken ist hier an Vereinbarungen, bei denen das Grundstück nach Ablauf des Leasingverhältnisses zwar an den Leasinggeber zurückzugeben ist, sich dieser aber dazu verpflichtet, dem Leasingnehmer einen Betrag in Höhe des zu diesem Zeitpunkt beizulegenden Zeitwerts des Grundstücks zu zahlen.[29] Entsprechendes würde gelten, wenn der Leasingnehmer in etwa in der Höhe des am Ende der Vertragslaufzeit beizulegenden Zeitwerts des Grundstücks an den Erlösen aus der Veräußerung des Grundstücks beteiligt ist.[30] Dieser Sichtweise stimmt das IFRIC zu.

37 Zum anderen wurde aus dem Einfügen von „normally" aber gefolgert, dass nun auch extrem langfristige Grundstücks-Leasingvereinbarungen als Finanzierungs-Leasingverhältnisse zu bilanzieren seien, da der Barwert eines Grundstücks nach Ablauf der Laufzeit in diesem Fall vernachlässigbar sei. Das IFRIC lehnt diese Sichtweise zwar zutreffend ab; der Verweis auf IAS 17.BC8 ist angesichts dessen Wortlauts allerdings problematisch. Der IASB verwirft hier zwar die im Rahmen des Improvements Projects diskutierte Streichung der in IAS 17.14 enthaltenen generellen Einordnung von Grundstück-Leasingverhältnissen als Operating-Leasingverhältnisse, geht aber nicht darauf ein, ob es im Falle des letztlich erfolgten Beibehaltens dieser Regelung aufgrund der Einfügung des Wortes „normally" bei Grundstücken in Ausnahmefällen zur Klassifizierung als Finanzierungs-Leasing kommen kann.

---

26) Vgl. die Stellungnahmen zu IFRIC D20 unter www.iasb.org.
27) Zu Einzelheiten vgl. Kühne, WPg 2006, S. 1393 ff.
28) Vgl. IFRIC Update 3/2006, S. 6 f.
29) Vgl. Engel-Ciric/Freiberg in Lüdenbach/Hoffmann, § 15 Rz. 44.
30) Vgl. Kümpel/Becker, S. 82.

Sachgerecht erscheint es, zwei andere Begründungen für die Ablehnung der Einordnung von extrem langfristigen Grundstücks-Leasingverträgen als Finanzierungs-Leasingverhältnisse heranzuziehen. Zum einen kann sich der Leasingnehmer angesichts der unbegrenzten wirtschaftlichen Nutzungsdauer von Grundstücken immer **nur einen Teil des Nutzenpotentials des Grundstücks** sichern, so dass mangels Übergangs im Wesentlichen aller Chancen und Risiken auf den Leasingnehmer die Einordnung als Finanzierungs-Leasingverhältnis nicht in Frage kommt.[31] Selbst wenn der **Barwerttest** gem. IAS 17.10 (d) erfüllt ist, verbleibt es bei Grundstücken bei einem Operating-Leasingverhältnis, da die dem Barwerttest zu Grunde liegende Annahme, dass mit der bei extrem langfristigen Laufzeiten in aller Regel erfolgenden Übertragung des Investitionsrisikos auf den Leasingnehmer zugleich auch die wesentlichen Chancen übertragen werden, bei Grundstücksleasingverträgen nicht greift.[32] Zum anderen könnte die Einordnung von extrem langfristigen Grundstücks-Leasingverträgen als Finanzierungs-Leasingverhältnisse mit der pragmatischen Begründung abgelehnt werden, dass sich die Laufzeit eines Leasingvertrages für eine willkürfreie Abgrenzung zwischen Operating- und Finanzierungs-Leasingverhältnissen nicht eignet. 38

Auch wenn dem IFRIC hinsichtlich der Bilanzierung extrem langfristiger Grundstücks-Leasingverhältnisse im Ergebnis somit zuzustimmen ist, kann – neben dem Verweis auf IAS 17.BC8 – die im letzten Absatz der Nicht-Interpretation angeführte Begründung für die Ablehnung nicht überzeugen. Obwohl IAS 17 nicht eindeutig ist – und das behauptet das IFRIC auch nicht – geht das IFRIC nicht von einer divergierenden Bilanzierungspraxis aus. Da es sich um eine Fragestellung aus der Praxis handelt, in der die Auslegung von IAS 17.14 unklar war, greift die Begründung offensichtlich zu kurz. 39

4. IFRIC-NI IAS 17-5

IFRIC-NI IAS 17-5 – Recognition of Contingent Rentals wurde vom IFRIC im Juli 2006 verabschiedet.[33] Die Fragestellung bestand hier darin, ob **bedingte Mietzahlungen** im Rahmen eines Operating-Leasingverhältnisses in der Periode, in der sie anfallen, als Aufwand zu erfassen sind. Während diese Vorgehensweise bei Finanzierungs-Leasingverhältnissen gem. IAS 17.25 ausdrücklich vorgeschrieben ist, werden bedingte Mietzahlungen in den für Operating-Leasingverhältnisse relevanten IAS 17.33 f. nicht explizit genannt. Vielmehr wird in IAS 17.33 ausgeführt, dass Leasingzahlungen innerhalb eines Operating-Leasingverhältnisses als Aufwand linear oder ggf. auf der Basis einer anderen systematischen Grundlage über die Laufzeit des Leasingverhältnisses zu erfassen sind. Da gem. IAS 17.4 bedingte Mietzahlungen einen Teil der Leasingzahlungen darstellen[34], könnte hieraus bei Zugrundelegung einer sich am Wortlaut von IAS 17 orientierenden Auslegung geschlossen werden, dass auch bedingte Mietzahlungen über die Laufzeit des Leasingverhältnisses zu verteilen sind.[35] Andererseits ist keine sachliche Begründung erkennbar, bedingte Mietzahlungen bei Operating-Leasingverhältnissen anders zu bilanzieren als bei Finanzierungs-Leasingverhältnissen. Zudem sprechen die Schwierigkeiten, bedingte Mietzahlungen verlässlich zu schätzen, gegen deren Verteilung über die Laufzeit des Leasing-Verhältnisses. Insofern wird hier die Ansicht vertreten, den entsprechenden Aufwand weder bei Finanzierungs- noch bei Operating-Leasingverhältnissen über deren Laufzeit zu verteilen. 40

Das IFRIC bestätigt zwar, dass IAS 17 in dieser Hinsicht unklar sei, geht aber trotzdem von einer weitgehend einheitlichen Bilanzierungspraxis aus, d. h. von einer Erfassung des auf bedingte Mietzahlungen zurückgehenden Aufwands in der Periode, in der er anfällt. Im Ergebnis bedeutet dies, dass das IFRIC zwar deutlich zum Ausdruck bringt, welche Bilanzierungsvariante als sachgerecht angesehen wird; angesichts des Wortlauts von IAS 17 hinsichtlich der bedingten Mietzahlungen im Rahmen von Operating-Leasingverhältnissen kann aber wohl auch die Verteilung des entsprechenden Aufwands über die Laufzeit des Leasingverhältnisses nicht beanstandet werden. 41

---

31) Vgl. Adler/Düring/Schmaltz, Abschn. 12 Rz. 112; KPMG, S. 836 und Engel-Ciric/Freiberg in Lüdenbach/Hoffmann, § 15, Rz. 44.

32) Vgl. Kümpel/Becker, S. 81.

33) Vgl. IFRIC Update 7/2006, S. 5.

34) A. A. ausdrücklich Kümpel/Becker, S. 139 und Adler/Düring/Schmaltz, Abschn. 12 Rz. 191.

35) Zu diesem Ergebnis kommt das Australian Accounting Standards Board in seiner Stellungnahme zu IFRIC-NI IAS 17-5 v. 26.6.2006, abrufbar unter www.iasb.org.

42 In IFRIC-NI IAS 17-5 kündigt das IFRIC an, dem IASB die Fragestellung vorzulegen und die Änderung von IAS 17 im Sinne der vorliegenden Nicht-Interpretation zu empfehlen. Der IASB hat sich des Themas im Oktober 2006 angenommen und beschlossen, IAS 17, wie vom IFRIC vorgeschlagen, im Rahmen des neu eingeführten **Annual Improvements Process** (→ Rz. 30) zu ändern.[36] Bis dies erfolgt ist, dürfte es bei der Vertretbarkeit beider Bilanzierungsvarianten verbleiben.

5. IFRIC-NI IAS 32-1

43 *IFRIC-NI IAS 32-1 – Changes in the Contractual Terms of an Existing Equity Instrument Resulting in it being Reclassified to Financial Liability* wurde vom IFRIC im November 2006 verabschiedet.[37] Im Zusammenhang mit der **durch eine vertragliche Änderung bedingten Umklassifizierung eines Eigenkapital- in ein Fremdkapitalinstrument** stellten sich dem IFRIC zwei Fragen: (1) Auf welcher Basis ist das Fremdkapitalinstrument bei der Umklassifizierung zu bewerten? (2) Wie ist ein sich ggf. ergebender Unterschied zwischen dem Buchwert des bisherigen Eigenkapitalinstruments und dem angesetzten Wert des nun als Fremdkapital klassifizierten Finanzinstruments abzubilden?

44 Hinsichtlich der ersten Frage stellt das IFRIC fest, dass ein Fremdkapitalinstrument bei seinem erstmaligen Ansatz gem. IAS 39.43 mit seinem **beizulegenden Zeitwert** zu bewerten ist. Dies gilt mit Verweis auf das Beispiel 3 im Anhang zu IFRIC 2 auch dann, wenn eine Vertragsänderung zur Umklassifizierung eines Eigenkapital- in ein Fremdkapitalinstrument geführt hat.[38] Voraussetzung für diese Sichtweise ist die Annahme, dass die Vertragsänderung zunächst zu einer **Ausbuchung** („derecognition") **des Eigenkapitalinstruments** und dann zur Einbuchung eines neuen Fremdkapitalinstruments führt, da nur nach dieser Argumentation die Regelungen für den erstmaligen Ansatz eines Fremdkapitalinstruments zum Tragen kommen.[39]

45 Im Hinblick auf die zweite Fragestellung stellt das IFRIC zunächst die Notwendigkeit der Ausbuchung des Eigenkapitalinstruments fest und verweist darauf, dass gem. IAS 32.33 dieser Vorgang nicht erfolgswirksam abgebildet werden darf. Das IFRIC folgert hieraus, dass eine etwaige Differenz zwischen dem Buchwert des Eigenkapitalinstruments und dem beizulegenden Zeitwert des Fremdkapitalinstruments ebenfalls nicht zu einem Gewinn oder Verlust führen darf und somit **direkt gegen das Eigenkapital** zu buchen ist.

46 Das IFRIC lehnt die Aufnahme des Themas in sein Arbeitsprogramm mit der Begründung ab, dass die geltenden IFRS hinsichtlich der vorliegenden Fragestellung eindeutig sind.[40] Angesichts des vom IFRIC dargelegten Lösungsweges muss diese Begründung allerdings erheblich in Frage gestellt werden. Ohne dass dies aus der Nicht-Interpretation explizit hervorgehen würde, war das IFRIC bei den beiden zentralen Aspekten des Themas mangels unmittelbar einschlägiger Regelungen in IAS 32 und IAS 39 gezwungen, auf die **IAS 8 Hierarchie** (IAS 8.10 ff.) zurückzugreifen. Zum einen ist hinsichtlich des IFRIC-NI IAS 32-1 zu Grunde liegenden Falls in IAS 32 und IAS 39 nicht geregelt, ob von einer Ausbuchung mit anschließender Neueinbuchung des Finanzinstruments auszugehen ist. Das IFRIC musste somit mit einem Verweis auf den ähnlich gelagerten Fall im Anhang von IFRIC 2 arbeiten. Zum anderen geht aus IAS 32 und IAS 39 nicht explizit hervor, wie eine etwaige Differenz zwischen dem Buchwert des ehemaligen Eigenkapitalinstruments und dem beizulegenden Zeitwert des Fremdkapitalinstruments zu behandeln ist. Das IFRIC verweist hier auf IAS 32.33, ohne jedoch zu erwähnen, dass sich IAS 32.33 auf den Rückkauf von eigenen Anteilen bezieht und hinsichtlich des vorliegenden Falls allenfalls analog über IAS 8.10 ff. angewendet werden kann.

---

36) Vgl. IASB Update 10/2006, S. 5.

37) Vgl. IFRIC Update 11/2006, S. 7.

38) In dem Beispiel wird bei einer Genossenschaft durch eine Satzungsänderung die Möglichkeit von kumulierten Rücknahmen von Anteilen erweitert, so dass nun mehr Anteile als bisher nicht unter das Rücknahmeverbot fallen; IFRIC 2.A8 führt hierzu aus: „Die Anteile, die nicht unter das Rücknahmeverbot fallen, stellen eine finanzielle Verbindlichkeit dar. Die Genossenschaft bewertet diese finanzielle Verbindlichkeit beim erstmaligen Ansatz mit dem beizulegenden Zeitwert.".

39) Im Ergebnis zustimmend: KPMG, S. 536 f.

40) Außerdem geht das IFRIC von einer geringen praktischen Relevanz der Fragestellung aus, was aber in den beiden zu IFRIC-NI IAS 32-1 beim IFRIC eingegangenen Stellungnahmen bezweifelt wird.

Zwar ist das Heranziehen von IFRIC 2 und IAS 32.33 und somit die vom IFRIC aufgezeigte Bilanzierung des Sachverhalts nachvollziehbar und vertretbar. Damit die Fragestellungen mit Verweis auf die Eindeutigkeit der einschlägigen IFRS vom IFRIC abgelehnt werden können, reicht es aber nicht aus, dass die Sichtweise des IFRIC als sachgerecht bezeichnet werden kann, sondern es muss ausgeschlossen sein, dass unter Heranziehung von IAS 8.10 ff. nicht auch **andere ebenfalls vertretbare Lösungen** entwickelt werden können. Sollte dies der Fall sein, wäre die Entwicklung einer Interpretation angezeigt gewesen. 47

In Anwendung von IAS 8.10 ff. könnte hinsichtlich der Frage, ob von einer Ausbuchung mit anschließender Neueinbuchung des Finanzinstruments auszugehen ist, auch ein anderer Weg als der über den Anhang von IFRIC 2 gegangen werden. IAS 39.39 ff. legen die Voraussetzungen dafür fest, wann ein Fremdkapitalinstrument aufgrund einer Vertragsänderung auszubuchen und als ein neues Fremdkapitalinstrument wieder einzubuchen ist. Die Anwendung von IAS 39.39 ff. auf den vorliegenden Fall könnte nur analog erfolgen, da sich IAS 39.39 ff. auf vertragliche Änderungen eines Fremdkapitalinstruments und nicht wie im IFRIC-NI IAS 32-1 zu Grunde liegenden Fall eines Eigenkapitalinstruments beziehen. IAS 39.40 sowie IAS 39.AG62 ist zu entnehmen, dass die Ausbuchung des ursprünglichen Fremdkapitalinstruments und die Einbuchung eines neuen Fremdkapitalinstruments mit dem beizulegenden Zeitwert eine **substantielle Änderung der Vertragsbedingungen** voraussetzt. Handelt es sich dagegen nicht um eine substanzielle Änderung, so erfolgt keine Ausbuchung, sondern eine Fortführung des Buchwertes des ursprünglichen Fremdkapitalinstruments. 48

Übertragen auf den vorliegenden Fall bedeutet dies, dass **im Einzelfall zu prüfen** wäre, ob eine Vertragsänderung, die zur Umklassifizierung des betreffenden Finanzinstruments vom Eigen- ins Fremdkapital führt, tatsächlich eine substantielle Änderung im Sinne von IAS 39.40 darstellt.[41)] Wird dies verneint, wäre die Folge, dass das nun als Fremdkapital zu klassifizierende Finanzinstrument mit dem Buchwert des ehemaligen Eigenkapitalinstruments fortzuführen wäre. Es könnte allerdings auch argumentiert werden, dass allein die Umklassifizierung von Eigen- in Fremdkapital für sich genommen wesentliche Bedeutung für das Unternehmen hat und somit jedwede Vertragsänderung, die zu einer Umklassifizierung von Eigen- in Fremdkapital führt, als substantiell anzusehen ist. Eine Fortführung des Buchwertes käme bei dieser Sichtweise nicht in Betracht.[42)] 49

Gelangt man letztlich zu dem Ergebnis, dass die Vertragsänderung zur Ausbuchung des bisherigen und anschließender Neueinbuchung des neuen Finanzinstruments führt, ist hinsichtlich der zweiten in IFRIC-NI IAS 32-1 enthaltenen Fragestellung zu prüfen, ob eine Alternative zur vom IFRIC gewählten analogen Anwendung von IAS 32.33 denkbar ist. Träfe dies zu, so wäre auch hier die Aussage des IFRIC nicht sachgerecht, dass sich die Bilanzierung eines etwaigen Unterschieds zwischen dem Buchwert des ehemaligen Eigenkapitalinstruments und dem beizulegenden Zeitwert des neuen Fremdkapitalinstruments eindeutig aus den geltenden IFRS ergibt. In diesem Zusammenhang müsste z. B. geprüft werden, ob auf IAS 39.41 analog zurückgegriffen werden könnte, nach dem die Differenz zwischen dem Buchwert des bisherigen und dem beizulegenden Zeitwert des neuen Fremdkapitalinstruments ergebniswirksam zu erfassen ist.[43)] 50

Die hier skizzierten, möglicherweise gangbaren Alternativen zur IFRIC-Beschlussfassung machen bereits deutlich, dass die einschlägigen IFRS nicht ausreichend eindeutig sind, um auf Basis dieses Arguments die Entwicklung einer Interpretation abzulehnen. Insofern wäre die **Entwicklung einer Interpretation** sachgerecht gewesen, zumal auch die weiteren Kriterien (→ Rz. 10 ff.) für die Aufnahme einer Fragestellung in das Arbeitsprogramm des IFRIC erfüllt sein dürften. Da das IFRIC zudem darauf verzichtet hat, mögliche Alter- 51

41) Vgl. für eine Vertragsänderung, bei der eine solche Einzelfallprüfung zu dem Ergebnis führen dürfte, dass keine substantielle Änderung vorliegt, die Stellungnahme zu IFRIC-NI IAS 32 von PricewaterhouseCoopers LLP.

42) Vgl. zu dieser Diskussion die Information for Observers zum IFRIC Agenda Paper 10 (viii) zur IFRIC-Sitzung im Juli 2006; abrufbar unter http://archive.iasb.org.uk/meetings/ifric_observernotes.asp (Stand 1.3.2007).

43) Ablehnend: Information for Observers zum IFRIC Agenda Paper 10 (viii) zur IFRIC-Sitzung im Juli 2006, Rz. 31 ff.

nativlösungen wenigstens in knapper Form zu verwerfen[44], erscheint es nicht sachgerecht, die Beschlussfassung in der vorliegenden Nicht-Interpretation kategorisch als einzig mögliche Bilanzierungsvariante anzusehen.

6. *IFRIC-NI IAS 39-7*

52 *IFRIC-NI IAS 39-7 – Testing of Hedge Effectiveness on a Cumulative Basis* wurde vom IFRIC im November 2006 verabschiedet.[45] Der Fragestellung liegt der folgende Fall zu Grunde: Ein Unternehmen schätzt die gem. IAS 39.88 (b) für die Anwendung der Spezialregelungen in IAS 39.89-39.102 erforderliche **Wirksamkeit einer Sicherungsbeziehung** zu Beginn der Sicherungsbeziehung mit Hilfe der **Regressionsanalyse** ein. Da die Ergebnisse der Analyse innerhalb einer Bandbreite von 80-125 % liegen, ist die Sicherungsbeziehung hoch wirksam i. S. v. IAS 39.AG105 (b). Zusätzlich vergleicht das Unternehmen noch im Anfangsstadium der Sicherungsbeziehung die auf das abgesicherte Risiko zurückzuführenden tatsächlichen Änderungen des beizulegenden Zeitwerts bzw. der Cashflows des Grundgeschäfts seit Beginn der Sicherungsbeziehung mit den bisherigen Änderungen des beizulegenden Zeitwerts bzw. der Cashflows des Sicherungsinstruments. Nach dieser sog. **Dollar-Offset-Methode**[46] soll im Gegensatz zu den Ergebnissen der Regressionsanalyse keine hoch wirksame Sicherungsbeziehung vorliegen. Fraglich ist, ob dieses Ergebnis dazu führt, dass die betrachtete Sicherungsbeziehung nicht mehr als hoch wirksam anzusehen ist und daher die Spezialregelungen in IAS 39.89-39.102 für die Bilanzierung von Sicherungsbeziehungen nicht mehr angewendet werden dürfen.

53 Das IFRIC stellt hierzu zunächst fest, dass gem. IAS 39.AG107 **keine bestimmte Methode** zur Beurteilung der Wirksamkeit einer Sicherungsbeziehung **vorgeschrieben** ist. Aus IAS 39.AG100, 39.AG105 und 39.BC136B ergibt sich ausdrücklich, dass die Regressionsanalyse als zulässig anzusehen ist. Die Möglichkeit der alternativen Anwendung der Dollar-Offset-Methode lässt sich IAS 39.AG105 (a) entnehmen. Auch zahlreiche weitere Methoden können herangezogen werden.[47]

54 Das IFRIC führt weiter aus, dass es für die Einschätzung der Wirksamkeit der Sicherungsbeziehung ausschließlich auf die Ergebnisse der Methode ankommt, die gem. IAS 39.88 (a) **dokumentiert** wurde. Sofern mit der Regressionsanalyse die Wirksamkeit der Sicherungsbeziehung nachgewiesen wurde und die Regressionsanalyse die dokumentierte Methode darstellt, wird die Einschätzung der Wirksamkeit nicht durch die mit einer anderen Methode erfolgten Ermittlung von Abweichungen außerhalb der zulässigen Bandbreite berührt. Zwar kann eine mit Hilfe der Dollar-Offset-Methode ermittelte, nicht ausreichende Wirksamkeit einer Sicherungsbeziehung Anlass sein, die verwendete Regressionsanalyse auf möglicherweise vorhandene systematische Fehler hin zu untersuchen. Hierbei ist allerdings zu bedenken, dass gerade die Dollar-Offset-Methode zu Ergebnissen führen kann, die zwar formal gesehen außerhalb der Bandbreite von 80-125 % liegen, wirtschaftlich betrachtet die Sicherungsbeziehung aber dennoch hoch wirksam ist.[48]

55 Das IFRIC begründet seine Ablehnung des Themas letztlich damit, dass die methodenspezifische Entwicklung von Anwendungshinweisen („application guidance") in Bezug auf die Einschätzung der Wirksamkeit von Sicherungsbeziehungen nicht Gegenstand einer Interpretation sein kann. Die Verdeutlichung des in IAS 39 nicht explizit angesprochenen **Zusammenhangs zwischen Wirksamkeitstests und Methodendokumentation** in IFRIC-NI IAS 39-7 ist aber bereits als hilfreich für die Praxis anzusehen.

---

44) Eine entsprechende Diskussion ist zwar in den Information for Observers enthalten; hierbei handelt es sich aber nur um Ausführungen der zuständigen IASB-Mitarbeiter, die nicht mit dem IFRIC abgestimmt sind und der Vorbereitung der interessierten Öffentlichkeit auf die IFRIC-Sitzung dienen, in der das jeweilige Thema behandelt wird; insofern sind die Inhalte der Information for Observers zwar häufig sehr hilfreich, da sie Hintergrundinformationen zu den einzelnen vom IFRIC zu diskutierenden Fragestellungen vermitteln; sie sind aber nicht Teil der als Nicht-Interpretation veröffentlichten IFRIC-Beschlussfassung und können nach erfolgtem IFRIC-Beschluss überholt sein.

45) Vgl. IFRIC Update 11/2006, S. 9.

46) Zu Einzelheiten der Dollar-Offset-Methode vgl. Hailer/Rump, Kreditwesen 2003, S. 599 ff. und Scharpf, KoR 2004, Beil. 1, S. 12 ff.

47) Vgl. Scharpf, KoR 2004, Beil. 1, S. 12 ff. für einen Überblick über einzelne Methoden zur Messung der Effektivität.

48) Vgl. Scharpf, KoR 2004, Beil. 1, S. 12.

7. IFRIC-NI IFRS 2-2

IFRIC-NI IFRS 2-2 – Share Plans with Cash Alternatives at the Discretion of the Entity wurde vom IFRIC im Mai 2006 verabschiedet.[49] In IFRS 2.41-2.43 wird die Bilanzierung von anteilsbasierten Vergütungsvereinbarungen behandelt, die dem Unternehmen ein vertragliches Wahlrecht einräumen, ob der **Ausgleich in bar oder durch die Ausgabe von Eigenkapitalinstrumenten** erfolgt. Fraglich ist, ob solche anteilsbasierten Vergütungstransaktionen auch dann unter IFRS 2 fallen, wenn bei der Wahl des Barausgleichs der zu zahlende Betrag nicht vom **Wert der Anteile** des Unternehmens abhängt. 56

Das IFRIC führt hierzu aus, dass die Definition einer anteilsbasierten Vergütungstransaktion nicht verlangt, dass die Vergütung an den Wert der Anteile des Unternehmens gekoppelt ist. Aus den Ausführungen in IFRS 2.BC256, auf die vom IFRIC allerdings nicht verwiesen wird, geht dies ausdrücklich hervor: „*The amount of the cash alternative may be fixed or variable and, if variable, may be determinable in a manner that is related, or unrelated, to the price of the entity's shares*". Insofern kann die Fragestellung durch unmittelbare Anwendung von IFRS 2 gelöst werden. 57

Eine entsprechende Frage stellt sich bei **Wahl des Ausgleichs durch Eigenkapitalinstrumente**, wenn die Anzahl dieser Eigenkapitalinstrumente in Abhängigkeit von einem vertraglich festgelegten Betrag dergestalt variiert, dass der beizulegende Zeitwert der Eigenkapitalinstrumente diesem Betrag entspricht. Dieser Fall ist in IFRIC-NI IFRS 2-2 zwar nicht ausdrücklich enthalten; da sich das IFRIC in seiner Antwort aber nicht auf den Ausgleich in bar beschränkt, enthält IFRIC-NI IFRS 2-2 implizit auch eine Aussage über diesen Fall. Gemäß IAS 32.21 käme bei der beschriebenen Konstellation eigentlich kein Eigenkapitalausweis in Frage. Aus IFRS 2.BC266 i. V. m. IFRS 2.BC106-IFRS 2.BC110 lässt sich allerdings ableiten, dass der IASB in diesem Fall der Klassifikation als Eigenkapital gem. IFRS 2 den Vorrang vor IAS 32.21 gibt.[50] 58

8. IFRIC-NI IFRS 2-3

IFRIC-NI IFRS 2-3 – Share Plans with Cash Alternatives at the Discretion of Employees: Grant Date and Vesting Periods wurde vom IFRIC im Mai 2006 verabschiedet.[51] In diesem Fall geht es um anteilsbasierte Vergütungstransaktionen, die **dem Mitarbeiter ein vertragliches Wahlrecht einräumen**, ob der Ausgleich zu einem bestimmten Zeitpunkt in bar oder zu einem späteren Zeitpunkt durch die Ausgabe von Eigenkapitalinstrumenten erfolgen soll. Der Ausgleich erfolgt dabei zwar nach einer festgelegten Formel; der genaue Betrag kann allerdings erst in der Zukunft ermittelt werden. Diese Modalitäten sind den Vertragspartnern von Beginn an bekannt. 59

Das IFRIC, das nach dem **Tag der Gewährung** und dem **Erdienungszeitraum** in einem solchen Fall befragt wurde, stellt mit Verweis auf die Definition im Appendix A zu IFRS 2 fest, dass am Tag der Gewährung keine Kenntnis der genauen Beträge bzw. der genauen Anzahl der später zu gewährenden Anteile bestehen muss. Vielmehr reicht ein gemeinsames Verständnis der Vertragsparteien über die Vertragsbedingungen der Vereinbarung aus. Hinsichtlich des Erdienungszeitraums verweist das IFRIC auf die Regelungen in IFRS 2.34-2.40 und stellt zutreffend fest, dass eine solche anteilsbasierte Vergütungstransaktion eine Eigenkapital- und eine Schuldenkomponente enthält. Insofern sind auch die Erdienungszeiträume für jede dieser beiden Komponenten separat zu ermitteln. 60

9. IFRIC-NI IFRS 3-2

IFRIC-NI IFRS 3-2 – Whether a New Entity that Pays Cash can be Identified as the Acquirer wurde vom IFRIC im März 2006 verabschiedet.[52] Neben dem Erwerb eines Unternehmens durch ein anderes Unternehmen 61

---

49) Vgl. IFRIC Update 5/2006, S. 5 f. sowie im Folgenden Schreiber, KoR 2006, S. 305 f.

50) Vgl. die Information for Observers zum IFRIC Agenda Paper 10 (i) zur IFRIC-Sitzung im März 2006, Rz. 11 f., in der der Entwurf von IFRIC-NI IFRS 2-2 diskutiert wurde.

51) Vgl. IFRIC Update 5/2006, S. 6 sowie im Folgenden Schreiber, KoR 2006, S. 306 und Agenda Paper 10 (ii) zur März-Sitzung des IFRIC, in dem der Sachverhalt anhand eines in der Nicht-Interpretation nicht enthaltenen Beispiels erläutert wird.

52) Vgl. IFRIC Update 3/2006, S. 6.

kann ein Unternehmenszusammenschluss auch durch die **Gründung eines neuen Unternehmens** erfolgen, indem das neue Unternehmen die Anteile der beiden sich zusammenschließenden Unternehmen durch Ausgabe eigener Anteile erwirbt.[53] Hinsichtlich der **Identifizierung des Erwerbers** legt IFRS 3.22 fest, dass eines der sich zusammenschließenden Unternehmen, das vor dem Zusammenschluss bestand, aufgrund der verfügbaren Hinweise als der Erwerber zu identifizieren ist. Hieraus folgt, dass das neue Unternehmen nicht als Erwerber angesehen werden kann.[54]

62 Da IFRS 3.22 nicht den Fall anspricht, in dem das neu gegründete Unternehmen keine Eigenkapitalinstrumente emittiert, sondern **Zahlungen leistet**, ist fraglich, ob auch in diesem Fall das neu gegründete Unternehmen nicht als Erwerber identifiziert werden kann. Das IFRIC stellt hierzu fest, dass IFRS 3 der Identifizierung des neuen Unternehmens als Erwerber nicht entgegensteht. Vielmehr ist es aufgrund der Zahlung wahrscheinlich, dass das neue Unternehmen als der Erwerber anzusehen ist.[55] In jedem Einzelfall ist dies aber gem. IFRS 3.21 anhand aller sachdienlichen Fakten und Umstände zu prüfen.

10. IFRIC-NI IFRS 3-3

63 *IFRIC-NI IFRS 3-3 – „Transitory" Common Control* wurde vom IFRIC im März 2006 verabschiedet.[56] Gemäß IFRS 3.3 (b) fallen Unternehmenszusammenschlüsse von Unternehmen unter gemeinsamer Beherrschung nicht in den Anwendungsbereich von IFRS 3, wobei dies gem. IFRS 3.10 nur gilt, sofern diese **Beherrschung nicht vorübergehender Natur** ist. Der Zweck dieser Einschränkung besteht gem. IFRS 3.BC28 in der Missbrauchsabwehr. Der Erwerb eines der sich zusammenschließenden Unternehmen durch die übergeordnete(n) Partei(en) erst kurz vor einem Unternehmenszusammenschluss soll nicht dazu führen können, dass die Anwendung von IFRS 3 und somit der Erwerbsmethode verhindert werden kann.[57]

64 Das IFRIC betrachtet in IFRIC-NI IFRS 3-3 den Fall, in dem ein **neu gegründetes Unternehmen an einem Unternehmenszusammenschluss beteiligt** ist. Fraglich war in diesem Zusammenhang, ob die Beherrschung dieses neuen Unternehmens als vorübergehend i. S. v. IFRS 3.10 anzusehen ist oder nicht.

Beispiel:
Das Mutterunternehmen P hat eine Tochtergesellschaft G und erwirbt sämtliche Anteile des Unternehmens R. In einem nächsten Schritt gründet P das neue Unternehmen N. Nachdem P die Aktivitäten von G und R im neuen Unternehmen vereinigt hat, emittiert N Anteile zum Erwerb von G und R. Im letzten Schritt verkauft P das neue Unternehmen. Wenn sich G und R ohne Beteiligung von N direkt zusammengeschlossen hätten, wäre G aufgrund seiner Größe eindeutig als der Erwerber identifiziert worden. Die für IFRIC-NI IFRS 3-3 relevante Frage besteht in diesem Beispiel darin, wie der Zusammenschluss von G und R im Konzernabschluss von N abzubilden ist.[58]

65 Das IFRIC stellt bei seiner Antwort einen **Zusammenhang zwischen IFRS 3.10 und IFRS 3.22** her. IFRS 3.22 besagt, dass nicht das neu gegründete Unternehmen, sondern nur eines der sich zusammenschließenden Unternehmen, das vor dem Zusammenschluss bestand, aufgrund der verfügbaren Hinweise als der Erwerber zu identifizieren ist. Aus Konsistenzgründen muss nach der zutreffenden Ansicht des IFRIC auch bei der Beurteilung, ob die an einem Unternehmenszusammenschluss beteiligten Unternehmen nur unter vorübergehender gemeinsamer Beherrschung stehen, das neue Unternehmen unberücksichtigt bleiben. Im obigen Beispiel wäre somit G als Erwerber anzusehen, und der Unternehmenszusammenschluss zwischen G und R wäre unter Anwendung der Erwerbsmethode im Konzernabschluss von N abzubilden.[59]

---

53) Vgl. Baetge/Hayn/Ströhler in Baetge u. a., IFRS 3 Rz. 90; ein illustrierendes Beispiel findet sich bei PricewaterhouseCoopers, Rz. 25.89.

54) Zur Begründung vgl. IFRS 3.BC62-3.BC66.

55) Vgl. KPMG, S. 96.

56) Vgl. IFRIC Update 3/2006, S. 6.

57) Vgl. Baetge/Hayn/Ströhler in Baetge u. a., IFRS 3 Rz. 26.

58) Das Beispiel stammt aus KPMG, S. 127 und entspricht dem vom IFRIC zugrunde gelegten Fall; vgl. hierzu die Information for Observers zum IFRIC Agenda Paper 4 (ii) zur IFRIC-Sitzung im Dezember 2005.

59) Vgl. KPMG, S. 127.

11. IFRIC-NI IFRS 7-1

IFRIC-NI IFRS 7-1 – Presentation of „net finance costs" on the face of the income statement wurde vom IFRIC im November 2006 verabschiedet.[60] In dieser Nicht-Interpretation wird eine Fragestellung, zu der sich das IFRIC in der Vergangenheit bereits geäußert hat, anlässlich der Verabschiedung von IFRS 7 erneut behandelt. In der ursprünglichen Nicht-Interpretation vom Oktober 2004[61] kam das IFRIC zu dem Schluss, dass ein saldierter **Ausweis von Finanzierungsaufwendungen und Finanzerträgen** in der GuV gegen IAS 1.81 (b) i. V. m. IAS 1.32 verstößt. Zulässig sei es allerdings, unmittelbar aufeinander folgend die Finanzierungsaufwendungen, die Finanzerträge und als Zwischensumme den saldierten Betrag (z. B. als „net finance costs") auszuweisen.[62] 66

Dieser Sichtweise wurde in der Literatur nur partiell gefolgt. Mit Hinweis auf die in IAS 1.81 (b) verwandte Postenbezeichnung „finance costs" – ohne Nennung der Finanzerträge – wird z. T. davon ausgegangen, dass unter „finance costs" eine Saldogröße zu verstehen ist.[63] Insofern müsste der Begriff zweckmäßigerweise mit „Finanzergebnis" und nicht mit „Finanzierungsaufwendungen" übersetzt werden.[64] Aufgrund der in IAS 1 fehlenden Definition von „finance costs" bleibt es aber letztlich unklar, ob auf der Grundlage von IAS 1.81 (b) eine **Abweichung vom generellen Saldierungsverbot** in IAS 1.32 abgeleitet werden kann.[65] Angesichts des uneinheitlichen Meinungsbildes und der in der Nicht-Interpretation ausdrücklich erwähnten offenen Diskussion im IFRIC über diese Fragestellung wird deutlich, dass nicht eine Nicht-Interpretation, sondern eine IFRIC-Interpretation die angebrachte Form der Verlautbarung gewesen wäre. 67

Durch **IFRS 7.IG13** könnte die Beschlussfassung des IFRIC vom Oktober 2004 in Frage gestellt werden, da die Formulierung, dass Zinsaufwendungen und -erträge Bestandteil der gem. IAS 1.81 (b) separat auszuweisenden „finance costs" sind, einen saldierten Ausweis von Finanzierungsaufwendungen und -erträgen in der Position „finance costs" nahe legt. Zwar bestätigt das IFRIC in IFRIC-NI IFRS 7-1 ohne weitere Begründung seine Beschlussfassung vom Oktober 2004, empfiehlt aber gleichzeitig dem IASB, IFRS 7.IG13 zur Vermeidung von Unsicherheiten in der Bilanzierungspraxis im Sinne der IFRIC-Beschlussfassung zu ändern. 68

Der **IASB** hat sich mit der Thematik im November 2006 befasst und sich klar für einen **unsaldierten Ausweis** von Finanzierungsaufwendungen und -erträgen ausgesprochen. Gleichzeitig räumte der IASB aber ein, dass IAS 1.81 (b) i. V. m. IAS 1.32 und IFRS 7.IG13 in einem offensichtlichen Konflikt zueinander stehen. Der IASB beschloss, die Unklarheit durch Streichung von IFRS 7.IG13 i. R. d. Annual Improvement Process 2007 zu beseitigen. Um einen divergierenden Ausweis in der Praxis zu vermeiden, wäre zusätzlich aber eine Klarstellung von IAS 1.81 (b) angezeigt. 69

III. Nicht-Interpretationen vom Januar 2007

1. IFRIC-NI IAS 39-8

IFRIC-NI IAS 39-8 – Definition of a Derivative: Indexation on own EBITDA or own revenue wurde vom IFRIC im Januar 2007 verabschiedet[66] und befasst sich mit dem Anwendungsbereich von IAS 39. Gemäß IAS 39.9 (a) besteht eine der Voraussetzungen dafür, dass es sich um ein Derivat i. S. v. IAS 39 handelt, dass sich sein Wert infolge einer Änderung einer bestimmten Variablen wie z. B. einem Zinssatz oder Kreditindex ändert. Handelt es sich bei dieser bestimmten Variablen um eine nicht-finanzielle Variable, so liegt nur dann ein Derivat vor, wenn diese Variable nicht spezifisch für eine Vertragspartei ist. 70

---

60) Vgl. IFRIC Update 11/2006, S. 10 f.

61) Vgl. IFRIC Update 10/2004, S. 3.

62) Vgl. Kirsch, StuB 2006, S. 653.

63) Vgl. Kleekämper u. a. in Baetge u. a., IAS 1 Rz. 138 f. sowie Adler/Düring/Schmaltz, Abschn. 7 Rz. 173.

64) Vgl. aber die Verwendung von „Finanzierungsaufwendungen" in der Verordnung (EG) Nr. 2238/2004 der Kommission v. 29.12.2004, Abl. EG Nr. L 394/18 v. 31.12.2004.

65) Vgl. Bohl/Mangliers in Beck'sches IFRS-Handbuch § 2 Rz. 136, die dies mit Verweis auf die Nicht-Interpretation vom Oktober 2004 ablehnen.

66) Vgl. IFRIC Update 1/2007, S. 4.

71 Die im Juli 2006 im Entwurf veröffentlichte IFRIC Agenda-Entscheidung[67] befasste sich in diesem Zusammenhang mit zwei Fragestellungen. Zum einen ging es darum, ob das Erfordernis, dass im Falle einer nicht-finanziellen Variablen diese nicht spezifisch für eine Vertragspartei sein darf, **nur für Versicherungsverträge** gilt. Diese Sichtweise könnte daraus abgeleitet werden, dass diese Voraussetzung im Zuge der Entwicklung von *IFRS 4 –Versicherungsverträge* in IAS 39.9 (a) eingefügt wurde. Die Einschränkung auf Versicherungsverträge ergibt sich allerdings nicht aus dem Wortlaut von IAS 39.9 (a). Daher war das IFRIC zutreffend zu dem Schluss gekommen, dass die Definition eines Derivats i. S. v. IAS 39, deren Wert sich in Abhängigkeit einer bestimmten nicht-finanziellen Variablen ändert, nur dann erfüllt ist, wenn die Variable nicht spezifisch für eine Vertragspartei ist. Gegen eine Einschränkung auf Versicherungsverträge spricht zudem, dass sich den vom IASB jährlich in Form des sog. „Bound Volume“ veröffentlichten IFRS nicht mehr entnehmen lässt, dass die Ergänzung von IAS 39.9 (a) durch die Entwicklung von IFRS 4 impliziert wurde.

72 Zum anderen wurde im Entwurf der IFRIC Agenda-Entscheidung vom Juli 2006 die Frage angesprochen, ob die Kennzahl **EBITDA oder die Erträge** eines Unternehmens als finanzielle oder nicht-finanzielle Variablen anzusehen sind. Auf Grund der Änderung von IAS 39.9 (a) erhielt diese Frage erhebliche praktische Bedeutung, da die Einordnung dieser Variablen als finanziell oder nicht-finanziell darüber bestimmt, ob ein Derivat i. S. v. IAS 39.9 vorliegt. Das IFRIC trug hier allerdings nicht zu einer Lösung bei, sondern stellte lediglich fest, dass IAS 39 in diesem Punkt unklar sei. Letztlich lehnte das IFRIC die diesbezügliche Entwicklung einer Interpretation mit dem unbefriedigenden Hinweis darauf ab, dass die Wahrscheinlichkeit einer zeitnahen Beschlussfassung zu gering sei.

73 In seiner im Januar 2007 verabschiedeten Nicht-Interpretation verwies das IFRIC die Fragestellungen letztlich an den IASB mit der **Empfehlung**, IAS 39.9 (a) im Rahmen des „Annual Improvements Projects 2007“ zu ändern. Hiernach sollte klargestellt werden, dass die Definition eines Derivats i. S. v. IAS 39, dessen Wert sich in Abhängigkeit von einer nicht-finanziellen, für eine Vertragspartei spezifischen Variablen ändert, (vorbehaltlich der weiteren Kriterien in IAS 39.9) nur dann nicht erfüllt ist, wenn es sich um einen Versicherungsvertrag handelt.[68] Zur Einordnung der Kennzahl EBITDA und von Erträgen zu den finanziellen oder nicht-finanziellen Variablen äußerte sich das IFRIC weiterhin nicht.

74 Für die **IFRS-Anwender** hat IFRIC-NI IAS 39.8 insoweit Implikationen, als dass bis zur etwaigen Änderung von IAS 39.9 (a) durch den IASB die Definition eines Derivats nicht nur bei Versicherungsverträgen davon abhängig ist, ob sich der Wert des betreffenden Derivats in Abhängigkeit einer finanziellen oder einer nicht-finanziellen Variable ändert. Zudem bleibt es unklar, wie EBITDA und ähnliche Kennzahlen sowie Erträge eines Unternehmens zu klassifizieren sind, so dass mit weiterhin unterschiedlichen Einordnungen in der Praxis zu rechnen ist.

2. IFRIC-NI IAS 39-9

75 *IFRIC-NI IAS 39-9 – Short Trading* wurde vom IFRIC im Januar 2007 verabschiedet[69] und befasst sich mit der Bilanzierung von **Leerverkäufen**[70] („short sales“) **von Finanzinstrumenten**. Sofern der Zeitpunkt für die Lieferung der Finanzinstrumente marktüblich, d. h. durch gesetzliche Regelung oder Marktkonvention festgelegt[71] und der vereinbarte Preis zum Erfüllungstag fixiert ist, erfüllt ein solcher Verkaufskontrakt die Definition eines Derivats gem. IAS 39.9. Dies hat zur Folge, dass der Vertrag als Derivat mit dem beizulegenden Zeitwert zu bewerten ist, wobei Änderungen des Zeitwerts erfolgswirksam zu erfassen sind. Etwas anderes würde nur dann gelten, wenn auf Leerverkäufe von Finanzinstrumenten die Ausnahmeregelung in IAS 39.38 i. V. m. mit IAS 39.AG55 f. anwendbar wäre, nach der ein marktüblicher Kauf oder Verkauf („regular way purchase or sale“) von finanziellen Vermögenswerten entweder zum Handelstag oder zum Erfüllungstag erfasst werden

---

67) Vgl. IFRIC Update 7/2006, S. 7.

68) Der IASB hat sich der Ansicht des IFRIC im Februar 2007 angeschlossen und wird IAS 39.9 voraussichtlich im Rahmen des Annual Improvements Projects 2007 entsprechend ändern; vgl. IASB Update 2/2007, S. 3.

69) Vgl. IFRIC Update 1/2007, S. 5.

70) Während bei Leerverkäufen von Wertpapieren (sog. Short-Positionen) sich die Wertpapiere zum Zeitpunkt des Verpflichtungsgeschäfts noch nicht im Besitz des Verkäufers befinden, ist dies bei sog. Long-Positionen bereits der Fall.

71) In Deutschland sind dies zwei Bankarbeitstage.

kann. Das IFRIC hatte die Anwendbarkeit dieser Ausnahme in seinem im November 2006 veröffentlichten Entwurf von IFRIC-NI IAS 39-9 allerdings verneint und dies damit begründet, dass die Ausnahmeregelung zwar für Long-Positionen, nicht aber für Leerverkäufe von Finanzinstrumenten anwendbar sei.[72]

In der endgültigen Nicht-Interpretation IFRIC-NI IAS 39-9 bestätigte das IFRIC zwar seine in der Entwurfsfassung geäußerte Auffassung, dass das in IAS 39.38 i. V. m. IAS 39.AG55 f. enthaltene Wahlrecht im Falle von Verkäufen auf Long-Positionen beschränkt ist. Nach Würdigung der zur Entwurfsfassung der Nicht-Interpretation eingegangenen Stellungnahmen kam das IFRIC allerdings zu dem Schluss, dass das **Wahlrecht** zwischen der Bilanzierung am Handels- oder Erfüllungstag nichtsdestotrotz **auch für Leerverkäufe** von Finanzinstrumenten ausgeübt werden dürfe und somit der Verkaufskontrakt nicht als Derivat bilanziert werden müsse. Das IFRIC begründet dies damit, dass die praktische Umsetzung der Bilanzierung von Short-Positionen als Derivat mit einem erheblichen Aufwand verbunden wäre, durch den die Qualität der Rechnungslegung kaum oder gar nicht verbessert werden könne. 76

Das IFRIC erachtet die nach Aussagen der Kommentatoren zur Entwurfsfassung von IFRIC-NI IAS 39-9 bislang in der Praxis übliche Vorgehensweise ausdrücklich als zulässig, alle Erfüllungsverpflichtungen mit ihrem beizulegenden Zeitwert als finanzielle Verbindlichkeiten anzusetzen, wobei Zeitwertänderungen erfolgswirksam erfasst werden. Eine **Unterscheidung zwischen Long- und Short-Positionen erfolgt somit nicht**. Das IFRIC führt hierzu weiter aus, dass sich bei dieser Vorgehensweise im Vergleich zur Bilanzierung der Verkaufskontrakte als Derivate lediglich im Ausweis Unterschiede ergäben, die Ergebniswirksamkeit der beiden Methoden aber identisch wäre. Aus dieser Aussage lässt sich ableiten, dass der Ansatz zum Erfüllungstag und somit die Anwendung der Ausnahmeregel in IAS 39.38 dann nicht zulässig sein dürfte, wenn sich hieraus eine Ergebniswirkung ergeben würde, die sich von derjenigen bei der Bilanzierung des Leerverkaufs als Derivat wesentlich unterscheidet. Dies könnte der Fall sein, wenn zwischen Handelstag und Erfüllungstag ein Abschlussstichtag liegt. Eine ausdrückliche Aussage des IFRIC hierzu fehlt allerdings. 77

Da das IFRIC die in den Stellungnahmen einzelner IFRS-Anwender als üblich bezeichnete Bilanzierung von Leerverkäufen ausdrücklich **als eine von der Praxis vorgenommene Interpretation** von IAS 39 bezeichnet, ist es unverständlich, dass sich das IFRIC zu diesem Thema in Form einer Nicht-Interpretation geäußert hat. Auch bestehen Zweifel an der Einschätzung des IFRIC, dass der beschriebene Sachverhalt in der Praxis weitgehend einheitlich bilanziert wird.[73] Zudem wäre es erforderlich gewesen, die Voraussetzungen für die Anwendung der Ausnahmeregel in IAS 39.38 bei Leerverkäufen von Finanzinstrumenten zu präzisieren und nicht nur auf eine sehr knapp beschriebene Vorgehensweise in der Praxis zu verweisen. 78

D. Bindungswirkung von Nicht-Interpretationen

Sämtlichen veröffentlichten IFRIC Agenda-Entscheidungen wird die folgende **Ausschlussklausel (disclaimer)** vorangestellt: „*The following explanations are provided for information purposes only, and do not represent or change existing IFRS requirements. Interpretations of the IFRIC are determined only after extensive deliberations and due process, including a formal vote.*“.[74] Diese Formulierung legt zunächst nahe, dass den in IFRIC Agenda-Entscheidungen enthaltenen Aussagen des IFRIC zu einzelnen IFRS-Bilanzierungsfragen – nach dem hier verwendeten Sprachgebrauch, also den Nicht-Interpretationen – keinerlei Bindungswirkung beizumessen ist. 79

72) Vgl. IFRIC Update 11/2006, S. 11.

73) So geht aus den zum Nicht-Interpretations-Entwurf eingegangenen Stellungnahmen (verfügbar unter www.iasb.org) hervor, dass die Anwendbarkeit der Ausnahmeregel in IAS 39.38 in der Praxis nicht einheitlich gesehen wird.

74) Diese Ausschlussklausel findet sich sowohl zu Beginn der auf der Website des IASB abrufbaren Übersicht über die bislang veröffentlichten IFRIC Agenda-Entscheidungen als auch im IFRIC Update, jeweils am Anfang des Abschnitts zu den IFRIC Agenda-Entscheidungen.

80 Gegen eine Bindungswirkung der Nicht-Interpretationen spricht nicht nur deren ausdrücklicher Informationscharakter, sondern weiterhin:

- der verkürzte Entwicklungsprozess mit einer Kommentierungsfrist von grundsätzlich nur 30 Tagen,
- die nicht erforderliche Zustimmung des IASB sowie
- die nicht erfolgende Anpassung der Nicht-Interpretationen an Änderungen der jeweils einschlägigen IFRS.[75)]

81 Auf EU-Ebene ist insbesondere das **Fehlen der Übernahme von Nicht-Interpretationen durch die EU-Kommission** im Wege des Endorsement-Verfahrens zu beachten. So hat die EU-Kommission hinsichtlich der Bindungswirkung von Nicht-Interpretationen ausdrücklich auf Artikel 2 der IAS-Verordnung No. 1606/2002[76)] hingewiesen, aus dem hervorgeht, dass von der Verordnung ausschließlich vom IASB veröffentlichte IFRS sowie SIC- und IFRIC-Interpretationen erfasst werden. Insofern empfiehlt die EU-Kommission, dass Nicht-Interpretationen nicht einen den IFRS und den IFRIC-Interpretationen entsprechenden Status haben sollten und dies vom IASB unmissverständlich klarzustellen sei.[77)]

82 Gleichwohl belegt die intensive Diskussion über den Status und insbesondere die Bindungswirkung der Nicht-Interpretationen, dass den dort enthaltenen Aussagen zur IFRS-Bilanzierung von den mit IFRS-Abschlüssen befassten Unternehmen und Institutionen eine **hohe praktische Relevanz** beigemessen wird.[78)] Letztlich stellt sich immer dann, wenn in einer IFRIC Agenda-Entscheidung Anwendungshinweise zur IFRS-Bilanzierung enthalten sind, die Frage, ob diese als informelle Interpretationen[79)] mit einer zumindest faktischen Bindungswirkung anzusehen sind oder nicht. Entsprechende Überlegungen dürften nicht nur IFRS-Anwender, sondern insbesondere auch Regulatoren und mit dem Enforcement (der Durchsetzung) betraute Institutionen anstellen. Vergegenwärtigt man sich, dass die Annahme einer zumindest faktischen Bindungswirkung von Nicht-Interpretationen zur Durchsetzung retrospektiver Anpassungen vergangener Abschlüsse führen könnte[80)], lässt sich die Intensität der diesbezüglichen Diskussion leicht nachvollziehen.[81)]

83 Dass Nicht-Interpretationen nicht nur bloße Informationen darstellen, die von IFRS-Anwendern bedenkenlos außer Acht gelassen werden können, zeigt die **jüngste Diskussion beim IASB**. Dieser weist ausdrücklich darauf hin, dass die viele Standards und Interpretationen begleitenden Erläuterungen und Anwendungshinweise („Basis for Conclusions" und „Implementation Guidance") zwar nicht verbindlich („authoritative"), von IFRS-Anwendern gleichwohl aber nicht zu ignorieren sind.[82)] Dies legt nahe, dass diese Erläuterungen und Anwendungshinweise allenfalls in Ausnahmefällen und nur mit einer entsprechenden Begründung nicht befolgt werden müssen und es sich somit um **faktisch verbindliche Äußerungen** des IASB bzw. des IFRIC handelt. Da der IASB die Nicht-Interpretationen hinsichtlich ihres Status mit derartigen Anwendungshinweisen gleichsetzt und von unweigerlich gewichtigen Äußerungen des IFRIC spricht[83)], geht der IASB auch bei den Nicht-Interpretationen offensichtlich davon aus, dass diese einer faktischen Bindungswirkung unterlie-

---

75) Vgl. Schreiber, BB 2006, S. 1847.

76) Vgl. Verordnung (EG) Nr. 1606/2002 des Europäischen Parlaments und des Rates v. 19.7.2002, Abl. EG Nr. L 243/1 v. 11.9.2002.

77) Vgl. die Stellungnahme der EU-Kommission zum Entwurf des IFRIC Handbuchs zum Entwicklungsprozess, die unter www.iasb.org unter der Rubrik „Current Projects" abrufbar ist.

78) Entsprechend äußert sich auch die EU-Kommission in ihrer Stellungnahme zum Entwurf des IFRIC Handbuchs zum Entwicklungsprozess.

79) Vgl. IFRIC Review of Operations, Rz. 24.

80) Der IASB spricht den Zusammenhang zwischen dem Verweis auf die Eindeutigkeit eines Standards in einer Nicht-Interpretation und der möglicherweise hieraus ableitbaren Notwendigkeit der retrospektiven Anpassung im Falle einer Abweichung von den Aussagen in der Nicht-Interpretation im IASB Update 12/2006, S. 5 zwar an, äußerst sich hierzu aber nicht weitergehend.

81) Vgl. statt aller die RIC-Stellungnahmen zum Konsultationspapier IFRIC Review of Operations v. 29.7.2005 sowie zum Entwurf des IFRIC Handbuchs zum Entwicklungsprozess v. 6.9.2006; abrufbar unter www.standardsetter.de/drsc/ric.html; Stellungnahmen anderer Personen und Institutionen finden sich unter www.iasb.org unter der Rubrik „Current Projects".

82) Vgl. IASB Update 12/2006, S. 5.

83) Vgl. IASB Update 12/2006, S. 5.

gen. Daran ändert auch die Aussage des IASB nichts, dass IFRIC Agenda-Entscheidungen „non-authoritative" (unverbindlich) seien. Diese aktuellen Äußerungen des IASB bestätigen die im September 2005 gemachten Aussagen des IFRIC-Vorsitzenden, der im Rahmen einer öffentlichen Tagung betont hatte, dass IFRIC Nicht-Interpretationen nicht unbeachtet gelassen werden können.[84]

Auch wenn es nicht sachgerecht erscheint, gegen die in den Nicht-Interpretationen explizit enthaltenen Aussagen des IFRIC zu verstoßen, ist der bislang von IFRIC und IASB gewählte Weg, dies zu kommunizieren, als unbefriedigend zu bezeichnen. Die Irritationen in der IFRS-Praxis werden bestehen bleiben, solange von IASB bzw. IFRIC keine **klaren und vor allem konsistenten Aussagen** zum Status von Nicht-Interpretationen gemacht werden. Angesichts der zu erwartenden steigenden Anzahl von Nicht-Interpretationen ist es dringend geboten, dass das Stadium des Experimentierens mit IFRIC Agenda-Entscheidungen[85] verlassen wird, da auch nur so verhindert werden kann, dass die Bindungswirkung der Nicht-Interpretationen in verschiedenen Ländern völlig unterschiedlich gesehen wird. Von Irrelevanz bis hin zur Pflicht retrospektiver Fehlerkorrekturen gem. IAS 8 ist hier alles denkbar. 84

Eine internationale Signalwirkung könnte allerdings von einer Stellungnahme zum Status der Nicht-Interpretationen ausgehen, die im Januar 2007 von **CESR, FEE und BUSINESSEUROPE gemeinsam** veröffentlicht wurde.[86] In dieser sog. „Summary Note" gehen diese die Börsenaufsicht, die Wirtschaftsprüfer und die IFRS-Anwender repräsentierenden Institutionen davon aus, dass die Abschlussadressaten von den bilanzierenden Unternehmen die Berücksichtigung der in den Nicht-Interpretationen enthaltenen Aussagen zur IFRS-Bilanzierung erwarten werden. Eine Abweichung dürfte somit nur bei Vorliegen gewichtiger Gründe als sachgerecht anzusehen sein, wobei die Beweislast hierfür bei den bilanzierenden Unternehmen liege. Sollte es durch die Anwendung von Nicht-Interpretationen zu einer Änderung der bisherigen Bilanzierung eines Sachverhalts kommen, so stellt dies nach Ansicht der Verfasser der „Summary Note" eine Änderung der Bilanzierungsmethoden i. S. v. IAS 8 dar, die eine retrospektive Anpassung impliziert. CESR, FEE und BUSINESSEUROPE gehen in ihrem Papier allerdings nicht so weit, dass eine solche Änderung als eine Fehlerkorrektur i. S. v. IAS 8 aufzufassen sei.[87] 85

Der richtige Ort für eine abschließende und konsistente Darstellung von Status und Bindungswirkung der Nicht-Interpretationen wäre aber zweifellos das **IFRIC Handbuch zum Entwicklungsprozess**. Hier finden sich zwar Ausführungen zur Bindungswirkung von IFRIC-Interpretationen[88], nicht aber Aussagen, die Aufschluss über den Bindungswirkungsgrad von Nicht-Interpretationen geben. Eine Analogie lässt sich nicht einfach bilden, da die Nicht-Interpretationen im Gegensatz zu den IFRIC-Interpretationen ausdrücklich nicht zu den IFRS zählen. Selbst wenn dem Vorschlag u. a. des RIC gefolgt würde, IFRIC Agenda-Entscheidungen künftig mit keinen anwendbaren Aussagen zur IFRS-Bilanzierung zu versehen[89], wäre die eindeutige Klärung des Status der bereits veröffentlichten Nicht-Interpretationen unumgänglich. 86

Die Abschaffung von Nicht-Interpretationen für die Zukunft wäre zwar konsequent und würde die dargelegten Praxisprobleme zweifelsfrei lösen; sie würde das IFRIC aber mit ziemlicher Sicherheit dem Vorwurf intransparenten Arbeitens auch von Seiten der IFRS-Anwender aussetzen.[90] Wahrscheinlicher ist es somit, 87

84) Vgl. die unter www.standardsetter.de/drsc/ric.html verfügbaren RIC-News v. 21.11.2005; das RIC kam damals zu dem Schluss, dass wohl nur bei Vorliegen gewichtiger Gründe von den Aussagen in den Nicht-Interpretationen abgewichen werden dürfe; in seiner Stellungnahme zum Entwurf eines IFRIC Handbuchs zum Entwicklungsprozess v. 6.9.2006 relativiert das RIC diese Aussage und betont nun stärker den Informationscharakter der IFRIC Agenda-Entscheidungen; vgl. insbesondere S. 4 der Stellungnahme.

85) Der IFRIC-Koordinator sprach im Rahmen der IASB-Sitzung im Dezember 2006 im Zusammenhang mit IFRIC Agenda-Entscheidungen ausdrücklich von einem Prozess des Experimentierens; vgl. IStaR 12/2006, S. 6.

86) Das Dokument ist abrufbar unter: http://ec.europa.eu/internal_market/accounting/docs/ias/roundtable/070125_conclusions_ifric_rejection_notes_en.pdf. Entgegen der hier verwendeten Terminologie wird in dem Papier nicht von Nicht-Interpretationen, sondern von „IFRIC Rejection Notes" gesprochen.

87) Vgl. Schreiber, KoR 2007, S. 310.

88) Vgl. IFRIC Handbuch zum Entwicklungsprozess, Rz. 44-46.

89) Vgl. RIC-Stellungnahme zum Entwurf des IFRIC Handbuchs zum Entwicklungsprozess v. 6.9.2006, S. 5.

90) Entsprechend haben IASB und SAC bereits mehrfach auf den Nutzen von Nicht-Interpretationen für die IFRS-Anwender hingewiesen; vgl. IFRIC Review of Operations, Rz. 27 sowie IASB Update 12/2006, S. 5.

dass **auch weiterhin IFRIC Agenda-Entscheidungen in Form von Nicht-Interpretationen** veröffentlicht werden, so dass letztlich davon auszugehen ist, dass sich diese mit einem Status etablieren, der mit dem von „Basis for Conclusions" und sonstigen Anwendungshinweisen von IASB und IFRIC vergleichbar ist. Hilfreich wäre in diesem Zusammenhang, wenn klarer als bisher zwischen fachlich und formal begründeten Ablehnungen – also zwischen Nicht-Interpretationen und sonstigen IFRIC Agenda-Entscheidungen – unterschieden würde.[91]

E. Ausblick

88 IFRIC Agenda-Entscheidungen haben sich seit der Einführung eines die Öffentlichkeit mit einbeziehenden Entwicklungsprozesses im Sommer 2005 trotz ihrer nicht gegebenen offiziellen Bindungswirkung als **wichtige Verlautbarungen des IFRIC** etabliert. Ihre Bedeutung erlangen sie durch den Umstand, dass sie nicht nur formale Begründungen für die Ablehnung von beim IFRIC eingereichten Themenstellungen enthalten, sondern häufig auch Hinweise auf die aus Sicht des IFRIC sachgerechte bilanzielle Abbildung eines Sachverhalts geben. Tendenziell dürfte davon auszugehen sein, dass Nicht-Interpretationen eine faktische Bindungswirkung entfalten, die mit der von Anwendungshinweisen des IASB vergleichbar ist.

89 Für IFRS-Anwender sind faktisch verbindliche Nicht-Interpretationen unbefriedigend und im Hinblick auf den wahrscheinlichen, international aber uneinheitlichen Rückgriff von Regulatoren, Gerichten und Enforcement-Institutionen auf diese Anwendungshinweise mit erheblichen Risiken behaftet. IFRIC und IASB sollten diese Realität nicht länger ignorieren und entweder auf Nicht-Interpretationen verzichten oder aber diesen offiziell einen den vorhandenen Anwendungshinweisen („Basis for Conclusions" und „Application Guidances") entsprechenden Status einräumen. In letzterem Fall wäre es allerdings unumgänglich, die Nicht-Interpretationen betreffenden **prozessualen und organisatorischen Aspekte** grundlegend zu überdenken. Insbesondere der Verzicht des IFRIC, seine in der Vergangenheit veröffentlichten Nicht-Interpretationen nicht an Änderungen der einschlägigen IFRS anzupassen, wäre dann nicht mehr haltbar. Des Weiteren könnte die Veröffentlichung der Nicht-Interpretationen lediglich im IFRIC Update nicht mehr als ausreichend angesehen werden. Entsprechend der Vorgehensweise bei vorhandenen Anwendungshinweisen wäre vielmehr die Aufnahme in das IFRS „Bound Volume" zweckmäßig. Schließlich müsste der IASB in den Entwicklungsprozess der Nicht-Interpretationen stärker einbezogen werden.[92]

---

91) Dies wurde von einzelnen IASB-Mitgliedern bereits angeregt, wobei statt von Nicht-Interpretationen von Klarstellungen („clarifications") gesprochen wurde; für die sonstigen IFRIC Agenda-Entscheidungen wurde der Begriff „Ablehnungen" („rejections") vorgeschlagen; vgl. IStaR 12/2006, S. 6.

92) Vgl. RIC-Stellungnahme zum Entwurf eines IFRIC Handbuchs zum Entwicklungsprozess v. 6.9.2006, S. 5 f.

ED Amendments to IFRS 1 – First-time Adoption of International Financial Reporting Standards – Cost of an Investment in a Subsidiary

Bearbeitet von:
Edgar Ernst, Peter Mißler und Hendrik Vater

Inhalt

Schrifttum

Andrejewski/Böckem, Einzelfragen zur Anwendung der Befreiungswahlrechte nach IFRS 1 (Erstmalige Anwendung der IFRS), KoR 2004, S. 332;

Burger/Feldrappe/Ulbrich, Auswirkungen der Umstellung von HGB auf IFRS auf zentrale Kennzahlen des Jahresabschlusses, PiR 2006, S. 134;

Burger/Schäfer/Ulbrich/Zeimes, Die Umstellung der Rechnungslegung nach IFRS 1 – Empirische Analyse und Bewertung der Neuregelungen zur Erstanwendung der IFRS, WPg 2005, S. 1193;

Hayn, Erstmalige Anwendung der International Financial Reporting Standards, in Ballwieser u. a. (Hrsg.), Wiley-Kommentar zur Internationalen Rechnungslegung nach IAS/IFRS, Weinheim, 3. Aufl. 2007, Abschn. 27;

Hayn/Bösser/Pilhofer, Erstmalige Anwendung von International Financial Reporting Standards (IFRS 1), BB 2003, S. 1607;

Hoffmann/Lüdenbach, BB-Forum: Übergang zu den IFRS mit Rückfahrkarte? – HGB-Bilanzierung nach vorübergehender IFRS-Anwendung, BB 2005, S. 96;

IASB, Information for Observers v. 22.9.2006: Cost of an Investment in a subsidiary in the separate financial statements of a parent on first time adoption of IFRSs, London;

Pellens/Detert, IFRS 1 „First-time Adoption of International Financial Reporting Standards" – Neue Regelungen zur erstmaligen Anwendung der IFRS, KoR 2003, S. 369;

Zeimes, Zur erstmaligen Anwendung der International Financial Reporting Standards gemäß IFRS 1, WPg 2003, S. 982.

A. Gegenstand und Relevanz

I. Inhalt

1 Der IASB hat Anfang Februar 2007 einen Entwurf zu einer weiteren Änderung von *IFRS 1 – Erstmalige Anwendung der International Financial Reporting Standards* veröffentlicht.[1] Die vorgeschlagene Änderung sieht vor, Ausnahmen von den Anforderungen des IFRS 1 bei der erstmaligen Umstellung auf IFRS zu gestatten. Im Detail betrifft die vorgeschlagene Änderung die Bestimmung des **Wertansatzes von Anteilen an einer Tochtergesellschaft** im ersten Einzelabschluss der Muttergesellschaft nach IFRS. Der IASB hatte dieses Projekt im März 2006 auf seine Agenda genommen, um IFRS-Erstanwendern die rückwirkende Anpassung der Anschaffungskosten von Tochtergesellschaften zu erleichtern.

2 Darüber hinaus beinhaltet ED IFRS 1amend Vereinfachungen hinsichtlich der **Differenzierung von Ausschüttungen** (Entstehung vor oder nach Akquisition der Anteile an der Tochtergesellschaft) im Zuge der erstmaligen IFRS-Anwendung im Einzelabschluss.

II. Bedeutung

3 IFRS 1 enthält Vorschriften für die erstmalige Anwendung der IFRS.[2] In diesem Sinne ist IFRS 1 für alle Unternehmen von Bedeutung, die einen Übergang zur Rechnungslegung nach IFRS anstreben. Eine erstmalige Umstellung der Rechnungslegung auf IFRS bewirkt aus Unternehmenssicht bedeutende Änderungen, da mit der erstmaligen Anwendung der IFRS wesentliche **neue Ansatz-, Bewertungs- und Angabepflichten** Einzug in die Bilanzierung halten, die in den bislang angewandten nationalen Rechnungslegungsvorschriften anders geregelt oder unberücksichtigt geblieben waren.[3]

4 Im separaten Abschluss eines Mutterunternehmens sind Anteile an Tochterunternehmen, assoziierten Unternehmen und gemeinsam geführten Unternehmen, die nicht zur Veräußerung i. S. v. IFRS 5 gehalten werden, gem. IAS 27.37 zu bilanzieren. Derzeit sieht IFRS 1 vor, den **Wertansatz von Tochterunternehmen** entweder in Höhe der fortgeführten Anschaffungskosten oder zum beizulegenden Zeitwert („fair value") zu bestimmen. In der Unternehmenspraxis können die fortgeführten Anschaffungskosten jedoch teilweise nicht oder nur mit unverhältnismäßigem Aufwand ermittelt werden. Um diesen Gesellschaften trotzdem die Möglichkeit zum Ansatz der Anschaffungskosten in der Folgebewertung zu geben, sieht IFRS 1amend die Möglichkeit vor, die Anschaffungskosten im ersten IFRS-Abschluss vereinfachend in Form von „deemed cost" (Ersatz-Anschaffungskosten) anzugeben.

5 Die **praktische Bedeutung** des Sachverhalts für eine Umstellung der Rechnungslegung auf IFRS wird in den Information for Observers v. 22.9.2006 am Beispiel des britischen Aktienindex FTSE 100 verdeutlicht: So verfügen die 100 größten britischen Unternehmen über rund 40 000 Tochtergesellschaften, die teilweise bereits seit bis zu 50 Jahren im Besitz der einzelnen Muttergesellschaften sind.[4] Der sich hieraus ergebende Umstellungsaufwand führt nach Auffassung des IASB-Stabs dazu, dass viele Unternehmen auf einen Einzelabschluss nach IFRS verzichten.

6 Obgleich kapitalmarktorientierte **deutsche Unternehmen** bereits zum 1.1.2004 in Europa ihren Konzernabschluss auf der Basis der IAS-Verordnung erstmals verpflichtend nach internationalen Rechnungslegungsgrundsätzen aufstellen mussten, ist IFRS 1 nach wie vor von Bedeutung; dies gilt vor allem für mittelständische Unternehmen, die den Gang an den Kapitalmarkt oder eine Umstellung aus Transparenzgründen anstreben. In **internationaler Hinsicht** ist zu erwarten, dass in den nächsten Jahren weitere Länder eine Übernahme der IFRS für Zwecke der Rechnungslegung börsennotierter Unternehmen vollziehen werden. Ebenso ist zu

---

1) Zu Einzelfragen zur Anwendung der Befreiungswahlrechte nach IFRS 1 siehe Andrejewski/Böckem, KoR 2004, S. 332.

2) Vgl. z. B. Pellens/Detert, KoR 2003, S. 369; Zeimes, WPg 2003, S. 982.

3) Vgl. hierzu Burger/Schäfer/Ulbrich/Zeimes, WPg 2005, S. 1193 ff.; Burger/Feldrappe/Ulbrich, PiR 2006, S. 134; zum Sonderfall einer HGB-Bilanzierung nach vorübergehender IFRS-Anwendung siehe Hoffmann/Lüdenbach, BB 2005, S. 96.

4) Vgl. IASB, Information for Observers v. 22.9.2006, S. 6.

erwarten, dass die IFRS langfristig auch eine Ausstrahlungswirkung in den Einzelabschluss haben werden. Hier zeigt sich sodann die praktische Relevanz der vorgeschlagenen Änderung.

III. Anwendungsbereich

Der **sachliche Anwendungsbereich** der Ergänzung von IFRS 1 betrifft die Bestimmung des Wertansatzes von Anteilen an einer Tochtergesellschaft im ersten Einzelabschluss einer Muttergesellschaft nach IFRS. IFRS 1 ist von allen Unternehmen zu beachten, die ihre Rechnungslegung auf IFRS umstellen. 7

Der **zeitliche Anwendungsbereich** ist in ED IFRS 1amend noch offen gelassen worden. Gemäß ED IFRS 1amend.47F wird der Anwendungszeitpunkt nach Verabschiedung des Standardentwurfs bestimmt. Eine freiwillige frühere Anwendung ist gestattet. Macht ein Unternehmen von diesem Wahlrecht Gebrauch, ist dies im Anhang offenzulegen. 8

IV. Regelungszusammenhänge

Für die Bestimmung des Wertansatzes von Anteilen an einer Tochtergesellschaft ist IFRS 1 in Verbindung mit *IAS 27 – Konzern- und separate Einzelabschlüsse nach IFRS* maßgeblich. ED IFRS 1amend sieht vor, in IFRS 1 einen neuen Paragraphen 47F einzufügen. Des Weiteren wird der Anhang B: Unternehmenszusammenschlüsse um die Paragraphen B4 bis B6 ergänzt. In den Anwendungsleitlinien („Implementation Guidances") werden ebenfalls zwei Paragraphen inkl. eines Beispiels eingefügt. 9

V. Definitionen

Unter dem Begriff **„Ersatz-Anschaffungskosten"** („deemed cost") ist ein Wahlrecht zu verstehen, den Wertansatz von Anteilen an einer Tochtergesellschaft entweder in Höhe der Nettovermögenswerte im ersten Abschluss der Tochtergesellschaft nach Umstellung auf IFRS oder in Höhe des beizulegenden Zeitwerts der Anteile an der Tochtergesellschaft ermitteln zu können. 10

Für das Verständnis von ED IFRS 1amend sind folgende weitere in IAS 27.4 enthaltene Definitionen von Bedeutung: 11

- **Tochterunternehmen**: Ein Unternehmen, das von einem anderen Unternehmen (als Mutterunternehmen bezeichnet) beherrscht wird.
- **Mutterunternehmen**: Ein Unternehmen mit einem oder mehreren Tochterunternehmen.
- **Beherrschung**: Die Möglichkeit, die Finanz- und Geschäftspolitik eines Unternehmens zu bestimmen, um aus dessen Tätigkeit Nutzen zu ziehen.
- **Separate Abschlüsse nach IFRS** sind die von einem Mutterunternehmen, einem Anteilseigner eines assoziierten Unternehmens oder einem Partnerunternehmen eines gemeinsam geführten Unternehmens aufgestellten Abschlüsse, in denen die Anteile auf der Grundlage der unmittelbaren Kapitalbeteiligung anstatt auf Grundlage der vom Beteiligungsunternehmen berichteten Ergebnisse und seines Reinvermögens bilanziert werden.

B. Ermittlung des Wertansatzes von Anteilen an einer Tochtergesellschaft im Einzelabschluss einer Muttergesellschaft

Nach den derzeit geltenden Rechnungslegungsvorschriften müssen Erstanwender den Wertansatz von Anteilen an einer Tochtergesellschaft wahlweise in Höhe der **fortgeführten Anschaffungskosten oder alternativ zum beizulegenden Zeitwert** ermitteln. Nimmt ein Unternehmen die Möglichkeit der Bewertung zum beizulegenden Zeitwert in Anspruch, sind zugleich die Vorschriften von *IAS 39 – Finanzinstrumente: Ansatz und Bewertung* beachtlich (ED IFRS 1amend.B4). ED IFRS 1 bezieht sich lediglich auf den erstmaligen Wertansatz; die Folgebewertung kann gem. IAS 27 sowohl zu fortgeführten Anschaffungskosten als auch zum beizulegenden Zeitwert erfolgen. 12

13 In einigen Fällen bestehen **Schwierigkeiten bei der Ermittlung der fortgeführten Anschaffungskosten**, so dass diese nicht oder nur mit unverhältnismäßigem Aufwand bestimmt werden können.

14 Der IASB beschloss vor diesem Hintergrund, ein **Wahlrecht** einzuführen, nach dem die Anschaffungskosten im ersten IFRS-Abschluss in Form von Ersatz-Anschaffungskosten („deemed cost") angegeben werden können. Hierfür schlägt der IASB ein Wahlrecht zwischen einem Wertansatz

- in Höhe der Nettovermögenswerte im ersten Abschluss der Tochtergesellschaft nach Umstellung auf IFRS („net asset deemed cost"), oder
- in Höhe des beizulegenden Zeitwerts der Anteile an der Tochtergesellschaft („fair value deemed cost") vor (ED IFRS 1amend.B5).

15 Die **Ermittlung** der Nettovermögenswerte bzw. des beizulegenden Zeitwerts erfolgt dabei bereits gemäß den jeweils einschlägigen IFRS-Vorschriften.

16 Die Entscheidung zur Inanspruchnahme des Wahlrechts und damit zur Ermittlung des Wertansatzes von Anteilen an einer Tochtergesellschaft auf Basis des beizulegenden Zeitwerts hat im Übrigen keine Auswirkung auf die **Folgebewertung**; diese kann gem. IAS 27 sowohl zu fortgeführten Anschaffungskosten als auch zu aktuellen Zeitwerten erfolgen. Werden dagegen in Folgeperioden Anteile an Tochterunternehmen, gemeinsam geführten Unternehmen und assoziierten Unternehmen im Konzernabschluss in Übereinstimmung mit IAS 39 bilanziert, sind diese gem. IAS 27.39 im Rahmen der weiteren Folgebewertung im separaten Einzelabschluss des Anteilseigners nach IFRS in gleicher Weise zu bilanzieren.

17 **Auslöser der vorgeschlagenen Vereinfachung** waren Hinweise an den IASB, dass Erstanwender zuweilen Schwierigkeiten bei der Ermittlung des Wertansatzes von Anteilen an einer Tochtergesellschaft im ersten Einzelabschluss einer Muttergesellschaft haben. Diese Schwierigkeiten resultieren vornehmlich aus der Tatsache, dass sich die entsprechenden Vorschriften des zuvor angewendeten Rechnungslegungsstandards von IAS 27 unterscheiden. Daher ist der Wertansatz in einzelnen Fällen nur schwer oder sogar überhaupt nicht zu ermitteln (ED IFRS 1amend.BC2). So kann z. B. der beizulegende Zeitwert von Vermögenswerten und Schulden zum seinerzeitigen Akquisitionszeitpunkt einer Tochtergesellschaft im Nachhinein nur schwerlich bestimmt werden. Erhält die Muttergesellschaft Dividendenzahlungen von Tochterunternehmen, so müssen diese von etwaigen Kapitalrückzahlungen separiert werden.

18 Andererseits vermutet der IASB, dass einige Erstanwender die Anschaffungskosten gem. ihren **nationalen Rechnungslegungsvorschriften** und damit nicht in Einklang mit den IFRS ermittelt haben.[5)] De facto führt dies zu einer Beeinträchtigung der Relevanz und Zuverlässigkeit der Information, so dass dem IASB eine Vereinfachung gerechtfertigt schien (ED IFRS 1amend.BC6).

19 Ursprünglich diskutierte der IASB drei verschiedene Ausprägungen von Ersatz-Anschaffungskosten. Neben den beiden nun verabschiedeten Möglichkeiten wurde zudem in Erwägung gezogen, Unternehmen zu gestatten, als Ersatz-Anschaffungskosten die entsprechend den **Vorschriften des zuvor angewandten Rechnungslegungssystems** ermittelten Anschaffungskosten zu verwenden (sog. „previous GAAP deemed cost"). Diese Variante hätte den Charme, dass der Buchwert aus dem Abschluss nach den nationalen Vorschriften in den IFRS-Abschluss übernommen werden könnte. Dieser Rückgriff ist damit sicherlich die einfachste und aufwandsärmste Variante zur Ermittlung der Anschaffungskosten. Auch führt sie nicht zu Verwerfungen unter rechtlichen oder steuerlichen Gesichtspunkten. Zugleich ist dieser Ansatz konsistent mit der Vorgehensweise bei der Anpassung von Unternehmenszusammenschlüssen („restatement") im Anwendungsbereich von IFRS 1 (ED IFRS 1amend.BC4). Der IASB verwarf diese Option jedoch bislang mit der Begründung, der Informationsgehalt dieser Variante liege unter dem der anderen beiden Optionen.

20 Während die Variante mit der Ermittlung der Ersatz-Anschaffungskosten über die Nettovermögenswerte („net asset deemed cost") über den Vorteil verfügt, dass der Wertansatz relativ einfach ermittelt werden kann, spricht für die Variante, bei der der beizulegende Zeitwert genutzt wird, dass diese eine Einschätzung des Marktwerts der entsprechenden Einheiten ermöglicht und damit besonders relevante Informationen bietet.

---

5) Vgl. IASB, Information for Observers v. 22.9.2006, S. 8; der Stab des IASB stufte die Option der „previous GAAP deemed cost" aus diesen Gründen trotz der Bedenken des IASB als „erneut bedenkenswert" ein.

Gegen diese Argumentation kann jedoch eingewandt werden, dass der **Informationsgehalt** der vom IASB bevorzugten Ansätze in Folgeperioden an Relevanz verliert, sofern die Folgebewertung zu Anschaffungskosten erfolgt. Lediglich die Ausgangsbasis wäre „aktueller". Letztlich stellt sich die Frage, ob der zusätzliche Ermittlungsaufwand den damit einhergehenden Informationsgewinn rechtfertigt. Zudem kann der Ansatz zum beizulegenden Zeitwert im Vergleich zu den beiden anderen Optionen dazu führen, dass Abschreibungen auf den Beteiligungsbuchwert vorgenommen werden müssen. Daher resultiert aus diesem Ansatz eine verhältnismäßig höhere Volatilität, die tendenziell den Informationsvorsprung dieses Ansatzes reduziert.

Vor dem Hintergrund, dass zuweilen **bedeutende Unterschiede** zwischen IAS 27 und den korrespondierenden Regelungen der nationalen Rechnungslegungsstandards bestehen, entschied der IASB, die Option „previous GAAP deemed cost" nicht weiterverfolgen zu wollen (ED IFRS 1amend.BC4). 21

Erfolgt die Ermittlung der Anschaffungskosten anhand des Buchwertes des Nettovermögens, ist zu beachten, dass hier kein **Geschäfts- oder Firmenwert** berücksichtigt werden darf. Dies kann dazu führen, dass die Muttergesellschaft beim Übergang auf IFRS in ihrem Einzelabschluss eine Abschreibung auf den Beteiligungsbuchwert vornehmen muss. In diesem Zusammenhang kann dies in steuerlicher oder handelrechtlicher Sicht zu unerwünschten Konsequenzen führen, wie beispielsweise einer Beeinträchtigung der Dividendenfähigkeit.[6] 22

Das Wahlrecht beinhaltet ein **weiteres Wahlrecht in sich**. So können Erstanwender das neu eingeführte Wahlrecht sowohl für die Bestimmung des Wertansatzes einzelner Tochtergesellschaften als auch aller Tochtergesellschaften in Anspruch nehmen. 23

Sofern die Ermittlung des Wertansatzes anhand von Ersatz-Anschaffungskosten erfolgt, sind Ausschüttungen, die sich auf **Gewinnvorträge** vor dem Erwerb der Beteiligung beziehen, zum Umstellungszeitpunkt rückwirkend anzupassen. Der IASB entschied, dass ein Unternehmen für Zwecke der Anschaffungskostenmethode nach IAS 27 sämtliche kumulierten Gewinnvorträge des Tochterunternehmens zum Zeitpunkt der Umstellung als Gewinnvorträge vor Unternehmenserwerb bestimmen kann (ED IFRS 1amend.BC6). Die Anschaffungskostenmethode sieht vor, dass der Anteilseigner Erträge aus dem Anteilsbesitz nur soweit erfasst, wie der Anteilseigner Ausschüttungen aus den seit dem Zeitpunkt des Anteilserwerbs erwirtschafteten Periodenergebnissen des Beteiligungsunternehmens erhält. Erhaltene Ausschüttungen, die über diese Ergebnisse hinausgehen, werden als Kapitalrückzahlung angesehen und verringern die Anschaffungskosten der Anteile (IAS 27.4). Die Anpassung verfolgt letztlich das Ziel, zu verhindern, dass Gewinnvorträge, die nach der Akquisition der Tochter, aber vor der IFRS-Umstellung entstehen, über die Bestimmung des Buchwerts des Nettovermögens der Tochter bzw. eine Dividendenzahlung bei der Muttergesellschaft doppelt erfasst werden (ED IFRS 1amend.BC8). 24

Entscheidet sich ein Erstanwender dagegen dafür, die **Erleichterung nicht in Anspruch zu nehmen**, repräsentieren die kumulierten Gewinnvorträge analog zu den bisherigen Rechnungslegungsvorschriften des Tochterunternehmens den Gewinnvortrag des Tochterunternehmens für die Anschaffungskostenmethode in IAS 27 (ED IFRS 1amend.BC6). 25

Für den Fall, dass eine **Tochtergesellschaft gleichzeitig Muttergesellschaft** für weitere Tochtergesellschaften ist, entspricht der Buchwert des Nettovermögens der Muttergesellschaft dem Buchwert dieses Teilkonzerns. 26

C. Ausblick

Die vorgeschlagene Änderung sieht vor, Ausnahmen von den Anforderungen des IFRS 1 bei der erstmaligen Umstellung auf IFRS zugestatten. IFRS-Erstanwender erhalten künftig die Möglichkeit, den Wertansatz von Anteilen an einer Tochtergesellschaft im ersten Einzelabschluss einer Muttergesellschaft vereinfacht über Ersatz-Anschaffungskosten („deemed cost") zu bestimmen. Dies kann wahlweise über die Ermittlung des Buchwerts des Nettovermögens der Tochtergesellschaft oder die Ermittlung des beizulegenden Zeitwerts erfolgen. 27

---

6) Vgl. IASB, Information for Observers v. 22.9.2006, S. 5.

ED IFRS 1amend

28 Interessierte Parteien hatten bis zum 27.4.2007 Gelegenheit, beim IASB Stellungnahmen zum ED IFRS 1amend einzureichen. Grundsätzlich dürfte eine schnelle Verabschiedung des Standardentwurfs und dessen Übernahme in europäisches Recht zu erwarten sein.

ED Amendments to IFRS 2 – Vesting Conditions and Cancellations

Bearbeitet von:
Bernhard Pellens, Nils Crasselt und Dirk Jödicke

Inhalt

Schrifttum

Deloitte Touche Tohmatsu, Stellungnahme zu ED IFRS 2amend v. 18.5.2006;

DRSC, Stellungnahme zu ED IFRS 2amend v. 24.5.2006;

IDW, Stellungnahme zu ED IFRS 2amend v. 2.6.2006;

Knorr/Wiederhold, IASB Exposure Draft 2 „Share-based Payment" – Ende der Diskussion in Sicht?, WPg 2003, S. 49;

Küting/Dürr, IFRS 2 Share-based Payment – ein Schritt zur weltweiten Konvergenz?, WPg 2004, S. 609;

Leuner/Lehmeier/Rattler, Entwicklungen und Tendenzen bei Stock Option Modellen, FB 2004, S. 258;

Pellens/Crasselt, Bilanzierung von Aktienoptionsplänen und ähnlichen Entgeltformen nach IFRS 2 „Share-based Payment", KoR 2004, S. 113;

Rossmanith/Funk/Alber, Stock Options – Neue Bilanzierungs- und Bewertungsansätze nach IFRS 2 und SFAS 123 (R) im Vergleich, WPg 2006, S. 664;

Schmidt, Bilanzierung von Aktienoptionen nach IAS/IFRS, DB 2002, S. 2657;

Schreiber, IFRS 2 Share-based Payment – Aktuelle Verlautbarungen zu Änderungen und Zweifelsfragen, KoR 2006, S. 298;

Seibert, Stock Options für Führungskräfte – zur Regelung im Kontrolle- und Transparenzgesetz (KonTraG), in Pellens (Hrsg), Unternehmenswertorientierte Entlohnungssysteme, Stuttgart 1998, S. 29;

Vater, Bilanzierung von Stock Options und ähnlichen Vergütungsinstrumenten nach IFRS 2 „Share-based Payment", StuB 2004, S. 801;

Vater, Exposure Draft zur Ergänzung von IFRS 2 „Share-based Payment", WPg 2006, S. 713;

Winter, Erfolgsziele deutscher Aktienoptionsprogramme, in Franck/Arnoldussen/Jungwirth (Hrsg.), Marktwertorientierte Unternehmensführung – Anreiz- und Kommunikationsaspekte, ZfbF-Sonderheft 50/2003, S. 121.

A. Gegenstand und Relevanz

I. Inhalt

1 In dem im Februar 2006 veröffentlichten Entwurf „Amendments to IFRS 2 – Vesting Conditions and Cancellations“ (ED IFRS 2amend) schlägt der IASB Regelungen vor, durch die zwei bislang offene Detailfragen zur Anwendung von *IFRS 2 – Anteilsbasierte Vergütung*[1] geklärt werden sollen. Die erste Änderung betrifft den **Begriff der Ausübungsbedingungen** („vesting conditions“). Durch eine sprachliche Änderung in Anhang A zu IFRS 2 soll festgelegt werden, dass ausschließlich Dienstbedingungen („service conditions“) und Leistungsbedingungen („performance conditions“) Ausübungsbedingungen im Sinne des Standards sind.

2 Die zweite Änderung betrifft die **Bilanzierung bei vorzeitiger Beendigung** („cancellation“) anteilsbasierter Vergütungspläne. Der Entwurf sieht eine Änderung von IFRS 2.28 vor, durch welche die Regelungen zur vorzeitigen Beendigung unabhängig davon gelten sollen, von welcher Seite der Plan beendet wird. Bislang gilt IFRS 2.28 explizit nur für die vorzeitige Beendigung anteilsbasierter Vergütungspläne durch das Unternehmen. In Zukunft sollen die gleichen Regelungen auch bei einer Beendigung durch die Gegenpartei, also Mitarbeiter oder sonstige Empfänger anteilsbasierter Vergütungen, gelten.

3 Der Entwurf sieht darüber hinaus einen neu einzufügenden Paragraphen zur **Erstanwendung** der Änderungen vor (IFRS 2amend.61). Weiterhin wird er ergänzt durch die Grundlagen für Schlussfolgerungen („Basis for Conclusions“), in welchen der IASB seine Gründe zur Beschlussfassung darlegt.

II. Bedeutung

4 Der Änderungsentwurf behandelt zwei von der Praxis an den IASB herangetragene Probleme. Zum einen wurde die Frage aufgegriffen, ob die Charakterisierung von Ausübungsbedingungen als Dienstbedingungen oder Leistungsbedingungen eine abschließende Aufzählung darstellt oder ob daneben noch weitere Kategorien von Ausübungsbedingungen denkbar sind. Eine solche Bedingung, die weder von der Dienstzeit noch direkt von der Leistung abhängt, kann beispielsweise die in Deutschland verbreitete Bedingung sein, dass Bezug und Ausübung von Aktienoptionen nur möglich sind, wenn gleichzeitig eine bestimmte Anzahl von Aktien gehalten wird (**„Eigen-Investment“**).[2] Der IASB selbst nennt als weiteres Beispiel sog. „employee share purchase plans“ (Mitarbeiteraktienkaufpläne), bei denen regelmäßige **Einzahlungen in einen Sparplan** Voraussetzung für einen vergünstigten Aktienerwerb sind (ED IFRS 2amend.BC3).

5 Der IASB vertritt im Änderungsentwurf die Ansicht, dass solche Bedingungen **nicht als Ausübungsbedingungen zu klassifizieren** sind. Die Frage der Klassifizierung ist wesentlich, da Ausübungsbedingungen mit Ausnahme kapitalmarktbezogener Leistungsbedingungen bilanziell über die Anzahl der gewährten Eigenkapitalinstrumente (Mengenkomponente) und nicht bei der Ermittlung des beizulegenden Zeitwerts der Instrumente (Wertkomponente) zu berücksichtigen sind. Eine Klassifizierung einer Bedingung als Ausübungsbedingung würde bei Nichterfüllung zu einer rückwirkenden Verringerung der Anzahl der gewährten Eigenkapitalinstrumente führen.

6 Zum anderen wird die Frage behandelt, wie die **vorzeitige Beendigung anteilsbasierter Vergütungspläne durch Mitarbeiter** zu behandeln ist.[3] Diese Fragestellung ist mit der ersten Fragestellung des Änderungsentwurfs eng verknüpft, da der IASB die Nichterfüllung einer nicht als Ausübungsbedingung klassifizierten Bedingung als vorzeitige Beendung durch den Empfänger einer anteilsbasierten Vergütung wertet (ED IFRS 2amend.BC7). Praktische Relevanz hat diese Fragestellung insbesondere bei den oben genannten, vor allem in Großbritannien und in den USA verbreiteten „employee share purchase plans“, bei denen die Mitarbeiter ihre Teilnahme einseitig beenden und die eingezahlten Beiträge zurückfordern können. Für die deutsche

---

1) Zu IFRS 2 vgl. z. B. Küting/Dürr, WPg 2004, S. 609; Pellens/Crasselt, KoR 2004, S. 113; Vater, StuB 2004, S. 801.

2) So z. B. beim Aktienoptionsplan der Commerzbank, vgl. Commerzbank AG, Geschäftsbericht 2005, S. 118.

3) Zur sprachlichen Vereinfachung beziehen sich die folgenden Ausführungen lediglich auf eine vorzeitige Beendigung durch Mitarbeiter; die Überlegungen gelten analog für andere Empfänger von anteilsbasierten Vergütungen, soweit die Möglichkeit zur Beendigung der Vergütungstransaktion besteht.

Unternehmenspraxis konnten in einem Diskussionsforum des DRSC keine unmittelbar vergleichbaren Anwendungsfälle identifiziert werden.[4] Von Bedeutung könnte die Neuregelung allerdings für Aktienoptionspläne mit dem Erfordernis des Aktienbesitzes sein, soweit dieser nicht nur Voraussetzung für die Zuteilung der Optionen, sondern auch für deren spätere Ausübung ist, und die Mitarbeiter die Möglichkeit zur zwischenzeitlichen Veräußerung der Aktien haben.

III. Anwendungsbereich

Der **sachliche Anwendungsbereich** des Entwurfs ergibt sich aus dem Anwendungsbereich des zu ändernden IFRS 2. Nach IFRS 2.2-2.4 gilt dieser für alle Transaktionen, bei denen Unternehmensanteile (insb. Aktien) oder Optionen auf solche Anteile (insb. Aktienoptionen) als Vergütung für Güter, Arbeitsleistungen oder andere Dienstleistungen gewährt werden (Anteilsbasierte Vergütungen mit Ausgleich durch Eigenkapitalinstrumente). Darüber hinaus gilt IFRS 2 auch für Transaktionen, bei denen das Unternehmen eine Zahlungsverpflichtung eingeht, deren Höhe an der Wertentwicklung von eigenen Unternehmensanteilen bemessen wird (Anteilsbasierte Vergütungen mit Barausgleich), sowie für Kombinationen aus beiden Möglichkeiten (Anteilsbasierte Vergütungen mit wahlweisem Barausgleich oder Ausgleich durch Eigenkapitalinstrumente). Ausgeschlossen sind nach IFRS 2.3 Transaktionen zwischen Anteilseignern, die eindeutig einem anderen Zweck als der Vergütung von Lieferungen oder Leistungen an das Unternehmen dienen und nach IFRS 2.4 Transaktionen mit Mitarbeitern oder anderen Parteien in ihrer Funktion als Anteilseigner. Nach IFRS 2.5-2.6 sind des Weiteren solche Transaktionen ausgenommen, die explizit in anderen Standards geregelt sind, wie z. B. nach IFRS 3 zu bilanzierende Unternehmenskäufe, bei denen der Kaufpreis ganz oder teilweise durch Ausgabe eigener Eigenkapitalinstrumente entrichtet wird. Zu beachten ist weiterhin, dass der Anwendungsbereich von IFRS 2 jüngst durch *IFRIC 8 – Anwendungsbereich von IFRS 2* konkretisiert wurde. Diese Interpretation sieht vor, dass IFRS 2 auch dann anzuwenden ist, wenn bei der Gewährung anteilsbasierter Vergütungen keine identifizierbare Gegenleistung vorliegt. 7

Zeitlich sieht der Entwurf eine **retrospektive Anwendung** für Geschäftsjahre vor, die am oder nach dem 1.1.2007 beginnen. Eine frühere Anwendung soll möglich sein. Sofern der Entwurf in der vorliegenden Form verabschiedet wird, ist mit einer Veröffentlichung der endgültigen Verlautbarung im zweiten Quartal 2007 zu rechnen. Soweit der IASB noch die Einarbeitung von Änderungen für notwendig erachtet, ist die Verabschiedung und Veröffentlichung für das vierte Quartal 2007 vorgesehen. 8

IV. Regelungszusammenhänge

Der Entwurf zur Änderung von IFRS 2 greift zwei Themen auf, die bereits in dem im Dezember 2004 veröffentlichten **Interpretationsentwurf IFRIC D11** diskutiert wurden. Da das IFRIC keinen abschließenden Konsens zur Verabschiedung einer Interpretation finden konnte, hat es den Entwurf im Juni 2005 aus seinem Arbeitsprogramm herausgenommen und einen Teil der darin behandelten Fragestellungen mit Bitte um Klärung an den IASB übergeben. Dieser hat daraufhin am 2.2.2006 den hier kommentierten Entwurf veröffentlicht. Neben diesem Entwurf existieren mit *IFRIC 8 – Anwendungsbereich von IFRS 2* (→ IFRIC 8) und *IFRIC 11 – Anteilsbasierte Vergütungstransaktionen mit eigenen Anteilen und Anteilen des Mutterunternehmens* (→ IFRIC 11) zwei Interpretationen des IFRIC, durch die der Standard konkretisiert wird. Darüber hinaus existieren einige „Nicht-Interpretationen" des IFRIC zu IFRS 2 (→ IFRIC Nicht-Interpretationen Rz. 56 ff., 59 ff.).[5] 9

V. Definitionen

Zentral zum Verständnis des **ersten Teils des Entwurfs** sind die Definitionen der Begriffe Ausübungsbedingung („vesting condition"), Dienstbedingung („service condition"), Leistungsbedingung („performance condition") und Marktbedingung („market condition"). Hierbei erweist es sich als hinderlich, dass die amtliche 10

4) Vgl. Schreiber, KoR 2006, S. 299.

5) Zu den IFRIC „Nicht-Interpretationen" zu IFRS 2 vgl. auch Schreiber, KoR 2006, S. 305 f.

deutsche Übersetzung in sich unschlüssig ist und eine vom englischen Originaltext abweichende Abgrenzung impliziert.

11 Unter einer „vesting condition“ ist laut Anhang A zu IFRS 2 eine Bedingung zu verstehen, die erfüllt sein muss, damit der Erfüllungsanspruch des Empfängers einer anteilsbasierten Vergütung rechtlich unverfallbar wird. Der deutsche Begriff der **Ausübungsbedingung** gibt dies sprachlich nur ungenau wieder, da hier auf die Ausübungsmöglichkeit und nicht auf das Entstehen eines rechtlichen Anspruchs abgestellt wird. Freilich fallen Ausübungsmöglichkeit und Unverfallbarkeit in der Praxis zumeist zeitlich zusammen. Zu den Ausübungsbedingungen zählen sowohl **Dienstbedingungen**, also z. B. die Bedingung eines fortgesetzten Arbeitsverhältnisses bis zur Ausübung einer Aktienoption, als auch **Leistungsbedingungen**. Für Letztere werden in IFRS 2.19, dritter Satz, Beispiele genannt, die sowohl rechnungswesenbezogene als auch kapitalmarktbezogene Ziele umfassen. In der englischen Originalfassung werden auf Kapitalmarktgrößen (Aktienkurs, Vergleichsindex) bezogene Leistungsbedingungen als „market conditions“ bezeichnet, die grundsätzlich zu den „vesting conditions“ gehören, wie aus der Formulierung „vesting conditions, other than market conditions, ...“ in IFRS 2.19 deutlich wird. Nach dem Wortlaut der deutschen Übersetzung stehen **Marktbedingungen** hingegen neben den Ausübungsbedingungen („Im Gegensatz zu den Marktbedingungen sind Ausübungsbedingungen ...“), obwohl auch hier das Erreichen eines Mindestaktienkurses als eine mögliche Ausprägung von Leistungsbedingungen genannt wird. Die deutsche Übersetzung ist somit inkonsistent und verändert den Bedeutungszusammenhang des Originaltextes. In den folgenden Ausführungen werden zwar die deutschen Begriffe verwendet, die Abgrenzung folgt jedoch dem Originaltext. Die nachfolgende Abbildung fasst den zugrunde gelegten Begriffszusammenhang grafisch zusammen.

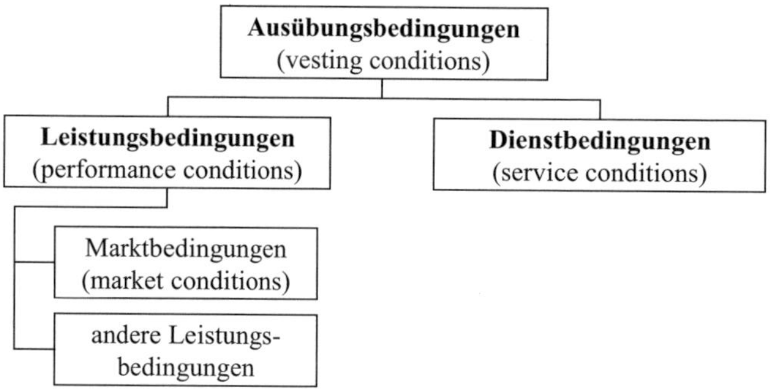

12 Zum Verständnis des **zweiten Teils des Entwurfs** ist der englische Begriff „cancellation“ im Zusammenhang mit anteilsbasierten Vergütungsplänen zu konkretisieren. Hierbei handelt es sich nicht um eine reguläre Beendigung des Vertragsverhältnisses, wie sie insbesondere bei Vergütungstransaktionen mit Optionscharakter entweder durch Ausübung („exercise“) oder Verfallen der gewährten Instrumente eintritt. Das Verfallen einer Option kann dabei sowohl dadurch begründet sein, dass am Ende der Optionslaufzeit keine Möglichkeit zur gewinnbringenden Ausübung besteht („lapse“), als auch Folge nicht erfüllter Leistungsbedingungen ohne Kapitalmarktbezug bzw. Dienstbedingungen sein („forfeiture“). Mit „cancellation“ ist demgegenüber eine Aufkündigung des Vertragsverhältnisses seitens einer der beteiligten Parteien gemeint. In der deutschen Literatur wird deshalb der Begriff der Annullierung bzw. der **vorzeitigen Planbeendigung** verwendet.[6] Zu einem bilanziellen Problem wird diese insbesondere dann, wenn sie bei der Vergütung von Arbeitsleistungen noch vor Ende des Leistungszeitraums erfolgt, über den die Personalaufwandsbuchungen zu verteilen sind.

6) Zum Begriff der Annullierung vgl. die deutsche Fassung von IFRS 2.28; den Begriff der „vorzeitigen Planbeendigung“ verwenden z. B. Schreiber, KoR 2006, S. 299; Vater, WPg 2006, S. 717.

B. Begriff der Ausübungsbedingungen

I. Problemhintergrund und Regelungsvorschlag

Das Haupteinsatzgebiet anteilsbasierter Vergütungen ist die Vergütung von Mitarbeitern. Um die dabei verfolgten personalpolitischen Ziele zu unterstützen, sehen die Vergütungsvereinbarungen regelmäßig verschiedene Bedingungen vor. Um die Mitarbeiter an das Unternehmen zu binden, dürfen die gewährten Vorteile zumeist nur dann in Anspruch genommen werden, wenn das Arbeitsverhältnis über einen bestimmten Zeitraum bestehen bleibt. Eine solche Bedingung fällt unter den Begriff der **Dienstbedingungen** („service conditions") in IFRS 2.19. 13

Um sicherzustellen, dass die Mitarbeiter nur dann einen finanziellen Vorteil erlangen, wenn die Ziele der Anteilseigner erfüllt werden, werden vielfach auch Erfolgsziele vereinbart, die in IFRS 2.19 als **Leistungsbedingungen** („performance conditions") bezeichnet werden. Deutsche Aktiengesellschaften sind gem. § 193 Abs. 2 Nr. 4 AktG zur Formulierung von Erfolgszielen verpflichtet, wenn sie die 1998 durch das Gesetz zur Kontrolle und Transparenz im Unternehmensbereich (KonTraG) eingeführten Möglichkeiten zur Durchführung von Aktienoptionsplänen nutzen wollen.[7] In der Praxis hat sich eine Reihe unterschiedlicher Erfolgsziele etabliert.[8] Zum einen werden am Aktienkurs des Unternehmens festgemachte Ziele formuliert. Üblich sind hierbei das Erreichen eines Mindestkurses oder einer Mindestaktienrendite sowie das Überbieten eines Vergleichsindexes. In IFRS 2.21 werden solche Erfolgsziele als Marktbedingungen („market conditions") bezeichnet. Zum anderen werden an Größen des Rechnungswesens festgemachte Ziele genutzt. Beispielsweise können Optionen nur dann ausübbar sein, wenn das Ergebnis je Aktie mindestens um einen bestimmten Prozentsatz steigt. Vereinzelt werden auch andere Erfolgsziele vereinbart, wie z. B. die erfolgreiche Durchführung eines Börsengangs. Eine spezielle Bezeichnung für diese Art von Erfolgsziel hält IFRS 2 nicht bereit. Gegenüber den Marktbedingungen können sie als andere oder nicht kapitalmarktbezogene Leistungsbedingungen abgegrenzt werden. 14

Sowohl Dienstbedingungen als auch Leistungsbedingungen zählen entsprechend Anhang A zu IFRS 2 zu den **Ausübungsbedingungen** („vesting conditions"), welche allerdings nach IFRS 2.19-2.21 nicht einheitlich bilanziell behandelt werden. Kapitalmarktbezogene Leistungsbedingungen sind in die Ermittlung des beizulegenden Zeitwerts von Aktien, Aktienoptionen und anderen Eigenkapitalinstrumenten einzubeziehen. Alle anderen Ausübungsbedingungen sind hingegen über die Anzahl der bilanziell wirksamen Eigenkapitalinstrumente zu berücksichtigen. Werden sie nicht erfüllt, sind bereits vorgenommene Aufwandsbuchungen genauso rückgängig zu machen, wie die korrespondierenden ergebnisneutralen Erhöhungen des Eigenkapitals. 15

Im Änderungsentwurf wird die Frage adressiert, ob neben Dienst- und Leistungsbedingungen noch weitere Ausübungsbedingungen existieren können. Dieser Eindruck wird in der bislang gültigen Fassung von IFRS 2 durch die offene Formulierung der Definition von Ausübungsbedingungen erweckt („umfassen" bzw. „include"). Solche weder als Dienst- noch als Leistungsbedingung zu charakterisierenden Ausübungsbedingungen könnten vor allem Bedingungen sein, die sich auf finanzielle Leistungen der Empfänger beziehen, die keine Gegenleistung für die als Vergütung gewährten Eigenkapitalinstrumente darstellen (**finanzielle Teilnahmebedingungen**). Hierbei ist insbesondere an die Ansammlung eines Sparvermögens oder der Besitz von Aktien des Unternehmens als Voraussetzung für die Inanspruchnahme anteilsbasierter Vergütungen zu denken. Würden solche Bedingungen als Ausübungsbedingungen klassifiziert, wären sie nicht als Marktbedingungen zu klassifizieren und dementsprechend – analog zu Dienst- und nicht kapitalmarktbezogenen Leistungsbedingungen – über die Mengen- und nicht über die Wertkomponente der Transaktion bilanziell zu berücksichtigen. 16

Der IASB beabsichtigt nun den Wortlaut in Anhang A zu IFRS 2 so zu verändern, dass die Nennung von Dienst- und Leistungsbedingungen als **abschließende Aufzählung** möglicher Ausübungsbedingungen zu verstehen ist. Wie finanzielle Teilnahmebedingungen zu berücksichtigen sind, wird im Änderungsentwurf selbst 17

---

7) Vgl. Seibert in Pellens, S. 44.

8) Zu den Erfolgszielen deutscher Aktienoptionspläne vgl. Leuner/Lehmeier/Rattler, FB 2004, S. 258 ff.; Winter in Franck/Arnoldussen/Jungwirth, S. 121.

nicht angesprochen. Aus der Begründung geht aber hervor, dass solche Bedingungen – analog zu Marktbedingungen – in die Ermittlung des beizulegenden Zeitwerts einzubeziehen sind (ED IFRS 2amend.BC4). Des Weiteren ist die Nichterfüllung solcher Bedingungen als eine Beendigung anteilsbasierter Vergütungspläne durch Mitarbeiter zu werten, zu der im zweiten Teil des Änderungsentwurfs eine Neuregelung vorgeschlagen wird.

II. Kritische Würdigung

18 Die Notwendigkeit einer Konkretisierung des Begriffs der Ausübungsbedingungen ergibt sich daraus, dass bislang keine Vorschriften für Bedingungen existieren, die nicht unter die in IFRS 2.19-2.21 und in Anhang A zu IFRS 2 explizit genannten Ausübungsbedingungen fallen. Eine Möglichkeit zur Berücksichtigung solcher Bedingungen liegt in der Klassifizierung als Ausübungsbedingung. Der IASB spricht sich im Änderungsentwurf aber gegen diese Möglichkeit aus. Zur Begründung wird angeführt, dass nach IFRS 2.BC171 Ausübungsbedingungen die Gegenleistung der Mitarbeiter sicherstellen sollen. Dabei geht es bei der Vereinbarung von Dienstbedingungen um die Dauer und bei Leistungsbedingungen um die Qualität der zu erbringenden Arbeitsleistung (ED IFRS 2amend.BC2). Die für den Änderungsentwurf Anlass gebenden Bedingungen stehen demgegenüber **in keinem direkten Verhältnis zu der erwarteten Gegenleistung**. Es sind vielmehr Voraussetzungen in Form eines finanziellen Engagements, denen sich die Mitarbeiter für die Teilnahme an einem Vergütungsplan unterwerfen müssen. Daraus folgert der IASB in konsequenter Weiterführung der Begründung zu IFRS 2, dass solche Bedingungen keine Ausübungsbedingungen im Sinne von IFRS 2.19-2.21 sein können.

19 Mit der vorgesehenen Klarstellung wird der IASB das von der Praxis aufgeworfene Klassifizierungsproblem lösen. Allerdings darf nicht übersehen werden, dass das Aufkommen dieser Fragestellung **Ausdruck eines tiefer gehenden Problems** ist, das der IASB durch das Abweichen von der dem ursprünglichen Entwurf zu IFRS 2 aus dem Jahre 2002 (ED 2) zugrunde liegenden konzeptionellen Basis selbst hervorgerufen hat.[9] In ED 2 hatte der IASB vorgesehen, sämtliche Leistungsbedingungen in die Bestimmung des beizulegenden Zeitwerts einzubeziehen. Dienstbedingungen sollten durch die Ermittlung von Leistungseinheiten und deren Zurechnung zu den Perioden der tatsächlichen Leistungserbringung berücksichtigt werden. Die Maximalanzahl und der Wert der Leistungseinheiten sollten zum Zeitpunkt der Gewährung festgelegt und später nicht mehr angepasst werden. Hierauf aufbauend sollte nur für den Zeitraum, während dessen tatsächlich Arbeitsleistungen unter dem anteilsbasierten Vergütungsplan erbracht werden, Leistungseinheiten verrechnet werden. Eine rückwirkende Anpassung einmal verrechneter Aufwendungen und der korrespondierenden ergebnisneutralen Eigenkapitalerhöhungen sollte ausgeschlossen werden. Auf diese Weise wurde dem im Rahmenkonzept des IASB verankerten Grundgedanken Rechnung getragen, dass aus Transaktionen mit (potenziellen) Eigentümern resultierende Eigenkapitalpositionen keiner Folgebewertung unterliegen.

20 In dem 2004 verabschiedeten IFRS 2 weicht der IASB deutlich von dieser Vorgehensweise ab, indem er sowohl für Dienstbedingungen als auch für nicht kapitalmarktbezogene Leistungsbedingungen eine rückwirkende Anpassung der Aufwands- und Eigenkapitalbuchungen vorsieht. Durch diese Veränderungen wurde die **konzeptionelle Basis** des Projekts zur Bilanzierung anteilsbasierter Vergütungen deutlich **aufgeweicht**. Es lässt sich zwar argumentieren, die rückwirkende Anpassung erfolge nicht aufgrund einer veränderten Bewertung, sondern durch eine Korrektur der nur vorläufig geschätzten Anzahl der gewährten Eigenkapitalinstrumente. Jedoch kann diese Begründung nicht überzeugen, da die Konzeption des IASB zur aufwandswirksamen Bilanzierung anteilsbasierter Vergütungen primär auf dem Ressourcenzufluss des Unternehmens beruht. Dieser erfolgt aber, solange ein Mitarbeiter noch im Dienstverhältnis steht, unabhängig davon, ob eine anteilsbasierte Vergütung später in Anspruch genommen werden kann oder nicht.

21 Der IASB nennt in IFRS 2.BC216 **Bedenken der Unternehmenspraxis** hinsichtlich der Komplexität der notwendigen Bewertungsmodelle als Grund für das Abweichen von ED 2. Ein weiterer Grund dürfte das Bestreben um **Konvergenz mit den US-GAAP** gewesen sein.[10] Im Ergebnis führt diese Änderung aber erst zu

9) Zu ED 2 vgl. Knorr/Wiederhold, WPg 2003, S. 49; Schmidt, DB 2002, S. 2657.

10) Zu verbleibenden Unterschieden zwischen IFRS 2 und seinem Pendant nach US-GAAP, SFAS 123R – Share-based Payment vgl. Rossmanith/Funk/Alber, WPg 2006, S. 664.

den Unklarheiten, welche die jetzt angestrebte Klarstellung notwendig machen. Ohne die Änderung wäre die nun vorgesehene Berücksichtigung bei der Ermittlung des beizulegenden Zeitwerts selbstverständlich gewesen.

Um die Möglichkeit einer vorzeitigen Beendigung eines anteilsbasierten Vergütungsplans bei der Ermittlung des beizulegenden Zeitwerts zu berücksichtigen, ist die Wahrscheinlichkeit der vorzeitigen Beendigung in gängige **Bewertungsmodelle** zu integrieren. Zur Quantifizierung dieser Wahrscheinlichkeit können sich die Unternehmen unter praktischen Gesichtspunkten wohl bestenfalls auf in der Vergangenheit beobachtete Durchschnittswerte verlassen. Eine exaktere Prognose würde detaillierte Kenntnisse der privaten Verhältnisse der Mitarbeiter erfordern und erscheint deshalb – u. a. aus Gründen des Datenschutzes – praktisch unmöglich. Soweit keine Vergangenheitswerte vorliegen, kann die Wahrscheinlichkeit nur subjektiv geschätzt werden. Dadurch kommt es unweigerlich zu einem weiteren Ermessensspielraum bei der Ermittlung des beizulegenden Zeitwerts und damit des zu verrechnenden Personalaufwands. 22

C. Vorzeitige Beendigung anteilsbasierter Vergütungspläne

I. Problemhintergrund und Regelungsvorschlag

Der zweite Aspekt des Änderungsentwurfs betrifft die Bilanzierung bei einer vorzeitigen Beendigung anteilsbasierter Vergütungspläne. Bislang regelt IFRS 2.28 lediglich die Bilanzierung einer **vorzeitigen Planbeendigung durch das Unternehmen**. Für diesen Fall wird vorgeschrieben, alle Beträge, die ohne Planbeendigung noch bis zum Ende des Erdienungszeitraums als Aufwand zu verbuchen wären, sofort aufwandswirksam werden zu lassen. Hierdurch soll insbesondere verhindert werden, dass die Unternehmen sich weiterer Aufwandsbuchungen durch eine vorzeitige Planbeendigung entziehen (IFRS 2.BC237). 23

Im Änderungsentwurf wird nun die Frage behandelt, wie eine **vorzeitige Beendigung seitens der Mitarbeiter** bilanziell abzubilden ist. Zu einer solchen Aufkündigung des Vertragsverhältnisses durch die Vergütungsempfänger kann es vor allem dann kommen, wenn diese gegen Bedingungen verstoßen, die nicht unter die Ausübungsbedingungen fallen. Wie oben ausführlich ausgeführt (→ Rz. 16), kann es sich hierbei insbesondere um finanzielle Teilnahmebedingungen handeln. Diese verpflichten die Empfänger zu finanziellen Leistungen, die jedoch selbst keine Gegenleistung für die als Vergütung erhaltenen Eigenkapitalinstrumente darstellen. 24

Mit dem vorliegenden Entwurf schlägt der IASB vor, die bestehende Regelung in gleicher Weise auch auf die vorzeitige Beendigung anteilsbasierter Vergütungspläne durch Mitarbeiter auszudehnen. Hierzu soll der Wortlaut von IFRS 2.28 dahingehend geändert werden, dass eine **offene Formulierung** („is cancelled or settled“) an die Stelle der bisher auf die Unternehmensseite beschränkten Formulierung („If the entity cancels or settles ...“) tritt. Damit würde eine vorzeitige Beendigung unabhängig vom Anlass zu einer vorgezogenen Aufwandsbuchung führen. In der deutschen Übersetzung des Standards wird die Änderung allerdings möglicherweise gar nicht wirksam, da sie die englische Originalfassung nur ungenau wiedergibt und bereits in der bislang gültigen Fassung von IFRS 2.28 eine offene Formulierung („Bei einer Annullierung ...“) enthält. 25

II. Kritische Würdigung

Der IASB begründet die geplante **Gleichbehandlung** aller vorzeitigen Planbeendigungen damit, dass auf diese Weise Abgrenzungsprobleme vermieden werden. Eine unterschiedliche Behandlung in Abhängigkeit davon, welche Seite die Planbeendigung initiiert, lade zu bilanzpolitisch motivierten Sachverhaltsgestaltungen ein (IFRS 2amend.BC15). Dieser **pragmatischen Begründung** wird in der Literatur zu Recht entgegen gehalten, dass sie mögliche Unterschiede in der wirtschaftlichen Substanz der Sachverhalte vernachlässige.[11] Geht die Beendigung vom Unternehmen aus, wird dies i. d. R. mit einer Entschädigung, z. B. durch eine Ausgleichszahlung, einen Ersatzplan oder die Einführung anderer Vergütungskomponenten, verbunden sein. Bei einer rein 26

11) Vgl. Schreiber, KoR 2006, S. 300 sowie die Stellungnahmen des IDW und des DRSC zu ED IFRS 2amend v. 24.5. bzw. 2.6.2006.

freiwilligen Beendigung seitens der Mitarbeiter dürfte eine Kompensation hingegen eher die Ausnahme darstellen.

27 Gleichwohl hat auch die Begründung des IASB durchaus Substanz. Denkbar wäre eine **Sachverhaltsgestaltung** beispielsweise in folgender Form: Anstatt einen Vergütungsplan formal zu beenden und eine Ausgleichszahlung zu leisten, knüpft das Unternehmen die Zahlung an die „freiwillige“ Kündigung des Plans seitens der Mitarbeiter. Würden unterschiedliche Bilanzierungsregeln für die Planbeendigung durch das Unternehmen und durch die Mitarbeiter gelten, hätten diese in ihrer wirtschaftlichen Auswirkung vergleichbaren Sachverhalte unterschiedliche bilanzielle Konsequenzen.

28 Fraglich ist, ob nicht weitere Bilanzierungsmöglichkeiten für vorzeitige Planbeendigungen seitens der Mitarbeiter bestehen, die eine sachgerechte Differenzierung der beiden Sachverhalte erlauben, ohne ungewollte Gestaltungsspielräume zu eröffnen. In der Begründung des Änderungsentwurfs diskutiert der IASB selbst drei **weitere Möglichkeiten** (IFRS 2amend.BC8), bei denen es sich im Einzelnen um folgende Vorschläge handelt:

- Verzicht auf weitere Aufwandsbuchungen und gleichzeitig Neutralisierung aller bereits vorgenommenen Buchungen, so dass insgesamt kein Aufwand erfasst wird (→ Rz. 29).
- Verzicht auf weitere Aufwandsverrechnung für den Zeitraum zwischen Planbeendigung und dem Ende des Leistungszeitraums mit der Folge einer partiellen Aufwandsbuchung für den Zeitraum bis zur Planbeendigung (→ Rz. 30).
- Fortführung der Aufwandsverbuchungen trotz der Planbeendigung, so dass diese ohne Einfluss auf die Aufwandssumme und -verteilung gegenüber der Situation ohne Planbeendigung bleibt (→ Rz. 32).

29 Die **erste Möglichkeit** entspräche der Vorgehensweise bei einer Verletzung nicht kapitalmarktbezogener Ausübungsbedingungen (Dienstbedingungen, nicht kapitalmarktbezogene Leistungsbedingungen) nach IFRS 2.19. Sie wäre auf Planbeendigungen anzuwenden, wenn diese ebenfalls als Verletzung nicht kapitalmarktbezogener Ausübungsbedingungen gewertet würden. Die für den Änderungsentwurf Anlass gebenden finanziellen Teilnahmebedingungen für anteilsbasierte Vergütungen stellen aber nach Ansicht des IASB keine Ausübungsbedingungen dar (→ Rz. 13 ff.). Für Planbeendigungen, die sich aus der Verletzung solcher Bedingungen ergeben, lehnt der IASB deshalb konsequenterweise eine Übertragung der Vorgehensweise nach IFRS 2.19 ab. Dies lässt sich weiterhin auch damit begründen, dass die Wahrscheinlichkeit einer vorzeitigen Planbeendigung bei der Ermittlung des beizulegenden Zeitwerts zu berücksichtigen ist (IFRS 2amend.BC10-2amend.BC11). Dementsprechend würde eine spätere Anpassung der Anzahl der gewährten Instrumente, also der Mengenkomponente der Transaktion, zu einer Doppelerfassung führen.

30 Die **zweite Möglichkeit** mit partieller Aufwandsbuchung würde den Sachverhalt dann zutreffend abbilden, wenn dem Unternehmen nach der Planbeendigung keine weiteren Arbeitsleistungen mehr zufließen. Diese Sichtweise lehnt der IASB aber ab, da die Planbeendigung durch Mitarbeiter nach seiner Ansicht in keinem direkten Verhältnis zur Arbeitsleistung steht. Aus der Beendigung könne nicht geschlossen werden, dass die Arbeitsleistungen nicht bereits erbracht wurden oder trotz Beendigung noch erbracht werden (IFRS 2amend.BC9). Diese Argumentation ist insbesondere hinsichtlich der Qualität noch zu erbringender Leistungen kritisch zu hinterfragen, da anteilsbasierte Vergütungen i. d. R. zu besonderen Leistungen motivieren sollen.[12] Ihr kann zugestimmt werden, wenn ein Mitarbeiter seine finanziellen Leistungen einstellt, da der Vergütungsplan aufgrund einer negativen Kapitalmarktentwicklung wertlos geworden ist und eine Partizipation sich deshalb nicht mehr lohnt. Von einer Anreizwirkung ist dann bereits vor der Planbeendigung nicht mehr auszugehen. Wenig überzeugend wirkt die Argumentation demgegenüber, wenn der Mitarbeiter die Teilnahmevoraussetzung aus privaten Gründen, z. B. zur Überbrückung eines finanziellen Engpasses, verletzt. Hier nimmt der Mitarbeiter einen wirtschaftlichen Verlust hin und die erwünschte Anreizwirkung kann eingebüßt werden.

31 Aus den vorstehenden Überlegungen folgt, dass eine differenziertere, am Anlass der Beendigung orientierte Vorgehensweise prinzipiell wünschenswert wäre. Denkbar wäre z. B. eine Differenzierung danach, ob der Mit-

12) Vgl. Schreiber, KoR 2006, S. 301.

arbeiter einen wirtschaftlichen Verlust in Kauf nimmt.[13] Gleichzeitig zeigt sich aber auch die Schwierigkeit der **Formulierung allgemeiner Abgrenzungskriterien**, vor deren Hintergrund die pragmatische Begründung des IASB verständlich wird. Weiterhin spricht gegen die zweite Möglichkeit genauso wie gegen die erste Möglichkeit, dass die Wahrscheinlichkeit einer vorzeitigen Planbeendigung in die Wertkomponente der Buchung einbezogen wird (ED IFRS 2amend.BC10-2amend.BC11). Eine Anpassung der Mengenkomponente, hier über die teilweise Aussetzung der Aufwandsbuchungen, würde wiederum zu einer Doppelerfassung des Effekts vorzeitiger Planbeendigungen führen.

Die **dritte Möglichkeit** unterscheidet sich gegenüber der vom IASB präferierten Variante nur hinsichtlich der Aufwandsverteilung, nicht aber hinsichtlich der Aufwandssumme. Es ist deshalb bei der Auswahl zwischen den beiden Methoden zu fragen, welche Aufwandsverteilung den zugrunde liegenden Sachverhalt treffender widerspiegelt. Bei Planbeendigungen durch das Unternehmen begründet der IASB die vorgezogene Aufwandsbuchung zum Zeitpunkt der Planbeendigung damit, dass diese zu einer Verkürzung des Leistungszeitraums führen (IFRS 2.BC235). Auf Planbeendigungen seitens der Mitarbeiter kann dieses Argument aber nicht ohne weiteres übertragen werden, da sie sich – zumindest bei wirklich freiwilligen Planbeendigungen – substanziell von Planbeendigungen durch das Unternehmen unterscheiden. Insbesondere dürften ihnen regelmäßig andere Anlässe zugrunde liegen.[14] Ein Unternehmen wird einen Vergütungsplan insbesondere dann beenden, wenn die damit verfolgten personalpolitischen Ziele (Personalbindung, Anreizwirkung) nicht mehr erreichbar erscheinen, und den Mitarbeitern ein anderes Vergütungsarrangement als Kompensation anbieten. Eine Planbeendigung durch Mitarbeiter wird demgegenüber entweder deshalb erfolgen, weil der Vergütungsplan z. B. aufgrund einer negativen Kapitalmarktentwicklung wertlos geworden ist und es nicht mehr lohnend erscheint, finanzielle Teilnahmebedingungen zu erfüllen. Oder aber private Gründe zwingen den Mitarbeiter dazu, diese Bedingungen zu verletzen. 32

Insbesondere dann, wenn Mitarbeiter einen **wertlosen Vergütungsplan** beenden, erscheint das Argument eines verkürzten Leistungszeitraums nicht anwendbar. Die Situation ist vergleichbar mit dem Fall, dass Mitarbeiter ankündigen, wertlose Aktienoptionen nicht auszuüben.[15] Eine solche Ankündigung wäre aber nicht als Planbeendigung zu werten und bliebe ohne Auswirkung auf die Aufwandsverteilung, solange keine Dienstbedingungen verletzt werden. Auch bei einer Planbeendigung aus privaten Gründen erscheint eine vorgezogene Aufwandsbuchung nicht zwingend, da nach Ansicht des IASB gerade kein Zusammenhang zwischen Planbeendigung und Leistungserfüllung besteht (ED IFRS 2amend.BC9). Somit spricht einiges dafür, dass die Aufwandsverteilung nach der dritten Variante die wirtschaftliche Substanz von Planbeendigungen durch Mitarbeiter zutreffender widerspiegelt. Gleichwohl kann die vorläufige Entscheidung des IASB für eine einheitliche Lösung nachvollzogen werden, da eine differenziertere Vorgehensweise dazu führen könnte, dass jeweils im Einzelfall und unter Inkaufnahme erheblicher Ermessensspielräume zu entscheiden wäre, ob eine Verkürzung des Leistungszeitraums vorliegt. 33

Neben der Vermeidung bilanzpolitischer Anreize zur Sachverhaltsgestaltung führt der IASB auch die **Vereinheitlichung der Bilanzierung nach IFRS und US-GAAP** als Argument für die vorgeschlagene Vorgehensweise an. Auch dieses Argument muss kritisch hinterfragt werden, da auch nach US-GAAP die Bilanzierung bei Planbeendigungen durch Mitarbeiter nicht explizit reguliert ist. Allerdings ist *SFAS 123R – Share-based Payment* allgemeiner formuliert und lässt somit weiteren Raum für Interpretation als IFRS 2 in seiner bisherigen Fassung. Die vom IASB unterstellte Gleichbehandlung aller Planbeendigungen ist dabei aber nicht die einzige begründbare Interpretation. Vielmehr wird auch unter Hinweis auf das FASB Technical Bulletin 97-1 die Meinung vertreten, dass in bestimmten Fällen die dritte Möglichkeit mit einer unveränderten Aufwandsverteilung nach US-GAAP zum Einsatz kommen müsse.[16] 34

---

13) Vgl. hierzu die Stellungnahme von Deloitte Touche Tohmatsu zu ED IFRS 2amend v. 18.5.2006.

14) Vgl. Schreiber, KoR 2006, S. 300.

15) Vgl. Schreiber, KoR 2006, S. 300 sowie die Stellungnahmen des IDW und des DRSC zu ED IFRS 2amend v. 24.5. bzw. 2.6.2006.

16) Vgl. Schreiber, KoR 2006, S. 301.

35 Zusammenfassend ist festzustellen, dass die vom IASB angestrebte aufwandswirksame Berücksichtigung des beizulegenden Zeitwerts zum Gewährungszeitpunkt unabhängig von einer vorzeitigen Beendigung im **Gesamtzusammenhang von IFRS 2** als konzeptionell richtig zu erachten ist. Jede Verringerung des Gesamtaufwands würde zu einer Doppelerfassung – einmal bei der Bewertung als Plangröße, einmal bei der Aufwandssumme als Istgröße – des Effekts von Planbeendigungen führen, ohne dass ein Ausgleich zwischen der Wert- und der Mengenkomponente stattfindet. Bei den beiden Methoden mit einer vollständigen Aufwandsverrechnung erscheint die vom IASB favorisierte vorgezogene Aufwandsbuchung zum Zeitpunkt der Planbeendigung nur mit pragmatischen, nicht aber mit inhaltlich-konzeptionellen Argumenten gut begründbar. Die Variante mit fortgeführten Aufwandsbuchungen bis zum Ende des Leistungszeitraums erscheint für Planbeendigungen durch Mitarbeiter konzeptionell vorziehenswürdig, wäre aber mit dem Nachteil verbunden, dass klare Kriterien zur Abgrenzung zwischen Planbeendigungen seitens des Unternehmens und seitens der Mitarbeiter zu formulieren sind.

D. Ausblick

36 Der IASB plant, den Änderungsentwurf zu IFRS 2 im zweiten Quartal 2007 in einen **Änderungsstandard** zu überführen. Voraussetzung hierfür ist, dass kein modifizierter Entwurf zur öffentlichen Diskussion gestellt wird. Dies erscheint aber derzeit angesichts der zahlreichen in den Stellungnahmen zum Entwurf geäußerten Kritikpunkte und Änderungsvorschläge insbesondere zum Regelungskomplex der vorzeitigen Planbeendigung nicht sicher. Soweit der IASB noch einen modifizierten Entwurf erarbeitet, ist mit einer endgültigen Verabschiedung des Standards erst im vierten Quartal 2007 zu rechnen.

ED Amendments to IFRS 3 – Business Combinations

Bearbeitet von:
Sven Hayn und Jürgen Spanheimer

Inhalt

Schrifttum

Andrejewski/Fladung/Kühn, Abbildung von Unternehmenszusammenschlüssen nach ED IFRS 3, WPg 2006, S. 80;

Amshoff/Sellhorn, Business Combinations – Phase II des IASB: Der Fall „Springer AG – ProSiebenSat. 1 Media AG“, PiR 2005, S. 89;

Baetge/Hayn, S./Ströher, IFRS 3, Unternehmenszusammenschlüsse (Business Combinations), in Baetge/Wollmert/Kirsch/Oser/Bischof (Hrsg.), Rechnungslegung nach International Accounting Standards (IAS), Loseblatt, Stuttgart, 2. Aufl. 2002;

Baetge u. a., Kommentierung zu § 301 HGB, in Baetge/Kirsch/Thiele (Hrsg.), Bilanzrecht Kommentar, Loseblatt, Bonn 2002;

Brücks/Richter, Business Combinations (Phase II), KoR 2005, S. 407;

Busse von Colbe/Ordelheide/Gebhardt/Pellens, Konzernabschlüsse, Wiesbaden, 7. Aufl. 2003;

Ebeling/Gaßmann/Rothenstein, Konsolidierungstechnik beim sukzessiven Unternehmenserwerb nach IFRS 3 und Business Combinations-Projekt – Phase II, WPg 2005, S. 1027;

Erdmann/Wünsch/Meyer, Auswirkungen ausgewählter IFRS-Änderungen auf die Unternehmenssteuerung (Teil 2) – ED IFRS 3 (2007), ED IAS 27 (2007) und ED IAS 37 (2007), KoR 2006, S. 385;

Ernst & Young, How fair is fair value?, London 2005, erhältlich unter www.ey.com;

Esser/Hackenberger, Immaterielle Vermögenswerte des Anlagevermögens und Goodwill in der IFRS-Rechnungslegung. Ein Überblick über die Auswirkungen des Business Combinations-Projekts, DStR 2005, S. 708;

Haaker, Die full goodwill method nach ED IFRS 3. Anwendungsprobleme und Informationsnutzen, PiR 2006, S. 11;

Haaker, Einheitstheorie und Fair Value-Orientierung: Informationsnutzen der full goodwill method nach ED IFRS 3 und mögliche Auswirkungen auf die investororientierte Bilanzanalyse, KoR 2006, S. 451;

Hayn, B., Konsolidierungstechnik bei Erwerb und Veräußerung von Anteilen. Ein Leitfaden zur praktischen Umsetzung der Erst-, Übergangs- und Endkonsolidierung, Herne/Berlin 1999;

Hayn, B./Hayn, S., Neuausrichtung des Konzernrechnungslegung nach IFRS – Current Status, IRZ 2006, S. 73;

Hayn, S., Entwicklungstendenzen im Rahmen der Anwendung von IFRS in der Konzernrechnungslegung, BFuP 2005, S. 424;

Hayn, S., Stand der EU Anerkennung von IFRS und IFRIC zum Abschluss per 31.12. 2005, Accounting 1/2006, S. 13;

Hayn, S., Status der EU Anerkennung von Standards und Interpretationen des IASB, Accounting 12/2006, S. 8;

Hayn, S./Grüne, Konzernabschluss nach IFRS. Konsolidierung und Bilanzierung, München 2006;

Hebestreit/Dörges, § 13 – ABC der Rückstellungen in Bohl/Riese/Schlüter (Hrsg.), Beck'sches IFRS-Handbuch, München/Wien/Bern, 2. Aufl. 2006;

Hendler/Zülch, Anteile anderer Gesellschafter im IFRS-Konzernabschluss, WPg 2005, S. 1155;

Kühne/Schwedler, Geplante Änderungen der Bilanzierung von Unternehmenszusammenschlüssen – ED of Proposed Amendments to IFRS 3 and ED of Proposed Amendments to IAS 27, KoR 2005, S. 329;

Küting, IFRS: Schöne neue Bilanzwelt?, BB 2005, Heft 47, S. I;

Küting/Müller/Pilhofer ‚Reverse Acquisitions‘ als Anwendungsfall einer ‚Reverse Consolidation‘ bei der Erstellung von Konzernabschlüssen nach US-GAAP und IAS – ein Leitbild für die deutsche Rechnungslegung?, WPg 2000, S. 257;

Küting/Wirth, Full Goodwill Approach des Exposure Draft zu IFRS 3. Firmenwertbilanzierung unter Geltung des Business Combinations Project Phase II, BB 2005, Beil. zu Heft 39, S. 2;

Lüdenbach/Hoffmann, Übergangskonsolidierung und Auf- oder Abstockung von Mehrheitsbeteiligungen nach ED IAS 27 und ED IFRS 3, DB 2005, S. 1805;

Pellens/Sellhorn/Amshoff, Reform der Konzernbilanzierung – Neufassung von IFRS 3 „Business Combinations“, DB 2005, S. 1749;

Reichelt/Schmidt, Notwendigkeit zur konzeptionsgerechten Fortentwicklung der Konzernrechnungslegung – das Beispiel sog. „umgekehrter" Unternehmenserwerbe, BFuP 2005, S. 43;

Schmidt, Die sog. Full Goodwill Methode der Kapitalkonsolidierung: zum Problem vermehrt zeitwertorientierter Bilanzierung im IFRS-Konzernabschluss, in Schneider/Rückle/Küpper/Wagner (Hrsg.), Kritisches zur Rechnungslegung und Unternehmensbesteuerung, FS Siegel, Berlin 2005, S. 161;

Schwedler, IASB-Projekt „Business Combinations": Überblick und aktuelle Bestandsaufnahme, KoR 2006, S. 410;

Senger/Brune, § 37 – Aktuelle Entwicklungen in Bohl/Riese/Schlüter (Hrsg.), Beck'sches IFRS-Handbuch, München/Wien/Bern, 2. Aufl. 2006;

Stibi, Goodwill: ein immaterieller Vermögenswert wie jeder andere?, BB 2005, Heft 39, Special 10, S. 1;

Streim/Bieker/Hackenberger/Lenz, Ökonomische Analyse der gegenwärtigen und geplanten Regelungen zur Goodwill-Bilanzierung nach IFRS, IRZ 2007, S. 17;

Weber, Praxis der Kapitalkonsolidierung im internationalen Vergleich, Stuttgart 1991;

Weiser, Earnout-Unternehmenserwerbe im Konzernabschluss nach US-GAAP, IFRS und HGB/DRS – Gegenwärtige Regelungen und Vorschläge des IASB und FASB für die künftige Handhabung –, WPg 2005, S. 269;

Wirth, Firmenwertbilanzierung nach IFRS, Stuttgart 2005;

Zülch/Fischer, Business Combinations Phase II: Überarbeitung von IFRS 3, IAS 27 und IAS 37, StuB 2005, S. 1054.

A. Gegenstand und Relevanz

I. Inhalt

IFRS 3 – Unternehmenszusammenschlüsse bildet einen Kernstandard nach IFRS zur Konzernrechnungslegung. 1
Weitere Regelungen zum Konzernabschluss finden sich u. a. in:

- IAS 27 zur Konsolidierung von Tochterunternehmen,
- IAS 31 zur Einbeziehung von Gemeinschaftsunternehmen,
- IAS 28 zur Bilanzierung von Beteiligungen an assoziierten Unternehmen sowie
- IAS 21 und IAS 29 zur Fremdwährungsumrechnung.

Des Weiteren entfalten alle IFRS-Grundsätze Relevanz für den Konzernabschluss, sofern sich nicht einzelne 2
Normen explizit auf die Anwendung im Einzel- oder Teilkonzernabschluss beziehen. Insgesamt gilt, dass die IFRS im Wesentlichen auf die Erfordernisse des Konzernabschlusses ausrichtet sind, da der Konzernabschluss international als die Hauptinformationsquelle der Anteilseigner gilt.[1)]

IFRS 3 konzentriert sich ausschließlich auf die **Bilanzierung von Unternehmenszusammenschlüssen** und normiert die wesentlichen Fragestellungen der Erstkonsolidierung. Der Standard

- bestimmt das anzuwendende Konsolidierungsverfahren,
- legt fest, welche Vertragspartei als Erwerber fungiert,
- gibt vor, auf welchen Stichtag die Erstkonsolidierung durchzuführen ist,
- normiert, wie die Anschaffungskosten zusammengesetzt sind und
- verfügt, wie die Anschaffungskosten konkret auf die erworbenen Vermögenswerte und übernommenen Verpflichtungen zu verteilen sind.

Darüber hinaus werden **Spezialfragen** wie der sukzessive Anteilserwerb, umgekehrte Unternehmenszusam- 3
menschlüsse, Bilanzierung von Unterschiedsbeträgen aus der Kapitalkonsolidierung sowie nachrichtliche Änderungen der Anschaffungskosten oder Ansatz- bzw. Bewertungsanpassungen des erworbenen Reinvermögens adressiert.

1) Vgl. Hayn, S., BFuP 2005, S. 426 f.; s. auch Küting, BB 2005, Heft 47, S. I.

II. Bedeutung

4 Unternehmenszusammenschlüsse können danach **unterschieden** werden, ob eines der sich zusammenschließenden Unternehmen die anderen Unternehmen beherrscht oder ob keines der sich zusammenschließenden Unternehmen die Beherrschung über die (anderen) sich zusammenschließenden Unternehmen erhält (echte Verschmelzungen, „true merger" und Verschmelzung unter Gleichen, „merger of equals").[2] Des Weiteren sind einerseits Unterordnungs- von Gleichordnungskonzernen zu differenzieren und anderseits der Konzernabschluss („consolidated financial statements") vom nach IAS 27 nicht vorgesehenen, durch die Prospektverordnung aber oftmals ausgelösten kombinierten Proforma-Abschluss („combined financial statements") zu unterscheiden.

5 Unter einem **Unternehmenszusammenschluss** versteht der aktuelle IFRS 3 die Zusammenführung von getrennten Unternehmen oder Geschäftsbetrieben zu einem berichtenden Unternehmen (IFRS 3.4). In der vorgeschlagenen Neufassung von IFRS 3 ist ein Unternehmenszusammenschluss eine Transaktion oder ein Ereignis, durch das der Erwerber die Beherrschung über ein oder mehrere andere Unternehmen erlangt (ED IFRS 3amend.4 ff.).[3] Generell können Unternehmenszusammenschlüsse durch Erwerb, Vertrag sowie Tausch oder Einbringung von Gesellschaftsanteilen oder Unternehmen bzw. Unternehmensteilen ebenso zustande kommen wie durch die Nichtteilnahme von Minderheiten an Kapitalerhöhungen (mit der Folge, dass die Mehrheiten einen beherrschenden Einfluss erlangen) oder das Auslaufen von Vetorechten (ED IFRS 3amend.6 und 3amend.12). Im Kern der Definition zu Unternehmenszusammenschlüssen verbleibt die erstmalige Erlangung eines beherrschenden Einflusses. Dabei ist auf einen Beherrschungsanspruch abzustellen; weder die ausgeübte einheitliche Leitung noch ein faktisches Beherrschungsverhältnis (z. B. in Form einer Präsenzmehrheit) vermögen i. d. R. die aktuellen Anforderungen an die Beherrschung (IAS 27.13 ff.; ED IFRS 3amend.3 (f).) zu erfüllen (→ Rz. 35).

6 In der Konzerntheorie werden unterschiedliche **Methoden der Darstellung** von Unternehmenszusammenschlüssen unterschieden:[4]

- die Erwerbsmethode („purchase method"),
- die Interessenszusammenführungsmethode („pooling of interest method") sowie
- die Neugründungsmethode („fresh start method").

Die Erwerbsmethode bildet solche Unternehmenszusammenschlüsse ab, bei denen ein Unternehmen die Beherrschung über die anderen sich zusammenschließenden Unternehmen erhält. Die Interessenzusammenführungsmethode und die Neugründungsmethode bilden indes Unternehmenszusammenschlüsse ab, in denen kein Erwerber identifiziert werden kann, sondern durch den Unternehmenszusammenschluss eine neue wirtschaftliche Einheit durch Aufnahme oder Neugründung entsteht.

7 Die **umgekehrte Erwerbsmethode** („reverse acquisition") stellt dagegen eine Sonderform der Erwerbsmethode dar, bei der formalrechtlicher und wirtschaftlicher Erwerber auseinanderfallen und die Neubewertung nicht beim formalrechtlich erworbenen, sondern beim wirtschaftlich erworbenen Unternehmen durchgeführt wird. Vereinfacht ausgedrückt erfolgt die Neubewertung beim juristischen Erwerber (IFRS 3.21).[5]

8 Der in Phase I zum IASB Projekt „Unternehmenszusammenschlüsse" (→ Rz. 14) eingeschlagene Weg zur Orientierung der Regelungen an der **einheitstheoretischen Konzeption** wird in Phase II konsequent fortgesetzt. Durch die Verknüpfung mit dem auf zu beizulegenden Zeitwerten bewerteten Vermögenswerten und Schulden basierenden übergreifenden Rechnungslegungskonzept des IASB beschreitet ED IFRS 3amend indes einen neuen Weg, der sich nicht vollständig in die oben diskutierten Methodiken (→ Rz. 6 f.) einordnen lässt.

9 Ein wesentlicher Grundsatz der vorgeschlagenen Regelungen ist die **Aufgabe des Allokationskonzepts** historischer Anschaffungskosten im Rahmen der Kaufpreisaufteilung im Erwerbszeitpunkt. Dagegen fordert

2) Vgl. ausführlich Hayn, S., BFuP 2005, S. 425 ff.
3) Vgl. ED IFRS 3.4 ff.; Anhang A zu ED IFRS 3 erläutert zudem im Detail, was die Unternehmenseigenschaft ausmacht.
4) Vgl. Weber, S. 14; Hayn, B., S. 21 ff. m. w. N.; Wirth, S. 96 ff; s. auch Busse von Colbe/Ordelheide/Gebhardt/Pellens, S. 198 f., die den umgekehrten Unternehmenserwerb als eigenständige Methode der Kapitalkonsolidierung verstehen.
5) Vgl. Küting/Müller/Pilhofer, WPg 2000, S. 257; Reichelt/Schmidt, BFuP 2005, S. 45.

ED IFRS 3amend neben der Bewertung des erworbenen Reinvermögens zu beizulegenden Zeitwerten eine Bestimmung des Gesamtunternehmenswerts des erworbenen Unternehmens zum Erwerbsstichtag.

III. Anwendungsbereich

Ein **Unternehmenszusammenschluss** ist die Verbindung getrennter Unternehmen oder Geschäftseinheiten zu einer Bericht erstattenden Einheit, die sich ergibt, wenn ein Unternehmen mit einem anderen Unternehmen oder einer Geschäftseinheit zusammengeführt wird oder wenn es die Beherrschung über das Reinvermögen und die Geschäftstätigkeit des anderen Unternehmens oder der Geschäftseinheit übernimmt. 10

IFRS 3.1 enthält die Annahme, dass jeder Unternehmenszusammenschluss einen Unternehmenserwerb darstellt. Ein **Unternehmenserwerb** ist dadurch gekennzeichnet, dass ein Unternehmen (der Erwerber) die Beherrschung über das Reinvermögen und die Geschäftstätigkeit eines anderen Unternehmen, des erworbenen Unternehmens, erlangt und dafür im Gegenzug Vermögenswerte überträgt, Schulden übernimmt oder Eigenkapital ausgibt. 11

Da jeder Unternehmenszusammenschluss annahmegemäß einen Unternehmenserwerb darstellt, ist jeder Unternehmenszusammenschluss gemäß IFRS 3.14 nach der **Erwerbsmethode (purchase method)** abzubilden. Im Rahmen der Erwerbsmethode wird ein Unternehmenszusammenschluss aus der Perspektive des erwerbenden Unternehmens dargestellt. Dieses erwirbt sämtliche Vermögenswerte und Schulden des erworbenen Unternehmens. Die Vermögenswerte und Schulden sind nach IFRS 3.36 unabhängig von der Höhe des erworbenen Anteils vollständig neu zu bewerten. 12

Bei der **vollen Neubewertung** sind Vermögenswerte und Schulden mit ihren beizulegenden Zeitwerten am Erwerbsstichtag in voller Höhe anzusetzen, d. h., auch soweit diese auf Minderheiten entfallen, und anteilig den **Minderheiten zuzuordnen** (IFRS 3.40). 13

IV. Regelungszusammenhänge

Im Juli 2001 hat sich das IASB nach entsprechender Beratung im und mit dem Standards Advisory Council (SAC) entschlossen, das Projekt „Unternehmenszusammenschlüsse" in sein Arbeitsprogramm aufzunehmen. Ein wesentlicher Grund für die Projektaufnahme besteht in der Absicht zur Angleichung (oder **Konvergenz**) der bestehenden Rechnungslegungsgrundsätze zur Abbildung von Unternehmenszusammenschlüssen an (bzw. mit) US-GAAP. 14

Das Projekt wird in mehreren Phasen bearbeitet. IAS 22, der erstmals im November 1983 veröffentlicht und seither mehrfach geändert wurde, sollte in der ersten Phase einer umfassenden Durchsicht mit dem Ziel der Qualitätssteigerung sowie der Unterstützung der internationalen Konvergenz unterzogen werden. **Phase I** führte zur Überarbeitung von IAS 36 und IAS 38 sowie der Verabschiedung von IFRS 3 im März 2004. Der neue sowie die überarbeiteten Standards waren spätestens für Geschäftsjahre, die am oder nach dem 1.1.2005 beginnen, verpflichtend anzuwenden. 15

Phase II wurde im April 2002 begonnen und die Verlautbarungsentwürfe im Juni 2005 veröffentlicht. Abweichend zum Entwurf werden die überarbeiteten IAS 27 und IFRS 3 indes erst für Geschäftsjahre, die am oder nach dem **1.1.2009**[6] beginnen, verpflichtend anzuwenden sein (im Gegensatz zur Verlautbarung der Entwürfe berät das IASB aktuell unter dem Projektnamen Business Combination II nur noch die vorgeschlagenen Änderungen zu IFRS 3 und IAS 27; die Änderungen zu IAS 37 werden dagegen mittlerweile gesondert diskutiert). Das IASB startete nach Abschluss der Kommentierungsphase (120 Tage von Juni bis Oktober 2005) im Januar 2006 die so genannte Phase der erneuten Beratung („redeliberation phase"). Nach dem Abschluss dieser Phase werden die Neufassungen von IAS 27 und IFRS 3 voraussichtlich Mitte 2007[7] verabschiedet werden. Eine freiwillige vorzeitige Anwendung wird möglich sein; Unternehmen im Anwendungsbereich der **IAS-Ver-** 16

---

6) Vgl. IASB, Pressemitteilung v. 24.7.2006.

7) Vgl. IASB Update 1/2006.

ordnung 1606/2002 der Europäischen Union werden im Zuge der vorzeitigen Anwendung indes die Übernahme in Europäisches Recht abwarten müssen.[8)]

17 Erstmals haben IASB und FASB mit dem Entwurf für neue Vorschriften zur Konzernrechnungslegung einen **gemeinsamen Entwurf** vorgelegt und damit ihre Aktivitäten zur Neuausrichtung der Konzernrechnungslegung umfassend koordiniert. Trotz der formulierten Konvergenz der Standards IFRS 3 und SFAS 141 als Ergebnisse der jeweiligen ersten Projektphase ist die Startplattform nach IFRS und US-GAAP für die Phase II nicht identisch. Daher können beide Entwürfe nicht wortgetreu übereinstimmen. Darüber hinaus stellt ED IFRS 3 klar, dass trotz Konvergenz auch der angestrebte Endpunkt beider Entwürfe nicht vollständig übereinstimmt. Dieses wird u. a. mit bestehenden Unterschieden in anderen Standards im Normenwerk der IFRS bzw. US-GAAP begründet. Die nachfolgende Übersicht gibt einen Überblick über die wesentlichen Elemente der Phasen:[9)]

Element	**Phase I**	**Phase II**
betroffene Standards	IAS 22 (ersetzt durch IFRS 3) sowie IAS 36 und IAS 38	betroffene Standards: IFRS 3 (2004) [ersetzt durch IFRS 3 (200#)] sowie IAS 27 (200#) und IAS 37 (200#)
Anwendungsbereich	schließt „transactions under common control" ebenso aus wie Unternehmenszusammenschlüsse in Form eines Joint Ventures, Transaktionen mit/zwischen „mutual entities" und Unternehmenszusammenschlüsse zur Abbildung einer Berichtseinheit (z. B. „dual listed companies")	schließt „transactions under common control" sowie Unternehmenszusammenschlüsse in Form eines Joint Ventures nach wie vor aus
Definition	gem. Definition ist ein Unternehmenszusammenschluss die Zusammenführung von getrennten Unternehmen oder Geschäftsbereichen zu einem berichtenden Unternehmen	Einschränkung der Transaktionen oder Ereignisse, die als Unternehmenszusammenschluss abgebildet werden können, durch Angleichung der Definition an US-GAAP
Bilanzierungsmethode	Einschränkung der für den Zusammenschluss angewandten Bilanzierungsmethode auf die Erwerbsmethode bei Abschaffung der Interessenzusammenführungsmethode	Ersatz der „purchase method" durch die „acquisition method" als einzig zulässige Methode zur Abbildung eines Unternehmenszusammenschlusses
Identifizierung des Erwerbers	Straffung der Kriterien; der Erwerber ist das Unternehmen im Rahmen des Zusammenschlusses, das die Beherrschung über die anderen Unternehmen erhält	grundsätzlich beibehalten
Transaktionskosten	bilden einen integralen Teil der Anschaffungskosten	sind erfolgswirksam zu erfassen und kein integraler Teil der Anschaffungskosten
Allokation des erworbenen Reinvermögens	Anschaffungskosten sind unter Verwendung der vollen Neubewertungsmethode zu allokieren; dabei sind auch bestimmte immaterielle Vermögenswerte und ungewisse Verpflichtungen zu bilanzieren, die die Einzelansatzvoraussetzungen nach IAS 38 und IAS 37 nicht erfüllen	Bestimmung des Unternehmenswerts des erworbenen Unternehmens sowie Bewertung des Reinvermögens zu beizulegenden Zeitwerten; Allokation des Unterschiedsbetrags zwischen Mehrheits- und Minderheitsgesellschaftern

8) Vgl. Hayn, S., Accounting 1/2006, S. 13; Hayn, S., Accounting 12/2006, S. 8.

9) Angelehnt an Hayn, S., BFuP 2005, S. 429; s. auch Hendler/Zülch, WPg 2005, S. 1155 ff.; Schmidt, FS Siegel, S. 163 ff.

Element	Phase I	Phase II
Restrukturierungsrückstellungen	Straffung der Regelungen zu Restrukturierungsrückstellungen sowie zur „window period" betreffend die Anpassung vorläufiger Allokationswerte	grundsätzlich beibehalten, jedoch Ersatz von „contingent assets/liabilities" durch „conditional" und „unconditional assets/liabilities"
Goodwill – Ersterfassung	Differenz zwischen den Anschaffungskosten des Mutterunternehmens und dem zu beizulegenden Zeitwerten im Anschaffungszeitpunkt bewerteten Reinvermögen des Tochterunternehmens („partial goodwill method")	Differenz zwischen dem Gesamtunternehmenswert des erworbenen Tochterunternehmens und dem zu beizulegenden Zeitwerten im Anschaffungszeitpunkt bewerteten Reinvermögen des Tochterunternehmens („full goodwill method")
– Fortführungsbewertung	Einführung des „impairment only"-Ansatzes für den Goodwill sowie die sofortige erfolgswirksame Erfassung eines negativen Unterschiedsbetrags	grundsätzlich beibehalten
Minderheitenausweis	Ausweis der Minderheiten innerhalb des Konzerneigenkapitals	unverändert; Transaktionen zwischen Mehrheiten und Minderheiten werden innerhalb des Eigenkapitals abgebildet, sofern sich die Beherrschung nicht ändert

18 Auffallend im Vergleich zu den bisherigen Normen zur Abbildung von Unternehmenszusammenschlüssen ist besonders der Wandel von einer an der **Interessentheorie** orientierten Konsolidierungskonzeption unter IAS 22 und IFRS 3 (2004) zu einer **einheitstheoretischen Abbildung** unter Anwendung eines Zeitwert-Ansatzes nach ED IFRS 3 (2005) und ED IAS 27 (2005). Damit wandelt sich das Konzernverständnis des IASB u. E. grundlegend. Diese Sichtweise wird international nicht notwendigerweise geteilt. Insbesondere Vertreter aus den USA und Australien sehen bereits in IFRS 3 (2004) die Einheitstheorie umgesetzt, da sie den Ausweis der Minderheiten im Konzept der vollen Neubewertungsmethode als Unterscheidungskriterium heranziehen. Dieses abweichende Verständnis erschwert nicht nur die Arbeit der Boards, da international keine umfassend akzeptierte Abgrenzungskonzeption existent scheint. Zur besseren Verständlichkeit soll nachfolgend der Versuch einer Systematisierung und jeweiligen Eingruppierung der Konzernkonzeptionen des IASB vorgenommen werden.[10]

19 Im Zuge der Aufnahme der erneuten Beratungen hat das IASB erstmals offiziell eine **Phase III** avisiert.[11]

V. Definitionen

20 Die Bilanzierung jedes Unternehmenszusammenschlusses ist nach IFRS 3.14 mithilfe der **Erwerbsmethode** durchzuführen, d. h., der Erwerb eines Unternehmens wird grundsätzlich ähnlich abgebildet wie die Anschaffung anderer Vermögenswerte.

21 Der **Erwerbszeitpunkt** ist nach IFRS 3.25 als der Tag definiert, an dem die Beherrschung des Reinvermögens und der Geschäftstätigkeit des erworbenen Unternehmens bzw. der erworbenen Geschäftseinheit nach wirtschaftlicher Betrachtung tatsächlich auf den Erwerber übergeht. Der Erwerber hat ab dem Tag des Unternehmenserwerbs:

- die Ergebnisse aus der Geschäftstätigkeit des erworbenen Unternehmens in die GuV aufzunehmen und
- die identifizierbaren Vermögenswerte und Schulden des erworbenen Unternehmens sowie einen evtl. aus dem Unternehmenserwerb entstehenden Goodwill in der Konzernbilanz anzusetzen.

22 Bei Unternehmenszusammenschlüssen unter Ausgabe eigener Aktien ist das ausgebende Unternehmen i. d. R. der Erwerber (IFRS 3.21). In einigen Fällen kann jedoch die Ausgabe eigener Aktien dazu führen, dass das erworbene Unternehmen die Beherrschung über das Reinvermögen und die Geschäftstätigkeit des ausge-

10) Vgl. Hayn, S., BFuP 2005, S. 431; s. auch Haaker, KoR 2006, S. 452.
11) Vgl. auch ED IFRS 3.BC9.

benden Unternehmens erlangt. Dies wird als **umgekehrter Unternehmenserwerb** bezeichnet. Das rechtliche Tochterunternehmen ist in diesem Fall der Erwerber, das rechtliche Mutterunternehmen das erworbene Unternehmen.

23 Die **Anschaffungskosten** entsprechen nach IFRS 3.24 dem Betrag, der sich aus den Zahlungsmitteln, Zahlungsmitteläquivalenten oder dem beizulegenden Zeitwert anderer Gegenleistungen für den Erwerb zum Tag des Austausches ergibt, den der Erwerber für die Beherrschung des Reinvermögens des erworbenen Unternehmens entrichtet, zzgl. der dem Erwerb direkt zurechenbaren Kosten. Bei Ausgabe eigener Aktien entsprechen die Anschaffungskosten grundsätzlich dem Börsen- oder Marktpreis der Anteile am Erwerbsstichtag (IFRS 3.27).

24 IFRS 3.36 fordert eine **vollständige Neubewertung** des erworbenen Reinvermögens. Eine Anknüpfung an die Buchwerte des erworbenen Unternehmens ist mit der Konzeption der Erwerbsmethode nach IFRS 3 nicht zu vereinbaren.

25 Der **beizulegende Zeitwert** („fair value") ermittelt sich als derjenige Betrag, zu dem ein Vermögenswert zwischen sachverständigen, vertragswilligen und voneinander unabhängigen Geschäftspartnern getauscht oder zu dem eine Schuld beglichen werden könnte. Dabei ist nicht vom konkreten Erwerber auszugehen, sondern objektivierend ein hypothetischer Erwerber zu unterstellen.

B. Chronologischer Abriss der IASB-Beratungen seit der Veröffentlichung des Entwurfs

26 Die Kommentierungsphase zu den Änderungsvorschlägen der zweiten Projektphase zu den Unternehmenszusammenschlüssen lief zum 28.10.2005 beim IASB bzw. FASB aus. Obwohl beide Boards erstmals einen gemeinsamen Entwurf veröffentlicht haben, war die Mehrheit der Stellungnahmen nicht an beide Boards gemeinsam gerichtet. Des Weiteren haben in der Phase zwischen der Einreichung der Stellungnahmen sowie der Aufnahme der Diskussion der Kommentare durch die Boards sowohl in Norwalk als auch in London im Oktober und November insgesamt fünf Gesprächsrunden („roundtable meetings") stattgefunden.[12]

27 Das IASB hat seinen Verlautbarungsprozess („due process") mit der Diskussion der Stellungnahmen sowie der Finalisierung der Standards seit dem Januar 2006 Board-Meeting fortgesetzt. Der Stab des IASB leitete die Diskussion zur erneuten Beratung im Sinne des Verlautbarungsprozesses mit der bemerkenswerten Aussage ein: „The overall analysis of the comment letters did not suggest there were any arguments from constitutents that had not already been considered".[13] Wenngleich alle **Änderungsvorschläge in den jeweiligen Stellungnahmen** diskutiert wurden, konzentrierten sich die Anmerkungen insbesondere auf die folgenden Bereiche:[14]

- Ablehnung der „full goodwill"-Methode,
- Behandlung der akquisitionsbezogenen Transaktionskosten,
- Vorschläge zur Bilanzierung von Eventualverbindlichkeiten,
- Behandlung von bedingten Gegenleistungen,
- Behandlung von Geschäftsvorfällen nach Erlangung der Beherrschung.

Auf Vorschlag des IASB-Stabs erfolgt der erneute Beratungsprozess nach einem strukturierten Arbeitsprogramm, das in vier Schritten nachfolgende Themen adressiert:

- Gibt es neue Fragestellungen („issues")?
- Hat ein Mitglied des Board eine alternative Sichtweise formuliert?
- Lehnen zwei Mitglieder des Board das diskutierte Rechnungslegungsprinzip etc. ab?
- Gab es deutlichen Widerspruch im Rahmen des Kommentierungsphase, der Gesprächsrunden oder dergleichen zu den jeweiligen Änderungsvorschlägen?

---

12) Vgl. IASB Update 1/2006, S. 1; s. auch Hayn, B./Hayn, S., IRZ 2006, S. 79 f.; Schwedler, KoR 2006, S. 411 f.

13) Teixeira (Projektmanager beim IASB) anlässlich der IASB Board Sitzung am 14.1.2006.

14) Vgl. IASB, Information for Observers, Agenda Paper 6A, Board Meeting Januar 2006; Teixeira anlässlich der IASC Foundation Conference, International Financial Reporting Standards (IFRS) – Implications of Convergence, 6. und 7.4.2006, Frankfurt, Business Combinations Breakout Session.

Der **erneute Beratungsprozess** erfolgt getrennt in den Gremien des IASB und des FASB, wobei beide Boards ebenfalls gemeinsame Sitzungen zur Abstimmung wesentlicher Entscheidungen durchführen werden. Allerdings bedingt die unabhängige parallele Bearbeitung eine zeitlich divergierende Auseinandersetzung mit und Beschlussfassung zu wesentlichen Inhalten, denen im Zweifel präjudizierende Wirkung zukommt. Des Weiteren ist zu berücksichtigen, dass die Geschäftsordnung des FASB eine Diskussion der eingegangenen Kommentare in öffentlicher Sitzung vorsieht; das IASB bemüht sich um einen vergleichbar transparenten Prozess ohne formale öffentliche Diskussionen. Ferner bilden Anwendungsleitlinien zu einem FASB-Standard einen integralen Bestandteil desselben, während diese „educational guidance“ keinen integralen Part eines IFRS darstellt.[15] 28

Nachfolgende Übersicht zeigt, wann der Board welche Rechnungslegungsgrundsätze diskutiert hat: 29

IASB -Sitzung	**Diskutierte Themen zum Projekt „Unternehmenszusammenschlüsse“**
Januar 2006	Berichterstattung des Stabs über die Zusammenfassung der Stellungnahmen; vorläufige Prozessplanung der erneuten Beratungen.
Februar 2006	Ausschluss von Gemeinschaftsunternehmen aus dem Anwendungsbereich; Definition eines Unternehmenszusammenschlusses.
März 2006	Grundsätze, Definitionen, Behauptungen und Annahmen, die den Vorschlägen im Entwurf zugrunde liegen; anteiliger und sukzessiver Unternehmenserwerb, negativer Unterschiedsbetrag aus der Kapitalkonsolidierung, Überzahlungen, Gesellschafterwechsel der beherrschenden Gesellschafter, Übergangskonsolidierung bei Verlust der Beherrschung; Ausweis und Angaben zu Änderungen der Gesellschafterwechsel der beherrschenden Gesellschafter.
April 2006	Überblick über die (generelle) Vorgehensweise des Board bei erneuten Beratungen; Bilanzierung von Transaktionskosten; Ausweis und Angaben zu Minderheitsgesellschaftern; Bestimmung des Unternehmenswerts.
Mai 2006	Bilanzierung von Vermögenswerten, die mit Weiterveräußerungsabsicht erworben wurden, Vermögenswerten und Verpflichtungen aus Pensionsplänen sowie Vermögenswerten und Verpflichtungen aus Mietleasing im Rahmen der Erstkonsolidierung.
Juli 2006	Identifizierung von Elementen eines Unternehmenszusammenschlusses; Bilanzierung von Restrukturierungsrückstellungen im Rahmen der Erstkonsolidierung; Bestimmung des Bewertungsstichtags für Eigenkapitalinstrumente, die im Zusammenhang mit einem Unternehmenszusammenschluss emittiert werden.
September 2006	Ansatz und Bewertung von immateriellen Vermögenswerten, die im Rahmen eines Unternehmenserwerbs zugehen.
Oktober 2006	Bilanzierung des übernommenen Mitarbeiterstammes, von Vermögenswerten aus und im Zusammenhang mit Forschung und Entwicklung, von existierenden Geschäftsbeziehungen sowie zurückerworbenen Rechten im Rahmen der Erstkonsolidierung; Änderung von vorläufigen Erstkonsolidierungswerten in der Bewertungsperiode; Bewertungsmaßstäbe für/in Unternehmenszusammenschlüssen sowie Bewertung der Anteile der Minderheitsgesellschafter und des Goodwill
Dezember 2006	Bilanzierung der Anteile der Minderheitsgesellschafter und des Goodwill; Zusammenschlüsse von Unternehmen auf Gegenseitigkeit; Zusammenschlüsse ausschließlich auf der Basis von Unternehmensverträgen oder ohne Erwerber.

15) Vgl. Hayn, B./Hayn, S., IRZ 2006, S. 80.

30 Im Folgenden werden ausgehend von ED IFRS 3amend die einzelnen diskutierten Rechnungslegungsgrundsätze sowie die Änderungsvorschläge dargestellt und um die Ergebnisse der oben angeführten erneuten Beratung ergänzt. Wenngleich dieses den aktuellen Entwicklungsstand wiedergibt, ist bei der Beurteilung der Änderungen **Vorsicht** geboten. Zwar haben die Board-Mitglieder über die einzelnen Grundsätze und Elemente in den Diskussionsrunden seit Januar 2006 beraten und teilweise abgestimmt. Allen Abstimmungen kommt aber noch **vorläufiger Charakter** zu. Der Board wird über den vollständigen Standard vor der Veröffentlichung nochmals gesondert und sodann final abstimmen. Inwieweit sich dabei auch die Veränderungen in der personellen Zusammensetzung des Board auswirken werden, kann derzeit nicht abschließend prognostiziert werden.

C. Grundsätze, Definitionen, Ansichten und Annahmen

31 Die **wesentliche Zielsetzung** der Entwicklung sowie Anwendung der neuen Erwerbsmethode im Rahmen der zweiten Projektphase ist die Erarbeitung eines qualitativ hochwertigen Rechnungslegungsstandards zu Unternehmenszusammenschlüssen, der sowohl international als auch in den USA durch kapitalmarktorientierte Unternehmen angewandt werden kann.[16] Mit dieser Zielsetzung fixieren das IASB und das FASB sowohl geographisch als auch hinsichtlich der Unternehmensfinanzierung den Anwendungsbereich. Nicht alle Unternehmen mögen ihre Interessen in dieser Zielsetzung widergespiegelt sehen.

32 Des Weiteren soll der Standard auf **Rechnungslegungsgrundsätzen** basieren und nur in Einzelfällen streng limitierte Ausnahmen von den zu formulierenden Rechnungslegungsgrundsätzen zulassen. Folgende Grundsätze sollen dabei zu einer Steigerung (a) der Vollständigkeit, (b) der Relevanz sowie (c) der Vergleichbarkeit von Unternehmensinformationen beitragen:

- **Ansatzgrundsätze**, die klarstellen, welche Vermögenswerte und Verpflichtungen im Zuge der Erstkonsolidierung zu erfassen sind.
- **Bewertungsgrundsätze**, die erfordern, dass die erworbenen Vermögenswerte und Verpflichtungen stetig nach den jeweils relevanten Bewertungsmaßstäben erfasst werden.
- **Grundsätze zum Anwendungsbereich** des Standards, die sicherstellen, dass vergleichbare Transaktionen vergleichbar abgebildet werden.

33 ED IFRS 3amend beschreibt, wie im Folgenden noch zu erläutern sein wird, die Ausprägung der **vollen Einheitstheorie** sowie die Anwendung der **Zeitwertmethode** auf Ansatz und Bewertung. Leider bleiben die Boards sowohl im Rahmen der Entwürfe als auch in der Phase der erneuten Beratungen die Antworten auf die Notwendigkeit sowie die Vorteilhaftigkeit der Methodenänderung schuldig.

34 Der erneute Beratungsprozess folgt als Ausgangspunkt im Wesentlichen den nachfolgend tabellarisch dargestellten Grundprinzipien[17], die im Rahmen der Verlautbarungsentwürfe vorgeschlagen und kommentiert wurden. Sämtliche Rechnungslegungsprinzipien sollen den angeführten Arbeitsprogrammschritten (→ Rz. 27) folgend im Board erneut diskutiert werden, wobei wesentliche Grundsatzfragen („fundamental issues") frühzeitig beraten werden sollen. In diesem Zusammenhang hat der Board insbesondere die Fragestellungen zur Bilanzierung von Minderheiten (jetzt terminologisch: „non-controlling interests") zeitnah adressiert.[18]

---

16) Vgl. FASB/IASB, Project Summary, Business combinations: Applying the Acquisition Method – Joint Project of the IASB and FASB, Stand: 15.12.2006.

17) Vgl. IASB, Information for Observers, Agenda Paper 6A, Board Meeting Januar 2006, Abs. 3; IASB Update 1/2006; s. auch Hayn, B./Hayn, S., IRZ 2006, S. 81.

18) Vgl. IASB Update 1/2006.

Grundsatz	Bezeichnung	Wesentliche Elemente
1	Ein Unternehmenszusammenschluss ist eine Transaktion oder ein anderes Ereignis, mit dem ein Erwerber die Kontrolle über eine oder mehrere Geschäftseinheiten erlangt	– Definition eines Unternehmenszusammenschlusses – Anwendungsbereich: (Unternehmen auf Gegenseitigkeit/Genossenschaften) – Anwendungsbereich: Gemeinschaftsunternehmen sowie Unternehmen unter gemeinsamer Beherrschung – Definition eines „business" – Anwendungsbereich: Erwerb von Vermögenswerten
2	Der Erwerbszeitpunkt ist der Zeitpunkt, zu dem der Erwerber die Kontrolle über das erworbene Unternehmen erlangt	Bestimmung des Zeitpunktes der erstmaligen Anwendung abweichend vom Erwerbszeitpunkt
3	Für jeden Unternehmenszusammenschluss ist ein Erwerber zu bestimmen	Kriterien zur Identifizierung des Erwerbers
4	Der beizulegende Zeitwert des erworbenen Unternehmens als Ganzes ist vom Erwerber zu ermitteln und anzusetzen	– Teilweiser Erwerb von Unternehmen – Sukzessiver Anteilserwerb – Behandlung von Überzahlungen („overpayments") – Behandlung von günstigen Erwerben („bargain purchases") – Anwendungsleitlinien zur Bestimmung des Zeitwertes („fair value")
5	Zur Ermittlung des beizulegenden Zeitwertes des erworbenen Unternehmens soll der beizulegende Zeitwert der Gegenleistung zum Erwerbszeitpunkt herangezogen werden, außer die Gegenleistung stellt nachweislich nicht den besten Nachweis für den beizulegenden Zeitwert dar	– Bilanzierung von Erfolgsunsicherheiten – Bewertungsstichtag für ausgegebene Anteile als Transaktionswährung – Akquisitionsbezogene Transaktionskosten
6	Der Erwerber soll den beizulegenden Zeitwert des erworbenen Unternehmens als Ganzes bestimmen und ansetzen, indem die beizulegenden Zeitwerte der identifizierbaren Vermögenswerte und Schulden des erworbenen Unternehmens zum Erwerbszeitpunkt angesetzt werden	– Wertanpassungen und –berichtigungen – Bilanzierung unsicherer Verpflichtungen – Erfassung von Aufwendungen für Restrukturierung – Bilanzierung von Versicherungsverträgen – Laufende Forschungs- und Entwicklungsprojekte – Immaterielle Vermögenswerte
7	Einige Vermögenswerte und Schulden sollen aus praktischen Gründen und zur Vermeidung von „day 2 complexities" nach anderen Standards und nicht mit dem beizulegenden Zeitwert bewertet und angesetzt werden	Ausnahmen vom Grundsatz der Zeitwertbewertung – zur Veräußerung gehaltene Vermögenswerte – latente Steuern – Mietleasing – Altersversorgungspläne
8	Teil des Unternehmenszusammenschlusses sind nur die aktuellen Bestandteile des Austausches für das erworbene Unternehmen	Richtlinien zur Bestimmung der Bestandteile von Unternehmenszusammenschlüssen

Grundsatz	Bezeichnung	Wesentliche Elemente
9	Dem Erwerber wird ein vernünftiger Zeitraum zur Verfügung gestellt, um die notwendigen Informationen zur Identifizierung der erworbenen Vermögenswerte und Schulden und zu deren Bewertung zum beizulegenden Zeitwert zum Erwerbszeitpunkt zu erlangen	Erfassung von Ansatz- und Bewertungsänderungen in der Bewertungsperiode (bisher: „window period“)

35 Obwohl die angeführten Rechnungslegungsgrundsätze den Änderungsvorschlägen zur Phase II des Projekts unmittelbar entnommen wurden, offenbarte die Diskussion zwischen den Board-Mitgliedern **deutliche Meinungsunterschiede**. Die ausgetauschten Ansichten reichten von der Inkonsistenz einzelner Prinzipien bis zu der – zutreffenden – fundamentalen Feststellung, dass das Projekt zu Unternehmenszusammenschlüssen stark mit dem Projekt zur Konsolidierung (→ ED IAS 27amend Rz. 15) verwoben ist. So kann richtigerweise ein Unternehmenszusammenschluss nicht adäquat definiert und der Anwendungsbereich des Standards nicht abschließend bestimmt werden, wenn der „control“-Begriff („Beherrschung“) nicht definiert ist. Die in zeitlicher sowie materieller Hinsicht wenig hilfreichen Äußerungen des Board zu „de facto control“[19] offenbaren die erheblichen Abweichungen zwischen den theoretischen Ausführungen des Board und einer bisher einheitlichen internationalen Anwendungspraxis.

36 Gleichwohl sah sich der Board in der Lage, die wesentlichen Grundlagen („**foundation statements**“) zu diskutieren und zu verabschieden.[20] Dabei differenziert der Stab folgende für das Verständnis wichtige Begriffe:[21]

- **Definition** („definition“) – verwendet, um einem bestimmten Begriff eine bestimmte Bedeutung zu geben.
- **Behauptung** („assertion“) – Anforderung („requirement“), von der ausgegangen wird, dass der Standard keine Ausnahmen oder Abweichungen zulässt .
- **Annahme** („presumption“) – allgemeine Überzeugung, die im Regelfall deduktiv ermittelt wird.
- **Grundsatz** („principle“) – allgemeiner Lehrsatz, der als Basis für die Anforderungen gilt. Die Grundsätze werden die fundamentale Zielsetzung des Standards widerspiegeln.

37 Die „foundation statements“ differenzieren sodann die Gruppe der Behauptungen und Definitionen von den deduktiv formulierten Ansatz-, Bewertungs- und Ausweisgrundsätzen. Sie bilden die wesentliche Grundlage für die erneuten Beratungen und sind nachfolgend im Originalwortlaut wiedergeben:[22]

I. Basic assertions and definitions

- A business combination is a transaction or other event in which an acquirer obtains control of one or more businesses.
- An acquirer can be identified in every business combination.
- The business combination acquisition date is the date the acquirer obtains control of the acquiree.
- A business combination is accounted for by applying the acquisition method.
- By obtaining control of an acquiree, an acquirer becomes responsible and accountable for all of the acquiree’s assets, liabilities and activities, regardless of the percentage of its ownership in the acquiree.

19) Vgl. IASB Update 1/2005; siehe auch Hayn, S./Grüne, S. 9 f.
20) Vgl. IASB, Information for Observers, Agenda Paper 2A, Board Meeting März 2006, Abs. 10.
21) Vgl. IASB, Information for Observers, Agenda Paper 2A, Board Meeting März 2006, Abs. 8.
22) Vgl. IASB, Information for Observers, Agenda Paper 2A, Board Meeting März 2006, Abs. 10; IASB Update 3/2006.

II. Principles and presumptions for applying the acquisition method

- *Recognition*
  In a business combination, the acquirer recognises all of the assets acquired and all of the liabilities assumed.
- *Measurement*
  In a business combination, the acquirer measures each recognised asset acquired and each liability assumed at its acquisition-date fair value.
  The acquisition-date fair value of the consideration transferred by the acquirer is presumed to be the best evidence of the fair value of the interest acquired.
- *Disclosure*
  Users of the acquirer's financial statements should be able to evaluate the nature and financial effect of business combinations recognised by the acquirer.

Diese Aussagen und Feststellungen bilden nach Ansicht des Board eine sachgerechte Plattform zur Formulierung des endgültigen Standards zu Unternehmenszusammenschlüssen.

D. Die Änderungsvorschläge im Detail

I. Anwendungsbereich

38 ED IFRS 3 erweitert den Anwendungsbereich um die Erwerbsmethode bei Unternehmenszusammenschlüssen, bei denen ausschließlich **Unternehmen auf Gegenseitigkeit** (z. B. Kredit- und sonstige Genossenschaften etc.) zusammengeführt werden, und bei Unternehmenszusammenschlüssen, bei denen separate Unternehmen auf **rein vertraglicher Basis zusammengeführt** werden (ED IFRS 3amend.1, 3amend.3 und 3amend.3 (m); ED IFRS 3amend.53 und 3amend.54; s. auch ED IFRS 3amend.IN6).[23] Der Board stellte fest, dass eine Schwierigkeit bei der Anwendung der Erwerbsmethode bei derartigen Unternehmenszusammenschlüssen darin bestand, dass die Gegenleistung nicht verlässlich bewertet werden konnte. Die vorgeschlagene Regelung zur Erfassung des Unternehmenszusammenschlusses mit dem beizulegenden Zeitwert des erworbenen Unternehmens erlaubt nach Ansicht des Board eine solche Anpassung des Anwendungsbereiches. Beide Ausdehnungen des Anwendungsbereiches sind vom Board im Zuge der erneuten Beratung ebenso bestätigt worden wie die Anwendung der Erwerbsmethode auf diese Zusammenschlüsse.[24]

39 Die Gründung eines **Gemeinschaftsunternehmens** (Joint Venture) sowie Unternehmenszusammenschlüsse, bei denen Unternehmen unter gemeinsamer Beherrschung zusammengeführt werden, sind nicht im Anwendungsbereich des vorgeschlagenen überarbeiteten Standards enthalten (ED IFRS 3amend.2; so wie auch im aktuell gültigen IFRS 3.3 (a)). Diese Sichtweise wurde vom Board zwischenzeitlich erneut bestätigt.[25]

II. Definition eines Unternehmenszusammenschlusses sowie eines Geschäftsbetriebs

40 IFRS 3.4 definiert einen **Unternehmenszusammenschluss** als Zusammenführung von getrennten Unternehmen oder Geschäftsbetrieben zu einem berichtenden Unternehmen. Während der zweiten Phase des Projekts „Unternehmenszusammenschlüsse" kam der Board zu dem Schluss, dass diese Definition eines Unternehmenszusammenschlusses zu weit gefasst ist. Die Definition eines Unternehmenszusammenschlusses soll nicht

23) S. auch Baetge/Hendler in Baetge/Kirsch/Thiele, § 301 HGB Rz. 517.

24) Vgl. IASB Update 12/2006; dabei definiert der Board Unternehmen auf Gegenseitigkeit: „A mutual entity is defined as an entity other than an investor-owned entity that provides dividends, lower costs, or other economic benefits directly and proportionately to its owners, members or participants.".

25) Vgl. IASB Update 2/2006.

primär aus dem bilanztechnischen Blickwinkel, sondern eher als wirtschaftliches Ereignis gewürdigt werden. Der Board entschied im Zusammenhang mit der Verabschiedung von ED IFRS 3, dass die vom FASB befürwortete Definition eines Unternehmenszusammenschlusses, die sich auf die Erlangung der Beherrschung stützt, dieses Kriterium erfüllt. Daher ist ein Unternehmenszusammenschluss gem. ED IFRS 3 eine Transaktion oder ein anderes Ereignis, bei dem der Erwerber die Beherrschung über eines oder mehrere Unternehmen erlangt und der Erwerbszeitpunkt für Bilanzierungszwecke ist demzufolge der Zeitpunkt, an dem der Erwerber die Beherrschung über das erworbene Unternehmen erlangt (ED IFRS 3amend.3 (d), 3amend.5 sowie ED IFRS 3amend.A2-.A7).[26]

41 Durch diese Konzentration auf die Erlangung der Beherrschung grenzt der Entwurf die Definition eines Unternehmenszusammenschlusses in der derzeitigen Fassung von IFRS 3, die den Begriff „Zusammenführung“ anstelle von „Erlangung der Beherrschung“ verwendet, einerseits ein (IFRS 3.4 sowie ED IFRS 3amend.3 (e)). Andererseits besteht nach IFRS 3 ein **Geschäftsbetrieb** im Allgemeinen aus drei unterschiedlichen Elementen (IFRS 3.App. A [business]): 1. dem Ressourceneinsatz, 2. den Geschäftsprozessen, die diese Ressourcen verwenden und 3. den daraus resultierenden Produkten und Leistungen, die gegenwärtig oder künftig verwendet werden, um Erträge zu erwirtschaften. ED IFRS 3amend definiert die drei Elemente im Einzelnen und stellt sodann klar, dass ein Geschäftsbetrieb lediglich die ersten beiden Elemente (d. h. den Ressourceneinsatz und die Geschäftsprozesse) aufweisen muss. Das dritte Element (Vorhandensein von Produkten oder Leistungen, d. h. Outputs) ist für eine integrierte Gruppe von Tätigkeiten und Vermögenswerten nach ED IFRS 3amend nicht mehr erforderlich, damit diese als Geschäftsbetrieb gelten (ED IFRS 3amend.A2 sowie 3amend.A5).

42 Der Entwurf klärt außerdem, dass eine **übertragene Gruppe von Aktivitäten und Vermögenswerten sich nicht selbst tragen muss** (d. h. über alle Ressourceneinsätze und darauf anzuwendenden Verfahren verfügen muss, um nach der Trennung von dem übertragenden Unternehmen ihrer gewöhnlichen Geschäftstätigkeit nachgehen zu können), um als Geschäftsbetrieb angesehen zu werden. Die Feststellung, ob eine bestimmte Gruppe von Aktivitäten und Vermögenswerten einen Geschäftsbetrieb darstellt, basiert darauf, ob ein vertragswilliger Käufer[27] in der Lage ist, den Geschäftsbetrieb zu erwerben und auch künftig Erträge zu erwirtschaften (z. B. durch Integration des erworbenen Geschäftsbetriebs in seine eigenen Ressourcen und Verfahren; ED IFRS 3amend.A6). Der Erwerb eines unproduktiven Ölfelds (oder einer einzelnen Immobilie) würde derzeit nicht als Unternehmenszusammenschluss behandelt werden, unabhängig davon, ob der Erwerb direkt oder über eine juristische Person abgewickelt wurde. Bei einer wortgenauen Auslegung des vorgeschlagenen Standards gehen wir jedoch davon aus, dass zahlreiche Käufe einzelner Vermögenswerte als Unternehmenszusammenschlüsse behandelt werden müssten. Wir sind nicht sicher, ob der IASB diese Folge mit dem geänderten Wortlaut beabsichtigte.

43 ED IFRS 3amend enthält in ED IFRS 3amend.A5 außerdem Leitlinien zur Beurteilung, ob **ein in der Aufbauphase befindliches Unternehmen** als Geschäftsbetrieb anzusehen ist. In solchen Situationen sind verschiedene Faktoren zu berücksichtigen, um zu bestimmen, ob die übertragene Gruppe von Aktivitäten und Vermögenswerten einen Geschäftsbetrieb darstellt. Dazu gehört die Frage, ob die Hauptgeschäftstätigkeit bereits aufgenommen wurde, ob Mitarbeiter und sonstige Ressourcen und die darauf anzuwendenden Verfahren vorhanden sind, ob ein Plan zur Herstellung von Produkten implementiert wurde und ob Zugang zu Kunden generiert werden kann.

44 Die Annahme aus IFRS 3, dass eine übertragene Gruppe von Aktivitäten und Vermögenswerten dann als Geschäftsbetrieb anzusehen ist, wenn sie einen **Geschäfts- oder Firmenwert** beinhaltet, wird in ED IFRS 3amend unverändert übernommen (ED IFRS 3amend.A7). Anlässlich seiner Februar-Sitzung hat der Stab dem Board vorgetragen, dass die vorgeschlagene Definition eines Unternehmenszusammenschlusses von einzelnen Marktteilnehmern als zu eng gewürdigt wurde, da diese insbesondere echte Verschmelzungen („true mergers“) nicht umfasst. Der Board hat nachfolgende fünf Anforderungen an die Definition eines Zusam-

---

26) S. auch Kühne/Schwedler, KoR 2005, S. 331 f.

27) Der Begriff „vertragswilliger Käufer“ wird in der gleichen Bedeutung verwendet wie der Begriff „vertragswillige Geschäftspartner“ in *IAS 39 – Finanzinstrumente: Ansatz und Bewertung.*

menschlusses formuliert. Da es bisher nicht gelang, zeitnah eine Neudefinition zu erarbeiten, muss unterstellt werden, dass der Board entsprechend der Beschlussfassung aus dem Februar 2006 die in ED IFRS 3amend vorgeschlagene Definition aufrechterhält.[28)]

III. Der Gesamtunternehmenswert als Basis der Allokation von erworbenen Vermögenswerten und übernommenen Verpflichtungen

Ein wesentlicher Ausfluss der in den „foundation statements" formulierten Ansatz- und Bewertungsgrundsätzen (→ Rz. 37) ist die Aufgabe eines Allokationskonzepts historischer Anschaffungskosten im Rahmen der Kaufpreisaufteilung im Erwerbszeitpunkt (ED IFRS 3amend.1, 3amend.8-.9 sowie ED IFRS 3amend.IN1, 3amend.IN4 und 3amend.IN6-.IN7). ED IFRS 3amend fordert neben der Bewertung des erworbenen Reinvermögens zu beizulegenden Zeitwerten eine Bestimmung des **Gesamtunternehmenswerts** des erworbenen Unternehmens zum Erwerbsstichtag. 45

Nach Ansicht des IASB ermittelt ein Erwerber bei jeder Transaktion stets den vollen Unternehmenswert des Zielunternehmens – und zwar unabhängig von der beabsichtigten Erwerbsquote.[29)] Zudem erfordern die Ansatzgrundsätze die Bilanzierung sämtlicher Vermögenswerte und Verpflichtungen des neuen Tochterunternehmens; dieser Grundsatz schließt den Goodwill explizit ein. Im ersten Schritt hat der Erwerber daher den Gesamtunternehmenswert des erworbenen Unternehmens am Erwerbsstichtag zu ermitteln (ED IFRS 3amend.19). Dabei ist die Art der Strukturierung des Erwerbs ebenso für diese Bewertung irrelevant wie die erworbene beherrschende Anteilshöhe. 46

Bei Unternehmenszusammenschlüssen handelt es sich nach Beobachtungen des Board i. d. R. um **Tauschvorgänge**, bei denen sachverständige, vertragswillige und voneinander unabhängige Geschäftspartner unter marktüblichen Bedingungen gleiche Werte austauschen. Sofern kein gegenteiliger substanzieller Hinweis vorliegt, würde der beizulegende Zeitwert der Anteile des Erwerbers an dem erworbenen Unternehmen daher dem vom Erwerber für diese Anteile gezahlten Tauschpreis (im Entwurf als „übertragene Gegenleistung" bezeichnet; → Rz. 92 ff.) entsprechen (ED IFRS 3amend.19, ED IFRS 3amend.BC193). Da der beizulegende Zeitwert der übertragenen Gegenleistung im Allgemeinen eindeutiger zu ermitteln und verlässlicher bewertbar ist als der beizulegende Zeitwert des erworbenen Unternehmens, definiert ED IFRS 3amend den beizulegenden Zeitwert der übertragenen Gegenleistung als besten Anhaltspunkt für den beizulegenden Zeitwert der Anteile des Erwerbers an dem erworbenen Unternehmen zum Erwerbszeitpunkt (ED IFRS 3amend.20, 3amend.58 sowie ED IFRS 3amend.BC52-.BC54). 47

Bei der **Erstkonsolidierung von Tochterunternehmen mit Minderheitsbeteiligungen** liefert der beizulegende Zeitwert der übertragenen Gegenleistung grundsätzlich einen Anhaltspunkt für den beizulegenden Zeitwert der erworbenen Anteile; jedoch spiegelt die Hochrechnung auf 100 % der Anteile nicht automatisch den beizulegenden Zeitwert des gesamten erworbenen Unternehmens wider.[30)] In solchen Fällen ist der beizulegende Zeitwert der übertragenen Gegenleistung zusammen mit anderen verfügbaren Informationen als Grundlage für die Ermittlung des beizulegenden Zeitwertes des erworbenen Unternehmens heranzuziehen (ED IFRS 3amend.20 und 3amend.A8-.A28 sowie ED IFRS 3amend.21-.24, 3amend.62-.68).[31)] 48

Bewertungstechnische Herausforderungen stellen sich vor allem in den Situationen, in denen (a) die Beherrschung durch den Erwerb eines relativ kleinen Prozentsatzes an Kapitalanteilen erlangt wird (z. B. durch den Erwerb weiterer 5 % bei vorherigem Anteilsbesitz von 46 %), (b) die Beherrschung ohne Übertragung einer entsprechenden Gegenleistung erlangt wird (z. B. bei Kapitalherabsetzungen oder dem Rückkauf von eigenen Anteilen durch das Tochterunternehmen), oder (c) substanzielle Hinweise dafür vorliegen, dass die übertragene Gegenleistung nicht den besten Indikator für die Ermittlung des beizulegenden Zeitwertes der 49

---

28) Vgl. IASB Update 2/2006.

29) Vgl. IASB, Information for Observers, Agenda Paper 6B, Board Meeting März 2006, Abs. 25.

30) S. im Einzelnen Andrejewski/Fladung/Kühn, WPg 2006, S. 81 ff.; Küting/Wirth, BB 2005, Beil. zu Heft 39, S. 3 f.; Pellens/Sellhorn/Amshoff, DB 2005, S. 1752 f.

31) S. auch Andrejewski/Fladung/Kühn, WPg 2006, S. 82 f.

Anteile des Erwerbers an dem erworbenen Unternehmen am Erwerbsdatum darstellt (z. B. im Falle eines Unternehmenszusammenschlusses, bei dem der Verkäufer zum Verkauf gezwungen war). In diesen Fällen ist der Erwerber verpflichtet, andere Bewertungsverfahren anzuwenden, um den beizulegenden Zeitwert des erworbenen Unternehmens direkt zu ermitteln. Da im Allgemeinen bei Unternehmenszusammenschlüssen keine aktiven Märkte und/oder beobachtbare Preise für vergleichbare Unternehmen existieren, sind regelmäßig Bewertungsverfahren anzuwenden.

50 *Beispiel 1: Ermittlung des Gesamtunternehmenswertes des erworbenen Unternehmens*[32]
Unternehmen Alpha gibt ein öffentliches Übernahmeangebot für alle 100 Mio. ausstehenden Aktien an Unternehmen B zu einem Preis von € 10 je Aktie ab. Dieses Übernahmeangebot ist an die Voraussetzung gebunden, dass mindestens 80 % der Aktionäre dem Angebot zustimmen. Die Aktien von Beta sind börsennotiert und werden von einer Vielzahl von Einzelaktionären gehalten. Am Erwerbsstichtag haben 90 % der stimmberechtigten Aktionäre das Angebot angenommen und Unternehmen A erwirbt die Anteile für € 900 Mio. In der Woche vor dem öffentlichen Übernahmeangebot notierten die Aktien von B zwischen € 8,85 und € 9,15. In der ersten Woche nach dem Erwerb werden die noch ausstehenden 10 Mio. Aktien bei einem erheblich niedrigeren Handelsvolumen und einer größeren Preisvolatilität zwischen € 8,50 und € 13,00 gehandelt.

In diesem Fall kann der von Alpha gezahlte Anschaffungspreis als der zuverlässigste Beleg für den Gesamtunternehmenswert von Beta in Höhe von € 1 Mrd. (100 Mio. Aktien × € 10/Aktie) herangezogen werden. Dieser Einschätzung liegt die Erkenntnis zugrunde, dass keine Anhaltspunkte vorliegen, wonach der Übernahmekurs von € 10/Aktie nicht den Preis repräsentiert, den ein sachverständiger, vertragswilliger und unabhängiger Dritter am Erwerbsstichtag für 100 % der Anteile an B gezählt hätte. In diesem Fall richtete sich das Übernahmeangebot an 100 % der Anteile; zudem waren die Anteile vor dem Erwerb weit gestreut, so dass kein Anzeichen dafür besteht, dass ein anderer Preis für die Übernahme der vollen 100 % erforderlich gewesen wäre.

Grundsätzlich bildet der beizulegende Zeitwert der vom Erwerber bei einem Unternehmenszusammenschluss übertragenen Gegenleistung nach Ansicht des Board den besten Anhaltspunkt für den beizulegenden Zeitwert der Anteile des Erwerbers an dem erworbenen Unternehmen. Dabei können folgende Elemente der übertragenen Gegenleistung ausgemacht werden: (1) der beizulegende Zeitwert der vom Erwerber übertragenen Vermögenswerte, übernommenen Schulden und ausgegebenen Eigenkapitalanteile zum Erwerbszeitpunkt und (2) die zum Erwerbszeitpunkt ermittelten beizulegenden Zeitwerte für bisherige Minderheitenanteile des Erwerbers am erworbenen Unternehmen.

IV. Bedingte Gegenleistung

51 Neben der **klassischen Gegenleistung** in Form von Barzahlungen, Hingabe von Vermögenswerten oder Wertpapieren des Erwerbers (z. B. Stammaktien, Vorzugsaktien, Optionen, Optionsrechte und Schuldinstrumente) bzw. der Übernahme von Verpflichtungen gilt den von Ereignissen[33] abhängigen **bedingten Zahlungen** oder **Kaufpreisanpassungen** ein besonderes Augenmerk. Der Erwerber kann vertraglich verpflichtet sein, an den oder die früheren Eigentümer des erworbenen Unternehmens nach dem Erwerbszeitpunkt eine Barzahlung zu leisten oder zusätzliche Eigenkapitalanteile oder andere Vermögenswerte zu übergeben, vorausgesetzt, dass in Zukunft bestimmte, genau bezeichnete Ereignisse eintreten oder Bedingungen erfüllt werden. Solche Vereinbarungen werden häufig von Käufern und Verkäufern getroffen, wenn die Auffassungen hinsichtlich des beizulegenden Zeitwertes des erworbenen Unternehmens voneinander abweichen (ED IFRS 3amend.25-.26 i. V. m. ED IFRS 3amend.21 (a) sowie ED IFRS 3amend.A102-.A109).

52 Nach ED IFRS 3amend erfasst der Erwerber seine **Verpflichtungen zur bedingten Gegenleistung** am Erwerbsdatum als Teil des beizulegenden Zeitwertes der übertragenen Gegenleistung. Die Erstbewertung von Verpflichtungen zur bedingten Gegenleistung würde unter Zugrundelegung der zum Erwerbszeitpunkt herrschenden Umstände mit dem beizulegenden Zeitwert erfolgen. Für die Qualifizierung der Verpflichtung zur

---

32) Vgl. ED IFRS 3.A12-3.A13 sowie Hayn, B./Hayn, S., IRZ 2006, S. 77 f.

33) Dieses können sowohl zukunftsbezogene Klauseln im Rahmen von earn-out agreements etc. als auch vergangenheitsbezogene Bilanzgarantien wie z. B. eine Eigenkapitalgarantie zum Erwerbsstichtag sein; s. auch Weiser, WPg 2005, S. 271 ff.

bedingten Gegenleistung als Fremd- oder Eigenkapital kämen andere Rechnungslegungsstandards, insbesondere *IAS 32 – Finanzinstrumente: Angaben und Darstellung* zur Anwendung.

Der Board kam zu dem Schluss, dass künftige Änderungen des beizulegenden Zeitwertes einer Verpflichtung zur bedingten Gegenleistung den zum Erwerbszeitpunkt bestimmten, beizulegenden Zeitwert der übertragenen Gegenleistung nicht beeinflussen. Stattdessen basieren diese künftigen Wertänderungen vielmehr auf nach dem Unternehmenszusammenschluss stattfindenden Ereignissen und Effekten aus den nunmehr zusammengeschlossenen Unternehmen. Folglich sollen diese **Wertänderungen** nach dem Erwerbsstichtag den am Erwerbszeitpunkt festgestellten Wert der übertragenen Gegenleistung oder des Geschäfts- oder Firmenwertes nicht mehr beeinflussen. Änderungen des beizulegenden Zeitwertes von Verpflichtungen zur bedingten Gegenleistung sind somit nach ihrer erstmaligen Erfassung vom Erwerber wie folgt zu bilanzieren (ED IFRS 3amend.26): 53

- Als Eigenkapital eingestufte Verpflichtungen zur bedingten Gegenleistung sind gemäß den Bilanzierungsregeln für Eigenkapitalinstrumente nicht nachträglich neu zu bewerten.
- Als Schulden eingestufte Verpflichtungen zur bedingten Gegenleistung, die
  - Finanzinstrumente darstellen und in den Anwendungsbereich von IAS 39 fallen, sind gem. IAS 39 zu bilanzieren. Schulden für bedingte Gegenleistungen, die z. B. derivative Finanzinstrumente darstellen, sind nachträglich neu mit dem beizulegenden Zeitwert zu bewerten und Änderungen des beizulegenden Zeitwertes in der GuV zu erfassen;
  - nicht finanzielle Schulden darstellen, welche eine Erfolgsunsicherheit beinhalten, sind gem. IAS 37 oder einem anderen Standard zu bilanzieren.

V. Transaktionskosten

Einem Erwerber entstehen bei Unternehmenszusammenschlüssen regelmäßig eine Reihe von Kosten, darunter: 54

- die **direkten Kosten** der Transaktion, z. B. (i) die Kosten für die von Rechtsanwälten, Investmentbankern, Wirtschaftsprüfern und sonstigen Dritten erbrachten Leistungen und (ii) die Kosten für die Emission von Schuld- oder Eigenkapitalinstrumenten zwecks Durchführung des Unternehmenszusammenschlusses.
- die **indirekten Kosten** der Transaktion, z. B. wiederkehrende interne Kosten (u. a. die Kosten einer eigenen M&A-Abteilung).

Zahlungen, die an Dritte für direkt im Zusammenhang mit einem Unternehmenszusammenschluss stehende Leistungen erbracht werden, werden derzeit als Teil der Kosten des Unternehmenserwerbes bilanziert. Die Kosten für die Emission von Schuldtiteln und die Kosten für die Eintragung und Ausgabe von Eigenkapitaltiteln werden als Minderung der Erlöse aus den emittierten Schuld- oder Eigenkapitaltiteln behandelt. Die indirekten Kosten eines Unternehmenserwerbs werden in der Berichtsperiode aufwandswirksam erfasst, in der sie entstanden sind. 55

Erwerbsbezogene Kosten – unbeachtlich ob sie für Leistungen Dritter oder Mitarbeiter des Erwerbers anfallen – qualifizieren sich im zeitwertorientierten Modell zur Abbildung von Unternehmenszusammenschlüssen nicht mehr als Bestandteil der Anschaffungskosten. Diese Zahlungen erfüllen die Ansatzvoraussetzungen eines Vermögenswertes nicht, da sie in dem Augenblick verbraucht werden, in dem die Leistungen erbracht werden. Mit anderen Worten handelt es sich um einzelne Transaktionen, in denen der Käufer Zahlungen im Tausch gegen erhaltene Leistungen erbringt. Mit Ausnahme der Kosten für die Eintragung und Emission von Schuld- und Eigenkapitaltiteln sind demnach erwerbsbezogene Kosten generell als Aufwand in der Berichtsperiode zu erfassen, in der die dazugehörigen Leistungen erbracht werden (ED IFRS 3amend.27). 56

Der Board hat diese kontrovers diskutierte Bilanzierung,[34] die im Wesentlichen von der Gruppe der **Analysten** unterstützt wird, zwischenzeitlich mit Verweis auf die erforderlichen Anhangangaben bestätigt, die es einem Dritten ermöglichen, die vollen Anschaffungskosten einschließlich der in Rede stehenden Transaktions- 57

34) Vgl. IASB, Information for Observers, Agenda Paper 2B, Board Meeting April 2006.

kosten zu bestimmen (ED IFRS 3amend.AV18).[35] Der Konflikt zur Bilanzierung von Transaktionskosten im Zusammenhang mit dem Erwerb eines einzelnen Vermögenswerts wurde zwar diskutiert, erwies sich allerdings nicht als entscheidungsbeeinflussend; vielmehr wurde der Stab aufgefordert, die Grundlagen für Schlussfolgerungen („basis for conclusions") entsprechend auszuweiten.

VI. Bewertung und Ansatz der erworbenen Vermögenswerte und übernommenen Verpflichtungen

1. Fair Value-Hierarchie

58 Nach ED IFRS 3amend.34-.41 sowie den Ansatz- und Bewertungsgrundsätzen der „foundation statements" (→ Rz. 37) sind die erworbenen Vermögenswerte und übernommenen Verpflichtungen (a) vollständig und (b) zum erwerbsbezogenen Zeitwert (**„acquisition-based fair value"**) zu bilanzieren. Wenngleich die Klärung von Anwendungsfragen zur Folgebewertung der erworbenen Vermögenswerte und übernommenen Verpflichtungen keine Zielsetzung der zweiten Phase des Projekts „Unternehmenszusammenschlüsse" bildet, enthält ED IFRS 3amend einschlägige Leitsätze, die eine abweichende Bilanzierungspraxis im Vergleich zur aktuellen Vorgehensweise nach IFRS 3 zur Folge haben. Die generelle Anwendung der Grundsätze zur Zeitwertbewertung hat der Board zwischenzeitlich bestätigt.[36]

59 Die Ermittlung des beizulegenden Zeitwertes soll mittels einer **Hierarchie für die Ermittlung beizulegender Zeitwerte** erfolgen (ED IFRS 3amend.Appendix E).[37] Diese hierarchische Anordnung entspricht dem allgemeinen Grundsatz, dass der beizulegende Zeitwert das Austauschverhältnis von sachverständigen, vertragswilligen und voneinander unabhängigen Geschäftspartnern widerspiegelt und unterstreicht, dass notierte Preise an einem aktiven Markt – sofern verfügbar – den bestmöglichen Indikator für den beizulegenden Zeitwert darstellen (ED IFRS 3amend.E12).[38]

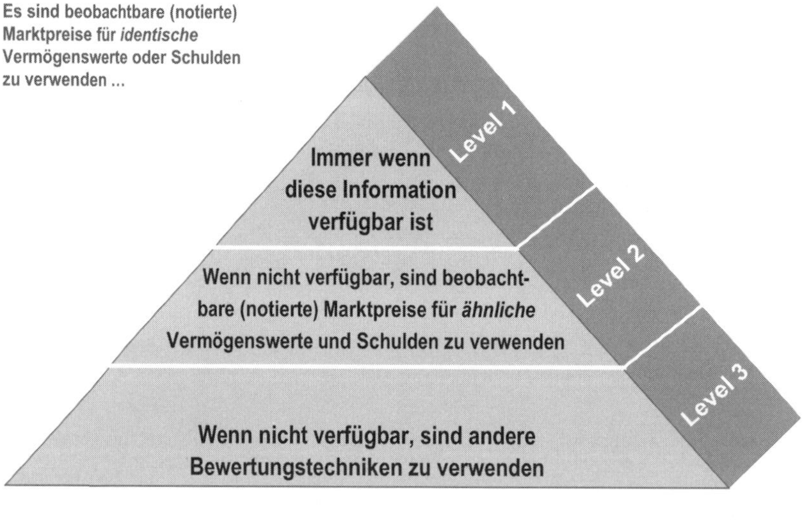

60 Wenngleich die Zeitwert-Hierarchie bislang nur vom Board diskutiert wurde ohne über dieselbe zu entscheiden,[39] stellt die Veröffentlichung des Diskussionspapiers zur Bewertung mit dem beizulegenden Zeitwert basierend auf dem jüngst verabschiedeten US Standard SFAS 157 eine Vorentscheidung dar. Die diskutierten Bewertungsgrundsätze basieren auf einem sog. „exit value" (Ausstiegs- bzw. Glattstellungspreis) und unter-

35) Vgl. IASB Update 4/2006.
36) Vgl. IASB Update 3/2006.
37) S. auch SFAS 157 und IASB, DP Fair Value Measurements, Part 1, Dezember 2006, Abs. 46-47.
38) S. auch Zülch/Fischer, StuB 2005, S. 1054; Andrejewski/Fladung/Kühn,WPg 2006, S. 81 f.
39) Vgl. IASB Update 4/2006.

stellen daher den Verkauf der zu bewertenden Vermögenswerte oder Verpflichtungen; die Kommentierungsphase dieses problematischen Diskussionspapiers, welches die Bewertungsansätze nicht auf Finanzvermögen oder -schulden begrenzt, ist zum Zeitpunkt der Drucklegung noch nicht abgelaufen.

Stufe 1

Der beizulegende Zeitwert wird unter Verwendung der notierten Marktpreise für **identische** Vermögenswerte oder Verpflichtungen an aktiven Referenzmärkten bestimmt. Der Referenzmarkt ist der aktive Markt, zu dem ein Unternehmen unmittelbar Zugang hat (ED IFRS 3amend.E13-.E16).[40)]

Stufe 2

Soweit keine notierten Preise für identische Vermögenswerte oder Verpflichtungen in einem aktiven Markt verfügbar sind, wird der beizulegende Zeitwert unter Heranziehung der notierten Preise für **vergleichbare** Vermögenswerte oder Schulden in einem aktiven Markt geschätzt und, sofern erforderlich, um etwaige Unterschiede bereinigt; dabei muss der Effekt der Unterschiede objektiv bestimmt werden können (ED IFRS 3amend.E17-.E18).

Stufe 3

Soweit keine Marktpreise für identische oder ähnliche Vermögenswerte oder Verpflichtungen in einem aktiven Markt verfügbar sind oder die Differenzen bzw. ihr Preiseffekt zu ähnlichen Vermögenswerten oder Schulden nicht objektiv bestimmbar sind, wird der beizulegende Zeitwert unter Verwendung von Bewertungsverfahren nach dem marktwertorientierten, dem ertragsorientierten und dem kostenbasierten Ansatz geschätzt. Der beizulegende Zeitwert soll durch Anwendung von Bewertungsverfahren geschätzt werden, es sei denn, dass hierdurch ein unangemessen hoher Kosten- und Zeitaufwand entsteht. Zudem sollen sich diese Bewertungsverfahren in erster Linie auf **Marktwerte** und so wenig wie möglich auf unternehmensspezifische Erfahrungswerte stützen (ED IFRS 3amend.E19-.E22).

2. Ausnahmen vom Zeitwert-Prinzip

Trotz allgemein einheitlicher Ansatz- und Bewertungsgrundsätze sehen die „foundation statements" (→ Rz. 37) 61
in limitierten Anwendungsfällen Ausnahmen von diesen Rechnungslegungsprinzipien vor (ED IFRS 3amend.42-.51).[41)] Für den Bewertungsgrundsatz zum erwerbsbezogenen Zeitwert wurden nachfolgende Ausnahmen formuliert:

- Vermögenswerte, die gem. **IFRS 5** am Erwerbsdatum als „zur Veräußerung gehalten" eingestuft wurden, 62
  sollten nach ED IFRS 3.43 mit dem beizulegenden Zeitwert abzüglich Veräußerungskosten bewertet werden. Diese Ausnahme hat der Board mittlerweile modifiziert und sieht nunmehr eine Bewertung allein zum Zeitwert vor; IFRS 5 soll entsprechend angepasst werden (diese Änderung von IFRS 5 soll jedoch in einem gesonderten Projekt außerhalb des Projekts Unternehmenszusammenschlüsse – Phase II in Abstimmung mit dem Projekt zum „Impairment" erfolgen). Des Weiteren stellt der Board klar, dass die Voraussetzungen nach IFRS 5 durch den Erwerber und nicht das erworbene Unternehmen zu erfüllen sind.[42)]
- Latente Steueransprüche und Steuerschulden werden gem. **IAS 12** bewertet (ED IFRS 3amend.44-.46 und 63
  ED IFRS 3amend.D4).
- Soweit das erworbene Unternehmen als Leasingnehmer im Rahmen eines Operating-Leasingverhältnisses 64
  nach **IAS 17** fungiert, werden die Werte aus der vorherigen Bilanzierung beim erworbenen Unternehmen ohne Neubewertung fortgeführt. Agiert das erworbene Unternehmen indes als Leasinggeber im Rahmen eines Operating-Leasingverhältnisses nach **IAS 17**, ist das Leasingobjekt ebenfalls zum Zeitwert am Anschaffungsstichtag zu bewerten (ED IFRS 3amend.47 i. V. m 3amend.39). Des Weiteren hat der Erwerber

---

40) ED IFRS 3 erläutert den Begriff „unmittelbarer Zugang" und enthält Anwendungshilfen für Situationen, in denen ein Unternehmen unmittelbaren Zugang zu mehreren aktiven Märkten mit unterschiedlichen Preisen hat. Der Vorschlag bietet darüber hinaus Leitsätze für die angemessene Verwendung von Geld- und Briefkursen an einem aktiven Händlermarkt.

41) S. auch Brücks/Richter, KoR 2005, S. 408 ff.

42) Vgl. IASB Update 5/2006.

unabhängig von obigen Regelungen für jeden erworbenen Operate Leasingvertrag einen Abgleich zwischen den Vertragskonditionen und den Marktkonditionen am Erwerbsstichtag vorzunehmen. Im Vergleich zu den Marktbedingungen vorteilhafte Vertragskonditionen sind sodann als immaterieller Vermögenswert, nachteilige Vertragskonditionen entsprechend als Verpflichtung im Zuge der Erstkonsolidierung zu erfassen.

Der Board hat diese Ausnahme vom Zeitwertmodell zwischenzeitlich bestätigt und dabei ergänzt, dass weitere Gründe außerhalb vorteilhafter Vertragskonditionen ebenfalls zum Ansatz eines immateriellen Vermögenswertes führen können.[43)]

Des Weiteren führt die Erstkonsolidierung nicht zu einer erneuten Klassifizierung bereits bestehender Leasingverhältnisse des erworbenen Unternehmens (ED IFRS 3amend.38).

65 – Im Zusammenhang mit einem Versorgungsplan für Arbeitnehmer erfasste Vermögenswerte oder Schulden werden nach **IAS 19** bewertet.[44)] Die Auswirkungen von Änderungen, die zeitgleich mit oder nach einem Unternehmenszusammenschluss an solchen Plänen vorgenommen werden, würden als nach dem Unternehmenszusammenschluss entstandener Aufwand behandelt werden. Diese Ausnahme vom Zeitwertmodell hat der Board zwischenzeitlich ebenfalls bestätigt.[45)]

66 – Die Bewertung des **Goodwill** erfolgt nach ED IFRS 3amend als Residuum und beinhaltet neben Synergien und anderen Vorteilen auch immaterielle Vermögenswerte, die die Ansatzvoraussetzungen nicht erfüllen, sowie Zeitwertdifferenzen für Vermögenswerte und Verpflichtungen, für die die vorstehenden Ausnahmen zur Zeitwertbewertung greifen. Somit bildet auch die Erstbewertung des Goodwill formal eine Ausnahme zum allgemeinen Zeitwertansatz (ED IFRS 3amend.49-.51). Der (vollständige) Goodwill (→ Rz. 45 ff.) wird auch nach ED IFRS 3amend nicht planmäßig abgeschrieben, sondern mindestens jährlich auf seine Werthaltigkeit überprüft (ED IFRS 3amend.51).[46)]

67 – Eine weitere, noch nicht näher konkretisierte Ausnahme hat der Board anlässlich seiner Sitzung im Dezember 2006 für die **Bewertung des Minderheitenanteils** bei praktischen Bewertungshemmnissen diskutiert.

3. Bilanzierung immaterieller Vermögenswerte im Rahmen der Erstkonsolidierung

68 Die Bilanzierung immaterieller Vermögenswerte im Rahmen der Erstkonsolidierung setzt nach IFRS 3 u. a. die **Verlässlichkeit der Bewertung** der Vermögenswerte voraus. Die Aufnahme des Verlässlichkeitskriteriums in IFRS 3 war das Ergebnis umfangreicher Feldstudien des IASB im Zuge der ersten Projektphase. Diese Tests sowie Gespräche von Board-Mitgliedern mit Wirtschaftsprüfern und Bewertungsexperten machten deutlich, dass im Rahmen von Unternehmenszusammenschlüssen erworbene immaterielle Vermögenswerte unter bestimmten Umständen nicht verlässlich bewertet werden können.

69 Dessen ungeachtet und im Hinblick auf die angestrebte **Konvergenz** von IFRS und US-GAAP sieht ED IFRS 3amend (ED IFRS 3amend.40-.41 sowie ED IFRS 3amend.A27-.A61)[47)] das Kriterium der verlässlichen Bewertung für immaterielle Vermögenswerte im Zuge der Erstkonsolidierung nicht mehr vor (ED IFRS 3amend.Q13, 3amend.D11 sowie ED IFRS 3amend.BC100-.BC102, insbesondere .BC102). Der Board ist der Überzeugung, dass jederzeit ausreichend Informationen vorhanden sind, die eine verlässliche Bewertung des beizulegenden Zeitwertes[48)] eines im Rahmen eines Unternehmenszusammenschlusses erworbenen immateriellen Vermögenswertes ermöglichen.

70 Im Oktober 2006 hat der Board zudem beschlossen, dass der **erworbene Mitarbeiterstamm** („assembled workforce"; ED IFRS 3amend.40) separat vom Goodwill als eigenständiger immaterieller Vermögenswert im Zuge der Erstkonsolidierung zu erfassen ist. Dabei erfolgt die Bewertung in Höhe der „ersparten" Ausbil-

---

43) Vgl. IASB Update 5/2006.

44) Nach IAS 19.108 werden im Zusammenhang mit Plänen für Leistungen nach Beendigung des Arbeitsverhältnisses erworbene Vermögenswerte und Schulden mit dem Barwert der zugesagten Leistungen, abzüglich des beizulegenden Zeitwertes des vorhandenen Planvermögens bilanziert.

45) Vgl. IASB Update 5/2006.

46) Vgl. ED IFRS 3.D10 zu den „consequential amendments".

47) S. auch Esser/Hackenberger, DStR 2005, S. 710 ff.

48) Vgl. Ernst & Young 2005.

dungs- und Rekrutierungsaufwendungen. Des Weiteren sind **zurückerworbene Rechte** (ED IFRS 3amend.41) ebenso wie noch nicht abgeschlossene Forschungs- und Entwicklungsprojekte gesondert zu aktivieren.[49]

Der Board hat im Rahmen der erneuten Beratung bestätigt, dass immaterielle Vermögenswerte, die das Kriterium der Identifizierbarkeit erfüllen, ex definitione auch zuverlässig bewertet werden können. Die Bewertung erfolgt zum aktuellen Zeitwert am Erwerbsstichtag, der einen Marktwert und keinen unternehmensspezifischen Wert widerspiegelt. Des Weiteren stellt der Board Leitlinien für die Anwendungsfälle bereit, in denen der immaterielle Vermögenswert nicht oder nicht über die vollständige wirtschaftliche Nutzungsdauer planmäßig abgeschrieben wird.[50] Anpassungen während der **„window period"** sind wie bereits nach IFRS 3.61-.62 mit rückwirkender Anpassung der entsprechenden Vorjahreswerte vorzunehmen. 71

4. Bilanzierung von Erfolgsunsicherheiten im Rahmen der Erstkonsolidierung

IFRS 3 fordert die Berücksichtigung **übernommener Eventualverpflichtungen** mit ihrem beizulegenden Zeitwert bei der Kaufpreisallokation. **Eventualforderungen** des erworbenen Unternehmens finden dagegen keine Erwähnung. Bei der Erarbeitung von ED IFRS 3amend sowie der korrespondierenden Änderungen zu IAS 27 und IAS 37 kam der Board zu dem Schluss, dass alle erworbenen Vermögenswerte und übernommenen Schulden, einschließlich aus Erfolgsunsicherheiten resultierender Vermögenswerte und Verpflichtungen, stets mit ihrem beizulegenden Zeitwert zum Erwerbszeitpunkt zu bewerten und zu erfassen sind, um die wirtschaftlichen Rahmenbedingungen zu diesem Zeitpunkt möglichst realistisch abzubilden (ED IFRS 3amend.35-.36). 72

Durch die parallel initiierte **Änderung von IAS 37** will der Board eine kongruente und den Ansatzvoraussetzungen des Rahmenkonzepts entsprechende Neudefinition erreichen. Der Entwurf zu IAS 37[51] und die daraus resultierenden Änderungsvorschläge zu IAS 38 verwenden die Begriffe „bedingte" Ansprüche und „bedingte" Verpflichtungen. Diese entstehen aus Ereignissen der Vergangenheit, die dazu führen, dass dem Unternehmen in Abhängigkeit vom Eintreten oder Nichteintreten eines oder mehrerer ungewisser zukünftiger Ereignisse, die nicht vollständig in der Kontrolle des Unternehmens liegen, künftig wirtschaftlicher Nutzen zu- oder von ihm abfließt. 73

Da bedingte Ansprüche und bedingte Verpflichtungen nicht die Definition von Vermögenswerten und Schulden erfüllen, wird der Erwerber keine Eventualforderungen oder -schulden des erworbenen Unternehmens erfassen. Allerdings sind entsprechend den Änderungsvorschlägen die jeweiligen mit den bedingten Ansprüchen und Verpflichtungen einhergehenden **unbedingten Ansprüche und Verpflichtungen** zu erfassen, da letztere gewöhnlich die Definition von Vermögenswerten und Schulden erfüllen. Soweit das erworbene Unternehmen z. B. in Rechtsstreitigkeiten verwickelt ist, besteht je nach Ausgang des gerichtlichen Verfahrens eine bedingte Verpflichtung zur Zahlung einer Entschädigung. Für den Fall, dass das Gerichtsverfahren bereits eingeleitet wurde, hat das erworbene Unternehmen zusätzlich die unbedingte Verpflichtung, an den Gerichtsverhandlungen teilzunehmen und der gerichtlichen Entscheidung nachzukommen. In solchen Fällen richtet sich der beizulegende Zeitwert des unbedingten Anspruchs oder der unbedingten Verpflichtung nach der Wahrscheinlichkeit und der Höhe, mit der die ungewissen Ereignisse eintreten. Besteht demgegenüber nur die Möglichkeit, dass eine Angelegenheit Gegenstand eines Gerichtsverfahrens wird, existiert keine unbedingte Verpflichtung und somit auch keine bilanzierungspflichtige Schuld. 74

Während Eventualforderungen und -schulden nicht zu bilanzieren sind, ist ihr Nutzenstrom betragsgemäß zu erfassen, wenn sie mit einem unbedingten Anspruch oder einer unbedingten Verpflichtung verbunden sind (ED IFRS 3amend. 34). Ungeachtet dessen stellt der IASB in seiner Grundlage für Schlussfolgerungen im ED zu IAS 37 fest, dass der vorgeschlagene Ansatz, auch wenn er sich von IFRS 3 unterscheidet, nur als **„Verfeinerung" der in IFRS 3 dargelegten Prinzipien** betrachtet werden sollte. In den meisten Fällen gäbe es keine Änderung der gemäß dem bestehenden IFRS 3 und dem Überarbeitungsvorschlag für IFRS 3 erfassten Verpflichtungen. U. E. erschließt sich diese Meinung nicht ohne weiteres aus dem Wortlaut der Entwürfe. 75

49) Vgl. IASB Update 10/2006.
50) Vgl. IASB Update 9/2006.
51) S. auch Hebestreit/Dörges in Bohl/Riese/Schlüter, § 13, Rz. 192 ff.

5. Bilanzierung von Rückstellungen und Wertberichtigungen im Rahmen der Erstkonsolidierung

76 ED IFRS 3amend sieht zum Erwerbszeitpunkt **keine separate Rückstellung oder Wertberichtigung** für die im Rahmen eines Unternehmenszusammenschlusses erworbenen Vermögenswerte vor, die erstmalig mit dem beizulegenden Zeitwert angesetzt wurden. Da Forderungen (einschließlich Darlehen), die im Zuge eines Unternehmenszusammenschlusses erworben werden, zum Erwerbszeitpunkt mit dem beizulegenden Zeitwert erfasst und bewertet werden, wären etwaige Unsicherheiten bezüglich des Forderungseinzugs und der zukünftigen Cashflows bei der Bewertung zu berücksichtigen. Folglich würde der Erwerber zum Erwerbszeitpunkt keine separate Rückstellung oder Wertberichtigung für uneinbringliche Forderungsbeträge erfassen.

6. Nachträglicher Ansatz von Steueransprüchen, die nicht zum Erwerbszeitpunkt erfasst wurden

77 Latente Steueransprüche (ED IFRS 3amend.44-.46), die zum Zeitpunkt der erstmaligen Bilanzierung eines Unternehmenszusammenschlusses die Kriterien für einen gesonderten Ansatz nicht erfüllten, sich jedoch zu einem späteren Zeitpunkt als werthaltig erweisen, sollen nach ED IFRS 3amend ohne korrespondierende Korrektur des Goodwill erfolgswirksam erfasst werden (ED IFRS 3amend.46, 3amend.D4 sowie 3amend.86). IFRS 3 sieht für diesen Fall eine Kürzung des Buchwertes des Goodwill bei einem entsprechenden nachträglichen Ansatz der latenten Steueransprüche vor, wobei sowohl die Aktivierung des Steueranspruchs als auch die Wertberichtigung des Goodwill erfolgswirksam zu erfassen ist. Zudem limitiert IFRS 3 diese Vorgehensweise in zeitlicher Hinsicht nicht, d. h. auch außerhalb der für diesen Fall nicht maßgeblichen „window period" von zwölf Monaten sind die Anpassungen entsprechend zu buchen – eine Norm, die erhöhte Anforderungen an die Dokumentation der im Erstkonsolidierungszeitpunkt nicht erfassten Steueransprüche stellt.

78 ED IFRS 3amend sieht grundsätzlich eine **unmittelbare Minderung des Ertragsteueraufwands** für die Steueransprüche vor, die im Erstkonsolidierungszeitpunkt die Kriterien für eine separate Erfassung nicht erfüllten, jedoch nachträglich realisiert werden. In diesem Fall soll jedoch die widerlegbare Vermutung bestehen, dass Steueransprüche in Bezug auf Posten, die innerhalb eines Jahres nach dem Erwerbszeitpunkt erfasst werden, zunächst für die Verringerung des mit dem Unternehmenserwerb verbundenen Goodwill auf Null verwendet werden würden und den Goodwill übersteigende Steueransprüche als Minderung des Ertragsteueraufwands ausgewiesen würden. Die widerlegbare Vermutung soll nicht gelten, wenn die erfassten Steueransprüche aus einem Ereignis oder Umständen resultieren, die innerhalb eines Jahres ab dem Erwerbszeitpunkt eingetreten sind und zum Erwerbszeitpunkt daher nicht vorhersehbar waren.

79 Der Board ließ sich bei der Änderung von dem Gedanken leiten, dass solche Wertänderungen latenter Steueransprüche wahrscheinlich auf Ereignisse zurückzuführen sind, die **nach dem Unternehmenszusammenschluss** eintreten und die daher keinen Einfluss auf die Erstkonsolidierung haben dürften. Nach ED IFRS 3amend ist diese Änderung prospektiv anzuwenden, d. h. der Erwerber würde die Bilanzierung für frühere Unternehmenszusammenschlüsse nicht anpassen, wenn die latenten Steueransprüche die Kriterien für einen separaten Ansatz zum Erwerbszeitpunkt nicht erfüllten und nachträglich erfasst werden, es sei denn, es gilt die zuvor dargestellte widerlegbare Vermutung.

VII. Erwerb von Mehrheitsbeteiligungen mit Minderheitenausweis[52)]

1. Positiver Unterschiedsbetrag

80 Das IASB bezeichnet mit dem Teilerwerb („partial acquisition") Erwerbsformen, die zur Beherrschung des Tochterunternehmens mit Minderheitenausweis führt. Es werden mithin nicht 100 % der Anteile erworben. IFRS 3 schreibt die Erstkonsolidierung nach der Methode der sog. vollen Neubewertungsmethode vor.[53)]

81 Die **volle Neubewertungsmethode** sieht die Bilanzierung sämtlicher erworbener Vermögenswerte und übernommener Verpflichtungen des Tochterunternehmens vor. Die Kaufpreisallokation basiert indes auf dem

52) Vgl. ED IFRS 3amend.58.

53) Vgl. Hayn, S., BFuP 2005, S. 431 zur Darstellung der konkurrierenden Konzerntheorien und ihren Auswirkungen auf die ausgewählten Finanzinformationen.

Konzept historischer Anschaffungskosten. Ein Goodwill aus der Kapitalkonsolidierung wird daher nur in Höhe des erworbenen Firmenwerts („purchased goodwill") ausgewiesen, d. h. des Firmenwertes, der dem Erwerber zuzurechnen ist.

Nach ED IFRS 3amend hat der Erwerber am Erwerbsstichtag grundsätzlich sämtliche Vermögenswerte und Schulden des erworbenen Unternehmens zu beizulegenden Zeitwerten[54] zu bilanzieren. Dem Konzept der Ein-heitstheorie folgend ist der vollständige Goodwill abzubilden, wobei der auf die Minderheiten entfallende Anteil **keine Hochrechnung** auf der Wertbasis des Mehrheitsanteils darstellt (ED IFRS 3amend.49 und .58). 82

Im Rahmen der erneuten Beratung hat der Stab abermals die Konzepte des **erworbenen Goodwill** und des **„full goodwill"** erläutert und die Vorteile des Ansatzes des vollständigen Firmenwerts erläutert.[55] 83

Beispiel 2: Ermittlung des Goodwill und Erstkonsolidierung[56] 84
Der Gesamtunternehmenswert des erworbenen Unternehmens XYZ am Erwerbsstichtag wurde mit € 2 000 Mio. bestimmt, wobei das zu Zeitwerten bewertete Reinvermögen von XYZ zu diesem Zeitpunkt € 1 400 Mio. beträgt. ABC hat 60 % der Anteile an XYZ zu einem Preis von € 1 260 Mio. erworben.

Schritt 1: Bestimmung des full Goodwill
Full Goodwill = Gesamtunternehmenswert – zu Zeitwerten bewertetes Reinvermögen (2 000 – 1 400 = 600)

Schritt 2: Allokation des Goodwill auf die Mehrheiten
$Goodwill_{Mehrheiten}$ = Kaufpreis – anteiliges Reinvermögen zu Zeitwerten (420 = 1 260 – 840 (60 % von 1 400))

Schritt 3: Abbildung der Erstkonsolidierung

Reinvermögen von B zu Zeitwerten	*1 400*
Goodwill	*600*
Kasse	*1 260*
Minderheiten	*740*

Erläuterung:
Der auf die Mehrheiten entfallende Goodwill in Höhe von € 420 Mio. entspricht nicht dem beteiligungsproportionalen Anteil von A am Gesamt-Goodwill in Höhe von € 360 Mio. Damit wird dem Umstand Rechnung getragen, dass die Mehr- und Minderheiten ihre Anteile zu abweichenden Konditionen erworben haben. Gleichwohl dominiert der Erwerbsstichtag der Mehrheiten die Bewertung durch die Fixierung des relevanten Stichtags. Der Minderheitenanteil in Höhe von € 740 Mio. setzt sich aus dem anteiligen Reinvermögen (40 % von 1.400 = 560) und einem Anteil am Goodwill in Höhe von € 180 Mio. zusammen.

Der über den Nettowert der erfassten erworbenen identifizierbaren Vermögenswerte und übernommenen Verpflichtungen hinausgehende beizulegende Zeitwert des erworbenen Unternehmens ist nach ED IFRS 3amend als Goodwill anzusetzen und zu bewerten. Daher ist der gesamte Geschäfts- oder Firmenwert des erworbenen Unternehmens zu erfassen und anschließend den Anteilen mit beherrschendem und ohne beherrschenden Einfluss zuzuordnen.

Der auf den Erwerber entfallende Geschäfts- oder Firmenwert soll als Differenz zwischen dem beizulegenden Zeitwert der Eigenkapitalanteile des Erwerbers an dem erworbenen Unternehmen (d. h. der übertragenen Gegenleistung) und dem Anteil des Erwerbers am beizulegenden Zeitwert des gesondert angesetzten erworbenen Nettovermögens bewertet werden. Der verbleibende Geschäfts- oder Firmenwert wird dann den Anteilen ohne beherrschenden Einfluss zugerechnet. Daher ist es möglich, dass der Anteil des ursprünglich den Anteilen mit beherrschendem und ohne beherrschenden Einfluss zugerechneten Geschäfts- oder Firmenwerts nicht 85

54) Limitierte Ausnahmen bestehen für bestimmte Vermögenswerte und Verpflichtungen nach IFRS 5, IAS 12 und IAS 19 sowie für nach IAS 17 bewertete Operating-Leasingverhältnisse; vgl. ED IFRS 3amend.42 ff.

55) Vgl. IASB, Accounting for Partial and Step Acquisitions, Changes in Controlling Ownership Interests, and Loss of Control with a Retained Ownership Interest, Agenda Paper 2B, Board Meeting März 2006, Abs. 55.

56) Vgl. ED IFRS 3amend.19 und 3amend.58 sowie ED IFRS 3amend.A62-.A63, 3amend.BC52-.54; s. auch Hayn, B./Hayn, S., IRZ 2006, S. 78; Amshoff/Sellhorn, PiR 2005, S. 90 ff.; Erdmann/Wünsch/Meyer, KoR 2006, S. 386 ff.; Haaker, PiR 2006, S. 25 f.; Küting/Wirth, BB 2005, Beil. zu Heft 39, S. 2 ff.; Pellens/Sellhorn/Amshoff, DB 2005, S. 1750 ff.; Stibi, BB 2005, Heft 39, S. I; Baetge/Hayn, S./Ströher in Baetge u. a., IFRS 3, Rz. 299 ff.; Streim/Bieker/Hackenberger/Lenz, IRZ 2007, S. 19 ff.

dem gesamten erfassten, mit den jeweiligen prozentualen Eigentumsanteilen an dem erworbenen Unternehmen multiplizierten Geschäfts- oder Firmenwert entspricht (z. B. wenn der Erwerber ein Aufgeld zahlt, um die Beherrschung über ein Tochterunternehmen zu erlangen).

86 Insbesondere die „full goodwill method" stieß im Zuge der Kommentierungen des Standardentwurfs auf erhebliche Kritik. Dennoch hat der Board zwischenzeitlich diese Methode als auch die Erfassung von nicht gesondert zuordenbaren Überzahlungen („overpayments") im Goodwill nach intensiven Beratungen bestätigt.[57] In diesem Zusammenhang hat der Board auch die Fragestellung erneut thematisiert, ob der Zeitwert von ausgegebenen Eigenkapitalinstrumenten am Erwerbsstichtag („acquisition date") oder am Vereinbarungsstichtag („agreement date") bestimmt werden soll. Trotz guter Gründe für die Anwendung des Vereinbarungsstichtags haben den Board die Argumente der einheitlichen Bewertung zum Erwerbsstichtag stärker überzeugt.

2. Negativer Unterschiedsbetrag[58]

87 ED IFRS 3amend kennzeichnet einen günstigen Erwerb als Situation, in der der beizulegende Zeitwert des Anteils des Erwerbers an dem erworbenen Unternehmen den beizulegenden Zeitwert der im Tausch für diesen Anteil übertragenen Gegenleistung übersteigt. ED IFRS 3amend sieht – nach entsprechender Überprüfung der jeweiligen Werte („reassessment"; ED IFRS 3amend.60) – für diese **seltene Konstellation** eine Bilanzierung vor, die zunächst einen mit dem Unternehmenserwerb verbundenen (positiven) Goodwill auf Null reduziert und sodann einen etwaig verbleibenden Überschuss im Erwerbszeitpunkt erfolgswirksam erfasst (ED IFRS 3amend.59, 3amend.61 sowie ED IFRS 3amend.A64-.A70). Beträgt der Eigentumsanteil an dem erworbenen Unternehmen weniger als 100 %, würde der auf die Anteile mit nicht beherrschendem Einfluss entfallende Geschäfts- oder Firmenwert entsprechend anteilig reduziert werden. Den Anteilen mit nicht beherrschendem Einfluss wird kein Gewinn zugeordnet. Diese in ED IFRS 3amend vorgeschlagene Vorgehensweise wurde zwischenzeitlich vom Board bestätigt.[59]

VIII. Sukzessiver Anteilserwerb[60]

88 Ein Erwerber kann die Beherrschung über ein erworbenes Unternehmen auch erlangen, indem er den **Unternehmenserwerb in mehreren Stufen** durchführt und dabei nacheinander mehrere Anteile erwirbt (allgemein als „sukzessiver Anteilserwerb" charakterisiert; ED IFRS 3amend.55).[61] IFRS 3 fordert die separate Analyse jeder Erwerbstransaktion vom Erwerber, um den Betrag des jeweiligen mit der Transaktion verbundenen Goodwill zu bestimmen. Dieses Vorgehen führt zu einem tranchenweisen Vergleich der Kosten der einzelnen Anteilserwerbe mit dem prozentualen Anteil des Erwerbers am beizulegenden Zeitwert der erworbenen identifizierbaren Vermögenswerte und Schulden zum Zeitpunkt der jeweiligen Erwerbe.

89 Im Gegensatz zu IFRS 3 sehen die in ED IFRS 3amend vorgeschlagenen Regelungen zum sukzessiven Anteilserwerb (ED IFRS 3amend.56 und 3amend.12 (b)) **keine stufenweise Ermittlung des Goodwill** sowie **keine Dotierung der Neubewertungsrücklage** mehr vor.[62] Stattdessen wird für die Ermittlung des auf die Mehrheiten entfallenden Goodwill der bisherige Beteiligungsansatz am Erwerbsstichtag (ED IFRS 3amend.56), der zur Beherrschung führt, zum beizulegenden Zeitwert bewertet. Die Differenz zur bisherigen Bewertung ist grundsätzlich erfolgswirksam zu realisieren; bei einer Bewertung nach IAS 39 als zur Veräußerung verfügbar („available-for-sale") ist die IAS 39-Rücklage erfolgswirksam zu recyclen. Letztendlich wird

57) Vgl. IASB Update 3/2006. Nicht gesondert zuordenbare Überzahlungen resultieren aus verschiedenen Bewertungstechniken aus der Sicht des Erwerbers für die Bemessung der Gegenleistung sowie des erworbenen Reinvermögens.

58) Vgl. ED IFRS 3amend.59-.61.

59) Vgl. IASB Update 3/2006.

60) Vgl. ED IFRS 3amend.55-.57.

61) S. auch Amshoff/Sellhorn, PiR 2005, S. 92; Ebeling/Gaßmann/Rothenstein, WPg 2005, S. 1031 ff.

62) Zur Technik des sukzessiven Anteilserwerbs mit entsprechender Dotierung der Neubewertungsrücklage gem. dem aktuellen IFRS 3 s. stellvertretend Baetge/Hayn, S./Ströher in Baetge u. a., IFRS 3, Rz. 219 ff.

somit am Erwerbsstichtag der Gesamtunternehmenswert den vollen zum beizulegenden Zeitwert bewerteten Aktiva und Passiva des Tochterunternehmens gegenübergestellt und ein Gesamt-Goodwill ermittelt.[63] Nach Auffassung des Board stellt der Wechsel von einer Beteiligung mit nicht beherrschendem Einfluss zu einer Beteiligung mit beherrschendem Einfluss an einem Unternehmen eine wesentliche Änderung der Art und Weise dieser Beteiligung und von deren wirtschaftlichen Rahmenbedingungen dar. Diese Änderung rechtfertigt eine Änderung der Klassifizierung und Bewertung der Beteiligung (d. h. sie ist ein Ereignis, das eine Neubewertung rechtfertigt).

Die vor Erlangung der Kontrolle von dem Erwerber an dem erworbenen Unternehmen gehaltene Beteili- 90
gung ohne beherrschenden Einfluss stellt nach der Neubewertung mit dem beizulegenden Zeitwert einen Bestandteil des beizulegenden Zeitwertes der vom Erwerber im Rahmen des Unternehmenszusammenschlusses übertragenen Gegenleistung dar (zur übertragenen Gegenleistung → Rz. 92 ff.).

Im **Änderungsentwurf zu IAS 27**, der diesbezüglich zwischenzeitlich vom Board bestätigt wurde,[64] führen 91
vor allem die Vorschläge zur Abbildung der vollen Verlustteilnahme von Minderheiten, zur erfolgswirksamen Übergangskonsolidierung mit Abwärtswechsel sowie zur erfolgsneutralen Abbildung von Änderungen der Beteiligungsquote des Mutterunternehmens (ED IFRS 3amend.57) an einem Tochterunternehmen ohne Veränderung des Beherrschungstatbestands im Konzerneigenkapital zu den wesentlichen Neuerungen.[65] Im April 2006-Meeting des Board wurden des Weiteren Ausweis- und Angabepflichten für nicht beherrschende Anteile („non-controlling interests") beschlossen.

IX. Bestimmung des Umfangs der Gegenleistung

Teilweise haben der Erwerber und das erworbene Unternehmen bzw. dessen Anteilseigner bereits vor dem 92
Unternehmenszusammenschluss Geschäftsbeziehungen unterhalten; teilweise bestehen weitere Beziehungen z. B. in Form von Vergütungsmodellen nach dem Unternehmenszusammenschluss fort. Zur sachgerechten Abbildung des Unternehmenszusammenschlusses ist es erforderlich, solche Transaktionen, Beziehungen und Bestände, die nicht Teil des Unternehmenszusammenschlusses sind, zu separieren und gesondert zu bilanzieren. ED IFRS 3amend verpflichtet daher den Erwerber, zu beurteilen, ob Teile des Transaktionspreises oder der erworbenen Vermögenswerte oder übernommenen Schulden aus Sicht des erworbenen Unternehmens nicht zum Tauschvorgang gehören, um den Leistungsaustausch für den Unternehmenszusammenschluss von anderen nicht im Zusammenhang mit dem Unternehmenszusammenschluss geleisteten (oder erhaltenen) Zahlungen zu unterscheiden. Für eine solche Beurteilung hat der Erwerber den wirtschaftlichen Gehalt von Transaktionen oder Geschäftsvorfällen einzuschätzen, die von den am Unternehmenszusammenschluss beteiligten Parteien durchgeführt werden. Letztendlich ist zu bestimmen, ob der Zweck einer Transaktion oder eines Geschäftsvorfalles hauptsächlich im wirtschaftlichen Nutzen für den Erwerber bzw. das zusammengeschlossene Unternehmen oder im wirtschaftlichen Nutzen für das erworbene Unternehmen bzw. seine Voreigentümer besteht.

Folgende Zahlungen oder Vereinbarungen würden aus Sicht des erworbenen Unternehmens **nicht als** 93
Teil des Unternehmenszusammenschlusses angesehen werden (ED IFRS 3amend.70 sowie ED IFRS 3amend.A87-.A109):

- Zahlungen, mit denen bereits vorher bestehende Beziehungen zwischen dem Erwerber und dem erworbenen Unternehmen beglichen werden;
- Zahlungen, die der Vergütung zukünftiger Leistungen von Mitarbeitern oder Voreigentümern des erworbenen Unternehmens dienen; oder
- Zahlungen, die dazu dienen, dem erworbenen Unternehmen oder dessen Voreigentümern für den Erwerber vorgestreckte Kosten, die diesem im Zusammenhang mit dem Unternehmenszusammenschluss entstanden sind, zu erstatten.

---

63) S. auch Lüdenbach/Hoffmann, DB 2005, S. 1807 f.; Amshoff/Sellhorn, PiR 2005, S. 89 ff.

64) Vgl. IASB Update 3/2006.

65) Vgl. auch Senger/Brune in Bohl/Riese/Schlüter, § 37, Rz 33 ff.

94 Diese Prinzipien, die aus **EITF 04-1** im Zuge der Konvergenzbestrebungen Einzug in die Standardentwürfe in der zweiten Projektphase zu Unternehmenszusammenschlüssen gefunden haben, wurden vom Board im Juli 2006 bestätigt.[66] Ebenfalls in der Juli-Sitzung hat der Board die aus IFRS 3 in ED IFRS 3amend übernommenen Prinzipien zur Abbildung von Restrukturierungen in der Erstkonsolidierung bestätigt.

Beispiel 3: Geschäftsbeziehungen vor dem Unternehmenswerb („Pre-acquisition relationships")

Das Management von Unternehmen Delta erhält Einkommensbestandteile in Form aktienbasierter Vergütungen. Nach dem Erwerb von Unternehmen Delta (erworbenes Unternehmen) durch das Unternehmen Gamma (der Erwerber) tauscht der neue Eigentümer die Aktienoptionen auf Anteile an Delta gegen Anteile an Gamma. Dieser Tauschvorgang findet veranlasst durch den Unternehmenszusammenschluss am Erwerbsstichtag statt. Das ehemalige Delta Management kann die Optionen nach einer Verbleibenszeit im neuen Konzern von drei Jahren ausüben.

Das ehemalige Optionsprogramm von Delta sah ebenfalls Verbleibenszeiten für die Erlangung der Unverfallbarkeit der gewährten Optionen vor. Vor dem Unternehmenszusammenschluss wurden bereits vier Jahre vom gesamten Erdienungszeitraum („vesting period") abgeschlossen.

Am Erwerbsstichtag weisen die Ersatzvergütungen (Optionen auf Gamma-Anteile) und die ersetzten Vergütungsinstrumente (Optionen auf Delta-Anteile) den gleichen beizulegenden Zeitwert auf (€ 1 000). Daher existiert kein Differenzbetrag, der von dem Erwerber am Erwerbsdatum als Aufwand anzusetzen wäre.

Im vorliegenden Fall beträgt der Erdienungszeitraum sieben Jahre. Dies entspricht dem Erdienungszeitraum für die ursprünglich gewährte Vergütung und dem Erdienungszeitraum für die Ersatzvergütung. Der auf den Dienstzeitaufwand für vergangene Perioden entfallende Anteil entspricht dem beizulegenden Zeitwert der Ersatzvergütung (€ 1 000) multipliziert mit dem Verhältnis des bereits erreichten Erdienungszeitraums (vier Jahre) zum gesamten Erdienungszeitraum (sieben Jahre). Somit würden € 571 auf bereits erdiente Ansprüche entfallen (und als Teil der von Unternehmen Delta übertragenen Gegenleistung berücksichtigt werden) und € 429 würden zukünftigen Dienstleistungen zugeordnet (und in dem auf den Unternehmenszusammenschluss folgenden Abschluss als Vergütungsaufwendungen erfasst) werden.

F. Ausblick

95 ED IFRS 3amend sah noch eine Veröffentlichung in 2006 und Inkraftsetzung für Geschäftsjahre, die am oder nach dem 1.1.2007 beginnen, vor (ED IFRS 3amend.82). Mittlerweile ist die **Veröffentlichung** des überarbeiteten IFRS 3 auf **Mitte 2007** verschoben worden.

96 Mit Pressemitteilung v. 24.7.2006 hat das IASB Änderungen im Standard-Setting-Prozess bei konzeptionellen Änderungen sowie eine Stillhaltephase hinsichtlich des Inkrafttretens neuer IFRS mitgeteilt. Bei konzeptionellen Änderungen sollen zukünftig Diskussionspapiere vor der Veröffentlichung von Standardentwürfen herausgegeben werden. Ferner trägt das IASB den Ländern mit Anerkennungsverfahren zur Übernahme der IFRS in nationales Recht dahingehend Rechnung, dass die verpflichtende Anwendung neuer Standards oder wesentlicher Änderungen zu bestehenden Standards frühestens ein Jahr nach deren Veröffentlichung erfolgen soll. In diesem Zusammenhang hat das IASB auch mitgeteilt, dass bei neuen IFRS die verpflichtende Anwendung **frühestens in 2009** erfolgen soll, um den nach IFRS bilanzierenden Unternehmen eine stabile IFRS-Plattform in den nächsten Jahren zu gewährleisten. Eine frühere Anwendung dieser neuen Standards soll aber weiterhin möglich bleiben. Damit ist nicht mit einer verpflichtenden Anwendung des überarbeiteten IFRS 3 vor 2009 zu rechnen.

97 ED IFRS 3amend wurde im Paket aller Phase II-Änderungen veröffentlicht. Daher sieht ED IFRS 3amend noch vor, dass bei freiwilliger vorzeitiger Anwendung ebenfalls die überarbeiteten IAS 27 und IAS 37 **gleichzeitig** anzuwenden sind. Mittlerweile behandelt der Board IAS 37 in einem gesonderten Projekt.

98 Nach ED IFRS 3amend ist der überarbeitete IFRS 3 **prospektiv** auf Unternehmenszusammenschlüsse anzuwenden, deren Erwerbszeitpunkt auf den Beginn oder einen Zeitpunkt nach dem Beginn der Berichtsperiode

66) Vgl. IASB Update 7/2006. Der Stab wurde jedoch aufgefordert, die Anwendungsleitlinien zu Geschäftsbeziehungen vor dem Unternehmenswerb („pre-acquisition relationships") zu ändern, um diese klarer zu gestalten.

fällt, in der der vorgeschlagene überarbeitete Standard erstmals angewendet wird. Die retrospektive Anwendung auf vorherige Unternehmenszusammenschlüsse wird nicht zulässig sein. Daher würde die derzeitige Fassung von IFRS 3 weiterhin auf Unternehmenszusammenschlüsse Anwendung finden, die **vor dem Datum des Inkrafttretens** des vorgeschlagenen überarbeiteten IFRS 3 erfolgt sind, und abgesehen von zwei Ausnahmen würden Vermögenswerte und Schulden, die aus früheren Unternehmenszusammenschlüssen resultieren, nicht angepasst werden.

Folgende Sachverhalte sind von der allgemeinen Regel der prospektiven Anwendung **ausgenommen**: 99

- Die geänderte Fassung von IAS 12 ist prospektiv auf im Rahmen des Unternehmenszusammenschlusses erworbene und **nach dem Inkrafttreten** des überarbeiteten IFRS 3 erfasste **latente Steueransprüche** anzuwenden (es sei denn, die widerlegbare Vermutung gilt, dass der Goodwill bei der nachträglichen Erfassung von latenten Steueransprüchen, die die Kriterien für einen gesonderten Ansatz zum Erwerbszeitpunkt nicht erfüllten, nicht anzupassen ist; ED IFRS 3amend.86).
- Zuvor erfasste **Eventualschulden**, die nicht mit einer unbedingten Verpflichtung verknüpft sind, sind bei einer entsprechenden Minderung gegen den Goodwill auszubuchen. Dies gilt so lange, bis der Geschäfts- oder Firmenwert einen Wert von Null erreicht hat, jedoch nur in Höhe des ursprünglich für die Eventualschuld erfassten Betrags. Ein etwaig verbleibender Saldo ist mit den Gewinnrücklagen zu verrechnen (ED IFRS 3amend.87).

ED Amendments to IAS 1 – Presentation of Financial Statements – A Revised Presentation

Bearbeitet von:
Michael Brücks und Sven Diehm

Inhalt

Schrifttum

Berndt/Jenny, Gewinn oder nicht Gewinn? – Bedeutung des Other Comprehensive Income bei der Bestimmung der Eigenkapitalrentabilität, BB 2006, 2179;

Bogajewskaja, Exposure Draft des IASB zur Änderung des IAS 1 Presentation of Financial Statements, BB 2006, 1155;

Ernst & Young, IFRS/US-GAAP Comparison. A comparison between International Financial Reporting Standards and US-GAAP by the Financial Reporting Group of Ernst & Young, London, 3. Aufl. 2005;

Ernst & Young, Global EYe on IFRS: Überblick über die internationalen Rechnungslegungsvorschriften, Mai 2007, Darstellung von Abschlüssen – was wird die Zukunft bringen?, S. 27;

Hasenburg/Dräxler, Die geplanten Änderungen zur Darstellung von IFRS-Abschlüssen – Der Exposure Draft zur Änderung des IAS 1, KoR 2006, 289;

Heiden, Pro-forma-Kennzahlen aus Sicht der Erfolgsanalyse, in Brösel/Kasperzak (Hrsg.), Internationale Rechnungslegung, Prüfung und Analyse, Oldenburg 2006, 593;

IDW, Stellungnahme: Exposure Draft Amendments to IAS 1 Presentation of Financial Statements: A Revised Presentation, WPg 2006, 810;

Kerkhoff, Erfolgsrechnung auf dem Prüfstand: Entwicklungen bei IASB und FASB zum Performance Reporting, Accounting 2006, 3;

Kerkhoff/Diehm, Performance Reporting: Konzepte und Tendenzen im kommenden FASB-/IASB-Standard, KoR 2005, 342;

Kessler/Leinen, Darstellung von discontinued operations in Bilanz und GuV, KoR 2006, 558.

A. Gegenstand und Relevanz

I. Inhalt

1 Im September 2001 nahm der **IASB**, im Oktober 2001 der **FASB** die Neuregelung der Darstellung des Unternehmenserfolges („performance") auf seine jeweilige Projekt-Agenda. Im April 2004 beschlossen die Boards, das **Projekt gemeinsam** zu führen. Gegenstand war zunächst eng gefasst die Darstellung des Unternehmenserfolges. Im März 2006 entschieden die Boards, in erweiterter Betrachtung die Darstellung des gesamten Abschlusses grundsätzlich neu („fresh look"[1]) zu regeln. Die Evolution der Projektbezeichnung von „reporting information about the financial performance of business enterprises" (FASB), „reporting performance" (IASB), „income statements" (IASB), „reporting comprehensive income" (IASB), „performance reporting" (IASB und FASB) bis hin zu heute „financial statement presentation" (IASB und FASB) spiegelt den nunmehr umfassenden Gegenstand des Projekts wider.

2 Regelungen zu **Ansatz** und **Bewertung** bleiben im Rahmen des Projekts „Darstellung des Abschlusses" („financial statement presentation") unberührt. Gleichermaßen ist eine umfassende Überarbeitung der Vorschriften zum **Anhang** nicht Gegenstand des Projekts. Die Regelungen sollen für sämtliche Unternehmen mit Gewinnerzielungsabsicht verbindlich sein; eine spätere Anpassung der Neuregelungen für Unternehmen der Finanzbranche („financial institutions") wird erwogen. Das Projekt ist zeitlich und inhaltlich in drei Segmente (A, B und C) gegliedert.

3 Am **16.3.2006** veröffentlichte der IASB den „Exposure Draft of Proposed Amendments to IAS 1: Presentation of Financial Statements – A Revised Presentation" (**ED IAS 1amend**), der die Beschlüsse des IASB zu **Segment A** umfasst. Die Veröffentlichung des Standards ist für das zweite Quartal 2007 angekündigt. Der FASB entschied, eigens zu Segment A kein gesondertes Dokument zu erstellen und stattdessen die Beschlüsse zu Segment A und B gemeinsam in einem Diskussionspapier zur öffentlichen Diskussion zu stellen. Angesichts der Absicht der grundsätzlichen Neuregelung der Darstellungsregelungen entschieden die Boards, im Rahmen des Segment B nicht zwangsläufig an die in ED IAS 1amend normierten Entscheidungen gebunden zu sein.[2] Die Veröffentlichung der Beschlüsse zu **Segment B** (bzw. zu den Segmenten A und B seitens des FASB) ist in zwar selbstständigen, jedoch abgestimmten Diskussionspapieren für das zweite Quartal 2007 angekündigt. In der im Februar 2006 veröffentlichten gemeinsamen Absichtserklärung („memorandum of understanding") nehmen sich die Boards in die Pflicht, bis zum Jahr 2008 zumindest ein Dokument zur öffentlichen Diskussion zu stellen, das sämtliche Projektinhalte behandelt.[3] Gegenstand des **Segments C** ist die Übertragung der in den vorherigen Segmenten bestimmten Neuregelungen auf die Zwischenberichterstattung.

4 ED IAS 1amend aktualisiert die grundsätzlichen Vorschriften, wie ein IFRS-Abschluss darzustellen ist. Ein nach diesen Grundsätzen aufgestellter Abschluss soll entscheidungsdienliche Unternehmens- und Periodenvergleiche ermöglichen. Spezifische Vorschriften zu Darstellungsfragen werden in den einzelnen IFRS konkretisiert; für Finanzinstrumente etwa sind diese in *IAS 32 – Finanzinstrumente: Darstellung* zusammengefasst; Vorschriften zur Darstellung der Kapitalflussrechnung etwa enthält *IAS 7 – Kapitalflussrechnungen*.

---

1) IASB/FASB, Project Updates „financial statement presentation", veröffentlicht unter www.fasb.org/project (Stand: 7.2.2007).

2) Vgl. IASB Update 3/2006, S. 2.

3) Vgl. IASB/FASB, Memorandum of understanding between the FASB and the IASB, S. 3, veröffentlicht unter www.fasb.org/mou_02-27-06.pdf (Stand: 7.2.2007).

ED IAS 1amend hat folgende **Struktur**: 5

<table>
<tr><td colspan="9">Zielsetzung (1)</td></tr>
<tr><td colspan="9">Anwendungsbereich (2-6)</td></tr>
<tr><td colspan="9">Definitionen (7-8)</td></tr>
<tr><td colspan="9">Darstellung des Abschlusses (9-46)</td></tr>
<tr><td rowspan="2">Zweck des Abschlusses (9)</td><td colspan="5">Grundlegende Überlegungen (10-30)</td><td colspan="3">Vollständigkeit des Abschlusses (31-46)</td></tr>
<tr><td>Vermittlung eines den tatsächlichen Verhältnissen entsprechenden Bildes und Übereinstimmung mit den IFRS (10-19)</td><td>Unternehmensfortführung (20-21)</td><td>Konzept der Periodenabgrenzung (22-23)</td><td>Wesentlichkeit und Zusammenfassung von Posten (24-26)</td><td>Saldierung von Posten (27-30)</td><td>Berichterstattungshäufigkeit (36-37)</td><td>Vergleichsinformationen (38-44)</td><td>Darstellungsstetigkeit (45-46)</td></tr>
</table>

<table>
<tr><td colspan="7">Struktur und Inhalt (47-138)</td></tr>
<tr><td>Einführung (47-48)</td><td>Identifikation von Abschlüssen (49-53)</td><td>„Statement of financial position“ (54-80)</td><td>Aufstellung der erfassten Erträge und Aufwendungen (81-105)</td><td>Darstellung der Veränderungen des Eigenkapitals (106-110)</td><td>Kapitalflussrechnung (111)</td><td>Anhangangaben (112-138)</td></tr>
<tr><td colspan="7">Zeitpunkt des Inkrafttretens (139)</td></tr>
<tr><td colspan="7">Rücknahme von IAS 1 (überarbeitet 2003) (140)</td></tr>
</table>

II. Bedeutung

6 Die derzeit geltenden Grundsätze zur Darstellung von Abschlüssen in IAS 1 (überarbeitet 2003) zielen noch auf eine ökonomische Realität, in der insbesondere Vorräte, Maschinen oder Gebäude die maßgeblichen Vermögenswerte darstellten und Erträge und Aufwendungen zentral aus Handels- oder Produktionserfolgen resultierten. Da Unternehmen heute oft eine weitaus **komplexere Vermögens-, Finanz- und Ertragsstruktur** aufweisen, sieht sich der IASB gefordert, die Darstellungsvorschriften zu „modernisieren“.

Zwei wesentliche Tendenzen in der IASB-Rechnungslegung verstärken zudem die Notwendigkeit einer Überarbeitung der Darstellungsvorschriften: Die IFRS fokussieren vermehrt auf einen mit dem Rahmenkonzept in Einklang stehenden Ansatz und eine Bewertung der Vermögenswerte und Schulden in der Bilanz, anstatt vorrangig auf eine zeitraumbezogene Betrachtung der Erträge und Aufwendungen in der Erfolgsrechnung abzustellen („**asset-liability-approach**“). Ferner wird grundsätzlich im beizulegenden Zeitwert der sachgerechte Bewertungsmaßstab gesehen („**full fair value accounting**“). Im Ergebnis stellt sich die Herausforderung, in der Erfolgsrechnung vermehrt auch „bloße“ Zeitwertschwankungen von häufig nicht für den Absatzmarkt bestimmten Vermögenswerten (oder Schulden) darzustellen.

7 ED IAS 1amend ist aus Nutzersicht von **geringer praktischer Bedeutung,** da die fundamentalen Fragen des Projekts „financial statement presentation“ in Phase B behandelt werden. IAS 1 (überarbeitet 2003) wird durch ED IAS 1amend materiell lediglich geringfügig geändert. Zudem erklärten IASB und FASB, in Phase B nicht an Entscheidungen der Phase A, sprich die Regelungen des ED IAS 1amend, gebunden zu sein.

8 Zentraler Gegenstand des ED IAS 1amend ist die Frage, ob die Erfolgsrechnung in Form von ein oder zwei Rechenwerken darzustellen ist („single statement of comprehensive income" versus „two-statement approach"). Der Entwurf sieht hier ein Wahlrecht vor. Ferner kann von der im ED IAS 1amend vorgeschlagenen Terminologie für die Abschlussbestandteile und für die Summen bzw. Zwischensummen in der Erfolgsrechnung abgewichen werden. Die weiteren durch den Entwurf eingeführten Änderungen sind als nicht wesentlich zu beurteilen. Sollte der IASB im zweiten Quartal 2007 den vorliegenden Entwurf unter Beachtung der inzwischen geführten Diskussionen (→ Rz. 33 ff.) verabschieden, ergeben sich durch den ED IAS 1amend keine **wesentlichen Änderungen** für die Anwender.

III. Anwendungsbereich

9 Die im derzeit geltenden IAS 1 enthaltenen Regelungen waren bis 1997 auf mehrere Standards verteilt: Im Januar 1975 wurde *IAS 1 – Disclosure of Accounting Policies*, im Oktober 1976 *IAS 5 – Information to Be Disclosed in Financial Statements* und im November 1979 *IAS 13 – Presentation of Current Assets and Current Liabilities* veröffentlicht. Mit der Herausgabe des *IAS 1 – Darstellung des Abschlusses* im August 1997 wurde die heutige Struktur und auch weitgehend die heutige inhaltliche Ausgestaltung des IAS 1 konzipiert. Durch die Verordnung (EG) 1725/2003 der Kommission vom 29.9.2003 wurde IAS 1 (überarbeitet 1997) von der EG in geltendes EU-Recht übernommen. Im Rahmen des „improvements project" des IASB wurde der Standard einer Überarbeitung unterzogen und am 18.12.2003 als *IAS 1 – Darstellung des Abschlusses* (überarbeitet 2003) veröffentlicht. Mit der Verordnung (EG) 2238/2003 der Kommission vom 29.12.2004 wurde diese Version des IAS 1 in geltendes **EU-Recht** übernommen. Seitdem wurde IAS 1 geringfügig durch die Veröffentlichungen des IFRS 5 und des IFRS 7 und Änderungen des IAS 19 aktualisiert; diese Aktualisierungen wurden anschließend jeweils in EU-Recht übernommen. Am 18.8.2005 veröffentlichte der IASB Änderungen des IAS 1, die Angabepflichten zum Kapital und dessen Steuerung umfassen. Durch Verordnung (EG) 108/2006 der Kommission v. 11.1.2006 wurde die Änderung in geltendes EU-Recht übernommen.

10 ED IAS 1amend ist für sämtliche Unternehmen von Relevanz, die erklären, ihr Abschluss stehe in Übereinstimmung mit den IFRS (ED IAS 1amend.2). Der Standardentwurf spezifiziert kein Datum des Inkrafttretens (ED IAS 1amend.139). Aus der Ankündigung des IASB vom 24.7.2006, dass neue Standards oder Änderungen von Standards nicht vor dem Jahr 2009 in Kraft treten werden,[4] scheint der **1.1.2009** als Datum der erstmaligen verpflichtenden Anwendung wahrscheinlich.

IV. Regelungszusammenhänge

11 ED IAS 1amend regelt die grundsätzliche Darstellung („presentation") von Abschlüssen bzw. deren jeweiliger Bestandteile. Ansatz und Bewertung der darzustellenden Posten, somit die Inhalte der Darstellung, ergeben sich aus den anderen IFRS. Auch benennt bzw. skizziert ED IAS 1amend allgemeine Pflichtangaben („disclosures"), die regelmäßig in den anderen IFRS spezifiziert werden. Darüber hinausgehende, branchenübergreifende und wesentliche Zusammenhänge bestehen zu folgenden Verlautbarungen des IASB:

12 Das **Rahmenkonzept** beschreibt die Konzeption, die der Aufstellung und Darstellung von Abschlüssen zu Grunde liegt, jedoch „definiert damit keine Grundsätze" (F.2). Daher wiederholt und spezifiziert ED IAS 1amend Regelungen des Rahmenkonzepts, um ihnen Verbindlichkeitscharakter zu verleihen. Folgende ED IAS 1amend-Sachverhalte sind bereits in den Vorschriften, Annahmen, Anforderungen bzw. Konzeptionen des Rahmenkonzepts enthalten:

- Zielsetzung der Vermittlung eines den tatsächlichen Verhältnissen entsprechenden Bildes.
- Annahme der Periodenabgrenzung.
- Annahme der Unternehmensfortführung.
- Anforderung der Wesentlichkeit.

4) Vgl. www.iasb.org/News/Press+Releases/IASB+takes+steps+to+assist+adoption+of+IFRSs+and+reinforce+ consultation+No+new+IFRSs+effective+until.htm (Stand: 7.2.2007).

– Anforderung der Vergleichbarkeit und Darstellungsstetigkeit.

Insbesondere **IAS 7**.10-7.17 regelt die Darstellung der **Kapitalflussrechnung**. Im Anhang zu ED IAS 1amend werden Musterdarstellungen für Kapitalflussrechnungen gegeben. 13

Mit der Überarbeitung des IAS 1 im Jahr 2003 wurden Regelungen zu **Auswahl, Stetigkeit, Änderungen und Anwendung der Bilanzierungs- und Bewertungsmethoden** in den **IAS 8** umgegliedert. Umgekehrt sind die Regelungen zur Darstellung des **Periodenergebnisses** nunmehr in den IAS 1 (überarbeitet 2003) verlagert. Zu folgenden ED IAS 1amend-Sachverhalten enthält IAS 8 (überarbeitet 2003) in Zusammenhang stehende Aussagen: 14

- Auf einen IFRS-Abschluss anzuwendende Regeln.
- Anforderung der Wesentlichkeit.
- Regelungen zur Auswahl, Stetigkeit, Änderungen und Anwendung der Bilanzierungs- und Bewertungsmethoden.
- Zielsetzung der Vermittlung eines den tatsächlichen Verhältnissen entsprechenden Bildes.
- Anforderung der Vergleichbarkeit und Darstellungsstetigkeit.

IAS 12 – Ertragsteuern spezifiziert die allgemeinen Bestimmungen des ED IAS 1amend, wann in der Bilanz und in der GuV Steuerposten saldiert darzustellen sind. 15

IAS 27 – Konzern- und separate Einzelabschlüsse nach IFRS enthält einen Abschnitt „Darstellung des Konzernabschlusses“. Dieser regelt, unter welchen Umständen ein Mutterunternehmen von der Pflicht zur Aufstellung eines Konzernabschlusses befreit ist. 16

IAS 32 – Finanzinstrumente: Darstellung spezifiziert Darstellungsregelungen in Bezug auf Finanzinstrumente. Insbesondere schreibt der Standard die Darstellung eigener Anteile eines Unternehmens in der Bilanz vor. Ferner bestimmt IAS 32 die Klassifizierung von Finanzinstrumenten, die von einem Unternehmen ausgegeben worden sind als Eigen- oder Fremdkapital. Zudem spezifiziert IAS 32 die Bedingungen, in Abhängigkeit derer finanzielle Vermögenswerte und Verbindlichkeiten in der Bilanz zu saldieren sind. 17

IAS 34 – Zwischenberichterstattung verweist hinsichtlich der Darstellung eines Zwischenberichts auf die Vorschriften des IAS 1. Insbesondere mit Blick auf die Mindestbestandteile, eine Übereinstimmenserklärung mit den IFRS, darzustellende Vergleichsperioden und einer Auslegung der Wesentlichkeitsanforderung leitet IAS 34 spezifische Regelungen für die Darstellung des Zwischenberichts ab. 18

IFRS 5 – Zur Veräußerung gehaltene langfristige Vermögenswerte und aufgegebene Geschäftsbereiche bestimmt, wie zur Veräußerung gehaltene langfristige Vermögenswerte und aufgegebene Geschäftsbereiche in Bilanz, GuV, Kapitalflussrechnung bzw. im Anhang darzustellen sind. 19

IFRS 7 – Finanzinstrumente: Angaben bestimmt Kategorien an **Finanzinstrumenten**, deren Buchwerte in der Bilanz auszuweisen oder im Anhang **anzugeben** sind. IFRS 7.20 bestimmt, welche Ertrags- und Aufwandsposten und Gewinn- und Verlustposten entweder in der GuV auszuweisen oder im Anhang anzugeben sind. 20

Innerhalb der **US-amerikanischen Rechnungslegungsvorschriften** besteht keine abschließende Norm zur Darstellung von Abschlüssen. Vielmehr ist eine Vielzahl an Verlautbarungen zu berücksichtigen. In Bezug auf die Darstellung der **Erfolgsrechnung** ist *SFAS 130 – Reporting Comprehensive Income*, in Bezug auf die Darstellung der **Kapitalflussrechnung** ist *SFAS 95 – Statements of Cash Flows* zentral. Insbesondere für Unternehmen, die unter der Aufsicht der **SEC** stehen, sind zudem die Darstellungsvorschriften der Regulation S-X, article 3, 3A, 4 und 10 relevant. 21

V. Definitionen

Der Abschnitt „Definitionen“ des IAS 1 wird durch ED IAS 1amend inhaltlich **nicht wesentlich geändert**. Neu aufgenommen in ED IAS 1amend.7 und gegeneinander abgegrenzt werden „other recognised income and expense“, „profit or loss“ und „total recognised income and expense“ (zum Inhalt dieser Begriffe → Rz. 25 ff.). Des Weiteren wird in ED IAS 1amend.7 der Begriff „reclassification adjustments“ eingeführt (→ Rz. 30). 22

B. Inhalt des ED IAS 1amend

23 In dem am 16.3.2006 veröffentlichten ED IAS 1amend werden folgende Neuregelungen des IAS 1 vorgeschlagen.

Der Begriff „balance sheet" (Bilanz) wird durch **„statement of financial position"** ersetzt. Eine entsprechende deutsche Übersetzung von „statement of financial position" in der Version der EU oder im Schrifttum bleibt abzuwarten. Die weiteren Abschlussbestandteile lauten **„statement of recognised income and expense for the period"** (Erfolgsrechnung für die Berichtsperiode), **„statement of cash flows for the period"** (Kapitalflussrechnung für die Berichtsperiode), **„statement of changes in equity for the period"** (Aufstellung der Veränderungen des Eigenkapitals in der Berichtsperiode) und **„notes"** (Anhang). Eine alternative aussagekräftige Bezeichnung ist jeweils zulässig (ED IAS 1amend.31). Die Bestandteile des Abschlusses sind gleichberechtigt darzustellen (ED IAS 1amend.32).

24 Es ist eine Bilanz zu Beginn der Berichtsperiode darzustellen. In der Konsequenz sind damit für **Vergleichszwecke** insgesamt drei Bilanzen (einschließlich der Schlussbilanz der Berichtsperiode) zu veröffentlichen. Bei den sonstigen Abschlussbestandteilen ist weiterhin die Darstellung der Berichtsperiode und einer Vergleichsperiode ausreichend (ED IAS 1amend.31).

25 **Transaktionen mit Eigentümern** sind konsequent gesondert von denjenigen Änderungen des Eigenkapitals darzustellen, die nicht aus Transaktionen mit Eigentümern resultieren. Demnach ist es nicht mehr zulässig, die Posten des „other recognised income and expense" (sonstige erfasste Erträge und Aufwendungen) in der Aufstellung der Veränderungen des Eigenkapitals darzustellen (ED IAS 1amend.81 und ED IAS 1amend.106). Sämtliche Veränderungen des Eigenkapitals, die nicht auf Transaktionen mit Anteilseignern beruhen, sind entweder in **einem oder** in **zwei Abschlussbestandteilen** darzustellen.

26 Nach der ersten Darstellungsform (**„single statement of recognised income and expense"**) werden sämtliche Erträge und Aufwendungen in einem Abschlussbestandteil („statement") ausgewiesen (ED IAS 1amend.82). Damit werden in einem Rechenwerk sämtliche erfolgswirksam und erfolgsneutral erfassten Aufwendungen und Erträge dargestellt. Die Größe **„profit or loss"** (Gewinn oder Verlust) wird in dieser Alternative als Zwischensumme des Saldos der erfolgswirksam erfassten Eigenkapitalveränderungen dargestellt. Daran schließt sich die Darstellung der erfolgsneutral erfassten Eigenkapitalveränderungen an, die in der **Zeile „other recognised income and expense"** (sonstige erfasste Erträge und Aufwendungen) saldiert werden. Die Darstellung endet mit der **Zeile „total recognised income and expense"** (Summe der erfassten Erträge und Aufwendungen), in der sämtliche Änderungen des Eigenkapitals, die nicht auf Transaktionen mit Eigentümern beruhen, saldiert ausgewiesen werden. Im Unterschied zur „klassischen" GuV werden im „single statement" die erfolgswirksam erfassten Eigenkapitalveränderungen nur noch als Zwischensaldo ausgewiesen. In der Schlusszeile „total recognised income and expense" **vermischen** sich realisierte Erfolgsbeiträge mit (bloßen) unrealisierten Zeitwertschwankungen.

27 Der **„two-statement approach"** unterscheidet sich vom „single-statement approach" (→ Rz. 26) insoweit, als hier das „profit or loss", d. h. die erfolgswirksam erfassten Erträge und Aufwendungen, in einem gesonderten Abschlussbestandteil von den erfolgsneutral erfassten Erträgen und Aufwendungen dargestellt werden. Das erste „statement" endet mit der Zeile „profit or loss" und entspricht insoweit der **„klassischen" GuV**. Das zweite „statement" beginnt mit der Zeile „profit or loss", an die sich die Darstellung der erfolgsneutral erfassten Eigenkapitalveränderungen, die nicht auf Transaktionen mit Eigentümern beruhen, anschließt. Das zweite „statement" endet mit der Zeile „total recognised income and expense" (ED IAS 1amend.84 i. V. m. ED IAS 1amend.33).

28 In der Erfolgsrechnung ist anzugeben, inwieweit das erfolgswirksam erfasste Ergebnis (**„profit or loss"**) sowie sämtliche Änderungen des Eigenkapitals der Berichtsperiode, die nicht auf Transaktionen mit den Eigentümern zurückzuführen sind (**„total recognised income and expense"**), auf die **Eigentümer des Mutterunternehmens** und die **Minderheitenanteile** entfallen (ED IAS 1amend.83). Das gilt unabhängig davon, ob der „single-statement approach" (→ Rz. 26) oder der „two-statement approach" (→ Rz. 27) verfolgt wird.

Der jeweilige Betrag an **Ertragsteuer** der einzelnen Posten der erfassten Erträge und Aufwendungen („recognised income and expense“) ist gesondert anzugeben (ED IAS 1amend.90). 29

Sobald erfolgsneutral erfasste und damit im „other recognised income and expense“ erfasste Ergebnisbestandteile aufgrund von Vorschriften anderer IFRS als „realisiert“ anzusehen sind, sind diese aus dem „other recognised income and expense“ in „profit or loss“ umzugliedern. Diese **Umklassifizierungsbeträge** („reclassification adjustments“) werden entweder offen im „other recognised income and expense“ ausgewiesen oder im Anhang dargestellt (ED-IAS 1amend.92 ff.). Beispielsweise sind nicht realisierte Wertschwankungen von Finanzinstrumenten, die der Kategorie „zur Veräußerung verfügbar“ angehören, grundsätzlich erfolgsneutral zu erfassen. Bei Abgang durch Veräußerung sind entstehende Veräußerungserfolge ergebniswirksam zu erfassen und dementsprechend umzugliedern. 30

Der in der Periode angesetzte Betrag an ausgeschütteter **Dividende** und der entsprechende Betrag je Aktie ist nunmehr entweder in der Aufstellung der Veränderungen des Eigenkapitals oder im Anhang anzugeben (ED IAS 1amend.107). Eine Darstellung im Abschlussbestandteil der GuV ist nicht mehr zulässig. 31

Ferner modifiziert ED IAS 1amend die Gliederung des IAS 1 und nimmt redaktionelle und terminologische Änderungen zum Zweck der einfacheren Lesbarkeit und Konsistenz innerhalb der IFRS vor (ED IAS 1amend.IN7). Die Kommentierungsfrist endete am 17.7.2006. 32

C. Aktualisierung des ED IAS 1amend auf Grund der eingegangenen Stellungnahmen

Beim IASB gingen **130 Stellungnahmen** zu ED IAS 1 ein.[5] Zusammengefasst zeigt sich folgendes Bild: 33

Frage im Standard-Entwurf	Zustimmung	Ablehnung	Enthaltung
1. Sind Sie mit den vorgeschlagenen Bezeichnungen der Abschlussbestandteile einverstanden?	13 %	**80 %**	7 %
2. Sind Sie damit einverstanden, dass eine Bilanz zu Beginn der ersten abgebildeten Periode darzustellen ist?	25 %	**66 %**	9 %
3. Sind Sie damit einverstanden, dass die Änderungen des Eigenkapitals, die nicht aus Transaktionen mit Eigentümern resultieren, als „recognised income and expense“ bezeichnet werden?	32 %	**53 %**	15 %
4. Sind Sie damit einverstanden, dass sämtliche Änderungen des Eigenkapitals, die nicht aus Transaktionen mit Eigentümern resultieren, gesondert von den Transaktionen mit Eigentümern darzustellen sind?	**78 %**	7 %	15 %

Frage im Standard-Entwurf	Zwei	Eins	Wahlrecht	Enthaltung
5. Sind Sie damit einverstanden, dass die Elemente der „recognised income and expense“ wahlweise in einem oder in zwei Rechenwerken („statements“) darzustellen sind?	**37 %**	16 %	22 %	25 %

5) Vgl. „Agenda paper 14, comment letter analysis ED IAS 1“, veröffentlicht unter www.iasb.org/NR/rdonlyres /CBC6C36B-2C0B-470E-BFCE-0B517B8A963A/0/Agenda Paper14_FSP_Observernotes2.pdf (Stand: 7.2.2007).

Frage im Standard-Entwurf	Zustimmung	Ablehnung	Enthaltung
6. Sind Sie mit den Angabevorschriften zu den Umklassifizierungsbeträgen („reclassification adjustments") einverstanden?	**76 %**	8 %	16 %
7. Sind Sie damit einverstanden, dass für jede Gruppe („component") der „recognised income and expense" die entsprechenden Steuereffekte anzugeben sind?	33 %	**51 %**	16 %
8. Sind Sie damit einverstanden, dass das „Ergebnis je Aktie" die einzige Kennzahl ist, die verpflichtend oder wahlweise in dem Abschlussbestandteil der Erfolgsrechnung („statement of recognised income and expense") angegeben werden darf?	**53 %**	28 %	18 %

34 Auf Grund der heterogenen, in leichter Mehrheit ablehnenden Kritik beschloss der IASB im Dezember 2006 vorläufig folgende Änderungen bzw. folgende Klarstellungen.[6)]

Die Bezeichnungen für die Abschlussbestandteile sind nicht verpflichtend zu verwenden. Die vorgeschlagenen Bezeichnungen für die Abschlussbestandteile werden beibehalten; lediglich die Erfolgsrechnung wird zwecks Konvergenz mit den US-GAAP als „**statement of comprehensive income**" bezeichnet. Da im IASB-Rahmenkonzept bislang der Begriff „financial position" lediglich beschrieben, nicht jedoch definiert ist (die Bilanz künftig regelmäßig als „statement of financial position" zu bezeichnen ist), verpflichtet sich der IASB zu einer Begriffsbestimmung von „financial position" im Rahmenkonzept.

35 Eine **Bilanz** zu Beginn der Vergleichsperiode ist lediglich dann darzustellen, sofern in dieser eine Umklassifizierung oder Anpassung vorgenommen wurde. Da eine rückwirkende Einführung eines neuen IFRS, eine Änderung der Bilanzierungs- oder Bewertungsmethoden oder die Korrektur eines Fehlers jeweils eine Umklassifizierung oder eine Anpassung bedingen, wird die Aufstellung einer dritten Bilanz faktisch den **Regelfall** darstellen.

36 Anpassungen auf Grund der **Änderungen der Bilanzierungs- und Bewertungsmethoden** sowie **Korrekturen von Fehlern** stellen keine Geschäftsvorfälle mit Anteilseignern dar und sind somit in der Aufstellung der Veränderungen des Eigenkapitals als Anpassungsbetrag der Gewinnrücklagen darzustellen.

37 Das „**Ergebnis je Aktie**" ist die einzig zulässige „je Aktie"-Erfolgsgröße, die in der Erfolgsrechnung dargestellt werden darf.

38 Der IASB bekräftige seine Präferenz für den „single statement approach" (→ Rz. 26) bei der Darstellung der Erfolgsrechnung. U. E. ist ein „single statement" vor dem Hintergrund einer vermehrten Bewertung von Vermögenswerten und Schulden zum beizulegenden Zeitwert nach IFRS abzulehnen: Dem Abschlussadressaten würde in der Erfolgsrechnung eine unterste Ergebnisgröße präsentiert, in der sich „harte" Erträge und Aufwendungen mit unrealisierten Zeitwertschwankungen vermengen. Eine Abkopplung von internem und externem Rechnungswesen wäre u. E. zu befürchten.[7)]

D. Segment B des Projekts zur Darstellung des Abschlusses

I. Gegenstand

39 In Segment B des Projektes werden grundsätzliche Fragen der Darstellung behandelt:

- Bestimmung konsistenter **Kriterien** in Bezug auf sämtliche Abschlussbestandteile (mit Ausnahme des Anhangs), anhand derer Inhalte **zusammengefasst** bzw. gesondert darzustellen sind.
- Festlegung von darzustellenden **Summen** und Zwischensummen in den jeweiligen Abschlussbestandteilen.

6) Vgl. IASB Update 12/2006, S. 4 f.

7) Vgl. Kerkhoff, Accounting 2006, S. 4, zu einer das „single statement" ablehnenden Argumentation.

- Zweckmäßigkeit einer Umklassifizierung (**„recycling"**) von Beträgen aus dem „other comprehensive income" in das Periodenergebnis. Sofern dies bejaht wird, ist ein systematisches Kriterium zu entwickeln, an das eine solche Umklassifizierung anknüpft.
- Bestimmung, ob die **Cashflows** aus der betrieblichen Tätigkeit nach der direkten oder der indirekten Methode darzustellen sind (IAS 7).

II. Konzeptionelle Grundlagen und Zielsetzungen

Im März 2006 formulierten IASB und FASB mit den „working principles" die konzeptionellen Grundlagen und Zielsetzungen der Inhalte des Segment B.[8] 40

- Der Abschluss soll ein **geschlossenes Bild** („cohesive picture") der Unternehmenslage zeichnen: Sämtliche Statements sind konsistent zu strukturieren.
- Die gewöhnliche Geschäftstätigkeit („business activities") ist gesondert von den **Finanzaktivitäten** („financing activities") darzustellen. Innerhalb der Finanzaktivitäten soll ferner zwischen Transaktionen mit Anteilseignern und anderen Geschäftsvorfällen unterschieden werden.
- Der Abschluss soll dem Adressaten ermöglichen, die **Liquidität** der Vermögenswerte und Schulden (d. h. deren Nähe einer Transformation in Zahlungsmittel) zu beurteilen.
- Die Darstellung soll den Adressaten dabei unterstützen, die unterschiedlichen **Bewertungsmaßstäbe** und deren jeweilige Bewertungsunsicherheiten zu verstehen und erkennen zu können, ob Wertänderungen von Vermögenswerten und Schulden auf Transaktionen oder Neubewertungen zurückzuführen sind.
- Informationen (Posten) sollen dann im Abschluss gesondert dargestellt werden, wenn dadurch die **Vorhersagbarkeit** künftiger Zahlungen besser bestimmt werden kann.

III. Vorläufige Entscheidungen zum Segment B

Folgende vorläufige Beschlüsse lagen bis einschließlich der gemeinsamen Sitzung des IASB und des FASB im Oktober 2006 vor.[9] 41

Die **Geschlossenheit der Abschlussdarstellung** („cohesiveness") wird als die beherrschende Zielsetzung („the governing working principle"[10]) betrachtet. Konsequenterweise einigten sich beide Boards auf folgende einheitliche Gliederung in Bezug auf die in der Tabelle genannten drei Abschlussbestandteile:

Statement of financial position	Statement of recognised income and expense	Statement of cash flows
Business (1) Operating assets and liabilities (a) Short-term (b) Long-term (2) Investing assets and liabilities (a) Short-term (b) Long-term	Business (1) Operating income (2) Investment income	Business (1) Operating cash flows (2) Investment cash flows

8) Vgl. IASB Update 3/2006, S. 1 f.; geringfügig aktualisiert, vgl. IASB Update 9/2006, S. 7.
9) Vgl. IASB Update 3/2006, S. 1 f.; IASB Update 7/2006, S. 6; IASB Update 8/2006, S. 7; IASB Update 10/2006, S. 2 und 7 f.; IASB Update 12/2006, S. 4.
10) IASB Update 7/2006, S. 6.

Discontinued operations	Discontinued operations	Discontinued operations
Financing (1) Financing assets (a) Short-term (b) Long-term (2) Financing liabilities (a) Short-term (b) Long-term (3) Equity	Financing (1) Financing income (2) Financing expenses	Financing (1) Financing asset cash flows (2) Financing liability cash flows (3) Equity cash flows
Income taxes (1) Short-term (2) Long-term	Income taxes	Income taxes

42 Der Umfang der Finanzierungs-Sachverhalte („financing") ist unternehmensspezifisch zu bestimmen und umfasst diejenigen Finanzierungsquellen, die unabhängig von der jeweiligen betrieblichen Tätigkeit sind.

43 **Zahlungsmittel**(-äquivalente) sind gesondert innerhalb der „financing assets" darzustellen. Die Zuordnung der Elemente in die jeweiligen Kategorien ist als Bilanzierungs- und Bewertungsmethode aufzufassen und unterliegt damit der Angabepflicht, dem Stetigkeitsgebot und – sofern eine Änderung vorgenommen wird – einer Pflicht der rückwirkenden Anpassung der dargestellten Vergleichsperioden.

44 Die Gliederung von Vermögenswerten und Schulden in **kurzfristig** („short-term") bzw. **langfristig** („long-term") in der Bilanz ist abhängig von deren Realisation innerhalb von zwölf Monaten oder einer vertraglichen Fälligkeit ab Bilanzstichtag vorzunehmen. Sofern bei einem Unternehmen ein den Zeitraum von zwölf Monaten überschreitender Geschäftszyklus vorliegt, ist dies im Anhang zu erläutern.

45 Sämtliche ertragssteuerbezogenen Größen sind gesondert (und damit für sich zusammengefasst) im Abschnitt **Ertragsteuern** („income taxes") darzustellen. Dies schließt auch Ertragssteuern ein, die aus Transaktionen mit Anteilseignern resultieren.

46 Vermögenswerte und Schulden, die auf unterschiedlichen **Bewertungsmaßstäben** beruhen, dürfen nicht in einem Posten zusammengefasst dargestellt werden. Informationen sind in den Abschlussbestandteilen **unsaldiert** darzustellen, es sei denn, eine saldierte Darstellung würde den Entscheidungsnutzen nicht beeinträchtigen.

47 Das „statement of comprehensive income" ist nach dem **Umsatzkostenverfahren** („by function") zu konzipieren. Im Anhang ist eine ergänzende Angabe von bestimmten Aufwendungen nach ihrer Art („by nature") zu machen. Die **Bilanzsumme** und die Summe der kurzfristigen und der langfristigen Vermögenswerte und Schulden sind im Anhang anzugeben.

48 Die Begriffsbestimmung **„aufgegebener Geschäftsbereich"** („discontinued operations") soll in den jeweiligen Verlautbarungen des IASB und des FASB vereinheitlicht werden. Die Begriffsbestimmung von „**Zahlungsmittel**(äquivalente)" soll aktualisiert werden.

49 Auf lange Sicht ist ein Konzept der Darstellung sämtlicher Erträge und Aufwendungen in einem **„single statement**" zu erarbeiten, da eine Zweiteilung der Erfolgsrechnung (wie jetzt noch gem. ED IAS 1amend gestattet) konzeptionell nicht begründbar ist.

50 Die bisherigen in IAS 7 und SFAS 95 formulierten Zielsetzungen von **Kapitalflussrechnungen** sind als „working principles" für Abschlüsse im Allgemeinen fortzuführen. Der IASB tendiert zu einer Darstellung sämtlicher Kategorien von Cashflows nach der **direkten Methode** bei gleichzeitiger Angabe der notwendigen Informationen, um das „operating income" zu den Cashflows aus betrieblicher Tätigkeit überführen zu können. Ferner erwägt der IASB, ob auch für Investitions- und Finanzierungserfolge eine Überleitung zu entsprechenden Cashflows zu fordern ist.

Das „overall working format" – die Gliederungsstruktur des Abschlusses und die Kriterien zur Zuordnung in die Kategorien „operating", „financing" und „investing" – ist grundsätzlich gleichermaßen von **Finanzinstituten** zu verwenden. 51

E. Ausblick

Die für das zweite Quartal 2007 angekündigte Veröffentlichung der Änderung des IAS 1, der die Ergebnisse zu Segment A des Projekts „financial statement presentation" umfasst, wird für die Anwender keine wesentlichen Änderungen gegenüber der derzeit geltenden Fassung des IAS 1 mit sich bringen. Das für das vierte Quartal 2007 angekündigte Diskussionspapier, das die Vorschläge des IASB zu Segment B zum Gegenstand hat, eröffnet die Diskussion einer grundlegend neuen Darstellung eines Abschlusses. Eine **breite und kontroverse öffentliche Debatte** hierzu ist zu erwarten. Angesichts der zunehmenden Fokussierung von IASB und FASB auf einen „full fair value approach" und angesichts des Umstands, dass in Segment B eine mögliche Verpflichtung zur Aufstellung eines „single statement" erneut diskutiert wird, droht im äußersten Fall nach Abschluss der Beratungen zu Segment B ein „single statement of recognised income and expense" in einer „full fair value-Welt". Dann wären „realisierte" Erfolgselemente nicht mehr von bloßen Zeitwertschwankungen trennbar, was auch Auswirkungen auf die Konvergenz der internen und der externen Berichterstattung hätte.[11] 52

IASB und FASB sehen in ihrem gemeinsamen **Projekt** zum **Rahmenkonzept** eine Phase E („presentation and disclosure") vor, in der konzeptionelle Grundlagen zu Darstellung und Ausweis normiert werden sollen (→ Rahmenkonzept-A Rz. 97). Würde der IASB sein Regelwerk systematisch konzipieren, wäre mit den im Rahmenkonzept vorgegebenen konzeptionellen Grundlagen die Basis für das Projekt zur Darstellung des Abschlusses geschaffen. Die zeitliche Abfolge der Projekte gestattet dies jedoch nicht. Das Rahmenkonzept bleibt damit weiterhin ein unverbindliches und beliebiges Rahmenwerk. 53

International ist die Diskussion zur Darstellung des Abschlusses zudem beeinflusst durch den Entwurf einer Studie des **CFA** Centre for Financial Market Integrity im Oktober 2005[12] und ein Diskussionspapier der Institution Pro-active Accounting Activities in Europe (**PAAinE**) im November 2006[13]. 54

11) Ebenso Kerkhoff, Accounting 2006, S. 5.

12) „A comprehensive business reporting model. Financial reporting for investors", veröffentlicht unter www.cfapubs.org/doi/pdf/10.2469/ccb.v2005.n4.4001 (Stand: 7.2.2007).

13) „The performance reporting debate. What (if anything) is wrong with the good old income statement?", veröffentlicht unter www.standardsetter.de/drsc/docs/press_releases/PAAinE_DPPerformance Reporting_271106.pdf (Stand: 7.2.2007).

ED Amendments to IAS 23 – Borrowing Costs

Bearbeitet von:
Hendrik Vater

Inhalt

Schrifttum

Achleitner/Behr, International Accounting Standards, München, 3. Aufl. 2002;

Altaf Noor Ali, Stellungnahme zu „Exposure Draft of Proposed Amendments to IAS 23 Borrowing Costs" v. 25.8.2006;

Baetge, SME-Projekt des IASB: ein unsinniges Unterfangen?, BB 17/2006, S. I;

Ballwieser, IFRS für nicht kapitalmarktorientierte Unternehmen, IRZ 2006, S. 23;

BDI, Stellungnahme zum Exposure Draft of Proposed Amendments to IAS 23 Borrowing Costs;

Beiersdorfer/Davis, IASB-Standard for Small and Medium-sized Entities: keine unmittelbare Rechtswirkung in Europa, BB 2006, S. 987;

Berger u. a. (Hrsg.), Beck'scher Bilanzkommentar, München, 4. Aufl., 1999;

Berndt/Hommel, Konzernrechnungslegung zwischen Konvergenz und Wettbewerb – US-GAAP, IFRS oder Euro-IFRS?, BFuP 2005, S. 407;

CFA Institute, Stellungnahme zum Exposure Draft – Amendments to IAS 23 Borrowing Costs v. 19.7.2006;

DRSC, Bericht des Deutschen Standardisierungsrates über die 98. Sitzung vom 15. und 16. Mai 2006 in Frankfurt/Main und über die 99. Sitzung vom 12.6.2006 in Berlin;

Erdmann/Wünsch/Meyer, Auswirkungen ausgewählter IFRS – Änderungen auf die Unternehmenssteuerreform (Teil 2), KoR 2006, S. 385;

Ernst & Young, International GAAP 2005 – Generally Accepted Accounting Practice under International Financial Reporting Standards, London 2004;

Fasold, Fremdkapitalzinsen und 4. EG-(Bilanz)Richtlinie, DB 1980, S. 12;

Havermann, Internationale Entwicklung in der Rechnungslegung, in Ballwieser/Böcking/Drukarczyk/Schmidt (Hrsg.), Bilanzrecht und Kapitalmarkt, FS Moxter, Düsseldorf 1994, S. 657;

IDW, Stellungnahme zum Exposure Draft of Proposed Amendments to IAS 23 Borrowing Costs v. 7.9.2006;

KPMG/von Keitz, Praxis der IASB-Rechnungslegung, Stuttgart 2005;

Kußmaul/Tcherveniachki, Entwicklung der Rechnungslegung mittelständischer Unternehmen im Kontext der Internationalisierung der Bilanzierungspraxis, DStR 2005, S. 616;

Küting/Hart, Herstellungskosten von Inventories und Self-Constructed Assets nach IAS und US-GAAP (Teil II), BB 1999, S. 2393;

Lüdenbach/Hoffmann, Die „komplizierte“ IFRS-Rechnungslegung für mittelständische Unternehmen – Systematik und Fallstudie, DStR 2005, S. 884;

Lüdenbach/Hoffmann (Hrsg.), Haufe IFRS Kommentar, Freiburg i. Br., 3. Aufl. 2005;

Mirza/Holt/Orrell, Wiley IFRS Workbook and Guide, Hoboken/New Jersey, 2006;

Moxter, Das „matching principle“: Zur Integration eines internationalen Rechnungslegungs-Grundsatzes in das deutsche Recht, in Lanfermann (Hrsg.), Internationale Wirtschaftsprüfung, FS Havermann, Düsseldorf 1995, S. 487;

Rudolph, Zur Aktivierung von Fremdzinsen und Finanzierungskosten in den steuerlichen Herstellungskosten, DB 1974, S. 64;

Rudolph, Zur Aktivierung von Fremdkapitalzinsen, DB 1975, S. 1565;

Schmachtenberg/Meixner/Schäfer, Die Folgebewertung von Mobilfunklizenzen nach HGB, IFRS und US-GAAP, KoR 2005, S. 512;

Schwedler, IASB-Projekt „Business Combinations“: Überblick und aktuelle Bestandsaufnahme, KoR 2006, S. 410;

Selchert, Fremdkapitalzinsen in der Kalkulation der bilanziellen Herstellungskosten, DB 1985, S. 2413;

Standard & Poors, Stellungnahme zum Exposure Draft of proposed amendments to IAS 23 Borrowing Costs v. 29.9.2006;

Strobl, Matching Principle und deutsches Bilanzrecht, in Ballwieser/Böcking/Drukarczyk/Schmidt (Hrsg.), Bilanzrecht und Kapitalmarkt, FS Moxter, Düsseldorf 1994, S. 407;

Vater, Überarbeitung von IAS 23 „Fremdkapitalkosten“ – Konvergenz um der Konvergenz willen?, WPg 2006, S. 1337;

Wild, Deloitte IAS Plus, Proposed amendments to IAS 23, London 2006;

Wüstemann/Kierzek, BB 2006, Beil. 4 zu Heft 17/2006, S. 14;

Zülch/Gebhardt, Vorschlag des IASB zur Änderung der bilanziellen Abbildung von Fremdkapitalaufwendungen, PiR 2006, S. 146;

Zülch/Willms, Jahresabschlussänderungen und ihre bilanzielle Behandlung nach IAS 8 (revised 2003), KoR 2004, S. 128.

A. Gegenstand und Relevanz

I. Inhalt

1 IAS 23 regelt die Behandlung von Fremdkapitalkosten im Rahmen der Ermittlung der Herstellungskosten. Der IASB hat am 25.5.2006 einen Standardentwurf zur Überarbeitung von *IAS 23 – Fremdkapitalkosten* vorgestellt.[1] Dieser nun veröffentlichte Entwurf „Amendments to IAS 23 Borrowing Costs“ (ED IAS 23amend)

1) Siehe hierzu auch Vater, WPg 2006, S. 1337.

resultiert aus dem Kurzfrist-Konvergenz-Projekt („short term convergence project") von IASB und FASB und soll Unterschiede zwischen IAS 23 und *SFAS 34 – Capitalization of Interest Cost* beseitigen.

Die bilanzielle Behandlung von Fremdkapitalkosten ist jahrelang kontrovers diskutiert worden.[2] Insbesondere der seinerzeitige Entwurf E 39, der unter bestimmten Bedingungen ein Aktivierungsgebot, für alle anderen Fälle indes ein Aktivierungsverbot vorsah, wurde heftig kritisiert. Nachdem sich das IASC 1993 i. R. d. Vernehmlassungsverfahrens zu E 39 nicht zu einem generellen Aktivierungsverbot durchringen konnte, repräsentiert die aktuelle Fassung von IAS 23 letztlich einen Kompromiss, indem neben der aufwandswirksamen Behandlung als bevorzugte Methode ein Wahlrecht zur Aktivierung von Fremdkapitalkosten[3] in IAS 23 aufgenommen wurde.[4] 2

Entstehungsgeschichte von IAS 23:

November 1982	Entwurf E24 – Aktivierung von Fremdkapitalkosten
März 1984	IAS 23 – Aktivierung von Fremdkapitalkosten
1.1.1986	Zeitpunkt des Inkrafttretens von IAS 23 (1984)
August 1991	Entwurf E39 – Aktivierung von Fremdkapitalkosten
Dezember 1993	IAS 23 (1993) Fremdkapitalkosten (überarbeitet als Teil des Projekts zur Vergleichbarkeit von Abschlüssen basierend auf E32)
1.1.1995	Zeitpunkt des Inkrafttretens von IAS 23 (1993) – Fremdkapitalkosten
25.5.2006	Entwurf zur erneuten Änderung von IAS 23 – Fremdkapitalkosten

Ausweislich der bislang vom IASB bevorzugten Bilanzierungsmethode sind Fremdkapitalkosten in der Periode **als Aufwand zu erfassen**, in der sie angefallen sind. Dies stimmt auch mit der korrespondierenden Vorschrift im HGB überein, nach der zurechenbare Fremdkapitalkosten als Aufwand der GuV zu belasten sind.[5] 3

Alternativ können Fremdkapitalkosten bislang auch **als Anschaffungskosten aktiviert** werden.[6] Dies gilt unter der einschränkenden Bedingung, dass die zu aktivierenden Fremdkapitalkosten direkt dem Erwerb, dem Bau oder der Herstellung eines qualifizierten Vermögenswerts zugerechnet werden können (sachlicher Bezug) und die Fremdkapitalkosten auf den Anschaffungs- bzw. Herstellungszeitraum entfallen (zeitlicher Bezug); sämtliche andere, nicht diesem Kriterium genügende Fremdkapitalkosten sind aufwandswirksam zu erfassen.[7] 4

Der **vorliegende Entwurf** widmet sich zwei Aspekten. Einerseits wird das bislang in IAS 23 verankerte Wahlrecht zwischen einer Aktivierung und einer aufwandswirksamen Behandlung aufgegeben. Während der IASB bislang eine aufwandswirksame Erfassung bevorzugte („benchmark treatment"), wird künftig bei Vorliegen eines „qualifizierten Vermögenswerts" eine **Aktivierungspflicht für Fremdkapitalzinsen** eingeführt. Andererseits wird die **Definition für qualifizierte Vermögenswerte** neu gefasst und eingeschränkt.[8] 5

---

2) Vgl. z. B. zur Diskussion um die korrespondierende Regelung nach HGB/GoB Rudolph, DB 1975, S. 1566; Rudolph, DB 1974, S. 64; Selchert, DB 1985, S. 2413; Ausdruck dessen ist auch, dass das DRSC nach einer ersten internen Diskussion zu dem geplanten ED IAS 23amend entschied, zunächst in der Öffentlichen Diskussion Meinungen und Bedenken der Unternehmen einzuholen, um im Anschluss daran eine Entscheidung zu treffen, ob den Vorschlägen des IASB zugestimmt werden kann; vgl. DRSC, Bericht über die 98. und 99. Sitzung.

3) Vgl. Vater, WPg 2006, S. 1338; zu einem Vergleich mit den korrespondierenden Vorschriften nach HGB/EStG siehe Hoffmann in Lüdenbach/Hoffmann, § 9, Rz. 62.

4) Vgl. Hoffmann in Lüdenbach/Hoffmann, § 9 Rz. 10.

5) Vgl. § 255 Abs. 1 HGB für Anschaffungskosten respektive § 255 Abs. 2 und 3 HGB für Herstellungskosten.

6) In diesem Fall ist diese Verfahrensweise gem. SIC-2 konsequent für alle Fremdkapitalkosten anzuwenden, die durch den Erwerb, die Herstellung und Produktion eines qualifizierten Vermögenswerts entstanden sind. Damit ist das Methodenwahlrecht in IAS 23 nicht sachverhaltsbezogen ausgestaltet, sondern vielmehr einheitlich auf alle qualifizierten Vermögenswerte verpflichtend anzuwenden. Entgegen der sonst üblichen Praxis spielt es hier keine Rolle, ob art- oder funktionsgleiche Vermögenswerte vorliegen. Zu den bilanziellen Folgen eines Wechsels zwischen beiden Methoden siehe das Praxisbeispiel bei Zülch/Willms, KoR 2004, S. 131 f.

7) Vgl. Vater, WPg 2006, S. 1338.

8) Vgl. Vater, WPg 2006, S. 1337.

II. Bedeutung

6 IAS 23 gehört zu den bedeutendsten Rechnungslegungsstandards zur Ermittlung von Anschaffungs- und Herstellungskosten und findet vor allem in **Branchen mit langfristiger Fertigung** wie z. B. dem Schiffs- oder Großanlagenbau Anwendung.[9)]

7 Ausweislich einer **empirischen Untersuchung** haben im Berichtsjahr 2003 lediglich fünf deutsche Unternehmen aus den verschiedensten Branchen und Börsensegmenten das Wahlrecht zur Aktivierung von Fremdkapitalzinsen in Anspruch genommen.[10)]

8 Diese Erkenntnis ist für die Einstufung des Änderungsentwurfs des IASB von entscheidender Bedeutung, da die empirischen Daten belegen, dass die (deutsche) Unternehmenspraxis der bisherigen Präferenz des IASB (aufwandswirksame Behandlung) fast ausnahmslos gefolgt ist. Nachdem der IASB nun eine konzeptionelle Trendwende vollzogen hat und eine Verpflichtung zur Aktivierung von Fremdkapitalzinsen für bestimmte qualifizierte Vermögenswerte vorsieht, wird sich eine **Großzahl der Unternehmen** auf die Neuregelungen und die damit einhergehenden Anforderungen an die Rechnungslegungsprozesse einstellen müssen.

9 Ein **Praxisbeispiel** aus dem Mobilfunksektor verdeutlicht die praktische Relevanz und die Auswirkungen auf die Jahresabschlussanalyse.[11)] So wies die Mobilcom AG im Geschäftsjahr 2001 nach IFRS einen Jahresfehlbetrag von 1 088 Mio. Euro aus, dem ein Verlust nach HGB von „lediglich" 206 Mio. Euro gegenüberstand. Für diese Diskrepanz war vor allem die Aktivierung von Fremdkapitalzinsen in Höhe von 425 Mio. Euro für den Erwerb der Mobilfunklizenz bzw. den Netzaufbau ursächlich.[12)]

III. Anwendungsbereich

10 Der **sachliche Anwendungsbereich** von IAS 23 bezieht sich auf die bilanzielle Behandlung von Fremdkapitalkosten, die in sachlichem Zusammenhang mit dem Erwerb, der Herstellung oder der Produktion von qualifizierten Vermögenswerten stehen, und die korrespondierenden Angabepflichten.[13)]

11 IAS 23 ist **rechtsform-, größen- und branchenunabhängig** anzuwenden.

12 Der Änderungsentwurf zu IAS 23 betrifft u. a. auch den sachlichen Anwendungsbereich von IAS 23. So wird die für die Frage der Behandlung von Fremdkapitalzinsen entscheidende Definition des **„qualifizierten Vermögenswerts"** und damit einhergehend auch der sachliche Anwendungsbereich eingeschränkt.

13 In **zeitlicher Hinsicht** ist davon auszugehen, dass die Änderungen betreffend IAS 23 noch im Jahr 2007 vom IASB verabschiedet werden. Die Kommentierungsfrist endete am 29.9.2006. Derzeit wertet der IASB die zu den Änderungen eingegangenen Stellungnahmen aus.

14 Obgleich die an den IASB gerichteten Stellungnahmen den Änderungsvorschlägen mehrheitlich ablehnend gegenüberstehen, ist nicht mit einer Zurücknahme zu rechnen. Damit könnten die Neuregelungen bereits rückwirkend für **am 1.1.2007 beginnende Geschäftsjahre** relevant werden. Mit einer Übernahme („endorsement") durch die EU ist aller Voraussicht nach für das 2. Halbjahr 2007 zu rechnen.

15 Der Anwendungszeitpunkt für die Änderungen in IAS 23 wurde vom IASB zunächst offen gelassen. Grundsätzlich soll die Aktivierungspflicht für qualifizierte Vermögenswerte jedoch lediglich **prospektiv** angewendet werden. Hintergrund dessen ist, dass es für Unternehmen, die bislang Fremdkapitalkosten nicht aktivieren, sondern als Aufwand erfassen und aufgrund dessen die notwendigen Informationen für eine Aktivierung nicht gesammelt haben, schwierig sein wird, die notwendigen Informationen für eine Aktivierung im Nachhinein zu erheben.

---

9) Zu den Charakteristika langfristiger Fertigungsaufträge und entsprechenden Branchen siehe Achleitner/Behr, S. 174 f.

10) Vgl. KPMG/von Keitz, S. 54.

11) Vgl. Vater, WPg 2006, S. 1338.

12) Vgl. Schmachtenberg/Meixner/Schäfer, KoR 2005, S. 515.

13) Zur Entstehungsgeschichte von IAS 23 siehe http://www.iasplus.de/standards/ias_23.php sowie Ernst & Young, S. 765.

IV. Regelungszusammenhänge

IAS 23 regelt die Behandlung von Fremdkapitalzinsen im Rahmen der Ermittlung der Herstellungskosten. Weitere bedeutende Rechnungslegungsstandards für die Bestimmung von Anschaffungs- und Herstellungskosten sind z. B. *IAS 2 – Vorräte, IAS 11 – Fertigungsaufträge, IAS 16 – Sachanlagen, IAS 37 – Rückstellungen, Eventualschulden und Eventualforderungen*, und *IAS 38 – Immaterielle Vermögenswerte*. 16

Da sich IAS 23 indes lediglich der Spezialfragen der Behandlung etwaiger Fremdkapitalzinsen widmet, bestehen keine inhaltlichen Verbindungen zu anderen Standards. 17

V. Definitionen

1. Grundlegende Definitionen aus IAS 23

IAS 23 unterscheidet nicht zwischen **Herstellungs- und Anschaffungsvorgängen**, entscheidend ist allein, ob die Voraussetzungen für einen qualifizierten Vermögenswert (→ Rz. 30 ff.) gegeben sind. 18

Mit den Kriterien des **sachlichen und zeitlichen Bezugs** verlangt IAS 23 einen unmittelbaren und tatsächlichen Zusammenhang zwischen der Inanspruchnahme des Fremdkapitals und der Herstellung des Vermögenswerts. 19

Die Aktivierungsfähigkeit setzt demnach voraus, dass die Fremdkapitalkosten **kausal** durch den Herstellungsvorgang begründet und **final** zur Ermöglichung des Herstellungsprozesses beitragen. Eine rechtlich verankerte Zweckbindung ist nicht erforderlich.[14] 20

2. Umfang der aktivierungsfähigen/-pflichtigen Fremdkapitalzinsen

Der aktivierungsfähige Betrag ergibt sich gem. IAS 23.15 aus dem Umfang, in dem Fremdmittel **speziell für die Beschaffung** eines qualifizierten Vermögenswerts aufgenommen worden sind, abzüglich etwaiger Anlageerträge aus der vorübergehenden Zwischenanlage dieser Mittel. Gedanklich entspricht der aktivierungsfähige Betrag den Fremdkapitalkosten, die entstanden wären, wenn der Vermögensgegenstand nicht produziert oder erworben worden wäre.[15] 21

Von entscheidender Bedeutung für die Bestimmung des aktivierungsfähigen Umfangs der Fremdkapitalkosten ist die **richtige Zuordnung der Fremdkapitalzinsen**. 22

Wird die Finanzierung für den Erwerb, den Bau oder die Herstellung eines qualifizierten Vermögenswerts im Rahmen einer (objekt- oder zweckgebundenen) Projektfinanzierung verwendet, kommen die **tatsächlich angefallenen Kosten** zum Ansatz. 23

In der **Unternehmenspraxis** wird der aufgenommene Kreditbetrag indes vielfach nicht exakt der erforderlichen Zwischenfinanzierung entsprechen, obgleich in einigen Branchen die Kredite erst gleichzeitig mit dem Eingang von Lieferantenrechnungen abgerufen werden. Nichtsdestotrotz dürfen lediglich die tatsächlich angefallenen Zinskosten berücksichtigt werden.[16] 24

In der Unternehmenspraxis finden sich andererseits nicht selten Finanzierungen über eine **Poollösung**, so dass die Fremdkapitalkosten nicht direkt zugeordnet werden können. Die Bewertung erfolgt in diesen Fällen mittels einer **Durchschnittsberechnung** (sog. Finanzierungskostensatz). In diesem Fall bestimmt der gewogene Durchschnitt der Fremdkapitalkosten für solche Kredite des Unternehmens, die während der Periode bestanden haben und nicht speziell für die Beschaffung eines qualifizierten Vermögenswerts aufgenommen wurden (pauschalisierte Berechnung), die Höhe des aktivierungsfähigen Betrags.[17] 25

Indes dürfen allein Finanzierungskosten, die durch Barzahlungen, Übertragung anderer Vermögenswerte oder die Übernahme verzinslicher Schulden erfolgt sind, berücksichtigt werden. 26

---

14) Vgl. Vater, WPg 2006, S. 1338.

15) Vgl. Vater, WPg 2006, S. 1339; Zülch/Gebhardt, PiR 2006, S. 146.

16) Vgl. Vater, WPg 2006, S. 1339.

17) Vgl. Vater, WPg 2006, S. 1339.

27 Sofern das Unternehmen **Abschlagszahlungen bzw. Zuwendungen** erhalten hat, sind diese Teilbeträge vom Gesamtfinanzierungsbetrag zum Abzug zu bringen.

28 Grundsätzlich hält IAS 23.17 eine **Aktivierungsobergrenze** parat, nach welcher der Betrag der während einer Periode aktivierten Fremdkapitalkosten den Betrag der in der betreffenden Periode angefallenen Fremdkapitalkosten nicht übersteigen darf.[18]

29 Eine **direkte Zurechenbarkeit** der Fremdkapitalkosten zu einem im Produktions- bzw. Bearbeitungsprozess befindlichen Vermögensgegenstand ist nicht immer auszumachen. So können mitunter **Probleme** entstehen, wenn

- die Finanzierungstätigkeit eines Unternehmens zentral koordiniert wird,
- ein Konzern verschiedene Schuldinstrumente mit unterschiedlichen Zinssätzen in Anspruch nimmt und diese Mittel zu unterschiedlichen Bedingungen an andere Unternehmen des Konzerns ausleiht,
- bei einer Inanspruchnahme von Fremdwährungskrediten oder von Krediten, die an Fremdwährungen gekoppelt sind, wenn der Konzern in Hochinflationsländern tätig ist,
- sowie im Falle von Wechselkursschwankungen.[19]

3. Qualifizierter Vermögenswert

30 Im Hinblick auf die mit ED IAS 23amend beabsichtigte Änderung ist insbesondere der Begriff und die Definition des „qualifizierten Vermögenswerts“ von Bedeutung. Ausweislich IAS 23.4 besteht ein besonderer (qualifizierter) Vermögenswert (sog. „qualifying asset“) aus einem Vermögenswert, für den ein beträchtlicher Zeitraum erforderlich ist, um ihn in den beabsichtigten gebrauchs- oder verkaufsfähigen Zustand zu versetzen. Wichtig für das Grundverständnis von IAS 23 ist, dass weder die absolute Höhe des Werts eines Vermögenswerts noch der Umfang des Betrags der zu aktivierenden Fremdkapitalkosten eine Rolle für seine Einstufung als qualifizierter Vermögenswert spielt.[20]

31 Für qualifizierte Vermögenswerte ist charakteristisch, dass diese über einen längeren Zeitraum keinen Beitrag zum Periodenerfolg leisten und dass Vorkehrungen getroffen werden, um eine Nutzbarkeit bzw. Veräußerungsfähigkeit zu erreichen.[21]

32 Qualifizierte Vermögenswerte können aus Sachanlagen, als Finanzinvestitionen gehaltene Immobilien während ihrer Herstellungsphase, immaterielle Vermögenswerte während der Entwicklungsphase oder kundenspezifischen Vorräten bestehen (IAS 23.6). Konkrete **Beispiele** für qualifizierte Vermögenswerte sind demnach

- sämtliche Arten von Waren, die längerfristig gelagert werden müssen (z. B. Wein, Käse oder Whiskey),
- Sachanlagen mit langer Errichtungszeit (Elektrizitätswerke, Pipelines, UMTS-Netz),
- Immobilien, die als Finanzanlagen gehalten werden.

33 Vermögenswerte i. S. v. **Massenprodukten**, die routinemäßig über einen längeren Zeitraum hergestellt werden, erfüllen nicht die Kriterien eines qualifizierten Vermögenswerts (IAS 23.6). Gleiches gilt für Vermögenswerte, die wegen **Unbrauchbarkeit, Unterauslastung oder Reparaturarbeiten** ganz oder vorübergehend nicht in den betrieblichen Leistungsprozess einfließen. Hintergrund dessen ist die Philosophie, dass mit der Aktivierung ein Informationsgewinn erzielt werden soll. Da dieser bei routinemäßig in großen Stückzahlen produzierten Gütern nicht die mit der Bereitstellung verursachten Kosten rechtfertigt, sind in derartigen Fällen anfallende Fremdkapitalkosten stets aufwandswirksam zu behandeln.[22]

---

18) In manchen Fällen kann es sinnvoll sein, alle Fremdkapitalaufnahmen des Mutterunternehmens und seiner Tochterunternehmen in die Berechnung des gewogenen Durchschnittes der Fremdkapitalkosten einzubeziehen; in anderen Fällen ist es angebracht, dass jedes Tochterunternehmen den für seine eigenen Fremdkapitalaufnahmen geltenden gewogenen Durchschnitt der Fremdkapitalkosten verwendet.

19) Vgl. Vater, WPg 2006, S. 1339.

20) Ähnlich auch Mirza/Holt/Orrell, S. 138.

21) Vgl. Vater, WPg 2006, S. 1339.

22) Vgl. Vater, WPg 2006, S. 1340; siehe hierzu auch die Hinweise im US-GAAP Pendant zu IAS 23, SFAS 34.8-34.10.

4. Aktivierungszeitraum

Im Hinblick auf die beabsichtigte Zielsetzung von ED IAS 23amend ist zudem die Definition und Abgrenzung des Aktivierungszeitraumes in **zeitlicher Hinsicht** von Bedeutung. Mit der Aktivierung von Fremdkapitalkosten als Teil der Anschaffungs- oder Herstellungskosten eines qualifizierten Vermögenswerts ist **zu beginnen**, sofern 34

- Ausgaben für den Vermögenswert vorliegen;
- Fremdkapitalkosten anfallen; und
- die erforderlichen Arbeiten begonnen haben, um den Vermögenswert für seinen beabsichtigten Gebrauch oder Verkauf herzurichten (IAS 23.20).

Die Arbeiten, die erforderlich sind, um den Vermögenswert **für seinen beabsichtigten Gebrauch oder Verkauf herzurichten**, beziehen sich nicht nur auf den physischen Herstellungsprozess. Vielmehr sind auch technische und administrative Arbeiten vor dem Beginn der physischen Herstellung zu berücksichtigen. 35

Die **Aktivierung von Fremdkapitalkosten ist einzustellen**, sofern der Herstellungsvorgang für längere Zeit unterbrochen wird.[23] So sind z. B. Fremdkapitalkosten, die während der Erschließung unbebauter Grundstücke anfallen, in der Periode zu aktivieren, in der die mit der Erschließung zusammenhängenden Arbeiten unternommen werden. Werden jedoch für Zwecke der Bebauung erworbene Grundstücke ohne eine damit verbundene Erschließungstätigkeit gehalten, sind Fremdkapitalkosten, die während dieser Zeit anfallen, nicht aktivierbar. 36

Die Aktivierung von Fremdkapitalkosten ist zu dem Zeitpunkt **zu beenden**, zu dem alle Arbeiten abgeschlossen sind, um den qualifizierten Vermögenswert für seinen beabsichtigten Gebrauch oder Verkauf herzurichten. Damit ist der Herstellungsprozess als beendet zu werten, soweit der hergestellte Gegenstand die Absatzreife erlangt hat oder, bei Anlagevermögen, die Möglichkeit zur Nutzung gegeben ist. Entscheidend ist also nicht der Absatz des produzierten Guts, sondern vielmehr dessen „Absatzreife". Sämtliche Aufwendungen, die nach diesem Zeitpunkt entstehen, sind dem Vertriebsbereich zuzuordnen und fallen nicht mehr in den Herstellungszeitraum. 37

Der Produktionszeitraum wird also unter zeitlichen Abgrenzungsgesichtspunkten von der Produktionsaufnahme einerseits und der **Absatzreife** andererseits begrenzt.[24] Sinn und Zweck der Ausrichtung an der Absatzreife ist es, sicherzustellen, dass wirklich nur tatsächliche Herstellungskosten aktiviert werden und nicht der Vertriebsphase oder der eigenen Nutzungsphase zuzurechnende Kosten einbezogen werden. 38

Für die IAS 23 zugrundeliegende Philosophie spielt die **absolute Zeitdauer** selbst keine Rolle; so ist es irrelevant, ob sich der Herstellungsvorgang auf eine Dauer von mehr oder weniger als einem Jahr erstreckt.[25] 39

B. Abschaffung des Wahlrechts

I. Grundsätzliche Aktivierungspflicht

1. Regelungsinhalt und Hintergrund

ED IAS 23amend sieht vor, das bislang in IAS 23 verankerte Wahlrecht zur unmittelbaren Aufwandsverrechnung aller Fremdkapitalkosten zugunsten einer grundsätzlichen Aktivierungspflicht abzuschaffen. Demnach sind Fremdkapitalkosten, die in einem Zusammenhang mit **dem Erwerb, dem Bau oder der Herstellung eines qualifizierten Vermögenswerts** stehen, zukünftig verpflichtend zu aktivieren (ED IAS 23amend.3). Fremdkapitalkosten können damit künftig nur noch dann aufwandswirksam erfasst werden, wenn sie der Finanzierung eines nicht als „qualifiziert" einzustufenden Vermögenswerts dienen. 40

---

23) Vgl. Vater, WPg 2006, S. 1340; Zülch/Gebhardt, PiR 2006, S. 146.
24) Vgl. Vater, WPg 2006, S. 1340.
25) Vgl. Vater, WPg 2006, S. 1340.

41 Mit dieser Entscheidung gibt der IASB seine bislang bevorzugte Bilanzierungsauffassung („benchmark treatment") zugunsten der bislang lediglich alternativ zulässigen Behandlungsmethode („allowed alternative treatment") auf. Zur Begründung dieser **„Trendwende"** führt der IASB indes kaum Sachargumente, sondern vor allem Konvergenzbestrebungen und eine nicht näher spezifizierte Verbesserung der Rechnungslegungsqualität (sog. „improvement in financial reporting") an.

42 Mit der Abschaffung des Wahlrechts und der Einführung der grundsätzlichen Aktivierungspflicht kommt es zu einer **Angleichung von IAS 23 an sein US-Pendant *SFAS 34*** – *Capitalization of Interest Cost.*

2. Änderungsgründe

43 Der IASB vertritt mit der Vorlage von ED IAS 23amend die Ansicht, eine Aktivierungspflicht ergebe sich bereits aus den **Rahmengrundsätzen**. Hiernach sei eine Aktivierung vorzunehmen, da sich die Herstellungskosten eines Vermögenswerts ausweislich der Vorschrift in F.100 (a) aus dem Betrag der entrichteten Zahlungsmittel oder Zahlungsmitteläquivalente zusammensetzen; dabei seien auch Aspekte der Finanzierung zu berücksichtigen, denn letztlich fallen für diese Kosten an (ED IAS 23amend.BC9).

44 Gleichfalls sehen auch die Regelungen zur Ermittlung der Herstellungskosten in **IAS 16** vor, alle direkt zurechenbaren Kosten, die anfallen, um einen Vermögenswert zu dem Standort und in den erforderlichen, vom Management beabsichtigten, betriebsbereiten Zustand zu bringen, bei der Bewertung anzusetzen (IAS 16.16 (b); ED IAS 23amend.BC7).

45 Der IASB geht in seinen Ausführungen (ED IAS 23amend.BC7) davon aus, dass den Regelungen im Rahmenkonzept und in IAS 16.16 (b) **grundsätzliche Bedeutung** zukommt und die Vorschriften daher zu generalisieren seien: *„This conclusion may be generalised to any other asset, such as inventory, that requires a substantial period of time to make it ready for its intended use or sale."*.

46 Diese Argumentation unterstützt der IASB zudem mit einem **Vergleich zwischen einer Eigenherstellung und einem Fremdbezug**: Erstellt das Unternehmen den Vermögenswert nicht selbst, sondern kauft diesen von einem Dritten, ist grundsätzlich davon auszugehen, dass der Produzent die Kosten für die Finanzierung während des Herstellungs- oder Bearbeitungsprozesses in den Absatzpreis einkalkulieren würde.[26)]

47 Damit unterstellt der IASB aber, dass ein Verkäufer allgemein in der Lage ist, sich die Finanzierungskosten später vom Erwerber vergüten zu lassen.[27)] In der **Praxis** wird dies aber nicht in allen Fällen zutreffen; vielmehr ist davon auszugehen, dass es mit Sicherheit Hersteller gibt, die aufgrund ihrer speziellen betrieblichen oder der allgemeinen Situation der jeweiligen Branche nicht in der Lage sind, Finanzierungskosten an den Absatzmarkt weiterzureichen.

48 Per saldo ist die Abschaffung des Wahlrechts zwischen der bislang präferierten Bilanzierungsart („benchmark treatment") und der alternativ zulässigen Bilanzierungsweise („allowed alternative treatment") vornehmlich auf **Konvergenzbestrebungen** zurückzuführen.[28)] Dies ist grundsätzlich kritisch zu sehen, da für die Aufgabe einer präferierten Bilanzierungsart vor allem (neue) Sachargumente entscheidend sein sollten.[29)] Dennoch wird die Einführung der Aktivierungspflicht im Änderungsentwurf an verschiedensten Stellen (z. B. ED IAS 23amend.BC2, ED IAS 23amend.BC3, ED IAS 23amend.BC5, ED IAS 23amend.BC6 und ED IAS 23amend.BC10) prominent mit dem Argument der Konvergenz begründet.

49 Bezeichnend ist in diesem Sinne der Hinweis in ED IAS 23amend.BC3, nach dem sowohl die Konzeption von IAS 23 als auch SFAS 34 bereits einige Jahre zurückliege und daher **nicht auszumachen sei, welcher Bilanzierungsvariante** (in qualitativer Hinsicht) der **Vorzug zu geben** sei: *„Consequently, neither set of specific provisions may be regarded as being of a clearly higher quality than the other. Therefore, the Board concluded that it should not spend time and resources considering aspects of IAS 23 beyond the choice between capitalisation and*

---

26) Vgl. Vater, WPg 2006, S. 1341.

27) Vgl. Vater, WPg 2006, S. 1341.

28) Zu den Konvergenzbestrebungen von IFRS und US-GAAP siehe z. B. Berndt/Hommel, BFuP 2005, S. 407 ff.

29) Vgl. Vater, WPg 2006, S. 1341.

immediate recognition as an expense.". Damit ignoriert der IASB indes die jahrelange kontroverse Debatte um die richtige Abbildung von Fremdfinanzierungskosten.[30)]

50 Des Weiteren steht die Abschaffung des Wahlrechts in klarem Widerspruch zur Entscheidung des IASB im **SME-Projekt**[31)], KMU nur die Möglichkeit zur aufwandswirksamen Erfassung von Fremdkapitalkosten und damit die genau entgegengesetzte Vorgehensweise zuzubilligen (→ IFRS für KMU Rz. 29).[32)]

51 Zudem hat der IASB im Zuge der Vorlage von ED IFRS 3amend (2007) entschieden, **Anschaffungsnebenkosten** grundsätzlich die Aktivierungsfähigkeit abzusprechen und diese Entscheidung nach und nach auf alle anderen Standards zu übertragen (→ ED IFRS 3amend Rz. 56).[33)] So entschied der IASB im Zusammenhang mit der Behandlung dieser „acquisition-related costs" im Rahmen von **Unternehmenszusammenschlüssen**, entgegen der bisherigen Praxis in IFRS 3, nach der im Rahmen eines Unternehmenszusammenschlusses anfallende Nebenkosten dem Kaufpreis zuzurechnen sind, ein grundsätzliches Aktivierungsverbot für Anschaffungsnebenkosten einzuführen, das mittelfristig auf Sachverhalte außerhalb des Geltungsbereichs von IFRS 3 übertragen werden soll (IFRS 3amend.BC88, IFRS 3amend.BC41). Hierzu zählen z. B. Honorare für den Wirtschaftsprüfer, Rechtsberater, Gutachter sowie andere im Zusammenhang mit der Unternehmensakquisition tätigen Berater (M&A-Berater, Due Diligence-Berater)[34)]. In diesem Lichte scheint die Überlegung des IASB im ED IAS 23amend wenig konsistent.

52 Eigenartig ist ferner, dass sich der IASB bereits anlässlich des Ende 2003 abgeschlossenen **Improvements Project** mit der Eliminierung des Wahlrechts in IAS 23 befasst hatte, damals jedoch die Auffassung vertrat, dass die Eliminierung einer der beiden zulässigen Erfassungsmethoden nicht ausreiche, um eine Verbesserung der Finanzberichterstattung herbeiführen zu können. Vielmehr könne eine Verbesserung der Rechnungslegung nur via einer umfassenden Diskussion über die Aktivierung von Zinsen (über Fremdkapitalzinsen hinaus) erfolgen.[35)]

53 In diesen Kontext passt, dass sich der IASB bei der **Verabschiedung von IAS 23** gerade um ein Aktivierungsverbot (!) bemühte und jetzt exakt die gegenteilige Position einnimmt.

54 Letztlich erweckt die Vorgehensweise des IASB den Anschein, es gehe hier eher um „**Konvergenz der Konvergenz Willen**" und weniger um die Schaffung – von übrigens nie näher spezifizierten – „world class accounting standards".[36)]

55 Mit Blick auf die **unterstellte Verbesserung der Rechnungslegungsqualität** merkt das renommierte CFA-Institute an: „*The need for comparability should not be confused with mere uniformity (or in this circumstance, convergence between two sets of standards) and should not be allowed to become an impediment to the introduction of improved accounting standards.*".[37)] Ähnlich äußert sich auch das IDW in seiner Stellungnahme an den IASB: „*We believe it is premature to decide which approach is more suitable for the users of financial statements. Therefore, we decline the Board changing IAS 23 without further research concerning the advantages of both approaches.*". [38)]

---

30) In diese Richtung geht auch die (eher unübliche) Entscheidung des ASB, das britische Pendant zu IAS 23, *FRS 15 – Tangible Fixed Assets*, nicht dem aktuellen Entwurf des IASB anzupassen, vgl. CPA Ireland, abzurufen unter http://www.cpaireland.ie/displaycontent.aspx?node=110&groupID=110&headerID=862; zur von starker Kritik begleiteten Entstehungsgeschichte von IAS 23 siehe Ernst & Young, S. 765.

31) Vgl. hierzu grundsätzlich Lüdenbach/Hoffmann, DStR 2005, S. 884 ff.; Kußmaul/Tcherveniachki, DStR 2005, S. 616 ff.; Beiersdorfer/Davis, BB 2006, S. 987 ff.; Baetge, BB 17/2006, S. I; Ballwieser, IRZ 2006, S. 23 ff.

32) Vgl. Vater, WPg 2006, S. 1341; KMU soll indessen aber auch die Möglichkeit gegeben werden, alternativ IAS 23 anzuwenden.

33) Vgl. Vater, WPg 2006, S. 1341.

34) Vgl. Erdmann/Wünsch/Meyer, KoR 2006, S. 389; Schwedler, KoR 2006, S. 414.

35) So auch DRSC, Diskussionsforum zu ED IAS 32amend, ED IAS 1amend, ED IAS 23amend, Entwurf eines IFRIC Handbuchs – Protokoll der Diskussion am 30.6.2006, S. 3.

36) Vgl. Vater, WPg 2006, S. 1341.

37) CFA-Institute, S. 2.

38) Vgl. IDW, S. 1.

56 Vor diesem Hintergrund ist ferner beachtlich, dass die nun als Vorbild genommene US-Regelung des **SFAS 34** bei ihrer Verabschiedung im Jahr 1979 als **umstritten** galt und sich damals drei von sieben Board Member gegen eine Verabschiedung aussprachen.

57 Im Hinblick auf die Bilanzanalyse muss zudem festgestellt werden, dass die Aktivierungspflicht zu einer geringeren Vergleichbarkeit der Positionen der GuV nach dem Gesamt- und Umsatzkostenverfahren führt. Aufgrund der Aktivierung sind die Fremdkapitalzinsen zwar in der Position „Zinsen und ähnliche Aufwendungen" des Gesamtkostenverfahrens enthalten, nicht aber in der entsprechenden Position des Umsatzkostenverfahrens.

II. Betriebswirtschaftliche Aspekte der Einführung einer Aktivierungspflicht

58 Unterzieht man die Einführung einer Aktivierungspflicht für Fremdkapitalkosten einer betriebswirtschaftlichen Würdigung, so ist zunächst zu klären, **welche Finanzierungskosten** unter die Aktivierungspflicht fallen sollen.

59 Eine Aktivierung **kalkulatorischer Eigenkapitalkosten** widerspricht indes der pagatorischen Natur der Definition der Herstellungskosten. Auch kann nicht unberücksichtigt bleiben, dass eine Aktivierung von Eigenkapitalzinsen letztlich zum Ausweis fiktiver Gewinne führen würde. Ein Einbezug kalkulatorischer Kosten kann daher nicht ernsthaft in Betracht gezogen werden.[39]

60 Ein grundsätzlicher Vorteil der avisierten Aktivierungspflicht liegt in der gegenüber einer aufwandswirksamen Behandlung **genaueren Abbildung** der Investitionskosten sowie einer vergleichsweise **sachgerechteren Zuordnung** der Aufwendungen zu den Erträgen künftiger Perioden.[40]

61 Der Wechsel zur Aktivierungspflicht ist letztlich Ausdruck des im angelsächsisch orientierten Bilanzverständnisses zentralen Grundsatzes des **„matching principle"** (Grundsatz der periodengerechten Gewinnermittlung).[41] Diesem Prinzip zufolge sind Aufwendungen grundsätzlich in unmittelbarer Beziehung zu den korrespondierenden Erträgen zu erfassen (sog. Zweck-Mittel-Relation). So werden zudem Ein- und Auszahlungen nach dem Grundsatz „let expenses follow revenues" nicht zum Zeitpunkt ihres Zu- oder Abflusses erfolgswirksam erfasst (also nicht ereignisorientiert), sondern den Perioden zugeordnet, denen sie wirtschaftlich zuzurechnen sind (F.22, IAS 1.25).

62 Der Änderungsvorschlag geht in diesem Sinne auch konform mit dem Leitgedanken des IASB, sämtliche produktionsbezogenen Kosten in die Herstellungskosten mit einzubeziehen (**Vollkostenprinzip**; IAS 2.7).[42] Aufwendungen, die im Rahmen des Produktionsprozesses anfallen, sollen insbesondere erst dann ergebniswirksam werden, wenn diese veräußert werden.

63 Der Neudefinition der Herstellungskosten legt der IASB daher nunmehr ein **finales Verursachungsverständnis** zugrunde, mit dem letztlich die Erfolgsneutralität des Produktionsvorganges verfolgt wird.[43]

64 Im Hinblick auf die Übernahme durch die EU[44] ist von Interesse, dass bereits Art. 35 Abs. 4 der 4. EG-Richtlinie eine Berücksichtigung von Fremdkapitalkosten bei der Bestimmung der Herstellungskosten zuließ, so dass der Änderungsvorschlag auch **EU-konform** sein dürfte: *„Zinsen für Fremdkapital, das zur Finanzierung der Herstellung von Gegenständen des Anlagevermögens gebraucht wird, dürfen in die Herstellungskosten einbezogen werden, sofern sie auf den Zeitraum der Herstellung entfallen. Ihre Aktivierung ist im Anhang zu erwähnen."*.[45]

65 Gegen eine Aktivierung ist einzuwenden, dass Fremdkapitalzinsen mit ihrer Aktivierung als Herstellungskosten ihren **Zinscharakter** verlieren: AfA-Beträge auf aktivierte Fremdkapitalzinsen sind keine Gegenleistung

39) Vgl. Vater, WPg 2006, S. 1342.
40) Vgl. Vater, WPg 2006, S. 1342.
41) Vgl. auch Strobl, FS Moxter, S. 432; Havermann, FS Moxter, S. 663 m. w. N.; Moxter, FS Havermann, S. 492 f.
42) Vgl. Küting/Hart, BB 1999, S. 2393.
43) Vgl. Vater, WPg 2006, S. 1342.
44) Vgl. zum Endorsement grundsätzlich Wüstemann/Kierzek, BB 2006, Beil. 4, S. 14-22.
45) Vgl. hierzu auch Fasold, DB 1980, S. 12.

für die Fremdkapitalüberlassung.[46] Konzeptionell bedenklich ist in diesem Zusammenhang zudem, dass es im Zuge der Aktivierung zu einer **Verfälschung von Vorzins-Steuerungsgrößen** (z. B. EBIT) kommt, denn infolge der durch die Aktivierung erhöhten Abschreibungen wird das EBIT belastet, während der Zinsentlastungseffekt aus der Aktivierung dagegen außerhalb der Vorzins-Steuerungsgröße berichtet wird.[47]

Nachteilig ist ferner, dass sich künftig die **Finanzierungsstruktur** eines Unternehmens direkt auf die Herstellungskosten und damit den Buchwert auswirkt. Damit differiert der Buchwert eines qualifizierten Vermögenswerts im zwischenbetrieblichen Vergleich unter ansonsten gleichen Bedingungen danach, inwieweit die Unternehmensfinanzierung anhand von Eigen- oder Fremdkapital erfolgt. Ist ein Unternehmen vollständig eigenfinanziert, wirken sich Finanzierungskosten nicht auf die Buchwertermittlung aus. 66

Zudem kommt es zu einer Vermischung von operativen und rein finanzierungstechnischen Vorgängen. Damit wird die **Finanzanalyse behindert**, was schwerlich in Einklang mit den Rahmengrundsätzen der IFRS stehen dürfte.[48] So weist z. B. die Ratingagentur Standard & Poor's darauf hin, dass eine Aktivierung von Fremdkapitalzinsen der Kreditwürdigkeitseinschätzung entgegensteht: „*Our established criteria for the calculation of ratios for non-financial companies, to which this topic most applies, call for the reversal of capitalized interest. The adjustment reveals the full amount of interest cost in a period and facilitates analysis of operating/investing outcomes separate from that of financing, so that these elements can be evaluated independently, insofar as they relate to our assessment of the business and financial risk profile of a company. Because it ignores the cost of equity financing, capitalization of interest costs does not result in a meaningful indicator to analysts regarding the cost of assets built rather than bought.*".[49] 67

Eine Aktivierungspflicht ist zudem unter dem Gesichtspunkt der **Zuordnung von Finanzierungskosten** nicht unproblematisch. Werden z. B. Vorräte durch Anzahlungen finanziert, diese jedoch später anders im Unternehmen verwendet, ergeben sich grundsätzlich wirtschaftliche Probleme, welche Fremdkapitalzinsen nun von welchem Produkt zu tragen sind (Zuordnungsproblematik).[50] 68

Der BDI weist zusätzlich auf die **Komplexität in Konzernen** hin: "*In cases where inter-company loans are granted by the parent company – which is a common practice – it is highly complicated, time consuming, and cost intense to attribute the borrowing costs of external loans to the corresponding qualifying asset and to amend the depreciation in the consolidation process.*".[51] 69

Letztlich kann unabhängig von der Zurechnungsproblematik gegen ein Aktivierungsgebot das Argument angeführt werden, die Rückzahlungsverpflichtung belaste i. d. R. nicht die einzelne „Produktionsstelle", sondern vielmehr das Unternehmensvermögen im Ganzen, da die Kreditaufnahme und die Finanzierung einzelner Prozessschritte des betrieblichen Leistungsprozesses üblicherweise **Teil der Gesamtfinanzierungsentscheidung** des Unternehmens ist.[52] Diese Entscheidung wird i. d. R. vor dem Hintergrund der jeweiligen 70

---

46) In diesem Sinne auch BFH, Urteil v. 30.4.2003, I R 19/02, DStR 2003, 1435; nach Ansicht des BFH sind Bauzeitzinsen dann keine Entgelte i. S. v. § 8 Nr. 1 GewStG 1991, wenn eine Gesellschaft diese als Teile der Herstellungskosten nach R 33 Abs. 7 Sätze 3 und 4 EStR 1993 aktiviert hat und diese in der Folgezeit nur noch über die AfA gewinnmindernd in Erscheinung treten; siehe hierzu Vater, WPg 2006, S. 1343, dort Fn. 42 m. w. N.

47) Vgl. Vater, WPg 2006, S. 1342 f.

48) Ähnlich Altaf Noor Ali, S. 1 und S. 5: „*The core function of an entity is primarily operational, not financial in nature. Many informed users and analysts split a statement of financial performance of an entity into its operational and financial components, to view the quality of earnings more clearly. (...) Thereafter, this figure is further adjusted for borrowing costs (financial-related component) and other items to arrive at 'profit before Tax'.*".

49) Standard & Poor's, S. 1 sowie die Anmerkung auf S. 3: „*Credit analysis focuses on an entity's ability to repay and service its obligations. A key component of our analysis is a review of coverage ratios in respect of total interest cost for a company (that is, interest expense which would be paid or payable to a lender in a given period, before any capitalization). As our focus is on total interest, we reverse capitalized interest for the calculation of ratios that use interest expense, such as interest cover ratios.*".

50) Vgl. Vater, WPg 2006, S. 1343.

51) Vgl. BDI, S. 2.

52) Hierzu kritisch bereits Rudolph, DB 1975, S. 1566: „*Ein enger Zusammenhang zwischen Kredit zu finanzierten Wirtschaftsgütern besteht auch nur zur Beginn einer Kreditaufnahme. Er geht in dem Maße verloren, in dem der Unternehmung aus den durch Fremdkapital finanzierten Herstellungen Geldmittel zurückfließen, die nicht zur Fortsetzung der betreffenden Herstellungsprozesse einschließlich des Schuldendienstes für das aufgenommene Fremdkapital benötigt werden.*".

Finanzierungsmöglichkeiten, Wirtschaftlichkeitsüberlegungen und anderen Entscheidungskriterien getroffen.[53]

71 Aus dem Aktivierungsgebot der Fremdfinanzierungskosten resultiert per saldo eine **bilanzielle Werterhöhung** des Vermögenswerts gegenüber einer Eigenkapitalfinanzierung.

72 Unter konzeptionellen Gesichtspunkten erscheint nicht unproblematisch, dass die Ermittlung der Herstellungskosten innerbetrieblich je nach dem divergieren wird, ob besondere Vermögenswerte im Sinne des IAS 23.5 sowie die weiteren Anwendungsvoraussetzungen von IAS 23 vorliegen. Damit kommt es inner- wie zwischenbetrieblich zu einer **unterschiedlichen Zusammensetzung der Herstellungskosten**. Dies gilt sowohl auf Seiten der Hersteller als auch der Auftraggeber.

73 Mit Blick auf die Aktivierung von Fremdkapitalkosten bei Anschaffungskosten ist seit jeher fraglich, ob die Finanzierung bei Erwerben nicht lediglich **nur mittelbar**, nicht aber unmittelbar **der Anschaffung dient**.[54] Unter betriebswirtschaftlichen Gesichtspunkten ist von eher untergeordneter Bedeutung, ob der Lieferant oder der Auftraggeber die Finanzierungskosten trägt; es kommt lediglich zu einem periodenverschobenen Ausweis.[55]

74 Gegen eine Abschaffung des Wahlrechts spricht, dass Fremdfinanzierungskosten innerhalb einzelner Branchen teils aber auch innerhalb einzelner Wirtschaftszweige in Abhängigkeit der jeweiligen Vermögens- und Kapitalstruktur ein **höchst unterschiedliches Gewicht** beizumessen ist, so dass eine individuelle Entscheidung über die Ausübung des Wahlrechts sinnvoll erscheint.[56]

75 Unter **technischen Gesichtspunkten** spricht gegen die Aktivierungspflicht, dass diese die Komplexität in IAS 23 erhöht: Während die präferierte Bilanzierungsart bisher lediglich in 2 Paragraphen geregelt ist, widmen sich in ED IAS 23amend 20 (!) Paragraphen der Aktivierung.[57]

III. Vergleich mit US-GAAP

76 Mit der Einführung der Aktivierungspflicht von Fremdkapitalkosten für qualifizierte Vermögenswerte gleicht der IASB die Methodik von IAS 23 der korrespondierenden US-GAAP Vorschrift an. Die Behandlung von Fremdkapitalkosten für qualifizierte Vermögenswerte ist dort in *SFAS 34 – Capitalization of Interest Cost* geregelt.

77 Ähnlich dem ED IAS 23amend sieht SFAS 34 grundsätzlich eine Aktivierungspflicht vor. Problematisch ist jedoch, dass ein Vergleich der beiden Regelungen auf der einen Seite zwar Übereinstimmung hinsichtlich der grundsätzlichen Vorgehensweise, auf der anderen Seite aber auch **zahlreiche Detailunterschiede** zu Tage fördert.[58] Per saldo hat dies zur Folge, dass sich IAS 23 und SFAS 34 trotz der gleichen methodischen Vorgehensweise i. d. R. nicht entsprechen werden.

78 Prima facie bestehen **bedeutende Differenzen** zwischen beiden Standards u. a. bei

- der Definition des qualifizierten Vermögenswerts für nach der Equity-Methode bilanzierte Investitionen, bei der nach US-GAAP im Gegensatz zu IAS 23 aufgelaufene Fremdkapitalkosten zu aktivieren sind;
- der Behandlung von Währungsdifferenzen;
- der Behandlung von Zwischenanlagen;
- der Pflicht zur Aussetzung der Aktivierung; oder
- der Bestimmung der Nettoinvestitionserlöse („net investment proceeds").[59]

53) Vgl. Selchert, DB 1985, S. 2414.
54) Vgl. Ellrott/Schmidt-Wendt in Beck Bil-Komm., § 255 HGB Rz. 501.
55) Vgl. Vater, WPg 2006, S. 1337.
56) Vgl. bereits Rudolph, DB 1974, S. 65.
57) Ähnlich Altaf Noor Ali, S. 4.
58) Vgl. Vater, WPg 2006, S. 1337.
59) Vgl. Vater, WPg 2006, S. 1337.

Unterschiede werden bereits mit Blick auf die **Bezeichnung der beiden Standards** deutlich. So lautet der Titel von SFAS 34 „Capitalization of Interest Costs". Die Bezeichnung von SFAS 34 ist damit enger gefasst als die Namensgebung von IAS 23 „Borrowing Costs", was als Anzeichen auf den ex definitione weiter gefassten Geltungsbereich zu werten ist. 79

Im Gegensatz zu SFAS 34 sind nach IAS 23 auch Währungsdifferenzen und die Abschreibung von „ancillary costs" (Nebenkosten) aktivierungsfähig.[60] 80

Dagegen gestattet EITF-Issue No. 99-9 den Ansatz von derivativen Verlusten. Differenzen lassen sich auch mit Blick auf die Definition des qualifizierten Vermögenswerts ausmachen.[61] 81

Während IAS 23 verlangt, dass eine **wesentliche Zeitspanne** zur Fertigstellung benötigt wird, verweist SFAS 34 lediglich auf Wesentlichkeitsaspekte. 82

SFAS 34 verlangt zudem, dass Vermögenswerte, für die Fremdkapitalkosten aktiviert werden sollen, als eigenständige Projekte („discrete projects") darstellbar sind. 83

Ferner sind im Unterschied zu IAS 23 nach SFAS 34 Investitionen, die anhand der **Equity-Methode** in den Abschluss einbezogen werden, Gegenstand des Anwendungsbereichs. 84

Des Weiteren bestimmt SFAS 34.10, dass für Vermögenswerte, die nicht der **üblichen Geschäftstätigkeit** des Unternehmens bzw. des Herstellungsprozesses zuzurechnen sind, grundsätzlich keine Aktivierung von Fremdkapitalkosten vorzunehmen ist. IAS 23 kennt eine solche Regelung dagegen nicht. 85

Nach IAS 23 mindern **Anlageerträge aus der Zwischenanlage von Fremdmitteln** die zu aktivierenden Fremdkapitalkosten, während dagegen nach SFAS 34 Anlageerträge lediglich dann zu korrigieren sind, sofern die Mittel für den Fremdkapitalgeber steuerbegünstigt sind.[62] 86

Sowohl IAS 23 als auch SFAS 34 sehen Ausnahmen bezüglich des **Aktivierungsbeginns** von Fremdkapitalkosten vor; diese beruhen allerdings auf unterschiedlichen Aspekten. 87

Auch bezüglich einer **Unterbrechung des Aktivierungszeitraums** lassen sich Differenzen ausmachen. So verlangt IAS 23, dass im Falle einer Unterbrechung des Produktionsprozesses die Aktivierung auszusetzen ist; Ausnahmen von dieser Regel sind lediglich dann zulässig, wenn die Unterbrechung auf gewöhnliche Umstände zurückgeführt werden kann. Nach SFAS 34 ist dagegen keine Unterbrechung des Aktivierungszeitraums vorgesehen.[63] 88

Beispiel:
Ein Bauunternehmen baut eine Straße in der Nähe eines Flusses und die Bauarbeiten werden durch Hochwasser behindert. Die Aktivierung von Fremdkapitalkosten ist nach SFAS 34 fortzuführen. Nach IAS 23 ist die Aktivierung fortzuführen, sofern die Flussübertretung unter regionalen Gesichtspunkten als üblich einzustufen wäre; ist dagegen üblicherweise während dieser Jahreszeit nicht mit Hochwassergefahr zu rechnen, ist die Aktivierung von Fremdkapitalzinsen auszusetzen.

Grundsätzlich ist darauf hinzuweisen, dass SFAS 34 von zahlreichen weiteren Regelungen flankiert wird, die Einfluss auf die bilanzielle Erfassung haben, IAS 23 als prinzipienorientierter Rechnungslegungsstandard dagegen nicht. 89

Neben diesen inhaltlichen Unterschieden lassen sich ferner Unterschiede bezüglich der **Offenlegungspflichten** ausmachen. So ist z. B. nach IAS 23 im Gegensatz zu SFAS 34 der Kapitalisierungszins im Anhang offenzulegen.[64] 90

60) Vgl. Vater, WPg 2006, S. 1337.
61) Vgl. Vater, WPg 2006, S. 1343.
62) Vgl. Vater, WPg 2006, S. 1344.
63) Vgl. Vater, WPg 2006, S. 1344.
64) Vgl. Vater, WPg 2006, S. 1344.

C. Einschränkung der Definition des qualifizierten Vermögenswerts

91 Die zweite Änderung des ED IAS 23amend betrifft unmittelbar die Definition des qualifizierten Vermögenswerts („qualifying asset"). So ist in Zukunft die Art der Bewertung des qualifizierten Vermögenswerts zu beachten. Während bislang lediglich zu klären war, ob ein qualifizierter Vermögenswert als solcher vorlag, ist demnächst die Art der Bewertung entscheidend.

92 ED IAS 23amend sieht vor, Vermögenswerte, die zwar die Voraussetzung des qualifizierten Vermögenswerts erfüllen, aber gem. IAS/IFRS **zum beizulegenden Zeitwert zu bewerten** sind, vom Anwendungsbereich des IAS 23 auszuschließen (ED IAS 23amend.BC4). Hintergrund dessen ist, dass im Rahmen der Bewertung zum beizulegenden Zeitwert der Wert eines Vermögenswerts als solcher ermittelt wird, unbeachtlich der Tatsache, auf welche Art und Weise die Herstellung finanziert wurde.

93 Hier unterstellt der IASB wiederum, dass der Verkäufer sämtliche **Finanzierungskosten im Absatzpreis an den Käufer weitergibt** und dies in der Bewertung reflektiert wird. Die Art und Weise der Finanzierung spielt für die Bewertung zum beizulegenden Zeitwert daher keine Rolle.

94 Die neue Aktivierungspflicht bezieht sich daher lediglich auf Vermögenswerte, die **zu Herstellungskosten bewertet** werden.

95 Diese Neuerung steht in Einklang mit der Grundsatzentscheidung des IASB zur **Aktivierungsfähigkeit von Anschaffungsnebenkosten.**[65] Die zentrale Überlegung in ED IFRS 3amend sieht vor, dass der im Rahmen von Unternehmenskäufen zu bestimmende Buchwert künftig nicht mehr von Anschaffungsnebenkosten beeinflusst und daher dieser Aufwand auch nicht länger aktivierungsfähig sein soll (→ ED IFRS 3amend Rz. 56). Die Auffassung basiert auf der Schlussfolgerung, dass die Nebenkosten des Unternehmenserwerbs nicht die Ansatzkriterien eines Vermögenswerts erfüllen und daher nicht Bestandteil der Bewertung der übernommenen Vermögenswerte und Schulden zum beizulegenden Zeitwert sind (→ Rz. 51).

96 **Praxisbeispiele** für Vermögenswerte, die zwar die Voraussetzung des qualifizierten Vermögenswerts erfüllen, aber aufgrund seiner Bewertung zum beizulegenden Zeitwert aus dem Anwendungsbereich von IAS 23 fällt, stellen biologische Vermögenswerte und landwirtschaftliche Erzeugnisse oder zu Anlagezwecken gehaltene und mit dem beizulegenden Zeitwert bewertete Immobilienanlagen dar (ED IAS 23amend.BC4).

D. Umsetzungsanforderungen an das betriebliche Rechnungswesen

97 ED IAS 23amend sieht vor, dass die Aktivierungspflicht für qualifizierte Vermögenswerte **prospektiv angewendet** wird. Hintergrund dessen ist, dass es für Unternehmen, die bislang Fremdkapitalkosten nicht aktivieren, sondern als Aufwand erfassen und aufgrund dessen die notwendigen Informationen für eine Aktivierung nicht gesammelt haben, schwierig sein wird, die notwendigen Informationen für eine Aktivierung im Nachhinein zu erheben.

98 Dies gilt vor allem mit Blick auf Herstellungsvorgänge in Branchen wie dem Großanlagenbau. Soweit Unternehmen den Erwerb, den Bau oder die Herstellung eines qualifizierten Vermögenswerts mit Fremdmitteln finanzieren, ist künftig eine entsprechende **Dokumentation** anzulegen.

99 In der betrieblichen Praxis ist daher **im Rechnungswesen sicherzustellen**, dass

- qualifizierte Vermögenswerte bereits zu Beginn der Herstellungsphase identifiziert werden,
- geklärt wird, anhand welcher Bewertungsmethode die Bilanzierung des qualifizierten Vermögenswerts erfolgt, und
- alle Finanzierungsaktivitäten den jeweiligen qualifizierten Vermögenswerten eindeutig zugeordnet werden können.

100 Unternehmen müssen daher künftig **Prozesse einrichten**, welche die Sicherstellung dieser Kriterien gewährleisten. Es ist zu erwarten, dass dies im Einzelfall zu nicht unerheblichem Mehraufwand führen kann.

---

65) Vgl. Vater, WPg 2006, S. 1344.

E. Ausblick

Mit der Vorlage des Änderungsentwurfs ED-IAS 23amend gibt der IASB seine bislang bevorzugte Bilanzierungsauffassung zugunsten der bislang lediglich alternativ zulässigen Bilanzierungsmethode auf und führt eine **Aktivierungspflicht für Fremdkapitalkosten** im Rahmen der Bestimmung der Herstellungskosten ein. 101

Kritisch zu werten ist, dass sich der IASB bei dieser Entscheidung weniger von Sachargumenten als der **Möglichkeit zur Konvergenz** mit dem US-Pendant SFAS 34 leiten ließ. Letztlich wird sich der IASB damit der US-Börsenaufsichtsbehörde Securities and Exchange Commission (SEC), die dem Wahlrecht in IAS 23 kritisch gegenübersteht, beugen.[66] 102

Obgleich IAS 23 nun die gleiche methodische Vorgehensweise wie SFAS 34 vorsieht, **unterscheiden** sich beide Standards **in vielen bedeutenden Details**, die im ED IAS 23amend nicht thematisiert wurden, so dass nur vordergründig von Konvergenz gesprochen werden kann. Im Ergebnis bleibt *Wild* zu zustimmen, der zutreffend bemerkt: „*This ED is a prime example of a proposal to converge with US-GAAP without any real debate as to whether that will result in better accounting. In addition, the fact that the ED does not address all of the differences between IFRSs and US-GAAP in this area means that it would not result in convergence in any case.*“.[67] 103

Derzeit wertet der IASB die eingegangenen Stellungnahmen („comment letters“) der interessierten Öffentlichkeit aus. Nach Abschluss der Auswertung ist zügig mit der Verabschiedung des Änderungsentwurfs zu rechnen. Derzeit ist – trotz zahlreicher kritischer Stellungnahmen – **nicht mit Änderungen zu rechnen**. Die Verabschiedung von ED IAS 23amend ist laut Homepage des IASB gegen Ende des **ersten Quartals 2007** geplant. Über die in ED IAS 23amend enthaltenen Änderungen sind derzeit für die nächste Zeit keine weiteren Änderungen des IAS 23 zu erwarten. 104

---

66) So auch DRSC, Diskussionsforum zu ED IAS 32amend, ED IAS 1amend, ED IAS 23amend, Entwurf eines IFRIC Handbuchs – Protokoll der Diskussion am 30.6.2006, S. 3; in der gemeinsamen Absichtserklärung („Memorandum of Understanding“) von FASB und IASB vom Februar 2006 wurde die Behandlung von Fremdkapitalkosten als ein vom IASB anzugehendes Projekt im Rahmen der kurzfristigen Konvergenzbestrebungen aufgeführt.

67) Vgl. Wild, S. 1.

ED Amendments to IAS 27 – Consolidated and Separate Financial Statements

Bearbeitet von:
Sven Hayn und Jürgen Spanheimer

Inhalt

Schrifttum

Andrejewski/Fladung/Kühn, Abbildung von Unternehmenszusammenschlüssen nach ED IFRS 3, WPg 2006, S. 80;

Baetge/Hayn, S./Ströher, Kommentierung zu IAS 27: Konzern- und separate Einzelabschlüsse (Consolidated and Separate Financial Statements), in Baetge/Wollmert/Kirsch/Oser/Bischof (Hrsg.), Rechnungslegung nach International Accounting Standards (IAS), Loseblatt, Stuttgart, 2. Aufl. 2002;

Baetge u. a., Kommentierung zu § 301 HGB, in Baetge/Kirsch/Thiele (Hrsg.), Bilanzrecht Kommentar, Loseblatt, Bonn 2002;

Brücks/Richter, Business Combinations (Phase II), KoR 2005, S. 407;

Ebeling/Gaßmann/Rothenstein, Konsolidierungstechnik beim sukzessiven Unternehmenserwerb nach IFRS 3 und Business Combinations-Projekt – Phase II, WPg 2005, S. 1027;

Erdmann/Wünsch/Meyer, Auswirkungen ausgewählter IFRS-Änderungen auf die Unternehmenssteuerung (Teil 2) – ED IFRS 3 (2007), ED IAS 27 (2007) und ED IAS 37 (2007), KoR, 2006, S. 385;

EU Kommission, Kommentare zu bestimmten Artikeln der Verordnung (EG) Nr. 1606/2002 des Europäischen Parlaments und des Rates vom 19. Juli 2002 betreffend die Anwendung internationaler Rechnungslegungsstandards und zur Vierten Richtlinie 78/660/EWG des Rates vom 25. Juli 1978 sowie zur Siebenten Richtlinie 83/349/EWG des Rates vom 13. Juni 1983 über Rechnungslegung, Brüssel November 2003, abrufbar unter: http://europa.eu.int/comm/internal_market/accounting/docs/ias/200311-comments/ias-200311-comments_de.pdf;

Hayn, B./Hayn, S., Neuausrichtung des Konzernrechnungslegung nach IFRS – Current Status, IRZ 2006, S. 73;

Hayn, S., Entwicklungstendenzen im Rahmen der Anwendung von IFRS in der Konzernrechnungslegung, BFuP 2005, S. 424;

Hayn, S., Stand der EU Anerkennung von IFRS und IFRIC zum Abschluss per 31.12.2005, Accounting 1/2006, S. 13;

Hayn, S., Status der EU Anerkennung von Standards und Interpretationen des IASB, Accounting 12/2006, S. 8;

Hayn, S./Grüne, Konzernabschluss nach IFRS. Konsolidierung und Bilanzierung, München 2006;

IASB, Information for Observers, Agenda Paper 2D, 2F;

IDW, Stellungnahme zur Rechnungslegung: Einzelfragen zur Anwendung von IFRS (IDW RS HFA 2);

Kühne/Schwedler, Geplante Änderungen der Bilanzierung von Unternehmenszusammenschlüssen – ED of Proposed Amendments to IFRS 3 and ED of Proposed Amendments to IAS 27, KoR 2005, S. 329;

Küting/Wirth, Implikationen von IAS 36 (rev. 2004) auf die Firmenwertberücksichtigung bei einer teilweisen Endkonsolidierung ohne Wechsel der Konsolidierungsmethode, KoR 2005, S. 415;

Lüdenbach/Hoffmann, Übergangskonsolidierung und Auf- oder Abstockung von Mehrheitsbeteiligungen nach ED IAS 27 und ED IFRS 3, DB 2005, S. 1805;

Schmidt, Die sog. Full Goodwill Methode der Kapitalkonsolidierung: zum Problem vermehrt zeitwertorientierter Bilanzierung im IFRS-Konzernabschluss, in Schneider u. a. (Hrsg.), Kritisches zur Rechnungslegung und Unternehmensbesteuerung, FS Siegel, Berlin 2005, S. 161;

Schwedler, IASB-Projekt „Business Combinations": Überblick und aktuelle Bestandsaufnahme, KoR 2006, S. 410;

Zülch/Fischer, Business Combinations Phase II: Überarbeitung von IFRS 3, IAS 27 und IAS 37, StuB 2005, S. 1054.

A. Gegenstand und Relevanz

I. Inhalt

1 IAS 27 bildet einen **Kernstandard zur Konzernrechnungslegung** nach IFRS. Im Vordergrund steht die Bilanzierung der Beteiligung am Tochterunternehmen im Abschluss des Mutterunternehmens.

2 Sofern Mutterunternehmen und Tochterunternehmen in einem **Beherrschungsverhältnis** stehen, ist das Tochterunternehmen während des Beherrschungsverhältnisses mittels Vollkonsolidierung in den Konzernabschluss einzubeziehen. IAS 27 normiert Anforderungen an die einzelnen Konsolidierungsschritte. Diese umfassen exemplarisch:

- die konzerneinheitliche Bilanzierung und Bewertung,
- einen konzerneinheitlichen Bilanzierungsstichtag,
- die vollständige Konsolidierung aller innerkonzernlichen Bestände und Transaktionen sowie
- den Ausweis von Minderheiten.

3 Des Weiteren nennt IAS 27 widerlegbare sowie unwiderlegbare Vermutungen an die Beherrschung eines Tochterunternehmens durch das Mutterunternehmen. In diesem Zusammenhang hat der Board im Oktober 2005 auch die **faktische Beherrschung** als Nachweis des Beherrschungsverhältnisses nach IAS 27 als eine IFRS-konforme Auslegung charakterisiert.[1)]

II. Bedeutung

4 Die IFRS fokussieren auf die **Informationsbedürfnisse von Kapitalmärkten** und richten sich im Wesentlichen an den Erfordernissen des Konzernabschlusses aus. Infolgedessen erachtet das IASB die Analysten und Investment Community als die wesentlichsten Abschlussadressaten. Der Einfluss von Rechnungslegungsstandards auf die steuerliche Gewinnermittlung wird ebenso für irrelevant gehalten wie ihr Einfluss auf die Kapitalerhaltungs- und Ausschüttungsbemessungsgrundsätze. Im Vorsichtsprinzip sieht das IASB in erster Linie ein Instrument der Einkommensglättung. Dagegen sollte der Konzernabschluss nach den Vorstellungen des IASB vielmehr die – augenblicklich noch verdeckte – Volatilität widerspiegeln.

5 Die Vorschriften des IASB stellen primär auf den **Konzernabschluss als Instrument zur Finanzberichterstattung** ab. Nur in Ausnahmefällen normiert das IASB auch Vorschriften, die nur den Einzelabschluss betreffen.

---

1) Vgl. IASB Update 10/2005; kritisch Hayn, S./Grüne, S. 9 f.; Hayn, B./Hayn, S., IRZ 2006, S. 80.

Mit den Änderungsvorschlägen sollen alle Anteilseignergruppen im Konzern gleichgestellt werden. Diese Umsetzung der Einheitstheorie hat massive Rückwirkungen für die Bilanzierung von Beteiligungsänderungen mit und ohne Beherrschungsverlust sowie den sukzessiven Anteilserwerb. 6

III. Anwendungsbereich

Jedes **Mutterunternehmen**, das mindestens ein **Tochterunternehmen** beherrscht, hat nach IAS 27.9 unabhängig von **Rechtsform, Größe und Sitzland** einen Konzernabschluss vorzulegen. Das IASB stellt den Konzernabschluss in den Mittelpunkt der Finanzberichterstattung, da die Abschlussadressaten eines Mutterunternehmens i. d. R. an der Vermögens-, Finanz- und Ertragslage des Konzerns insgesamt interessiert sind. Dieses Informationsbedürfnis wird durch den Konzernabschluss erfüllt, der keine Rücksicht auf die juristischen Abgrenzungen der einzelnen wirtschaftlichen Einheiten nimmt. Der Konzernabschluss umfasst entsprechend dem **Weltabschlussprinzip** sämtliche in- und ausländischen Tochterunternehmen. Die assoziierten Unternehmen sowie Joint Ventures bilden den erweiterten Konsolidierungskreis. 7

Da sich die IAS-Verordnung lediglich auf „konsolidierte Abschlüsse" bezieht, wird sie nur dann wirksam, wenn diese konsolidierten Abschlüsse von anderer Seite gefordert werden. Die Klärung der Frage, ob eine Gesellschaft zur Erstellung eines konsolidierten Abschlusses verpflichtet ist oder nicht, muss nach wie vor durch Bezugnahme auf das einzelstaatliche Recht erfolgen, das infolge der 7. Richtlinie erlassen wurde.[2] Damit ist die Aufstellungspflicht eines Konzernabschlusses auch weiterhin nach den Vorschriften des HGB für in Deutschland ansässige Mutterunternehmen zu klären. 8

Neben den Anforderungen an die Konzernrechnungslegung stellt IAS 27 auch Regelungen zur Darstellung der Beteiligungen an Tochterunternehmen im **Einzelabschluss** oder auf der Ebene einer **Zwischenholding** bereit. Dabei gilt es hervorzuheben, dass der Einzelabschluss nach IFRS im Regelfall nur gemeinsam mit dem Konzernabschluss publiziert werden darf.[3] 9

Der IASB schlug ursprünglich vor, ED IAS 27amend erstmals in der ersten Berichtsperiode eines **am 1.1.2007 oder danach beginnenden Geschäftsjahres** anzuwenden; dieses Vorhaben wurde mittlerweile aufgegeben und die Anwendung ist für 2009 vorgesehen (→ Rz. 47 f.). Eine frühere Anwendung wird empfohlen (daher haben Unternehmen im Anwendungsbereich der IAS Verordnung 1606/2002 die Anerkennung des geänderten Standards vor dessen Anwendung zu beachten). Wendet ein Unternehmen die vorgeschlagenen überarbeiteten Standards auf eine frühere Periode an, so sind allerdings die überarbeiteten IFRS 3, IAS 37 und IAS 27 gleichzeitig anzuwenden. 10

Während ED IFRS 3amend grundsätzlich eine prospektive Anwendung der Standardänderungen vorsieht (→ ED IFRS 3amend Rz. 98), normiert ED IAS 27amend für eine Vielzahl der Änderungen wie folgt eine **retrospektive** Anwendung (ED IAS 27amend.43A): 11

- Konzernerfolge und sonstige direkt im Eigenkapital erfasste Beträge sind in Übereinstimmung mit den Vorschriften des vorgeschlagenen überarbeiteten Standards den Anteilen mit beherrschendem und ohne beherrschenden Einfluss zuzuordnen.
- Sofern auf Anteile ohne beherrschenden Einfluss an einem Tochterunternehmen entfallende Verluste zuvor den Anteilen mit beherrschendem Einfluss zugerechnet wurden, weil sie die Anteile ohne beherrschenden Einfluss am Eigenkapital des Tochterunternehmens überschritten, ist eine Neuzuordnung dieser Verluste auf die Anteile mit und ohne beherrschenden Einfluss vorzunehmen.
- Soweit Erfolge aus der Übergangskonsolidierung ohne Beherrschungsverlust erfolgswirksam erfasst wurden, sind diese Gewinne oder Verluste aus den Gewinnrücklagen in das eingebrachte Eigenkapital umzugliedern.

Die folgenden Vorschriften des Überarbeitungsentwurfs zu IAS 27 sind jedoch **prospektiv** anzuwenden (ED IAS 27amend.43B): 12

---

2) Vgl. EU Kommission, Art. 2.2.2.

3) Vgl. IAS 27.9-11 und 27.37-42 sowie IFRIC Nicht-Interpretation (Rejection Notice) on Separate Financial Statements issued before Consolidated Financial Statements, March 2006.

- Abbildung von Erhöhungen des beherrschenden Anteils des Mutterunternehmens an einem Tochterunternehmen (d. h. Erwerbe von Anteilen mit nicht beherrschendem Einfluss) als Eigenkapitaltransaktionen, wenn diese Erhöhungen vor Inkrafttreten der Änderungen dieses Standards erfolgt sind;
- Neubewertung zurückbehaltener Anteile an einem ehemaligen Tochterunternehmen mit ihrem beizulegenden Zeitwert, wenn der Beherrschungsverlust vor Inkrafttreten der Änderungen dieses Standards eingetreten ist.

IV. Regelungszusammenhänge

13 Weitere Regelungen zum **Konzernabschluss** finden sich u. a. in

- IFRS 3 zu Unternehmenszusammenschlüssen,
- IAS 31 zur Einbeziehung von Gemeinschaftsunternehmen,
- IAS 28 zur Bilanzierung von Beteiligungen an assoziierten Unternehmen sowie in
- IAS 21 und IAS 29 zur Fremdwährungsumrechnung.

SIC-12 ergänzt IAS 27 hinsichtlich der Bestimmung des Beherrschungsverhältnisses bei **Objektgesellschaften.**[4]

14 IAS 27 wird derzeit in zwei parallelen Projekten überarbeitet. Einerseits widmet sich das **Projekt Konsolidierung** („Consolidations") der vollständigen Überarbeitung des Standards als Teil der mit dem FASB vereinbarten sonstigen Konvergenzprojekte („other convergence projects") zur Abfassung konvergierter IFRS und US-Anforderungen an die Konsolidierung. Ein Schwerpunkt dieses Projekts liegt auf der Definition von Beherrschung. Zum Projekt Konsolidierung liegt bei Drucklegung noch kein Standardentwurf vor. Der Board hat das Projekt im Juni 2003 in das Arbeitsprogramm übernommen und im Jahr 2006 anlässlich von vier Board-Sitzungen im Rahmen von „education sessions" sowie in allgemeiner Natur diskutiert ohne Abstimmungen zu vorläufigen Entscheidungen vorzunehmen.[5] Für das dritte Quartal 2007 sieht der aktuelle Arbeitsplan des IASB die Veröffentlichung eines Diskussionspapiers vor, dem im zweiten Halbjahr 2008 der Entwurf eines Standards folgen soll. Die Verabschiedung des neuen IFRS ist zeitlich noch nicht terminiert.

15 Anderseits sind die Konsolidierungsgrundsätze nach IAS 27 unmittelbar von der **zweiten Phase des Projekts Unternehmenszusammenschlüsse** („Business Combinations") betroffen, da der Board hier den Übergang auf die Einheitstheorie als Basis für die Konzernrechnungslegung vorsieht. Konkret schlägt der IASB in der zweiten Projektphase, in der die Fortentwicklungen der Prinzipien in IFRS 3 im Vordergrund stehen (→ ED IFRS 3amend Rz. 12 ff.), einen Übergang von der bisher angewandten Interessentheorie in der Ausprägung der vollen Neubewertungsmethode zur Einheitstheorie vor. Bisher als Anteile anderer Gesellschafter oder Minderheiten bezeichnete Anteile sollen fortan als Anteile ohne beherrschenden Einfluss („non-controlling interests") beschrieben werden. Als weitere wesentliche Änderungsvorschläge gilt es die veränderten Prinzipien zur Übergangskonsolidierung hervorzuheben.

16 Bezogen auf ED IAS 27amend kann indes insgesamt festgestellt werden, dass der IASB mit diesem Entwurf das Ziel verfolgt, lediglich die Änderungen zu berücksichtigen, die sich als **unmittelbarer Ausfluss aus den Änderungsvorschlägen durch ED IFRS 3amend** ergeben.

17 Zu ED IAS 27amend sind insgesamt 95 Stellungnahmen eingegangen. In diesen Schreiben wurde insbesondere die Konzernrechnungslegung nach der Einheitstheorie stark kritisiert.[6] Daraufhin wurde dem IASB und dem FASB im September 2006 vom Stab in einer unterrichtenden Beratung[7] eine neue Variante zur **Bewertung der Anteile ohne beherrschenden Einfluss** vorgestellt. Diese neue Variante wurde insbesondere vor dem Hintergrund der starken Kritik am Ansatz des vollständigen Firmenwertes („full goodwill approach") (→ ED IFRS 3amend Rz. 72 ff.) erarbeitet, da eine Vielzahl der Kommentatoren des Standardentwurfs keinen Informationsnutzen im so bewerteten Minderheitenposten ausmachen kann. Nach dem neuen Entwurf, über

4) S. a. IDW RS HFA 2.
5) Vgl. IASB Updates 3/2006, 4/2006, 9/2006 und 12/2006.
6) S. a. Schwedler, KoR 2006, S. 411 f.
7) Vgl. IASB, Information for Observers, Agenda Paper 2F.

den bisher keine Abstimmung im Board stattgefunden hat, soll der Anteil der nicht beherrschenden Gesellschafter mit dem Zeitwert bewertet werden. Der gesamte Geschäfts- oder Firmenwert würde sich sodann als Differenz aus Kaufpreis der Mehrheiten plus Zeitwert der Minderheiten am Erwerbsstichtag und dem Zeitwert des erworbenen Reinvermögens ergeben. Damit wird eine Bewertungsvariante diskutiert, die ebenso wenig wie die in ED IFRS 3amend und ED IAS 27amend vorgeschlagenen Prinzipien auf einer Transaktion mit den Minderheiten als Basis für die Bestimmung des Minderheitenpostens beruht.[8]

Anlässlich der IASB-Sitzung im Dezember 2006 stimmten nur neun Boardmitglieder für die Bewertung der Minderheiten zum anteiligen Zeitwert des erworbenen Reinvermögens; die fünf Mitglieder, die gegen dieses Prinzip stimmten, wiederholten die bereits in den Gegenargumenten zum Standardentwurf vorgebrachten Aussagen (ED IAS 27amend.AV1-3). Allerdings stimmte der Board sodann einer **Ausnahme zum allgemeinen Grundsatz der Zeitwertbewertung** zu, sofern die Zuverlässigkeit der Bewertung nicht erfüllt sei. Es bleibt abzuwarten, ob diesem Argument eine Bedeutung zukommt, da der Board den Grundsatz der Zuverlässigkeit derzeit weder bei der Überarbeitung seiner Rahmengrundsätze (→ DP Rahmenkonzept-A Rz. 61) noch im Zusammenhang mit der Bewertung erworbener immaterieller Vermögenswerte im Zuge eines Unternehmenszusammenschlusses in ED IFRS 3amend fortführen will (→ ED IFRS 3amend Rz. 64 ff.). 18

Der Board hat inzwischen bestätigt, dass der Ausweis der nicht beherrschenden Anteile (bisher: Minderheiten) im **Eigenkapital** erfolgt[9] – wie dies bereits in IAS 27.33 in der aktuellen Fassung vorgesehen ist. 19

V. Definitionen

IAS 27.3 stellt klar, dass der Standard auch bei der Bilanzierung von Beteiligungen an assoziierten Unternehmen und Joint Ventures anzuwenden ist, wenn ein Unternehmen entweder freiwillig oder aufgrund gesetzlicher Verpflichtung einen **gesonderten (Einzel-)Abschluss** erstellt. Neben dem Konzernabschluss als Gruppenabschluss definiert IAS 27.4 den gesonderten (Einzel-)Abschluss als Abschluss eines Mutterunternehmens, eines Anteilseigners an einem assoziierten Unternehmen oder eines Partnerunternehmens, in denen die Beteiligungen an anderen Unternehmen auf Basis des unmittelbaren Anteils am Eigenkapital und nicht auf Basis der berichteten Ergebnisse und des Reinvermögens bilanziert werden. Im Rahmen von gesonderten (Einzel-) Abschlüssen werden mithin die Beteiligungen ausgewiesen und es wird auf eine Konsolidierung sowie sämtliche mit der Konsolidierung einhergehenden Konsolidierungsschritte verzichtet. 20

Ein **Mutterunternehmen** ist ein Unternehmen mit einem oder mehreren Tochterunternehmen. Es hat sämtliche Tochterunternehmen zu konsolidieren. Ein **Tochterunternehmen** ist ein Unternehmen, das von einem anderen Unternehmen (als Mutterunternehmen bezeichnet) beherrscht wird. 21

Ein **Konzern** setzt sich letztendlich aus dem Mutterunternehmen sowie allen seinen Tochterunternehmen zusammen (Konsolidierungskreis im engeren Sinne). Der Konsolidierungskreis im erweiterten Sinne umfasst darüber hinaus auch die assoziierten Unternehmen sowie die Gemeinschaftsunternehmen. Allerdings löst eine Beteiligung an einem assoziierten Unternehmen oder an einem Gemeinschaftsunternehmen ohne gleichzeitige Beteiligung an einem Tochterunternehmen keine Konzernrechnungslegungspflicht aus. 22

Als **Beherrschung** („Control") wird nach IAS 27.4 der Anspruch verstanden, die Finanz- und Geschäftspolitik eines Unternehmens zu bestimmen, um aus dessen Tätigkeiten Nutzen zu ziehen. Damit begründet allein das Beherrschungsverhältnis eine Mutter-Tochter-Beziehung und löst die Pflicht zur Erstellung eines Konzernabschlusses aus. IAS 27.13 vermutet ein Beherrschungsverhältnis widerlegbar bei Stimmrechtsmehrheit, die sich aus unmittelbarem oder mittelbarem Besitz ergeben kann. Die Beherrschung kann widerlegt werden, wenn der Nachweis erbracht wird, dass das Mutterunternehmen trotz Stimmrechtsmehrheit die Beherrschung nicht ausüben kann; so beispielsweise infolge eines Entherrschungsvertrags oder von Satzungsbedingungen. Der englische Terminus „Power-to-Control" beschreibt nicht die Möglichkeit, sondern den durchsetzbaren Anspruch zur Ausübung des beherrschenden Einflusses. 23

---

8) Vgl. stellvertretend Hayn, S., BFuP 2005, S. 429 zu divergierenden Konzerntheorien m. w. N.

9) Vgl. IASB Update 3/2006.

24 Neben der **Stimmrechtsmehrheit** kann der beherrschende Einfluss auch anderweitig nachgewiesen werden. IAS 27.13 nennt hierzu abschließend vier Anwendungsbereiche. Eine Beherrschung liegt danach unwiderlegbar vor, wenn das Mutterunternehmen die Hälfte oder weniger als die Hälfte der Stimmrechte an einem Unternehmen hat, jedoch über einen der folgenden Ansprüche verfügt:

1. Anspruch, kraft einer mit anderen Anteilseignern abgeschlossenen Vereinbarung über mehr als die Hälfte der Stimmrechte zu verfügen;
2. Anspruch, gemäß einer Satzung oder einer Vereinbarung die Finanz- und Geschäftspolitik eines Unternehmens zu bestimmen;
3. Anspruch, die Mehrheit der Mitglieder des Geschäftsführungs- und/oder Aufsichtsorgans oder eines gleichwertigen Leitungsgremiums des anderen Unternehmens zu ernennen oder abzuberufen;
4. Anspruch, die Mehrheit der Stimmen bei Sitzungen des Geschäftsführungs- und/oder Aufsichtsorgans oder eines gleichwertigen Leitungsgremiums des anderen Unternehmens zu bestimmen.

25 Nach der bisherigen Auffassung wurde das Control-Konzept weltweit jeweils juristisch interpretiert. Dies hatte zur Folge, dass beispielsweise eine **Präsenzmehrheit** auf der Hauptversammlung nicht zur Beherrschung und damit zur Konsolidierung des Tochterunternehmens führt. Während diese Ansicht hier weiterhin vertreten wird, hat der Board auf seiner Oktober-Sitzung 2005 überraschenderweise auch diese Formen der **faktischen Beherrschung** unter das Control-Konzept nach IFRS subsumiert. Das IFRS Update aus dem Oktober 2005 stellt klar, dass der Board aktuell zwar eine international unterschiedliche Anwendung des Control-Konzepts ausmacht, auf eine diesbezügliche Änderung von IAS 27 indes vor dem Hintergrund seines eigenen Projekts zur Beherrschung ausdrücklich verzichtet. Daher werden seitens des Board für diese Übergangszeit unterschiedliche Auslegungen anerkannt. Nach der hier vertretenen Ansicht existierte vor der Äußerung des Board keine abweichende internationale Auslegung, da die faktische Beherrschung stets keine Konsolidierung begründete.

26 **Abweichende Geschäftstätigkeiten** begründen nach IAS 27.20 explizit kein Einbeziehungsverbot. Der IASB sieht in der Vollkonsolidierung bei gleichzeitiger Angabe zusätzlicher Informationen über die abweichende Geschäftstätigkeit – beispielsweise im Rahmen der Segmentberichterstattung gem. IAS 14 – einen deutlichen Transparenzvorzug als im Fall der Nichtkonsolidierung.

27 Die genannten Einbeziehungsregeln beziehen sich gleichermaßen auf **direkte wie auf indirekte Beteiligungen**.

B. Zuordnung von Verlusten zu Anteilen ohne beherrschenden Einfluss

28 Abweichend zum aktuellen IAS 27 sieht ED IAS 27amend in den Minderheiten **gleichwertige Anteilseigner**, die sich von den Mehrheiten allein dadurch unterscheiden, dass diese Anteilseigner keinen beherrschenden Einfluss ausüben. Aus der Sichtweise des bilanzierenden Unternehmens bildet diese Gruppe eine separate Konzerngesellschaftergruppe. Damit werden auf die Fiktion „Konzern" einzelgesellschaftliche Grundsätze projiziert. Ebenso wie im Einzelunternehmen grundsätzlich alle Gesellschafter proportional an den Gewinnen und Verlusten partizipieren, soll auch der Ausweis der Anteile ohne beherrschenden Einfluss nicht mehr auf den **Minimalbetrag von Null** begrenzt werden (ED IAS 27amend.35). Nach den vorgeschlagenen Prinzipien zur Einheitstheorie partizipieren die bisherigen Minderheiten stets anteilig an den erwirtschafteten Verlusten des Konzerns; d. h. auch in den Fällen, in denen die anteiligen Verluste höher wären als der entsprechende Anteil am Eigenkapital. Die Wertfortschreibung dieses Postens wird nicht mehr bei Null ausgesetzt und etwaige Überhangbeträge werden nicht mehr den Mehrheiten zugerechnet.

29 Letztere Regelungen sieht der konzeptionell auf einer Variante der Interessentheorie basierende aktuelle IAS 27 mit der Ausnahme einer verbindlichen **Verlustausgleichsverpflichtung der Minderheiten** vor, sofern die Minderheiten darüber hinaus in der Lage sind, die Verluste auszugleichen.

C. Änderung der Beteiligungsquote des Mutterunternehmens an einem Tochterunternehmen (ohne Beherrschungsverlust)

Die Einheitstheorie hat zur Folge, dass Wechsel in den Beteiligungsverhältnissen zwischen den einzelnen Gesellschaftergruppen als **reine Änderungen innerhalb des Eigentümerkreises** gewürdigt werden. Sofern dieser Wechsel nicht mit dem Verlust der Beherrschung einhergeht, werden diese Änderungen allein im Eigenkapital als Verschiebungen zwischen den Eignergruppen abgebildet. Da sämtliche Vermögenswerte und Verpflichtungen bereits zu ihren Konzernwerten aus der Sicht sämtlicher Konzerngesellschafter bilanziert sind, ist dieser Wechsel innerhalb des Gesellschafterkreises allein der Gesellschaftersphäre zuzuordnen. Auswirkungen auf die Gesellschaft ergeben sich nur in Form der Abbildung als Umbuchung zwischen den Gesellschafterkonten. Daher wird auch der Geschäfts- oder Firmenwert weiterhin vollständig („full goodwill") ausgewiesen (→ ED IFRS 3amend Rz. 39 ff.). Eine Erfolgswirksamkeit resultiert aus dieser Änderung der jeweiligen Beteiligungsquote indes nicht.[10] Diese umstrittene Bilanzierung wurde seitens des Board im März 2006 im Zuge der erneuten Beratungen (→ ED IFRS 3amend Rz. 23 ff.) bestätigt.[11] 30

Ein Mutterunternehmen kann seine **Beteiligung** an einem Tochterunternehmen **reduzieren**, indem es einen Teil der von ihm gehaltenen Anteile an der Tochter veräußert oder das Tochterunternehmen dazu veranlasst, Anteile an Gesellschafter ohne beherrschenden Einfluss auszugeben. In solchen Fällen würde der Buchwert des Anteils ohne beherrschenden Einfluss angepasst (d. h. erhöht), um die Änderung der Höhe der Beteiligung am Nettovermögen der Tochtergesellschaft, wie im Beispiel (→ Rz. 33) veranschaulicht, widerzuspiegeln. Differenzen zwischen der erhaltenen Gegenleistung und der Anpassung des Buchwerts des Anteils ohne beherrschenden Einfluss wären direkt in dem auf den Anteil mit beherrschendem Einfluss entfallenden Eigenkapital zu erfassen (ED IAS 27amend.30A und ED IAS 27amend.BC4). 31

IAS 27 normiert derzeit die Thematik der Bilanzierung des Teilverkaufs von Anteilen durch das Mutterunternehmen nicht explizit. Hieraus haben sich in der Praxis **verschiedene Vorgehensweisen** entwickelt. Im Regelfall haben Unternehmen bislang erfolgswirksam einen Abgangserfolg in der GuV des Mutterunternehmens erfasst, der als Unterschiedsbetrag zwischen den eingenommenen Erlösen aus dem Verkauf der Anteile und dem Buchwert der veräußerten Anteile bewertet wurde. 32

Beispiel 1: Minderungen der Beteiligungsquote der beherrschenden Anteile ohne Beherrschungsverlust[12] 33
Das Mutterunternehmen M verkauft 20 % seiner Anteile an Tochterunternehmen T für 1 000 € und verringert damit seine Gesamtbeteiligung auf 80 %. M beherrscht T auch nach der Transaktion.

Einheitstheoretisch haben die beherrschenden Anteile („controlling interests") an die Anteilseigner der neu geschaffenen nicht beherrschenden Anteile („non-controlling interests") Anteile abgegeben. Diese Transaktion zwischen den Gesellschaftern ist auf der Ebene der Gesellschafter abzubilden. Eine Rückwirkung auf die Gesellschaft ergibt sich indes nicht, da im Gesamtkonzern keine Nettovermögensänderungen stattgefunden haben.

Nach ED IAS 27amend würde die Transaktion bei einem unterstellten Buchwert der verkauften Anteile in Höhe von 800 € folgenden Buchungssatz generieren:

	Soll	*Haben*
Zahlungsmittel	*1 000 €*	
an Eigenkapital der beherrschenden Anteile		*200 €*
an Anteile ohne beherrschenden Einfluss		*800 €*

Einem Mutterunternehmen stehen verschiedene Optionen zur **Erhöhung der Beteiligungsquote** an einem Tochterunternehmen offen. Hierzu zählen beispielsweise der Erwerb zusätzlicher in Umlauf befindlicher 34

---

10) Vgl. ED IAS 27amend.30A; IASB Update 3/2006; s. a. Baetge/Hendler in Baetge/Kirsch/Thiele, § 301 HGB Rz. 627; Brücks/Richter, KoR 2005, S. 410 ff.; Kühne/Schwedler, KoR 2005, S. 336; Küting/Wirth, KoR 2005, S. 424 f.; Lüdenbach/Hoffmann, DB 2005, S. 1806 ff.; Zülch/Fischer, StuB 2005, S. 1055; Andrejewski/Fladung/Kühn, WPg 2006, S. 87 ff.; Ebeling/Gaßmann/Rothenstein, WPg 2005, S. 1039 ff.; Erdmann/Wünsch/Meyer, KoR 2006, S. 392 f.; Baetge/Hayn, S./Ströher, in Baetge u. a., IAS 27 Rz. 238 ff.

11) Vgl. IASB Update 3/2006.

12) Vgl. Hayn, S./Grüne, S. 223 f.

Anteile des Tochterunternehmens, der Rückkauf eines Teils seiner im Markt im Umlauf befindlichen Anteile auf Veranlassung des Mutterunternehmens oder die Ausgabe neuer Anteile ohne Partizipation der nicht beherrschenden Anteile bzw. bei überproportionaler Partizipation der beherrschenden Anteile. Nach ED IAS 27amend erfolgt die Abbildung der **Erhöhung der Beteiligungsquote** an einem Tochterunternehmen nach denselben Grundsätzen, wie sie für die Verminderung der Beteiligungsquote im Beispiel (→ Rz. 33) illustriert wurden. Es handelt sich um eine reine Eigenkapitaltransaktion, die erfolgsneutral abzubilden ist.

35 Die Einheitstheorie wurde in den eingegangenen Stellungnahmen stark kritisiert. In der Unternehmenspraxis führt die Anwendung u. a. bei vorhandenen potentiellen Stimmrechten („potential voting rights"), Put-Optionen auf Minderheitsanteile („puts on minorities") oder der Vollkonsolidierung von Objektgesellschaften bei späterem Anteilserwerb zu **Verzerrungen**.

36 Der Board hat im März und April 2006 verschiedene **Ausweisalternativen** für diese Beteiligungsveränderungen diskutiert.[13] Der FASB folgte letztendlich dem Ansatz des IASB, welcher eine Überleitungsrechnung der Anteile mit und ohne beherrschenden Einfluss vorsieht. Diese Überleitungsrechnung kann alternativ in den Eigenkapitalspiegel aufgenommen oder im Anhang dargestellt werden. Die Überleitungsrechnung, die auch für die Summe „vollständiges Eigenkapital" erforderlich ist, umfasst getrennt auf die Gesellschaftergruppen entfallend folgende Mindestbestandteile (ED IAS 27amend.40):[14]

- Konzernjahresüberschuss/-verlust;
- Transaktionen mit den Gesellschaftern einschl. Dividenden; sowie
- separat für jeden Gewinn-/Verlustbestandteil die unmittelbare erfolgsneutrale Erfassung im Eigenkapital oder im „other comprehensive income".

37 Des Weiteren sind die Erfolge aus der **Übergangskonsolidierung** (→ Rz. 32 ff.) gesondert zu erläutern und der Ausweisort innerhalb der GuV anzugeben.[15] Der Board stellte in diesem Zusammenhang fest, dass Erfolge aus der Übergangskonsolidierung außerhalb des Betriebsergebnisses auszuweisen seien.

38 Zu den weiteren Ausweisanforderungen zählt die separate Angabe von **Erfolgsbeiträgen** aus (a) fortgeführten und (b) nicht fortgeführten **Unternehmensbereichen** in der GuV.[16] Letztere Angaben sind indes nur für die Anteile mit beherrschendem Einfluss zu machen; dieses gilt grundsätzlich auch für die unmittelbar im Eigenkapital oder im „other comprehensive income" erfassten Erfolgsbeiträge, wobei diesbezüglich die Überleitungsrechnung für Anteile ohne beherrschenden Einfluss weitere Angaben zur Verfügung stellt.

39 Die auf Grund der Änderung der Beteiligungshöhe an einem Tochterunternehmen direkt im Eigenkapital erfassten Beträge sind einheitstheoretisch nach *IAS 33 – Ergebnis je Aktie* nicht als Bereinigungen des für die Berechnung des **Gewinns je Aktie** des Mutterunternehmens verwendeten Zählers widerzuspiegeln. Die Auswirkungen von Transaktionen mit Anteilen ohne beherrschenden Einfluss sind indes nach *IAS 1 – Darstellung des Abschlusses* in der Aufstellung der Veränderungen des Eigenkapitals oder im Anhang zum Abschluss abzubilden und zu erläutern.

40 Der Board hat zudem entschieden, dass es Unternehmen gestattet ist, eine **weitere auf dem Gewinn je Aktie basierende Kennzahl** auszuweisen, bei der die Auswirkungen von Eigenkapitaltransaktionen mit Anteilen ohne beherrschenden Einfluss bei der Errechnung des Gewinns je Aktie im Zähler berücksichtigt ist.

D. Verlust der Beherrschung über ein Tochterunternehmen

41 Ein Beherrschungsverlust resultiert im Standardfall aus der **Veräußerung des vollständigen oder eines Teils** des Anteils der beherrschenden Gesellschaftergruppe an die Gesellschafter, die das in Rede stehende Unternehmen nicht beherrschen. Mit anderen Worten veräußern die Mehrheitsgesellschafter einen Teil oder alle bisher

13) IASB Update 3/2006; IASB, Information for Observers, Agenda Paper 2D; IASB, Information for Observers, Agenda Paper 2F;

14) Vgl. IASB Update 4/2006.

15) Vgl. IASB Update 4/2006.

16) Vgl. IASB Update 4/2006.

von ihnen gehaltenen Anteile an die Minderheiten. Neben der Veräußerung können analog der zur Erhöhung der Beteiligungsquote angeführten Beispiele die unterproportionale Beteiligung an einer Kapitalerhöhung beim Tochterunternehmen, vertragliche Vereinbarungen ohne Änderung der Beteiligungsquote (beispielsweise potentielle Stimmrechte oder Satzungsänderungen) ebenso wie Umstände, bei denen das Tochterunternehmen der Verfügungsgewalt einer Regierungs-, Gerichts-, Verwaltungs- oder Aufsichtsbehörde unterstellt wird, zum Verlust der Beherrschung führen.

Die Übergangskonsolidierung ist nach ED IAS 27amend stets **erfolgswirksam** abzubilden (ED IAS 27amend.30C, 27amend.30D sowie 27amend.BC7).[17] Der Erfolg aus der Übergangskonsolidierung bestimmt sich dabei nach folgender Rechnung: 42

Erlöse (sofern vorhanden) aus der Transaktion, die zu dem Beherrschungsverlust geführt hat
\+ beizulegender Zeitwert zurückbehaltener Anteile ohne beherrschenden Einfluss an dem ehemaligen Tochterunternehmen zum Zeitpunkt des Beherrschungsverlustes
– Anteil des Mutterunternehmens am Nettovermögen der ehemaligen Tochtergesellschaft zum Zeitpunkt des Beherrschungsverlustes (einschließlich des Geschäfts- oder Firmenwerts)

= erfasster Gewinn (Verlust)

Beispiel 2:
Unternehmen Alpha hält 90 % der Stimmrechte (und Kapitalanteile) an Unternehmen Berta und bezieht Berta mittels Vollkonsolidierung mit Minderheitenausweis in den Konzernabschluss ein. Im Einzelabschluss bilanziert Alpha die Beteiligung an Berta zum 31.12.2009 mit 100 Mio. €. Des Weiteren sind im Konzernabschluss von Alpha Anteile nicht beherrschender Gesellschafter i. H. v. 10 Mio. € ausgewiesen, die ausschließlich aus der Vollkonsolidierung von Berta resultieren.

Am 1.1.2010 veräußert Alpha die Mehrheit seiner Anteile gegen eine Kaufpreiszahlung von 120 Mio. € an einen Dritten und verliert infolgedessen die Beherrschung über Berta. Allerdings veräußert Alpha seinen Anteil nicht vollständig, sondern behält seinerseits eine Minderheitsbeteiligung in Höhe von 10 %. Der beizulegende Zeitwert des zurückbehaltenen Minderheitsanteils beträgt zum 1.1.2010 15 Mio. €.

Der erfolgswirksam zu erfassende Veräußerungsgewinn berechnet sich wie folgt (Werte in Mio. €):

Barerlös	*120*
+ beizulegender Zeitwert des zurückbehaltenen Anteils mit nicht beherrschendem Einfluss	*15*
Zwischensumme	*135*
– Anteil von Alpha am Nettovermögen von Berta	*90*
= Veräußerungsgewinn	*45*

Da sich Berta zum Zeitpunkt des Beherrschungsverlustes nicht im vollständigen Anteilsbesitz von Alpha befand, ist der Anteil der nicht beherrschenden Anteile am Buchwert des Nettovermögens von Berta zum 1.1.2010 i. H. v. 10 Mio. € aus dem Buchwert der Anteile ohne beherrschenden Einfluss auszubuchen. Somit wird in der Konzern-GuV kein Abgangserfolg in Bezug auf die Anteile ohne beherrschenden Einfluss erfasst.

Diese Vorgehensweise hat der Board mittlerweile im Zuge der erneuten Beratungen bestätigt.[18] Der Übergangskonsolidierungserfolg aus dem Verlust der Beherrschung über ein Tochterunternehmen muss außerdem den Anteil des Mutterunternehmens an den zuvor direkt im Eigenkapital erfassten Gewinnen oder Verlusten beinhalten, d. h. den Anteil des Mutterunternehmens an Gewinnen oder Verlusten aus Cashflow-Sicherungsgeschäften einer Nettoinvestition oder den aus zur Veräußerung verfügbaren finanziellen Vermögenswerten resultierenden Gewinnen oder Verlusten (ED IAS 27amend.30E). 43

Zurückbehaltene Anteile ohne beherrschenden Einfluss an einem ehemaligen Tochterunternehmen sind nach ED IAS 27amend zum Zeitpunkt des Beherrschungsverlustes neu mit dem beizulegenden Zeitwert zu bewerten und Gewinne oder Verluste aus der Neubewertung sind im Periodenergebnis auszuweisen. 44

17) S. a. Kühne/Schwedler, KoR 2005, S. 336 f.
18) Vgl. IASB Update 3/2006 und 4/2006.

45 **Keine Erfolgswirksamkeit** resultiert dagegen aus Abgängen der Anteile ohne beherrschenden Einfluss. Diese Minderheitsanteile werden gemeinsam mit dem anteiligen Nettovermögen, das auf die Minderheiten entfällt, erfolgsneutral ausgebucht. Kritiker mögen hierin einen Verstoß gegen die Einheitstheorie erkennen.

46 Der Verlust der Beherrschung kann durchaus das Resultat **einer oder mehrerer Transaktionen** oder Übereinkünfte sein. Im Regelfall ist jede Transaktion separat zu bilanzieren. Sofern indes die Umstände auf eine gemeinsam verhandelte und in verschiedenen Tranchen durchgeführte Transaktion schließen lassen, erfolgt die Bilanzierung als eine einzige, wirtschaftlich verursachte Transaktion (ED IAS 27amend.30F).

E. Ausblick

47 Der IASB schlug ursprünglich vor, die überarbeiteten Standards erstmals in der ersten Berichtsperiode eines am 1.1.2007 oder danach beginnenden Geschäftsjahres anzuwenden (→ Rz. 10). Die **Veröffentlichung** des überarbeiteten IAS 27 wurde mittlerweile auf **Mitte 2007** verschoben.

48 Mit **Pressemitteilung vom 24.7.2006** hat das IASB Änderungen im Standard-Setting-Prozess bei konzeptionellen Änderungen sowie eine Stillhaltephase hinsichtlich des Inkrafttretens neuer IFRS mitgeteilt. Bei konzeptionellen Änderungen sollen zukünftig Diskussionspapiere vor der Veröffentlichung von Standardentwürfen (Exposure Drafts) herausgegeben werden. Ferner trägt das IASB den Ländern mit Anerkennungsverfahren zur Übernahme der IFRS in nationales Recht dahingehend Rechnung, dass die verpflichtende Anwendung neuer Standards oder wesentlicher Änderungen zu bestehenden Standards frühestens ein Jahr nach deren Veröffentlichung erfolgen soll. In diesem Zusammenhang hat das IASB auch mitgeteilt, dass bei neuen IFRS die verpflichtende Anwendung **frühestens in 2009** erfolgen soll, um den nach IFRS bilanzierenden Unternehmen eine stabile IFRS-Plattform in den nächsten Jahren zu gewährleisten. Eine frühere Anwendung dieser neuen Standards soll aber weiterhin möglich bleiben. Damit ist nicht mit einer verpflichtenden Anwendung des überarbeiteten IAS 27 vor 2009 zu rechnen.[19)]

49 ED IAS 27amend wurde im Paket aller Phase II-Änderungen veröffentlicht. Daher sieht der Entwurf noch vor, dass bei freiwilliger vorzeitiger Anwendung ebenfalls die überarbeiteten IFRS 3 und IAS 37 **gleichzeitig** anzuwenden sind (ED IAS 27amend.43). Mittlerweile behandelt der Board IAS 37 jedoch in einem gesonderten Projekt.

19) Die Standards sind sodann noch in europäisches Recht zu übernehmen; zum Anerkennungsverfahren und aktuellen Status der übernommenen IFRS vgl. stellvertretend Hayn, S., Accounting 1/2006, S. 13; Hayn, S., Accounting 12/2006, S. 8.

ED Amendments to IAS 32 – Financial Instruments: Presentation and IAS 1 – Presentation of Financial Statements: Financial Instruments Puttable at Fair Value and Obligations Arising on Liquidation

Bearbeitet von:
Ulf Blaum

Inhalt

Schrifttum

Baetge/Kirsch/Leuschner/Jerzembek, Die Kapitalabgrenzung nach IFRS, Ein Vorschlag zur Modifizierung des IAS 32, DB 2006, S. 2133;

Barckow/Schmidt, Abgrenzung von Eigenkapital und Fremdkapital, Der Entwurf des IASB zu Änderungen an IAS 32, WPg 2006, S. 950;

Barckow/Schmidt, IASB Exposure Draft „Financial Instruments Puttable at Fair Value and Obligations Arising on Liquidation“, Darstellung und Würdigung der vorgeschlagenen Änderungen, KoR 2006, S. 623;

IDW, Stellungnahme zum Exposure Draft of Proposed Amendments to IAS 32 Financial Instruments: Presentation and IAS 1 Presentation of Financial Statements: Financial Instruments Puttable at Fair Value and Obligations Arising on Liquidation v. 23.10.2006;

Karp, Geplante Ausweitung der Eigenkapitaldefinition in IAS 32, Nur wenige deutsche Unternehmen werden profitieren, Accounting 9/2006, S. 6;

KPMG (Hrsg.), Eigenkapital versus Fremdkapital nach IFRS, Stuttgart 2006;

Kuhn/Scharpf, Rechnungslegung von Financial Instruments nach IFRS, IAS 32, IAS 39 und IFRS 7, Stuttgart, 3. Aufl. 2006;

Rammert/Meurer, Geplante Änderungen in der Eigenkapitalabgrenzung nach IAS 32 – eine Erleichterung für deutsche Unternehmen?, PiR 2006, S. 1;

Schmidt, Eigenkapital nach IAS 32 bei Personengesellschaften: aktuelle IASB-Vorschläge und Aktivitäten anderer Standardsetzer, BB 2006, S. 1563.

A. Gegenstand und Relevanz

I. Inhalt

1 Am 22.6.2006 veröffentlichte der IASB einen Entwurf zur Änderung des IAS 32 unter dem Titel „Exposure Draft of Proposed Amendments to IAS 32 Financial Instruments – Presentation and IAS 1 – Presentation of Financial Statements: Financial Instruments Puttable at Fair Value and Obligations Arising on Liquidation“ (im Folgenden ED IAS 32amend bzw. ED IAS 1amend). Mit diesem Änderungsvorschlag beabsichtigt der IASB, die bisher in IAS 32 enthaltenen Kriterien zur Abgrenzung von durch ein Unternehmen emittierte Finanzinstrumenten in solche, die als Eigenkapital bzw. solche, die als Fremdkapital zu bilanzieren und zu bewerten sind, durch **spezifische Ausnahmeregelungen** zu den bisherigen Abgrenzungsgrundsätzen zu ergänzen. Der Entwurf sieht dabei ergänzende Ausnahmeregelungen nur für solche emittierten Finanzinstrumente eines Unternehmens vor, die zum beizulegenden Zeitwert durch den Inhaber des Finanzinstruments kündbar sind oder aber die (nur) bei Liquidation des emittierenden Unternehmens eine Zahlungsverpflichtung des Unternehmens zur Folge haben.

2 Die Ausnahmeregelungen haben dabei zur Folge, dass die zuvor angeführten Finanzinstrumente, sofern alle in ED IAS 32amend vorausgesetzten Kriterien erfüllt werden, **als Eigenkapital zu klassifizieren** sind, während nach dem bisherigen IAS 32 regelmäßig eine Bilanzierung und Bewertung als Fremdkapital zu erfolgen hat. Durch ED IAS 32amend erfolgt insofern eine Erweiterung der Bestimmungen, wann ein Finanzinstrument als Eigenkapitalinstrument gilt und durch das emittierende Unternehmen entsprechend auszuweisen ist, ohne dass hierdurch auch die Definition von Eigenkapital im Rahmenkonzept geändert würde.

3 Der Entwurf regelt zudem die Frage der Behandlung der von den im Entwurf erfassten Finanzinstrumente im **Konzernabschluss**, wenn solche Finanzinstrumente von einem Tochterunternehmen emittiert wurden und z. B. an diesem Tochterunternehmen andere Gesellschafter (Minderheitengesellschafter) beteiligt sind (ED IAS 32amend.AG29 f.). Hier soll nach dem ED durch eine vermeintliche „Ausnahme-von-der-Ausnahme“-Regelung eine Klassifizierung entsprechend den Regelungen des bislang gültigen IAS 32, d. h., regelmäßig als Fremdkapital mit entsprechenden Folgen auch für die Bewertung, beibehalten werden. Schließlich sieht der Entwurf durch Ergänzungen zu IAS 1 für die von ihm erfassten Finanzinstrumente ergänzende Anhangangabepflichten vor.

4 Als Änderungsstandard zu bestehenden IAS folgt ED IAS 32amend/ED IAS 1amend der folgenden **Struktur**:

- Einführung
- Aufforderung zur Stellungnahme
- Vorgeschlagene Änderungen zu IAS 32
- Anwendungshinweise zu den geänderten Regelungen
- Erläuternde Beispiele
- Vorgeschlagene Änderungen zu IAS 1
- Anhang
  - Folgeänderungen bei anderen Standards
  - Begründung

5 Die Änderungen zu IAS 32 betreffen die Definitionen in dem Standard und hieraus folgende Änderungen in IAS 32.15 bis 32.25A. **Technisch** erfolgen die materiellen Änderungen in den Kapitalklassifizierungsnormen

dabei insbesondere durch die Neueinführung der Definitionen von „Zum beizulegenden Zeitwert kündbare Finanzinstrumente" (→ Rz. 19) und von „Finanzinstrumente, die den Inhaber zu einem anteiligen beizulegenden Zeitwert am Nettovermögen des Unternehmens berechtigen" (→ Rz. 20). Bei den konkreten Abgrenzungsregelungen zwischen Eigen- und Fremdkapital in IAS 32 werden diese Definitionen sodann genutzt, um die zum beizulegenden Zeitwert kündbaren Finanzinstrumente und die Finanzinstrumente, die (nur) bei Liquidation eine Zahlungspflicht auslösen, in die Abgrenzung der Eigenkapitalinstrumente einzubeziehen. Die Behandlung von Finanzinstrumenten, die (nur) bei Liquidation eine Zahlungspflicht auslösen und hierbei insbesondere auch bei nur bei auf eine bestimmte Zeit gegründeten Unternehmen wird zudem in einem neuen Paragraphen IAS 32.25A dargestellt. Die Übergangsvorschriften zu den Änderungen des IAS 32 werden in IAS 32.96A bis IAS 32.97A normiert. In IAS 1 sollen in IAS 1.75A, IAS 1.124D und IAS1.124E sowie IAS 1.126 ergänzende Anhangangaben aufgenommen werden.

II. Bedeutung

Die im Entwurf vorgesehene Änderung der Abgrenzung von Eigenkapital und Fremdkapital hat in Deutschland insbesondere Relevanz für emittierte Finanzinstrumente von Unternehmen in der Rechtsform der **Personengesellschaft oder Genossenschaft**, aber auch für vermeintlich „eigenkapitalnahe" Finanzinstrumente, wie z. B. Genussrechtskapital. 6

Die **Kapitalabgrenzungskriterien** in den IFRS unterliegen einer **breiten Kritik** und dies verstärkt seit Änderung der Abgrenzungskriterien in IAS 32 Ende 2003, die ab Geschäftsjahre beginnend mit dem 1.1.2005 verpflichtend wurden. Diese Kritik gründet auf der eindimensionalen Ausrichtung der Abgrenzungskriterien für Finanzinstrumente an einer möglichen, nicht im alleinigen Ermessen des emittierenden Unternehmens liegenden Zahlungspflicht aus einem Finanzinstrument. Aufgrund dieser Kritik überprüft der IASB in einem gemeinsamen langfristigen Projekt mit dem FASB grundlegend die Kriterien zur Abgrenzung von Eigen- und Fremdkapital (→ Rz. 39 ff.). 7

Insbesondere für von einem Unternehmen emittierte Finanzinstrumente, die zum beizulegenden Zeitwert kündbar sind, hat der IASB aber festgestellt, dass die bilanzielle Behandlung dieser Finanzinstrumente als Fremdkapital und deren Bewertung zum beizulegenden Zeitwert zu **„Anomalien" im Abschluss** führt, die eine kurzfristige Korrektur der bislang gebotenen Klassifizierung als Fremdkapital notwendig machen.[1] Die vom IASB festgestellten „Anomalien" beziehen sich auf die Betrachtungsweise, dass bei zum beizulegenden Zeitwert kündbaren Finanzinstrumenten zu jedem Bilanzstichtag letztlich der Unternehmenswert (als beizulegender Zeitwert) als Verbindlichkeit auszuweisen und jegliche Änderungen im beizulegenden Zeitwert dieser Verbindlichkeit ergebniswirksam zu erfassen sind. Dieser insoweit passivierte Unternehmenswert wird dabei üblicherweise zu einem negativen Eigenkapital führen, da auf der Aktivseite keine vollständige Zeitwertbewertung (inklusive dem originären Geschäfts- oder Firmenwert) erfolgen darf. Und je erfolgreicher ein Unternehmen wirtschaftet, desto negativer wird als Folge das Eigenkapital auszuweisen sein. Somit wird auch eine vollständige Fremdfinanzierung des Unternehmens indiziert. Schließlich sind auch Ausschüttungen auf diese Finanzinstrumente nicht mehr als Ergebnisverwendung, sondern sind ergebnismindernd abzubilden. 8

Eine vergleichbare Problematik besteht gleichermaßen für **nur auf eine ganz bestimmte Zeit gegründete Unternehmen**, die daher in die Änderungsvorschläge ebenfalls einbezogen werden. 9

Mit den neuen Abgrenzungskriterien für Eigen- bzw. Fremdkapital sollen die Finanzinstrumente, die aus Sicht des IASB diese „Rechnungslegungsanomalien" hervorrufen, **wieder als Eigenkapital klassifiziert** werden. Da Eigenkapital nach den IFRS als Residualgröße definiert ist, entfallen damit auch die Bewertungsanomalien im Hinblick auf die Ergebnisermittlung. 10

Die Vorgabe, dass die emittierten Finanzinstrumente (nur) zum beizulegenden Zeitwert kündbar sein müssen, verbunden mit in ED IAS 32amend zusätzlich vorgesehenen Kriterien, **schränken die Möglichkeit zur Klassifizierung von kündbaren Instrumenten als Eigenkapital ein**. So ist es derzeit z. B. noch unklar, inwie- 11

1) Die im Einzelnen vorgebrachten Kritikpunkte werden in ED IAS 32amend.BC5 dargestellt.

weit deutsche Personengesellschaften, insbesondere in den Fällen, in denen eine Kündigungsmöglichkeit zum beizulegenden Zeitwert gesellschaftsvertraglich nicht ausdrücklich vorgesehen ist, die Kriterien des ED IAS 32amend erfüllen können.[2)]

12 Da ED IAS 32amend die Kriterien für eine Klassifizierung eines Finanzinstruments als Eigenkapitalinstrument im Ergebnis letztlich nur erweitert, hat der Entwurf **keine Auswirkungen auf bislang schon als Eigenkapital zu erfassende Finanzinstrumente**.

III. Anwendungsbereich

13 Die vorgeschlagenen Änderungen sind **grundsätzlich für alle Unternehmen** zu beachten, d. h., der Entwurf enthält keine gesonderten rechtsformspezifischen Ausnahmevorschriften. ED IAS 32amend ist aber nur auf die Klassifizierung von den im Entwurf spezifizierten Finanzinstrumenten anzuwenden, insofern ist die Bedeutung nicht für alle Unternehmen gleichermaßen gegeben. Die vorgesehenen neuen Regeln gelten für einen **Einzelabschluss** wie auch für den **Konzernabschluss**, für letzteren durch gesonderte Vorschriften für die Behandlung von Minderheitenanteilen bei Tochterunternehmen ergänzt.

14 Die Kommentierungsfrist für den am 22.6.2006 veröffentlichten Entwurf lief offiziell bis zum 23.10.2006. Ab Januar 2007 wird der IASB die eingegangenen Kommentierungen (88 schriftliche Stellungnahmen, davon allein elf aus Deutschland) zu dem Entwurf beraten. Anfang Januar 2007 war seitens des IASB noch vorgesehen, dass eine finale Veröffentlichung der Änderungen zu IAS 32 durch den IASB noch im 2. Quartal 2007 erfolgen sollte. Wahrscheinlich ist, dass die geänderten Vorschriften sofort nach Veröffentlichung anwendbar sind; für Unternehmen in der EU ist hierbei allerdings zu beachten, dass eine Anwendung vor Übernahme der neuen Vorschriften im Rahmen des EU-Endorsement-Prozesses nicht zulässig ist. Eine verpflichtende Anwendung der neuen Vorschriften wird voraussichtlich für **Geschäftsjahre beginnend ab 1.1.2009** vorgesehen. Die neuen Regelungen sollen dabei gem. ED IAS 32amend.97 f. grundsätzlich retrospektiv angewendet werden.

IV. Regelungszusammenhänge

15 Der Entwurf sieht über die Änderungen zu IAS 32 und IAS 1 hinaus Folgeanpassungen zu **IAS 39** und **IFRIC 2** vor, die allerdings keine zusätzlichen materiellen Änderungen beinhalten.

V. Definitionen

1. Überblick

16 Wesentliche Neuerungen bzw. Änderungen gegenüber dem bislang gültigen IAS 32 ergeben sich gem. ED IAS 32amend.11 bei den Definitionen von finanziellen Vermögenswerten (→ Rz. 17), finanziellen Verbindlichkeiten (→ Rz. 18), Finanzinstrumenten, die zum beizulegenden Zeitwert kündbar sind (→ Rz. 19) und bei Finanzinstrumenten, die den Inhaber zu einem anteiligen beizulegenden Zeitwert am Nettovermögen des Unternehmens berechtigen (→ Rz. 20).

2. Finanzielle Vermögenswerte (financial assets):

17 Die Definition des finanziellen Vermögenswerts soll in (d) (ii) folgendermaßen erweitert werden:

(ii) ein derivatives Finanzinstrument, das auf andere Weise als durch den Austausch eines festen Betrages an flüssigen Mitteln oder anderen finanziellen Vermögenswerten gegen eine feste Anzahl von Eigenkapitalinstrumenten des Unternehmens erfüllt wird oder kann. In diesem Sinne beinhalten die Eigenkapitalinstrumente eines Unternehmens keine zum beizulegenden Zeitwert kündbaren Finanzinstrumente, Instrumente, die das Unternehmen verpflichten, im Falle der Liquidation des Unternehmens einen anteiligen beizulegenden Zeitwert am Nettovermögen an ein anderes Unternehmen abzugeben oder Instrumente, die selbst Verträge über den künftigen Empfang oder die künftige Abgabe von Eigenkapitalinstrumenten des Unternehmens darstellen.

2) Vgl. hierzu u. a. Barkow/Schmidt, KoR 2006, S. 626 ff.; KPMG, S. 181 ff.

3. Finanzielle Verbindlichkeit (financial liability):

Die bislang in (a) formulierte Definition der finanziellen Verbindlichkeit als vertragliche Verpflichtung soll um explizite Ausnahmen ergänzt werden: 18

(a) *Eine vertragliche Verpflichtung, flüssige Mittel oder einen anderen Vermögenswert an ein anderes Unternehmen abzugeben oder finanzielle Vermögenswerte oder finanzielle Verbindlichkeiten mit einem anderen Unternehmen zu potenziell nachteiligen Bedingungen auszutauschen. In diesem Sinne beinhaltet eine vertragliche Verpflichtung nicht:*
   (i) *eine Verpflichtung im Falle der Liquidation des Unternehmens, einen anteiligen beizulegenden Zeitwert am Nettovermögen an ein anderes Unternehmen abzugeben, unter der Voraussetzung, dass sämtliche Finanzinstrumente (oder Komponenten von Finanzinstrumenten) in der nachrangigsten Klasse von Instrumenten, die zu einem anteiligen beizulegenden Zeitwert am Nettovermögen des Unternehmens berechtigen, eine solche Verpflichtung beinhalten; oder*
   (ii) *eine Verpflichtung, zum beizulegenden Zeitwert kündbare Finanzinstrumente zu tilgen oder rückzuerwerben, unter der Voraussetzung, dass sämtliche Finanzinstrumente in der nachrangigsten Klasse von Instrumenten, die zu einem anteiligen beizulegenden Zeitwert am Nettovermögen des Unternehmens berechtigen, zum beizulegenden Zeitwert kündbare Finanzinstrumente darstellen.*

Die Definition der finanziellen Verbindlichkeit in (b) als einen Vertrag, der in eigenen Eigenkapitalinstrumenten des Unternehmens erfüllt werden wird oder kann, soll hinsichtlich der derivativen Finanzinstrumente in (ii) folgendermaßen erweitert werden:

(ii) *ein derivatives Finanzinstrument, das auf andere Weise als durch den Austausch eines festen Betrages an flüssigen Mitteln oder anderen finanziellen Vermögenswerten gegen eine feste Anzahl von Eigenkapitalinstrumenten des Unternehmens erfüllt werden wird oder kann. In diesem Sinne beinhalten die Eigenkapitalinstrumente eines Unternehmens keine zum beizulegenden Zeitwert kündbaren Finanzinstrumente, Instrumente, die das Unternehmen verpflichten, im Falle der Liquidation des Unternehmens einen anteiligen beizulegenden Zeitwert am Nettovermögen an ein anderes Unternehmen abzugeben oder Instrumente, die selbst Verträge über den künftigen Empfang oder die künftige Abgabe von Eigenkapitalinstrumenten des Unternehmens darstellen.*

4. Zum beizulegenden Zeitwert kündbares Finanzinstrument:

ED IAS 32amend.11 definiert neu, wann ein Finanzinstrument als zum beizulegenden Zeitwert kündbar gelten soll: 19

Ein zum beizulegenden Zeitwert kündbares Finanzinstrument erfüllt sämtliche der folgenden Merkmale.

(a) *Der Ausgabepreis des Finanzinstruments entspricht dem beizulegenden Zeitwert des Anspruchs am anteiligen Nettovermögen des Unternehmens;*
(b) *Das Instrument berechtigt den Inhaber, das Unternehmen zum Rückerwerb oder Tilgung des Instruments zum anteiligen beizulegenden Zeitwert des Nettovermögens zu verpflichten;*
(c) *der Inhaber ist im Falle der Liquidation des Unternehmens zu einem seiner Beteiligung entsprechenden Anteil am Nettovermögen des Unternehmens berechtigt;*
(d) *abgesehen von einer vertraglichen Verpflichtung aus den unter (b) dargestellten Ansprüchen und einer vertraglichen Verpflichtung, die aus den unter (c) dargestellten Ansprüchen entstehen kann, enthält das Instrument keine vertragliche Verpflichtung, flüssige Mittel oder einen anderen finanziellen Vermögenswert abzugeben oder finanzielle Vermögenswerte oder finanzielle Verbindlichkeiten mit einem anderen Unternehmen zu potentiell nachteiligen Bedingungen auszutauschen und es ist kein Vertrag, der in eigenen Eigenkapitalinstrumenten des Unternehmens erfüllt werden wird oder kann entsprechend der Darstellung in Subparagraph (b) der Definition einer finanziellen Verbindlichkeit.*

5. Finanzinstrumente, die den Inhaber zu einem anteiligen beizulegenden Zeitwert am Nettovermögen des Unternehmens berechtigen:

Neu soll in ED IAS 32amend.11 auch die Definition von Finanzinstrumenten eingefügt werden, die den Inhaber zu einem anteiligen beizulegenden Zeitwert am Nettovermögen des Unternehmens berechtigen: 20

Ein Finanzinstrument, das den Inhaber zu einem anteiligen beizulegenden Zeitwert am Nettovermögen des Unternehmens berechtigt, erfüllt sämtliche folgenden Merkmale:

(a) das Finanzinstrument gehört der nachrangigsten Klasse von Finanzinstrumenten mit einen Anspruch an das Vermögen des Unternehmens an. Die Ansprüche aus einem Finanzinstrument mit einer solchen Berechtigung vermitteln keinen Vorrang gegenüber andere Ansprüchen an das Vermögen des Unternehmens, sowohl hinsichtlich der Ermittlung des bei Liquidation fälligen Betrags als auch des Zahlungszeitpunkts des Betrags. Ein Finanzinstrument, das in ein anderes Instrument umgetauscht werden muss, um der nachrangigsten Klasse anzugehören, erfüllt dieses Merkmal nicht.

(b) das Finanzinstrument berechtigt zu einem proportionalen Anteil am Residualvermögen des Unternehmens, das sich nach Abzug aller anderen Ansprüche an das Vermögen des Unternehmens ergibt. Ein proportionaler Anteil ist einer, der wie folgt ermittelt wird:

(i) Division des gesamten Residualvermögens des Unternehmens in gleich große Beträge pro Anteil und

(ii) Multiplikation dieses anteiligen Betrags mit der durch den Inhaber des Finanzinstruments gehaltenen Anteilsquote bezogen auf die Gesamtsumme dieser Anteile

(c) das Finanzinstrument vermittelt bei Liquidation des Unternehmens keine bevorzugten Ansprüche,

(d) die Rechte des Finanzinstruments am anteiligen Nettovermögen des Unternehmens sind vor oder bei Liquidation in keinerlei Weise limitiert noch garantiert, durch entweder (i) die Vertragsbedingungen des Finanzinstruments, (ii) durch Vertragsbedingungen eines anderen vom Unternehmen emittierten Finanzinstruments (hinsichtlich des Inhabers des Instruments oder eine andere Partei) oder (iii) durch einen verbundenen sonstigen Vertrag zwischen dem Unternehmen und dem Inhaber des Instruments.

B. Neue Kriterien zur Abgrenzung von Eigen- und Fremdkapital

I. Zum beizulegenden Zeitwert kündbare Finanzinstrumente

1. Voraussetzungen zur Eigenkapitalklassifizierung

21 Erfüllt ein Finanzinstrument die vorgeschlagene neue Definition (→ Rz. 19) eines zum beizulegenden Zeitwert kündbaren Finanzinstruments und trifft dies auch für alle anderen letztrangigen Finanzinstrumente zu, ist ein solches Finanzinstrument nach ED IAS 32amend künftig **als Eigenkapital zu klassifizieren**. Das Finanzinstrument muss somit vom bilanzierenden Unternehmen zum anteiligen beizulegenden Zeitwert des Nettovermögens emittiert worden sein, der Inhaber des Finanzinstruments muss das Recht haben, dieses zum anteiligen beizulegenden Zeitwert des Nettovermögens an das Unternehmen zurückzugeben, der Inhaber des Finanzinstruments erhält im Liquidationsfall den anteiligen beizulegenden Zeitwert des verbleibenden Nettovermögens und das Finanzinstrument enthält auch keine anderen Zahlungsverpflichtungen (z. B. Ausschüttungsverpflichtungen) oder Verpflichtungen zu einem potenziell nachteiligen Tausch.

22 Nach ED IAS 32amend.16 ist zudem vorgesehen, dass **Derivate, die durch zum beizulegenden Zeitwert kündbare Finanzinstrumente erfüllt werden**, selbst keine Eigenkapitalinstrumente darstellen. Dies soll auch dann gelten, wenn diese Derivate vorsehen, dass ein fester Betrag gegen eine feste Anzahl dieser Finanzinstrumente getauscht wird.

2. Ausgabe und Rücknahme zum anteiligen beizulegenden Zeitwert

23 Der Entwurf verlangt sowohl für die Ausgabe wie auch für die Rücknahme der zum beizulegenden Zeitwert kündbaren Finanzinstrumente, dass dies zum beizulegenden Zeitwert erfolgt. Sofern kein Marktwert (z. B. Börsenpreis) vorliegt, müsste hierfür regelmäßig ein **Bewertungsverfahren** herangezogen werden.

24 Unternehmen, von denen keine Wertpapiere an einer Börse gehandelt werden bzw. die sich nicht auf eine Emission vorbereiten oder deren Geschäftszweck es nicht ist, für eine große Gruppe außen stehender Personen Vermögenswerte zu halten (z. B. Banken, Versicherungen, Pensionsfonds, Wertpapierhändler, Investmentfonds), dürfen für die Ermittlung des beizulegenden Zeitwerts gem. ED IAS 32amend.AG14A aber auch ein **Formelverfahren** heranziehen. Dies setzt aber voraus, dass die herangezogene Formel den beizulegenden Zeit-

wert approximiert. Der IASB führt in ED IAS 32amend.AG14A in diesem Zusammenhang an, dass eine Buchwertabfindung den beizulegenden Zeitwert nur dann approximiert, wenn keine wesentlichen Zeitwertdifferenzen zum bilanzierten und nicht bilanzierten Nettovermögen bestehen.

Strittig wird in diesem Zusammenhang diskutiert, ob ED IAS 32amend auf den beizulegenden Zeitwert des **Unternehmens insgesamt** (also letztlich dem Gesamtunternehmenswert) **oder** den beizulegenden Zeitwert der **einzelnen Anteile** abstellt.[3] Dies ist insbesondere vor dem Hintergrund von Bedeutung, dass gesellschaftsvertragliche Regelungen bestimmte Abfindungsregelungen vorsehen können, zu denen die Anteile an dem Unternehmen abgegeben werden können und an die alle Gesellschafter gebunden sind. Aus solchen Regelungen könnte ein Zeitwert für die einzelnen Anteile insbesondere dann abgeleitet werden, sofern ein anderer Wert für den Austausch bzw. die Rückgabe der Anteile grundsätzlich nicht in Betracht kommt. Wäre eine solche Sichtweise nach ED IAS 32amend zulässig, könnten auch viel eher Buchwertabfindungsklauseln als Approximation des beizulegenden Zeitwerts der einzelnen Anteile begründet werden. Ein so ermittelter Wert könnte aber von einem auf den einzelnen Anteil entfallenden Gesamtunternehmenswert wesentlich abweichen. Wenn der IASB in den Formulierungen in ED IAS 32amend auf den anteiligen Gesamtunternehmenswert abstellt, wären daher Buchwertabfindungsklauseln in aller Regel für eine Eigenkapitalklassifizierung schädlich. Hier wäre es sachgerecht, wenn der IASB eine Klarstellung vornehmen würde. 25

3. Nachrangigste Klasse von Finanzinstrumenten

Voraussetzung dafür, dass ein zum beizulegenden Zeitwert kündbares Finanzinstrument als Eigenkapitalinstrument zu klassifizieren ist, ist auch, dass es der nachrangigsten Klasse der vom Unternehmen emittierten Finanzinstrumente angehört. Diese Voraussetzung ergibt sich aus der Definition eines zum beizulegenden Zeitwert kündbaren Finanzinstruments, da ein Definitionskriterium hierbei ist, dass es dem Inhaber am beizulegenden Zeitwert des anteiligen Nettovermögens teilhaben lässt (→ Rz. 20). Ein Finanzinstrument, das den Inhaber am anteiligen beizulegenden Zeitwert des Nettovermögens teilhaben lässt, muss definitionsgemäß aber u. a. **im Liquidationsfall letztrangig zu bedienen** sein. Zudem setzt die Eigenkapitaldefinition voraus, dass sämtliche letztrangige Finanzinstrumente dann zum beizulegenden Zeitwert kündbare Finanzinstrumente sind. 26

Fraglich ist u. a., ob unterschiedliche **Haftungsregelungen** von ansonsten vertraglich vergleichbaren Finanzinstrumenten einen Einfluss auf die Zurechnung zur nachrangigsten Klasse haben. Im Fall einer deutschen KG haftet der Komplementär voll und damit auch mit seinem Privatvermögen, der Kommanditist jedoch nur mit seiner Haftungseinlage. Sofern im Liquidationsfall das Vermögen nicht ausreicht, um die Gläubiger zu befriedigen, hat regelmäßig der Komplementär „überproportional" den Verlust zu tragen, die Verpflichtung des Kommanditisten ist dagegen auf seine vertragliche Haftung beschränkt. Hieraus könnte abgeleitet werden, dass die Voraussetzung für eine proportionale Teilnahme am Residualvermögen für die beiden Gesellschaftergruppen nicht gegeben ist, mithin, dass Anteile von Kommanditisten nicht der nachrangigsten Klasse von Finanzinstrumenten angehören. Auch hier wäre es wünschenswert, dass der IASB zumindest klarstellt, unter welchen Voraussetzungen Finanzinstrumente die Voraussetzung der Letztrangigkeit erfüllen. Insbesondere in den Stellungnahmen aus Deutschland wird zudem gefordert, dieses Kriterium ganz zu streichen.[4] 27

II. Finanzinstrumente, die im Liquidationsfall eine Zahlungspflicht auslösen

Bestimmte Finanzinstrumente begründen eine **Zahlungspflicht nur im Liquidationsfall** des emittierenden Unternehmens. Sofern solche Finanzinstrumente einem Anteilseigner das Recht einräumen, die Liquidation des Unternehmens z. B. durch Kündigung seines Anteils herbeizuführen oder die Gesellschaft **nur auf eine bestimmte Zeit gegründet** wurde und damit die Liquidation zeitlich fixiert ist, stellen die emittierten Finanzinstrumente nach dem bisherigen IAS 32 Fremdkapital dar. 28

---

3) Vgl. hierzu z. B. IDW, S. 3 f.

4) Vgl. hierzu z. B. IDW, S. 5 f.

29 Erfüllen die Finanzinstrumente nach ED IAS 32amend aber künftig die Definition von „Finanzinstrumenten, die den Inhaber zu einem anteiligen beizulegenden Zeitwert am Nettovermögen des Unternehmens berechtigen“ (→ Rz. 20) und falls dies gleichermaßen für alle anderen letztrangigen Finanzinstrumente zutrifft, ist ein solches Finanzinstrument nach ED IAS 32amend künftig **als Eigenkapital zu klassifizieren**. Derivate auf Finanzinstrumente, die den Inhaber zu einem anteiligen beizulegenden Zeitwert am Liquidationserlös des Unternehmens berechtigen, stellen selbst keine Eigenkapitalinstrumente dar.

C. Behandlung von Minderheitenanteilen im Konzernabschluss

30 Für von Tochterunternehmen emittierte Finanzinstrumente sollen die in ED IAS 32amend vorgesehenen neuen Klassifizierungskriterien für Eigen- bzw. Fremdkapital für die Abbildung dieser Finanzinstrumente **im Konzernabschluss eines Mutterunternehmens keine Auswirkung** haben. Hat ein Tochterunternehmen Finanzinstrumente emittiert, die nach dem bislang gültigen IAS 32 als Fremdkapital, nach ED IAS 32amend dagegen als Eigenkapital aus Sicht des Tochterunternehmens zu klassifizieren sind, soll nach Beurteilung des IASB in einem Konzernabschluss des Mutterunternehmens gleichwohl eine Klassifizierung dieser Finanzinstrumente der Tochter als Fremdkapital notwendig bleiben. Als Folge wären somit insbesondere auch Minderheitenanteile an Tochterunternehmen in der Rechtsform einer deutschen Personengesellschaft, die in einem Einzelabschluss der Personengesellschaft nach ED IAS 32amend als Eigenkapital ausgewiesen würden, im Konzernabschluss des Mutterunternehmens dieser Personengesellschaft regelmäßig als Fremdkapital auszuweisen und zu bewerten.

31 Diese Klassifizierung bestimmter, von Tochterunternehmen emittierter Finanzinstrumente im Konzernabschluss eines Mutterunternehmens wird dabei nicht durch eine gesonderte Regelung in ED IAS 32amend oder einen anderen Standard explizit vorgeschrieben und basiert insofern nicht auf einer formalen „Ausnahme-von-der-Ausnahme“-Regelung zu den vorgesehenen neuen Klassifizierungskriterien in ED IAS 32amend. Vielmehr stellt der IASB fest, dass diese von Tochterunternehmen emittierten Finanzinstrumente aus Konzernsicht nicht die in ED IAS 32amend geforderten Kriterien für eine Klassifizierung als Eigenkapital des Konzerns erfüllen, da sie **nicht Bestandteil des letztrangigsten Kapitals des Konzerns** seien. Sollte der Konzern liquidiert werden, wären, so die Argumentation des IASB, die Ansprüche der Inhaber dieser Finanzinstrumente (also letztlich Minderheitenanteile) zuerst zu befriedigen, bevor ein verbleibender Betrag den Gesellschaftern des Mutterunternehmens zugewiesen werden könne. Zudem werden nach Auffassung des IASB durch diese Betrachtungsweise die Möglichkeiten zur Strukturierung des Kapitalausweises, die sich als Folge der Neuregelungen in ED IAS 32amend ergeben, limitiert (ED IAS 32amend.AG29A und ED IAS 32amend.BC19).

32 Die Sichtweise des IASB ist – insbesondere auch in den deutschen Stellungnahmen zu ED IAS 32amend – auf deutlichen Widerspruch gestoßen.[5] Insbesondere wird darauf hingewiesen, dass zumindest in Deutschland nicht der Konzern als solcher, sondern die einzelnen **Konzernunternehmen Gegenstand einer Liquidation** sind. Auf Ebene der einzelnen Konzernunternehmen werden die Gesellschafter hinsichtlich ihres verbleibenden Nettovermögensanspruchs aber grundsätzlich gleichrangig behandelt werden, so dass sich eine Beurteilung aus einer übergeordneten „Konzernsicht“ letztlich nicht rechtfertigen lässt.

33 Es wird zudem darauf hingewiesen, dass sich eine solche „Konzernsicht“ auf den Ausweis des Kapitals nur auf Basis einer **interessentheoretischen Betrachtung** des Konzerns rechtfertigen lässt; einer Betrachtungsweise, die der IASB in jüngsten Projekten zugunsten einer eher einheitstheoretischen Betrachtung aufzugeben scheint. Insofern könnte auch die Frage gestellt werden, wie es sich denn überhaupt rechtfertigen lässt, dass Minderheitenanteile als Eigenkapital des Konzerns ausgewiesen werden, wenn dem Kriterium der aus „Konzernsicht letztrangigsten Klasse im Liquidationsfall“ eine so entscheidende Bedeutung zugemessen wird.

34 Die vom IASB für die Fremdkapitalklassifizierung zudem angeführte Auffassung, durch diese Betrachtungsweise würden die **Möglichkeiten zur Strukturierung des Kapitalausweises**, die sich als Folge der Neurege-

---

5) Vgl. hierzu z. B. IDW, S. 6.

lungen in ED IAS 32amend ergeben, limitiert, wird auch hier nicht weiter begründet und können auch daher nicht überzeugen.

Einzelne Mitglieder des IASB haben aufgrund der nachdrücklich geäußerten Kritik an der für den Konzernabschluss formulierten Betrachtungsweise des IASB eine **mögliche Änderung** diesbezüglich angedeutet. 35

D. Anhangangaben

Verbunden mit der Änderung der Kapitalklassifizierungsregeln in ED IAS 32amend sollen in IAS 1 einige **zusätzliche Angabepflichten** aufgenommen werden. Diese betreffen im Einzelnen: 36

- Unternehmen, die Finanzinstrumente aufgrund der Änderung der Klassifizierungskriterien ins Eigenkapital umgliedern, haben Betrag, Zeitpunkt und Grund der Umgliederung anzugeben (ED IAS 1amend.75A);
- für zum anteiligen beizulegenden Zeitwert kündbare Finanzinstrumente ist anzugeben (ED IAS 1amend.124D):
  - der Gesamtbetrag der als Eigenkapital klassifizierten Instrumente;
  - die Zielsetzungen, Methoden und Prozesse bei der Steuerung der Rückzahlungsverpflichtung, sollte diese infolge einer Kündigung akut werden, nebst deren Veränderung gegenüber dem Vorjahr;
  - die beizulegenden Zeitwerte der entsprechenden Finanzinstrumente und die Art und Weise ihrer Ermittlung;
- wird zur Bestimmung der Höhe der Abfindungsverpflichtung eine Formel verwendet, sind dieser Umstand sowie die Formel betreffende Informationen anzugeben (ED IAS 1 amend.124E);
- bei auf Zeit gegründeten Unternehmen, Informationen zur Lebensdauer des Unternehmens (ED IAS 1 amend.126 (d)).

Kritisch zu beurteilen ist die vorgesehene **Pflicht zur Angabe des beizulegenden Zeitwerts** für die zum anteiligen beizulegenden Zeitwert kündbaren Finanzinstrumente, die nach den Kriterien des ED IAS 32amend künftig als Eigenkapital zu klassifizieren sind. Die betroffenen Unternehmen wären damit verpflichtet, jährlich den beizulegenden Zeitwert für diese Finanzinstrumente auf Basis einer Unternehmensbewertung oder einer den beizulegenden Zeitwert approximierenden Abfindungsformel zu ermitteln. Eine vergleichbare Angabepflicht gibt es für andere Eigenkapitalinstrumente nicht. 37

Der IASB führt an, dass diese Angabepflicht lediglich eine **Fortsetzung der Angabepflicht** bedeute, die für diese zuvor als Fremdkapital zu klassifizierenden Finanzinstrumente bislang schon galt und somit keine zusätzlichen Kosten verursache. Diese Argumentation greift aber für solche Unternehmen nicht, die bislang noch nicht nach IFRS ihre Abschlüsse erstellen, wie z. B. die überwiegende Zahl deutscher Personengesellschaften oder Genossenschaften. Auch wird dem IASB entgegen gehalten, dass die Angabepflicht eine Diskriminierung der zum beizulegenden Zeitwert kündbaren Finanzinstrumente bedeute, da eine vergleichbare **Angabepflicht für andere Eigenkapitalinstrumente** nicht besteht. Dies lasse auch ein fehlendes Vertrauen des IASB in die vorgeschlagenen Änderungen der Kapitalabgrenzungskriterien vermuten. Dem Argument des IASB, dass durch die Angabepflicht den besonderen Risiken aus der (jederzeitigen) Kündbarkeit der Finanzinstrumente Rechnung getragen wird, wird entgegen gehalten, dass durch die Angabe nur der **unwahrscheinlichste Fall der Kündigung sämtlicher Inhaber** der Finanzinstrumente dargestellt würde. 38

E. Ausblick

Der IASB beabsichtigt, die **Abgrenzung von Eigen- und Fremdkapital im Zuge eines langfristigen Projektes** einer umfassenden Überprüfung zu unterziehen. Dies erfolgt im Rahmen eines gemeinsamen Projektes mit dem US-amerikanischen Standardsetter und wird derzeit vom FASB geleitet. 39

Aufgrund der großen Bedeutung der Kapitalabgrenzungskriterien und der teilweise starken Kritik an den bisherigen Regelungen ist zu erwarten, dass eine sehr intensive Diskussion eines neuen Abgrenzungsansatzes erfolgt, bevor dieser final verabschiedet wird. Dieses Projekt dürfte daher **noch mehrere Jahre in Anspruch nehmen**. 40

ED Amendments to IAS 37 – Provisions, Contingent Liabilities and Contingent Assets and IAS 19 – Employee Benefits

Bearbeitet von:
Robert Köthner und Carsten Schween

Inhalt

Schrifttum

Bundesverband öffentlicher Banken, Stellungnahme zu ED IAS 37amend v. 27.10.2005;
Brücks/Duhr, Bilanzierung von Contingent Assets und Contingent Liabilities: Beispielhafte Würdigung der aktuellen Überlegungen von IASB und FASB, KoR 2006, S. 243;
DRSC, Stellungnahme zu ED IAS 37amend v. 27.10.2005;
Ernst & Young, Stellungnahme zu ED IAS 37amend v. 28.10.2005;
Fladt/Feige, Die Änderungsvorschläge des IASB zu IAS 37 und IAS 19, WPg 2006, S. 274;
IAS 37 Round-table Discussions: Background materials, November 2006;
KPMG, Stellungnahme zu ED IAS 37amend v. 28.10.2005;
Kühne/Nerlich, Vorschläge für eine geänderte Rückstellungsbilanzierung nach IAS 37: Darstellung und kritische Würdigung, BB 2005, S. 1839;

Kühne/Schween, Konzeptionelle Basis der Rückstellungsbilanzierung: Verbesserung durch Bilanzierung von „Stand ready"-Verpflichtungen?, KoR 2006, S. 171;
PricewaterhouseCoopers, Stellungnahme zu ED IAS 37amend, zitiert nach Brücks/Duhr, KoR 2006;
Vater, Anatomie der Rechnungslegung nach US-amerikanischen Grundsätzen, WPg 2006, S. 940.

A. Gegenstand und Relevanz

I. Inhalt

1 Die Bilanzierung von Rückstellungen und sonstigen ungewissen nichtfinanziellen Verpflichtungen ist in *IAS 37 – Rückstellungen, Eventualschulden und Eventualforderungen* geregelt. Der IASB hat im Juni 2005 einen Entwurf zu Änderungen des IAS 37 veröffentlicht, der im Wesentlichen eine Überarbeitung des als unzulänglich erachteten **konzeptionellen Unterbaus** des IAS 37 sowie Änderungen bei den **Bewertungsvorschriften** vorsieht. Die vorgeschlagenen Änderungen wirken sich insbesondere auf die Bilanzierung von bedingten Verpflichtungen aus.

2 Darüber hinaus enthält ED IAS 37amend Änderungsvorschläge, die eine **Angleichung** des IAS 37 an die bestehenden Vorschriften des US-amerikanischen *SFAS 146 – Accounting for Costs Associated with Exit or Disposal Activities* bezwecken. Sie sind damit Teil der im sog. „Norwalk Agreement" dokumentierten Bestrebungen des IASB und des FASB, ihre Regelungswerke grundsätzlich zusammenzuführen und einzelne Unterschiede möglichst auch kurzfristig zu beseitigen.[1)] Die Änderungen betreffen im Wesentlichen die Bilanzierung von **Restrukturierungskosten und Abfindungszahlungen.** Die Neuregelungen zu den Abfindungszahlungen werden nicht als Bestandteil des ED IAS 37amend, sondern über eine Anpassung des *IAS 19 – Leistungen an Arbeitnehmer* in die IFRS aufgenommen.

3 Des Weiteren enthält der Entwurf konzeptionelle Überlegungen zur Behandlung von **Eventualforderungen** („contingent assets"), die derzeit im IAS 37 geregelt sind, gemäß Entwurf jedoch künftig in den Anwendungsbereich des *IAS 38 – Immaterielle Vermögenswerte* aufgenommen und damit dessen Ansatz- und Bewertungsvorschriften unterliegen sollen. Die Bilanzierung von Vermögenswerten ist nicht Gegenstand dieses Beitrags.[2)]

II. Bedeutung

4 ED IAS 37amend stellt die Bilanzierung von Rückstellungen und nichtfinanziellen Verpflichtungen auf eine neue konzeptionelle Basis. Zusammen mit den vorgesehenen Änderungen der Bewertungsvorschriften führen die Vorschläge tendenziell zu einem **früheren Ansatz bestimmter bedingter Verpflichtungen** und wirken sich besonders deutlich auf die Bilanzierung von Verpflichtungen im Zusammenhang mit **Rechtsverstößen und Gerichtsverfahren** aus. Auch bei (Einzel-)Garantien, die sich aufgrund ihrer geringen Anzahl oder Ungleichartigkeit nicht zu Gruppen zusammenfassen lassen, dürfte es beträchtlich früher zu einem Ansatz kommen als bisher.

5 Die vorgeschlagenen Änderungen der Ansatz- und Bewertungsvorschriften wurden während der auf die Veröffentlichung des Entwurfs folgenden Kommentierungsphase heftig kritisiert.[3)] Die **Kritik** richtete sich mehrheitlich gegen folgende **Kernelemente** des Entwurfs:

- die vorgeschlagene Abschaffung des wahrscheinlichen Nutzenabflusses als Ansatzkriterium für eine Rückstellung oder sonstige nichtfinanzielle Verpflichtung,

---

1) Die „Norwalk-Vereinbarung" („Norwalk Agreement") wurde auf einem gemeinsamen Treffen von IASB und FASB im November 2002 beschlossen; abrufbar unter www.fasb.org/news/memorandum.pdf.

2) Für eine ausführliche Würdigung der im Entwurf angestellten Überlegungen zu den Eventualforderungen s. Brücks/Duhr, KoR 2006, S. 243.

3) Der Board hat zu ED IAS 37amend 123 Stellungnahmen erhalten (IASB Update 2/2006, S. 4); einen ausführlichen Überblick über Kommentare und die Inhalte der Kritik gibt Agenda Paper 8.35 der Observer Notes zur Board Sitzung im Februar 2006.

- die Einführung von sog. „stand-ready obligations" (→ Rz. 28 ff.) bzw. deren mangelnde Abgrenzbarkeit von allgemeinen Geschäftsrisiken,
- die Abschaffung des wahrscheinlichsten Betrages als Wertmaßstab für Einzelverpflichtungen.

Angesichts der heftigen Kritik hat der IASB im Februar 2006 beschlossen, die umstrittenen Änderungen erneut zu beraten, was stellenweise durchaus zu einer **Modifizierung der Entwurfsfassung** im Sinne der geäußerten Kritik führte, die Neuausrichtung der Rückstellungsbilanzierung jedoch im Grundsatz bestätigte. Die Ergebnisse dieser Beratungen wurden im Dezember 2006 während mehrerer Roundtable-Gespräche der interessierten Öffentlichkeit zur Diskussion gestellt.[4] Obwohl das im Dezember vorgestellte Ansatz- und Bewertungskonzept sich im Vergleich zu den derzeit gültigen Vorschriften als plausibler erweist (→ Rz. 18 ff.), haben die Gespräche gezeigt, dass die Kritik an den vorgeschlagenen Änderungen nach wie vor aufrechterhalten wird. Insbesondere der Verzicht auf den wahrscheinlichen Nutzenabfluss als Ansatzkriterium sowie die Ausweitung des Erwartungswertverfahrens auch auf die Bewertung von Einzelverpflichtungen bilden weiterhin die Hauptkritikpunkte. Inwieweit der Ausgang der Gespräche den IASB zu einer Kursänderung bewegen wird, ist derzeit nicht abzusehen. Auf der Sitzung im Januar 2007 wurde immerhin beschlossen, wesentliche Aspekte des Entwurfs auch im Hinblick auf etwaige Regelungslücken noch einmal zu untersuchen.[5] 6

III. Anwendungsbereich

ED IAS 37amend soll auf sämtliche Rückstellungen sowie sonstige Schulden und Verbindlichkeiten – im Folgenden kurz: „Schulden"[6] – anzuwenden sein, soweit es sich nicht um schwebende Geschäfte oder um Schulden handelt, die unter einen anderen Standard fallen (ED IAS37amend.2). Der Standard wird damit die Bilanzierung von **nichtfinanziellen Verpflichtungen** regeln (z. B. Entsorgungs- und Rückbauverpflichtungen, Gewährleistungs- und sonstige Garantien sowie Ersatzleistungsverpflichtungen oder Verpflichtungen im Rahmen von Rechtsstreitigkeiten und Gerichtsverfahren). Ausdrücklich ausgenommen sind Verpflichtungen, die gem. *IAS 11 – Fertigungsaufträge, IAS 12 – Ertragsteuern, IAS 19 – Leistungen an Arbeitnehmer* oder *IFRS 4 – Versicherungsverträge* abzubilden sind. Auch Leistungsverpflichtungen im Rahmen von Umsatzgeschäften (sog. „performance obligations"), die nach *IAS 18 – Erträge* anzusetzen sind, sollen gemäß Entscheidung des Board vom März 2006 explizit ausgenommen werden.[7] 7

Nicht ausdrücklich erwähnt, aber über die Anwendungsnorm in ED IAS 37amend.2 (die auf ***nichtfinan*zielle Schulden** abstellt) ebenso vom Anwendungsbereich ausgeklammert sind in IAS 39 geregelte Finanzschulden. Der Anwendbarkeit von ED IAS 37amend tut keinen Abbruch, dass nichtfinanzielle Schulden bilanziell in Währungseinheiten ausgedrückt werden. 8

In den Anwendungsbereich explizit einbezogen werden **Drohverlustrückstellungen** bzw. sog. „belastende Verträge"; dazu zählen ausdrücklich auch belastende Verträge aus **Leasingverhältnissen**. 9

IAS 37 wird nach den Änderungen durch ED IAS 37amend damit den gleichen Anwendungsbereich haben wie bisher, mit dem einzigen Unterschied, dass IAS 37 derzeit auf ungewisse Verpflichtungen beschränkt ist. 10

Die Regelungen zur Bilanzierung von Rückstellungen und sonstigen nichtfinanziellen Verpflichtungen würden **ab 2009 verpflichtend** bzw. bei Verabschiedung des endgültigen Standards vor 2009 freiwillig auch früher anzuwenden sein. 11

---

4) Bzw. schon vorab in Form eines Diskussionspapiers: IAS 37 Round-table Discussions: Background materials, November 2006.

5) IASB Update 1/2007, S. 4.

6) Der englische Begriff „liability" („Schuld") erfasst ausdrücklich auch die Rückstellung („provision"), die in IAS 37.10 als eine „Schuld, die bezüglich ihrer Fälligkeit und Höhe ungewiss ist" definiert ist; ED IAS 37amend ersetzt den Begriff „provision" durch den Ausdruck „liability", um deutlich zu machen, dass der Standard sich eben nicht nur auf ungewisse, sondern auf sämtliche liabilities (einschließlich der Rückstellungen) bezieht, soweit sie nicht unter einen anderen Standard fallen (IAS 37amend.BC74 f.); Im Folgenden wird der englische Begriff „liability" durch den deutschen Ausdruck „Schuld" übersetzt. Die „Schuld" gibt im Folgenden jeweils das gesamte Bedeutungsfeld von „liability" wieder und schließt damit die „Verbindlichkeit" und die „Rückstellung" mit ein.

7) IASB Update 3/2006, S. 6.

IV. Regelungszusammenhänge

12 Wegen der Beschränkung auf ungewisse Verpflichtungen schafft IAS 37 zumindest theoretisch eine **Regelungslücke**. Nirgendwo in den IFRS geregelt sind nämlich Verpflichtungen, die weder ungewiss sind noch aus schwebenden Geschäften resultieren noch in den Anwendungsbereich eines anderen IFRS fallen. Durch die Ausweitung des Anwendungsbereiches über die ungewissen Verpflichtungen hinaus auf sämtliche nichtfinanziellen Verpflichtungen mit Ausnahme der aus schwebenden Geschäften resultierenden bzw. durch einen anderen Standard geregelten Verpflichtungen soll ED IAS 37amend diese theoretische Regelungslücke schließen (ED IAS 37amend.BC74). In der Praxis wurden die bislang ungeregelten Fälle allerdings häufig bereits unter Rückgriff auf IAS 37 bilanziert.

13 Somit wird künftig **IAS 39** grundsätzlich die finanziellen und IAS 37 grundsätzlich die nichtfinanziellen Verpflichtungen abdecken, es sein denn, ein anderer Standard (wie der *IAS 11 – Fertigungsaufträge* oder *IAS 19 – Leistungen an Arbeitnehmer*) trifft Sonderregelungen für bestimmte finanzielle oder nichtfinanzielle Verpflichtungssachverhalte. Weiterhin keine ausdrücklichen Ansatzregelungen gibt es in den IFRS für Verpflichtungen aus schwebenden Geschäften, die außerhalb des Anwendungsbereichs von IAS 39 liegen (F.91 weist darauf hin, dass die Bilanzierungspraxis Verpflichtungen aus solchen Geschäften im Allgemeinen nicht ansetzt, ein Ansatz gleichwohl unter besonderen Umständen in Frage kommen mag, sofern die Ansatzkriterien erfüllt sind).

V. Definitionen

14 Eine **Schuld** ist eine gegenwärtige Verpflichtung des Unternehmens, die aus Ereignissen der Vergangenheit entsteht und deren Erfüllung für das Unternehmen erwartungsgemäß mit einem Abfluss von Ressourcen mit wirtschaftlichem Nutzen verbunden ist (ED IAS 37amend.10).

15 Eine **nichtfinanzielle Schuld** ist jede Schuld, die nicht unter die Definition einer finanziellen Verbindlichkeit gemäß der Definition in *IAS 32 – Finanzinstrumente: Darstellung* fällt (ED IAS 37amend.10).

16 Das **Erwartungswertverfahren** ist eine Bewertungsmethode, bei der die Höhe einer Schuld durch Gewichtung aller möglichen Ergebnisse mit den damit verbundenen Wahrscheinlichkeiten geschätzt wird (IAS 37.39).

17 Ein **belastender Vertrag** („onerous contract") ist ein Vertrag, bei dem die unvermeidbaren Kosten zur Erfüllung der vertraglichen Verpflichtungen höher sind als der erwartete wirtschaftliche Nutzen (ED IAS 37.amend.10).

B. Ansatzvorschriften

I. Das Ansatzprinzip des ED IAS 37amend

18 Das Ansatzprinzip des ED IAS 37amend ist denkbar einfach: Eine Schuld im Anwendungsbereich soll angesetzt werden, wenn sie (a) die Definition einer Schuld gem. Rahmenkonzept erfüllt und (b) verlässlich bewertbar ist (ED IAS 37amend.11). Neben der verlässlichen Bewertbarkeit[8] (→ Rz. 48 ff.) ist für den Ansatz gem. F.49 (b) mithin erforderlich, dass (1) eine gegenwärtige Verpflichtung besteht, (2) die Verpflichtung aus einem Ereignis der Vergangenheit entsteht und (3) ihre Erfüllung einen Abfluss von wirtschaftlichen Nutzen verkörpernden Ressourcen erwarten lässt.

---

8) Wie auch bereits IAS 37 geht ED IAS 37amend.27 f. davon aus, dass eine verlässliche Bewertung nur in äußerst seltenen Fällen nicht möglich ist; im Verlauf der nachfolgenden Diskussion der Ansatzkriterien wird die verlässliche Bewertbarkeit als stets gegeben unterstellt.

Praxishinweis:

Im Rahmen des gemeinsam vom IASB und FASB veranstalteten „Conceptual Framework"-Projektes (→ Rahmenkonzept-A Rz. 97) versucht man sich derzeit auf gemeinsame Definitionen von Vermögenswerten („assets") und Schulden („liabilities") zu verständigen. Die vorläufig letzte vom Board diskutierte Arbeitsdefinition für eine Schuld lautet: „Liabilities of an entity are its present obligations to other entities that compel potential outflows or other sacrifices of economic benefits".[9] Insoweit wäre unter ED IAS 37amend für den Ansatz erforderlich, dass (1) eine gegenwärtige Verpflichtung gegenüber Dritten besteht und (2) dem Unternehmen daraus potentiell ein Nutzenabfluss erwächst.

II. Die derzeit gültigen Ansatzvorschriften des IAS 37

Gegenüber dieser recht klaren Regelung operiert der bisherige IAS 37 in Bezug auf die Ansatzpflicht mit zwei verschiedenen Klassen von Schulden: (1) den ansatzpflichtigen Rückstellungen („provisions", IAS 37.14) und (2) den nicht ansatzfähigen sog. „contingent liabilities" (IAS 37.16).[10] Eine **Rückstellung** ist anzusetzen, wenn sie eine gegenwärtige Verpflichtung darstellt und ein Abfluss an wirtschaftlichem Nutzen wahrscheinlich (gem. IAS 37.23 „more likely than not": zu mehr als 50 % wahrscheinlich) ist (IAS 37.14). 19

Bei den **contingent liabilities** liegt der Fall komplizierter. Diese Klasse wird in zwei Subkategorien unterteilt, (a) die „möglichen Verpflichtungen" und (b) die „gegenwärtigen Verpflichtungen, die nicht angesetzt werden, weil ein Abfluss an wirtschaftlichem Nutzen unwahrscheinlich ist" (IAS 37.16). 20

Mit „contingent liabilities" sind **bedingte Verpflichtungen** gemeint, also solche, deren Entstehung vom Eintritt oder Nicht-Eintritt eines unsicheren zukünftigen Ereignisses abhängen (ED IAS 37amend.22 bzw. IAS 37.12). Übersetzt man also „contingent" durch „bedingt" ergibt sich in Abwandlung der Subkategorie (b) (→ Rz. 20) als theoretisch denkbare neue Kategorie die der bedingten Verpflichtungen, die sowohl gegenwärtig sind als auch – hier anders als Subkategorie (b) – wahrscheinlich zu einem Abfluss an wirtschaftlichem Nutzen führen. Verpflichtungen, die in diese denkbare neue Kategorie der „gegenwärtigen bedingten Verpflichtungen mit wahrscheinlichem Nutzenabfluss" fallen, würden die Ansatzkriterien einer Rückstellung gem. IAS 37.14 (nämlich Gegenwärtigkeit und wahrscheinlichen Nutzenabfluss) erfüllen und somit ansatzpflichtig sein. Ein Beispiel für eine solche Verpflichtung wäre eine Garantiezusage, aus der der Verpflichtete wahrscheinlich in Anspruch genommen wird. Da Garantieverpflichtungen grundsätzlich bilanziert werden sollen (siehe z. B. IAS 37.23 f.), wäre diese neue Kategorie konzeptionell sogar gewollt. Sie wird allerdings im IAS 37 nicht ausdrücklich behandelt – was wiederum kaum verwundert, da die ausdrückliche Einführung einer solchen Kategorie einen im IAS 37 bereits in der Subkategorie (b) der „bedingten gegenwärtigen, wenn auch nicht ansatzfähigen Verpflichtungen" angelegten **Widerspruch** deutlicher herausstellen würde, als es derzeit bereits der Fall ist: den Widerspruch nämlich, das eine bedingte (also erst bei Eintritt der Bedingung in der Zukunft entstehende) Verpflichtung zugleich gegenwärtig sein kann.[11] 21

Konzeptionell ist ein solcher Widerspruch unbefriedigend. Aber neben der Kategorisierung von Schulden bereitet auch das Kriterium des **wahrscheinlichen Nutzenabflusses** Probleme: Denn streng genommen führt es dazu, dass eine Garantieverpflichtung erst dann anzusetzen ist, wenn die Wahrscheinlichkeit der Inanspruchnahme aus der einzelnen Garantie 50 % überschreitet. Dies ist in der Praxis aber nur selten der Fall, so dass trotz der impliziten Einführung einer „gegenwärtigen bedingten Verpflichtung" in den IAS 37 der Ansatz einer Garantierückstellung bei einer Einzelbetrachtung eher die Ausnahme wäre. Vermutlich deshalb wurde 22

9) Vgl. Observer Notes v. 23.2.2006, S. 3.

10) Das Kapitel verwendet durchgängig den Ausdruck des englischen Originals anstelle der nicht ganz glücklichen offiziellen Übersetzung „Eventualverbindlichkeiten".

11) Vgl. IAS 37 Round-table Discussions: Background materials, S. 12, par. 32 (b): „By definition, *present* obligations cannot be contingent on future events."; Kühne/Nerlich, BB 2005, S. 1840 weisen ebenfalls ausdrücklich darauf hin, dass unter IAS 37 u. U. „nicht nur gegenwärtig *tatsächlich* bestehende, sondern auch lediglich *wahrscheinliche* Verpflichtungen zu passivieren" sind.

noch zusätzlich eine Portfoliobetrachtung in den IAS 37 eingeführt und festgelegt, dass gleichartige Verpflichtungen zu einer Gruppe zusammenzufassen und das Wahrscheinlichkeitskriterium auf die gesamte Gruppe anzuwenden ist (IAS 37.24). Bezogen auf die gesamte Gruppe ergibt sich dann häufig eine Eintrittswahrscheinlichkeit von mehr als 50 % und damit eine Ansatzpflicht für Garantieverpflichtungen. Diese Regelung führt allerdings zu dem kaum überzeugenden Ergebnis, dass eine Einzelgarantie mit geringer Wahrscheinlichkeit einer Inanspruchnahme nicht angesetzt werden darf, während dieselbe Garantie als Teil eines Portfolios einer Ansatzpflicht unterliegt.[12]

23 Alles in allem erscheint das Ansatzkonzept des IAS 37 nicht ausgereift. Auch dem IASB fielen bei der Überarbeitung des IAS 37 das Wahrscheinlichkeitskriterium und die Widersprüche bei den „contingent liabilities" unangenehm auf.[13] Er hat daher die nahe liegende Lösung favorisiert und beides, das Wahrscheinlichkeitskriterium und die *contingent liabilities*, komplett aus dem Standardentwurf gestrichen. Dies erwies sich insoweit als glücklich, als die bestehenden Probleme damit weitgehend gelöst waren. Allerdings bedurfte es noch eines Konzeptes im Umgang mit den bedingten Verpflichtungen.

III. Gegenwärtigkeit als zentrales Ansatzkriterium im ED IAS 37amend

24 Zunächst einmal hat der Verzicht auf die Regelungen zu den *contingent liabilities* die sich implizit aus dem IAS 37 ergebende Kategorie der „gegenwärtigen bedingten Verpflichtungen" abgeschafft und für eine Aufwertung des **Kriteriums der Gegenwärtigkeit** gesorgt.

25 Das bereits im IAS 37.14 explizit geforderte Vorliegen einer **gegenwärtigen Verpflichtung** („present obligation") ist u. a. wohl wegen der Schwierigkeit, eine gegenwärtige bedingte Verpflichtung von einer nicht gegenwärtigen bedingten Verpflichtung zu unterscheiden, bei vielen Bilanzierern in den Hintergrund gerückt zugunsten des Kriterium des **wahrscheinlichen Nutzenabflusses**. In der Tat wurden auch in der Beispielsektion des IAS 37 mehrere Fälle eher anhand des wahrscheinlichen Nutzenabflusses als anhand der Gegenwärtigkeit gelöst, die häufig unklar ist (und für sich genommen vielleicht eher zum Ergebnis geführt hätte, Gegenwärtigkeit liege womöglich gar nicht vor).[14]

26 Auch der IASB hat die Gefahr gesehen, dass **Wahrscheinlichkeitserwägungen das Gegenwärtigkeitskriterium verwässern** könnten (ED IAS 37amend.BC47; auch →Rz. 39 ff.), und im Entwurf noch einmal den Schuld-Charakter einer ansatzpflichtigen Verpflichtung und den hohen Stellenwert des Kriteriums der Gegenwärtigkeit unterstrichen. Im Entwurf wird das Kriterium der Gegenwärtigkeit über zehn Paragraphen diskutiert (ED IAS 37amend.12 – 37amend.21) und in ED IAS 37amend.12 f. heißt es zum Beispiel: „*Items are recognised as non-financial liabilities in accordance with this [draft] Standard only if they satisfy the definition of a liability in the Framework. [...] An essential characteristic of a liability is that the entity has a present obligation arising from a past event.*"

27 Das durch die Inkonsistenzen des alten Ansatzkonzeptes verwischte Kriterium der **Gegenwärtigkeit** wird im Entwurf klar als das **entscheidende Kriterium** herausgestellt; damit hat der Ansatz einer nichtfinanziellen Schuld zu unterbleiben, wenn keine gegenwärtige Verpflichtung besteht.

IV. Umgang mit bedingten Verpflichtungen: „stand-ready obligations"

28 Nun stellt sich allerdings die Frage, wie sich das Kriterium der Gegenwärtigkeit auf bedingte Verpflichtungen (z. B. potentielle Zahlungsverpflichtungen aus Garantiezusagen) auswirkt. Wenn Gegenwärtigkeit entscheidet,

---

12) So auch IAS 37 Round-table Discussions: Background materials, S. 11, par. 29 (c).

13) IAS 37amend.BC39 bezeichnet das Wahrscheinlichkeitskriterium als „troublesome recognition issue". Die Kollokation „contingent liabilities" wurde vom Board als irreführend („misleading") eingestuft (Observer Notes v. 18.7.2006, Agenda Paper 4A, par. 10), der Stab des IASB hält sie für „nicht geglückt und missverständlich" („awkward and confusing") (Observer Notes v. 18.7.2006, Agenda Paper 4A, par. 28).

14) Siehe z. B. IAS 37.IE3 *Offshore Oilfield*, in dem eine bedingte Verpflichtung (Rückbau bei Vertragsende) bereits unmittelbar nach Abschluss der Bauphase als gegenwärtig ausgegeben wird oder IAS 37.IE10 *A Court Case*, in dem die Wahrscheinlichkeit des Verfahrensausgangs über das Vorliegen einer gegenwärtigen Verpflichtung zu entscheiden scheint.

wie kann dann die bedingte, nämlich die bei Eintritt des Garantiefalles ggf. zukünftig entstehende Zahlungsverpflichtung eines Garantiegebers zum Ansatz einer Schuld gem. ED IAS 37amend führen? Die Antwort im Entwurf (ED IAS 37amend.23-37amend.25) lautet: Gar nicht – es sei denn, der Garantiefall tritt ein. Denn erst mit Eintritt des Garantiefalles entsteht eine Verpflichtung zur Zahlung bzw. die **bedingte Zahlungsverpflichtung** wird dann zu einer gegenwärtigen. Die Zahlungsverpflichtung ist damit vor Eintritt des Garantiefalles **nicht ansatzfähig**.

Allerdings – und jetzt kommt die konzeptionelle Neuerung – hat der Garantiegeber während der Garantielaufzeit zugleich eine **mit der bedingten Zahlungsverpflichtung verbundene unbedingte Verpflichtung**, Garantieschutz zu gewähren und sich über die Laufzeit zur Zahlung im Garantiefall bereit zu halten. Diese Verpflichtung zur Garantieleistung besteht für die Dauer der Garantielaufzeit und wird in Anlehnung an den US-amerikanischen *FIN 45 – Guarantor's Accounting and Disclosure Requirements for Guarantees* (einer FASB-Interpretation zu *SFAS 5 – Accounting for Contingencies*) als ***„stand-ready obligation"*** bezeichnet.[15] „Stand-ready"-Verpflichtungen sind anzusetzen, wenn sie die Definitionskriterien einer Schuld erfüllen, also wenn sie gegenwärtig sind, auf einem Ereignis der Vergangenheit beruhen und ein Nutzenabfluss zu erwarten ist (bzw. legt man die im Februar 2006 diskutierte Neudefinition einer Schuld zugrunde (→ Rz. 18), wenn sie eine gegenwärtige Verpflichtung gegenüber einem Dritten darstellen und dem Unternehmen dadurch potentiell ein Nutzenabfluss erwächst). Angewendet auf den Beispielfall der Garantie wäre ein Ansatz erforderlich, wenn die Garantielaufzeit begonnen hat (Gegenwärtigkeit), eine Garantievereinbarung geschlossen wurde (Ereignis der Vergangenheit)[16] und der Garantiegeber Garantieschutz leistet (Nutzenabfluss).[17] Die Frage, wie wahrscheinlich der Eintritt des Garantiefalles und damit eine Zahlung an den Garantienehmer ist, spielt für den Ansatz keine Rolle, sondern ist im Rahmen der Bewertung zu berücksichtigen (ED IAS 37amend.25). 29

Anders als der FASB hat der IASB das Konzept der „stand-ready"-Verpflichtungen über die Garantieverpflichtungen hinaus auf **sämtliche Schulden** im Anwendungsbereich des ED IAS 37amend und insbesondere auf Rechtsverstöße ausgeweitet. So wird in Beispiel 2 im Anhang von ED IAS 37amend der Fall eines Operationsfehlers mit Todesfolge angeführt, in dem die Angehörigen des Opfers (noch) nichts von dem Fehler wissen und demzufolge auch keine Klage gegen das Krankenhaus angestrengt haben, das Krankenhaus jedoch den Fehler kennt. Dem Entwurf zufolge begründet der Operationsfehler eine „stand-ready"-Verpflichtung zur Wiedergutmachung und zur Leistung von Schadenersatz, und damit ist der Ansatz einer Rückstellung geboten – und zwar selbst dann, wenn noch gar kein Verfahren anhängig ist. 30

Diese Schlussfolgerung wurde heftig angegriffen, sowohl aus konzeptionellen Gründen als auch wegen der befürchteten praktischen Konsequenzen einer solchen Regelung. In Bezug auf die **Bilanzierungspraxis** wurde sie teilweise dahingehend verstanden, dass einem Unternehmen künftig ein ungleich höherer Aufwand aus der Identifikation ansatzpflichtiger Sachverhalte entstehen würde als bisher.[18] Ob dem tatsächlich so sein wird, mag bezweifelt werden. Immerhin müssen auch unter IAS 37 ansatzpflichtige Sachverhalte identifiziert werden und auch wenn der Ansatz anhand anderer Kriterien erfolgt als unter ED IAS 37amend, ändert sich an der Anzahl der zu untersuchenden Sachverhalte (und damit am Identifikationsaufwand) durch ED IAS 37amend grundsätzlich nichts. 31

---

15) Das Konzept der „stand-ready obligation" ist unter US-GAAP bereits im CON 6.36 angelegt, wurde aber erst durch FIN 45 in den Rang einer Level A guidance, also der höchsten Kategorie innerhalb der US-GAAP-Hierarchie, erhoben; zu den US-GAAP-Hierarchiestufen siehe z. B. Vater, WPg 2006, S. 940 ff. Im Folgenden ist von „stand-ready-Verpflichtungen" die Rede.

16) Alternativ ließe sich als Ereignis der Vergangenheit der Beginn der Garantielaufzeit identifizieren. Im Grunde ist das Ereignis der Vergangenheit ein redundantes Kriterium, da es von dem Gegenwärtigkeitskriterium bereits abgedeckt ist. Der IASB jedenfalls vertritt nunmehr diese Auffassung und hat im Rahmen des „Conceptual Framework"-Projekts beschlossen, das „Ereignis der Vergangenheit" als Definitionskriterium einer Schuld zu streichen (IASB Update 2/2006, S. 5).

17) Dass der Nutzenabfluss in der Erbringung einer „Service"-Leistung („provision of services") bestehen kann, geht ausdrücklich aus F.62 hervor. Unter der neuen Definition wäre das Gewähren des Garantieschutzes die gegenwärtige Verpflichtung *„that compels potential outflows [...] of economic benefits"* (der „potential outflow" wäre hier natürlich die potentielle Zahlung aus Inanspruchnahme der Garantie).

18) Z. B. Bundesverband öffentlicher Banken, Stellungnahme v. 25.10.2005, S. 2.

32 In konzeptioneller Hinsicht wurde der Vorwurf geäußert, das „stand-ready"-Konzept führe in letzter Konsequenz zum Ansatz einer Unzahl von Verpflichtungen für sämtliche am Bilanzstichtag potentiell begangenen Verletzungen von Gesetzesvorschriften oder Vertragsbedingungen.[19] Die Kritik zielte hier auf die **fehlende Abgrenzbarkeit** der „stand-ready"-Verpflichtungen von allgemeinen Geschäftsrisiken ab.[20] Sie ist berechtigt, insoweit der Entwurf keine Regelungen für den Fall enthält, dass die Existenz der „stand-ready"-Verpflichtung unsicher ist. Dadurch konnte bei den Kommentatoren der Eindruck entstehen, die bloße Möglichkeit einer „stand-ready"-Verpflichtung reiche für das Entstehen der Ansatzpflicht aus.

33 Der IASB hat die fehlenden Regelungen zu unsicheren Verpflichtungen auf seiner Sitzung im Mai 2006 als Versäumnis erkannt und beschlossen, das **Vorliegen einer unsicheren Verpflichtung anhand von Indikatoren zu überprüfen.** Nur wenn diese Überprüfung zu dem Ergebnis kommt, dass eine gegenwärtige Verpflichtung, einschließlich einer gegenwärtigen „stand-ready"-Verpflichtung, vorliegt, ist ein Ansatz erforderlich. Fehlt es an einer gegenwärtigen („stand-ready")-Verpflichtung, scheidet damit auch der Ansatz einer Schuld für potentiell begangene Rechts- oder Vertragsverletzungen oder für Geschäftsrisiken aus.

34 Im Zusammenhang mit **Rechtsverstößen** wurde in den Stellungnahmen ein weiterer konzeptioneller Schwachpunkt identifiziert – und ebenso mittlerweile vom IASB eingeräumt und revidiert. Es handelt sich um die im Entwurf vertretene Auffassung, eine „stand-ready"-Verpflichtung ergebe sich nicht nur aus einer Rechtsverletzung, sondern bereits aus dem Umstand, dass ein **Verfahren angestrengt** wurde (also unabhängig von der Frage der Schuld). Die unbedingte Verpflichtung im Verfahrensfall bestehe darin, sich zur Befolgung des Richterurteils bereit zu halten.[21] Beispiel 1 im Anhang des ED IAS 37amend veranschaulicht, dass ein wegen Lebensmittelvergiftung angeklagtes Unternehmen selbst dann eine Rückstellung anzusetzen habe, wenn es sich (ehrlicherweise) für unschuldig hält. Als verpflichtendes Ereignis wird die Aufnahme des Verfahrens identifiziert.

35 Gegen die Auffassung im Entwurf sprechen mindestens zwei Gründe. Um festzustellen, ob die Klageerhebung eine Schuld begründet, prüft der Entwurf nur die ersten beiden Definitionkriterien: die gegenwärtige Verpflichtung („stand ready to perform as the court directs") und das vergangene Ereignis (Eröffnung des Verfahrens). Das dritte Kriterium, der **erwartete Nutzenabfluss**, wird ignoriert; er wird vermutlich in Analogie zum Beispiel der Garantieverpflichtung in einer Art Serviceleistung gesehen. Das DRSC hat in seiner Stellungnahme überzeugend nachgewiesen, dass eine solche Serviceleistung im Klagefall jedoch keineswegs erbracht wird.[22] Kurz gefasst argumentiert das DRSC, dass dem Kläger eine dem Garantiefall analoge Gewährung von Schutz oder Sicherheit zwar von den Gerichten oder dem Rechtssystem zuteil werde, aber eben nicht vom beklagten Unternehmen selbst, so dass von einem erwarteten Abfluss von Ressourcen in Form einer vom Unternehmen erbrachten „Service"-Leistung gar keine Rede sein könne. Insoweit sei im Klagefall mangels erwarteten Nutzenabflusses die Definition einer Schuld eben gar nicht erfüllt und daher auch nichts anzusetzen. Die neuen Definitionskriterien führen zum selben Ergebnis: Die Verpflichtung, sich zur Befolgung des Richterurteils bereit zu halten, stellt, obwohl gegenwärtig, eben keine Verpflichtung gegenüber anderen Unternehmen („to other entities") dar „that compels potential outflows or other sacrifices of economic benefits". Der einen potentiellen Nutzenabfluss erzwingende Charakter fehlt, solange das Unternehmen zu Unrecht verklagt wurde.[23]

---

19) Siehe z. B Ernst & Young, Stellungnahme v. 28.10.2005, S. 2: „*Taking this to an extreme, the thinking of the Board in its purest form would lead to an infinite number of stand-ready obligations at balance sheet date for all the laws and contractual arrangements that may potentially have been violated and for which the entity has a present obligation.*"

20) Mangelnde Abgrenzbarkeit ist auch das Anliegen der KPMG, wenn es in der Stellungnahme v. 28.10.2006 heißt: „*[...] we are concerned that the recognition criteria in the ED may result in recognition of items not originally intended by the Board, for example, recognition of future operating losses or general business risks.*".

21) So die Begründung in Beispiel 1 des Abschn. „Illustrative Examples"; die Verpflichtung „to stand ready to perform as the court directs„ wird aber auch in ED IAS 37amend.27 als Beispiel einer „stand-ready"-Verpflichtung angeführt.

22) Siehe DRSC, Stellungnahme v. 27.10.2006, S. 2, (abrufbar unter www.iasb.org) bzw. Observer Notes, Juni 2006, Agenda Paper 3b, par. 17.

23) Auch andere Stellungnahmen weisen auf den fehlenden Ressourcenabfluss hin, z. B. PricewaterhouseCoopers, Stellungnahme, S. 6: „[...] *we do not understand how the 'obligation to stand ready' in a regulatory or legal setting represents an outflow of resources.*", zitiert nach Brücks/Duhr, KoR 2006, S. 245 (Fußnote 12).

Der IASB selbst hat im Rahmen der Revision seines Urteils statt beim Nutzenabfluss unmittelbar beim Kriterium der Gegenwärtigkeit angesetzt und ist bei der Überprüfung zu der Auffassung gelangt, dass die Eröffnung eines Verfahrens zwar Indiziencharakter haben könne, für sich genommen jedoch **noch keine gegenwärtige Verpflichtung** (und somit noch keine Ansatzpflicht) begründe.[24] Leider wird als alleinige Begründung dieser Auffassung angeführt, es liege eben keine Verpflichtung vor – was sich als Argument vielleicht ein wenig dünn ausnimmt. Im Hinblick auf die Vermeidung von Abgrenzungsproblemen hätte es dem Konzept besser getan, wenn man sich eingehender mit der Art der Verpflichtungen auseinandergesetzt hätte, die sich aus einer Klage ergibt. Ein möglicher Ansatzpunkt wäre gewesen, die Verpflichtung „to stand ready to perform as the court directs" näher zu analysieren und klarzustellen, dass die Verpflichtung, sich einem (letztinstanzlichen) Gerichtsurteil zu unterwerfen, für sich allein genommen noch keine Verpflichtung des Beklagten darstellt oder begründet, eine Leistung (etwa eine Geld-, Sach- oder Dienstleistung) zu erbringen, die dem Kläger (oder dem Gemeinwesen) zugute käme.[25] Ob der Kläger (oder das Gemeinwesen) überhaupt einen Nutzen aus der Klage hat, hängt von dem Urteil und dieses wiederum von der Frage ab, ob der Beklagte durch sein Handeln oder Unterlassen dem Kläger (oder dem Gemeinwesen) einen Schaden zugefügt hat und infolgedessen ersatzpflichtig geworden wäre. Eine Leistungsverpflichtung bestünde somit erst, wenn ein ersatzleistungspflichtiger Rechtsverstoß vorliegt. Eine Klage kann daher für sich genommen keine ansatzpflichtige Schuld begründen. 36

Insgesamt bleibt festzuhalten, dass mit dem Konzept der „stand-ready"-Verpflichtung – wie bereits im US-amerikanischen FIN 45 – ein Instrument zur **Analyse von bedingten Verpflichtungen unter dem Gesichtspunkt der Gegenwärtigkeit** geschaffen wurde, andererseits aber nicht jede denkbare „stand-ready"-Verpflichtung bereits automatisch eine ansatzpflichtige Schuld darstellt. Auch eine „stand-ready"-Verpflichtung muss den Definitionskriterien einer Schuld genügen und insbesondere eine gegenwärtige Verpflichtung darstellen, bevor es zu einem Ansatz kommt. 37

Gerade der letzte Punkt wurde im Entwurf mangels Regelungen zum Umgang mit unsicheren „stand-ready"-Verpflichtungen, aber auch infolge von Missverständnissen bei der Beurteilung der vorgeschlagenen Änderungen im Zusammenhang mit dem Wahrscheinlichkeitskriterium verwischt. 38

V. Wegfall des Wahrscheinlichkeitskriteriums

Der Entwurf schlägt vor, anders als in IAS 37.14 (b) vorgesehen den **wahrscheinlichen Nutzenabfluss** als Ansatzkriterium für eine nichtfinanzielle Schuld zu streichen.[26] Die Streichung wird im Wesentlichen damit begründet, das Kriterium sei überflüssig und potentiell irreführend (ED IAS 37amend.BC36 ff.). In vielen Fällen (z. B. bei Rückbauverpflichtungen) sei ein Nutzenabfluss offensichtlich (ED IAS 37amend.BC37), und selbst bei „stand-ready-liabilities" zu 100 % sicher, wenn der Nutzenabfluss eben nicht auf die bedingte Zahlungsverpflichtung, sondern auf die im Rahmen der unbedingten „stand-ready"-Verpflichtung erforderliche Erbringung einer Service-Leistung bezogen werde (ED IAS 37amend.BC42 f.). 39

Im Fall der **Garantie** führe die Gewährung von Garantieschutz in jedem Fall zu einem Nutzenabfluss in Form einer Service- (also der Garantie-)Leistung, selbst wenn es letztendlich zu keinem Zahlungsmittelabfluss kommt (ED IAS 37amend.BC43).[27] Der IASB verweist darauf, das Rahmenkonzept sehe die Erfüllung einer Schuld in Form einer Serviceleistung ausdrücklich vor, und beziehe man Serviceleistungen zur Erfüllung von Schulden mit ein, sei ein Nutzenabfluss stets gegeben, sobald eine Serviceleistung erbracht wird (ED IAS 37amend.BC42 f.). 40

---

24) IASB Update 6/2006, S. 3.

25) Zum Leistungscharakter als relevantem Unterscheidungskriterium einer ansatzpflichtigen Verpflichtung siehe auch Kühne/Schween, KoR 2006, S. 176.

26) IAS 37amend.Invitation to Comment.Question 5.

27) Der Entwurf überträgt diesen Gedanken dann unbesehen auch auf nicht-vertragliche „stand-ready"-Verpflichtungen aus z. B. Rechtsverstößen (IAS 37amend.BC46); dass eine solche Übertragung problematisch ist (→ Rz. 18 ff.) hat der IASB mittlerweile eingesehen.

41 Da andererseits ein hochwahrscheinlicher Nutzenabfluss den Bilanzierenden verführen könnte, eine Schuld (z. B. für eine praktisch sichere zukünftige Verpflichtung) anzusetzen, obwohl (z. B. wegen mangelnder Gegenwärtigkeit) eine solche noch gar nicht vorliegt, hat der IASB beschlossen, das Ansatzkriterium des wahrscheinlichen Nutzenabflusses zu streichen (ED IAS 37amend.BC47).

42 Die Entscheidung zur Streichung des Wahrscheinlichkeitskriteriums wurde in den **Stellungnahmen** zum Entwurf scharf kritisiert.[28] Viele Kritiker haben darin einen Verstoß gegen das Ansatzkonzept im Framework gesehen und herausgestellt, dass F.91 den Ansatz einer Schuld erst gestatte, wenn es wahrscheinlich ist, dass sich aus der Erfüllung einer gegenwärtigen Verpflichtung ein direkter Abfluss von Ressourcen ergibt, die wirtschaftlichen Nutzen verkörpern.[29] Das im Entwurf aufgeführte Argument, ein wirtschaftlichen Nutzen verkörpernder Ressourcenabfluss könne auch in einer Serviceleistung bestehen, wurde dabei ignoriert.

43 Grund hierfür war sicherlich der Umstand, dass der Entwurf den Ansatz von Schulden selbst dort vorsah, wo auch in Bezug auf die „stand-ready"-Verpflichtung (insbesondere die Verpflichtung „to stand ready as the court directs") kein Nutzenabfluss – also auch keiner in Form einer Serviceleistung – identifizierbar war (→ Rz. 35). In Bezug auf diese Fälle war der Einwand, der Entwurf verstoße gegen das Ansatzkonzept im Framework, sicherlich berechtigt. Aber wie im vorigen Abschnitt ausgeführt, ist der IASB in punkto **Verpflichtungen aus Klageerhebungen** mittlerweile von der im Entwurf vertretenen Auffassung abgerückt und betrachtet die Verpflichtung „to stand ready as the court directs" für sich genommen nicht länger als ansatzfähige Schuld.

44 Zum Teil aber beruhte die Kritik auf einer **Verwechslung von Wahrscheinlichkeiten**. Wahrscheinlichkeitserwägungen spielen dort eine Rolle, wo Unsicherheit besteht. In Bezug auf IAS 37-Fälle kann Unsicherheit sowohl hinsichtlich des künftigen Nutzenabflusses bestehen als auch in Hinsicht auf das Vorhandensein einer Verpflichtung.[30] Die letztgenannte Form der Unsicherheit bleibt im Entwurf praktisch vollständig ausgeblendet, d. h. es werden so gut wie keine Regelungen für den Fall getroffen, dass unsicher ist, ob überhaupt eine Verpflichtung (einschließlich einer „stand-ready"-Verpflichtung) vorliegt (→ Rz. 32 f.). Während IAS 37.15 bei Unsicherheit über die Existenz einer Verpflichtung eine Wahrscheinlichkeitsbetrachtung und ein 50 % („more likely than not")-Kriterium vorsieht, begnügt sich der Entwurf mit der Regelung, der Bilanzierende habe alle zur Verfügung stehenden Hinweise auf das Vorliegen einer Schuld zu berücksichtigen (ED IAS 37amend.16). Das 50 %-Wahrscheinlichkeitskriterium wurde nicht übernommen.

45 Wie bereits ausgeführt (→ Rz. 18 ff.), hat der IASB auf seiner Sitzung im Mai 2006 beschlossen, Regelungen für den Umgang mit unsicheren Verpflichtungen zu treffen. In diesem Zusammenhang soll auch die **Wiedereinführung** eines 50 %-Wahrscheinlichkeitskriteriums überdacht werden.[31] Die Wahrscheinlichkeitsbetrachtung dient dabei allerdings allein zur Klärung der Frage, ob eine Verpflichtung tatsächlich vorliegt. Sie stellt nicht auf den künftigen Nutzenabfluss ab.

46 Auf seiner Sitzung im Juni 2006 hat der IASB die in den Stellungnahmen vorgebrachten Bedenken noch einmal diskutiert, sich dann jedoch (zumindest bis auf weiteres) **erneut für eine Abschaffung** des Wahrscheinlichkeitskriteriums, soweit es sich auf den zukünftigen Nutzenabfluss bezieht, ausgesprochen.[32] Neben den bereits im Entwurf genannten Gründen (→ Rz. 39) waren für diese Entscheidung insbesondere zwei Überlegungen ausschlaggebend: Zum einen konfligiert ein am Nutzenabfluss orientiertes Wahrscheinlichkeitskriterium mit den Bewertungsvorschriften im Entwurf, insoweit diese vorsehen, sämtliche möglichen Szenarien zu berücksichtigen und nicht nur die wahrscheinlichen. Zum anderen könnte ein solches Wahrscheinlichkeitskriterium den Ansatz einer tatsächlich gegenwärtig bestehenden Verpflichtung – und damit die Aufnahme entscheidungsrelevanter Informationen in die Bilanz – verzögern.[33]

---

28) Siehe IAS 37 Round-table Discussions: Background materials, S. 10, par. 28.

29) IAS 37 Round-table Discussions: Background materials, S. 10, par. 28. Auch in der Literatur wird die Inkonsistenz zum Rahmenkonzept verschiedentlich thematisiert; vgl. z. B. Fladt/Feige, WPg 2006, S. 276.

30) Vgl. hierzu die Ausführungen des IASB Stabs in den Observer Notes zur Maisitzung des IASB, Agenda Paper 10C, par. 12 ff., S. 4 ff.

31) IAS 37 Round-table Discussions: Background materials, par. 14f.

32) IASB Update 6/2006, S. 3.

33) IASB Update 6/2006, S. 3.

Der wahrscheinliche Nutzenabfluss soll damit anders als bisher nicht über Ansatz oder Nichtansatz von tatsächlich bestehenden Verpflichtungen entscheiden, sondern nur über deren Höhe – nämlich im Rahmen der Bewertung dieser Verpflichtungen. 47

C. Bewertungsvorschriften

I. Bewertungsnorm

Die Änderung der Bewertungsvorschriften hatten in erster Linie den Zweck, das Bewertungsprinzip des IAS 37 klarer herauszustellen und damit eine Fehlinterpretation des derzeit verwendeten und als missverständlich erachteten Begriffs der **„bestmöglichen Schätzung"** („best estimate") zu vermeiden (ED IAS 37amend.BC79). 48

Die Bewertungsvorschriften des IAS 37 sehen einen Ansatz von Rückstellungen in Höhe der „bestmöglichen Schätzung" vor (IAS 37.36) und erläutern im Anschluss, damit sei der Betrag gemeint, den ein Unternehmen am Bilanzstichtag zur Erfüllung der Verpflichtung oder für deren Übertragung auf einen Dritten bei vernünftiger Betrachtung aufzuwenden habe (IAS 37.37). Der Entwurf streicht den Begriff der „bestmöglichen Schätzung" und erhebt „den Betrag, den ein Unternehmen am Bilanzstichtag zur Erfüllung der Verpflichtung oder für deren Übertragung auf einen Dritten bei vernünftiger Betrachtung aufzuwenden habe" zur Bewertungsnorm (ED IAS 37amend.29). Für den IASB handelt es sich dabei um eine **Klarstellung** (und nicht um eine Änderung) des bestehenden Bewertungsprinzips.[34] 49

II. Streichung des wahrscheinlichsten Betrages

Darüber hinaus wird der derzeit für die Bewertung von Einzelverpflichtungen vorgeschlagene „wahrscheinlichste Betrag" (IAS 37.40) ebenfalls gestrichen und stattdessen (sofern nicht ausnahmsweise ein vertraglich fixierter Zahlungsbetrag oder sonstiger Marktpreis existiert, ED IAS 37amend.30) für die Bewertung aller nichtfinanziellen Verpflichtungen ein mit gewichteten Cashflow-Annahmen operierendes **Erwartungswertverfahren**, wie es in IAS 37.38 insbesondere für die Bewertung von Gruppen ähnlicher Verpflichtungen als sinnvoll erachtet wurde, favorisiert.[35] 50

Aus Sicht des IASB entspricht der jeweils wahrscheinlichste Betrag nicht dem als Bewertungsnorm identifizierten „Betrag, den ein Unternehmen am Bilanzstichtag zur Erfüllung der Verpflichtung oder für deren Übertragung auf einen Dritten bei vernünftiger Betrachtung aufzuwenden habe" (ED IAS 37.BC81). Zum einen wäre ein Unternehmen nicht bereit, eine bestehende Verpflichtung für den wahrscheinlichsten Betrag der Inanspruchnahme auf einen Dritten zu übertragen, wenn die Möglichkeit besteht, dass ihm aus der Verpflichtung oder deren Erfüllung keine Kosten entstehen (ED IAS 37.BC81). Zum anderen unterschlage der Ansatz zum wahrscheinlichsten Betrag etwaige mit der Verpflichtung verbundene Unsicherheiten und führe mithin dazu, das ggf. zwei Verpflichtungen von unterschiedlicher Risikostruktur zum selben Betrag angesetzt würden (ED IAS 37.BC81). Der Entwurf sieht daher prinzipiell auch für die Bewertung von Einzelverpflichtungen die Anwendung des Erwartungswertverfahrens vor. 51

III. „Stichtagsbetrag" vs. zukünftig aufzuwendender Betrag

Die Analyse des IASB beruht auf einer Stichtagsbetrachtung. Sie stellt auf einen theoretisch am Bilanzstichtag zu zahlenden Betrag für die sofortige Glattstellung der Verpflichtung oder deren sofortige Übertragung auf einen Dritten ab („Stichtagsbetrag").[36] Aus den Stellungnahmen zum Entwurf und noch deutlicher aus Diskussionsbeiträgen der Round-Table Gespräche geht hervor, dass eine Reihe von Kommentatoren stattdessen 52

---

34) IAS 37 Round-table Discussions: Background materials, S. 17, par. 48.

35) IAS 37amend.31: „An expected cash flow approach is an appropriate basis for measuring both liabilities for a class of similar obligations and liabilities for single obligations.".

36) IAS 37 Round-table Discussions: Background materials, S. 17, par. 48.

den **zukünftig zum voraussichtlichen Zeitpunkt der Erfüllung zu zahlenden Betrag** anvisieren.[37] Sie verstehen die derzeitigen Bewertungsvorschriften so, dass z. B. im Fall einer Garantieverpflichtung der (ggf. verbarwertete) Betrag zurückzustellen sei, den ein Unternehmen erwartungsgemäß für die Reparatur oder den Ersatz eines schadhaften Produktes zu einem Zeitpunkt in der Zukunft aufzuwenden habe.[38]

53 Für den IASB ergibt sich aus den Bewertungsvorschriften, dass in diesem Fall vielmehr der **Betrag** anzusetzen wäre, den ein Unternehmen **am Bilanzstichtag für die Entlassung aus der Garantieverpflichtung** aufzuwenden hätte. Er stützt sich dabei im Wesentlichen auf die Formulierug „on the balance sheet date" bzw. „at the balance sheet date" im ED IAS 37.29 bzw. IAS 37.37, hat aber bereits auf seiner Sitzung im September 2006 eingeräumt, dass die bestehenden Vorschriften des IAS 37 nicht immer eindeutig seien und die Gleichsetzung der „bestmöglichen Schätzung" mit dem jeweils einzelnen wahrscheinlichsten Betrag eine mögliche Lesart der Bewertungsvorschriften des IAS 37 darstelle.[39] Insoweit bleibt abzuwarten, ob es bei der Streichung des wahrscheinlichsten Betrages für die Bewertung von Einzelverpflichtungen bleibt.

IV. Zweifel an der Relevanz von „Stichtagsbeträgen"

54 Abgesehen davon, dass die Bewertungspraxis häufig auf den in der Zukunft wahrscheinlich aufzuwendenden Betrag abstellt und die IASB-Auslegung der Bewertungsnorm insoweit an der gängigen Praxis vorbeigeht, wird seitens der Kritiker gegen die Bewertungsnorm im Entwurf vorgebracht, ein auf „Stichtagsbeträgen" beruhendes Bewertungsprinzip sei **für die Bereitstellung entscheidungsnützlicher Informationen ungeeignet.**[40] Begründet wird diese Einschätzung im Wesentlichen wie folgt:[41]

- Für zahlreiche Verpflichtungen im Anwendungsbereich des IAS 37 bestehe kein Markt. Insoweit wird für hypothetische Transaktionen eine künstliche Bewertung vorgenommen, die wegen mangelnder ökonomischer Realität keine Informationsrelevanz besitzt.
- Fehlende Marktdaten machen subjektive Schätzungen erforderlich und erhöhen das Risiko, dass Ermessenspielräume zur Ergebnisgestaltung missbraucht werden.[42]
- Bewertungen auf Basis von „Stichtagsbeträgen" erhöhen wahrscheinlich die Ergebnisvolatilität.
- Gerade bei Einzelverpflichtungen und solchen mit geringer Wahrscheinlichkeit eines Nutzenabflusses kann die Spanne an Möglichkeiten zur Erfüllung der Verpflichtung enorm breit sein. Ein „Stichtagsbetrag" wird nur in Ausnahmefällen dem Betrag entsprechen, der tatsächlich zur Erfüllung der Verpflichtung aufgewendet wird, und hat daher nur geringen Informationsnutzen.
- Die Ermittlung von „Stichtagsbeträgen" wird unter Umständen nicht ohne komplexe Bewertungsmodelle möglich sein und die dafür erforderlichen Kosten gemessen am zusätzlichen Informationsgewinn werden ungerechtfertigt hoch ausfallen.

55 Der Board hält dem entgegen, die Verwendung eines Erwartungswertverfahrens zur Ermittlung von „Stichtagsbeträgen" habe einen **höheren Informationsnutzen**, weil ein solches Verfahren Veränderungen der Verpflichtungssituation widerzuspiegeln in der Lage ist und insoweit die jeweils bestehende ökonomische Realität zeitnah wiedergibt.[43] Im Fall eines Gerichtsverfahrens beispielsweise würden sich über die Bewertung gemäß Erwartungswertverfahren neue Entwicklungen im Verhandlungsverlauf zeitnah im Bilanzansatz niederschlagen. Die bisherige Regelung hingegen würde bis zum Erreichen der 50 %-Wahrscheinlichkeitsschwelle über-

---

37) IAS 37 Round-table Discussions: Background materials, S. 17, par. 49.

38) IAS 37 Round-table Discussions: Background materials, S. 17, par. 50.

39) IASB Update 9/2006, S. 3.

40) IAS 37 Round-table Discussions: Background materials, S. 20, par. 57.

41) Leicht gekürzte Übersetzung der Auflistung in IAS 37 Round-table Diskussions: Background materials, S. 21, par. 57; die Auflistung stellt eine Zusammenfassung der in den Stellungnahmen vorgebrachten Kritik dar; die Argumente wurden auch während der Round-table-Gespräche selbst vorgebracht: Observer Notes zur IASB Sitzung im Januar 2007, Agenda Paper 4A, par. 66 f.

42) Einen erweiterten Bewertungspielraum vermuten z. B. auch Kühne/Nerlich, BB 2005, S. 1842; sie stellen das Bewertungsproblem jedoch in das Spannungsfeld von verlässlicher vs. relevanter Information und sprechen einer Bewertung gemäß Entwurf die Relevanz keineswegs ab.

43) IAS 37 Round-table Discussions: Background materials, S. 31 f., par. A6.

haupt keine Bilanzwirkung entfalten, aber auch nach Überschreiten dieser Schwelle Veränderungen in der ökonomischen Situation des Beklagten bilanziell nicht reflektieren, solange der wahrscheinlichste Betrag unverändert bleibt.[44)]

Ob die unvermindert heftige Kritik an den vorgeschlagenen Änderungen zu einer Abkehr des IASB von den Bewertungsvorschriften des Entwurfs oder zumindest zu deren Modifikation führt, wird sich im Verlaufe der weiteren Diskussionen erweisen. 56

D. Weitere Änderungen (IAS 37)

I. Faktische Verpflichtungen und Restrukturierungskosten

Übereinstimmend mit der Vorschrift, Verpflichtungen nur anzusetzen, wenn sie die Definition einer Schuld erfüllen, soll der Ansatz von **faktischen Verpflichtungen** tendenziell erschwert werden. Deshalb stellt der Entwurf explizit klar, dass eine faktische Verpflichtung (wie jede andere Verpflichtung auch) erst dann zu bilanzieren ist, wenn das Unternehmen keine oder kaum eine Möglichkeit hat, sich der Erfüllung der Verpflichtung zu entziehen. 57

Im Bereich der **Restrukturierungskosten** soll fortan gelten, dass der Ansatz von Kosten im Rahmen von Restrukturierungsmaßnahmen nach denselben Vorschriften zu erfolgen hat wie der Ansatz von Kosten, die unabhängig von einer Restrukturierungsmaßnahme entstehen. Nach der derzeitigen Regelung sind Restrukturierungskosten anzusetzen, wenn das Unternehmen (a) einen detaillierten formalen Plan gefasst und (b) dessen wesentliche Bestandteile den Betroffenen mitgeteilt bzw. mit der Umsetzung des Plans begonnen hat. Soweit (a) und (b) in Bezug auf die erwarteten Kosten der Restrukturierungsmaßnahme keine gegenwärtige Verpflichtung gegenüber Dritten begründen, sind sie nicht länger ansatzfähig. Daher werden Restrukturierungskosten gegenüber der jetzigen Regelung tendenziell später anzusetzen sein und eher einzeln je nach Anfall anstatt in einer Summe. Die Neuregelung stellt Konvergenz mit den Vorschriften des *SFAS 146 – Accounting for Costs Associated with Exit or Disposal Activities* her. 58

II. Belastende Verträge („onerous contracts")

Der Entwurf trifft eine **Klarstellung** zur Bilanzierung von Verträgen, die infolge eines Handels des Unternehmens „belastend", also zu Verlustverträgen werden. Die Klarstellung betrifft z. B. den Mietvertrag über ein Bürogebäude, der zum Verlustvertrag wird, weil das Unternehmen vor Ablauf der Mietdauer auszieht. Sofern für den Eintritt des Verlustfalles ein Handeln des Unternehmens erforderlich ist (im Beispielfall der Auszug aus dem gemieteten Gebäude), soll dem Entwurf zufolge eine Rückstellung (erst) zu bilden sein, wenn die Handlung vorgenommen wurde. Soweit derzeit eine Rückstellung bereits gebildet wird, sobald die Entscheidung, eine bestimmte Handlung vorzunehmen (z. B. die Entscheidung auszuziehen), getroffen wurde, wird es künftig zu einem späteren Ansatz kommen als bisher. 59

Als **Spezialfall eines Verlustvertrages** untersucht der Entwurf den Fall eines Unternehmens, das sein aus einem Leasing- oder Mietvertrag resultierendes Nutzungsrecht nicht länger in Anspruch nimmt, ohne jedoch den Vertrag vorzeitig zu beenden. In diesem Fall ergibt sich die zu bilanzierende Rückstellung gemäß der Regelung im Entwurf aus den verbleibenden Leasing- oder Mietzahlungen, vermindert um die geschätzten Einnahmen aus einer Untervermietung (soweit sie vernünftigerweise in Betracht kommt), und zwar unabhängig davon, ob das Unternehmen eine Untervermietung beabsichtigt oder tatsächlich durchführt.[45)] 60

44) Dies wird im Anhang zum Hintergrundmaterial für die Roundtable Gespräche an einem Beispiel illustriert: IAS 37 Round-table Discussions: Background materials, S. 29 ff., par. A1 ff.

45) Zur Begründung führt der Entwurf an, dass eine Drittpartei am Markt erzielbare Untermieteinnahmen bei der Bewertung des Betrages, der zur Übernahme der Verbindlichkeit zu fordern wäre, berücksichtigen würde (ED IAS 37amend.BC67).

61 Die Änderungen bei den belastenden Verträgen haben im Wesentlichen klarstellenden Charakter und dienen in erster Linie der Konvergenz mit SFAS 146.

E. Leistungen aus Anlass der Beendigung des Arbeitsverhältnisses (IAS 19)

62 Die Sonderregelungen zur Bilanzierung von Leistungen aus Anlass der Beendigung des Arbeitsverhältnisses („termination benefits") sollen in den *IAS 19 – Leistungen an Arbeitnehmer* einfließen (d. h. IAS 19.132-19.143 sowie IAS 19.7, der Begriffe definiert). Auch sie stellen Konvergenz mit den diesbezüglichen Vorschriften des SFAS 146 her.

63 Die Änderungen betreffen ausschließlich die Ansatzvorschriften, nicht die Bewertung. Sie regeln folgende Fälle: **Zustimmungspflichtige Leistungen** aus Anlass der Beendigung eines Arbeitsverhältnisses (d. h. solche, die eine Zustimmung des betroffenen Arbeitnehmers zur Beendigung des Arbeitsverhältnisses erfordern) sind erst (und zwar in voller Höhe) anzusetzen, wenn der Arbeitnehmer das Angebot des Unternehmens annimmt.

Der Entwurf sieht allerdings vor, dass solche zustimmungspflichtigen Leistungen nur solange als Leistungen aus Anlass der Beendigung eines Arbeitsverhältnisses einzustufen sind, wie sie für kurze Zeit angeboten werden (ED IAS 19amend.7 (b)). Der IASB führt dazu aus, dass bei längerer Gültigkeit des Angebots auf Zahlung im Ergebnis ein neuer Versorgungsplan vorliege, der dann – wie andere Versorgungspläne auch – über den Erdienungszeitraum zu erfassen sei (ED IAS 19amend.BC19).

64 Bei **nicht zustimmungspflichtigen Leistungen** aus Anlass der Beendigung eines Arbeitsverhältnisses (also solchen, bei denen das Arbeitsverhältnis auch ohne Zustimmung des Arbeitsnehmers beendet wird) richtet sich die Bilanzierung danach, ob der Arbeitnehmer seinen Anspruch auf derartige Leistungen erst durch zukünftige Arbeitsleistung erwerben muss:

- Sind zukünftige Arbeitnehmerleistungen nicht erforderlich, werden die nicht zustimmungspflichtigen Leistungen aus Anlass der Beendigung des Arbeitsverhältnisses (in voller Höhe) angesetzt, wenn das Unternehmen einen Leistungsplan erstellt hat, der wahrscheinlich nicht mehr wesentlich geändert wird, und der Plan dem betroffenen Arbeitnehmer mitgeteilt wurde.
- Sind hingegen zukünftige Arbeitnehmerleistungen erforderlich (d. h. handelt es sich im Grunde um einen „stay bonus", also um eine Art Prämie für die Zusage des Arbeitnehmers, bis zur vorgesehenen Beendigung des Arbeitsverhältnisses auch im Unternehmen zu verbleiben), erfolgt die Erfassung der Leistungen aus Anlass der Beendigung des Arbeitsverhältnisses über den Zeitraum der zukünftig noch zu erbringenden Arbeitnehmerleistungen.[46)]

65 Nach der **derzeit gültigen Regelung** werden sämtliche Leistungen aus Anlass der Beendigung eines Arbeitsverhältnisses angesetzt, wenn ein detaillierter formaler Plan vorliegt und das Unternehmen keine realistische Möglichkeit hat, sich dem Plan zu entziehen (IAS 19.34). Für den Ansatz wird bisher weder explizit gefordert, dass der Plan den betroffenen Arbeitnehmern mitgeteilt wurde, noch bedarf es (bei zustimmungspflichtigen Beendigungsleistungen) der Zustimmung des Arbeitnehmers zur Beendigung des Arbeitsverhältnisses.

66 Wurde bislang das Kriterium, das Unternehmen dürfe keine realistische Entziehungsmöglichkeit haben, als erfüllt angesehen, bevor die betroffenen Arbeitnehmer informiert wurden bzw. deren Zustimmung erfolgt ist, wird es **künftig** später zu einen Ansatz kommen als bisher. Zu einem späteren Ansatz kommt es wegen der Verteilung der Leistung über den Erdienungszeitraum auch, wenn zukünftige Arbeitnehmerleistungen erforderlich sind.

67 Die geplante Regelung zu den zustimmungspflichtigen Leistungen aus Anlass der Beendigung eines Arbeitsverhältnisses lässt sich **mit dem Konzept der „stand-ready"-Verpflichtungen schwerlich vereinbaren.** Denn ein Unternehmen, das einem Arbeitnehmer eine verbindliche Abfindungszahlung zusagt, der dieser lediglich noch zustimmen muss, kann sich einer Zahlung nicht entziehen und hat insoweit eine „stand-ready"-

46) ED IAS 19amend.140 (c) legt fest, dass Leistungen aus Anlass der Beendigung eines Arbeitsverhältnisses nicht als „stay bonus" anzusehen sind, solange das Arbeitsverhältnis innerhalb einer Mindestweiterbeschäftigungsdauer (wie etwa einer gesetzlich oder tariflich fixierten Kündigungsfrist) endet; damit werden derartige Leistungen an Arbeitnehmer, die bis zum Ablauf der üblichen Kündigungsfrist weiter für das Unternehmen arbeiten, nicht als „stay bonus" behandelt und daher (in voller Höhe) angesetzt, sobald ihnen der Leistungsplan mitgeteilt wurde.

Verpflichtung, die gemäß dem vorgeschlagenen Ansatzkonzept bereits vor Zustimmung des Arbeitnehmers zu bilanzieren wäre. Diese Inkonsistenz wird erst 2008 Gegenstand einer Boardsitzung (diese war ursprünglich für das zweite Quartal 2007 anvisiert, wurde aber nach Überarbeitung des Zeitplanes im Januar 2007 auf 2008 verschoben[47)]). Es bleibt daher abzuwarten, ob die vorgeschlagene Regelung tatsächlich kommt.

F. Ausblick

Zweck der konzeptionellen Änderungen des ED IAS 37amend ist, den Ansatz von nichtfinanziellen Verpflichtungen **stärker als bisher an das Vorliegen einer gegenwärtigen Verpflichtung** zu knüpfen. Ein Ansatz hat damit zu unterbleiben, solange keine gegenwärtige Verpflichtung besteht. Demgegenüber stellt IAS 37 für die Bilanzierung von bedingten Verpflichtungen nicht auf Gegenwärtigkeit ab, sondern ersatzweise auf die Wahrscheinlichkeit, mit der es zum Eintritt der Bedingung und damit zu einem Nutzenabfluss kommt. 68

ED IAS 37amend operiert im Bereich der bedingten Verpflichtungen mit dem Konzept der **„stand-ready"-Verpflichtung**, das den Fokus von der bedingten Verpflichtung weg auf die ggf. hiermit verbundene unbedingte Verpflichtung richtet. Insbesondere in Bezug auf Garantieverpflichtungen erweist sich, dass der Begriff den gegenwärtigen Verpflichtungscharakter bestimmter bedingter Verpflichtungen kenntlich zu machen und von anderen nicht-gegenwärtigen und damit nicht ansatzfähigen Verpflichtungen abzugrenzen vermag. Bei der Betrachtung von Verpflichtungen aus Rechtsverstößen allerdings führt das im Entwurf manifestierte Verständnis einer „stand-ready"-Verpflichtung unter Umständen zum Ansatz von Verpflichtungen, die keine Schuld im Sinne der Definition im Rahmenkonzept darstellen. Der Nachbesserungsbedarf in dieser Hinsicht wurde mittlerweile vom Board erkannt und die Frage der Abgrenzung zwischen ansatzpflichtigen Schulden und (bloßen) Geschäftsrisiken, der Umgang mit unsicheren Verpflichtungen sowie die speziellen Probleme bei Rechtsverstößen für 2008 erneut auf die Agenda gesetzt.[48)] Nicht zur Disposition steht derzeit jedoch, den Ansatz an das Vorliegen einer gegenwärtigen Verpflichtung zu knüpfen, und insbesondere bedingte Verpflichtungen auf ihren Schuld-Charakter hin zu untersuchen.[49)] 69

Im Hinblick auf die **Bewertung** bezwecken die vorgeschlagenen Änderungen eine Klarstellung der Bewertungsnorm sowie die **Abschaffung** der zurzeit für Einzelverpflichtungen vorgesehenen **Bewertung zum wahrscheinlichsten Betrag**. Diese Abschaffung wurde aus Konsistenzgründen vorgenommen, war aber auch erforderlich, um nach Einführung des neuen Ansatzkonzeptes zu einer Bewertung zu gelangen, die sich mit dem neuen Konzept verträgt (ED IAS 37amend.BC78). Der wahrscheinlichste Betrag hätte dies nicht geleistet, denn bei einer Reihe von „stand-ready"-Verpflichtungen dürfte der wahrscheinlichste Betrag Null betragen, so dass es über die Bewertung zum wahrscheinlichsten Betrag effektiv zum Nichtansatz einer gemäß Bilanzierungskonzept zu bilanzierenden Verpflichtung gekommen wäre. In der Tat würde eine Beibehaltung der Bewertung zum wahrscheinlichsten Betrag dazu führen, dass sich die Ansatzvorschriften für nichtfinanzielle Verpflichtungen zwar in konzeptioneller Hinsicht, nicht aber in Bezug auf den konkret bilanzierten Betrag ändern. 70

Wenn nach der für 2007 geplanten erneuten Diskussion im Board die im Entwurf vorgeschlagenen Änderungen ggf. modifiziert, aber im Kern unverändert in den neuen Standard einfließen, wird sich dies auf einen relativ begrenzten Teilbereich von nichtfinanziellen Verpflichtungen auswirken, nämlich auf den Bereich der **bedingten Einzelverpflichtungen**, deren **Eintrittwahrscheinlichkeit 50 % oder weniger** beträgt. In diesen Teilbereich fallen häufig allerdings auch die Verpflichtungen, die im Zusammenhang mit Rechtsverstößen und Gerichtsverfahren entstehen, so dass die Neuregelung bei zahlreichen Unternehmen zu einer beträchtlichen Veränderung ihrer Bilanz führen könnte. Ob es zu diesen Veränderungen kommt, bleibt angesichts der anhaltenden Kritik offen. Es bleibt auch deshalb offen, weil der Board anscheinend nicht nur das neue Konzept selbst, sondern gerade in Bezug auf Gerichtsverfahren auch die Notwendigkeit einer Sonder- oder Ausnahmeregelung diskutieren will.[50)] 71

---

47) IASB Update 1/2007, S. 4.

48) IASB Update 1/2007, S. 4

49) IASB Update 1/2007, S. 4.

50) IASB Update 1/2007, S. 4.

ED IFRS for Small and Medium-sized Entities

Bearbeitet von:
Kati Beiersdorf und Solvy Mayr

Inhalt

Schrifttum

BDI/Ernst & Young AG, Rechnungslegung im Umbruch – Ergebnisse einer repräsentativen Umfrage bei der deutschen Industrie, Berlin 2005, www.bdi-online.de;

Beiersdorf/Davis, IASB-Standard for Small and Medium-sized Entities: keine unmittelbare Rechtswirkung in Europa, BB 2006, S. 987;

Beiersdorf/Schreiber, Entwicklung von internationalen Rechnungslegungsstandards für mittelständische Unternehmen, DStR 2006, S. 480;

Böcking/Herold/Müßig, IFRS für nicht kapitalmarktorientierte Unternehmen – unter besonderer Berücksichtigung mittelständischer Belange, Der Konzern 2004, S. 664;

Breker/Harrison/Schmidt, Abgrenzung von Eigen- und Fremdkapital – Der gegenwärtige IASB-Ansatz und Verbesserungsvorschläge, KoR 2005, S. 469;

Buchheim/Gröner/Kühne, Übernahme von IAS/IFRS in Europa: Ablauf und Wirkung des Komitologieverfahrens auf die Rechnungslegung, BB 2004, S. 1783;

Burger/Fröhlich/Ulbrich, Kapitalmarktorientierung in Deutschland – Aktualisierung der Studien aus den Jahren 2003 und 2004 vor dem Hintergrund der Änderungen der Rechnungslegung von Emittenten, KoR 2006, S. 113;

DSR, Stellungnahme an den IASB (IASB Project: Accounting Standards for SMEs) v. 17.2.2006;

DSR, Stellungnahme an den IASB (IFRS for SMEs) vom 15.12.2006;

Ernst & Young, IFRS Observations on the Implementation of IFRS;

Haller/Beiersdorf/Eierle, ED-IFRS for SMEs – Entwurf eines internationalen Rechnungslegungsstandards für kleine und mittelgroße Unternehmen, BB 2007, S. 540;

Haller/Eierle, Accounting Standards for Small and Medium-sized Entities – erste Weichenstellung durch das IASB, BB 2004, S. 1838;

Hayn, Status der EU-Anerkennung von Standards und Interpretationen des IASB, Accounting 12/2006, S. 8;

Hayn, Erfolgreiche Mittelstand-IFRS brauchen eigene Ansatz- und Bewertungsregeln, Accounting 3/2005, S. 3;

Hayn/Graf Waldersee, IFRS/US-GAAP/HGB im Vergleich – Synoptische Darstellung für den Einzel- und Konzernabschluss, Stuttgart, 6. Aufl. 2006;

Heintges/Härle, Probleme der Anwendung von IFRS im Mittelstand – Eine Analyse anhand der Vorschriften zur Bilanzierung von Finanzinstrumenten, DB 2005, S. 173;

IASB, Preliminary Views on Accounting for Small and Medium-sized Entities, www.iasb.org/uploaded_files/documents/8_891_dp-SME.pdf;

IASB, Informations for Observers Financial Reporting by Small and Medium-sized Entities – Overview of Responses and Recommendations on Possible Recognition and Measurement Simplifications, November 2005, http://archive.iasb.org.uk/uploaded_files/documents/8_1327_0511ob07.pdf;

IASB, Staff Questionnaire on Possible Recognition and Measurement Modifications for Small and Medium-sized Entities (SMEs) v. 5.4.2005, www.iasb.org/uploaded_files/documents/8_38_0504smequestionnaire_fromIASBwebsite.pdf

IASB, Preliminary Views on an improved Conceptual Framework for Financial Reporting: The Objective of Financial Reporting and Qualitative Characteristics of Decision-useful Financial Reporting Information, Juli 2006, www.iasb.org/uploaded_files/documents/8_891_DP_ConceptualFramework.pdf;

IASB, Project Update Accounting Standards for Small and Medium-sized Entities (SMEs) v. 25.1.2006, www.iasb.org/uploaded_files/documents/16_33_0601SMEProjectUpdate.pdf;

IASC, Shaping IASC for the Future – A Discussion Paper issued for comment by the Strategy Working Party of the International Accounting Standards Committee, London 1998;

IDW, Stellungnahme zur Rechnungslegung: Bewertungen bei der Abbildung von Unternehmenserwerben und bei Werthaltigkeitsprüfungen nach IFRS (IDW RS HFA 16);

Institut für Mittelstandsforschung (IfM) Bonn, SMEs in Germany Facts and Figures 2004, www.ifm-bonn.org;

Kirsch, Fallstudie zur SME-Rechnungslegung am Beispiel der Aufstellung der SME-Eröffnungsbilanz, KoR 2006, S. 752;

KPMG/Fachhochschule Münster (Hrsg.), Rechnungslegung nach IFRS – auch ein Thema für den Mittelstand? Ergebnisse einer empirischen Befragung des (gehobenen) Mittelstands in Nordrhein-Westfalen, Düsseldorf/Münster, 2. Aufl. 2006, www.kpmg.de;

Kuhn, Finanzinstrumente: Fair Value-Option in IAS 39 überarbeitet, DB 2005, S. 1341;

Kußmaul/Henkes, IFRS für den Mittelstand: Anwender- und Adressatenkreis im Kontext der neuesten Entwicklungen beim SME-Projekt des IASB, BB 2006, S. 2235;

Littkemann/Schulte/Kraft, Freiwillige Umstellung auf die internationale Rechnungslegung in Einzelabschlüssen: Pro und Contra, StuB 2005, S. 285;

Lüdenbach/Hoffmann (Hrsg.), Haufe IFRS-Kommentar, Freiburg i. Br., 4. Aufl. 2006;

Mandler, Argumente für und gegen IAS/IFRS im Mittelstand, StuB 2003, S. 680;

Niehus, IFRS für den Mittelstand? Warum eigentlich? DB 2006, S. 2529;

Pawelzik, IFRS-Abschlüsse im Mittelstand – Warum eigentlich nicht? DB 2006, S. 793;

Pottgiesser, Kritische Analyse der Anwendung der IFRS auf kleine und mittlere Unternehmen in Deutschland, PiR 2006, S. 7;

Schmidt, Neue Amendments zu IAS 39 im Juni 2005: Die revidierte Fair Value-Option, KoR 2005, S. 269;

Winkeljohann/Ull, Determinanten einer zunehmenden Relevanz der IFRS für mittelständische Unternehmen, in Winkeljohann/Herzig (Hrsg.), IFRS für den Mittelstand: Perspektiven – Anwendung – Praxisberichte, Stuttgart 2006, S. 3.

A. Gegenstand und Relevanz

I. Inhalt

1 Der seit dem 15.2.2007 als Entwurf vorliegende „IFRS for Small and Medium-sized Entities" (ED IFRS for SMEs[1], deutsch: IFRS für kleine und mittelgroße Unternehmen, im Folgenden „IFRS für KMU"[2]) regelt im Gegensatz zu den anderen IFRS kein einzelnes Themengebiet, sondern umfasst ein **vollständiges und weitgehend eigenständiges Normenwerk** für die Erstellung von Jahresabschlüssen kleiner und mittelgroßer Unternehmen (KMU; zur Definition →Rz. 7). Dieser themen- und branchenübergreifende Standardentwurf stellt eine grundlegende Neuerung im Vergleich zu dem bisherigen IFRS-Normensystem dar, da der IASB erstmalig Rechnungslegungsnormen für einen abgegrenzten Kreis von Unternehmen entwickelt. Bislang differenzieren die IFRS nur selten in Bezug auf den Geltungsbereich; z. B. sind *IFRS 8 – Operating Segments* oder *IAS 33 – Ergebnis je Aktie* nur von kapitalmarktorientierten Unternehmen anzuwenden. Die Differenzierung entspricht der in 2005 angepassten Zielstellung der IASC Foundation, wonach bei der Entwicklung und Durchsetzung der Rechnungslegungsstandards auch die Belange von KMU berücksichtigt werden sollen.[3]

2 Mit der Entscheidung des IASB, die Normen für KMU in einem eigenständigen Standard darzustellen, wird das Ziel verfolgt, diesen Standard **auch ohne Rückgriff auf die vollen IFRS** anwenden zu können. Die Bestandteile und Abschnitte des ED IFRS für KMU, der derzeit insgesamt 254 Seiten umfasst, sind in der nachfolgenden Tabelle dargestellt:

	Vorwort		
1	Anwendungsbereich	21	Eigenkapital
2	Konzepte und grundlegende Prinzipien	22	Erträge
3	Darstellung von Abschlüssen	23	Zuwendungen der öffentlichen Hand
4	Bilanz	24	Fremdkapitalkosten
5	Gewinn- und Verlustrechnung	25	Anteilsbasierte Vergütung
6	Eigenkapitalveränderungsrechnung und Gewinnverwendungsrechnung	26	Wertminderung nicht-finanzieller Vermögenswerte
7	Kapitalflussrechnung	27	Leistungen an Arbeitnehmer
8	Anhang	28	Ertragsteuern
9	Konzern- und separate Einzelabschlüsse	29	Rechnungslegung in Hochinflationsländern
10	Bilanzierungs- und Bewertungsmethoden, Schätzungen und Fehler	30	Umrechnung von Fremdwährungen
11	Finanzielle Vermögenswerte und finanzielle Verbindlichkeiten	31	Segmentberichterstattung
12	Vorräte	32	Ereignisse nach dem Ende der Berichtsperiode
13	Anteile an assoziierten Unternehmen	33	Angaben über Beziehungen zu nahe stehenden Unternehmen und Personen
14	Anteile an Joint Ventures	34	Gewinn je Aktie
15	Als Finanzinvestition gehaltene Immobilien	35	Spezialisierte Industrien (= Landwirtschaft, Rohstoffgewinnende Industrien, Versicherungen)
16	Sachanlagen	36	Aufgegebene Geschäftsbereiche und zur Veräußerung gehaltene Vermögenswerte
17	Immaterielle Vermögenswerte mit Ausnahme des Geschäfts- oder Firmenwerts	37	Zwischenberichterstattung

1) Abrufbar unter http://www.standardsetter.de/drsc/docs/press_releases/sme_ed_bc_0207.pdf.

2) Die deutsche Fassung des Standardentwurfs lag zum Redaktionsschluss dieses Beitrags nicht in der endgültigen Version vor, sodass Abweichungen von der offiziellen Übersetzung möglich sind.

3) Vgl. IASC Foundation Constitution, Part A, Rz. 2.

18	Unternehmenszusammenschlüsse und Geschäfts- oder Firmenwert	38	Übergang auf IFRS für KMU
19	Leasingverhältnisse		Glossar
20	Rückstellungen und Eventualposten		Überleitungstabelle (Verzeichnis der entsprechenden vollen IFRS)

Nicht Bestandteil des ED IFRS für KMU, aber dennoch hilfreich für die Anwendung des Standards, sind die Grundlagen für die Schlussfolgerungen („basis for conclusions") sowie die Anwendungsleitlinien („implementation guidance"), die einen Beispielabschluss und die Checkliste mit sämtlichen Anhangangaben enthalten. Der IASB hat zwar eine von den vollen IFRS unabhängige, thematisch aufgebaute Darstellung gewählt, dennoch ist die **Struktur** der vollen IFRS weiterhin erkennbar; wie die Überleitungstabelle zeigt, finden sich die meisten IFRS in genau einem Abschnitt des ED IFRS für KMU wieder.

3 Eine Reduzierung der Komplexität und des Umfangs des KMU-Standards im Vergleich zu den vollen IFRS ergibt sich insbesondere durch:

- **Beschränkung auf KMU-relevante Themen** (ED IFRS für KMU.BC57 ff.):
  Falls die in dem KMU-Standard nicht geregelten Themen (in Ausnahmefällen) für KMU doch relevant sein sollten, wird auf die entsprechenden Regeln in den vollen IFRS verwiesen, die dann vollumfänglich anzuwenden sind.
- **Beschränkung der im ED IFRS für KMU dargestellten Wahlrechte** (ED IFRS für KMU.BC56 (a) und BC108 ff.):
  Der Grundsatzentscheidung des IASB entsprechend werden die Wahlrechte der vollen IFRS (fast) vollständig (zu Ausnahmen → Rz. 46) an die KMU weitergegeben; allerdings wird nur das jeweils „leichtere" Wahlrecht in dem KMU-Standard dargestellt. Für die Anwendung der anderen Wahlrechte wird auf die Regeln in den vollen IFRS verwiesen.
- **Modifizierung der Ansatz- und Bewertungsvorschriften** (ED IFRS für KMU.BC70 ff.):
  - Entwicklung neuer Konzeptionen für komplexe Sachverhalte, die in den vollen IFRS sehr umfangreich dargestellt sind (Abschn. 11, → Rz. 26 ff.).
  - Gewährung zusätzlicher Ansatz- und Bewertungswahlrechte (→ Rz. 24).
- **Reduzierung der Regeln auf die Grundsätze der vollen IFRS** (ED IFRS für KMU.BC66 (a)):
  Häufig beschränkt sich der ED IFRS für KMU auf die sog. „black-letter"-Textziffern der vollen IFRS; dadurch entfallen insbesondere auch die weitergehenden Erläuterungen, Beispiele oder Anwendungshinweise.
- **Impraktikabilitätsklausel:**
  Bestimmte Vorschriften des ED IFRS für KMU kommen nur dann zur Anwendung, wenn dies für das Unternehmen wirtschaftlich vertretbar bzw. durchführbar („practicable") ist (Abschn. 38, → Rz. 58).

4 Hervorzuheben ist Abschn. 2, der für die Eigenständigkeit des Standards von großer Bedeutung ist. Darin werden zum einen die aus dem Rahmenkonzept des IASB abgeleiteten Anforderungen und qualitativen Merkmale von Jahresabschlüssen aufgeführt. Zum anderen werden **KMU-spezifische Bilanzierungsgrundsätze** („pervasive principles") vorgegeben. Im Fall von Regelungslücken sind gem. der Regelhierarchie in ED IFRS für KMU 10.3-10.4. (→ Rz. 14) zunächst vergleichbare Regeln innerhalb des KMU-Standards (Analogieschluss) und ggf. in einem nächsten Schritt die Grundsätze des Abschn. 2 heranzuziehen. Zwar steht es den Unternehmen zudem frei, die vollen IFRS oder Vorschriften anderer Standardsetzer heranzuziehen, sofern diese auf einem ähnlichen Rahmenkonzept basieren (z. B. US-GAAP). Eine Pflicht, auf die vollen IFRS zurückzugreifen, besteht hingegen nicht (kein sog. „mandatory fallback"). Letztlich ist die Berücksichtigung der in Abschn. 2 ausgeführten Prinzipien entscheidend, sodass für gleiche Transaktionen eine von den vollen IFRS abweichende Bilanzierung in Frage kommen kann (explizit in: ED IFRS für KMU.AV4). Inwieweit die Reglung in ED IFRS für KMU 10.4 in der Praxis zu einer lediglich freiwilligen Berücksichtigung der vollen IFRS führen wird, bleibt abzuwarten.

5 Jahresabschlüsse, die in Übereinstimmung mit dem ED IFRS für KMU erstellt wurden, führen gem. ED IFRS für KMU 3.1 a) „annahmegemäß zu einem Abschluss, der ein den tatsächlichen Verhältnissen entspre-

chendes Bild der Vermögens-, Finanz- und Ertragslage und der Zahlungsströme von KMU vermittelt".[4] Diese Annahme (sog. „fair presentation") gilt gem. IAS 1.13 auch für Unternehmen, die einen Abschluss nach den vollen IFRS erstellen. Konzeptionell schwierig scheint, dass – trotz unterschiedlicher Bilanzierungsvorschriften – vermeintlich sowohl unter den vollen IFRS als auch unter IFRS für KMU **ein den tatsächlichen Verhältnissen entsprechendes Bild** des Unternehmens vermittelt werden kann.[5] Zur Rechtfertigung dieser Annahme werden die spezifischen Informationsbedürfnisse der KMU-Abschlussadressaten herangezogen, die ein nach ED IFRS für KMU erstellter Abschluss berücksichtigen soll. Neben deren Erfordernissen sind die in den KMU entstehenden – relativ höheren – Kosten für die Abschlusserstellung einzubeziehen (Kosten-Nutzen-Erwägungen). Allerdings wurde die dafür notwendige Analyse der Abschlussadressaten, deren Informationsbedürfnisse und der im KMU entstehenden Kosten vom IASB bislang nur in Ansätzen durchgeführt.

II. Bedeutung

Diesem Standardentwurf kommt zunächst aufgrund der **hohen Anzahl potenziell in den Anwendungsbereich dieses Standards fallenden Unternehmen weltweit** eine große Bedeutung zu.[6] Die tatsächliche wirtschaftliche Bedeutung und Tragweite dieses Standardentwurfs für die Praxis in Deutschland oder Europa ist dagegen noch nicht absehbar (→ Rz. 12 ff.), da der endgültige Standard nicht ohne weitere Schritte des europäischen und nationalen Gesetzgebers in Kraft treten kann (→ Rz. 13).[7] Den nationalen Gesetzgebern (bzw. dem europäischen Gesetzgeber) obliegt es, über die Eignung des finalen IFRS für KMU und über den konkreten Geltungsbereich zu entscheiden (→ Rz. 9).[8] 6

III. Anwendungsbereich

Zur Konkretisierung des Anwendungsbereiches wird in ED IFRS für KMU 1.1 allgemein auf **KMU** abgestellt, die durch die nachfolgenden Erläuterungen (ED IFRS für KMU 1.2) anhand einer Negativabgrenzung definiert werden. Quantitative Kriterien, z. B. Umsatz, Bilanzsumme oder Mitarbeiteranzahl, werden nicht vorgegeben. KMU werden beschrieben als Unternehmen, die: 7

- nicht der Öffentlichkeit gegenüber Rechenschaft ablegen müssen („non-public accountability"),
- jedoch für externe Adressaten Abschlüsse erstellen müssen („general purpose financial statements").

Zur Konkretisierung des KMU-Begriffs wird ferner ausgeführt, dass Unternehmen dann der Öffentlichkeit gegenüber zur Rechenschaft verpflichtet und somit vom potenziellen Anwenderkreis des KMU-Standards **ausgeschlossen** sind, wenn diese: 8

- einen (geregelten) öffentlichen Kapitalmarkt durch (geplante) Ausgabe von Eigen- oder Fremdkapitaltiteln in Anspruch nehmen oder
- Vermögen treuhänderisch verwalten (z. B. Banken, Versicherungen oder Fondsgesellschaften).

---

4) Dies gilt gem. 3.1 b) nicht, sofern Unternehmen der Öffentlichkeit gegenüber rechenschaftspflichtig („publicly accountable") sind und dennoch einen Abschluss nach IFRS für KMU erstellen.

5) So Hayn, Accounting 3/2005, S. 4.

6) Das Statistische Bundesamt Deutschland hat für 2004 insgesamt 2.957.173 steuerpflichtige Unternehmen mit einem Jahresumsatz von mehr als 17.500 € ermittelt. Kapitalmarktorientiert (mit Sitz in Deutschland) sind insgesamt 985 Unternehmen; vgl. dazu www.destatis.de/themen/d/thm_unternehmen.php sowie Burger/Fröhlich/Ulbrich, KoR 2006, S. 113 ff. Dazu auch IfM Bonn, 2004.

7) Allerdings haben Studien gezeigt, dass Erleichterungen für mittelständische Unternehmen zur zunehmenden Anwendung der IFRS führen könnten; vgl. KPMG/FH Münster, S. 9 und BDI/Ernst & Young, S. 38 f. Sollte der endgültige IFRS für KMU in Europa als geeignet beurteilt werden, könnte dies die Berücksichtigung in europäischem und nationalem Recht (z. B. als Wahlrecht) beschleunigen. Festzuhalten ist, dass die Wahlrechte der IAS-Verordnung in anderen europäischen Mitgliedstaaten derart ausgeübt wurden, dass schon jetzt eine weit reichendere Anwendung der IFRS möglich ist; in diesen Mitgliedstaaten könnte der IFRS für KMU grundsätzlich von größerer Bedeutung sein (vgl. FN 32).

8) Abgesehen vom ED IFRS für KMU können die vollen IFRS für den Mittelstand von Bedeutung sein. Vgl. dazu u. a. Mandler, StuB 2003, S. 680 ff., Littkemann/Schulte/Kraft, StuB 2005, S. 285 ff., Pawelzik, DB 2006, S. 793 ff., Niehus, DB 2006, S. 2529, Pottgießer, PiR 2006, S. 7 ff. oder Winkeljohann/Ull, S. 3 ff.

Der ED IFRS für KMU regelt sog. „general purpose financial statements". Darunter versteht der IASB Abschlüsse, die auf die Informationsbedürfnisse eines großen Adressatenkreises ausgerichtet sind. „Zweckgebundene" Abschlüsse, die z. B. ausschließlich zur Information des Managements oder ausschließlich als Steuerbemessungsgrundlage erstellt werden, sind gem. ED IFRS für KMU P.11-P.12 nicht adressiert.

9 Problematisch ist, dass der verbleibende potenzielle Anwenderkreis ein breites, kaum abgrenzbares **äußerst heterogenes Spektrum von Unternehmen** umfasst. Gerade aufgrund der Vielzahl möglicher Ausprägungen von KMU weltweit hat der IASB auf weitere (quantitative) Vorgaben zur Abgrenzung des Anwenderkreises verzichtet und weist darauf hin, dass dieser von nationalen Gesetzgebern und Standardsetzern festzulegen ist (ED IFRS für KMU P.13, .BC33 und .BC43, → Rz. 6). Bei der Entwicklung des Standards wurde jedoch auf Unternehmen mit ungefähr 50 Mitarbeitern abgestellt (ED IFRS für KMU.BC45).[9]

10 Gemäß ED IFRS für KMU 2.1 und 10.2 besteht die Zielsetzung von Abschlüssen nach IFRS für KMU darin, unterschiedlichen **Rechnungslegungsadressaten**, die diese Informationen nicht einfordern können, entscheidungsnützliche Informationen bereitzustellen. Abschn. 2 stellt allgemein auf die Rechnungslegungsadressaten (sog. „user") ab. Allerdings fehlt im ED IFRS für KMU eine Definition dieser Adressaten. Im Rahmenkonzept des IASB werden dagegen in F.9 und F.10 verschiedene Adressatengruppen beschrieben und die Investoren als die im Fokus dieser Rechnungslegung stehende Gruppe identifiziert. Als externe Adressaten werden jedoch in der Grundlage für die Schlussfolgerungen (ED IFRS für KMU.BC55) beispielhaft angeführt:

- Gesellschafter, die nicht am Management beteiligt sind,
- Kreditgeber (z. B. Banken),
- Lieferanten,
- Ratingagenturen oder
- Kunden.

Eine weltweit standardisierte Berichterstattung durch KMU wird gem. ED IFRS für KMU.BC16 insbesondere dann als vorteilhaft angesehen, wenn nicht nur inländische Adressaten für die Finanzberichte von KMU existieren.[10]

11 In zeitlicher Hinsicht wird die Anwendung des IFRS für KMU frühestens für **Geschäftsjahre nach 2008** möglich sein. Derzeit ist die Verabschiedung des endgültigen Standards für das zweite Halbjahr 2008 vorgesehen (→ Rz. 19). Ein Rückschluss auf die Anwendungspflicht für europäische und deutsche kleine und mittelgroße Unternehmen lässt sich daraus nicht ziehen (→ Rz. 13).

IV. Regelungszusammenhänge

12 Die Rechnungslegungspflichten mittelständischer Unternehmen in Deutschland basieren auf dem **Europäischen Bilanzrecht**[11], welches in das deutsche Handelsgesetzbuch (HGB) übernommen wurde. Der europäische Gesetzgeber hat sich mit der sog. IAS-Verordnung[12] dazu entschieden, die Anwendung der IFRS für kapitalmarktorientierte Unternehmen, die zur Erstellung eines Konzernabschlusses verpflichtet sind, vorzuschreiben. Zudem wurden Mitgliedstaatenwahlrechte eingeräumt, die IFRS auch für Konzernabschlüsse nicht kapitalmarktorientierter Unternehmen und Jahresabschlüsse verpflichtend oder freiwillig vorzusehen.[13]

---

9) Vgl. zum Anwender- und Adressatenkreis Kußmaul/Henkes, BB 2006, S. 2235 ff.

10) Diese Vermutung wird bestätigt in KPMG/FH Münster, S. 7 sowie BDI/Ernst & Young, S. 38; danach ist die Auslandsaktivität für die Umstellung auf IFRS genauso entscheidend wie die Merkmale Rechtsform oder Unternehmensgröße.

11) Siehe hier insbesondere Richtlinie 2003/51/EG v. 25.7.1978 (4. EG-Richtlinie) und Richtlinie 83/349/EWG v. 13.6.1983 (7. EG-Richtlinie).

12) Vgl. Verordnung (EG) Nr. 1606/2002 des Europäischen Parlaments und des Rates vom 19.7.2002 betreffend die Anwendung internationaler Rechnungslegungsstandards.

13) Vgl. Art. 5 der IAS-Verordnung: Ausweitung der IFRS-Anwendung auf Jahresabschlüsse und hinsichtlich nicht kapitalmarktorientierter Unternehmen.

Dadurch wurden die IFRS fester Bestandteil des Europäischen Bilanzrechts. Neue oder geänderte IFRS werden durch das sog. Endorsement-Verfahren[14] in das europäische Recht überführt.[15]

Der KMU-Standard wird von der o. g. IAS-Verordnung zunächst nicht erfasst, da sich deren Pflichtbereich auf die **Konzernrechnungslegung kapitalmarktorientierter Unternehmen** beschränkt.[16] Die EU-Kommission wird gemeinsam mit den Mitgliedstaaten eruieren müssen, ob der KMU-Standard dem europäischen Rechnungslegungskonzept für kleine und mittelgroße Unternehmen entspricht und ob die Übernahme in europäisches Recht angestrebt werden soll.[17] Wenn ja, sind die Möglichkeiten zur Übernahme des finalen Standards zu diskutieren. Denkbar sind die Erweiterung der IAS-Verordnung oder die Erarbeitung einer neuen Verordnung bzw. Richtlinie. Diese Diskussion wird im Rahmen der Überlegungen zur Modernisierung des Europäischen Bilanzrechts zu führen sein. 13

Der KMU-Standard ist nicht nur im Zusammenhang mit dem europäischen und nationalen Recht zu sehen. Darüber hinaus sind auch Regelungszusammenhänge zu den **vollen IFRS** zu berücksichtigen, die insbesondere aus den expliziten Verweisen (→ Rz. 3) auf die vollen IFRS, aber auch durch das weitgehend übereinstimmende Rahmenkonzept und die Ableitung der Regelungen aus den vollen IFRS resultieren. Für bestimmte Sachverhalte, die im ED IFRS für KMU nicht geregelt sind, werden KMU auf die vollen IFRS verwiesen. Dies gilt z. B. für die Segmentberichterstattung, das Ergebnis je Aktie und die Bilanzierung von Finanzierungsleasing beim Leasinggeber (ED IFRS für KMU.BC 57 ff.). Sofern ein KMU einen Segmentbericht erstellen möchte, wären z. B. die Regelungen des *IFRS 8 – Operative Segmente* vollumfänglich anzuwenden (ED IFRS für KMU 31.1). Auch bezüglich der in den KMU-Standard nicht dargestellten komplexeren Wahlrechte (→ Rz. 3 und 24) werden KMU auf die jeweiligen Regelungen in den vollen IFRS verwiesen, sodass z. B. die Aktivierung von Entwicklungskosten gem. IAS 38.51-38.67 zu erfolgen hätte (ED IFRS für KMU 17.16). Darüber hinaus können KMU die vollen IFRS im Fall von Regelungslücken freiwillig anwenden (→ Rz. 4). 14

Die vollen IFRS sind auch hinsichtlich der **zukünftigen Weiterentwicklung des IFRS für KMU** relevant, da diese regelmäßig an die Fortentwicklungen in den vollen IFRS angepasst werden müssen. Der IASB schlägt vor, den KMU-Standard ungefähr alle zwei Jahre im Rahmen eines übergreifenden Änderungsstandards anzupassen (ED IFRS für KMU P.16 sowie .BC125 ff).[18] Zudem müssen Änderungen derjenigen vollen IFRS verfolgt werden, die über Wahlrechte oder andere explizite Verweise für die KMU unmittelbar gelten. 15

Offen bleibt, wie den Besonderheiten der KMU (ED IFRS für KMU.BC23 ff) im **Rahmenkonzept des IASB** Rechnung getragen werden soll.[19] Die Konzepte und Grundsätze des Rahmenkonzepts wurden – bis auf wenige Ausnahmen – in den Abschn. 2 des Standardentwurfes übernommen. 16

V. Definitionen

Der ED IFRS für KMU enthält ein Glossar, in dem die Definitionen der im Standard verwendeten Begriffe enthalten sind. In den einzelnen Abschnitten werden die im Glossar aufgeführten Begriffe bei erstmaliger Verwendung definiert und im Folgenden stilistisch hervorgehoben. Dadurch kann eine über den einzelnen Abschnitt hinweg einheitliche Verwendung der Begriffe innerhalb des Standards sichergestellt werden. 17

---

14) Vgl. Buchheim/Gröner/Kühne, BB 2004, S. 1783 ff., Hayn/Graf Waldersee, S. 6 ff.

15) Vgl. Art. 3 Abs. 1 i. V. m. Art. 6 Abs. 2. Vgl. zum aktuellen Stand der EU-Anerkennung Hayn, Accounting 12/2006, S. 8. Zur möglichen Auswirkung der Anwendung der vollen IFRS auf den Mittelstand vgl. Böcking/Herold/Müßig, Der Konzern 2004, S. 664 ff.

16) Vgl. dazu Beiersdorf/Davis, BB 2006, S. 987 ff.

17) Die EU-Kommission hat kürzlich einen Fragebogen an die Mitgliedstaaten verschickt, um einschätzen zu können, welche Möglichkeiten im Rahmen der 4. und 7. EG-RL bestehen, die Anforderungen an KMU zu reduzieren.

18) Ggf. könnten frühere Änderungen erforderlich sein („on occasion"). Mögliche Umstände, die zu einer zeitigeren Überarbeitung führen könnten, werden allerdings nicht ausgeführt.

19) Vorläufig wurde eine entsprechende Differenzierung im Rahmenkonzept abgelehnt; vgl. IASB DP Conceptual Framework, ED IFRS für KMU.BC.23 ff.

B. Projektziel und bisheriger Projektverlauf

18 Obwohl die vollen IFRS nicht ausdrücklich bzw. ausschließlich zur Anwendung kapitalmarktorientierter Unternehmen bestimmt sind, zeigen die Zielsetzung und die Ausgestaltung der Standards, dass diese auf die Berichterstattung kapitalmarktorientierter Unternehmen zum Nutzen der Investoren am Kapitalmarkt ausgerichtet sind.[20] Allerdings wenden zunehmend auch nicht kapitalmarktorientierte Unternehmen die vollen IFRS an.[21] Mit zunehmender Verbreitung der vollen IFRS weltweit hat sich jedoch gezeigt, dass diese Standards den Anforderungen kleiner und mittelgroßer Unternehmen und deren Abschlussadressaten nicht immer gerecht werden.

19 Auf die Forderung nach differenzierenden Rechnungslegungsnormen reagierend, hat die Vorgängerorganisation des heutigen IASB bereits 1998 dieses Projekt initiiert. Seit 2003 wird das Projekt intensiv mit dem Ziel vorangetrieben, einen qualitativ hochwertigen, verständlichen und durchsetzbaren Standard für KMU zu entwickeln. Dieser sollte auf den mit der Anwendung dieses Standards für KMU verbundenen Kosten einerseits und den für die Nutzer dieser Jahresabschlüsse damit verbundenen Nutzen andererseits ausgerichtet sein. Seitdem wurden ein grundlegendes Diskussionspapier zur grundsätzlichen Vorgehensweise bei der Entwicklung des gesonderten Regelwerkes sowie ein Fragebogen zur Identifizierung von möglichen Ansatz- und Bewertungserleichterungen veröffentlicht.[22] Beim IASB sind dazu jeweils über 100 Stellungnahmen eingegangen.[23] Bis zur Verabschiedung des Standards ist folgender Ablauf geplant:

20 Ausgangspunkt der Überlegungen des IASB war dabei die Reduzierung der mit der Anwendung der vollen IFRS verbundenen zahlreichen Anhangangaben. Allerdings wurden allgemein im Rahmen der Stellungnahmen zum ersten Diskussionspapier auch Änderungen von Bilanzierungsvorschriften gefordert, die dann in den Stellungnahmen zum späteren Fragebogen konkret benannt werden sollten.

C. Ansatz- und Bewertungsregeln: Allgemeines

21 Die **Bilanzierungskonzeption** des ED IFRS für KMU stimmt im Wesentlichen mit den vollen IFRS überein. Sie wird grundlegend in Abschn. 2 dargestellt (→ Rz. 4). Anders als die vergleichbaren Regelungen des Rahmenkonzepts des IASB, die nicht Bestandteil der vollen IFRS sind, ist Abschn. 2 Teil des ED IFRS für KMU. In Abschn. 2 werden zunächst die im Abschluss zu erfassenden Posten definiert (ED IFRS für KMU 2.12 ff.), wobei die Definitionen der Bilanz- und GuV-Elemente (u. a. Vermögenswerte, Schulden, Erträge, Aufwendungen) sowie die Ansatzkriterien mit dem Rahmenkonzept des IASB übereinstimmen (ED IFRS für KMU 2.24 ff.). Zudem enthält der KMU-Standard in ED IFRS für KMU 2.40 ff. konkrete, im Rahmenkonzept des IASB nicht enthaltene Vorgaben zur Bewertung von Vermögenswerten und Schulden. Dabei werden die historischen (Anschaffungs- bzw. Herstellungs-)Kosten („historical cost") als grundsätzlicher Bewertungsmaßstab für die **Zugangsbewertung von Vermögenswerten und Schulden** benannt. Historische Kosten sind demzu-

---

20) Der IASB betont allerdings, dass die bestehenden IFRS unabhängig von Kapitalmarktorientierung und Unternehmensgröße geeignet sind; vgl. IASB, Projektzusammenfassung, S. 7.

21) Dies gilt auch in Europa; vgl. zur Auslegung der Mitgliedstaatenwahlrecht der IAS-Verordnung http://ec.europa.eu/internal_market/accounting/docs/ias/ias-use-of-options_en.pdf.

22) Vgl. http://www.iasb.org (Benutzerführung: Current Projects, IFRS for SMEs, Discussion Paper bzw. Questionnaire; dort sind auch sämtliche Stellungnahmen einsehbar). Zum Diskussionspapier vgl. Haller/Eierle, BB 2004, S. 1838 ff.

23) Zur Diskussion bezüglich der Entwicklung des Standardentwurfs vgl. Beiersdorf/Schreiber, DStR 2006, S. 480 ff.

folge immer dann anzuwenden, wenn im Standard selber kein anderer Bewertungsmaßstab, z. B. der beizulegende Zeitwert, für die Zugangsbewertung vorgegeben wird (ED IFRS für KMU 2.40). Die historischen Anschaffungs- oder Herstellungskosten sowie der beizulegende Zeitwert werden in ED IFRS für KMU 2.31 (a) und (b) als die üblichen Bewertungsmaßstäbe definiert. Der beizulegende Zeitwert wird analog zur entsprechenden Definition in den vollen IFRS als der Betrag definiert, zu dem ein Vermögenswert zwischen sachverständigen, vertragswilligen und voneinander unabhängigen Geschäftspartnern getauscht werden könnte.

Hinsichtlich der **Folgebewertung** wird zwischen **finanziellen Vermögenswerten und Schulden** und nicht- 22
finanziellen Vermögenswerten und Schulden unterschieden. Für die ersteren ist gem. ED IFRS für KMU 2.41 der beizulegende Zeitwert der grundsätzliche Bewertungsmaßstab, der anzuwenden ist, sofern in den folgenden Abschnitten des Standards keine anderen Wertmaßstäbe vorgegeben sind. Z. B. werden in Abschn. 11 abweichende Bewertungsmaßstäbe wie (fortgeführte) Anschaffungskosten angeführt (→ Rz. 26 ff.).

Als zentrales **Prinzip der Folgebewertung von nicht-finanziellen Vermögenswerten** wird beispielhaft für 23
das Sachanlage- und das Vorratsvermögen das **Niederstwertprinzip** genannt, wonach Vermögenswerte nicht mit Werten angesetzt werden dürfen, die über dem durch Verkauf oder deren Nutzung zu erzielenden Betrag liegen. Für Sachanlagen ist daher z. B. der niedrigere Wert aus fortgeführten Anschaffungs- oder Herstellungskosten einerseits und beizulegendem Zeitwert abzüglich Veräußerungskosten andererseits heranzuziehen (ED IFRS für KMU 2.42). Zudem wird in ED IFRS für KMU 2.43 darauf hingewiesen, dass für bestimmte nicht-finanzielle Vermögenswerte die Folgebewertung zum beizulegenden Zeitwert vorgeschrieben (z. B. landwirtschaftliche Vermögenswerte) oder erlaubt (z. B. als Finanzinvestition gehaltene Immobilien) sein kann. Für nicht-finanzielle Verbindlichkeiten wird als grundsätzlicher Bewertungsmaßstab der Rückzahlungsbetrag angeführt (ED IFRS für KMU 2.44). Die Folgebewertungsvorschriften werden in Abschn. 2 nicht abschließend behandelt, sondern in den nachfolgenden Abschnitten des Standards jeweils erneut dargestellt.

Wie bereits ausgeführt (→ Rz. 3), ergeben sich Erleichterungen zu den vollen IFRS sowohl durch die 24
Gewährung zusätzlicher Wahlrechte als auch durch die Modifizierung von Ansatz- und Bewertungsvorschriften. Nachfolgende Tabelle[24] gibt einen Überblick über die in den ED IFRS für KMU gewährten Wahlrechte. Dabei wird zwischen Verweisen auf Wahlrechte in den vollen IFRS, zusätzlichen Wahlrechten für KMU und Wahlrechten zur Anwendung einer besonderen Regelung für KMU (alternativ zu der IFRS-Regelung) differenziert.

1) Verweise auf Wahlrechte in den vollen IFRS (d. h. Wahlrechte bestehen in den vollen IFRS, jedoch wurde nur die jeweils „leichtere“ Methode in den ED-IFRS für KMU übernommen)		
Abschnitt	***Regelung im ED-IFRS für KMU***	***Wahlrecht über Verweis auf die vollen IFRS***
7 Kapitalflussrechnung	Indirekte Methode	Direkte Methode
15 Als Investitionen gehaltene Immobilien	Fortgeführte Anschaffungskosten	Bewertung zum beizulegenden Zeitwert
16 Sachanlagen	Fortgeführte Anschaffungskosten	Neubewertungsmethode
17 Immaterielle Vermögenswerte	Fortgeführte Anschaffungskosten	Neubewertungsmethode
24 Fremdkapitalkosten	Erfassung als Aufwand	Aktivierung
2) Zusätzlich zu Wahlrechten in vollen IFRS (d. h. Wahlrechte existieren in vollen IFRS *nicht*)		
Abschnitt	***Regelung im ED-IFRS für KMU = volle IFRS***	***Wahlrecht über Verweis auf die vollen IFRS***
13 Anteile an assoziierten Unternehmen im Konzernabschluss	Fortgeführte Anschaffungskosten; Bewertung zum beizulegenden Zeitwert	Equity-Methode

24) Vgl. Haller/Beiersdorf/Eierle, BB 2007, S. 542.

Abschnitt	*Regelung im ED-IFRS für KMU = volle IFRS*	*Wahlrecht über Verweis auf die vollen IFRS*
14 Anteile an Joint Ventures im Konzernabschuss	Fortgeführte Anschaffungskosten; Bewertung zum beizulegenden Zeitwert	Equity-Methode; Quotenkonsolidierung
17 Immaterielle Vermögenswerte	Erfassung der Entwicklungskosten als Aufwand	Aktivierung der Entwicklungskosten
23 Zuwendungen der öffentlichen Hand	KMU-Modell[1)] (ergebniswirksame Erfassung, wenn einforderbar bzw. wenn alle Leistungsbedingungen erfüllt sind; Erfassung als Schuld, wenn noch nicht alle Ertragserfassungskriterien erfüllt sind; Bewertung zum beizulegenden Zeitwert)	KMU-Modell für solche Zuwendungen der öffentlichen Hand, die mit Vermögenswerten in Zusammenhang stehen, die zum beizulegenden Zeitwert bewertet werden; IAS 20 für alle anderen

3) KMU-Regelung neben Regelung in den vollen IFRS
(d. h. Wahlrecht zur Anwendung des KMU-Abschnittes oder entsprechenden vollen IFRS)

Abschnitt	*Regelung im ED-IFRS für KMU*	*Wahlrecht = IFRS*
11 Finanzielle Vermögenswerte und Finanzielle Verbindlichkeiten	Spezifisches KMU-Konzept	IAS 39 vollständig
37 Zwischenberichterstattung[2)]	Zwischenbericht basierend auf sämtlichen Regelungen des Standardentwurfs	Zwischenbericht nach IAS 34

1) Dies entspricht im Wesentlichen dem Modell in IAS 41; So ED IFRS für KMU.BC115.
2) KMU steht es zudem grundsätzlich frei, einen Zwischenbericht zu erstellen.

25 Einen Überblick über darüber hinausgehende wesentliche Ansatz- und Bewertungsmodifikationen[25)] des ED IFRS für KMU im Vergleich zu den vollen IFRS gibt nachfolgende Tabelle:[26)]

Abschnitt	IFRS	Regel im ED-IFRS für KMUs
11 Finanzinstrumente	IAS 39	– Begrenzung der Kategorien auf fortgeführte Anschaffungskosten und Fair Value – vereinfachte Ausbuchungsregeln (z. B. kein „continuing involvement"-Ansatz („anhaltendes Engagement")) – Überarbeitung der Regeln zur Abbildung von Sicherungsgeschäften
19 Leasing	IAS 17	– Reduzierung der für die Ermittlung der Höhe des Bilanzansatzes heranzuziehenden Bewertungsmaßstäbe für Finanzierungsleasing: anstelle des Fair Values des Leasinggegenstandes oder des Barwertes der Mindestleasingzahlungen, sofern dieser Wert geringer ist, ist nur der beizulegende Zeitwert zu ermitteln
26 Folgebewertung von nicht-finanziellen Vermögenswerten	IAS 36	– Reduzierung der für die Ermittlung des Wertminderungsbedarfs heranzuziehenden Bewertungsmaßstäbe: anstelle des Konzeptes des erzielbaren Betrages (niedrigerer Betrag aus Vergleich zwischen Nettoveräußerungswert einerseits und Nutzungswert andererseits) nur Berücksichtigung des Nettoveräußerungswertes
26 Folgebewertung des Geschäfts- und Firmenwertes	IAS 36	– kein jährlicher Werthaltigkeitstest – Durchführung des Werthaltigkeitstests nur, sofern Indikatoren für Wertminderungen vorliegen

25) Obwohl die Bewertung zum inneren Wert gem. IFRS 2 in ED IFRS für KMU.BC88 als wesentliche Veränderung aufgeführt wird, wird in ED IFRS für KMU 25.4 darauf eingegangen, dass es gegenüber IFRS 2 keine Veränderungen gibt.
26) Vgl. Haller/Beiersdorf/Eierle, BB 2007, S. 542.

Abschnitt	IFRS	Regel im ED-IFRS für KMUs
27 Leistungen an Arbeitnehmer	IAS 19	– Einschränkung der Bilanzierungsmethoden für versicherungsmathematische Gewinne und Verluste (ausschließlich erfolgswirksame Erfassung)
35.1 Landwirtschaft	IAS 41	– Beschränkung der Bewertung zum beizulegenden Zeitwert; Kostenmodell, sofern der beizulegende Zeitwert nicht leicht und mit vertretbaren Kosten und Anstrengungen bestimmbar ist
38 Übergang auf ED-IFRS für KMUs	IFRS 1	– Erleichterungen hinsichtlich der Vergleichsinformationen für die Vorperiode
Weitere Erleichterungen ergeben sich aus den weiteren Wahlrechten (→ Rz. 24)		

D. Darstellung ausgewählter Unterschiede zu den vollen IFRS

I. Finanzielle Vermögenswerte und Verbindlichkeiten

Die Bilanzierung finanzieller Vermögenswerte und finanzieller Verbindlichkeiten wird im Abschn. 11 des ED IFRS für KMU normiert. Nach dem Standardentwurf haben die Unternehmen gem. ED IFRS für KMU 11.1 grundsätzlich das **Wahlrecht**, entweder Abschn. 11 oder die Vorschriften des IAS 39 vollständig anzuwenden. In diesem Fall wären dann aber auch die Vorschriften des *IFRS 7 – Finanzinstrumente: Angaben* zu befolgen. Das Wahlrecht wurde eingeführt, damit auch KMU die diversen Abbildungsoptionen des IAS 39 in Anspruch nehmen können (ED IFRS für KMU.BC78). 26

Der Standardentwurf sieht im Gegensatz zu IAS 39, der hinsichtlich der Bewertung zwischen fünf Kategorien von Finanzinstrumenten unterscheidet (vgl. IAS 39.9), nur die Möglichkeit einer Bewertung zum beizulegenden Zeitwert oder zu (fortgeführten) Anschaffungskosten vor. Dabei soll die **Bewertung** finanzieller Vermögenswerte und finanzieller Verbindlichkeiten gem. ED IFRS für KMU 11.8 grundsätzlich zum beizulegenden Zeitwert erfolgen.[27] Eine Bewertung zu Anschaffungskosten bzw. fortgeführten Anschaffungskosten ist nur für bestimmte Arten von Finanzinstrumenten möglich (ED IFRS für KMU 11.7), die für KMU typischen Finanzinstrumente wie Forderungen und Darlehensverbindlichkeiten werden von diesen allerdings umfasst. Durch die Festlegung des beizulegenden Zeitwerts als Standardbewertungsmaßstab (sog. „default category") und die Begrenzung der Kategorien auf zwei Bewertungsmaßstäbe soll die Vergleichbarkeit von Jahresabschlüssen gesteigert und die Komplexität der Regelungen reduziert werden (ED IFRS für KMU.BC72). 27

Die folgenden Finanzinstrumente können bzw. müssen zu **fortgeführten Anschaffungskosten** bewertet werden: 28

- Forderungen, Verbindlichkeiten, Ausleihungen und diesen ähnliche Finanzinstrumente, die vom bilanzierenden Unternehmen beim erstmaligen Ansatz als zur Bewertung zu fortgeführten Anschaffungskosten designiert wurden (ED IFRS für KMU 11.7 (a)). Eine Designation ist dabei nur möglich, wenn die zusätzlichen Bedingungen des ED IFRS für KMU 11.9 kumulativ erfüllt sind (so muss das Finanzinstrument z. B. entweder über ein festes Fälligkeitsdatum verfügen oder auf Abruf fällig sein, ED IFRS für KMU 11.9 (a)). Allerdings sind die Kriterien derart formuliert, dass die für KMU-typischen Schuldinstrumente, z. B. gewöhnliche Bankdarlehen oder Forderungen aus Lieferung und Leistung, sämtlich erfasst sind.[28]
- Verpflichtung zur Darlehensgewährung oder -inanspruchnahme, sofern diese nicht in bar beglichen werden kann und bei Ausübung erwartungsgemäß die Bedingungen für den Ansatz zu fortgeführten Anschaffungskosten erfüllen wird; wiederum muss eine Designation zu dieser Kategorie vorgenommen werden (ED IFRS für KMU 11.7 (b)).
- Eigenkapitalinstrumente, die nicht öffentlich gehandelt werden und deren beizulegender Zeitwert auch nicht auf andere Weise verlässlich ermittelt werden kann sowie Optionen auf solche Titel; eine Bewertung zu Anschaffungskosten ist in diesen Fällen verpflichtend (ED IFRS für KMU 11.7 (c)).

27) Der beizulegende Zeitwert ist damit die sog. „default category".

28) Vgl. Heintges/Härle, DB 2005, S. 173 ff., die auch in Bezug auf IAS 39 zu dem Ergebnis kommen, dass viele Probleme aufgrund der KMU-typischen Transaktionen für den Mittelstand nur in abgeschwächter Form zutreffen.

29 In allen anderen Fällen soll die **Bewertung zum beizulegenden Zeitwert** erfolgen. Die Bewertung hat gem. ED IFRS für KMU 11.8 ohne Abzug von Transaktionskosten zu erfolgen. Kleine und mittelgroße Unternehmen haben somit die Möglichkeit, alle Finanzinstrumente, mit Ausnahme von Eigenkapitalinstrumenten, deren beizulegender Zeitwert nicht verlässlich ermittelt werden kann, zum beizulegenden Zeitwert zu bewerten. Voraussetzung ist, dass beim erstmaligen Ansatz keine Designation in die Gruppe der zu (fortgeführten) Anschaffungskosten bewerteten Finanzinstrumente vorgenommen wird. Im Ergebnis enthält der ED IFRS für KMU damit – mit der genannten Ausnahme – die sog. „full Fair Value-Option". Nach IAS 39.9 ist die Anwendung der Fair Value-Option dagegen nur unter bestimmten Voraussetzungen und damit nur eingeschränkt möglich.[29] Änderungen im beizulegenden Zeitwert sind gem. ED IFRS für KMU immer ergebniswirksam zu erfassen. Die Möglichkeit einer erfolgsneutralen Erfassung von Wertänderungen, wie nach IAS 39.55 (b) für zur Veräußerung verfügbare finanzielle Vermögenswerte vorgesehen, sieht der Standardentwurf für KMU nicht vor. Sofern das bilanzierende Unternehmen zum beizulegenden Zeitwert zu bewertende bzw. bewertbare Finanzinstrumente im Bestand hat, könnten deren Wertänderungen somit zu einer höheren Ergebnisvolatilität führen.

30 Der Entwurf enthält gegenüber den vollen IFRS[30] vereinfachte, aber im Ergebnis strengere Regelungen für die **Ausbuchung eines finanziellen Vermögenswertes**. Ein finanzieller Vermögenswert soll erst dann ausgebucht werden, wenn:

- sämtliche vertraglichen Rechte auf Zahlungsströme aus den Vermögenswert erloschen sind oder beglichen wurden (ED IFRS für KMU 11.24 (a)); oder
- sämtliche aus dem Vermögenswert resultierenden Chancen und Risiken auf eine andere Partei übertragen wurden (ED IFRS für KMU 11.24 (b)); oder
- die Verfügungsmacht an dem finanziellen Vermögenswert in Gänze auf eine andere Partei übertragen wurde (ED IFRS für KMU 11.24 (c)).

Im Ergebnis kann es im Vergleich zu den vollen IFRS zu einem späteren Zeitpunkt zur Ausbuchung kommen, da bei fortgesetztem Engagement (sog. „continuing involvement") keine teilweise Ausbuchung vorgenommen werden kann. Da angenommen wird, dass KMU die Transaktionen, für die diese Regelungen ausgelegt sind (z. B. Forderungsverkäufe im Rahmen von Asset-Backed-Securities-Transaktionen) typischerweise nicht eingehen, ist dieser Vorschlag eine zielführende Komplexitätsreduktion.[31]

31 Auch die **Vorschriften zur Bilanzierung von Sicherungsgeschäften** („hedge accounting") wurden überarbeitet. Sicherungsbeziehungen können gem. ED IFRS für KMU 11.30 bei entsprechender Designation und Dokumentation für die in 11.31 vorgegebenen abzusichernden Risiken und die in 11.32 genannten Sicherungsinstrumente (→ Rz. 33) abgebildet werden. Weitere Voraussetzung ist, dass das Unternehmen die Sicherungsbeziehung als in hohem Maße wirksam („highly effective") hinsichtlich der Erreichung einer Kompensation des abgesicherten Risikos beurteilt (→ Rz. 34).

32 Somit sind die Beurteilung und Ermittlung der **Ineffektivität der Sicherungsbeziehung** für KMU weiterhin erforderlich.[32] Wie nach IAS 39 (IAS 39.AG106) ist die Ineffektivität der Sicherungsbeziehung zu jedem Berichterstattungszeitpunkt zu ermitteln (ED IFRS für KMU.BC74). Sofern zu diesem Zeitpunkt die Kriterien zur Wirksamkeit einer Sicherungsbeziehung nicht mehr erfüllt sind, ist die Bilanzierung der Sicherungsbeziehung erst ab diesem Zeitpunkt prospektiv einzustellen. Im Gegensatz dazu verlangt IAS 39 (IAS 39.AG 113) die retrospektive Einstellung der Bilanzierung der Sicherungsbeziehung zu dem Zeitpunkt, an dem die Effektivität der Sicherungsbeziehung letztmalig nachgewiesen wurde.

---

29) Vgl. zur Fair Value-Option z. B. Kuhn, DB 2005, S. 1341 ff. oder Schmidt, KoR 2005, S. 269 ff.

30) Vgl. für Erlöschen der Rechte an den Zahlungsströmen IAS 39.17 (a), Übertragung der Chancen und Risiken IAS 39.20 (a) und bezüglich Verfügungsmacht IAS 39.20 (c).

31) Vgl. dazu ED IFRS für KMU.BC73 (b), ED IFRS für KMU.BC78 (d).

32) Der IASB hatte kurzfristig über die Einführung der sog. „shortcut method" (vgl. *SFAS 133 – Accounting for Derivative Instruments and Hedging Activities*) zur Bilanzierung von Sicherungsbeziehungen diskutiert. Die Methode steht aber im Widerspruch mit dem in IAS 39 verankerten Prinzip der erfolgswirksamen Erfassung sämtlicher Ineffektivitäten in der Periode ihres Entstehens. Daher hat sich der IASB gegen die Einführung der „shortcut method" entschieden (ED IFRS für KMU.BC75). Zu den Voraussetzungen zur Anerkennung eines Absicherungszusammenhanges vgl. IAS 39.88.

Die **Möglichkeiten für die Bilanzierung von Sicherungsbeziehungen** wurden durch die Reduzierung auf für KMU-typische Konstellationen eingeschränkt. Gemäß ED IFRS für KMU 11.31 sind nur die folgenden vier Arten von Sicherungen im Wege der Bilanzierung von Sicherungsbeziehungen abbildbar: 33

- Absicherung des Zinsrisikos eines zu Anschaffungskosten bewerteten Fremdkapitalinstrumentes;
- Absicherung des Fremdwährungsrisikos eines beidseitig bindenden Vertrags oder einer hochwahrscheinlichen Transaktion;
- Absicherung des Preisrisikos von im Bestand befindlichen Handelsgütern oder eines schwebenden Geschäfts einer hochwahrscheinlichen Transaktion über den Kauf oder Verkauf von Handelsgütern;
- Absicherung des Fremdwährungsrisikos aus einer Nettoinvestition in einen ausländischen Geschäftsbetrieb.

Unternehmen, die andere Arten von Sicherungsbeziehungen abbilden möchten, können entweder die Regelungen des IAS 39 vollständig anwenden (→ Rz. 26) oder das Grundgeschäft beim erstmaligen Ansatz nicht in die Gruppe der zu fortgeführten Anschaffungskosten bewerteten Finanzinstrumente einstufen und damit die Fair Value-Option in Anspruch nehmen. Die Bilanzierung einer Sicherungsbeziehung ist ferner nur gestattet, wenn das jeweilige **Sicherungsinstrument** die in ED IFRS für KMU 11.32 genannten Ausstattungsmerkmale kumulativ aufweist. Zinsswaps, Währungsswaps, Devisentermingeschäfte oder Warentermingeschäfte können i. d. R. als Sicherungsinstrumente designiert werden (vgl. ED IFRS für KMU 11.32 (a)); Optionen dürfen dagegen nicht als Sicherungsinstrumente eingesetzt werden.[33] Die Bilanzierung der Sicherungsbeziehungen ist in ED IFRS für KMU 11.33 ff. geregelt und entspricht den in IAS 39.85 ff. dargestellten Vorgehensweisen.

Der Standardentwurf definiert nicht, wann eine Sicherungsbeziehung als **„in hohem Maße wirksam"** einzustufen ist. Die Regelungen des IAS 39.AG105 verlangen, dass das Verhältnis der Änderungen des beizulegenden Zeitwertes bzw. der Zahlungsströme des Grundgeschäftes und des beizulegenden Zeitwertes bzw. der Zahlungsströme des Sicherungsinstrumentes innerhalb einer Bandbreite von 80-125 % liegen. Aus dem Standardentwurf ergibt sich nicht, ob diese Bandbreite auch für Sicherungsbeziehungen im Anwendungsbereich des Entwurfes gelten soll. 34

Der Standardentwurf lässt im Gegensatz zu IAS 39 ferner offen, ob und in welchem Umfang ein KMU zu Beginn der Sicherungsbeziehung die Anhaltspunkte zu dokumentieren hat, die die Erwartung der hohen Effektivität der Sicherungsbeziehung über die gesamte Laufzeit stützen (sog. **prospektive Effektivität**, IAS 39.88 (a)). Ohne eine entsprechende Dokumentation dürfte der Nachweis dieser Erwartungen aber entsprechend schwierig sein. 35

Der Entwurf äußert sich ebenfalls nicht zu der nach IAS 39 geforderten laufenden nachträglichen Beurteilung der Effektivität (sog. **retrospektive Effektivität**, IAS 39.88 (e)). Nur aus deren Grundlagen für Schlussfolgerungen ist ersichtlich, dass die Effektivität der Sicherungsbeziehung zu jedem Abschlussstichtag zu ermitteln ist (ED IFRS für KMU.BC74). 36

II. Wertminderungen von nicht-finanziellen Vermögenswerten

Die Vorschriften zur Erfassung von Wertminderungen von nicht-finanziellen Vermögenswerten sind im Abschn. 26 dargestellt. Grundsätzlich sieht der ED IFRS für KMU die Durchführung eines Werthaltigkeitstests vor, wenn Indikatoren für eine Wertminderung vorliegen (sog. **Indikatoransatz**).[34] Der Entwurf nennt in ED IFRS für KMU 26.5 eine Reihe von internen und externen Indikatoren, die auf eine Wertminderung hinweisen und mit denen des IAS 36.12. übereinstimmen. Bei der Beurteilung, ob ein Geschäfts- und Firmenwert wert- 37

33) Anzumerken ist, dass die „shortcut method" u. a. deshalb abgelehnt wurde, weil sie die Sicherung anhand von Optionen ausschließt. Vgl. ED IFRS für KMU.BC75 (b).

34) Insbesondere der jährlich durchzuführende Werthaltigkeitstest für Geschäfts- und Firmwerte wurde vielfach als für KMU problematisch angesehen. In 96 % der Stellungnahmen hat man sich für die Wiedereinführung der planmäßigen Abschreibung ausgesprochen. Siehe IASB, Information for Observers, November 2005, Agenda Paper 7, S. 15, Rz. 48. Allerdings ist der IASB der Auffassung, dass die planmäßige Abschreibung insofern keine Vereinfachung darstellt, als weiterhin geprüft werden muss, ob Wertminderungen vorliegen. Zudem wäre die planmäßige Abschreibung nicht sachgerecht, da Geschäfts- und Firmenwert oftmals unbestimmbare Nutzungsdauern hätten. Der Abschreibungsbetrag vermittle daher keine entscheidungsnützlichen Informationen.

gemindert ist, sind gem. ED IFRS für KMU 26.21 zusätzlich zu den allgemeinen Indikatoren weitere Indikatoren zu berücksichtigen, die auf eine Wertminderung hinweisen können. Dazu zählt z. B., dass die Leistungen des erworbenen Unternehmens wesentlich hinter den Erwartungen zurückgeblieben sind.

38 Falls das Unternehmen aufgrund vorliegender Indikatoren einen **Wertminderungstest** durchführt, muss der **Nettoveräußerungswert**, d. h. der beizulegende Zeitwert abzüglich der Verkaufskosten, ermittelt werden (ED IFRS für KMU 26.5). Im Gegensatz zu den Regelungen des IAS 36.9 wird somit nicht auf den erzielbaren Betrag abgestellt, der im Regelfall einen Vergleich zwischen Nettoveräußerungswert und Nutzungswert erfordert (IAS 36.6). Die Ermittlung des Nutzungswertes würde somit entfallen. Für den Fall, dass der Nettoveräußerungswert für einen einzelnen Vermögenswert nicht ermittelt werden kann, hat das bilanzierende Unternehmen nach ED IFRS für KMU 26.9 den Nettoveräußerungswert unabhängig von Zahlungsmittelzuflüssen für die kleinste identifizierbare Gruppe von Vermögenswerten zu bestimmen, welche diesen Vermögenswert enthält und für die ein Nettoveräußerungswert ermittelt werden kann. Die Bestimmung der zahlungsmittelgenerierenden Einheit, zu welcher der Vermögenswert gehört[35], wäre nach dem Standardentwurf nicht mehr erforderlich. Damit würde das Erfordernis einer Analyse der Zahlungsmittelzuflüsse entfallen. Ob diese Unterscheidung in der praktischen Anwendung aber zu unterschiedlichen Abgrenzungen führen wird, bleibt abzuwarten. Sofern der Nettoveräußerungswert eines nicht-finanziellen Vermögenswertes niedriger ist als sein Buchwert, hat das bilanzierende Unternehmen die Differenz erfolgswirksam in der GuV als Wertminderungsaufwand zu erfassen (ED IFRS für KMU 26.11 f.). Die Ermittlung des beizulegenden Zeitwertes abzüglich Verkaufskosten entspricht der Vorgehensweise des IAS 36.25 ff.

39 Für den **Geschäfts- und Firmenwert** gibt es konkretisierende Regeln, da dieser weder eigenständig veräußert werden kann noch eigene Zahlungsmittelströme generiert. Somit ist eine direkte Ermittlung des Nettoveräußerungswertes nicht möglich. Stattdessen soll der beizulegende Zeitwert abzüglich der Veräußerungskosten von dem Nettoveräußerungswert einer größeren Gruppe von Vermögenswerten, die den Geschäfts- und Firmenwert beinhaltet, abgeleitet werden (ED IFRS für KMU 26.20). Der Standardentwurf sieht für die Ermittlung eines evtl. Wertminderungsaufwands zwei Schritte vor (ED IFRS für KMU 26.22). Der Ablauf des Wertminderungstestes für Geschäfts- und Firmenwerte ist in der nachfolgenden Abb. 2 dargestellt.

40 Im Gegensatz zu IAS 36.104, der eine anteilige **Verteilung des überschüssigen Wertminderungsaufwands** auf die anderen Vermögenswerte der zahlungsmittelgenerierenden Einheit auf Basis der Buchwerte jedes einzelnen Vermögenswertes der Einheit verlangt, schreibt der ED IFRS für KMU eine anteilige Verteilung des Überschusses auf die identifizierbaren nicht-finanziellen Vermögenswerte und Schulden (einschließlich Eventualschulden) des Unternehmensteils („entity component") auf Basis der jeweiligen relativen beizulegenden Zeitwerte vor.

41 Sowohl die Bezugnahme auf die beizulegenden Zeitwerte als auch die Einbeziehung der Schulden und Eventualschulden in den Wertminderungstest könnten problematisch sein. Zum einen dürften die nicht-finanziellen Vermögenswerte und Schulden häufig nicht zum beizulegenden Zeitwert bilanziert sein. Daher wären diese beizulegenden Zeitwerte, wie auch für die Eventualschulden, zusätzlich zu ermitteln. Zum anderen ist unklar, wie die praktische Umsetzung der Verteilung des Überschusses auf die Schulden und Eventualverbindlichkeiten aussehen soll. Die Grundlagen für Schlussfolgerungen gehen nicht auf die Gründe für diese Änderungen ein.

35) Vgl. IAS 36.66 ff. und IDW RS HFA 16.

Ablauf des Wertminderungstests für Geschäfts- und Firmenwerte:

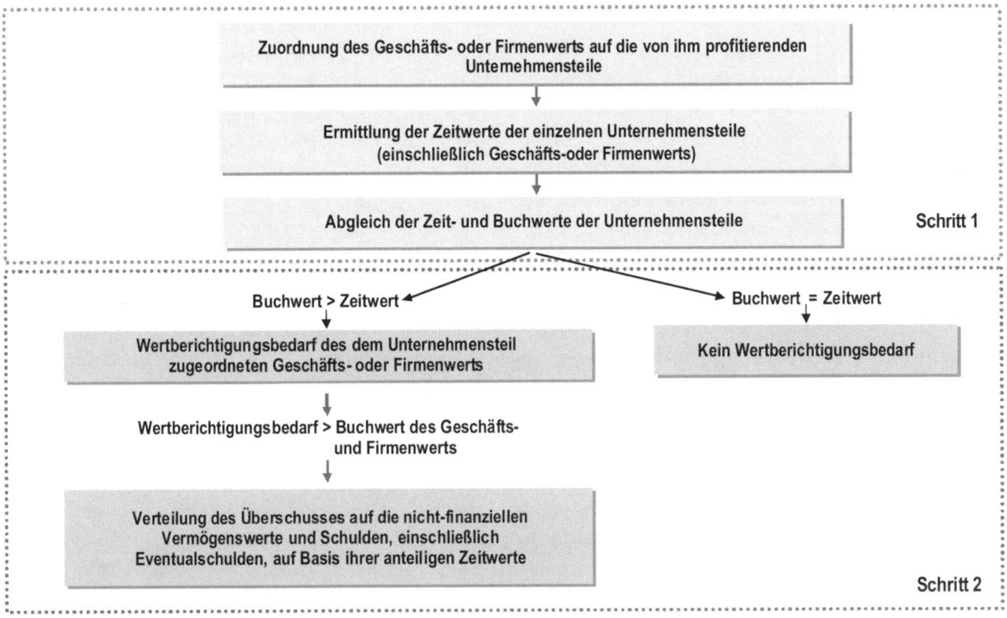

Zwar erscheint es zweckmäßig, alle Vorschriften zu Wertminderungen in einem Abschnitt zusammenzufassen. Angesichts der **verbleibenden Komplexität und offenen Fragen** ist jedoch zu erwarten, dass diese Vorschläge im Rahmen der Stellungnahmen zum Entwurf kritisch beurteilt werden. Denkbar ist, dass die planmäßige Abschreibung des Geschäfts- und Firmenwertes erneut zur Diskussion gestellt wird. Auch die Streichung des internen Nutzungswertes als relevantem Bewertungsmaßstab könnte als problematisch angesehen werden. Zwar ist die Ermittlung des Nutzungswertes oftmals komplizierter als die Bestimmung des Nettoveräußerungswertes. Allerdings könnte es Fälle geben, in denen der Nettoveräußerungswert nur schwer oder nicht ermittelbar sein wird, z. B. für bilanzierte Geschäfts- und Firmenwerte im Zusammenhang mit nicht börsennotierten Beteiligungen.[36] 42

III. Leistungen an Arbeitnehmer

Die Bilanzierung von **Leistungen an Arbeitnehmer** wird im Abschn. 27 des Standardentwurfs geregelt. Änderungen im Vergleich zu den vollen IFRS ergeben sich bei der Behandlung der versicherungsmathematischen Gewinne und Verluste sowie des nachzuverrechnenden Dienstzeitaufwands. 43

Den Detailregelungen wurde ein **allgemeines Prinzip** zur Erfassung von Leistungen an Arbeitnehmer vorangestellt. Das Unternehmen hat gem. ED IFRS für KMU 27.3 die Kosten für sämtliche Leistungen an Arbeitnehmer, zu deren Erhalt ein Arbeitnehmer aufgrund der in der Berichtsperiode erbrachten Arbeitsleistungen berechtigt ist, als Schuld nach Abzug bereits geleisteter Zahlungen, oder als Vermögenswert, sofern der bereits gezahlte Betrag die Verpflichtung für die erbrachten Leistungen übersteigt, und als Aufwand zu erfassen. 44

Die Vorschriften zur Bilanzierung und Bewertung von **Leistungen nach Beendigung des Arbeitsverhältnisses** (ED IFRS für KMU 27.9 ff.) basieren auf den Regelungen des IAS 19. Die Vorschriften wurden aber signifikant gekürzt; u. a. wurden insbesondere die weiterführenden Erläuterungen (z. B. zu den versicherungs- 45

36) Es wäre denkbar, diesen Wert in die Hierarchie zur Ermittlung des beizulegenden Zeitwertes abzüglich Veräußerungskosten (ED IFRS für KMU 26.10) mit aufzunehmen. Eine aktuelle Studie von Ernst & Young hat u. a. untersucht, auf welcher Basis nach IFRS bilanzierende Unternehmen den erzielbaren Betrag ermittelt haben; vgl. Ernst & Young, S. 75.

mathematischen Annahmen) nicht in den Standardentwurf übernommen. Ferner wurden die Wahlrechte zur Behandlung von versicherungsmathematischen Gewinnen und Verlusten auf eine Bilanzierungsvorschrift reduziert.[37] Der Standardentwurf sieht gem. ED IFRS für KMU 27.16 nur die sofortige erfolgswirksame Erfassung sämtlicher versicherungsmathematischen Gewinne und Verluste in der Periode ihres Entstehens vor. Nach Auffassung des IASB stellt diese Methode das für KMU am einfachsten zu implementierende Verfahren dar, da weder eine Nachverfolgung von Daten über mehrere Jahre noch jährliche umfangreiche Berechnungen erforderlich sind (ED IFRS für KMU.BC89). Ein nachzuverrechnender Dienstzeitaufwand ist gem. ED IFRS für KMU 27.19 ebenfalls zum Zeitpunkt der Planänderung sofort erfolgswirksam zu erfassen. IAS 19.96 ff. sieht dagegen vor, dass das Unternehmen den nachzuverrechnenden Dienstzeitaufwand linear über den durchschnittlichen Zeitraum bis zum Eintritt der Unverfallbarkeit der Anwartschaften zu verteilen hat.

46 Durch die Kürzungen wurden die Regelungen des IAS 19 zwar einerseits auf die Kernprinzipien reduziert. Andererseits leidet dadurch aber die Verständlichkeit der Regelungen. Um die Regelungen des Standardentwurfes korrekt anwenden zu können, wären bereits detaillierte Kenntnisse über die Vorschriften des IAS 19 erforderlich. Die Beschränkung auf die sofortige ergebniswirksame Erfassung versicherungsmathematischer Gewinne und Verluste kann für KMU zu einer – im Vergleich zur Anwendung der vollen IFRS – höheren Ergebnisvolatilität führen. Fraglich ist, inwiefern für KMU bereits die Abschaffung der „Korridor"-Methode und der Möglichkeit zur erfolgsneutralen Erfassung vorgegeben werden sollten, wenn diese Fragen erst zu einem späteren Zeitpunkt – im Rahmen des **Projektes zur Überarbeitung der Regelungen zur Bilanzierung und Bewertung von Leistungen nach Beendigung des Arbeitsverhältnisses**[38] – beim IASB umfassend diskutiert werden. Die Reduzierung der Wahlmöglichkeiten steht ferner im Widerspruch zur Grundsatzentscheidung des IASB, dass sämtliche Wahlrechte der vollen IFRS in dem ED IFRS für KMU enthalten sein sollen (ED IFRS für KMU.BC108; → Rz. 3).

IV. Ertragsteuern

47 Die **Bilanzierung von Ertragsteuern** wird im Abschn. 28 des ED IFRS für KMU geregelt. Diesbezüglich hat sich der IASB grundsätzlich für die Beibehaltung des **Temporary-Konzeptes** entschieden; allerdings werden die temporären Differenzen („temporary differences") in Form von zeitlichen Differenzen („timing differences") erläutert.[39] Dieser Ansatz wird vom IASB (lediglich in der Grundlage für Schlussfolgerungen, nicht im Standard selber) als „timing differences plus"-Ansatz bezeichnet (ED IFRS für KMU.BC84 f.).

48 Gemäß ED IFRS für KMU 28.15 ff. ist für alle zu versteuernden temporären Differenzen, mit Ausnahme von zu versteuernden temporären Differenzen aus dem erstmaligen Ansatz eines Geschäfts- und Firmenwertes, eine **latente Steuerschuld** sowie für alle abzugsfähigen temporären Differenzen ein **latenter Steueranspruch** anzusetzen. IAS 12 sieht dagegen eine Ausnahme von der Pflicht zum Ansatz latenter Steuerschulden bzw. -ansprüche für zu versteuernde bzw. abzugsfähige temporäre Differenzen im Zusammenhang mit dem erstmaligen Ansatz eines Vermögenswertes oder einer Schuld vor.[40] Dies könnte auf einen Unterschied zwischen den Regelungen des Standardentwurfs und des IAS 12 hindeuten. Allerdings hat ein Unternehmen nach ED IFRS für KMU 28.17 jeglichen Unterschied zwischen (a) der Summe des Buchwerts des Vermögenswerts oder der Schuld und dem daraus resultierenden latenten Steuersaldo und (b) dem geleisteten oder erhaltenen Betrag als Anpassung des latenten Steuersaldos zu erfassen. Dieser Anpassungsbetrag wird dem zuvor gebilde-

37) Nach den Vorschriften des IAS 19 hat ein Unternehmen das Wahlrecht, entweder sämtliche versicherungsmathematischen Gewinne und Verluste sofort erfolgsneutral (IAS 19.93 A–D) oder erfolgswirksam (IAS 19.93), aber mindestens den Teil der versicherungsmathematischen Gewinne und Verluste, der außerhalb des 10 %-Korridor Ansatzes liegt, planmäßig als Ertrag oder Aufwand über die künftigen Perioden zu erfassen (IAS 19.92).

38) Vgl. dazu IASB, Projektzusammenfassung: Post-retirement Benefits (including Pensions), http://www.iasb.org/NR/rdonlyres/C50AC6F4-2AE3-429B-94E8-6127F5E314A1/0/Postemploymentbenefits.pdf.

39) Das „timing differences"-Konzept des alten IAS 12 (reformatted 1994) gilt seit dem Inkrafttreten des IAS 12 (revised 1996) nicht mehr. Das „timing differences"-Konzept war im Rahmen des sog. „improvement projects" durch das „temporary differences"-Konzept ersetzt worden.

40) Auf den Ansatz latenter Steuern aus dem erstmaligen Ansatz eines Vermögenswertes oder einer Schuld wird verzichtet, da dadurch der Abschluss an Klarheit verliert (IAS 12.22 (c)).

ten latenten Steuerabgrenzungsposten entsprechen. Daher würden beide Regelungen im Ergebnis zu einem Nichtansatz latenter Steuern aus dem erstmaligen Ansatz eines Vermögenswertes oder einer Schuld führen, wobei die abweichende Vorgehensweise des Standardentwurfs wesentlich komplexer ist.

Von den Grundsätzen zum Ansatz latenter Steuerschulden und Steueransprüche gibt es eine **Ausnahme.** 49
Das bilanzierende Unternehmen hat keine latente Steuerschuld bzw. keinen latenten Steueranspruch für zu versteuernde oder abzugsfähige temporäre Differenzen in Verbindung mit thesaurierten Gewinnen von Anteilen an ausländischen Tochterunternehmen, Zweigniederlassungen und assoziierten Unternehmen und Joint Ventures zu bilanzieren, außer es ist wahrscheinlich, dass sich die temporäre Differenz in absehbarer Zeit umkehren wird (ED IFRS für KMU 28.15 und 28.16 (a) i. V. m. 28.18 (b)). Nach den Regelungen des IAS 12 muss das Mutterunternehmen für die Inanspruchnahme der Ausnahme zum Ansatz latenter Steuerschulden zusätzlich in der Lage sein, den zeitlichen Verlauf der Umkehrung der temporären Differenz zu steuern (IAS 12.39). In dieser Hinsicht sind die Regelungen des Standardentwurfs weniger restriktiv. Auf der anderen Seite sind die Regelungen des ED IFRS für KMU in zwei Punkten wesentlich restriktiver als die des IAS 12. Zum einen ist die Ausnahmeregelung des IAS 12 im Gegensatz zur Regelung des Standardentwurfs nicht nur auf thesaurierte Gewinne beschränkt, sondern gilt für sämtliche temporäre Differenzen in Verbindung mit Anteilen an ausländischen Tochterunternehmen etc. Damit werden sämtliche sog. „outside-basis-differences", d. h. Unterschiede zwischen dem in der Konzernbilanz erfassten Nettovermögen des Tochterunternehmens und dem Beteiligungsbuchwert, mit dem es in der Steuerbilanz des Mutterunternehmens erfasst wird, von der Ausnahmeregel erfasst. Diese können neben der Thesaurierung von Gewinnen z. B. durch abweichende Wertberichtigungen von Beteiligungsbuchwerten in der IFRS- und der Steuerbilanz oder durch Wechselkurseffekte entstehen. Soweit temporäre „outside-basis-differences" auf andere Ursachen als die Thesaurierung von Gewinnen zurückzuführen sind, wäre auf diese nach dem Standardentwurf verpflichtend latente Steuern zu bilden, während IAS 12 diesbezüglich u. U. eine Ausnahme vom Ansatz vorsieht. Die Grundlagen für die Schlussfolgerungen gehen nicht auf die Gründe für diese Änderung ein. Des Weiteren differenzieren die Regelungen des IAS 12 nicht zwischen inländischen und ausländischen Anteilen. Nach Auffassung des IASB würde eine Ausweitung der Ausnahmevorschrift auch auf inländische Anteile aber im Widerspruch zu den vereinfachten Grundsätzen des Standardentwurfes zum Ansatz latenter Steuerschulden und Steueransprüche stehen (ED IFRS für KMU.BC85). Der Anwendungsbereich der Ausnahmevorschrift wurde daher in dieser Hinsicht eingeschränkt.

Insgesamt entsprechen die Vorschriften des Standardentwurfs im Wesentlichen den Regelungen des IAS 12. 50
Umfassende Erleichterungen gegenüber den bestehenden Regelungen sind nicht ersichtlich. Stattdessen wurden in den Standardentwurf bereits Ansatz- und Bewertungsvorschriften übernommen und damit öffentlich zur Diskussion gestellt, die derzeit im Rahmen des **kurzfristigen Konvergenzprojektes** mit dem FASB zur Überarbeitung der Regelungen zur Bilanzierung von Ertragsteuern in den vollen IFRS diskutiert werden. Dies gilt z. B. für die Vorschriften zum Ansatz einer latenten Steuerschuld bzw. latenter Steueransprüche für zu versteuernde bzw. abzugsfähige temporäre Differenzen aus dem erstmaligen Ansatz eines Vermögenswertes oder einer Schuld.[41)]

V. Selbsterstellte immaterielle Vermögenswerte

IAS 38 sieht eine Ansatzpflicht[42)] für selbst erstellte immaterielle Vermögenswerte vor, sofern bestimmte Vor- 51
aussetzungen kumulativ erfüllt sind (IAS 38.57 ff.). Dagegen räumt dieser Standardentwurf den Unternehmen ein **Wahlrecht** ein. Ein Unternehmen kann gem. ED IFRS für KMU 17.15 f. entweder sämtliche im Rahmen der Forschung und Entwicklung angefallenen Kosten sofort aufwandswirksam erfassen oder die **Kosten für die Entwicklung** als Vermögenswert ansetzen. Sofern sich ein Unternehmen für eine Aktivierung entscheidet, wird auf die entsprechenden Vorschriften in IAS 38 verwiesen. Mit der Einführung dieses Wahlrechtes hat der

41) Vgl. dazu IASB, Projektzusammenfassung: Income Taxes, http://www.iasb.org/Current+Projects/IASB+Projects/Income+Taxes/Income+Taxes.htm.

42) In der Literatur aufgrund der mit der Beweisführung verbundenen erheblichen Anzahl von Ermessenspielräumen auch als faktisches Ansatzwahlrecht bezeichnet; vgl. Hoffmann in Lüdenbach/Hoffmann, § 13, Rz. 28.

IASB den in den Stellungnahmen geäußerten Bedenken[43] Rechnung getragen, dass KMU oftmals nicht über die erforderlichen Ressourcen verfügen, um den fortlaufenden Nachweis für den kommerziellen Nutzen (Verwertbarkeit am Markt) eines Projektes erbringen zu können (ED IFRS für KMU.BC82).

VI. Anteile an assoziierten Unternehmen und Joint Ventures

52 Nach dem Standardentwurf hat ein Unternehmen bei der **Bewertung von Anteilen an assoziierten Unternehmen** das Wahlrecht zwischen einer Bewertung zu Anschaffungskosten abzüglich evtl. Wertminderungen, der Anwendung der Equity-Methode und einer Bewertung zum beizulegenden Zeitwert mit erfolgswirksamer Erfassung der Wertänderungen (ED IFRS für KMU 13.3). Für die Bilanzierung von **Anteilen an einem Joint Venture** kann alternativ die Quotenkonsolidierung angewendet werden (ED IFRS für KMU 14.8). Eine Differenzierung zwischen der Bewertung im Einzel- und Konzernabschluss wird nicht vorgenommen. Nach den vollen IFRS können Anteile an assoziierten Unternehmen im Konzernabschluss dagegen nur unter Anwendung der Equity-Methode (IAS 28.13) bzw. Anteile an Joint Ventures zusätzlich unter Anwendung der Quotenkonsolidierung (IAS 31.30, 31.38) bilanziert werden. Mit der Einführung der beiden zusätzlichen Abbildungsmöglichkeiten ist der IASB Bedenken gefolgt, dass die verpflichtende Anwendung der Equity-Methode und der Quotenkonsolidierung für KMU nicht zweckmäßig sei, da die Beschaffung der erforderlichen Informationen und die Verwendung einheitlicher Bilanzierungs- und Bewertungsmethoden sowie Abschlussstichtage schwierig sei.[44] Der IASB hat sich daher entschieden, zusätzlich die Bewertung zu Anschaffungskosten abzüglich evtl. Wertminderungen oder die Bewertung zum beizulegenden Zeitwert mit erfolgswirksamer Erfassung der Wertänderungen zuzulassen (ED IFRS für KMU.BC83). Die Wahlrechte sind jeweils für alle Anteile an assoziierten Unternehmen bzw. alle Anteile an Joint Ventures gleich auszuüben.

VII. Leasing

53 Der Standardentwurf übernimmt die **Klassifizierung zwischen Finanzierungsleasing und Operating-Leasing** (ED IFRS für KMU 19.3). Für die Beurteilung, ob im Wesentlichen alle Chancen und Risiken, die mit dem Eigentum an dem Leasingobjekt verbunden sind, auf den Leasingnehmer übertragen worden sind und damit ein Finanzierungsleasing vorliegt, werden ebenfalls die Kriterien des IAS 17.10 herangezogen (ED IFRS für KMU 19.4). Im Gegensatz zu IAS 17, der eine getrennte Beurteilung der Gebäude- und Grundstückskomponenten bei einem Leasing von Grundstücken und Gebäuden vorschreibt (IAS 17.15), enthält der Entwurf für diesen Fall aber keine gesonderten Vorschriften.

54 Die Vorschriften zur Bilanzierung von **Operating-Leasingverhältnissen** entsprechen denen des IAS 17 (IAS 17.33-17.35, IAS 17.49-17.57). Beim **Finanzierungsleasing** behandelt der Standardentwurf nur die Sichtweise des Leasingnehmers, da der IASB die Ansicht vertritt, dass KMU in der Regel nicht als Leasinggeber auftreten. Die Erfassung des Leasinggegenstandes beim Leasingnehmer erfolgt zum beizulegenden Zeitwert. Ein Vergleich von beizulegendem Zeitwert und dem Barwert der Mindestleasingzahlungen ist nicht erforderlich (IAS 17.20). Nach Ansicht des IASB wird dadurch die Bewertung von Leasingvereinbarungen vereinfacht (ED IFRS für KMU.BC92). Inwiefern der beizulegende Zeitwert wirklich den für KMU einfacher zu ermittelnden Wert darstellt, werden erst die geplanten Feldversuche bzw. die Anwendung der Regelungen in der Praxis zeigen. Zumindest im Bereich des Spezialleasings könnte der Barwert der Mindestleasingzahlungen der vielleicht einfacher zu ermittelnde Wert sein.

VIII. Übergang auf den IFRS für KMU

55 Die Vorschriften zum Übergang auf den IFRS für KMU sind im Abschn. 38 zusammengefasst. Als **Erstanwender** gilt auch ein Unternehmen, das seinen letzten vorherigen Abschluss nach den vollen IFRS aufgestellt hat (ED IFRS für KMU 38.2 (c)).

---

43) Vgl. dazu Information for Observers, November 2005, Agenda Paper 7, S. 18-19, Rz. 62.
44) Vgl. dazu Information for Observers, November 2005, Agenda Paper 7, S. 13-14, Rz. 42.

Die Regelungen zur erstmaligen Anwendung entsprechen im Wesentlichen denen des IFRS 1 und sehen grundsätzlich eine vollständige **retrospektive Anwendung** der Regeln des Standards auf sämtliche Elemente der Eröffnungsbilanz zum Übergangszeitpunkt („date of transition") vor.[45] Der Übergangszeitpunkt wird in ED IFRS für KMU 38.4 anders als in IFRS 1 als der Beginn der Periode definiert, zu der das Unternehmen auch die in der Bilanz anzugebenden Vergleichsinformationen vollständig auf Basis der Inhalte des KMU-Standards darstellt. In der Eröffnungsbilanz sind die Ansatz-, Gliederungs- und Bewertungsregeln des KMU-Standards anzuwenden. Die sich aus den Unterschieden zu den zuvor angewendeten Regeln ergebenden Abweichungen sind lt. ED IFRS für KMU 38.6 direkt in den Gewinnrücklagen (oder, falls angemessen, in einer anderen Eigenkapitalkategorie) zu erfassen. 56

In dem Standardentwurf wird wie in IFRS 1 zwischen verpflichtenden Abweichungen und optionalen Ausnahmen vom Grundsatz der rückwirkenden Anwendung unterschieden.[46] Die in Abschn. 38.7 geregelten **verpflichtenden Abweichungen** entsprechen dabei grundsätzlich denen des IFRS 1.26. Auch die **optionalen Ausnahmen** wurden, sofern sie sich auf im Standardentwurf adressierte Vorschriften beziehen, im Wesentlichen von den Regelungen des IFRS 1 abgeleitet.[47] Über die optionalen Ausnahmen des IFRS 1 hinaus enthält der Entwurf eine zusätzliche Ausnahme für die Bilanzierung latenter Steuern. Sofern der Ansatz einer latenten Steuerschuld oder eines latenten Steueranspruchs bezogen auf den Unterschiedsbetrag zwischen dem Buchwert eines Vermögenswertes oder einer Schuld und seinem steuerlichen Wert mit unverhältnismäßig hohen Kosten und Arbeitsaufwand verbunden ist, braucht die entsprechende latente Steuerschuld oder der latente Steueranspruch nicht angesetzt zu werden (ED IFRS für KMU 38.8 (f)). 57

Obgleich die Formulierungen einiger Passagen des Abschn. 38 nicht eindeutig verständlich sind, wird erkennbar, dass es Erstanwendern ermöglicht werden soll, den Übergang auf den KMU-Standard nicht in einem Schritt vornehmen zu müssen, soweit entsprechende Impraktikabilitätsgründe vorliegen.[48] Sofern die Erstellung einer Eröffnungsbilanz nach den Vorschriften dieses Standards zum Umstellungszeitpunkt praktisch nicht durchführbar (**„impracticable"**) ist, sind die Regelungen dieses Abschnittes gem. ED IFRS für KMU 38.9 stattdessen für die früheste mögliche Periode anzuwenden. Das Unternehmen hat den Umstellungszeitpunkt und die Tatsache, dass die dargestellten Vorjahresinformationen ggf. nicht vergleichbar sind, anzugeben. Somit sind KMU nicht verpflichtet, **Vergleichsinformationen** darzustellen. Offen bleibt, ob sich diese Befreiung auf einzelne Posten oder die gesamte Bilanz erstreckt.[49] 58

IX. Anhangangaben

Im Diskussionspapier hat der IASB die Auffassung vertreten, dass insbesondere im Bereich der **Angabepflichten** Vereinfachungen möglich sind. Im Vergleich zu den Angabepflichten der vollen IFRS wurde der Umfang der Angaben in dem Standardentwurf auch deutlich reduziert. Angabeerfordernisse der vollen IFRS wurden in den Standardentwurf nicht übernommen, sofern der dazugehörige Themenkomplex in dem Entwurf nur mittels Querverweis auf die vollen IFRS behandelt wird (z. B. bei den Regelungen zur Zwischenberichterstattung[50]), eine Ansatz- und Bewertungsvorschrift durch eine leichtere Regelung ersetzt oder ein Wahlrecht nur per Querverweis in den Standardentwurf übernommen wurde (ED IFRS für KMU.BC119 (a)-(c)). Ferner wurden Angabepflichten nicht berücksichtigt (z. B. die Angabepflichten des IAS 36.130), die für KMU-Abschlussadressaten von untergeordneter Bedeutung sind oder Kosten-Nutzen-Gesichtspunkte gegen diese Anforderung sprechen (ED IFRS für KMU.BC119 (d)). 59

45) Vgl. zur Erstellung der Eröffnungsbilanz Kirsch, KoR 2006, S. 752.

46) Hinsichtlich der Regelungen in den vollen IFRS vgl. IFRS 1.13 ff. und 1.26 ff.

47) Einzig die Ausnahme, wonach Unternehmen bei erstmaliger Anwendung entscheiden können, für Sachanlagen im Zeitpunkt des Übergangs den beizulegenden Zeitwert zu ermitteln und diesen als Ersatz für die Anschaffungs- oder Herstellungskosten heranzuziehen, wird scheinbar nicht weitergegeben; allerdings in der Überschrift des ED IFRS für KMU 38.8 (b) erwähnt.

48) So auch Haller/Beiersdorf/Eierle, BB 2007, S. 550.

49) Vgl. dazu ED IFRS für KMU.BC93.

50) Vgl. Abschn. 37 des ED IFRS für KMU.

60 Insgesamt werden aber in jedem Abschnitt noch immer sehr **umfangreiche Anhangangaben** gefordert, die sich auf den ersten Blick eher an den Bedürfnissen des Kapitalmarktes anstatt an denen der Jahresabschlussadressaten nicht-kapitalmarktorientierter Unternehmen orientieren. Insbesondere bei kleineren Unternehmen mit einem begrenzten Geschäftsumfang (insbesondere Ein-Produkt-Unternehmen) könnte sich durch die detaillierten Angabeerfordernisse eine für deren Wettbewerbsposition nachteilige Transparenz ergeben. Ansatzpunkte für weitere Erleichterungen könnten daher neben einer weitergehenden Reduzierung des Umfangs der Angabepflichten auch eine Reduzierung des Detaillierungsgrades sein.[51)]

E. Ausblick

61 Der IASB möchte mit einem Standard für KMU zur Harmonisierung und Vergleichbarkeit der Abschlüsse von kleinen und mittelgroßen Unternehmen beitragen. Ziel ist es, dafür vereinfachte, eigenständige Rechnungslegungsnormen für kleine und mittelgroße Unternehmen zu entwickeln. Zugleich sollten die Normen für KMU auf den bestehenden vollen IFRS und dem Rahmenkonzept des IASB basieren. Diesen gegensätzlichen Kriterien gerecht zu werden, ist dem IASB bislang nur teilweise gelungen.[52)] Der ED IFRS für KMU enthält wenige konkrete Ansatz- und Bewertungserleichterungen. Darüber hinaus kann auch die Reduzierung der Anhangangaben noch nicht überzeugen. Letztlich scheinen die zahlreichen Verweise auf Regelungen in den vollen IFRS zwar eine effiziente Möglichkeit zu sein, den Umfang des KMU-Standards zu reduzieren; allerdings sind weiterhin IFRS-Kenntnisse zur Evaluierung der zur Verfügung stehenden Optionen und für nicht geregelte Sachverhalte erforderlich. Dadurch wird die angestrebte Eigenständigkeit stark eingeschränkt.

62 Die vom IASB als vorteilhaft angesehene Vergleichbarkeit wird aufgrund der zahlreichen Wahlrechte nur begrenzt erreicht. Dass deren konkrete Ausgestaltung ebenso wie die Festlegung des Anwenderkreises den nationalen Gesetzgebern obliegt, ist für die Vergleichbarkeit ebenfalls hinderlich. Es ist anzunehmen, dass die bestehenden Entscheidungsspielräume stark länderspezifisch ausgelegt werden, sodass im Ergebnis weder Anwendungsbereiche noch die angewandten Bilanzierungsregeln notwendigerweise vergleichbar sind.

63 Diese Aspekte sind jedoch auch vor dem Hintergrund des Ausgangspunktes des IASB zu beurteilen. Erstmalig hat der IASB sich mit Rechnungslegungsnormen für KMU beschäftigt und im Verlauf der intensiven ca. dreijährigen Diskussionen Erleichterungen eingeräumt. Die – insbesondere in Deutschland bestehende – Problematik der Abgrenzung von Eigen- und Fremdkapital[53)] wird in dem KMU-Standard zwar nicht gesondert aufgegriffen, allerdings ist dies angesichts der Tatsache, dass der IASB auf dem bestehenden Rahmenkonzept aufgesetzt hat, nachvollziehbar. Der IASB ist sich dieser Problematik sehr wohl bewusst. Entsprechende Projekte zur Überarbeitung der Regelungen zur Abgrenzung von Eigen- und Fremdkapital werden daher intensiv diskutiert.

64 Auf weitere notwendige Erleichterungen sollte der IASB im Rahmen von hoffentlich zahlreichen Stellungnahmen aufmerksam gemacht werden. Diese können bis zum Ende der Kommentierungsfrist am 1.10.2007 eingereicht werden. Es ist absehbar, dass zahlreiche Themen erneut diskutiert werden müssen. Dies gilt gerade auch deshalb, weil die vollen IFRS bereits heute Realität für mittelständische Unternehmen sind. Ein KMU-Standard, der die Bedürfnisse der KMU-Abschlussadressaten und der KMU zweckmäßig widerspiegelt, wird weltweit und auch in Europa auf große Akzeptanz stoßen können. Es sollte daher noch stärker das Ziel verfolgt werden, ein auf diese Bedürfnisse ausgerichtetes separates Normenwerk zu entwickeln.

---

51) Vorschläge für eine Reduzierung des Umfangs sowie des Detaillierungsgrades wurden vom DRSC in seinem Schreiben vom 15.1.2006 dem IASB unterbreitet. Zu dieser Möglichkeit auch ED IFRS für KMU.AV (abweichende Sichtweise eines IASB-Mitglieds).

52) Zu dieser Problematik vgl. Beiersdorf/Schreiber, DStR 2006, S. 481.

53) Vgl. zur dieser Problematik stellvertretend für viele Breker/Harrison/Schmidt, KoR 2005, S. 469 ff.

IFRIC D19 – IAS 19: The Limit in a Defined Benefit Asset, Minimum Funding Requirements and their Interaction

Bearbeitet von:
Rolf Funk

Inhalt

Schrifttum

Hasenburg, Klarstellung bei der Bilanzierung von Planvermögen – Interpretationsentwurf IFRIC D19 relativiert Auswirkung von Mindestdotierungsverpflichtungen, WPg 2006, S. 1400.

A. Gegenstand und Relevanz

I. Inhalt

Im Entwurf der Interpretation zu IAS 19, IFRIC D19, geht es um zwei, häufig unabhängige, Themenbereiche 1 im Zusammenhang mit der Rechnungslegung für Leistungen an Arbeitnehmer nach IAS 19 („Employee Benefits"). Zum einen geht es um die Bilanzierung und Bewertung von Nettovermögensüberhängen in einem leistungsorientierten Altersversorgungssystem, die einer Wertobergrenze unterliegen, und zum anderen um den Effekt von Mindesteinzahlungsverpflichtungen in ein (überdotiertes) leistungsorientiertes Altersversorgungssystem jeweils aus Sicht des bilanzierenden Unternehmens. Ohne dass dies aus der Überschrift deutlich wird, bezieht sich IFRIC D19 dabei nicht nur auf den Fall, dass ein Nettovermögensüberhang (z. B. bei übersteigendem Planvermögen im Vergleich zu den Pensionsverpflichtungen) **bereits besteht**, sondern auch auf Situationen, in denen ein Nettovermögensüberhang erst durch eine Mindesteinzahlungsverpflichtung **hervorgerufen** würde. Dabei regelt IFRIC D19 insbesondere, in welcher **Höhe** der Nettovermögensüberhang bzw. die Pensionsrückstellung zu verändern ist, wenn dem Unternehmen nur aus einem Teil des einzuzahlenden Mindestbeitrags ein wirtschaftlicher Nutzen erwächst.

Im Ergebnis ist der Nettovermögensüberhang nur dann anzusetzen, wenn das Unternehmen einen **vorbehaltslosen Anspruch** in Form einer Rückerstattung oder in Form einer Minderung künftiger an diesen Fonds zu leistender Beitragszahlungen besitzt. Sofern ein bereits bilanzierter Vermögenswert existiert, ist dieser beim Vorliegen einer **zukünftigen** gesetzlichen oder vertraglichen Mindesteinzahlungsverpflichtung in der Höhe abzustocken, die dem zukünftigen wirtschaftlichen „Nicht-Nutzen" entspricht, der z. B. daraus resultiert, dass dem Unternehmen künftig keine entsprechenden Beitragsreduzierungen oder Beitragsrückerstattungen zur Verfügung stehen. In dem anderen Fall, in dem der Vermögenswert erst durch die Mindesteinzahlung zum Ansatz kommen würde, würde der zukünftige abdiskontierte Nicht-Nutzen die Pensionsrückstellung entsprechend erhöhen. 2

II. Bedeutung

3 Besonders bedeutsam und keineswegs unproblematisch ist, dass IAS 19 durch den in IFRIC D19 vorgesehenen Einbezug nicht nur der laufenden, sondern auch der zukünftig erforderlichen Mindesteinzahlungsverpflichtungen in die Bewertung der zum Bilanzstichtag anzusetzenden Rückstellung **grundlegend verändert** wird. Bisher konnte gem. IAS 19.103 nämlich davon ausgegangen werden, dass Einzahlungsverpflichtungen dem Planvermögen erst dann zuzurechnen sind, wenn die Zahlung erfolgt ist und ggf. hinsichtlich einer möglichen Begrenzung des Nettovermögenswertes der Test gem. IAS 19.58 durchgeführt ist. Nach dem gegenwärtigen Stand des Entwurfs wäre beim Vorliegen zukünftiger Mindesteinzahlungsverpflichtungen eine zusätzliche Rückstellung in Höhe der nichtnutzbaren Teilbeträge bereits im Zeitpunkt der Entstehung solcher Mindesteinzahlungsverpflichtungen zu bilanzieren. IFRIC setzt damit diese Art von Verpflichtungen mit verlustbringenden Verträgen gleich.

III. Anwendungsbereich

4 Betroffen sind alle Unternehmen mit leistungsorientierten Altersversorgungssystemen und einem Nettovermögensüberhang bzw. alle diejenigen Unternehmen, bei denen eine zukünftige gesetzliche oder vertragliche Mindesteinzahlungsverpflichtung besteht, unabhängig davon, ob ein Nettovermögenswert bereits existiert oder erst durch eine zukünftige Mindesteinzahlungsverpflichtung hervorgerufen wird.

IV. Regelungszusammenhänge

5 Nach *IAS 19 – Leistungen an Arbeitnehmer* ist bei leistungsorientierten Plänen die saldierte Größe aus Pensionsverpflichtungen und Planvermögen in der Bilanz auszuweisen. Übersteigt das Planvermögen die Pensionsverpflichtungen, so ist nach IAS 19.58 ein Vermögensposten nur bis zu der Höhe anzusetzen, der dem zukünftigen abdiskontierten ökonomischen Nutzen entspricht. Einzahlungsverpflichtungen sind gem. IAS 19.103 erst bei erfolgter Zahlung dem Planvermögen zuzurechnen.

V. Definitionen

6 Ein **Nettovermögensüberhang** liegt vor, wenn das Planvermögen die abdiskontierten Versorgungsverpflichtungen übersteigt und die Höhe dem abdiskontierten ökonomischen Nutzen in Form von Beitragsrückerstattungen oder Beitragsreduzierungen entspricht.

Mindesteinzahlungsverpflichtungen sind unmittelbare oder mittelbare Verpflichtungen eines Unternehmens, einen leistungsorientierten Versorgungsplan oder anderen langfristigen Versorgungsplan (z. B. für medizinische oder andere Versorgungsleistungen) über Beiträge zu finanzieren, wenn das Unternehmen die entsprechenden Gegenleistungen am Bilanzstichtag erhalten hat.

B. Berücksichtigung von Mindesteinzahlungsverpflichtungen

7 Eine Mindesteinzahlungsverpflichtung hat normalerweise keinen Effekt auf die Bewertung eines Nettovermögenswertes oder einer Nettoverpflichtung, da in dem Moment, in dem die Zahlung erfolgt, die Mittel im Planvermögen zur Verfügung stehen und die Einzahlungsverpflichtung erlischt (IAS 19.103). Dies ist besonders deutlich, solange eine Unterdeckung eines Versorgungsplans vorliegt, da in diesem Fall jede zusätzliche Einzahlung nicht nur dem Planvermögen gutgeschrieben wird und damit den Leistungsempfängern zugute kommt, sondern auch in vollem Umfang die Verpflichtung des Unternehmens reduziert.

8 Liegt hingegen das **Planvermögen über den Verpflichtungen**, stellt sich die Frage, ob das Unternehmen diesen Nettovermögensüberhang des Versorgungsplans in seiner eigenen Bilanz in voller Höhe als Vermögenswert ausweisen darf. Die bestehenden Regelungen des IAS 19.58 sehen für diesen Fall eine Ansatz-Obergrenze vor, die daraus resultiert, dass nur der Betrag, der an das Unternehmen in Form von zukünftigen Beitragsreduzierungen oder Beitragsrückerstattungen zurückfließen kann, einen Vermögenswert des Unternehmens darstellen kann. Bei Anwendung der Korridormethode ist darüber hinaus der (Verlust-)Saldo aus noch nicht

ergebniswirksam erfassten versicherungsmathematischen Gewinnen und Verlusten und dem noch nicht ergebniswirksam erfassten nachzuverrechnenden Dienstzeitaufwand zu berücksichtigen.

Sofern die **Bedingungen zum vollen Ansatz** eines Nettovermögenswertes für zukünftige Mindesteinzahlungen aufgrund gesetzlicher oder vertraglicher Vereinbarungen bereits **absehbar nicht erfüllt** sein werden, schlägt IFRIC im vorliegenden Entwurf vor, die Bewertung des Nettovermögenswertes zu mindern bzw. eine zusätzliche Pensionsrückstellung bereits zu dem Zeitpunkt anzusetzen, zu dem die Mindesteinzahlungsverpflichtung entsteht, und nicht erst im Zeitpunkt der Zahlungsfälligkeit. Dadurch soll sichergestellt werden, dass zum späteren Zahlungszeitpunkt keine Ergebnisauswirkungen mehr eintreten. 9

IFRIC D19 ging im veröffentlichten Entwurf nicht darauf ein, welche **Arten von Mindesteinzahlungsverpflichtungen** betroffen sind. Eine Zusage des Arbeitgebers (z. B. einen festen Prozentsatz des Gehaltes als laufende Einzahlung in einen Pensionsfond zu leisten) könnte daher ebenso unter die Definition fallen wie eine bindende Aufforderung einer Aufsichtsbehörde (z. B. der BaFin) oder eines externen Fondsverwalters, die Beitragshöhe für die nächsten × Jahre anzupassen. Hier wird von Seiten des IFRIC in der endgültigen Interpretation eine Klarstellung erfolgen; danach fällt die Zusage in einem Arbeitsvertrag, einen bestimmten Prozentsatz der Vergütung von Seiten des Unternehmens zusätzlich einzuzahlen, nicht unter die Definition der Mindesteinzahlungsverpflichtung. 10

Der Ansatz eines vom Unternehmen kontrollierten zukünftigen wirtschaftlichen Nutzens (z. B. durch Beitragsreduzierung oder Beitragsrückerstattungen) unterliegt dabei **keiner zeitlichen Restriktion.** Solange der Nutzenrückfluss bis zum Ablauf des Plans realisierbar oder die Planverbindlichkeiten abschließend erfüllt sind, ist dieser einzubeziehen. Es wird also explizit nicht auf die Realisierbarkeit am Bilanzstichtag abgestellt, wohl aber auf die **absolute Sicherheit des Rückflusses** („will" (be realisable/refunded)). Dies bedeutet, dass für alle Versorgungspläne, deren zugehöriges Planvermögen von unabhängigen (externen) Verwaltern betreut wird, das Unternehmen keine zukünftigen Nutzenrückflüsse ansetzen kann. Ferner ist zu beachten, dass erwartete Vertragsänderungen im Hinblick auf die Mindesteinzahlungsverpflichtungen nur dann berücksichtigt werden können, wenn die Vereinbarung zum Bilanzstichtag bereits abgeschlossen ist oder zumindest mit Sicherheit eintreten wird („substantially enacted"). Ein Ansatz von Rückerstattungsansprüchen, die sich aus der Anwendung von sich gegenseitig ausschließenden Parametern ergeben würden, ist unzulässig. 11

Berechnet wird der **zukünftige wirtschaftliche Nutzen bzw. „Nicht-Nutzen"**, der zu einer Begrenzung des Nettovermögenswertes bzw. zu einer Erhöhung der Rückstellung führt, als Differenz des abdiskontierten künftigen Dienstzeitaufwands zu den zukünftigen Mindesteinzahlungen über die Planlaufzeit. Dabei ist für die Ermittlung des Vermögenswerts von den gleichen Parametern auszugehen, die auch für die Berechnung der Verpflichtungshöhe angesetzt werden. Dies schließt die Annahme stabiler demografischer Daten wie z. B. konstante Mitgliederzahl ein. Nur in den Fällen, in denen das Unternehmen sich nachweislich zum Bilanzstichtag bereits zu einer Reduzierung der Mitgliederanzahl im Versorgungsplan verpflichtet hat, ist diese Reduzierung der Mitgliederanzahl in die Berechnung einzubeziehen. Insoweit die Rückerstattung dem Unternehmen in Form eines einmaligen Betrags oder reduzierten Beitrags erst in der Zukunft zufließt, ist dieser entsprechend abzudiskontieren. Ein etwaiger Anpassungseffekt ist je nach gewählter IAS 19-Option entweder direkt in der GuV oder in der Aufstellung der erfassten Aufwendungen und Erträge („Statement of recognized income or expense") zu erfassen. 12

Die folgenden zwei Beispiele verdeutlichen den **Wirkungsmechanismus** des Entwurfs auf die Bewertung des Nettovermögensüberhangs (Beispiel 1) bzw. der Pensionsrückstellung (Beispiel 2): 13

Beispiel 1: Bereits bestehender Vermögenswert (+) wird reduziert

Zeitwert des Planvermögens	Barwert der leistungsorientierten Verpflichtung	Delta bzw. MEV	Begrenzung (hier 40 %)	Bilanzansatz
1 000	800	200	./. 80	120
zukünftige Mindesteinzahlungsverpflichtung (MEV):		100	./. 40	**./. 40**
				80

Beispiel 2: Durch Einzahlung bedingter Vermögenswert führt zu höherer Rückstellung (./.)

Zeitwert des Planvermögens	Barwert der leistungsorientierten Verpflichtung	Delta bzw. MEV	Begrenzung (hier 40 %)	Bilanzansatz
800	1 000	./. 200	0	./. 200
zukünftige Mindesteinzahlungsverpflichtung (MEV):		300		
		100	./. 40	**./. 40**
				./. 240

14 Unter der Voraussetzung, dass die Leistungen der Arbeitnehmer für den Zeitraum der Mindesteinzahlungsverpflichtung bereits erbracht worden sind, stellt sich die Frage hinsichtlich des **Zeitpunktes der Aufwandserfassung** für den durch die Begrenzung des IAS 19.58 berechneten Anteil. Eine Verpflichtung ist im Rahmenkonzept generell definiert als ein Abfluss von ökonomischen Ressourcen auf Grund eines vergangenen Ereignisses. Der zukünftige Abfluss ist gegeben, aber die Begrenzung des ökonomischen Vorteils resultiert nicht aus dem Zahlungsvorgang an sich, da die Mittel dem Planvermögen voll zur Verfügung stehen, sondern aus der Ansatzregel des IAS 19.58, die, nachdem die Zahlung erfolgt ist, anzuwenden ist. Daher geht u. E. eine Berücksichtigung der Begrenzung für zukünftige Zahlungsverpflichtungen (Antizipation zukünftiger Verluste) zum Zeitpunkt des Entstehens über den Rahmen einer Interpretation hinaus.

C. Ausblick

15 Die Kommentierungsfrist zu IFRIC D19 ist am 31.10.2006 abgelaufen. Aufmerksam zu verfolgen ist, inwieweit im IFRIC oder IASB die auch von verschiedenen Kommentatoren aufgeworfene Frage diskutiert wird, ob eine Änderung eines Standards (wie sie aus IFRIC D19 resultiert) durch eine „bloße" Interpretation dem selbstauferlegten Entwicklungsprozess („due process") des IASB entspricht. IFRIC hat die eingegangenen Kommentare auf der Sitzung im März 2007 erörtert und beschlossen, die grundsätzliche Vorgehensweise mit einigen redaktionellen Klarstellungen und Änderungen beizubehalten. In der Mai-Sitzung des IFRIC wurde IFRIC D19 erneut besprochen und mit weiteren redaktionellen Klarstellungen und Änderungen verabschiedet. Eine Notwendigkeit für eine zweite Veröffentlichung bzw. eine weitere Kommentierungsrunde wurde vom IFRIC verneint und daher beschlossen, die finale Interpretation dem IASB zur Sitzung im Juni mit der Zielsetzung, IFRIC D19 im Juli 2007 zu veröffentlichen, vorzulegen.

16 Die IFRIC D19-Interpretation zu IAS 19 soll für Abschlüsse mit Berichtsperioden **ab 1.1.2008** anzuwenden sein und **nicht rückwirkend** nach IAS 8.

IFRIC D20 – Customer Loyalty Programmes

Bearbeitet von:
Christoph Hütten und Isabell Nehmeyer-Srocke

Inhalt

Schrifttum

Driesch, IFRIC D20: Bilanzierung von Kundenbindungsprogrammen, WPg 2006, S. 1345;

IASB, Information for Observers: Customer Loyalty Programmes, May 2006;

IASB, Information for Observers: Customer Loyalty Programmes, July 2006;

IASB, Information for Observers: Customer Loyalty Programmes, March 2007;

Hayn, S., Ertragsrealisierung, in Ballwieser u. a. (Hrsg.), Wiley Kommentar zur internationalen Rechnungslegung nach IFRS 2007, Weinheim, 3. Aufl. 2007, Abschn. 7;

Kühne/Schreiber, Bilanzierung von Kundenbindungsprogrammen nach IFRS: Darstellung und kritische Würdigung des Interpretationsentwurfs IFRIC D20, KoR 2006, S. 573;

Lüdenbach/Hoffmann (Hrsg.), Haufe IFRS-Kommentar, Freiburg i. Br., 4. Aufl. 2006;
Matena, Bonusmeilen, Rabattpunkte und ähnliche Kundenbindungsprogramme – IFRIC D20 Customer Loyality Programmes, Accounting 12/2006, S. 5;
Wüstemann/Kierzek, Bilanzierung von Kundentreueprogrammen nach IFRS: Schließung der Regelungslücke durch IFRIC D20 Customer Loyalty Programmes?, BB 2006, S. 2810;
Zimmermann/Abée, Die Bilanzierung von Bonusprogrammen nach IFRS und HGB, PiR 2007, S. 8.

A. Gegenstand und Relevanz

I. Inhalt

1 IFRIC D20 regelt die Bilanzierung von Kundenbindungsprogrammen (zur Definition →Rz. 8 ff.), d. h. von Programmen, durch die Unternehmen ihren Kunden bei Kauftransaktionen oder zu anderen Anlässen Werteinheiten gewähren, mittels derer die Kunden Waren oder Dienstleistungen vergünstigt oder kostenlos erwerben bzw. in Anspruch nehmen können. Dabei gilt IFRIC D20 unabhängig davon, ob es sich um ein unternehmenseigenes Kundenbindungsprogramm handelt (→Rz. 11 ff.) oder ob das Unternehmen seinen Kunden Vergünstigungen im Rahmen des Kundenbindungsprogramms eines Drittanbieters gewährt (→Rz. 26 ff.).

II. Bedeutung

2 Laut IFRIC D20.BC2 existieren aufgrund mangelnder Regelungen innerhalb der IFRS unterschiedliche Ansätze zur Bilanzierung von Kundenbindungsprogrammen. Einige Unternehmen bilden im Zeitpunkt der Zuteilung von Werteinheiten an den Kunden **Rückstellungen** für die aus den Programmen resultierenden Kosten. Andere Unternehmen grenzen in Höhe des Nutzens für den Kunden **Umsatz** ab und realisieren diesen bei Inanspruchnahme der Vergünstigung durch den Kunden.[1] Da sich, je nach Ausübung dieses faktischen Wahlrechts, sowohl der in einer Periode realisierte Umsatz als auch die Gewinnhöhe unterscheiden, kommt der Vereinheitlichung der Bilanzierung durch IFRIC D20 eine große Bedeutung zu.

3 Faktisch könnte die Bedeutung des IFRIC D20 **deutlich über seinen unmittelbaren Anwendungsbereich** hinausgehen. Mit IFRIC D20 wird erstmalig innerhalb der IFRS ein Aufteilungsmaßstab für die Umsatzallokation bei Multi-Element-Verträgen geregelt (→Rz. 15). Es bleibt abzuwarten, inwiefern dies Auswirkungen auf die Umsatzrealisierung insgesamt haben wird.

III. Anwendungsbereich

1. Sachlicher Anwendungsbereich

4 D20 regelt ausschließlich die Bilanzierung von Vergünstigungen, die dem Kunden im Rahmen eines Kundenbindungsprogramms (zur Definition →Rz. 8 ff.) gewährt werden, bei dem Unternehmen, das die Vergünstigungen gewährt.

5 Die **Umsatzrealisierung bei dem Anbieter des Kundenbindungsprogramms** ist nicht Gegenstand des IFRIC D20. Dieser Aspekt soll im Rahmen eines separaten IFRIC-Projekts behandelt werden.[2]

2. Zeitlicher Anwendungsbereich

6 Die Kommentierungsfrist zum IFRIC D20 endete am 6.11.2006. Gemäß IFRIC D20.12 sollen die Regelungen **drei Monate** nach Veröffentlichung der finalen Interpretation anzuwenden sein. Wann dies sein wird, sagt IFRIC D20 nicht. Eine frühere Anwendung wird empfohlen. Diese ist ggf. im Anhang anzugeben. Die Anwendung hat retrospektiv zu erfolgen.

---

1) Vgl. zur Bedeutung von Kundenbindungsprogrammen in Deutschland sowie zur Bilanzierung nach HGB Zimmermann/Abée, PiR 2007, S. 8 ff.
2) Vgl. Driesch, WPg 2006, S. 1348.

IV. Regelungszusammenhänge

Die derzeitigen Bilanzierungsweisen von Kundenbindungsprogrammen resultieren aus den unterschiedlichen Vorschriften des IAS 18. Einerseits fordert IAS 18.13 die Kriterien zur Umsatzrealisation auf verschiedene Komponenten einer Umsatztransaktion anzuwenden, um den wirtschaftlichen Sachverhalt einer Transaktion widerzuspiegeln. Andererseits sieht IAS 18.16 vor, dass der Umsatz aus einem Verkaufsgeschäft bereits vereinnahmt werden kann, bevor alle Bestandteile des Verkaufsgeschäft erfüllt sind, sofern der Verkäufer keine wesentlichen Eigentümerrisiken und -chancen an den verkauften Produkten zurückbehält. Gleichzeitig sind alle mit dem Verkauf in Zusammenhang stehenden Aufwendungen, auch wenn sie erst künftig entstehen werden, im Zeitpunkt der Umsatzrealisation als Rückstellung zu erfassen (IAS 18.19). Insofern gewährt IAS 18 ein Wahlrecht zur Behandlung von Kundenbindungsprogrammen. 7

V. Definitionen

1. Definition von Kundenbindungsprogrammen

IFRIC D20 enthält keine explizite Definition von Kundenbindungsprogrammen. Aus IFRIC D20.1 ergibt sich jedoch, dass das IFRIC hierunter solche Programme subsumiert, im Rahmen derer ein Kunde bei jedem Kauf von Produkten oder bei jeder Inanspruchnahme von Dienstleistungen des Unternehmens Werteinheiten (Punkte, Meilen, etc.) erhält, die dafür eingesetzt werden können, Waren oder Dienstleistungen **vergünstigt oder kostenlos** zu erwerben bzw. in Anspruch zu nehmen. Auch wenn das Programm vorsieht, dass der Kunde Werteinheiten für andere Handlungen als den Kauf oder die Inanspruchnahme von Waren oder Dienstleistungen erhält, gilt dieses als Kundenbindungsprogramm, da IFRIC D20.1 nicht nur von dem Erwerb bzw. der Inanspruchnahme von Waren und Dienstleistungen spricht, sondern auch einen „another qualifying act" zulässt. Zu diesen anderweitigen Handlungen dürften z. B. die Zuteilung von Werteinheiten bei bestimmten Anlässen wie Eintritt in das Programm, zu Geburtstagen, o. Ä. gehören. 8

Im Rahmen der Diskussion der im Due Process zum IFRIC D20 eingegangenen Stellungnahmen wurde vom IFRIC in den Sitzungen im Januar und im März 2007 eine mögliche Einschränkung des Anwendungsbereichs des IFRIC D20 erwogen. Danach soll klargestellt werden, dass nur solche Bonusprogramme als Kundenbindungsprogramme gelten, die mit einem Kaufgeschäft in Zusammenhang stehen. Hierzu soll jedoch die Definition des IFRIC D20.3 im Wesentlichen unverändert bleiben. Lediglich die Erläuterungen sollen um einige klarstellende Erklärungen ergänzt werden. Ob diese Ergänzungen dazu führen, dass Bonuspunkte, die im Zusammenhang mit anderen Handlungen als Kaufgeschäften gewährt werden, nicht gem. IFRIC D20 zu bilanzieren sind, kann derzeit noch nicht abgesehen werden.[3] 9

Die Definition von Kundenbindungsprogrammen gilt unabhängig davon, ob die Einlösung der Werteinheiten an **bestimmte Bedingungen** geknüpft ist. Nach IFRIC D20.2 gilt ein Programm unabhängig davon als Kundenbindungsprogramm, ob der Kunde eine bestimmte Zahl von Werteinheiten sammeln muss, bevor er Anspruch auf Vergünstigungen hat. Ebenso spielt es keine Rolle, ob die Zuteilung von Werteinheiten auf Basis einzelner Kauftransaktionen oder einer bestimmten Anzahl an Kauftransaktionen oder von Käufen über einen bestimmten Zeitraum erfolgt. Außerdem ist es unbedeutend, ob die Werteinheiten zum Kauf bzw. zur Inanspruchnahme von Produkten/Dienstleistungen des bilanzierenden Unternehmens oder von anderen Unternehmen eingesetzt werden können. Die Aufzählung der möglichen Bedingungen in IFRIC D20.2 ist nicht als abschließend zu betrachten. Sofern die Merkmale des IFRIC D20.1 erfüllt sind, können auch andere als die in IFRIC D20.2 genannten Restriktionen bestehen, ohne dass das Kundenbindungsprogramm aus dem Anwendungsbereich des IFRIC D20 herausfällt. Damit ist IFRIC D20 beispielsweise unabhängig davon anwendbar, ob die Werteinheiten innerhalb einer bestimmten Frist einzulösen sind. 10

---

3) Vgl. IASB, Information for Observers March 2007, Paper 2(v), Rz. 7.

2. Arten von Kundenbindungsprogrammen

11 IFRIC D20 erläutert nicht die verschiedenen Varianten von Kundenbindungsprogrammen, sondern stellt in IFRIC D20.2 und IFRIC D20.3 lediglich klar, in welchen Fällen IFRIC D20 einschlägig ist:

- Sowohl in dem Fall, in dem ein Unternehmen ein **eigenes Kundenbindungsprogramm** betreibt,
- als auch in dem Fall, in dem ein Unternehmen an dem **Kundenbindungsprogramm eines anderen Unternehmens** teilnimmt.

Damit ist die Bilanzierung für beide Fälle grundsätzlich identisch. Die spezifischen Charakteristika der Programme wirken sich jedoch aus (→ Rz. 12 ff., → Rz. 21 ff.).

12 Grundsätzlich lassen sich aus Sicht des berichtenden Unternehmens zwei **Reinformen** von Programmen unterscheiden. Diese Unterscheidung nimmt auch der U.S.-amerikanische Standardsetter in der Interpretation EITF 00-22.3 vor:

- **Unternehmenseigene Kundenbindungsprogramme:** Bei diesen Programmen kann der Kunde erhaltene Werteinheiten zum Erwerb von Waren und zur Inanspruchnahme von Dienstleistungen des bilanzierenden Unternehmens einsetzen. Hierzu gehören im einfachsten Fall Programme, die beim Kauf einer bestimmten Anzahl von Waren ein zusätzliches kostenloses Stück gewähren (z. B., dass beim Kauf von drei Stücken innerhalb von x Tagen ein viertes Stück kostenlos gewährt wird).
- **Drittanbieter-Kundenbindungsprogramme:** Bei diesen Programmen kann der Kunde erhaltene Werteinheiten zum Erwerb von Waren und zur Inanspruchnahme von Dienstleistungen anderer Unternehmen einsetzen. Zu diesen Programmen gehören zum einen die sog. „Broad Based-Programme", die von Unternehmen angeboten werden, deren eigentlicher Unternehmenszweck das Betreiben eines solchen Programms ist. Zum anderen fällt hierunter die Teilnahme an einem unternehmenseigenen Programm eines anderen Unternehmens (z. B. wenn ein Hotel Werteinheiten (Meilen) aus dem Kundenbindungsprogramm einer Fluggesellschaft gewährt).

13 Vielfach kommen in der Praxis auch **Kombinationen** von unternehmenseigenen und Drittanbieter-Programmen vor. Solche Kombinationen liegen immer dann vor, wenn die Kunden Werteinheiten sowohl zum Kauf bzw. zur Inanspruchnahme von Waren und Dienstleistungen des bilanzierenden Unternehmens als auch von anderen Unternehmen einsetzen können.

3. Nicht als Kundenbindungsprogrammmaßnahmen geltende Leistungen an Kunden

14 Erhält der Kunde im Rahmen des Programms Werteinheiten auch für andere Handlungen als für den Kauf oder die Inanspruchnahme von Waren und Dienstleistungen des bilanzierenden Unternehmens, ändert dies nichts an der Einstufung eines Programms als Kundenbindungsprogramm (→ Rz. 8). Daraus kann jedoch nicht geschlossen werden, dass alle Maßnahmen, die dem Kunden Vergünstigungen beim Kauf von Waren oder der Inanspruchnahme von Dienstleistungen gewähren, als Kundenbindungsprogramme gelten. So fehlt es z. B. bei **Rabattgutscheinen**, die über eine Zeitungsanzeige oder auf anderen Wegen breit verteilt werden, an einer Handlung des Kunden. Daher fallen solche Maßnahmen nicht unter IFRIC D20.[4] Ebenso gelten **Volumenrabatte**, **Schlussverkäufe** und ähnliche **Barrabattaktionen** nicht als Kundenbindungsprogramme, da sich bei diesen der Kundennutzen in der eigentlichen Kauftransaktion manifestiert und nicht im vergünstigten Erwerb bzw. der vergünstigten Inanspruchnahme weiterer Waren oder Dienstleistungen.

B. Bilanzierung von Kundenbindungsprogrammen

I. Bilanzierung von unternehmenseigenen Kundenbindungsprogrammen

1. Grundsätzliche Vorgehensweise: Umsatzallokation

15 IFRIC D20 verlangt, dass die Werteinheiten, die der Kunde im Rahmen eines Kundenbindungsprogramms erhält, als eigenständige Leistung des Unternehmens zu sehen sind (IAS 18.13). Damit wird die Kauftransak-

4) Vgl. IASB, Information for Observers, May 2006, Rz. 5.

tion, die dem Kunden die Werteinheiten eingebracht hat, als ein **Multi-Element-Vertrag** behandelt, im Rahmen dessen das Unternehmen mit dem eigentlichen Kaufobjekt und den Werteinheiten zwei Leistungen erbringt. Aus dieser Betrachtung folgert IFRIC D20, dass der Gesamtumsatz der Kauftransaktion **auf die beiden Leistungen aufzuteilen** ist. Somit wird nur der Teil des Umsatzes realisiert, für den die üblichen Realisierungsbedingungen erfüllt sind. Der andere Teil wird realisiert, wenn die Umsatzrealisierungsbedingungen für die Werteinheiten erfüllt sind (→ Rz. 24 ff.).

Nicht zulässig ist damit die alternativ denkbare Bilanzierung, bei der der volle Umsatz realisiert wird, wenn die üblichen Umsatzrealisierungsbedingungen für das Kaufobjekt erfüllt sind und für die Werteinheiten eine Rückstellung gebildet wird (IAS 18.19). 16

2. Bemessung des zu allokierenden Umsatzes

Da die IFRS keine allgemeinen Vorschriften zur Umsatzaufteilung bei Multi-Element-Verträgen beinhalten, muss IFRIC D20 die Umsatzallokation eigenständig regeln. IFRIC D20.6 bestimmt hierzu, dass die Verteilung des Gesamtumsatzes auf das eigentliche Kaufobjekt einerseits und die im Zusammenhang mit dem Kauf gewährten Werteinheiten aus dem Kundenbindungsprogramm andererseits entsprechend dem **Verhältnis der beizulegenden Zeitwerte** der beiden Elemente zu erfolgen hat. 17

Wie der **beizulegende Zeitwert** der Werteinheiten **zu ermitteln** ist, gibt IFRIC D20 nicht verbindlich vor. IFRIC D20.BC10 formuliert jedoch die Anforderung, dass das Verfahren anzuwenden ist, das den beizulegenden Zeitwert im konkreten Fall am zutreffendsten ermittelt. 18

IFRIC D20.7 zeigt ein **mögliches Verfahren** auf, das jedoch in IFRIC D20.BC10 explizit als nicht verbindlich charakterisiert wird. Hiernach wird der beizulegende Zeitwert der Werteinheiten wie folgt geschätzt: 19

$$\left(\begin{array}{c}\text{Rabatt, den der Kunde bei Einlösen}\\ \text{der Werteinheiten erhalten würde}\end{array} - \begin{array}{c}\text{Rabatt, den ein Kunde ohne Einlösen}\\ \text{von Werteinheiten bekommen würde}\end{array}\right) \times (1 - \text{Verfallsrate})$$

Dabei bezeichnet die Verfallsrate den Teil der ausgegebenen Werteinheiten, die voraussichtlich nicht eingelöst werden.

Gemäß IFRIC D20.7 ist eine **Abzinsung** erforderlich. Diese dürfte jedoch aus Wesentlichkeitsgründen nur bei längerfristigen Programmen in Frage kommen. 20

IFRIC D20 lässt offen, wie in dem in IFRIC D20.7 vorgeschlagenen Verfahren der **Rabatt** der Ware oder Dienstleistung, den der Kunde für die angesammelten Werteinheiten bei Einlösung erhält, und der Rabatt, den ein Kunde bei Erwerb der Ware ohnehin erhalten würde, **zu ermitteln** ist.[5] Es bietet sich u. E. folgende Vorgehensweise an: 21

- Der Rabatt aus dem Kundenbindungsprogramm ergibt sich als Differenz zwischen den Marktpreisen und den Preisen, die der Kunde bei Einlösung der Werteinheiten zu entrichten hat.
- Falls das bilanzierende Unternehmen die Produkte/Leistungen, für deren Bezug die Werteinheiten verwendet werden können, außerhalb des Kundenbindungsprogramms nicht anbietet, die Produkte/Leistungen jedoch von anderen Unternehmen angeboten werden, kommt eine Ermittlung des beizulegenden Zeitwerts der Produkte/Leistungen über **Marktbeobachtung** in Betracht. Hierbei dürfte es angebracht sein, den durchschnittlichen Marktpreis heranzuziehen.
- Gleiches dürfte gelten, wenn das bilanzierende Unternehmen die Produkte/Leistungen selbst zu **Preisen oberhalb der beobachteten Marktpreise** anbietet. Dies gilt jedoch nur, wenn es sich um in jeder Hinsicht vergleichbare Produkte handelt, z. B. ein Küchengerät vom gleichen Hersteller oder, sofern der Hersteller dieses Produkt nur im Rahmen des Programms vertreibt, das Küchengerät mit gleichen Funktionen.
- Der beizulegende Zeitwert ist auch heranzuziehen, wenn das Unternehmen, bei dem die Werteinheiten eingelöst werden können, die Waren/Dienstleistungen unterhalb der Marktpreise im Rahmen des Kundenbin-

---

5) Vgl. zu den praktischen Anwendungsschwierigkeiten Matena, Accounting 12/2006, S. 7.

dungsprogramms anbietet. Das ist z. B. der Fall, wenn die Werteinheiten einem Geldwert entsprechen und der für eine Ware/Leistung zu bezahlende Betrag an Werteinheiten unterhalb des Marktpreises liegt.

- Werden die Produkte/Leistungen weder vom bilanzierenden Unternehmen noch anderen Unternehmen außerhalb des Kundenbindungsprogramms angeboten, sind ihre beizulegenden Zeitwerte nach den allgemeinen Grundsätzen der Ermittlung von beizulegenden Zeitwerten bei fehlenden Marktpreisen zu ermitteln.[6] Dies kann z. B. für den Zugang zur Lounge einer Fluggesellschaft gelten.

22 Für den Fall, dass die Werteinheiten für **verschiedene Produkte/Leistungen** eingesetzt werden können, sieht IFRIC D20.7 vor, dass ein durchschnittlicher Rabatt verwendet wird, in dessen Berechnung die Rabatte der verschiedenen Produkte/Leistungen in dem Verhältnis eingehen, in dem diese Produkte/Leistungen voraussichtlich mittels Werteinheiten erworben werden.

23 IFRIC D20.10 stellt klar, dass die einmal bestimmte Umsatzallokation **in Folgeperioden nicht geändert** werden darf. D. h., dass der Umsatz, der den ausgegebenen Werteinheiten zugeordnet wurde, nicht angepasst wird, wenn sich z. B. die Erwartungen hinsichtlich der Verfallsrate in Folgeperioden (IFRIC D20.BC12) oder der beizulegende Zeitwert der Leistungen, die für die Werteinheiten zu erbringen sind, ändert.[7] Sollten aufgrund der geänderten Annahmen die Aufwendungen, die aus der Einlösung der Werteinheiten entstehen, die den Werteinheiten zugeordneten Erlöse voraussichtlich übersteigen, ist gem. IAS 37 eine Rückstellung anzusetzen.[8]

3. Realisierung des allokierten Umsatzes

24 Der Umsatz aus dem Geschäftsvorfall, für den der Kunde Werteinheiten erhält, ist auf das eigentliche Kaufobjekt und die Werteinheiten aufzuteilen (→ Rz. 15 ff.). IFRIC D20 äußert sich nicht dazu, wann der dem Kaufobjekt zugewiesene Umsatz zu realisieren ist. Hier greifen die allgemeinen Umsatzrealisierungsregeln des IAS 18. Für den Umsatzanteil, der den Werteinheiten zugewiesen wurde, bestimmt IFRIC D20.8, dass die Realisierung in den Perioden und in dem Umfang erfolgen soll, in denen und soweit der Kunde die **Werteinheiten einlöst** bzw. soweit die Werteinheiten **verfallen**. Damit kann der Umsatz nicht zusammen mit dem auf das eigentliche Kaufobjekt entfallenden Umsatz realisiert werden, sondern ist **passivisch abzugrenzen**.

25 Der **Teil** des abgegrenzten Umsatzes, der **in einer Periode realisiert** werden kann, ergibt sich aus dem Verhältnis der Anzahl der in der Periode eingelösten Werteinheiten zur geschätzten Anzahl der insgesamt voraussichtlich zur Einlösung kommenden Werteinheiten.[9]

II. Bilanzierung von nicht-unternehmenseigenen Kundenbindungsprogrammen

1. Grundsätzliche Vorgehensweise: Umsatzallokation

26 Ebenso wie bei unternehmenseigenen Kundenbindungsprogrammen (→ Rz. 15 ff.) verlangt IFRIC D20 für Kundenbindungsprogramme, die durch Dritte angeboten werden, dass der Gesamtumsatz der Kauftransaktion gem. IAS 18.13 auf die beiden Leistungen aufzuteilen ist. D. h. die Aufteilung hat auch hier im **Verhältnis der beizulegenden Zeitwerte** beider Teilleistungen zu erfolgen. Eine Behandlung gem. IAS 18.19 ist gem. IFRIC D20 nicht zulässig.

2. Bemessung des zu allokierenden Umsatzes

27 Auch bei Durchführung des Kundenbindungsprogramms durch einen Dritten ist **keine Methode** zur Ermittlung des zu realisierenden Umsatzes **vorgegeben**. Es kann daher grundsätzlich auf die Ausführungen unter → Rz. 17 ff. verwiesen werden.

28 Die Anwendung der in → Rz. 19 beschriebenen Formel und der Ermittlung der beizulegenden Zeitwerte der verschiedenen Komponenten eignet sich jedoch nur, wenn das berichtende Unternehmen das Kundenbin-

6) Vgl. Lüdenbach in Lüdenbach/Hoffmann, § 31, Rz. 57 ff.
7) Vgl. IASB, Information for Observers, July 2006, Rz. 16.
8) Vgl. für ein Praxisbeispiel Hayn, S., in Ballwieser u. a., Abschn. 7.
9) Vgl. Driesch, WPg 2006, S. 1347.

dungsprogramm zwar durch einen Dritten anbietet, die dadurch entstehenden Kosten jedoch weiterhin entsprechend ihrer Entstehung trägt. Dagegen ist die Formel nicht sinnvoll anwendbar, wenn der Drittanbieter gegen eine **pauschale Abgeltung** sämtliche durch das Kundenbindungsprogramm anfallenden Verpflichtungen übernimmt. Dies ist nach IFRIC D20.BC10 z. B. der Fall, wenn das berichtende Unternehmen je Werteinheit einen bestimmten Betrag an den Anbieter des Kundenbindungsprogramms zahlt. Für solche Fälle schlägt IFRIC D20.BC10 vor, die pauschale Abgeltungsleistung an den Dritten zuzüglich einer angemessenen Gewinnmarge als beizulegenden Zeitwert anzusetzen. Dabei dürfte die angemessene Gewinnmarge aus der durch Marktbeobachtung feststellbaren üblichen Gewinnmarge für entsprechende Produkte abzuleiten sein.

Aufwendungen, die darüber hinaus für die **Abwicklung des Kundenbindungsprogramms** gezahlt werden, 29
erhöhen nicht den beizulegenden Zeitwert für die Komponente. Sie sind unmittelbar als betriebliche Aufwendungen zu verbuchen.

3. Realisierung des allokierten Umsatzes

Wie bei den unternehmenseigenen Kundenbindungsprogrammen erfolgt die Realisierung des Umsatzes, der 30
auf das Kaufobjekt entfällt, gem. IAS 18. Der Umsatz, der auf die Werteinheiten entfällt, ist gem. IFRIC D20.8 zu realisieren, wenn das **Risiko auf den Anbieter** des Kundenbindungsprogramms **übergeht**. Dieser Zeitpunkt hängt von der Vereinbarung zwischen dem berichtenden Unternehmen und dem Anbieter des Kundenbindungsprogramms ab.

Geht die Verpflichtung, die aus den Werteinheiten erwächst, mit dem Erhalt der Werteinheiten durch den 31
Kunden **auf den Anbieter** des Kundenbindungsprogramms über, so realisiert das berichtende Unternehmen den Umsatz, der auf die Werteinheiten entfällt, unmittelbar bei Kauf des eigentlichen Kaufobjekts. D. h. es ist kein Umsatz abzugrenzen (IFRIC D20.BC 13).

C. Sonderfälle in der Bilanzierung von Kundenbindungsprogrammen

I. Kombinationen von unternehmenseigenen und Drittanbieter-Kundenbindungsprogrammen sowie mehreren Drittanbieterprogrammen

IFRIC D20 äußert sich nicht umfassend dazu, wie die Umsatzverteilung vorzunehmen ist, wenn der Kunde 32
seine Werteinheiten **sowohl bei dem berichtenden Unternehmen als auch bei dem Abwickler** des Kundenbindungsprogramms einlösen kann. IFRIC D20.9 weist jedoch darauf hin, dass es bei Kombinationen von unternehmenseigenen und Drittanbieter-Kundenbindungsprogrammen möglich ist, dass die Leistungsverpflichtung des bilanzierenden Unternehmens erst dann auf den Drittanbieter übergeht, wenn der Kunde sich entscheidet, seine Werteinheiten für Waren oder Dienstleistungen des Drittanbieters einzusetzen. In dieser Konstellation ist der auf die Werteinheiten entfallende Umsatz aus einer Kauftransaktion erst bei Einlösung der Werteinheiten zu realisieren.

Erhält ein Kunde bei einem Unternehmen **Werteinheiten von verschiedenen Drittanbietern**, sind die ein- 33
zelnen Werteinheiten unter Berücksichtigung der Vereinbarungen mit dem jeweiligen Drittanbieter zu bilanzieren. Gibt z. B. ein Unternehmen Werteinheiten von zwei verschiedenen Drittanbietern aus und übernimmt nur der erste der beiden Drittanbieter die Verpflichtung unmittelbar bei Erwerb der Werteinheiten, hat das bilanzierende Unternehmen den Umsatz zum Zeitpunkt des Kaufs des eigentlichen Kaufobjekts nicht nur auf das Kaufobjekt und die Werteinheiten, sondern auch auf die beiden Arten von Werteinheiten zu verteilen. Der auf die Werteinheiten des ersten Drittanbieters entfallende Umsatz ist zum Zeitpunkt des Kaufs des eigentlichen Kaufobjekts voll zu realisieren. Kann der Kunde bezüglich der Werteinheiten des zweiten Drittanbieters wählen, ob er diese Werteinheiten bei dem Unternehmen, bei dem er sie originär erhalten hat, oder bei dem Drittanbieter einlösen möchte, ist der Umsatz, der auf diese Werteinheiten entfällt, bis zur Einlösung abzugrenzen.

II. Transaktionsunabhängige Vergünstigungen

34 IFRIC D20 enthält keine Regelung dazu, wie vorzugehen ist, wenn der Kunde Werteinheiten für eine Handlung erhält, die keinen Umsatz generiert (z. B. Beitritt zum Programm, Geburtstag). Gemäß IFRIC D20.3 gehören solche Zuteilungen von Werteinheiten nicht zum Anwendungsbereich von IFRIC D20, da sich dieser auf Zuteilungen beschränkt, die im Rahmen einer **Verkaufstransaktion** („sales transaction") erfolgen.

35 Eine Umsatzabgrenzung kommt u. E. bei transaktionsunabhängigen Vergünstigungen nicht in Betracht, da **keine umsatzgenerierende Transaktion** vorliegt. Vielmehr haben transaktionunabhängig zugeteilte Werteinheiten Marketing-Charakter. Die entsprechenden Kosten sind daher als Marketingaufwand zu erfassen, wobei dies durch die Bildung einer Rückstellung nach IAS 37 im Zeitpunkt der Zuteilung der Werteinheiten zu erfolgen hat. Da die Zuteilung unabhängig davon erfolgt, ob der Kunde umsatzgenerierende Transaktionen durchführt, können Umsätze aus Transaktionen auch dann in voller Höhe realisiert werden, wenn sie zeitnah zur Zuteilung der transaktionsunabhängigen Werteinheiten erfolgen.

36 Entsprechend verhält es sich u. E., wenn für den Eintritt in das Kundenbindungsprogramm eine **Bearbeitungsgebühr** zu bezahlen ist. Diese ist als Minderung des Marketingaufwands zu berücksichtigen, wenn gleichzeitig Werteinheiten für den Beitritt gewährt werden. Erhält der Kunde für die Eintrittsgebühr keine Werteinheiten, handelt es sich um einen betrieblichen Ertrag.

III. Barzahlungen als Vergünstigungen

37 Zum Teil können Kunden die im Rahmen von Kundenbindungsprogrammen zugeteilten Werteinheiten auch in Bargeld umwandeln. IFRIC D20 äußert sich nicht speziell zu dieser Konstellation. Hieraus ergeben sich zwei **Bilanzierungsalternativen:**

- Einerseits kann argumentiert werden, dass angesichts des Fehlens spezieller Regelungen auch in solchen Fällen IFRIC D20 anwendbar ist. Dies hätte zur Folge, dass der **Umsatz bei der ursprünglichen Kauftransaktion abzugrenzen** und im Zeitpunkt der Barauszahlung zu realisieren ist.
- Andererseits kann argumentiert werden, dass solche Fälle nicht unter IFRIC D20 fallen, da der Anwendungsbereich gem. IFRIC D20.3 auf solche Fälle beschränkt ist, in denen der Kunde die Werteinheiten zum Erwerb von Waren und zur Inanspruchnahme von Dienstleistungen einsetzen kann.[10] Daher ist auf allgemeine IFRS-Regelungen zurückzugreifen. Da die Barzahlung als **Rabatt** einzustufen ist, ist IAS 18.10 anzuwenden. Dies führt dazu, dass der Umsatz aus der Transaktion, die zur Zuteilung von Werteinheiten geführt hat, um den Betrag zu kürzen ist, in dessen Höhe der Kunde voraussichtlich Werteinheiten in Bargeld umwandelt. Eine solche Bilanzierung entspricht den einschlägigen U.S.-amerikanischen Regelungen, die Barzahlungen an Kunden grundsätzlich als Umsatzminderung behandeln (EITF 01-9.9).

38 Angesichts des Fehlens konkreter Regelungen ist u. E. von einem **Wahlrecht** zwischen den beiden o. g. Alternativen auszugehen, wobei dieses Wahlrecht einheitlich für alle Kundenbindungsprogramme eines bilanzierenden Unternehmens anzuwenden ist.

IV. Kundenbindungsprogramme von Kreditkartengesellschaften

39 Kreditkartengesellschaften gewähren z. T. ebenfalls Vergünstigungen, um neue Kunden zu gewinnen oder ihre bestehenden Kunden an sie zu binden (z. B. Erstattung der Gebühren oder Erstattung von 1 % des Umsatzes). Sofern es sich bei dem Programm ausschließlich um eine **Erstattung von Kosten** handelt, ist diese wie eine Barzahlung zu behandeln, d. h. nicht gem. IFRIC D20. Zudem fehlt hier der Zusammenhang zu einem zukünftigen Erwerb, der unter IFRIC D20.1 als Merkmal eines Kundenbindungsprogramms genannt wird.

---

10) Vgl. Wüstemann/Kierzek, BB 2006, S. 2813; Kühne/Schreiber, KoR 2006, S. 577.

Erwirbt der Kunde Punkte, die er **in Waren, Dienstleistungen oder Bargeld einlösen** kann, ist IFRIC D20 einschlägig, weil die Bezahlung mit der Kreditkarte als anderweitige Handlung („qualifying act“) gem. IFRIC D20.1 verstanden werden muss. Insofern hat die Bilanzierung wie unter →Rz. 15 ff. beschrieben gem. IFRIC D20 zu erfolgen. 40

D. Ausblick

Eine Vielzahl von Unternehmen wird die Regelungen des IFRIC D20 anzuwenden haben, weil Kundenbindungsprogramme nicht mehr auf das klassische Einzelhandelsgeschäft begrenzt sind. Die Regelungen werden einerseits zu einer konsistenten Bilanzierung von Kundenbindungsprogrammen führen und somit die Vergleichbarkeit der IFRS-Abschlüsse untereinander erhöhen. Andererseits ist zu befürchten, dass die teilweise unklaren Vorgaben und die erforderlichen Schätzungen unter IFRIC D20 zu praktischen Anwendungsproblemen führen. 41

Es wäre u. E. bedauerlich, wenn das IFRIC den Anwendungsbereich der Interpretation weiter einschränkt. Vielmehr entspräche es dem prinzipienorientierten Ansatz der IFRS, die Bilanzierung von Kundenbindungsprogrammen auf Basis von Grundsätzen zu regeln. Hierzu hätte die U.S.-amerikanische Interpretation EITF 01-9, die sich grundsätzlich mit Nebenleistungen an Kunden auseinandersetzt, wertvolle Anregungen geben können. 42

Discussion Paper Fair Value Measurements

Bearbeitet von:
Jörg-Markus Hitz

Inhalt

Schrifttum

Ballwieser, Unternehmensbewertung – Prozeß, Methoden und Probleme, Stuttgart 2004;
Barker, Reporting Financial Performance, Accounting Horizons 2004, S. 157;
Barth/Landsman, Fundamental Issues Related to Using Fair Value Accounting for Financial Reporting, Accounting Horizons 1995, S. 97;
Bieker, Ende des Bilanzierungschaos in Sicht? Stellungnahme zum IASB-Diskussionspapier „Fair Value Measurements", PiR 2007, S. 91 (Teil 1), S. 132 (Teil 2);
Cairns, The Use of Fair Value in IFRS, Accounting in Europe 2006, S. 5;
Hettich, Zweckadäquate Gewinnermittlungsregeln, Frankfurt am Main 2006;
Hitz, Rechnungslegung zum fair value – Konzeption und Entscheidungsnützlichkeit, Frankfurt am Main 2005;
Hitz, Fair value in der IFRS-Rechnungslegung: Konzeption, Inhalt und Zweckmäßigkeit, WPg 2005, S. 1013;
Hitz, SFAS 15X, Fair Value Measurements – Zur Fortentwicklung der Fair-Value-Konzeption in der kapitalmarktorientierten Rechnungslegung, KoR 2006, S. 357;
Küting/Dawo, Anwendungsfälle der fair value-Bewertung bei nicht finanziellen Vermögenswerten im Rahmen der International Financial Reporting Standards (IFRS), KoR 2003, S. 228;
Lüdenbach/Freiberg, Zweifelhafter Objektivierungsbeitrag des Fair Value Measurements-Projekts für die IFRS-Bilanz, KoR 2006, S. 437;
Mujkanovic, Fair Value im Financial Statement nach International Accounting Standards, Stuttgart 2002;
Pfaff/Kukule, Wie fair ist der fair value? KoR 2006, S. 542;
Soffer/Soffer, Financial Statement Analysis – A Valuation Approach, New Jersey 2003;
Streim/Bieker/Esser, Vermittlung entscheidungsnützlicher Informationen durch Fair Values – Sackgasse oder Licht am Horizont? BFuP 2003, S. 457;
Theile, Systematik der fair-value-Ermittlung – IFRS, SFAS 157 und das Discussion Paper des IASB, PiR 2007, S. 1.

A. Gegenstand und Relevanz

I. Inhalt

1 Das am 11.12.2006 veröffentlichte Diskussionspapier „Fair Value Measurements" (DP Beizulegender Zeitwert) stellt umfassend Inhalt und Stand des gleichnamigen Projekts zu **Definition und Ermittlung des Wertmaßstabs beizulegender Zeitwert** (fair value) vor. Die Kommentierungsfrist läuft bis zum 4.5.2007. Das Projekt ist ein sog. Konvergenzprojekt und ist als solches Bestandteil des im Februar 2006 zwischen IASB und FASB ausgehandelten Arbeitsprogramms. Folgerichtig orientiert sich der IASB für die angestrebte Konvergenz

von Definition und Ermittlungsmethodik des beizulegenden Zeitwerts eng an den Vorgaben der Vorschrift SFAS 157 – Fair Value Measurements, mit welcher der FASB das gleichlautende Projekt im Frühjahr 2006 abgeschlossen hat.[1] Es wird daher kein abschließendes eigenständiges Dokument vorgelegt; stattdessen umfasst das Diskussionspapier des IASB zwei Teile: Zum einen SFAS 157 als Grundlage (Teil 2, → Rz. 18 ff.), zum anderen dessen Rezeption durch den IASB im Kontext der IFRS (Teil 1, → Rz. 38 ff.), die in Kommentare zu insgesamt zwölf Problembereichen untergliedert ist und um relevante Auszüge aus dem geltenden IFRS-Regelwerk ergänzt wird.

II. Bedeutung

Die Initiierung eines Projekts zur **standardübergreifenden Normierung von Begriff und Ermittlung** des beizulegenden Zeitwerts trägt der wachsenden Bedeutung dieses spezifischen Wertmaßstabs in den IFRS Rechnung. Dies umso mehr, als das Rahmenkonzept (framework) bis heute den beizulegenden Zeitwert weder definiert noch anderweitig exponiert. Auf der Ebene der Einzelstandards finden sich zwar Maßgaben zu Inhalt und Ermittlung, dies indes in stark unterschiedlichem Umfang und Inhalt sowie mitunter inkonsistent. Daher ist es Zielsetzung des Projekts, die Konzeption des beizulegenden Zeitwerts im Regelwerk der IFRS standardübergreifend zu kodifizieren, klarifizieren und zu vereinfachen. Materielle Auswirkungen im Sinne einer Ausweitung der Sachverhalte, die der Bewertung zum beizulegenden Zeitwert unterliegen, liegen außerhalb des Projekts. Allerdings ist davon auszugehen, dass die gegenüber den gegenwärtigen Einzelregelungen mitunter abweichende übergreifende Konzeption des beizulegenden Zeitwertes Auswirkungen auf die bilanziellen Wertansätze zur Folge haben wird. 2

III. Anwendungsbereich

Als Folgeschritt für das Projekt zur Bewertung mit dem beizulegenden Zeitwert ist im **weiteren Entwicklungsprozess** (due process) für das zweite Halbjahr 2008 die Veröffentlichung eines Standardentwurfs (exposure draft) vorgesehen. Die geplante Verabschiedung des abschließenden IFRS ist noch nicht terminiert; ein Inkrafttreten ist insofern nicht vor 2010 zu erwarten. 3

Von einer künftigen Regelung betroffen sind, der Zielsetzung einer standardübergreifenden Normierung folgend, sämtliche IFRS, die eine Bewertung auf Grundlage des beizulegenden Zeitwerts vorsehen (**sachlicher Anwendungsbereich**). Etwaige Ausschlüsse einzelner Vorschriften vom Anwendungsbereich sind indes ebenso Gegenstand der Erörterung wie der Ersatz des beizulegenden Zeitwerts durch andere Wertmaßstäbe für ausgewählte Einzelstandards. 4

IV. Regelungszusammenhänge

Da Definition und Ermittlungsmethodik des beizulegenden Zeitwerts bislang auf Ebene der Einzelstandards geregelt sind, gibt es **keine unmittelbare Vorgängerregelung** für den künftigen IFRS. Aus der Zielsetzung des Projekts folgt freilich, dass künftig all diejenigen Standards des IFRS-Regelwerks, die eine Bewertung zum beizulegenden Zeitwert vorsehen, diesbezüglich auf eigenständige Definitions- und Ermittlungsregeln verzichten und stattdessen auf den IFRS zur Bewertung zum beizulegenden Zeitwert verweisen bzw. dessen Inhalte übernehmen werden. Inhaltlich relevant für die künftige übergreifende Konzeption des beizulegenden Zeitwerts in der IFRS-Rechnungslegung ist vor allem SFAS 157 – Fair Value Measurements, an den das DP Beizulegender Zeitwert explizit anknüpft. Darüber hinaus kann davon ausgegangen werden, dass das vom IASB als Beitrag zur gegenwärtigen Entwicklung bzw. Revision des Rahmenwerkes in Auftrag gegebene, 2005 vom Canadian Accounting Standards Board veröffentlichte Diskussionspapier zu Wertmaßstäben bei der Zugangsbewertung („Discussion Paper: Measurement Bases for Financial Accounting – Measurement on Initial Recognition") 5

1) Zum Inhalt des nahezu identischen vorläufigen Standards SFAS 15X vgl. Hitz, KoR 2006, S. 357 ff.; zur Würdigung im Hinblick auf das IFRS-Projekt s. Lüdenbach/Freiberg, KoR 2006, S. 437 ff.

(indirekten) Einfluss hat auf die bisherigen und auf künftige Festlegungen des IASB im Rahmen des vorliegenden Projekts.

V. Definitionen

6 Der **beizulegende Zeitwert** (fair value) ist ein hypothetischer Marktpreis unter idealisierten Bedingungen (Definition nach SFAS 157 → Rz. 18; Definition im IFRS-Regelwerk → Rz. 40 ff.).

Der **Nutzungswert** (value in use) ist der spezifische Unternehmenswertbeitrag einer Position (Barwert, zur offiziellen IFRS-Definition vgl. IAS 36.6).

Ausstiegs- bzw. Glattstellungspreis (exit price) ist der Veräußerungspreis von Vermögenswerten bzw. der für die Übernahme einer Schuld zu entrichtende Betrag.

Als **Einstiegspreis** (entry price) wird der Wiederbeschaffungspreis von Vermögenswerten bzw. der für die Übernahme einer Schuld zu erhaltende Betrag bezeichnet.

B. Beizulegender Zeitwert in den IFRS

I. Anwendungsbereich

1. Überblick

7 Vorbehaltlich der beim IASB diskutierten Einschränkungen des Anwendungsbereichs eines künftigen IFRS bzw. der Ablösung des beizulegenden Zeitwerts durch geeignetere Wertmaßstäbe für ausgewählte Einzelstandards soll hier eingangs ein Überblick über die **Verbreitung des beizulegenden Zeitwerts im geltenden IFRS-Regelwerk** gegeben werden, um dessen Bedeutung und den potenziellen Anwendungsbereich eines künftigen Standards zu veranschaulichen. Hierfür wird eine Systematik gewählt, die zwischen den vier grundsätzlichen Anwendungsbereichen des beizulegenden Zeitwerts unterscheidet:[2)]

- Zugangsbewertung (→ Rz. 8);
- Aufteilung der Anschaffungskosten für verbundene Vermögenswerte und Schulden auf Einzelpositionen (→ Rz. 9 f.);
- Folgebewertung (Neubewertung) (→ Rz. 11 ff.);
- Bestimmung des erzielbaren Betrags für Zwecke des Tests auf Wertminderung (impairment test) (→ Rz. 14 ff.).

2. Zugangsbewertung

8 Die **Funktion der Bewertung mit dem beizulegenden Zeitwert bei Zugang** ist es, einer Transaktion mit nicht-finanziellen Positionen einen monetär äquivalenten Betrag zuzuordnen, um die bilanzielle Abbildung zu ermöglichen. Anwendungsfälle der Zugangsbewertung zum beizulegenden Zeitwert im Regelwerk der IFRS sind:

IAS 16.24:	Sachanlagen, die (teilweise) im Tausch gegen nicht-finanzielle Vermögenswerte erworben wurden.
IAS 17.20:	Simultaner Ansatz von Finanzierungs-Leasingverträgen als Vermögenswert und Schuld und Bewertung zum beizulegenden Zeitwert des Leasingobjekts, wenn dieser nicht höher ist als der Barwert der Mindestleasingzahlungen.
IAS 18.9:	Bemessung von Erträgen zum beizulegenden Zeitwert der erhaltenen oder zu beanspruchenden Gegenleistung.
IAS 20.23:	Bewertung nicht-monetärer Vermögenswerte, die aus öffentlicher Hand zugewendet wurden, bei betragsidentischer Passivierung der Zuwendung.

2) Für das Folgende s. die Systematisierung bei Cairns, Accounting in Europe 2006, S. 10 ff.; weitere, in Systematisierungskriterien, Detaillierungsgrad und Umfang unterschiedliche Übersichten über die Verwendung des beizulegenden Zeitwerts im IFRS-Regelwerk finden sich bei Hitz, WPg 2005, S. 1018 ff.; Streim/Bieker/Esser, BFuP 2003, S. 459 ff.; Mujkanovic, S. 136 ff.; Küting/Dawo, KoR 2003, S. 228 ff.

IAS 38.45:	Immaterielle Vermögenswerte, die (teilweise) im Tausch gegen nicht-finanzielle Vermögenswerte erworben wurden.
IAS 39.43:	Zugangsbewertung von finanziellen Vermögenswerten und Verbindlichkeiten.
IAS 41.12, 41.13:	Zugangsbewertung von biologischen Vermögenswerten und von landwirtschaftlichen Erzeugnissen zum beizulegenden Zeitwert abzüglich potenzieller Verkaufskosten.
IFRS 1.16:	Optionale Bewertung von Sachanlagen zum beizulegenden Zeitwert bei erstmaliger Anwendung der IFRS.
IFRS 2.10:	Bei Stock-Options-Plänen Bewertung der erhaltenen Güter und Dienstleistungen und der entsprechenden Erhöhung des Eigenkapitals grundsätzlich mit dem beizulegenden Zeitwert der erhaltenen Güter und Dienstleistungen.
IFRS 2.30:	Bei in bar abgegoltenen (sog. „virtuellen") Stock-Options-Plänen Bewertung der erworbenen Güter und Dienstleistungen und der entstandenen Schuld zum beizulegenden Zeitwert.
IFRS 3.24:	Ermittlung der Anschaffungskosten eines Unternehmenszusammenschlusses als Summe der beizulegenden Zeitwerte der entrichteten Vermögenswerte, abzüglich der beizulegenden Zeitwerte der eingegangenen Schulden, zuzüglich der im Tausch emittierten Eigenkapitaltitel sowie der direkt zurechenbaren Kosten.

3. Aufteilung der Anschaffungskosten für verbundene Vermögenswerte und Schulden auf Einzelpositionen

Der beizulegende Zeitwert dient in einer weiteren Anwendung als **Indikator des bei fiktivem Einzelerwerb gezahlten bzw. erhaltenen Betrags**, um für Transaktionen, die Gesamtheiten von Vermögenswerten und Schulden zum Gegenstand haben, dem Einzelbewertungsprinzip Rechnung zu tragen und eine marktgerechte Zuordnung der Anschaffungskosten zu den einzelnen Positionen vorzunehmen. Bedeutendster Anwendungsfall dieses Prinzips ist die **Kaufpreiszuordnung bei Unternehmenszusammenschlüssen** nach IFRS 3 (sog. „purchase price allocation"): Zum Zeitpunkt der Übernahme sind die Anschaffungskosten der Beteiligung den dahinter stehenden Vermögenswerten und Schulden auf Grundlage der beizulegenden Zeitwerte zuzuordnen; der Residualbetrag ist der derivative Geschäfts- oder Firmenwert (goodwill; IFRS 3.36). 9

Eine zweite Anwendung dieses Prinzips findet sich bei der **Bewertung verbundener Finanzinstrumente** (sog. „compound instruments"): Für hybride Finanzinstrumente, die sich aus einem Fremdkapital- und einem Eigenkapitalinstrument zusammensetzen, ist nach IAS 32.31 der Zugangswert (beizulegender Zeitwert) des Gesamtinstruments dergestalt aufzuteilen, dass die Schuldenkomponente zum beizulegenden Zeitwert und die Eigenkapitalkomponente zum verbleibenden Residualbetrag bewertet wird. 10

4. Folgebewertung (Neubewertung)

Während die Zugangsbewertung zum beizulegenden Zeitwert zumindest prinzipiell mit einer auf historischen Kosten aufbauenden Bewertungsphilosophie im Einklang steht, verstößt die Neubewertung an darauf folgenden Stichtagen mitunter gegen die Grundsätze dieses Anschaffungskostenmodells („historical cost model"). Die Charakterisierung der IFRS-Rechnungslegung als etwa gegenüber dem deutschen HGB, aber auch den US-GAAP tendenziell stärker „fair-value-basiert" bezieht sich im Regelfall auf die im IFRS-Regelwerk vorgesehenen Fälle der Folgebewertung zum beizulegenden Zeitwert. Gleiches gilt für den Befund eines „**Paradigmenwechsels**", der sich auf die in der jüngeren Vergangenheit verstärkt durch IASC und IASB geschaffenen Anwendungsfälle für eine Neubewertung zu Zeitwert- statt kostenbasierten Wertkonzeptionen bezieht: Einzig hier werden mit dem Anschaffungs-/Herstellungskostenprinzip und ggf. dem Realisationsprinzip tradierte Grundsätze des „historical cost accounting" ausgehebelt bzw. neu interpretiert.[3] Die Regelungen zur Folgebewertung mit dem beizulegenden Zeitwert im Einzelnen sind: 11

3) S. hierzu Hitz, S. 31-57, S. 125-133.

IAS 16.31: (Gruppenweise) Neubewertung von Vermögenswerten des Sachanlagevermögens (Wahlrecht).

IAS 19.54 (d): Neubewertung des zur Deckung von Pensionsverpflichtungen ausgelagerten Planvermögens.

IAS 26.32: Neubewertung von Kapitalanlagen von Alterversorgungsplänen.

IAS 27.37: Optionale Neubewertung von Investitionen in Tochterunternehmen, Unternehmen unter gemeinsamer Kontrolle und assoziierte Unternehmen im Einzelabschluss (s. auch IAS 28.35, IAS 31.46).

IAS 28.1: Erfolgswirksame Bewertung mit dem beizulegenden Zeitwert im Einklang mit IAS 39 für Investitionen in assoziierte Unternehmen durch Venture-Capital-Organisationen oder Fonds- und Beteiligungsgesellschaften (Wahlrecht).

IAS 31.1: Erfolgswirksame Bewertung mit dem beizulegenden Zeitwert im Einklang mit IAS 39 für Investitionen in Unternehmen unter gemeinsamer Kontrolle durch Venture-Capital-Organisationen oder Fonds- und Beteiligungsgesellschaften (Wahlrecht).

IAS 38.75: (Gruppenweise) Neubewertung von immateriellen Vermögenswerten, für die ein beizulegender Zeitwert unter Bezugnahme auf einen aktiven Markt ermittelt werden kann (Wahlrecht).

IAS 39.9, 39.46: Bewertung von Finanzinstrumenten des Handelsbestands (inklusive Derivate), gewillkürte Bewertung für bestimmte andere Finanzinstrumente nach Maßgabe der „fair value option".

IAS 40.33: Optionale Neubewertung von als Finanzinvestitionen gehaltenen Immobilien.

IAS 41.12, 41.13: Neubewertung von biologischen Vermögenswerten und landwirtschaftlichen Erzeugnissen.

12 Abstrahiert man von den Spezialvorschriften insbesondere zur Konsolidierung, so lassen sich als Kern der sog. **Zeitwertbilanzierung nach IFRS** („fair value accounting"), der Folgebewertung zum beizulegenden Zeitwert, die Vorschriften zur Bilanzierung von Finanzinstrumenten sowie bei den nicht-finanziellen Positionen IAS 16, 38, 40 und 41 ausmachen.

13 Charakteristisch für den gegenwärtigen Stand der Bewertung zum beizulegenden Zeitwert ist dabei deren **heterogene Umsetzung**, vor allem hinsichtlich Verbindlichkeit und Erfolgswirksamkeit. So ist die Bewertung zum beizulegenden Zeitwert für Finanzinstrumente des Handelsbestands verpflichtend, während die weiter gefasste Neubewertung nach der Fair-Value-Option ein Wahlrecht darstellt. Bei den nicht-finanziellen Positionen wird gar mit Ausnahme der Zeitbewertung von biologischen Vermögenswerten und landwirtschaftlichen Erzeugnissen ausnahmslos eine lediglich optionale Zeitwertbilanzierung implementiert. Hinsichtlich der Erfolgswirksamkeit findet sich die unmittelbar erfolgswirksame Behandlung sämtlicher Neubewertungsdifferenzen für Finanzinstrumente des Handelsbestands, als Finanzinvestitionen gehaltener Immobilien sowie nach Maßgabe des IAS 41, während für zur Veräußerung gehaltene Wertpapiere einerseits und Sachanlagen sowie auf aktiven Märkten gehandelte immaterielle Vermögenswerte andererseits einer oberhalb der historischen Kosten erfolgsneutralen Neubewertung unterliegen.[4]

5. Bestimmung des erzielbaren Betrags für Zwecke des Wertminderungstests (Impairment Test)

14 Anders als die regelmäßige Neubewertung zum beizulegenden Zeitwert stellt die Verwendung von Zeitwerten als Maßstab für zum Bewertungsstichtag vorliegende Wertminderungen ein tradiertes Prinzip im Anschaffungskostenmodell („historical cost model") dar. Der **Grundsatz der einseitigen Verlustvorwegnahme**, der etwa als Imparitätsprinzip im deutschen Bilanzrecht im Range eines fundamentalen Gewinnermittlungsprinzips steht, ist Sinnbild einer „konservativen" Rechnungslegung. Kapitalmarktorientierte Rechnungslegungssysteme wie die US-GAAP und die IFRS nehmen diesen Grundsatz trotz des Anspruchs unverzerrter Informationsvermittlung auf. So sind im IFRS-Regelwerk für grundsätzlich sämtliche Vermögenswerte derartige Wertminderungsregeln vorzufinden, die den regelmäßigen Vergleich der Buchwerte mit Zeitwerten zum Stichtag und erforderlichenfalls eine außerplanmäßige Abschreibung vorsehen. Hierbei hat sich zwar kein singulärer,

---

4) Für weitere Unterschiede, etwa im Hinblick auf die Rückbuchung der Neubewertungsrücklage in die Erfolgsrechnung (sog. „recycling"), s. Hitz, S. 113-121.

einheitlicher Zeitwertmaßstab als Referenzpunkt der Wertminderung herausgebildet; gleichwohl nimmt der beizulegende Zeitwert eine tragende Rolle ein.

Gemäß der **zentralen Wertminderungsvorschrift IAS 36** ist der Wertansatz von Vermögenswerten zum Stichtag erfolgswirksam auf den ggf. niedrigeren erzielbaren Betrag abzuschreiben (IAS 36.59); dieser niedrigere Alternativwert bestimmt sich als der höhere Wert aus dem beizulegenden Zeitwert abzüglich potenzieller Veräußerungskosten und dem Nutzungswert (value in use; IAS 36.6). Betroffen von der Regelung sind insbesondere Gegenstände des Sachanlagevermögens, der derivative Geschäftswert (Goodwill) sowie sonstige immaterielle Vermögenswerte. Alleiniger Maßstab der Wertminderung ist der beizulegende Zeitwert abzüglich potenzieller Veräußerungskosten nach IFRS 5.20 für Vermögenswerte und Vermögensgesamtheiten, die zur Veräußerung gehalten werden. 15

Auf Ebene der **Einzelnormen** finden sich zahlreiche weitere spezifische Wertminderungsregelungen, die den beizulegenden Zeitwert oder Derivate hiervon zum Gegenstand haben, z. B. für zum beizulegenden Zeitwert neu bewertete, als Finanzinvestition gehaltene Immobilien nach IAS 41 und biologische Vermögenswerte nach IAS 40 sowie für zur Veräußerung gehaltene Finanzaktiva nach IAS 39. 16

Hinzu treten in der Normierungsintention **vergleichbare Regelungen** zur Verbuchung von Wertminderungen, die indes andere Zeitwertmaßstäbe zum Gegenstand haben. Dies sind insbesondere der Nettoveräußerungswert nach IAS 2 oder nach IAS 39 spezielle Barwertansätze für ausgewählte Finanzinstrumente.[5] 17

II. Bedeutung

Offenkundig ist der Wertmaßstab beizulegender Zeitwert im IFRS-Regelwerk wohl etabliert. Im Vergleich insbesondere mit den US-GAAP bestätigt sich die **These von der größeren Bedeutung** dieser Ausprägung der Zeitbewertung: Insbesondere im Hinblick auf die Folgebewertung ausgewählter nicht-finanzieller Positionen erlauben bzw. schreiben die IFRS anders als die US-GAAP eine Bewertung zum beizulegenden Zeitwert vor und somit die Durchbrechung des Anschaffungskosten- und ggf. auch des Realisationsprinzips. Auch wenn im Schrifttum die Bedeutung der Bewertung zum beizulegenden Zeitwert mitunter unterschiedlich bewertet wird und vor allem die Einschätzungen, ob und in welchem Umfange künftig mit dem fortschreitenden Ersatz von kosten- durch zeitwertbasierte Ansätze zu rechnen ist, auseinandergehen,[6] so steht doch der gegenwärtig hohe Stellenwert der Bewertung zum beizulegenden Zeitwert außer Frage. 18

C. Definition und Ermittlung des beizulegenden Zeitwerts nach SFAS 157

I. Begriff

Die Vorschrift SFAS 157 – Fair Value Measurements stellt die Ausgangsbasis für das Projekt des IASB zum beizulegenden Zeitwert und als solche einen eigenständigen Teil des DP Beizulegender Zeitwert dar. Der beizulegende Zeitwert ist nach SFAS 157.5 **definiert** als derjenige Preis, der im Rahmen einer geregelten Transaktion zwischen Marktteilnehmern zum Bewertungszeitpunkt beim Verkauf eines Vermögenswerts erzielt würde bzw. für den Transfer einer Schuld zu entrichten wäre („Fair value is the price that would be received to sell an asset or paid to transfer a liability in an orderly transaction between market participants at the measurement date."). Die nachfolgenden Absätze von SFAS 157 konkretisieren diese Konzeption des beizulegenden Zeitwerts als spezifischer Marktwert, als hypothetischer Marktpreis unter idealisierten Bedingungen. Hierbei wird die Perspektive eines Akteurs eingenommen, der sich im Besitz des jeweiligen Vermögenswerts befindet bzw. die Schuld innehat. Folglich wird der beizulegende Zeitwert als potenzieller Glattstellungspreis 19

---

5) Ein Detailüberblick der Einzelregelungen findet sich in der Auflistung bei Cairns, Accounting in Europe 2006, S. 20; für eine kurze schematische Übersicht s. auch Hettich, S. 151; kritisch zur Vielfalt der Maßstäbe für Wertminderungsabschreibungen in den IFRS Hitz, S. 123 f.

6) Siehe etwa vorsichtig Cairns, Accounting in Europe 2006, S. 20 f.; a. A. Hitz, S. 31-57, der den Trend einer systematischen Hinwendung zur Zeitbewertung in der kapitalmarktorientierten Rechnungslegung feststellt; ähnlich Küting/Dawo, KoR 2003, S. 241; Mujkanovic, S. 3; Barker, Accounting Horizons 2004, S. 159.

(Exit Price) konzipiert, als hypothetischer Veräußerungserlös eines Vermögenswerts bzw. als für den Transfer einer Schuld zu entrichtender Betrag (SFAS 157.7). Als derart spezifischer Marktwert wird der beizulegende Zeitwert strikt unterschieden vom Nutzungswert (value in use), der als unternehmensspezifische Wertkonzeption den Wertbeitrag einer Position aus Sicht eines Unternehmens darstellt und somit insbesondere auch unternehmensindividuelle Vorteilsströme (Wettbewerbsvorteile) berücksichtigt.[7)]

20 Für die **fingierte Transaktion** werden marktübliche Bedingungen unterstellt. Dies setzt insbesondere repräsentative Akteure voraus, die unabhängig sind, d. h. in keinerlei gegenseitigem Abhängigkeitsverhältnis oder anderweitig unter Kontrahierungszwang stehen. Die Akteure sind hinreichend sachkundig, wobei keine Informationsgefälle zwischen den Transaktionspartnern bestehen. Außerdem sind die Akteure nicht nur fähig, sondern vor allem aufgrund ausschließlich ökonomischer Erwägungen gewillt, die Transaktion einzugehen (SFAS 157.7, 157.10, 157.11).

21 Existieren für die zu bewertende Position mehrere **Marktplätze**, so ist für die Bestimmung des beizulegenden Zeitwerts der sog. „bedeutendste Markt" („principal market") relevant: derjenige Markt, der aus Sicht des berichterstattenden Unternehmens im größten Umfang und am aktivsten in Anspruch genommen wird. Es handelt sich hierbei nicht zwangsläufig um den Markt mit den aus Unternehmenssicht vorteilhaftesten Preisnotierungen. Transaktionskosten, verstanden als diejenigen direkt zurechenbaren Kosten, die für die Transaktion am bedeutendsten Markt anfallen würden, sind keine Komponente des beizulegenden Zeitwerts. Stellt indes der Standort eine spezifische Eigenschaft einer Schuld oder insbesondere eines Vermögenswerts dar, so sind diejenigen Kosten in die Ermittlung des beizulegenden Zeitwerts einzubeziehen, die für die Bereitstellung (Transport) der Position am bedeutendsten Markt voraussichtlich anfallen würden (SFAS 157.9).

22 Speziell für die **Bewertung von Vermögenswerten** wird (klarstellend) vermerkt, dass stets von deren nutzenmaximalem Einsatz auszugehen ist, wie er sich, unabhängig von der tatsächlichen Verwendung durch den Bilanzierenden, aus Sicht repräsentativer Marktteilnehmer ergibt (SFAS 157.12, 157.14). Dies impliziert zwei alternativ anzuwendende Bewertungsprämissen (SFAS 157.13): den „fair value in-use" (→ Rz. 23) und den „fair value in-exchange" (→ Rz. 24).

23 Liegt die nutzen- bzw. wertmaximale Verwertung des Vermögenswerts in seiner innerbetrieblichen Nutzung in Kombination mit anderen Positionen des Betriebsvermögens, so ist bei der Bewertung diese „in-use"-Prämisse zu Grunde zu legen. Der beizulegende Zeitwert unter der Nutzungsprämisse („**fair value in-use**") wird demnach unter der Fiktion ermittelt, dass der Vermögenswert zum Bewertungsstichtag an einen anderen Marktteilnehmer veräußert wird, der über dieselbe Ressourcenausstattung verfügt und so im Stande ist, den Vermögenswert derart optimal in den betrieblichen Kombinationsprozess einzubringen. Der Kombinationsvorteil wird folglich explizit berücksichtigt.

24 Erwirtschaftet der Vermögenswert aus Sicht des repräsentativen Marktteilnehmers keine zusätzlichen Vorteile durch Faktorkombination, so wird er grundsätzlich optimal in alleinstehender Form verwertet und zum beizulegenden Zeitwert unter der Tauschprämisse („**fair value in-exchange**") bewertet. Diese Eigenschaft wird insbesondere für Finanzinstrumente bejaht und damit deren Wertadditivität betont. Die korrespondierende Tausch(„in-exchange")-Prämisse verlangt demnach, bei der Ermittlung des beizulegenden Zeitwerts den potenziellen Erlös aus der Einzelveräußerung des Vermögenswerts anzusetzen und dabei von der Ressourcenausstattung der fiktiven Transaktionspartner zu abstrahieren.

25 Für den beizulegenden Zeitwert von **Schuldpositionen** wird schließlich klarstellend festgestellt, dass die fingierte Transaktion nicht die Begleichung der Schuld, sondern deren Transfer auf eine dritte Partei zum Gegenstand hat. Das Risiko der Nichterfüllung der Schuld, insbesondere das Bonitätsrisiko des bilanzierenden Unternehmens und dessen Entwicklung im Zeitablauf, ist bei der Bestimmung des beizulegenden Zeitwerts zu berücksichtigen (SFAS 157.15).[8)]

---

7) S. hierzu ausführlich bereits SFAC No. 7.24; für eine konzeptionelle Abgrenzung der beiden Zeitwertkonzeptionen s. Barth/Landsman, Accounting Horizons 1995, S. 99 f.; Hitz, S. 59-66.

8) S. hierzu bereits die Festlegung in SFAC No. 7.78-7.88; für die IFRS-Rechnungslegung DP Financial Instruments, chapter 5, par. 6.11-6.13.

II. Ermittlungsmethodik

SFAS 157 unterscheidet im Hinblick auf die Ermittlung des beizulegenden Zeitwerts die zulässigen Verfahren (valuation techniques) und die Hierarchie der zu verwendenden Datengrundlagen (inputs). Zulässig sind demnach grundsätzlich drei **Bewertungsverfahren** (SFAS 157.18): der marktbasierte Ansatz (→ Rz. 27), der kapitalwertbasierte Ansatz (→ Rz. 28) und der kostenbasierte Ansatz (→ Rz. 29). 26

Der **marktbasierte Ansatz** („market approach") greift auf beobachtbare Marktdaten wie Preise, Zinssätze und andere relevante Informationen zurück, die durch Transaktionen in der zu bewertenden oder vergleichbaren Positionen zustande gekommen sind. Ausdrücklich dem marktbasierten Ansatz zugerechnet und damit als zulässig deklariert wird neben dem „matrix pricing" für Schuldnerpapiere die Verwendung von Multiplikatorverfahren.[9] 27

Der **kapitalwertbasierte Ansatz** („income approach") vereint die Zukunftserfolgsverfahren der Bewertung und entspricht insofern dem modellbasierten, typischerweise als „marking to model" bezeichneten Ansatz. Hierunter fallen grundsätzlich alle investitions- bzw. bewertungstheoretisch fundierten Verfahren, welche modellgestützt Marktpreise auf Grundlage von Zukunftsprojektionen simulieren. Dazu werden etwa der Barwertansatz, das Black-Scholes-Merton-Modell oder das Binomialmodell zur Bewertung von Optionen sowie, insbesondere zu Ermittlung des beizulegenden Zeitwerts von immateriellen Vermögenswerten, Residualgewinnverfahren („multiperiod excess earnings method") gezählt. 28

Abbildungsziel des **kostenbasierten Ansatzes** („cost approach") sind die Wiederbeschaffungskosten, die ein potenzieller Abnehmer am Markt aufzuwenden hätte, um das in dem zu bewertenden Vermögenswert verkörperte Servicepotenzial zu erwerben bzw. „nachzubauen". Ermittelt wird also der hypothetische Preis eines vergleichbaren Vermögenswerts, bei dem insbesondere der ökonomische Verschleiß des Bewertungsobjekts äquivalent zu berücksichtigen ist. 29

Zu wählen ist grundsätzlich dasjenige Verfahren, welches unter den gegebenen Umständen angemessen erscheint und wofür ausreichend Daten verfügbar sind. Erscheint die **Kombination**, ggf. gar die gewichtete Verwendung mehrerer Verfahren als sachgerecht, so ist diese der Verwendung eines einzelnen Verfahrens vorzuziehen (SFAS 157.19). 30

Grundlage der Bestimmung des beizulegenden Zeitwerts sind, der Konzeption als potenzieller Marktpreis folgend, diejenigen **Daten**, d. h. Annahmen und Erwartungen, über die repräsentative Marktteilnehmer voraussichtlich verfügen. Diese werden grundsätzlich unterschieden in beobachtbare Daten, die auf Marktinformationen aus unternehmensexternen Quellen beruhen, und nicht-beobachtbare Daten („inputs"), die auf der Einschätzung des Unternehmens fußen, welche Annahmen und Erwartungen die hypothetischen Marktteilnehmer bei der Bewertung der in Frage stehenden Position verwendet hätten. 31

Der für die Konzeption des beizulegenden Zeitwerts charakteristische Primat marktpreisgestützter Ermittlung beinhaltet die **unbedingte Präferenz für (objektivierbare) Marktdaten**; er kommt als Bewertungsprämisse in dem Postulat zum Ausdruck, zur Bestimmung des beizulegenden Zeitwerts die Verwendung beobachtbarer (Markt-)Daten zu maximieren und gleichzeitig die Verwendung nicht beobachtbarer (subjektiver) Daten zu minimieren (SFAS 157.21). Unmittelbare Implikation ist die **Zeitwert-Hierarchie**, die Ordnung der zulässigen Datenquellen in drei Stufen mit abfallender Priorität: 32

Dem Primat marktpreisgestützter Ermittlung folgend, stehen an der Spitze der Datenhierarchie (**Daten der ersten Ebene,** SFAS 157.24-157.27) dem Unternehmen zugängliche, quotierte Marktpreise für zum Bewertungsobjekt identische Vermögenswerte bzw. Schulden, die an aktiven Märkten zustande kommen. Unter einem aktiven Markt wird hierbei ein Handelsplatz verstanden, an dem für die zu bewertende Position in hinreichender Häufigkeit und Umfang Transaktionen stattfinden, um laufende Preisinformationen zu erhalten. Solche Preisdaten werden als verlässlichste Indikation des beizulegenden Zeitwerts angesehen und sind von 33

---

9) Gegenstand des Multiplikatorverfahrens ist es, mittels Bildung von Verhältnisziffern aus dem beobachtbaren Wert eines Vergleichsobjekts und Anwendung auf das zu bewertende Objekt eine Wertindikation zu gewinnen; zur Vorgehensweise und Würdigung dieses Ansatzes siehe z. B. Ballwieser, S. 190 ff.; Soffer/Soffer, S. 383 ff.

daher bei Verfügbarkeit grundsätzlich stets zu verwenden. Dabei gilt ein striktes Einzelbewertungsprinzip, wonach auch für umfangreiche Bestände (Blöcke) einzelner Positionen keine Liquiditätsabschläge vorzunehmen sind.

34 Die zweite Ebene zulässiger Ermittlungsdaten (**Daten der zweiten Ebene**, SFAS 157.28-157.29) umfasst all diejenigen (unmittelbar oder indirekt) beobachtbaren Marktinformationen, die nicht unter die erste Ebene fallen. Es handelt sich hierbei in absteigender Reihenfolge um:

- Quotierte Preise für vergleichbare Vermögenswerte bzw. Schulden, die auf aktiven Märkten gehandelt werden,
- Quotierte Preise für identische oder vergleichbare Vermögenswerte bzw. Schulden, die auf nicht aktiven Märkten gehandelt werden, d. h. in denen
  - nur wenige Transaktionen stattfinden, keine aktuellen Preisdaten verfügbar sind, oder die Preisnotierungen substantiell im Zeitablauf oder für unterschiedliche „market makers" schwanken, oder für die
  - nur wenige Informationen öffentlich verfügbar sind.
- Andere Marktdaten als beobachtbare Preisnotierungen, z. B. Zinssätze, Zinskurven, Volatilitäten, Geschwindigkeit vorzeitiger Rückzahlung, Kreditrisiken und Ausfallraten.
- Daten, die auf Grundlage statistischer Methoden (z. B. Korrelationen) aus beobachtbaren Marktdaten abgeleitet oder validiert werden (sog. „market corroborated inputs").

35 Diese Daten sind erforderlichenfalls **anzupassen**, um den Spezifika des Bewertungsobjekts Rechnung zu tragen. Ist der Umfang der erforderlichen Anpassung und damit der Grad der Ermessensausübung wesentlich, ist ggf. die Qualifizierung der Ermittlung des beizulegenden Zeitwerts als „Bewertung auf der dritten Datenebene" („level 3 measurement"), basierend auf vornehmlich subjektiven Projektionen, indiziert.

36 Niedrigste Priorität bei der Ermittlung des beizulegenden Zeitwerts genießen nicht beobachtbare, unternehmenssubjektive Daten (**Daten der dritten Ebene**, SFAS 157.30). Deren strikt subsidiäre Verwendung ist als ultima ratio für den Fall vorgesehen, dass für die zu bewertende Position keine geeigneten Marktdaten beobachtbar sind und somit eine Schätzung durch das bewertende Unternehmen erforderlich wird. Der Konzeption des beizulegenden Zeitwerts folgend, sind hierfür solche Annahmen und Projektionen aufzustellen, wie sie repräsentative Marktteilnehmer bei der Ermittlung des Glattstellungs- oder Ausstiegspreis (exit price) eines sich im Besitz befindenden Vermögenswerts bzw. einer Schuld voraussichtlich träfen. In jedem Falle sind die unter den Umständen bestmöglichen Informationen zu verwerten, insbesondere auch aus externen Quellen, solange deren Beschaffung keine unverhältnismäßigen Kosten und Anstrengungen verursacht.

37 Für alle drei Datenstufen gleichermaßen wird abschließend festgesetzt, dass bei Verwendung bzw. **Vorliegen gespaltener An- und Verkaufspreise** derjenige Preis innerhalb deren (Geld-Brief-)Spanne zu verwenden ist, der unter den Umständen als akkurateste Indikation des beizulegenden Zeitwerts aufgefasst wird (SFAS 157.31).

38 SFAS 157 beinhaltet umfangreiche **Offenlegungsvorschriften**, differenziert nach Positionen, die regelmäßig (z. B. Finanzaktiva des Handelsbestands) und solchen, die unregelmäßig (z. B. bei Wertminderung (impairment)) zum beizulegenden Zeitwert neubewertet werden. Demnach soll für Gruppen von Vermögenswerten in tabellarischer Form Aufschluss gegeben werden über den jeweiligen quantitativen Umfang der drei Datenquellen für die Ermittlung des beizulegenden Zeitwerts, die verwendeten Bewertungsmethoden und die auf der dritten Datenebene verwendeten Daten sowie die Erfolgsimplikationen dieser Level-3-Bewertungen (SFAS 157.32-157.35).

D. DP Beizulegender Zeitwert: Diskussionsbeiträge und Standpunkte des IASB

I. Überblick

Kern des Diskussionspapiers sind die vorläufigen Standpunkte des IASB zu SFAS 157, die thematisch in zwölf Bereiche untergliedert sind.[10] Zu jedem dieser Bereiche stellt der IASB erforderlichenfalls die gegenwärtigen Regelungen im IFRS-Regelwerk, deren Vereinbarkeit mit SFAS 157 und einen kommentierenden Standpunkt dar, der die gegenwärtige, vorläufige Entscheidung reflektiert. An jeden der zwölf Themenblöcke schließen unmittelbar Fragen bzw. Thesen mit der Bitte um Kommentierung an, die sich im Regelfall auf den IASB-Standpunkt beziehen. Darüber hinaus werden Diskussionsbeiträge zu anderen Aspekten des Fair Value Measurements Projekts ausdrücklich erbeten (DP Beizulegender Zeitwert.57). 39

II. SFAS 157 und Regelungen zur Definition und Ermittlung des beizulegenden Zeitwerts in den gegenwärtigen IFRS (Themenblock 1, DP Beizulegender Zeitwert.6-9)

Analog zu der Ausgangslage von SFAS 157 konstatiert der IASB, dass die Regelungen zu Definition und Ermittlung des beizulegenden Zeitwerts im IFRS-Regelwerk über Einzelvorschriften verstreut sowie mitunter inkonsistent sind und somit deren Vereinheitlichung der Qualität der Bewertungsinformationen in IFRS-Abschlüssen zuträglich wäre.[11] Vor diesem Hintergrund ergibt sich als **Zielsetzung des Projekts** zum beizulegenden Zeitwert, die Konzeption des beizulegenden Zeitwerts standardübergreifend zu kodifizieren, klarifizieren und vereinfachen. 40

Materielle Auswirkungen im Sinne einer Ausweitung der Sachverhalte, die der Bewertung zum beizulegenden Zeitwert unterliegen, sind nicht Gegenstand des Projekts; indes impliziert die gegenüber den derzeit geltenden Einzelregelungen mitunter abweichende Konzeption des beizulegenden Zeitwerts potenzielle Änderungen der bilanziellen Wertansätze. 41

Dem Streben nach Vereinheitlichung der Konzeption werden indes durch standardspezifische Regelungen **Grenzen** gesetzt: Sowohl die exemplarischen Bewertungsheuristiken zur Ermittlung des beizulegenden Zeitwerts i. R. d. Kaufpreiszuordnung bei der Erstkonsolidierung gem. IFRS 3.B16, als auch etwa der Objektivierungsvorbehalt der Neubewertungsmethode nach IAS 16.31 sollen von der Neuregelung unberührt bleiben. 42

III. Unterschiede in der Definition des beizulegenden Zeitwerts zwischen SFAS 157 und geltenden IFRS (Themenblock 2)

1. Überblick

Die in den IFRS etablierte, standardübergreifend grundsätzlich einheitlich gefasste **Definition des beizulegenden Zeitwerts** konzipiert diesen als den Betrag, zu dem ein Vermögenswert getauscht bzw. eine Schuld zwischen sachverständigen, kontrahierungswilligen Parteien in einer Markttransaktion abgelöst werden könnte („Fair value is the amount for which an asset could be exchanged, or a liability settled, between knowledgeable, willing parties in an arm's length transaction").[12] Diese Definition unterscheidet sich gegenüber derjenigen des SFAS 157 wesentlich in drei Bereichen: Ausrichtung am Glattstellungspreis (→ Rz. 44 f.), hypothetische Transaktionspartner (→ Rz. 46) und Transferfiktion für Schulden (→ Rz. 47). 43

10) Weitere Darstellungen und Würdigungen des DP Beizulegender Zeitwert finden sich insbesondere bei Theile, PiR 2007, S. 1 ff.; sowie bei Bieker, PiR 2007, S. 91 ff., S. 132 ff.

11) Im Gegensatz zu den US-GAAP ist der Wertmaßstab des beizulegenden Zeitwerts bis heute nicht im Rahmenkonzept des IASB kodifiziert.

12) Für die einzelnen Fundstellen und die Einheitlichkeit der Begrifflichkeit siehe Cairns, Accounting in Europe 2006, S. 7 f.; Hitz, S. 82 f.

2. Beizulegender Zeitwert als hypothetischer Glattstellungspreis (DP Beizulegender Zeitwert.12-17)

44 Das IASB folgt dem FASB in der Konzeption des beizulegenden Zeitwerts als Marktwert. Der Verwendung von Marktdaten wird insofern der Vorzug vor Wertansätzen, insbesondere dem Nutzungswert, eingeräumt, die unternehmensspezifische Informationen und Prognosen verarbeiten.[13] Die Frage nach der zweckmäßigerweise einer Marktbewertung zu Grunde zu legenden **Marktseite**, Absatz- oder Beschaffungsmarkt, ist indes seit Dekaden Gegenstand anhaltender Kontroverse. Auch der IASB zeigt sich hier gespalten. Die Mehrheit der Mitglieder des Board schließt sich der in der Standardbegründung zu SFAS 157 in par. C 26 dargelegten Sicht an, der potentielle Glattstellungspreis würde den am Markt erwarteten, einwertig verdichteten Nutzenbeitrag eines Vermögenswerts bzw. den mit einer Schuld verknüpften Nutzenabfluss reflektieren und stünde somit im Einklang mit den in den Rahmenkonzepten des FASB und IASB niedergelegten, korrespondierenden Definitionen von Vermögenswerten bzw. Schulden. Andere Board-Mitglieder teilen diese Sicht zwar, wollen indes dem potenziellen Einstiegspreis („entry price") identische Abbildungseigenschaften beimessen. Die Auffassung des beizulegenden Zeitwerts als Einstiegspreis wird zumindest für Teile des IFRS-Regelwerks seit geraumer Zeit vertreten und hat insofern eine gewisse Tradition. Dies reflektiert auch die differenzierte Diskussion im Diskussionspapier des Canadian Accounting Standards Board (par. 164-182), die fallweise dem Einstiegspreis vorteilhaftere Abbildungseigenschaften beimisst. Demgegenüber steht die einheitliche Auslegung als potenzieller Veräußerungspreis in den US-GAAP, die sich bereits vor der Verabschiedung von SFAS 157 manifestiert hatte. Hierbei ist zu berücksichtigen, dass der Anwendungsbereich des beizulegenden Zeitwerts in den US-GAAP von jeher enger ist als nach IFRS und sich insbesondere jenseits der Niederstwertvorschriften (SFAS 144) keine eigenständige Zeitbewertung für nicht-finanzielle Positionen etabliert hat (→ Rz. 11 f.).

45 Neben der Mehrheitsmeinung wird daher auch die Lösung zur Diskussion gestellt, ganz vom Begriff des beizulegenden Zeitwerts abzuweichen und diesen **standardspezifisch konkreter zu fassen**, beispielsweise als gegenwärtiger Glattstellungspreis („exit price") oder Einstiegspreis („entry price"). Da der IASB für die Zugangsbewertung nach IFRS 3 und für einzelne Sachverhalte nach IAS 17 und IAS 39 mit der Orientierung am Glattstellungspreis inkonsistente Vorgaben identifiziert, wird für den anstehenden Standardentwurf erwogen, ausgehend von einer Evaluierung sämtlicher Einzelregelungen bei Unvereinbarkeit mit der Konzeption des beizulegenden Zeitwerts einzelne Standards vom Anwendungsbereich auszuschließen oder stattdessen einen anderen spezifischen Zeitwert, etwa den aktuellen Erwerbs- bzw. Einstiegspreis („current entry price"), einzuführen.

3. Hypothetische Transaktionspartner (DP Beizulegender Zeitwert.18-21)

46 Anders als SFAS 157 benennt die IFRS-Definition des beizulegenden Zeitwerts die Teilnehmer der hypothetischen Transaktion nicht explizit als Marktakteure. Gleichwohl hält der IASB das IFRS-Konzept der „arm's length transaction" für vereinbar mit diesem „market participant view" nach SFAS 157. Da die Definition des SFAS 157 jedoch diese Marktwertkonzeption klarer zum Ausdruck bringt, wird ihr der Vorzug eingeräumt.

4. Schuldenbewertung: Transfer- versus Ablösungsfiktion (DP Beizulegender Zeitwert.22-24)

47 Während die Definition des beizulegenden Zeitwerts von Schulden nach SFAS 157 auf den potenziell für den Transfer einer Schuld am Markt aufzuwendenden Betrag abstellt und somit vom modifizierten **Fortbestand eines Schuldverhältnisses** ausgeht, bezieht sich die IFRS-Definition auf den potentiellen Ablösebetrag, fingiert also die Beendigung („settle") des Schuldverhältnisses. Auch hier präferiert der IASB die Fassung des SFAS 157 und schließt sich der Argumentation des FASB an, wonach die Ablösefiktion mitunter der Marktwertkonzeption des beizulegenden Zeitwerts widerspricht, wenn in der Bewertung unternehmensspezifische Vor- oder Nachteile bei der Begleichung der Schuld berücksichtigt werden. Dies kann als spezifische, konzeptimmanente Abgrenzung des beizulegenden Zeitwerts vom Nutzungswert (value in-use) (→ Rz. 19) aufgefasst werden.

---

13) Dies entspricht der Schlussfolgerung der konzeptionellen Analyse des Canadian Accounting Standards Board, die aufgrund von Vergleichbarkeitserwägungen und der Eigenschaft, Erwartungen der Marktteilnehmer zu verdichten, Marktwerte den unternehmensspezifischen Wertkonzeptionen vorziehen (DP „Measurement Bases for Financial Accounting – Measurement Bases on Initial Recognition", par. 122-130).

IV. Zugangsbewertung: Transaktionspreis versus beizulegender Zeitwert (Themenblock 3, DP Beizulegender Zeitwert.25-31)

Hinsichtlich der **Bestimmung des beizulegenden Zeitwerts im Zugangszeitpunkt** identifiziert der IASB mit IAS 39.AG76 eine Einzelregelung, die nur z. T. mit SFAS 157 im Einklang steht. SFAS 157.16, 157.17 sieht vor, dass in den Fällen, in denen der Transaktionspreis bei Erwerb eines Vermögenswerts (bzw. Eingehen einer Schuld) – dieser stellt konzeptionell einen Einstiegspreis („entry price") dar – von dem als potenzieller Glattstellungspreis definierten beizulegenden Zeitwert abweicht, in Höhe des Unterschiedsbetrags eine erfolgswirksame Anpassung des Wertansatzes zu erfolgen hat. IAS 39 beschränkt indes die Verbuchung eines solchen „day-one gain or loss" auf diejenigen Fälle, in denen der beizulegende Zeitwert unmittelbar als Marktpreis bzw. modellgestützt ausschließlich auf Grundlage von Marktinformationen bestimmt wird. Die Abweichung des Transaktionspreises von einem beizulegenden Zeitwert, der u. a. auf Grundlage unternehmensinterner Projektionen modelliert wurde, wird dann frühestens bei der Folgebewertung (erfolgswirksam) berücksichtigt. 48

Der IASB stellt **zwei denkbare Positionen** zur Diskussion, wobei die Argumente ausschließlich auf Finanzinstrumente Bezug nehmen. Der erste Standpunkt stützt die geltende Regelung des IAS 39, indem unterstellt wird, dass der Transaktionspreis als Schätzer des beizulegenden Zeitwerts qualitativ unbedingt den modellbasierten Ansätzen vorzuziehen ist, die auf subjektiven Projektionen basieren. Der gegensätzliche zweite Standpunkt hingegen schließt sich der Vorgehensweise von SFAS 157 an und betont die konzeptionelle Geschlossenheit des als potenzieller Glattstellungspreis („exit price") zu bestimmenden beizulegenden Zeitwerts unabhängig von den zur Ermittlung herangezogenen Daten und Verfahren. In der erfolgswirksamen Verbuchung von Unterschieden zwischen dem beizulegenden Zeitwert und dem Zugangspreis und damit der strikten zeitlichen Abgrenzung dieses Preisunterschieds gegenüber Schwankungen des beizulegenden Zeitwerts, wie sie in der Folgebewertung auf das Ergebnis durchschlagen mögen, wird eine dem Metazweck der Entscheidungsnützlichkeit, hier der Entscheidungserheblichkeit („relevance"), dienlichere Abbildungsvariante gesehen. 49

Im Kern betonen diese beiden Sichtweisen **unterschiedliche Grundsätze bzw. Prinzipien**. Während die erstgenannte Variante den tradierten, aus dem Realisationsprinzip abgeleiteten Grundsatz der Erfolgsneutralität von Beschaffungs- und Finanzierungsvorgängen voranstellt, apostrophiert der zweite Ansatz demgegenüber die konsistente, einheitliche Anwendung der Konzeption des beizulegenden Zeitwerts und nimmt erfolgswirksame Umbuchungen im Zugangszeitpunkt in Kauf. 50

Ebenfalls unter diesem Diskussionspunkt erörtert der IASB knapp **Aspekte der Einzelbewertung bzw. Bewertungseinheit**. Nach Auffassung einiger IASB-Mitglieder könnte die Anwendung von SFAS 157 dazu führen, dass Finanzinstrumente nach einem Portefeuille-basierten Bewertungsansatz bewertet würden, der identifizierbare Risiken statt potenzielle Veräußerungspreise einzelner Instrumente berücksichtigt. IAS 39 sieht demgegenüber die strikte Einzelbewertung vor. 51

V. Bedeutendster versus vorteilhaftester Markt (Themenblock 4, DP Beizulegender Zeitwert.32-35)

Während SFAS 157 den **Markt**, an dem die hypothetische Transaktion unterstelltermaßen stattfindet, eindeutig als den bedeutendsten Markt („principal market") bzw. subsidiär als den vorteilhaftesten Handelsplatz festlegt, stellt der IASB für die IFRS in dieser Hinsicht inkonsistente Maßgaben fest. Der Board schließt sich daher der Vorgehensweise von SFAS 157 an und teilt ausdrücklich die Standardbegründung des FASB, der diese Regelung als Wirtschaftlichkeitsklausel sieht, da die Fokussierung auf den bedeutendsten Markt etwaige umfassende Informationsbeschaffungsmaßnahmen auf mehreren Märkte vermeide; ohnehin würde der bedeutendste Markt häufig auch der aus Sicht des Bilanzierenden vorteilhafteste Handelsplatz sein. Zusätzlich stellt der IASB fest, dass die Denkfigur des bedeutendsten Markts an das Kriterium der Liquidität anknüpfe und Preise von derart liquiden Märkten geeignetere Daten für die Bestimmung des beizulegenden Zeitwerts darstellten. 52

VI. Berücksichtigung spezifischer Eigenschaften des jeweiligen Vermögenswerts/der Schuld (Themenblock 5, DP Beizulegender Zeitwert.36-38)

53 Der IASB teilt die lediglich klarstellende Vorgabe in SFAS 157, dass bei der Bestimmung des beizulegenden Zeitwerts sämtliche spezifischen Eigenschaften der zu bewertenden Position so zu berücksichtigen sind, wie Marktteilnehmer sie beurteilen würden. Hierbei sind insbesondere auch deren Zustand, der Standort oder etwaige Einschränkungen der Nutzungsrechte entsprechend zu berücksichtigen. Folglich schließt sich der IASB den wesentlichen Implikationen an, dass der beizulegende Zeitwert Transaktionskosten nicht zu berücksichtigen habe, da diese ein Merkmal nicht der Position, sondern der Transaktion seien, wohl aber potenzielle Transportkosten zum bedeutendsten Markt, wenn der Standort ein spezifisches Merkmal des Vermögenswerts darstellt.

VII. Bewertung von Schulden (Themenblock 6, DP Beizulegender Zeitwert.39-41)

54 Auch wenn IAS 39.AG69 die Berücksichtigung der Kreditqualität und nicht des eigenen **Bonitätsrisikos** fordert, betrachtet der IASB die Regelung als vereinbar mit der Maßgabe von SFAS 157, das Ausfallrisiko („non-performance risk") des bilanzierenden Unternehmens bei der Bestimmung des beizulegenden Zeitwerts zu berücksichtigen. Der IASB stimmt diesem Grundsatz daher zu und will ihn gleichermaßen auf nicht-finanzielle Schulden bezogen sehen. Die Auffassung, wonach das Bonitätsrisiko immanenter Bestandteil einer fingierten Marktbewertung sei (→ Rz. 25), ist indes in der praktischen wie in der wissenschaftlichen Diskussion nicht unumstritten, da eine solche Bewertung unter Umständen „kontraintuitive" Folgen für den Ergebnisausweis hat:[14] Kommt es in Folge einer Herabstufung der Kreditwürdigkeit nämlich zur Minderung der beizulegenden Werte der Schulden des jeweiligen Unternehmens, sind die resultierenden Bewertungsdifferenzen als Ertrag in die Ergebnisrechnung einzustellen. Diese Problematik, wonach eine Minderung der wirtschaftlichen Leistungsfähigkeit zu einem positiven Gewinnsignal führt, erfährt eine Kompensation nur dann, wenn der Abwertung der Schulden mindestens betragsidentische Abschreibungen auf Vermögenswerte, insbesondere des Anlagevermögens, gegenüberstehen.

VIII. „In-use"-Bewertungsprämisse versus Nutzungswert (Themenblock 7, DP Beizulegender Zeitwert.42-45)

55 Offenkundig teilt der IASB die der Konzeption des beizulegenden Zeitwerts immanente **Prämisse der nutzen- bzw. wertmaximalen Nutzung der zu bewertenden Position** durch die fiktiven Marktteilnehmer, wonach sich dieser als der höhere Wert aus beizulegender Zeitwert unter der Nutzungsprämisse („fair value in-use") und beizulegender Zeitwert unter der Tauschprämisse („fair value in-exchange") ergibt (→ Rz. 23 f.). Indes kommt das Konzept des Nutzungswerts (value in use), des unternehmensspezifischen Wertbeitrags einer Position, anders als nach US-GAAP in den IFRS als alternative Ausprägung des für die Bestimmung des Wertminderungsaufwands nach IAS 36 relevanten erzielbaren Betrags (recoverable amount) ebenfalls zur Anwendung. Folgerichtig stellt es ein Anliegen des IASB dar, die trennscharfe Unterscheidung insbesondere von „fair value in-use" (beizulegender Zeitwert unter der Nutzungsprämisse) und „value in use" (Nutzungswert) zu gewährleisten. Diese liegt konzeptionell vor allem in der Unterschiedlichkeit des Zahlungsprofils, wie es durch das Unternehmen einerseits und aus Sicht der fiktiven Marktteilnehmer andererseits für eine Position projiziert wird. Inwiefern SFAS 157 diese Trennschärfe gewährleistet, stellt der IASB zur Diskussion.

IX. Zeitwert-Hierarchie (Themenblock 8, DP Beizulegender Zeitwert.46-47)

56 Ausgehend von der Uneinheitlichkeit und etwaigen Inkonsistenz der Einzelstandards in Bezug auf die Ermittlung des beizulegenden Zeitwerts, speziell auf Art und Ordnung der hierfür heranzuziehenden Daten, spricht

14) Für eine ausführliche Erörterung der bonitätsinduzierten Ergebnisschwankungen siehe Hitz, S. 303-306, und die dort zitierte Literatur.

sich der IASB ohne Einschränkung für die **standardübergreifende Normierung der Datenquellen** aus, wie sie in der dreistufigen Zeitwert-Hierarchie des SFAS 157 zum Ausdruck kommt.

X. Liquiditätsabschläge für Blöcke von Finanzinstrumenten (Themenblock 9, DP Beizulegender Zeitwert.48-49)

57 Die Vorgabe des SFAS 157, für umfängliche Bestände eines Finanzinstruments bei der Bewertung zum beizulegenden Zeitwert keine **Liquiditätsabschläge vom beobachteten Marktpreis** (Daten der ersten Ebene) vorzunehmen, um potenzielle Preisreaktionen bei Veräußerung des gesamten Pakets vorwegzunehmen, betrachtet der IASB wie der FASB als konsequenten Ausfluss des Einzelbewertungsprinzips: Liquiditätsaspekte sind ausschließlich bei der Ermittlung des beizulegenden Zeitwerts der einzelnen Position zu berücksichtigen; der Wertansatz des Pakets ergibt sich dann durch entsprechende Multiplikation mit dem Bestand. Diesen Grundsatz sieht der IASB bereits in IAS 39.AG71, AG72, AG75 kodifiziert, befürwortet indes mit der Ausweitung auf alle Ebenen der Zeitwert-Hierarchie einen umfassenderen Geltungsbereich als SFAS 157.

XI. Beizulegender Zeitwert als Wert innerhalb einer Geld-Brief-Spanne (Themenblock 10, DP Beizulegender Zeitwert.50-53)

58 Der IASB schließt sich der Regelung an, wonach bei **Vorliegen gespaltener Preise** grundsätzlich derjenige Preis innerhalb der Geld-Brief-Spanne als beizulegender Zeitwert heranzuziehen ist, der unter den jeweiligen Umständen am geeignetsten erscheint. Offen und damit zur Diskussion gestellt ist indes zum einen die Verwendung von pauschalen Bewertungskonventionen (z. B. gemittelte Preise, „mid-market pricing“). Zum anderen wird die Anwendung der Vorschriften zum beizulegenden Zeitwert als Wert innerhalb einer Geld-Brief-Spanne auf alle Stufen der Bewertungshierarchie erwogen, also insbesondere auch auf modellgestützt ermittelte „spreads“.

XII. Offenlegungsvorschriften (Themenblock 11, DP Beizulegender Zeitwert.54)

59 Der IASB will bei der Entwicklung des Standardentwurfs die **Offenlegungsvorschriften** aus SFAS 157 und den IFRS-Einzelstandards berücksichtigen. Zu diesem Zweck werden insbesondere die Regelungen des SFAS 157 zur Diskussion gestellt, um die Angemessenheit von Informationsumfang und -aufbereitung in Auskunft zu bringen.

XIII. Anwendungsfragen (Themenblock 12, DP Beizulegender Zeitwert.55-56)

60 Im Anbetracht des größeren und differenzierteren Anwendungsbereichs der Bewertung zum beizulegenden Zeitwert in den IFRS erkennt der IASB die etwaige Notwendigkeit an, über die Anwendungs-Richtlinien von SFAS 157 (Appendix B) hinaus erforderlichenfalls **zusätzliche spezifische Umsetzungsvorgaben** zu entwickeln. Außerdem werden möglicherweise zusätzliche Anwendungshilfen für die Umsetzung eines Standards zum beizulegenden Zeitwert durch Unternehmen in Entwicklungs- und Schwellenländern erforderlich sein.

E. Ausblick

61 Mit dem DP Beizulegender Zeitwert macht der IASB zu einem frühen Zeitpunkt im Entwicklungsprozess die gegenwärtige Entscheidungslage im Projekt zur IFRS-einheitlichen Definition und Ermittlung des beizulegenden Zeitwerts publik und stellt diese der Fachöffentlichkeit zur Diskussion. Als Konvergenzprojekt sind dabei zahlreiche Inhalte durch die US-amerikanische Vorschrift SFAS 157 vorgeprägt, der sich das IASB in weiten Teilen anschließt bzw. diese bereits im Einklang mit dem geltenden IFRS-Regelwerk sieht. Im Einzelnen betrifft dies die Zielsetzung des Standards, die bei der Ermittlung des beizulegenden Zeitwerts für Schulden zu Grunde zu legende Transferfiktion, die eindeutige Qualifizierung der fiktiven Transaktionspartner als Marktakteure, die Definition des relevanten Transaktionsorts als bedeutendster Markt („principal market“), die

Befürwortung einer Berücksichtigung des eigenen Bonitätsrisikos bei Schulden, die Hierarchie zulässiger Ermittlungsdaten, die Ablehnung von Liquiditätsabschlägen bei Blöcken von Finanzinstrumenten, die Ermittlung des beizulegenden Zeitwerts als Wert innerhalb einer Geld-Brief-Spanne und die Intention der zusätzlichen Offenlegungsvorschriften.

62 Gleichwohl verbleiben drei Felder, für die sich beim IASB gegenwärtig noch ein offener Diskussionsstand abzeichnet, mit potenziell weitreichenden praktischen Folgen. Zuvorderst zu nennen ist der **Geltungsbereich** eines künftigen Standards, der angesichts der umfassenderen Implementierung der Bewertung zum beizulegenden Zeitwert in den IFRS zunächst weiter gefasst ist als derjenige von SFAS 157. Hieraus ergibt sich nicht nur die Notwendigkeit zusätzlicher Umsetzungsvorschriften. Vielmehr zeigt die Diskussion, dass der Geltungsbereich bislang noch unscharf abgegrenzt ist. Dies betrifft zum einen die angedachte explizite Ausklammerung von Bewertungsheuristiken bei der Zugangsbewertung. Ungleich bedeutsamer auch in materieller Sicht aber ist die hieran anknüpfende Diskussion zur Definition des **beizulegenden Zeitwerts als hypothetischer Glattstellungspreis** („exit price"), in deren Gefolge der teilweise Ersatz der Bewertung zum beizulegenden Zeitwert in ausgewählten Einzelnormen durch eine beschaffungsmarktorientierte Zeitwertkonzeption („entry price") erwogen wird. Dieser Weg würde den ohnehin reichhaltigen Fundus von in den IFRS etablierten Wertmaßstäben erweitern. Da er zugleich eine explizite Entfernung von den US-GAAP mit sich brächte, wirft er das Licht auf die weitläufigere Problematik der substanziellen Unterschiede in der Verbreitung und Umsetzung der Bewertung zum beizulegenden Zeitwert im IFRS-Regelwerk gegenüber den US-GAAP, die möglicherweise Gegenstand weiterer Konvergenzbestrebungen sein wird.

63 Gleichermaßen konzeptionell bedeutsam erscheint schließlich die noch nicht abgeschlossene Diskussion zur **Zugangsbewertung** zum beizulegenden Zeitwert: Entschiede sich der IASB hier für die Bewertung zum Transaktionspreis statt zum beizulegenden Zeitwert, wäre zwar das Prinzip der Erfolgsneutralität von Beschaffungs- und Finanzierungsvorgängen gewahrt, indes um den Preis einer zusätzlichen konzeptionellen Abweichung gegenüber den US-GAAP, welche der konsequenten Zeitwert-Bewertung zum Glattstellungspreis („exit price") den Vorrang einräumen und damit Erfolgswirkungen im Zugangszeitpunkt zulassen.

64 Abschließend kann somit bereits heute eine **Vielzahl inhaltlicher Festlegungen** für den voraussichtlich frühestens 2010 in Kraft tretenden IFRS zu Inhalt und Ermittlung des beizulegenden Zeitwerts festgestellt werden. Gleichwohl ist auf das noch frühe Projektstadium und die grundlegende Unverbindlichkeit der im Diskussionspapier dokumentierten Entscheidungslage hinzuweisen. Unsicher und im Fluss ist gegenwärtig vor allem noch der künftige Geltungsbereich der Konzeption des beizulegenden Zeitwerts. Dies gilt z. B. für die Bewertungsheuristiken zur Kaufpreiszuordnung nach IFRS 3 und für das beschaffungsmarktorientierte Neubewertungsmodell, wie es etwa in IAS 16 oder IAS 38 als Bewertungsoption kodifiziert ist. Schließlich muss auch davon ausgegangen werden, dass im Gefolge der anhaltenden Objektivierungsdiskussion Beteiligte am Entwicklungsprozess noch stärker auf einen Primat nachprüfbarer Marktdaten bei gleichzeitiger Zurückdrängung ermessensbehafteter Projektionen drängen werden.[15)]

15) Zur Objektivierungsproblematik explizit für das IFRS-Projekt s. Lüdenbach/Freiberg, KoR 2006, S. 441 ff.; Hitz, KoR 2006, S. 366 ff.; grundsätzlich Pfaff/Kukule, KoR 2006, S. 546 ff.

Discussion Paper Preliminary Views on an improved Conceptual Framework for Financial Reporting: The Objective of Financial Reporting and Qualitative Characteristics of Decision useful Financial Reporting Information

Bearbeitet von:
Hanno Kirsch

Inhalt

Schrifttum

Adler/Düring/Schmaltz, Rechnungslegung nach internationalen Standards, Loseblatt, Stuttgart 2003;

Baetge/Kirsch/Thiele, Bilanzen, Düsseldorf, 8. Aufl. 2005;

Ballwieser, Rahmenkonzepte der Rechnungslegung, Funktionen, Vergleich, Bedeutung, Der Konzern 2003, S. 337;

Ballwieser, IFRS-Rechnungslegung, Konzept, Regeln und Wirkungen, München 2006;

Barney, Investors fear stewardship under threat, Financial Times vom 20.7.2006, S. 12;

Davidson/Anderson, The Development of Accounting and Auditing Standards, Journal of Accountancy 1987, S. 110;

Ellrott u. a. (Hrsg.), Beck'scher Bilanzkommentar, München, 6. Aufl. 2006;

Ernst/Young, International GAAP 2005, London 2004;

Federmann, Bilanzierung nach Handels- und Steuerrecht, Berlin, 11. Aufl. 2000;

Haller, Die Grundlagen der externen Rechnungslegung in den USA, Stuttgart, 4. Aufl. 1994;

Haller, Wesentliche Ziele und Merkmale US-amerikanischer Rechnungslegung, in Ballwieser (Hrsg.), US-amerikanische Rechnungslegung, Stuttgart, 4. Aufl. 2000, S. 1;

Hayn, Entwicklungstendenzen im Rahmen der Anwendung von IFRS in der Konzernrechnungslegung, BFuP 2005, S. 424;

Kampmann/Schwedler, Zum Entwurf eines gemeinsamen Rahmenkonzepts von FASB und IASB, Rechnungslegungsziele und qualitative Anforderungen, KoR 2006, S. 521;

Kirsch, Konzernabschluß – unter Berücksichtigung von IAS, Aachen, 3. Aufl. 2000;

Kirsch, Beurteilung des bilanzpolitischen Instrumentariums der IFRS-Rechnungslegung, BB 2006, S. 1266;

Kirsch, Einführung in die internationale Rechnungslegung nach IFRS, Herne/Berlin, 4. Aufl. 2007;

Leffson, Die Grundsätze ordnungsmäßiger Buchführung, Düsseldorf, 7. Aufl. 1987;

Lüdenbach/Hoffmann (Hrsg.), Haufe IFRS-Kommentar, Freiburg i. B., 4. Aufl. 2006;

Moxter, Bilanzlehre, Bd. 1: Einführung in die Bilanztheorie, Wiesbaden, 3. Aufl. 1984;

Peemöller, Grundsätze ordnungsmäßiger Rechnungslegung, Anmerkungen zum Entwurf eines Rahmenkonzepts des DSR, StuB 2003, S. 211;

Pellens/Fülbier/Gassen, Internationale Rechnungslegung, Stuttgart, 6. Aufl. 2006;

Pellens/Sellhorn/Amshoff, Reform der Konzernbilanzierung – Neufassung von IFRS 3 „Business Combinations", DB 2005, S. 1749;

Rückle, Bilanztheorie, in Chmielewicz/Schweitzer (Hrsg.), Handwörterbuch des Rechnungswesens, Stuttgart, 3. Aufl. 1993, Sp. 249;

Ruhnke/Nerlich, Behandlung von Regelungslücken innerhalb der IFRS, DB 2004, S. 389 ff.;

Schildbach, US-GAAP, Amerikanische Rechnungslegung und ihre Grundlagen, München, 3. Aufl. 2002;

Schöllhorn/Müller, Bedeutung und praktische Relevanz des Rahmenkonzepts (framework) bei Erstellung von IFRS-Abschlüssen nach zukünftigem „deutschen Recht" (Teil I), DStR 2004, S. 1623;

Zülch, Anmerkungen zum Entwurf eines überarbeiteten Conceptual Framework für die Finanzberichterstattung, PiR 2006, S. 203 ff.

A. Gegenstand und Relevanz

I. Inhalt

1 Das Diskussionspapier „Preliminary Views on an improved Conceptual Framework for Financial Reporting" (im Folgenden DP Rahmenkonzept-A) vom Juli 2006 stellt die Phase A eines acht Phasen umfassenden Projektes (→ Rz. 97 f.) dar und behandelt die Zielsetzung der Finanzberichterstattung nach IFRS sowie die qualitativen Anforderungen an entscheidungsnützliche Informationen. Dementsprechend ist das DP Rahmenkonzept-A in **zwei Kapitel** gegliedert. Kapitel 1 behandelt die Ziele der Finanzberichterstattung und Kapitel 2 die qualitativen Anforderungen an entscheidungsnützliche Informationen.

Zielsetzung der Finanzberichterstattung (→ Rz. 24 ff.) soll künftig ausschließlich die Vermittlung von Informationen sein, die für bestimmte Jahresabschlussadressaten im Rahmen ihrer Investitions-, Darlehensvergabe- oder ähnlichen Ressourcenallokationsentscheidungen entscheidungsnützlich sind. Die Rechenschaftslegung, welche durch die Rechnungslegung erfüllt werden kann, wird zumindest nicht mehr explizit als Zweck der Rechnungslegung erwähnt.[1] 2

Bei den **qualitativen Anforderungen** an die Rechnungslegung (→ Rz. 47 ff.) unterscheidet das DP Rahmenkonzept-A zwischen Primäranforderungen und Sekundäranforderungen. Zu den **Primäranforderungen** zählen die Relevanz (→ Rz. 47 ff.), die glaubwürdige Darstellung (→ Rz. 60 ff.), die Vergleichbarkeit (→ Rz. 73 ff.) und die Verständlichkeit (→ Rz. 79). Das Merkmal der glaubwürdigen Darstellung wird dabei durch die **Sekundäranforderungen** Nachprüfbarkeit (→ Rz. 64 ff.), Neutralität (→ Rz. 68 ff.) und Vollständigkeit (→ Rz. 71 f.) präzisiert. 3

Das DP Rahmenkonzept-A regelt auch die **Beziehungen** zwischen den qualitativen Anforderungen (→ Rz. 81 ff.). An erster Stelle steht die Anforderung der Relevanz, welche über die Auswahl der abzubildenden Sachverhalte entscheidet. An zweiter Stelle folgt dann die glaubwürdige Darstellung. Vergleichbarkeit und Verständlichkeit fördern die Entscheidungsnützlichkeit von Informationen.

Beschränkungen der qualitativen Anforderungen (→ Rz. 87 ff.) ergeben sich aus den Anforderungen der Wesentlichkeit und der Abwägung zwischen Nutzen und Kosten.

II. Bedeutung

Der FASB und der IASB führen derzeit ein mehrjähriges Projekt zur Überarbeitung ihrer Rahmenkonzepte durch, das in einem **einheitlichen konzeptionellen Rahmenkonzept** (Conceptual Framework) münden soll.[2] Die Zusammenführung der Rahmenkonzepte ist Teil der **Konvergenzbestrebungen** von IASB und FASB.[3] Die Konsolidierung und Überarbeitung der Rahmenkonzepte dient dem Zweck, den Boards eine „verbesserte konzeptionelle Basis für die Entwicklung zweckmäßiger und in sich konsistenter Rechnungslegungsnormen zu liefern".[4] 4

Darüber hinaus hat das konzeptionelle Rahmenkonzept eine **„Lückenfüllungsfunktion"** in den Fällen, in denen weder ein spezieller Standard noch eine spezielle Interpretation einen bestimmten Sachverhalt eindeutig regeln.[5] Faktisch dürfte jedoch darüber hinaus das Rahmenkonzept auch eine Bedeutung für die Auslegung von Norminhalten der einzelnen Standards und Interpretationen haben.[6] 5

III. Anwendungsbereich

Das konzeptionelle Rahmenkonzept hat eine direkte **Bindungswirkung** nur für den IASB bzw. das IFRIC bei Erlass bzw. Überarbeitung von Standards (IAS/IFRS) bzw. Interpretationen (SIC/IFRIC); insbesondere entfaltet das Rahmenkonzept keine unmittelbare Bindungswirkung für die die IFRS anwendenden Unternehmen. Zielsetzung der Verabschiedung eines solch einheitlichen Bezugsrahmens ist es, dass unabhängig von der jeweils aktuellen personellen Besetzung die Ableitung von möglichst deduktiv – aus einem in sich konsistenten Rahmenkonzept – abgeleiteten Standards und Interpretationen gelingt, Widersprüche zwischen Standards und Rahmenkonzept möglichst vermieden und die **Prinzipienorientierung der Rechnungslegung**[7] erhöht wird.[8] 6

---

1) Vgl. Zülch, PiR 2006, S. 203.
2) Vgl. Kampmann/Schwedler, KoR 2006, S. 521.
3) Vgl. Pellens/Fülbier/Gassen, S. 80.
4) Zülch, PiR 2006, S. 206.
5) Vgl. Ruhnke/Nerlich, DB 2004, S. 389 ff.
6) Vgl. Zülch, PiR 2006, S. 203.
7) Vgl. Lüdenbach/Hoffmann in Lüdenbach/Hoffmann, § 1 Rz. 44-54.
8) Vgl. Ballwieser, Der Konzern 2003, S. 339.

7 Darüber hinaus wird Phase A des Projektes zum konzeptionellen Rahmenkonzept, da es die Ziele und die qualitativen Anforderungen an entscheidungsnützliche Informationen behandelt, in **Zweifelsfragen** auch besondere Bedeutung bei der **Auslegung von Norminhalten** für einzelne Standards und Interpretationen gewinnen (→ Rz. 5). Daher dürfte das DP Rahmenkonzept-A auch eine zumindest mittelbare Bedeutung für Jahresabschlussersteller und -prüfer besitzen.

8 In **zeitlicher Hinsicht** ist zu beachten, dass es sich um „Preliminary Views" handelt, die nach den bisherigen Plänen erst nach Abschluss der Phase H des gesamten Projekts zum konzeptionellen Rahmenkonzept (→ Rz. 98) in einem Exposure Draft münden und dann dem weiteren Due Process unterliegen. Nach dem aktualisierten Arbeitsplan des IASB per 31.3.2007 plant der IASB jedoch für die Phase A im dritten Quartal 2007 einen eigenständigen Exposure Draft.[9)]

9 Da jedoch parallel zur Erarbeitung des konzeptionellen Rahmenkonzepts mehrere standardbezogene Projekte laufen, die insbesondere auch zahlreiche **Querverbindungen** zum Rahmenkonzept aufweisen,[10)] können sich zumindest faktisch bereits zeitlich frühere Auswirkungen auf die IFRS-Rechnungslegung ergeben. Insbesondere die hier behandelten Themen der Phase A sind letztlich von tragender Bedeutung für die **Entwicklung sämtlicher Standards und Interpretationen** einer Rechnungslegung[11)], die sich der Zielsetzung der entscheidungsnützlichen Informationsvermittlung verschrieben hat.

IV. Regelungszusammenhänge

10 Bei den Regelungszusammenhängen ist sowohl die Stellung des DP Rahmenkonzepts-A innerhalb des konzeptionellen Rahmenkonzepts als auch die Stellung des konzeptionellen Rahmenkonzepts im Vergleich mit anderen Rahmenkonzepten und dem bisherigen IAS-Rahmenkonzept zu beleuchten. Das DP Rahmenkonzept-A mündet in einem separaten Exposure Draft (→ Rz. 8), welcher für das dritte Quartal 2007 geplant ist.

11 Das Projekt „Conceptual Framework" ist in insgesamt **acht Phasen** gegliedert; die Ergebnisse der Phase A sind im DP Rahmenkonzept-A vom IASB – und **zeit- und inhaltsgleich vom FASB** – veröffentlicht worden (zu einem Überblick über die anderen Phasen → Rz. 97). Die vorläufigen Ergebnisse werden dabei in Form von „Preliminary Views" öffentlich zur Diskussion gestellt, wobei Detailaspekte durch gesonderte Diskussionspapiere aufgegriffen werden können. In der letzten Projektphase sollen dann die verbliebenen Fragen geklärt und die Inhalte aller Projektphasen zu einem Exposure Draft führen (aber → Rz. 8)[12)], der dann abschließend in einem verabschiedeten „Conceptual Framework" (konzeptionellen Rahmenkonzept) mündet.

12 Im Gegensatz zu den auf einem Rahmenkonzept basierenden IFRS- und US-GAAP-Rechnungslegungsvorschriften kennt die **deutsche Rechnungslegung** kein eigens konzipiertes Rahmenkonzept.[13)] Die Inhalte des DP Rahmenkonzept-A sind vielmehr (teilweise) in einer Mehrzahl von Gesetzen (insbesondere HGB, EStG, AktG) und in der sie ergänzenden Kommentierung geregelt. Im Unterschied zum konzeptionellen Rahmenkonzept verfolgt die handelsrechtliche Rechnungslegung **mehrere Zwecke**. Zu diesen gehören insbesondere:[14)]

- die unter Berücksichtigung der GoB zu erfüllende Informationsfunktion über die Vermögens-, Finanz- und Ertragslage gem. § 264 Abs. 2 HGB,
- die Gläubigerschutzfunktion,
- die Ausschüttungsbemessungsfunktion (kodifiziert bei Aktiengesellschaften in § 58 Abs. 2 AktG),
- die Steuerbemessungsfunktion, geregelt durch die Maßgeblichkeit der Handels- für die Steuerbilanz (§ 5 Abs. 1 EStG), sowie
- die Funktion der Unternehmenserhaltung durch handelsrechtliche Vorschriften zur Kapitalerhaltung.

---

9) Vgl. IASB Insight 3/2007, S. 13.

10) Vgl. Kampmann/Schwedler, KoR 2006, S. 522.

11) Vgl. zur Stellung von Rechnungslegungszielen in der Rechnungslegungstheorie Rückle in Chmielewicz/Schweitzer, Sp. 256 f.

12) Vgl. Projektbeschreibung unter http://www.fasb.org/project/conceptual_framework.shtml.

13) Vgl. zu den Überlegungen für ein eigenständiges Rahmenkonzept des DSR Peemöller, StuB 2003, S. 211 ff.

14) Vgl. Baetge/Kirsch/Thiele, S. 91 ff. und Moxter, S. 81 ff.

Das Handelsrecht kennt den Begriff der qualitativen Anforderungen in dieser Form nicht; dennoch sind eine Reihe der unter die qualitativen Anforderungen zu subsumierenden Grundsätze auch in den **GoB**[15] enthalten. Insbesondere findet sich auch in den GoB der Grundsatz der Stetigkeit gem. § 252 Abs. 1 Nr. 6 HGB und der Grundsatz der Klarheit und Übersichtlichkeit gem. § 243 Abs. 3 HGB. Darüber hinaus sind im Konzernabschluss die Grundsätze der Wesentlichkeit und der Wirtschaftlichkeit in mehreren Einzelvorschriften enthalten.[16] Gleichwohl ergeben sich jedoch auch bei diesen Grundsätzen hinsichtlich der Ausgestaltung und der Reichweite der Grundsätze im Handelsrecht und den qualitativen Anforderungen im konzeptionellen Rahmenkonzept nicht unwesentliche Unterschiede im Einzelfall. 13

Weiterhin sind im HGB in den GoB die Grundsätze imparitätischer Gewinnermittlung (Realisationsprinzip, Vorsichtsprinzip mit den Untergrundsätzen Niederstwert-, Höchstwertprinzip und dem Grundsatz der Verlustantizipation) verankert, wohingegen das DP Rahmenkonzept-A unter dem Hinweis auf die glaubwürdige Gewinnermittlung eine vorsichtige Gewinnermittlung wegen der hiermit verbundenen Verzerrung der Darstellung ablehnt (→ Rz. 69 f.). 14

Im Vergleich zum **aktuell gültigen IAS-Rahmenkonzept** erwähnt das DP Rahmenkonzept-A die Rechenschaftslegung nunmehr nicht mehr ausdrücklich als eine Funktion der Rechnungslegung. Bei den qualitativen Anforderungen wird die bisherige Verlässlichkeit (F.31) durch die bislang als Sekundäranforderung betrachtete glaubwürdige Darstellung ersetzt. Bei den Sekundäranforderungen der glaubwürdigen Darstellung werden der Grundsatz der Vorsicht (F.37) und die wirtschaftliche Betrachtungsweise (F.35) gestrichen. Zu den Grundsätzen der Neutralität (F.36) und der Vollständigkeit (F.38) tritt der Grundsatz der Nachprüfbarkeit neu hinzu. Die Wesentlichkeit wird nicht mehr als eine qualitative Anforderung im Zusammenhang mit der Entscheidungsrelevanz diskutiert, sondern als eine „Filterfunktion für Relevanz und Glaubwürdigkeit" verstanden.[17] Auf der gleichen Stufe wie die Wesentlichkeit steht – wie bisher auch – die Abwägung von Nutzen und Kosten (F.44). 15

Dagegen fällt der Grundsatz der Zeitnähe (F.43) aus den Beschränkungen für relevante und verlässliche Informationen heraus und ist nunmehr eine Nebenbedingung für entscheidungsrelevante Informationen.

Im Gegensatz zum bisherigen IAS-Rahmenkonzept beschreibt das DP Rahmenkonzept-A eine vermeintlich **logische Beziehung zwischen den einzelnen qualitativen Anforderungen** und versucht damit die im bisherigen Rahmenkonzept bestehenden Konflikte zwischen den qualitativen Anforderungen aufzulösen.[18] Dementsprechend kennt das konzeptionelle Rahmenkonzept auch nicht mehr den Grundsatz der Abwägung der qualitativen Anforderungen an den Abschluss (F.45). 16

V. Definitionen

Entscheidungsrelevanz beschreibt die Eigenschaft einer Information, Entscheidungen der Nutzer beeinflussen zu können, indem sie den Nutzern bei der Einschätzung der möglichen Auswirkungen von Ereignissen der Vergangenheit, Gegenwart bzw. Zukunft auf die künftigen Zahlungsströme eines Unternehmens helfen oder entsprechende vorherige Prognosen bestätigen oder korrigieren kann (DP.QC 8). 17

Eine **glaubwürdige Darstellung** liegt vor, wenn Informationen die ihnen zugrunde liegenden realen ökonomischen Sachverhalte möglichst getreu widerspiegeln (DP.QC 16). 18

Nach DP.QC 23 liegt **Nachprüfbarkeit** vor, wenn verschiedene sachkundige und unabhängige Beobachter im Wesentlichen darin übereinstimmen, dass die jeweilige Information die realen ökonomischen Sachverhalte ohne wesentliche Fehler und Verzerrungen präsentiert (direkte Nachprüfbarkeit) oder dass die verwendeten Bilanzierungs- und Bewertungsmethoden ohne wesentliche Fehler und unverzerrt angewendet wurden (indirekte Nachprüfbarkeit). 19

---

15) Vgl. zu einer detaillierten Beschreibung der GoB Leffson, S. 180 ff.; Federmann, S. 127 ff.

16) Vgl. Kirsch, Konzernabschluss, S. 28.

17) Vgl. www.standardsetter.de/drsc/projects_drsc/index.php?site=1&lang=german&site=2&primary_key=13&function.

18) Vgl. ADS International, Abschn. 1 Rz. 93.

20 **Vergleichbarkeit** ist das Merkmal einer Information, das den Nutzer in die Lage versetzt, Ähnlichkeiten und Unterschiede zwischen zwei zusammengehörigen Sätzen ökonomischer Sachverhalte zu erkennen (DP.QC 35).

21 **Verständlichkeit** ist das Merkmal einer Information, dass die Nutzer, welche eine angemessene Kenntnis geschäftlicher und wirtschaftlicher Tätigkeiten und der Rechnungslegung haben, sowie die Bereitschaft besitzen, die Informationen mit entsprechender Sorgfalt zu lesen, ihre Bedeutung verstehen (DP.QC 39).

22 **Vollständigkeit** bedeutet die Einbeziehung sämtlicher Informationen in die Finanzberichterstattung, welche notwendig sind, um eine glaubwürdige Darstellung der realen ökonomischen Sachverhalte zu erreichen (DP.QC 32).

23 Eine Information ist **wesentlich**, wenn ihr Weglassen oder ihre fehlerhafte Darstellung geeignet sind, die auf Basis des Jahresabschlusses getroffenen Allokationsentscheidungen zu beeinflussen (DP.QC 49).

B. Zielsetzung der Finanzberichterstattung

I. Jahresabschluss als Teil der Finanzberichterstattung

24 Das DP Rahmenkonzept-A spricht durchgängig vom Begriff der **Finanzberichterstattung** und nicht von der Berichterstattung über den Jahres- bzw. Konzernabschluss als Regelungsgegenstand. Die Rechnungslegung über vergangene Perioden ist dementsprechend nur ein Teil der umfassenderen Finanzberichterstattung (DP.BC 1.2). Damit übernimmt das konzeptionelle Rahmenkonzept den Regelungsgegenstand aus der US-amerikanischen Rechnungslegung.[19]

25 Daher sind **Erweiterungen** über den Jahres- und Konzernabschluss hinaus auf andere Teile der Finanzberichterstattung grundsätzlich möglich; bisher bezieht sich jedoch die im konzeptionellen Rahmenkonzept dargelegte Perspektive ausschließlich auf Jahres- bzw. Konzernabschlüsse.[20] Auch in der US-amerikanischen Rechnungslegung werden nur die Aufgaben der externen Rechnungslegung näher präzisiert.[21] Der formulierte Zweck ist nach Auffassung des IASB (DP.BC 1.3) so umfassend gewählt, dass er auch die Finanzberichterstattung außerhalb des Jahres- und Konzernabschlusses erfasst; spezifische Aufgaben, die durch die Ausdehnung der Finanzberichterstattung auf andere Teile außerhalb der Jahres- und Konzernabschlüsse entstehen (Finanzplanungs- und Finanzprognoserechnungen, Plan-Jahresabschlüsse), sind einer späteren Phase des konzeptionellen Rahmenkonzepts vorbehalten.

II. Informationsfunktion und Rechenschaftslegung

26 Zweck der Finanzberichterstattung ist es gem. DP.OB 2, DP.OB 11, externen Jahresabschlussadressaten, die nicht in der Lage sind, spezifizierte Informationen vom Unternehmen zu erhalten, Informationen zu vermitteln, die bei **Investitions-, Darlehens- und ähnlichen Ressourcenallokationsentscheidungen** entscheidungsnützlich sind. Die Informationen sind insbesondere dann entscheidungsnützlich, wenn sie die Jahresabschlussadressaten in der Einschätzung über die Höhe, den Zeitpunkt und über die Unsicherheit künftiger Zahlungsströme unterstützen (DP.OB 3).

27 Die Informationen über die zu erwartenden Zahlungsströme sind gleichermaßen für die **Anteilseigner** als auch für die **Darlehensgeber** essentiell. Das Informationsziel der IFRS-Rechnungslegung ist dabei nicht nur auf die Kapitalgeber ausgerichtet, sondern betrifft eine **Mehrzahl von Gruppen**, welche potenziell die Informationen des Jahres- bzw. Konzernabschlusses nutzen (DP.OB 6).

28 Das Informationsziel der IFRS-Rechnungslegung ist dementsprechend auf eine breite Gruppe von Jahresabschlussnutzern ausgerichtet und nicht auf eine spezifische Gruppe. Darüber hinaus unterscheidet sich das

19) Vgl. Haller, S. 205; Davidson/Anderson, Journal of Accountancy 1987, S. 127.
20) Vgl. Kampmann/Schwedler, KoR 2006, S. 526.
21) Vgl. Haller in Ballwieser, S. 9.

Informationsziel der Rechnungslegung auch nicht nach **Art und Größe des Unternehmens**. Beispielsweise soll die Zielsetzung des in Diskussion befindlichen SME-Jahresabschlusses (Exposure Draft „IFRS for SMEs") darin bestehen, Nutzer, die nicht in der Lage sind, maßgeschneiderte spezielle Informationen zu erhalten, mit Informationen über die finanzielle Situation, die Erfolgslage und die Zahlungsmittelveränderungen zu versorgen und sie hierdurch bei ihren Entscheidungen zu unterstützen (ED-SME 2.1). Vergleicht man die Formulierung des ED-SME mit DP.OB 10, so fällt auf, dass lediglich die Formulierung des Adressatenkreises bei SMEs eingeschränkter ist („broad range of users" bei SME anstelle von „wide range of users" in der IFRS-Rechnungslegung gemäß DP.OB 10).

Im Gegensatz zu den bisherigen Rahmenkonzepten des IASB (F.14) und des FASB[22] verzichtet das konzeptionelle Rahmenkonzept explizit auf die **Rechenschaftslegung** (stewardship) als Zweck der Rechnungslegung. Die Rechenschaftslegung soll jedoch nicht entfallen, da es sich bei Gesellschafterbeschlüssen über die Auflösung oder Verlängerung von Anstellungsverträgen mit dem Management, über Vergütungsregelungen oder über die Managementstrategien stets um Allokationsentscheidungen – i. S. d. konzeptionellen Rahmenkonzepts – handelt (DP.OB 28 Satz 2). Die Rechenschaftslegung ist vielmehr nach der Mehrheitsmeinung des IASB in der Informationsfunktion gem. DP.OB 2 mit eingeschlossen (DP.OB 28 Satz 3). 29

Zwei Mitglieder des Boards haben hierzu eine **abweichende Meinung** geäußert (DP.AV 1.1-7) und sprechen sich insbesondere für ein höheres Maß an Detaillierung von Angaben in Bezug auf die Mitglieder des Managements aus (u. a. Angabe der individualisierten Bezüge des Managements), um eine stärkere Berücksichtigung der Rechenschaftslegung sicherzustellen, die über ein bloßes Nebenprodukt der allgemeinen Informationsvermittlungsfunktion hinausgeht. 30

Der Board begründet die **Nichtaufnahme der Rechenschaftslegung** als eigenständige Funktion der Rechnungslegung weiterhin damit, dass dieses Ziel die Trennung zwischen der **Performance des Managements** und den Effekten, die außerhalb des Einflussbereichs des Managements liegen (z. B. allgemeine ökonomische Bedingungen sowie Situation auf den Beschaffungs- und Absatzmärkten), voraussetzt. Eine solche Trennung ist jedoch nach DP.BC 1.37 mittels der Finanzberichterstattung nicht durchführbar. 31

Dem ist entgegen zu halten, dass eine solche Trennung auch in den gegenwärtigen Rahmenkonzepten nicht durchgeführt wird. Darüber hinaus erstreckt sich die Verantwortlichkeit des Managements auf sämtliche Unternehmensaktivitäten. Selbst in dem Fall, dass Risiken außerhalb der Kontrolle des Managements liegen, ist es die Entscheidung des Managements, wie es mit dem Risiko umgeht (DP.AV 1.1-7). 32

Darüber hinaus kann vom Verzicht auf die Rechenschaftslegung als eigenständige Funktion eine **problematische Signalwirkung** ausgehen.[23] Die präventive Funktion, die eine Rechenschaftslegung ausübt, die gleichzeitig auch eine disziplinierende Funktion auf das Verhalten des Managements entfalten kann[24], wird mit der Streichung als eigenständige Funktion aus dem Bewusstsein des Managements und der Abschlussadressaten verdrängt. Dagegen erscheint die Schlussfolgerung, dass sich aus einer Vernachlässigung der Rechenschaftslegung als eigenständigem Zweck der Rechnungslegung eine Lockerung von Objektivierungsanforderungen herleiten lässt, zu weit gegriffen.[25] 33

III. Adressatengruppe der Informationsfunktion

1. Primäre Adressatengruppen

Das konzeptionelle Rahmenkonzept unterscheidet zwischen einer primären Adressatengruppe und weiteren Interessenten(gruppen). DP.OB 2 nennt explizit die **gegenwärtigen und potenziellen Eigenkapital- und Fremdkapitalgeber** als die Gruppen, die sich der entscheidungsnützlichen Informationen des Jahres- bzw. Konzernabschlusses bedienen. DP.BC 1.16 bezeichnet diese beiden Gruppen als die prominentesten externen Nutzer. Diese Gruppen sind an der Fähigkeit des Unternehmens interessiert, künftige Zahlungsmittelüber- 34

---

22) Vgl. hierzu Schildbach, S. 40.
23) Vgl. Barney, Financial Times v. 20.7.2006, S. 12.
24) Vgl. Kampmann/Schwedler, KoR 2006, S. 525.
25) Diese Meinung vertreten Kampmann/Schwedler, KoR 2006, S. 525.

schüsse zu erzielen, da diese Fähigkeit unmittelbar die Fähigkeit beeinflusst, Zahlungsmittel zu verteilen, sei es in Form von Dividenden an Anteilseigner oder sei es in Form von Zinsen und Tilgungen an die Gläubiger. Der Gruppe der Anteilseigner und Gläubiger werden auch die **Berater der Anteilseigner und Gläubiger** zugerechnet (DP.OB 12).

35 Neben dem gemeinsamen Interesse an der Erzielung künftiger Zahlungsmittelüberschüsse durch das Unternehmen kommt hinzu, dass durch die zunehmende Relevanz **mezzaniner Finanzinstrumente** die traditionelle Unterteilung der Kapitalgeber in Anteilseigner und Gläubiger den tatsächlichen wirtschaftlichen Verhältnissen immer weniger gerecht wird.[26)]

36 Durch die Konzentration auf das Interesse an künftigen Zahlungsmittelüberschüssen des Unternehmens kann – unabhängig von Verteilungsüberlegungen – eine **Interessenübereinstimmung zwischen Anteilseignern und Gläubigern** hergestellt werden (DP.BC 1.17). Eine Konzentration auf die Zahlungsmittelüberschüsse des Unternehmens bedeutet indes nicht, dass die Eignerperspektive vernachlässigt wird.

37 Der Board räumt zwar ein, dass einzelne Standards Offenlegungspflichten vorsehen, die entweder für Gläubiger oder Anteilseigner von größerem Interesse sein dürften (z. B. Angaben zu Sicherheiten bei Finanzinstrumenten (IFRS 7.14 f.; → IFRS 7 Rz. 49 f.) für Gläubiger bzw. Ergebnis je Aktie (IAS 33) für Anteilseigner); dies ändert jedoch nichts an dem gemeinsamen Interesse, das beide Gruppen an künftigen Zahlungsmittelüberschüssen haben (DP.BC 1.17 Satz 7).

38 Damit folgt das konzeptionelle Rahmenkonzept hinsichtlich der Festlegung der primären Adressatengruppe der **US-amerikanischen Rechnungslegung** (SFAC 1.24-1.34)[27)] und wendet sich vom bisherigen IAS-Rahmenkonzept ab. F.10 Satz 2 vermutet, dass die Informationsbedürfnisse der Investoren, die dem Unternehmen Risikokapital zur Verfügung stellen, den Informationsbedürfnissen der meisten anderen Jahresabschlussadressaten entsprechen. Hieraus folgt im bisherigen IAS-Rahmenkonzept eine Konzentration der Rechnungslegungskonzeption auf die Eigenkapitalgeber als primäre Adressatengruppe.

39 DP.BC 1.28-1.31 setzen sich ausführlich mit der Frage auseinander, ob die auf einer **GuV basierende Messung** der Fähigkeit zur Erzielung künftiger Zahlungsmittelüberschüsse geeigneter ist als die Berichterstattung über aktuelle Cashflows. Ohne die verschiedenen zur Erfolgsmessung verwendbaren Maßstäbe im Einzelnen zu würdigen, halten IASB und FASB die Beurteilung der Erzielung künftiger Zahlungsmittelüberschüsse mittels einer GuV am geeignetsten (DP.BC 1.29, 1.31).

2. Weitere Adressatengruppen

40 Auch wenn das konzeptionelle Rahmenkonzept eine primäre Adressatengruppe definiert, können die im Jahres- bzw. Konzernabschluss enthaltenen Informationen auch für andere Gruppen interessant sein. Explizit nennt DP.OB 6 folgende weitere Gruppen und die von ihnen vertretenen Informationsbedürfnisse:

- **Lieferanten**: Lieferanten versorgen das Unternehmen mit Gütern und Dienstleistungen; sie sind daran interessiert zu beurteilen, wie hoch die Wahrscheinlichkeit ist, dass sie bei Fälligkeit ihrer Forderung die vereinbarten Zahlungen erhalten.
- **Arbeitnehmer**: Arbeitnehmer stellen dem Unternehmen ihre Arbeitsleistungen zur Verfügung. Arbeitnehmer und ihre Vertreter sind vor allem an Stabilität, Rentabilität und Wachstum ihres arbeitgebenden Unternehmens interessiert. Hierbei stehen die Informationen im Mittelpunkt, die ihnen helfen die kontinuierliche Fähigkeit zu Gehalts- und Lohnzahlungen, zu Anreizzahlungen sowie zu Altersversorgungsleistungen und ähnlichen Sozialleistungen zu beurteilen.
- **Kunden**: Aus Sicht der Kunden ist das Unternehmen Lieferant von Gütern oder Dienstleistungen. Daher sind sie vor allem daran interessiert, die Fähigkeit des Unternehmens abschätzen zu können, auch in Zukunft – insbesondere langfristig – Güter und Dienstleistungen anzubieten.
- **Regierungen, ihre Institutionen und Regulierungsbehörden**: Diese Adressaten sind an den Aktivitäten des Unternehmens interessiert, da diese in verschiedener Weise für die effiziente Ressourcenallokation

---

26) Vgl. Kampmann/Schwedler, KoR 2006, S. 525.
27) Vgl. Ernst Young, S. 70 f.

innerhalb einer Volkswirtschaft verantwortlich sind. Darüber hinaus benötigen sie auch Informationen, die ihnen bei der Regulierung von Aktivitäten helfen oder Informationen für die Beurteilung und die Anwendung von Steuergesetzen oder Informationen für volkswirtschaftliche Statistiken zu erlangen.

- **Öffentlichkeit**: Die Öffentlichkeit ist in vielfältiger Weise von den Aktivitäten des Unternehmens betroffen. Dies schließt insbesondere die Bedeutung für die lokale Wirtschaft ein. Jahresabschlussinformationen unterstützen die Mitglieder der Öffentlichkeit durch Informationen über Trends und aktuelle Ereignisse in der Unternehmensentwicklung sowie die wirtschaftlichen Aktivitäten.

Wie die o. g. Auflistung (→ Rz. 40) zeigt, besteht auch bei diesen Adressatengruppen ein Interesse an der Beurteilung der Erzielung künftiger Zahlungsmittelüberschüsse, da mehrere Ziele der einzelnen Adressatengruppen von der **Erwirtschaftung künftiger Zahlungsmittelüberschüsse** abhängen. 41

Das **Management eines Unternehmens** zählt explizit nicht zur definierten Adressatengruppe der Jahres- und Konzernabschlüsse; begründet wird dies damit, dass das Management nicht auf „general purpose" Jahres- und Konzernabschlüsse angewiesen ist. Das Management kann stattdessen jegliche Informationen über das Unternehmen erhalten, die es benötigt (DP.BC 1.42 Satz 3). Dennoch besitzen das Management als auch das Aufsichtsgremium ein Interesse an der Fähigkeit des Unternehmens, künftige Zahlungsmittelüberschüsse zu erwirtschaften, da insbesondere dies ein wesentlicher Teil der Verantwortung des Managements und der Rechenschaftslegung gegenüber den Anteilseignern darstellt. Somit sind auch die in „general purpose" Jahres- und Konzernabschlüssen veröffentlichten Informationen ebenfalls für das Management nützlich. 42

Die Bedeutung der **Management-Perspektive** für die Berichterstattung **in Jahres- und Konzernabschlüssen** wird im DP Rahmenkonzept-A nicht vollständig geklärt. Die Management-Perspektive kann einen bedeutenden Einfluss auf die Bilanzierung und Bewertung, Aufnahme und Form des Managementkommentars innerhalb der Finanzberichterstattung, die Offenlegungspflichten in der Segmentberichterstattung und die Informationen über Finanzinstrumente haben. Die Management-Perspektive wird in verschiedenen späteren Phasen des Projekts zum konzeptionellen Rahmenkonzept noch näher beleuchtet werden müssen (DP.BC 1.43). 43

In Anbetracht der Vielzahl von Adressatengruppen des Jahres- und Konzernabschlusses setzt sich DP.BC 1.18-1.22 mit der Frage auseinander, ob ein einziger Jahres- und Konzernabschluss für alle Adressatengruppen ausreichend ist. Eine Alternative könnte darin bestehen, **unterschiedliche Berichte für die einzelnen Adressatengruppen** zur Verfügung zu stellen. Eine andere Alternative könnte sein, dass die Unternehmen eine **Saldenliste von Aufwendungen und Erträgen** veröffentlichen, aus denen die verschiedenen Adressaten(gruppen) ihre **eigene Erfolgsrechnung zusammenstellen**. 44

Der Board verwirft beide Überlegungen unter Bezug auf **Nutzen-Kosten-Überlegungen**, da mit adressatenspezifischen Berichten sowohl die Kosten für die Abschlusserstellung als auch die Kosten auf Seite der Nutzer steigen und weiterhin der Nutzen solcher Abschlüsse fragwürdig erscheint, insbesondere wenn Nutzer einen „general purpose" Jahres- bzw. Konzernabschluss wünschen (DP.BC 1.21). Vielmehr ist der Board überzeugt, dass zumindest gegenwärtig „general purpose" Jahres- und Konzernabschlüsse am besten die Informationsbedürfnisse der Nutzer befriedigen. Dies wird dadurch noch verstärkt, dass es ein **gemeinsames Interesse sämtlicher Nutzer** an der Beurteilung der Fähigkeit zur Erzielung künftiger Zahlungsmittelüberschüsse gibt (DP.BC 1.22). 45

IV. Bedeutung der Unternehmensperspektive für die Konzernrechnungslegung

Die Entscheidung für die Unternehmensperspektive anstelle der Perspektive der Anteilseigner (→ Rz. 34 ff., 40) hat weit reichende **Auswirkungen auf die Gestaltung der Konzernrechnungslegung** (DP.BC 1.9). Der Konzernabschluss wird damit nicht als erweiterter Einzelabschluss des Mutterunternehmens, sondern als Abschluss der „wirtschaftlich separaten Einheit Konzern" gesehen.[28] Unmittelbare Auswirkungen ergeben sich hieraus auf 46

28) Vgl. Hayn, BFuP 2005, S. 428 ff.

- die **Abgrenzung zwischen Eigenkapital und Fremdkapital**,
- die Einordnung von **Anteilen anderer Gesellschafter** und der auf sie entfallenden Ergebnisanteile,
- die vollständige Einbeziehung sämtlicher Vermögenswerte und Schulden in den Konzernabschluss,
- die **Neubewertung** sämtlicher Vermögenswerte und Schulden **zum Zeitpunkt der Erstkonsolidierung**,[29] und auf
- die Einführung der **Full-Goodwill-Methode**[30].

C. Qualitative Anforderungen

I. Qualitative Anforderungen im Einzelnen

1. Relevanz

47 DP.QC 8 fordert als Kriterium für die Entscheidungsrelevanz (→ Rz. 17) nur die **Möglichkeit der Beeinflussung der Entscheidungsfindung**, nicht jedoch die tatsächliche Beeinflussung einer Entscheidung (DP.QC 9). Diese Fassung der Entscheidungsrelevanz von Informationen steht sowohl im Widerspruch zum Begriff der Entscheidungsrelevanz in der Informationsökonomie, da dort gefordert wird, dass sich die Rangfolge von Handlungsalternativen durch entscheidungsrelevante Informationen ändert[31], als auch im Gegensatz zum bisherigen IAS-Rahmenkonzept (F.26). Dagegen entspricht das DP Rahmenkonzept-A in diesem Punkt der bisherigen Fassung im konzeptionellen Rahmenkonzept (SFAC 2.47) in der US-amerikanischen Rechnungslegung.

48 Als **Begründung für die zurückhaltendere Fassung** der Entscheidungsrelevanz – im Vergleich zum bisherigen IAS-Rahmenkonzept – gibt DP.QC 9 an, dass in der Vergangenheit einige Mitglieder im Standardsetzungsprozess argumentiert haben, dass Informationen ihre Entscheidungsrelevanz verlieren, sofern es nicht gelingt, weder ihren Nutzen für eine Entscheidung noch ihren Effekt auf eine bestimmte Entscheidung aufzuzeigen. Weiterhin wird durch die zurückhaltendere Fassung der Umstand berücksichtigt, dass die wissenschaftliche Forschung bislang kaum in der Lage war, die tatsächlich verwendeten Entscheidungsmodelle der Adressaten und die hierfür notwendigen Informationen zu bezeichnen.[32]

49 Entscheidungsrelevanz von Informationen nach DP.QC 8 liegt auch dann vor, wenn einige Jahresabschlussadressaten diese Informationen nicht für ihre Entscheidungen nutzen oder sich noch nicht einmal der Information bewusst sind. Diese – im Vergleich zum bisherigen IAS-Rahmenkonzept – weitere Fassung der Entscheidungsrelevanz ist letztlich auch die Folge des mit dem konzeptionellen Rahmenkonzepts einhergehenden erweiterten Adressatenkreises des Jahres- bzw. Konzernabschlusses, da unterschiedliche Adressatengruppen auch verschieden auf einige Arten von Informationen reagieren. In letzter Konsequenz kommt DP.QC 9 dann zu dem Ergebnis, dass sich der Standardsetter nicht auf die Perspektive der Abschlussadressaten verlassen kann, weil es *die* Sicht ohnehin nicht gibt. Mit anderen Worten tritt damit die **Einschätzung des Standardsetters** hinsichtlich der **Beurteilung der möglichen Entscheidungsrelevanz** an die Stelle der Beurteilung der Entscheidungsrelevanz durch die Jahresabschlussadressaten(gruppen).

50 Der Auffassung von *Kampmann/Schwedler*, dass an dieser Stelle „implizit auf einen rationalen Nutzer abgestellt wird, der die Qualität einer Information ex ante zutreffend beurteilen kann“[33], ist zu widersprechen. Der Standardsetter unterwirft sich im DP Rahmenkonzept-A auch nicht ansatzweise einer – rational nachzuvollziehenden – Einschränkung bei seiner Beurteilung der möglichen Entscheidungsrelevanz. Vielmehr führt DP.BC 2.6 aus, dass der inhaltliche Gedankenaustausch mit Kapitalgebern und deren Vertretern über Stan-

29) Vgl. Kampmann/Schwedler, KoR 2006, S. 526
30) Über die Einführung dieser Methode wird gegenwärtig in der Literatur diskutiert, vgl. Pellens/Sellhorn/Amshoff, DB 2005, S. 1749 ff.
31) Vgl. Ballwieser, Der Konzern 2003, S. 341.
32) Vgl. Zülch, PiR 2006, S. 2004; Schildbach, S. 41.
33) Kampmann/Schwedler, KoR 2006, S. 528.

dards die Wissensquelle über entscheidungsrelevante Informationen für den Standardsetter in diesem Zusammenhang bildet.

Die Relevanz einer Information kann sowohl in ihrem **Prognosewert** (predictive value, → Rz. 52 f.) als auch in der **Bestätigung bzw. Korrektur** vergangener früherer Prognosen (confirmatory value, → Rz. 54) bestehen. Beide Funktionen von Informationen lassen sich theoretisch zwar trennen; sie treten häufig jedoch gemeinsam auf. 51

Der **Prognosewert einer Information** ist dann gegeben, wenn die Information als Input für einen Prognosevorgang dient. Die Information über einen aktuellen Wert stellt zumeist die **Basis für Prognoserechnungen** dar. So können z. B. Informationen über die vergangene und aktuelle Bilanzstruktur oder Ergebnisstruktur gemeinsam mit anderen Informationen genutzt werden, um Vorhersagen über die zukünftige Bilanz- und Ergebnisstruktur zu machen und hierauf aufbauend auch Prognosen über künftige Dividenden, Zinsen, Lohn- und Gehaltszahlungen und über die zukünftige Zahlungsfähigkeit des Unternehmens angestellt werden (DP.QC 10). 52

Prognosewert einer Information bedeutet weder, dass die aktuelle Information selbst durch Prognose zustande gekommen ist, noch dass die relevante Information unmittelbar eine einwertige Prognose ihrer selbst in der Zukunft darstellt (DP.QC 11; z. B. Ermittlung von Abschreibungen bei linearer Abschreibungsmethode und bekannter Nutzungsdauer des abschreibungspflichtigen Vermögenswerts). Im letztgenannten Fall läge dann ein rein deterministisches Modell vor, welches keinen Raum mehr für echte Prognosen durch die Marktteilnehmer belässt. In einem solchen Fall ist vielmehr die zukünftig eintretende Information auch aktuell bekannt und kann damit logischerweise nicht mehr entscheidungsrelevant sein. 53

Gleichzeitig hat die aktuelle Information entweder eine Bestätigungs- oder Korrekturfunktion für vergangene Prognosen. Werden vergangene Erwartungen bestätigt, besitzt die Information einen **Bestätigungswert** und vermindert hierdurch (möglicherweise) auch Unsicherheiten, die naturgemäß mit Prognosen verbunden sind. Invers hierzu kann eine aktuelle Information jedoch auch eine **Korrekturfunktion** besitzen, falls sie nicht im Einklang mit früheren Prognosen steht. Damit verändert sich durch die aktuelle Information das Vertrauen des Anwenders in seine in der Vergangenheit durchgeführten Prognosen. Unabhängig davon, ob Informationen im konkreten Fall eine Bestätigungs- oder Korrekturfunktion besitzen, sind beide Rückkoppelungen in der Lage, einen Einfluss auf die Entscheidungen der Jahresabschlussadressaten auszuüben. 54

Die **zeitnahe Informationsvermittlung** wird in DP.QC 15 als ein Nebenaspekt oder eine Sekundäranforderung der Entscheidungsrelevanz gesehen, da mit zunehmender Zeitdauer für die Berichterstattung über ein Ereignis die Information über das infrage stehende Ereignis an (Entscheidungs-)Relevanz verliert.[34] Allerdings ist die Zeitnähe der Berichterstattung kein konstitutives Merkmal der Entscheidungsrelevanz und kann allein nie einer Information Entscheidungsrelevanz verleihen. Unter der Voraussetzung, dass eine entscheidungsrelevante Information dem Grunde nach vorliegt, kann diese jedoch ihre Entscheidungsrelevanz verlieren, falls die Information den Abschlussadressaten so spät bekannt gegeben wird, dass sie ihre Fähigkeit verliert, Entscheidungen zu beeinflussen. 55

Das Spannungsverhältnis zwischen Zeitnähe von Informationen und Reduktion des Präzisionsgrads durch zunehmende Verwendung von Schätzungen zwecks rascher Generierung von Informationen wird in DP.QC 15 Satz 5 nur angedeutet. Vor dem Hintergrund der unter → Rz. 55 beschriebenen Rolle der Zeitnähe innerhalb des DP Rahmenkonzept-A ist Zeitnähe kein Ziel, sondern nur eine **Nebenbedingung für die Vermittlung entscheidungsrelevanter Informationen**.[35] 56

Die Kommentierung empfiehlt im Einzelfall unter Berücksichtigung der Einzelvorschriften abzuwägen, ob die Berücksichtigung oder Nichtberücksichtigung der Information oder welche Art der Berücksichtigung (Darstellung in Bilanz bzw. GuV oder im Anhang) den Informationsbedürfnissen der Adressaten im Hinblick auf ihre wirtschaftlichen Entscheidungen am besten entspricht.[36] 57

---

34) Vgl. Kampmann/Schwedler, KoR 2006, S. 528.
35) Vgl. auch ADS International, Abschn. 1 Rz. 90.
36) Vgl. ADS International, Abschn. 1 Rz. 90.

58 Insoweit ist **informationsökonomisch** das **Spannungsverhältnis** dadurch aufzulösen, dass unter der Voraussetzung des Vorliegens entscheidungsrelevanter Informationen dem Grunde nach das Unternehmen im nächsten Schritt den für die jeweilige Information vertretbaren Zeitraum bestimmt, der zwischen Eintritt des Ereignisses und seiner Veröffentlichung liegen darf, damit die veröffentlichte Information noch Entscheidungsrelevanz entfalten kann. Innerhalb dieses Zeitraums ist dann die höchstmögliche Präzision anzustreben; dies schließt nicht aus, dass es sich im Einzelfall, z. B. bei der Berichterstattung über Naturkatastrophenn nur um qualitative Beschreibungen oder um quantitative Angaben mit Bandbreitencharakter handelt.

59 Im Vergleich zum **bisherigen IAS-Rahmenkonzept** ist zwar **keine inhaltliche Änderung** des Grundsatzes der Zeitnähe (F.43) zu verzeichnen[37)], allerdings erfolgt eine **andere Einordnung** dieses Grundsatzes. Die Zeitnähe wird – in Übereinstimmung mit dem bisherigen FASB-Rahmenkonzept – als Nebenbedingung für die entscheidungsrelevante Informationsvermittlung[38)] und nicht als eine generell sämtliche qualitative Anforderungen an die Rechnungslegung beschränkende Anforderung gesehen. Dennoch befindet sich die Einordnung des Grundsatzes der zentralen Informationsvermittlung als Komponente der Entscheidungsrelevanz noch in der Diskussion. Alternative Einordnungsmöglichkeiten sind entweder die Klassifizierung als eine die qualitativen Anforderungen fixierende Anforderung oder die Einordnung als eine sämtliche qualifizierende Anforderungen beschränkende Anforderung.[39)]

2. Glaubwürdige Darstellung

60 Die glaubwürdige Darstellung beinhaltet, dass nach den Vorstellungen des DP Rahmenkonzept-A **Informationen** die ihnen zugrunde liegenden **realen ökonomischen Sachverhalte möglichst getreu widerspiegeln** (DP.QC 16). Dementsprechend betont das DP Rahmenkonzept-A, dass die Darstellung in der Rechnungslegung nicht unabhängig von den realen Grundlagen (z. B. physische Vermögenswerte) zustande kommt. Der Rückbezug auf die zugrunde liegenden Sachverhalte soll daher erhalten bleiben (DP.QC 18-19).[40)]

61 Das Kriterium der glaubwürdigen Darstellung tritt nach den Vorstellungen des DP Rahmenkonzept-A an die Stelle der Verlässlichkeit als qualitative Primäranforderung innerhalb des Rahmenkonzeptes. Da die glaubwürdige Darstellung, die im bisherigen Rahmenkonzept (F.33) eine Sekundäranforderung an die Rechnungslegung darstellt, nach Auffassung des IASB genau das ausdrückt, was unter der Primäranforderung Verlässlichkeit bislang gemeint ist, soll die glaubwürdige Darstellung die Verlässlichkeit als Primäranforderung ersetzen (DP.BC 2.26-2.29). Die **veränderte Begriffswahl** wird mit den teilweise unterschiedlichen Inhalten, mit denen der Begriff der Verlässlichkeit in der Vergangenheit in Zusammenhang gebracht wurde, begründet.[41)]

62 Selbst wenn man der Argumentation des IASB folgt (wenngleich auch hier berechtigte Zweifel angebracht sind[42)]), muss dennoch konstatiert werden, dass die Sekundäranforderungen der glaubwürdigen Darstellung nach dem DP Rahmenkonzept-A andere als die bisherigen Sekundäranforderungen der Verlässlichkeit sind. Insbesondere durch den Verzicht auf den Grundsatz der Vorsicht nach F.37, der auch im bisherigen Rahmenkonzept nicht als Bewertungsmaßstab mit dem Ziel der Legung stiller Reserven, sondern nur als Schätzregel bei unsicheren Erwartungen zu interpretieren ist[43)], die treffender mit „kaufmännischer Vernunft" als mit „kaufmännischer Vorsicht" umschrieben werden kann[44)], scheint es zweifelhaft, ob tatsächlich eine absolute Bedeutungsgleichheit zwischen glaubwürdiger Darstellung nach DP.QC 16 und der Verlässlichkeit gemäß F.31 postuliert werden kann. Dies gilt insbesondere deshalb, da DP.QC 28 Satz 1 das Vorsichtsprinzip mit der Neutralität als Sekundäranforderung der glaubwürdigen Darstellung für unvereinbar hält. Trotz der tiefgreifenden Veränderungen bei dieser qualitativen Anforderung scheint der Diskussionsprozess an dieser Stelle weitgehend abgeschlossen zu sein.

---

37) Vgl. Kampmann/Schwedler, KoR 2006, S. 528.
38) Vgl. Haller, S. 208.
39) Vgl. IASB Update 4/2007, S. 3.
40) Vgl. Kampmann/Schwedler, KoR 2006, S. 528.
41) Vgl. Zülch, PiR 2006, S. 204.
42) Vgl. Zülch, PiR 2006, S. 204.
43) Vgl. Schöllhorn/Müller, DStR 2004, S. 1626.
44) Vgl. ADS International, Abschn. 1 Rz. 77.

Die glaubwürdige Darstellung hat folgende Untergrundsätze bzw. **Sekundäranforderungen**: 63

- Nachprüfbarkeit (→ Rz. 64 ff.),
- Neutralität (→ Rz. 68 ff.) und
- Vollständigkeit (→ Rz. 71 f.).

a) Nachprüfbarkeit

64 Nach DP.QC 23 liegt Nachprüfbarkeit vor, wenn verschiedene sachkundige und unabhängige Beobachter im Wesentlichen darin übereinstimmen, dass die jeweilige Information die realen ökonomischen Sachverhalte ohne wesentliche Fehler und Verzerrungen präsentiert (direkte Nachprüfbarkeit, → Rz. 65) oder dass die verwendeten Bilanzierungs- und Bewertungsmethoden ohne wesentliche Fehler und unverzerrt angewendet wurden (indirekte Nachprüfbarkeit, → Rz. 66). Dabei betont DP.QC 23 Satz 4, dass nicht Punktschätzungen, sondern auch Bandbreiten und die ihnen zugrunde liegenden Wahrscheinlichkeiten nachprüfbar sein können. Die Nachprüfbarkeit als Element der Verlässlichkeit ist bislang im US-amerikanischen konzeptionellen Rahmenkonzept (SFAC 2.81-2.89) bereits eine Komponente der Verlässlichkeit.

65 Die **direkte Nachprüfbarkeit** eignet sich für die primäre qualitative Anforderung der glaubwürdigen Darstellung besser als die indirekte Nachprüfbarkeit (DP.QC 26 Satz 1). Direkte Nachprüfbarkeit ist dann gegeben, wenn ein Betrag oder eine Darstellung unmittelbar durch Zählen eines Betrags (z. B. Zählen des Kassenbestandes) oder Feststellung eines notierten Marktpreises (z. B. Feststellung der Börsenkurse für gelistete Wertpapiere am Bilanzstichtag) überprüft werden kann.

66 Demgegenüber bedeutet **indirekte Nachprüfbarkeit**, dass ein Betrag bzw. eine Darstellung nur indirekt durch Kontrolle des Inputs, Nachprüfung der Rechenschritte und paralleler Berechnung des Ergebnisses nachvollzogen werden kann (DP.QC 25 Satz 3). Beispielsweise ist die Bewertung des Vorratsendbestands für austauschbare Vorräte nach der Fifo- oder der Durchschnittsmethode nur indirekt nachprüfbar, indem als Input das Mengengerüst, die Zeitpunkte der Mengenveränderungen und die Anschaffungskosten der einzelnen Zugänge sowie die Rechenschritte überprüft werden können; der in der Bilanz enthaltene Endbestand kann weiterhin durch Parallelkalkulation auf Basis des Inputs berechnet werden.

67 Die Nachprüfbarkeit als Element der glaubwürdigen Darstellung wird nach h. M. nur zurückhaltend beurteilt. *Kampmann/Schwedler*[45] bezeichnen das Konzept der Nachprüfbarkeit als „weich", da nicht auf den Gegenstand der Abbildung, sondern nur auf seine Beurteilung durch fiktive Beobachter abgestellt wird. Insbesondere ist zu kritisieren, dass nicht die **Methodik**, die den Abbildungsvorgängen hinsichtlich ihres Beitrags zur glaubwürdigen Darstellung zugrunde liegt, hinterfragt wird, sondern diese – implizit – als unveränderbar und abgesichert **unterstellt** wird. So stellt der FASB im konzeptionellen Rahmenkonzept (SFAC 2.89 Satz 3) selbst fest: „Verification of accounting information does not guarantee that the information has a high degree of representational faithfulness, and a measure with a high degree of verifiability is not necessarily relevant to the decision for which it is intended to be useful.". Die aktuellen Überlegungen laufen darauf hinaus, die Nachprüfbarkeit nicht mehr als eine Komponente der glaubwürdigen Darstellung, sondern als einen separaten, die qualitativen Anforderungen vorteilhaft zur Geltung bringenden Grundsatz einzuordnen.

b) Neutralität

68 Der Grundsatz der Neutralität zielt – wie bisher – auf eine **wertfreie und objektive Abbildung** von Informationen.[46] Diese werden gem. DP.QC 27 neutral dargestellt, wenn die Informationen weder im Hinblick auf die Erreichung eines bestimmten Ergebnisses noch zur Veranlassung eines bestimmten Handelns durch den Adressaten gegeben werden. Neutralität bedeutet indes nicht, dass Jahresabschlussinformationen nicht entscheidungsunterstützend wirken sollen (DP.QC 29). Der Nutzer eines Jahres- bzw. Konzernabschlusses soll jedoch innerhalb der bestehenden Regeln, die für die Aufstellung eines Abschlusses gelten, davon ausgehen

---

45) Vgl. Kampmann/Schwedler, KoR 2006, S. 528 und DP.AV 2.1-2.2.

46) Vgl. ADS International, Abschn. 1 Rz. 76.

können, dass keine Verzerrung von Informationen mit dem Ziel der Erreichung eines bestimmten Ergebnisses oder einer gezielten Verhaltensbeeinflussung vorliegt.[47)]

69 Das konzeptionelle Rahmenkonzept setzt sich in diesem Zusammenhang mit dem **Verhältnis** zwischen **Vorsichtsprinzip** und **Neutralität** auseinander. Das Vorsichtsprinzip beinhaltet nach Auffassung des IASB stets eine Verzerrung von Informationen und ist aus diesem Grund mit dem Grundsatz der Neutralität unvereinbar (DP.QC 28 Satz 1). Da es Ziel des konzeptionellen Rahmenkonzepts ist, ein möglichst widerspruchsfreies System von qualitativen Anforderungen an die Rechnungslegung aufzustellen, wird das Vorsichtsprinzip nicht (mehr) als qualitative Anforderung an die Rechnungslegung aufgenommen.

70 Dem ist entgegen zu halten, dass nach der im aktuell gültigen Rahmenkonzept bislang konkretisierten Auffassung des IASB das Vorsichtsprinzip nur die Rolle einer **Schätzregel bei unsicheren Erwartungen** besitzt und gerade nicht die Legung stiller Reserven erlaubt (→ Rz. 61 f.), mit anderen Worten nicht verzerrend wirken darf. Diese Fassung des Vorsichtsprinzips negiert DP.QC 2.22, da der IASB nunmehr von einer (systematischen) Verzerrung von Informationen durch das Vorsichtsprinzip spricht. Auch das in DP.QC 28 aufgeführte Beispiel kann diesen Widerspruch in der Logik zwischen bisherigem Rahmenkonzept und dem DP Rahmenkonzept-A nicht lösen.

c) Vollständigkeit

71 Die Vollständigkeit bedeutet, dass **alle Informationen**, welche zur **glaubwürdigen Darstellung der realen ökonomischen Sachverhalte benötigt** werden, im Jahresabschluss enthalten sein müssen (DP.QC 32 Satz 1). Der Grundsatz der Vollständigkeit ist aufgrund seiner umfassenden Formulierung entsprechend weit auszulegen und bezieht sich auf **alle Formen der Informationsvermittlung** im Jahres- bzw. Konzernabschluss.[48)]

72 In DP.QC 32 Satz 2 wird explizit (zu den allgemeinen Beschränkungen für die qualitativen Anforderungen → Rz. 87 ff.) herausgestellt, dass der Grundsatz der Vollständigkeit jedoch insbesondere durch die **Wesentlichkeit** und von **Kostenaspekten** begrenzt wird.

3. Vergleichbarkeit

73 Vergleichbarkeit von Informationen bedeutet lediglich, dass **gleiche reale ökonomische Sachverhalte gleich** und unterschiedliche reale ökonomische Sachverhalte entsprechend verschieden abzubilden sind. Vergleichbarkeit darf in diesem Zusammenhang nicht mit Gleichförmigkeit (uniformity) verwechselt werden. Beispielsweise wäre es völlig unangemessen, wenn zur Berechnung leistungsorientierter Pensionsverpflichtungen sämtliche Unternehmen identische Annahmen ihrer Kalkulation zugrunde legen würden (z. B. Fluktuationsraten, Zinssätze, Rendite des Fondsvermögens).

74 Die Vergleichbarkeit fördert die **Entscheidungsnützlichkeit von Informationen** bei Allokationsentscheidungen. Da sämtliche Allokationsentscheidungen Entscheidungen über die relative Vorteilhaftigkeit von Alternativen sind, müssen Informationen einen Vergleich zwischen Alternativen zulassen (DP.QC 35-36).

75 Die Vergleichbarkeit hat zwei Dimensionen, eine zeitliche und eine zwischenbetriebliche Dimension. Die **zeitliche Dimension** beinhaltet einen Vergleich von Informationen mit denjenigen vergangener Perioden und die **zwischenbetriebliche Dimension** den Vergleich von Informationen mit denjenigen anderer Unternehmen.[49)]

76 Die **Stetigkeit** (von Bilanzierungs- und Bewertungsmethoden, aber auch von Darstellungsmethoden) ist dabei ein Mittel zur Sicherstellung der Vergleichbarkeit von Informationen. Die Stetigkeit von **Bilanzierungs- und Bewertungsmethoden** bezieht sich dabei sowohl auf echte Bilanzierungs- und Bewertungswahlrechte als auch auf **Verfahrensspielräume**.[50)] Diese ergeben sich dadurch, dass bei der Art der Wertermittlung in Kom-

---

47) Vgl. Kampmann/Schwedler, KoR 2006, S. 528.
48) Vgl. Förschle/Kroner in Beck Bil-Komm., § 246 HGB Rz. 200.
49) Vgl. ADS International, Abschn. 1 Rz. 83.
50) Vgl. Kirsch, BB 2006, S. 1269.

mentierung und Praxis verschiedene Vorgehensweisen bzw. Verfahren für zulässig gehalten werden (z. B. Art der Zuordnung von Herstellungskosten auf Vorräte).

Konsistenz von Bilanzierungs- und Bewertungswahlrechten bezieht sich weiterhin nicht nur auf die Stetigkeit von Bilanzierungs- und Bewertungsmethoden (einschließlich Verfahrensspielräume) zwischen zwei aufeinander folgende Perioden innerhalb eines Unternehmens, sondern auch auf die Anwendung von Bilanzierungs- und Bewertungsmethoden **durch verschiedene Unternehmen** in einer Periode (DP.QC 35 Satz 3). 77

Daher verletzen **Bilanzierungs- und Bewertungswahlrechte** grundsätzlich die Stetigkeit bzw. Vergleichbarkeit von Informationen. Ein Wechsel von Bilanzierungs- und Bewertungsmethoden wird dann toleriert, wenn hierdurch die glaubwürdige Darstellung von Informationen verbessert wird. Die vorübergehende Einschränkung des Grundsatzes der Vergleichbarkeit wird durch eine größere Entscheidungsrelevanz und bessere Vergleichbarkeit in der Zukunft überkompensiert. Zusätzliche Angabepflichten können in diesem Zusammenhang helfen, die Effekte aus einer vorübergehenden Einschränkung der Vergleichbarkeit abzumildern (DP.QC 38). 78

4. Verständlichkeit

Maßstab für die Beurteilung der Verständlichkeit von Informationen ist der Nutzer, der eine **angemessene Kenntnis geschäftlicher und wirtschaftlicher Tätigkeit**, der **Rechnungslegung** sowie die **Bereitschaft** besitzt, Informationen mit der entsprechenden **Sorgfalt** zu lesen (DP.QC 39 Satz 1). Auf eine entscheidungsrelevante Information darf gem. DP.QC 39 Satz 2 im Jahresabschluss nicht allein deshalb verzichtet werden, weil sie für einige Abschlussadressaten zu komplex oder zu schwer verständlich ist. Ein diesbezüglicher Verzicht auf den Ausweis und die Darstellung liefe dem Zweck der IFRS-Rechnungslegung entgegen.[51] Vielmehr ist gem. DP.QC 39 Satz 3 in einem solchen Falle die Verständlichkeit dadurch zu fördern, dass Informationen klar und präzise eingeordnet und dargestellt werden. 79

5. Abgrenzung zu nicht aufgenommenen qualitativen Anforderungen (Exkurs)

Das konzeptionelle Rahmenkonzept setzt sich in DP.BC 2.41-2.58 mit einigen potenziellen Anforderungen an die Rechnungslegung auseinander, die nicht als qualitative Anforderungen aufgenommen werden. Die nachfolgende Übersicht führt die diskutierten Kriterien sowie die Begründung für die Nichtaufnahme in das konzeptionelle Rahmenkonzept auf: 80

Kriterium	Begründung
Transparenz	Redundanz zur glaubwürdigen Darstellung, insbesondere den Sekundäranforderungen der Neutralität und Vollständigkeit, sowie zur Verständlichkeit (DP.BC 2.45)
„True and fair view"	keine qualitative Anforderung an die Rechnungslegung, sondern Ergebnis der Anwendung der qualitativen Anforderungen[52] sowie große Überschneidungen zur glaubwürdigen Darstellung (DP.BC 2.49)
Vertrauenswürdigkeit	Redundanz zur Sekundäranforderung der Nachprüfbarkeit (DP.BC 2.51)
Innere Konsistenz (Widerspruchsfreiheit der Standards untereinander)	nach Auffassung des IASB bei Umsetzung des konzeptionellen Rahmenkonzepts weitgehend verwirklicht; darüber hinaus keine Beschränkung im Falle der Weiterentwicklung von Standards, falls diese möglicherweise mit der inneren Konsistenz konfligieren (DP.BC 2.54)
Hohe Qualität (der Rechnungslegungsinformation und der Standards)	Ziel der Rechnungslegung und insbesondere anzustrebendes Ziel des Standardsetters, daher keine qualitative Anforderung an die Rechnungslegung (DP.BC 2.56)
Einfachheit, Präzision, Operationalität, Praktikabilität und Akzeptanz	Aspekte, die der Standardsetter im Rahmen des Abwägungsprozesses zwischen Nutzen und Kosten von Rechnungslegungsstandards berücksichtigt (DP.QC 2.58)

51) Vgl. ADS International, Abschn. 1 Rz. 60.

52) Diese Einschätzung ist identisch mit der im gegenwärtigen IAS-Rahmenkonzept (F.46) vertretenen Auffassung.

II. Beziehungen zwischen den qualitativen Anforderungen

81 Sowohl im gegenwärtigen IAS-Rahmenkonzept als auch im gegenwärtigen US-amerikanischen konzeptionellen Rahmenkonzept werden **konkurrierende Beziehungen** zwischen einzelnen qualitativen Anforderungen, insbesondere zwischen der **Entscheidungsrelevanz** und der **Verlässlichkeit** (nun glaubwürdige Darstellung, → Rz. 61 f.) gesehen.[53] Deshalb enthält auch das bisherige IAS-Rahmenkonzept in F.45 einen eigenständigen Grundsatz der Abwägung zwischen qualitativen Anforderungen.[54]

82 Das konzeptionelle Rahmenkonzept versucht den (möglichen) Widerspruch zwischen den verschiedenen qualitativen Anforderungen dadurch aufzulösen, dass die einzelnen Anforderungen in eine **zeitbezogene logische Reihenfolge** gebracht werden. Sowohl in zeitlicher als auch logischer Reihenfolge steht an **erster Stelle** die Anforderung der **Relevanz**, da mittels dieses Grundsatzes die Auswahl der realen ökonomischen Sachverhalte erfolgt, welche in den Jahres- bzw. Konzernabschlüssen darzustellen sind (DP.QC 43 Satz 2).

83 Anschließend ist gem. DP.QC 44 Satz 1 auf die im ersten Schritt so ausgewählten Sachverhalte das Kriterium der **glaubwürdigen Darstellung** anzuwenden. Die glaubwürdige Darstellung, die logischerweise nur auf die relevanten Sachverhalte zu beziehen ist, soll sicherstellen, dass die realen ökonomischen Sachverhalte bestmöglich abgebildet werden.[55] Die im ersten Schritt identifizierten irrelevanten Sachverhalte werden gem. DP.QC 44 Satz 4 keiner weiteren Abbildung mehr unterzogen. Damit **Entscheidungsnützlichkeit** einer Information gegeben ist, müssen stets beide Kriterien, Relevanz und glaubwürdige Darstellung, erfüllt sein (DP.Q C45 Satz 2).

84 Die Kriterien **Vergleichbarkeit und Verständlichkeit** folgen dann in dieser zeitlich-logischen Abfolge. Beide unterstützen die Entscheidungsnützlichkeit von relevanten und glaubwürdig dargestellten Informationen (DP.QC 46 Satz 1).

85 Die **vermeintliche Logik** des DP Rahmenkonzept-A ist von *Kampmann/Schwedler* nach der hier vertretenen Meinung zu Recht kritisiert worden, da eine **unzulässige Vermischung der Betrachtungsobjekte** stattfindet.[56] Das Kriterium der Relevanz als qualitative Anforderung ist unstrittig eine Anforderung an die Rechnungslegungsinformation (DP.QC 8 Satz 1) und nicht an einen Sachverhalt. Bei der Diskussion der Relevanz im Verhältnis zur glaubwürdigen Darstellung wird jedoch zunächst ein auf die realen ökonomischen Objekte bezogener Filter angelegt. Die mittels dieses Filters als relevant identifizierten Sachverhalte unterliegen anschließend nur noch der glaubwürdigen Darstellung, die damit zu keiner anderen qualitativen Anforderung an die Rechnungslegung in Konkurrenz steht.

86 Mithin lässt sich somit das **Spannungsverhältnis** zwischen der Relevanz und der glaubwürdigen Darstellungsweise als qualitative Anforderung an Rechnungslegungsinformationen nach der hier vertretenen Meinung **nicht auflösen**; es wird vielmehr ignoriert und bleibt weiterhin der (sachkundigen) Beurteilung von Jahresabschlussersteller und -prüfer überlassen.

III. Beschränkungen qualitativer Anforderungen

87 Die qualitativen Anforderungen an die Rechnungslegung werden durch die Wesentlichkeit (→ Rz. 88 ff.) und die Abwägung von Nutzen und Kosten (→ Rz. 93 ff.) eingeschränkt.

1. Wesentlichkeit

88 Informationen werden dann als wesentlich bezeichnet, wenn der **Verzicht auf ihre Darstellung** oder ihre **fehlerhafte Darstellung** in der Lage sind **Allokationsentscheidungen**, welche die Abschlussadressaten auf Basis der Jahres- bzw. Konzernabschlüsse treffen, zu beeinflussen (DP.QC 49 Satz 1). Korrespondierend zur Fassung

53) Vgl. z. B. Haller, S. 208; ADS International, Abschn. 1 Rz. 70.

54) Vgl. Kirsch, Einführung in IFRS, S. 24 f.

55) Vgl. Kampmann/Schwedler, KoR 2006, S. 529.

56) Vgl. Kampmann/Schwedler, KoR 2006, S. 529.

des Grundsatzes der Relevanz reicht aus, dass durch Verzicht auf die Darstellung bzw. ihre fehlerhafte Darstellung eine Beeinflussung der Entscheidungen möglich ist (ausführlich → Rz. 47 ff.).

Die Wesentlichkeit hat sowohl eine quantitative als auch eine qualitative Dimension. In **quantitativer Hinsicht** gilt eine Information (bzw. auch ein Fehler) dann als wesentlich, wenn ihre Gewährung (bzw. die Existenz des Fehlers) die auf Grundlage des Abschlusses getroffenen wirtschaftlichen Entscheidungen aufgrund ihres quantitativen Ausmaßes beeinflussen kann.[57] Unabhängig von der quantitativen Größenordnung kann eine Information hinsichtlich ihrer Art so bedeutend sein, dass die Information über die Art bereits Entscheidungsrelevanz besitzt (**qualitative Dimension** der Wesentlichkeit). Ein typisches Beispiel hierfür ist die Berichterstattung über neue Segmente in der Segmentberichterstattung[58] oder über aufgegebene Geschäftsbereiche nach IFRS 5. 89

Das konzeptionelle Rahmenkonzept gibt jedoch keine quantitative Grenze für die Unterscheidung zwischen wesentlichen und unwesentlichen Informationen an, sondern erörtert nur im Allgemeinen die Auswirkungen auf die Wesentlichkeitsschwelle anhand zahlreicher Beispiele (DP.QC 51).[59] **Einflussgrößen** auf die Beurteilung der Wesentlichkeit sind neben Größe und Art der Jahresabschlussposten die aktuelle Situation des Unternehmens (insbesondere Krisensituation, DP.BC 2.67) sowie auch die Unsicherheiten, die dem jeweiligen Wertansatz zwangsläufig innewohnen (z. B. Schadenersatzrückstellungen; DP.QC 51- 52). 90

Insgesamt kann festgestellt werden, dass die Wesentlichkeit weitgehend unbestimmt und dadurch **nicht konkret fassbar** ist, da sie in starkem Maße von der **individuellen Beurteilung abhängt.**[60] 91

Aus Sicht des Jahresabschlusserstellers bedeutet der Grundsatz der Wesentlichkeit, dass er bei der Aufnahme von Informationen in den Jahresabschluss ein klares Verständnis seiner Abschlussleser und deren Informationsbedürfnisse haben muss.[61] Gleichwohl darf die Anwendung des Grundsatzes der Wesentlichkeit nicht dazu führen, dass der Jahres- bzw. Konzernabschluss bewusst falsche Darstellungen enthält, selbst wenn diese einzeln oder zusammen mit anderen falschen Darstellungen unwesentlich sein sollten (DP.QC 51 (d) Satz 2).[62] 92

2. Nutzen und Kosten

Der Grundsatz der Abwägung von Nutzen und Kosten fordert, dass die **Kosten einer Finanzinformation durch den bewirkten Nutzen gerechtfertigt** sein sollen (DP.QC 53 Satz 1). Die **Kosten**, welche durch die Berichterstattung und die ihnen zugrunde liegenden Rechnungslegungsstandards verursacht werden, umfassen nach diesem Konzept sowohl direkte als auch indirekte Kosten auf Seiten der Jahresabschlussersteller, der Jahresabschlussnutzer, der Wirtschaftsprüfer und der Regulierungsbehörden (DP.QC 53 Satz 3). 93

Ebenso sind die **Nutzeneffekte**, die in die Abwägung eingehen sollen, weit gestreut. Diese beinhalten Nutzeneffekte in Form besserer Allokationsentscheidungen durch die Nutzer, effizientere Kapitalmärkte und in letzter Konsequenz niedrigere Kapitalkosten einer Volkswirtschaft (DP.QC 53 Satz 2 und DP.QC 54-57). 94

Das DP Rahmenkonzept-A enthält auch **kein Optimierungskalkül** zur Abwägung von Nutzen und Kosten. Dieser Abwägung wird vielmehr nach Auffassung des IASB dadurch Rechnung getragen, dass im Allgemeinen die **Praktikabilitätsanforderungen von Informationsanforderungen** zu beachten sind und welche **zusätzliche Kosten** mit einem **höheren Präzisionsgrad** verbunden sind, wobei auch andere – nicht näher erläuterte – Faktoren zu berücksichtigen sind (DP.QC 58 Satz 2). Insgesamt räumt denn auch der IASB in DP.QC 58 Satz 3 ein, dass dieser **Abwägungsprozess** eher **qualitativer** als quantitativer **Art** ist. 95

Aus diesem Grund ist die Beschränkung der Abwägung von Nutzen und Kosten in gleicher Hinsicht – wie die Wesentlichkeit (→ Rz. 91 f.) – wenig konkret und erscheint auch verwirrend, insbesondere hinsichtlich der Konsequenzen dieses Prinzips auf den Ansatz von Vermögenswerten und Schulden.[63] 96

---

57) Vgl. ADS International, Abschn. 1 Rz. 63.
58) Vgl. Schöllhorn/Müller, DStR 2004, S. 1625.
59) Vgl. zur allgemeinen Problematik Ernst Young, S. 77.
60) Vgl. Haller, S. 210.
61) Vgl. Ernst Young, S. 77.
62) Vgl. ADS International, Abschn. 1 Rz. 68.
63) Vgl. Ballwieser, S. 25.

D. Ausblick

97 Das Diskussionspapier zum konzeptionellen Rahmenkonzept (Phase A) ist Teil des Projektes „Conceptual Framework" von IASB und FASB. Die nachstehende Tabelle[64)] zeigt eine Übersicht über die einzelnen **Phasen (A-H)** des Projektes und die bislang erfolgten Schritte:

Phase	Themen	Aktueller Stand/Veröffentlichungen/Ankündigungen
A	Zielsetzung und qualitative Eigenschaften	„Preliminary Views", veröffentlicht am 6.7.2006, ED für drittes Quartal angekündigt
B	Abschlussposten und Bilanzansatz	– Board-Überlegungen – „Preliminary Views" für erstes Halbjahr 2008 angekündigt
C	Bewertung	– Planungen und Mitarbeiterstudien – Diskussionspapier „Measurement Bases for Financial Reporting – Measurement on Initial Recognition" (17.11.2005)
D	Berichterstattende Einheit	– Board-Überlegungen – „Preliminary Views" für 2. Quartal 2007 angekündigt
E	Darstellung des Abschlusses und Angabepflichten, einschließlich Grenzen der Finanzberichterstattung	– Forschungsarbeiten durch andere Institutionen – Diskussionspapier „Management Commentary" (27.10.2005)
F	Zielsetzung und Status des Rahmenkonzepts	
G	Anwendung für den Non-Profit-Sektor	
H	Vollständiges Rahmenkonzept	

98 IASB und FASB haben im Oktober 2006[65)] beschlossen, Kapitel des gemeinsamen Rahmenkonzepts zu verabschieden, wenn sie abgeschlossen sind; aus der Verabschiedung späterer Kapitel könnten sich dann Folgeänderungen für die bereits zu einem früheren Zeitpunkt abgeschlossenen ergeben. Die von einigen Kommentatoren geforderte abschließende Gesamtdiskussion wird zugunsten der früher zu erreichenden sichereren Grundlage in Teilbereichen nicht angestrebt. Wenn die beiden Boards die Stellung des Rahmenkonzeptes in der Hierarchie der jeweiligen Verlautbarungen diskutieren, mag sich eine neue Beschlusslage zum weiteren Vorgehen für die noch ausstehenden Themen ergeben.

64) In Anlehnung an Kampmann/Schwedler, KoR 2006, S. 522 sowie aktualisiert durch den IASB Arbeitsplan, IASB Update 3/2007, S. 13.

65) Vgl. IASB Update 10/2006, S. 6.

Discussion Paper Management Commentary[1)]

Bearbeitet von:
Rainer Kasperzak und Kati Beiersdorf

Inhalt

Schrifttum

Accounting Standards Board (ASB), A Review of Narrative Reporting by UK Listed Companies in 2006, London, Januar 2007;

Arbeitskreis Externe und Interne Überwachung der Unternehmung der Schmalenbach-Gesellschaft, Probleme der Prognoseprüfung, DB 2003, S. 105;

Arbeitskreis Externe Unternehmensrechnung der Schmalenbach-Gesellschaft, Grundsätze für das Value Reporting, DB 2002, S. 2337;

Baetge/Heumann, Wertorientierte Berichterstattung, DB 2006, S. 345;

Baetge/Solmecke, Grundsätze und Konzeption des Value Reporting, ZfCM 2006, Sonderheft 3, S. 16;

Baetge/Prigge, Anforderungen an verpflichtende, empfohlene und freiwillige Angaben des Konzernlageberichts, DB 2006, S. 401;

---

1) Dieser Beitrag basiert weitgehend auf Kasperzak/Beiersdorf, KoR 2007, S. 121 ff.

Beiersdorf/Buchheim, IASB-Diskussionspapier „Management Commentary" – Export des deutschen Lageberichts als Managementbericht?, BB 2006, S. 96;

Böcking/Stein, Der Konzernlagebericht als ein Instrument einer wertorientierten Unternehmensberichterstattung – Neue Anforderungsprofile für Vorstände, Aufsichtsräte und Abschlussprüfer im Sinne einer gesetzlichen Konkretisierung der Corporate Governance, Der Konzern 2006, S. 753;

Bruns/Renner, Finanzanalytische SEC-Berichterstattung in der Form 20-F – „Operating and Financial Review and Prospects" (OFR), BFuP 2001, S. 7;

Buchheim/Knorr, Der Lagebericht nach DRS 15 und internationale Entwicklungen, WPg 2006, S. 413;

Buchheim/Gröner/Kühne, Übernahme von IAS/IFRS in Europa: Ablauf und Wirkung des Komitologieverfahrens auf die Rechnungslegung, BB 2004, S. 1783;

Deutsches Aktieninstitut (DAI), Studie: Verhalten und Präferenzen deutscher Aktionäre, Frankfurt am Main 2005;

DiPiazza/Rake/McDonnell/Samyn/Parrett/Turley, Global Capital Markets and the Global Economy: A Vision From the CEOs of the International Audit Networks, 2006, www.GlobalPublicPolicySymposium.com;

Ellrott/Förschle/Hoyos/Winkeljohann (Hrsg.), Beck'scher Bilanz-Kommentar, München, 6. Aufl. 2006;

Fink, Management Commentary: Eine Diskussionsgrundlage zur internationalen Lageberichterstattung, KoR 2006, S. 141;

Freidank/Steinmeyer, Fortentwicklung der Lageberichterstattung nach dem BilReG aus betriebswirtschaftlicher Sicht, BB 2005, S. 2512;

Haller/Ernstberger, Global Reporting Initiative – Internationale Leitlinien zur Erstellung von Nachhaltigkeitsberichten, BB 2006, S. 2516;

Haller/Dietrich, Kapitalmarktorientierte Gestaltung der Lageberichterstattung, KoR 2001, S. 164;

Hans-Böckler-Stiftung (Hrsg.), Qualität der Lageberichterstattung von Kapitalgesellschaften in Deutschland unter besonderer Berücksichtigung der Darstellung von Risiken der künftigen Entwicklung, Köln 2004;

Hebestreit/Rahe, Die neue Zwischenberichterstattung nach dem Transparenzrichtlinie-Umsetzungsgesetz, IRZ 2007, S. 41;

Hommelhoff, Kommentierung § 289 HGB, in HGB-Bilanzrecht, Großkommentar, Berlin/New York 2002;

IASB, Information for Observers, Januar 2007, Agendapapiere 11 A (Zusammenfassung) und 11 B (Detailanalyse), www.iasb.org/Current+Projects/IASB+Projects/Management+Commentary/Meeting+Summaries+and+Observer+Notes/IASB+January+2007.htm;

IASB, DP Preliminary View on an improved Conceptual Framework for Financial Reporting (DP Framework), London, Juli 2006, www.iasb.org;

IASCF, Due Process Handbook for the IASB, London 2006;

IOSCO, General Principles Regarding Disclosure of Management's Discussion and Analysis of Financial Condition and Results of Operations, www.iosco.org/library/pubdocs/pdf/IOSCOPD141.pdf;

IOSCO, International Disclosure Standards for Cross-Border Offerings and Initial Listings by Foreign Issuers, Standard V, www.iosco.org/library/pubdocs/pdf/IOSCOPD81.pdf;

Kajüter, Der Lagebericht als Instrument einer kapitalmarktorientierten Rechnungslegung – Umfassende Reformen nach dem Entwurf zum BilReG und E-DRS 20, DB 2004, S. 197;

Kampmann/Schwedler, Zum Entwurf eines gemeinsamen Rahmenkonzepts von FASB und IASB, KoR 2006, S. 521;

Kasperzak/Beiersdorf, Diskussionpapier ManagementCommentary: eine erste Auswertung der Stellungnahmen an das IASB, KoR 2006, S. 121;

Kirsch/Scheele, Neugestaltung von Prognose- und Risikoberichterstattung im Lagebericht durch das Bilanzrechtsreformgesetz, WPg, 2005, S. 1149;

Kirsch/Scheele, Diskussionspapier des IASB zum „Management Commentary", WPg 2006, S. 89;

Krawitz/Hartmann, Aktueller handelsrechtlicher Lage- und Konzernlagebericht im Rahmen eines IAS/IFRS-Abschlusses, WPg 2006, S. 1262;

Krawitz/Hartmann, Internationalisierung der Lageberichterstattung, in Wollmert u. a. (Hrsg.), Wirtschaftsprüfung und Unternehmensüberwachung, FS Lück, Düsseldorf 2003, S. 298;

Lück/Bungartz, Risikoberichterstattung deutscher Unternehmen. Ein Beitrag zur Verbesserung der Wettbewerbsfähigkeit von Unternehmen am internationalen Kapitalmarkt, DB 2004, S. 1789;

Pfitzer/Oser/Orth (Hrsg.), Deutscher Corporate Governance Kodex, Stuttgart 2005;

Pöckel, Das Diskussionspapier „Management Commentary“ des IASB – Vergleich und denkbare Wechselwirkungen mit dem bestehenden Regelwerk, PiR 2006, S. 71;

Prigge, Inhaltliche Redundanzen in Konzernlagebericht und IFRS-Konzernanhang, KoR 2006, S. 252;

Prigge, Konzernlageberichterstattung vor dem Hintergrund einer Bilanzierung nach IFRS, Düsseldorf 2006;

PwC/Kirchhoff (Hrsg.), Wertorientierte Berichterstattung im DAX, Frankfurt am Main/München 2006;

Schütte, Humankapital: Kein Thema für externe Berichterstattung und Corporate Governance?, DB 2004, S. 1793;

A. Gegenstand und Relevanz

I. Inhalt

Im Oktober 2005 veröffentlichte der International Accounting Standards Board (IASB) ein Diskussionspapier zu seinem Forschungsprojekt „Management Commentary“.[2] Mit der Veröffentlichung dieser Ergebnisse des Projektteams hat der IASB die internationale Debatte um die Notwendigkeit von **über den Jahresabschluss hinausgehenden, diesen erläuternde Informationen** seitens des Managements aufgegriffen und Möglichkeiten für das weitere Vorgehen beim IASB zur Diskussion gestellt. Beim IASB sind dazu bis zum Ende der Kommentierungsfrist (April 2006) insgesamt 116 Stellungnahmen eingegangen (→ Rz. 24). Im Januar 2007 wurden die Ergebnisse der Analyse der Stellungnahmen dem IASB erstmals vorgestellt.[3] Die weitere Diskussion über Projektverlauf und die inhaltliche Ausgestaltung steht noch aus (→ Rz. 61). 1

Im DP Managementbericht werden in sechs **Abschnitten**: 2

- Anwendungsbereich und Bedeutung der Finanzberichterstattung,
- Definition, Adressaten und Zielsetzung des Managementberichts,
- Prinzipien und qualitative Anforderungen,
- Inhalt des Managementberichts,
- Auswirkungen eines Managementberichtsstandards und
- die Rolle des IASB: Vorteile und Kosten einer Regelung, Standard oder Empfehlung

hergeleitet und diskutiert.[4]

Neben einer kurzen Darstellung der bestehenden Anforderungen (→ Rz. 9) wird nachfolgend insbesondere auf die Reaktionen in den Stellungnahmen (→ Rz. 25), aufgezeigte Problemfelder und die mögliche weitere Entwicklung in Bezug auf Managementberichtanforderungen des IASB (→ Rz. 56) eingegangen. 3

II. Bedeutung

Schon seit geraumer Zeit steht die traditionelle finanzielle Berichterstattung in der Kritik. Es wird argumentiert, dass sie den Anforderungen eines durch **wachsenden Wettbewerb und raschen technologischen Wandel** geprägten ökonomischen Umfeldes kaum mehr gerecht wird. Vor diesem Hintergrund überrascht es nicht, dass der Berichterstattung durch das Management zur Erläuterung der Finanzdaten und Darstellung der nichtfinanziellen Informationen eine stetig wachsende Bedeutung zukommt.[5] 4

---

2) Nachfolgend zitiert als DP Managementbericht.

3) Vgl. für die Analysen der Stellungnahmen: IASB, Information for Observers, Januar 2007, Agendapapier 11A (Zusammenfassung) und 11B (Detailanalyse), abrufbar unter www.iasb.org.

4) Zu den Inhalten des DP Managementbericht siehe Beiersdorf/Buchheim, BB 2006 S. 96 ff., Fink, KoR 2006 S. 141 ff, Kirsch/Scheele, WPg 2006 S. 89 ff. oder Pöckel, PiR 2006 S. 71 ff.

5) So auch DiPiazza et al., S. 17 f.

5 Weltweit wurden entweder im Rahmen der Normen zur Kapitalmarktberichterstattung oder im Bilanz- bzw. Gesellschaftsrecht verschiedene **Anforderungen an die Managementberichterstattung** formuliert.[6] Und auch wenn die IFRS derzeit kein mit dem Lagebericht vergleichbares Berichtsinstrument vorsehen, wird die Bedeutung ergänzender Informationen außerhalb des Jahresabschlusses ebenfalls explizit hervorgehoben (s. P.7 und F.13).[7] In Deutschland hat die gesetzlich verankerte Lageberichterstattung eine lange Tradition.[8] Zumeist basierend auf den europäischen Normen, wurden die nationalen gesetzlichen Anforderungen an die Lageberichterstattung insbesondere in den letzten Jahren umfassend erweitert und konkretisiert (→ Rz. 12).

6 Während die Harmonisierungsbemühungen in Bezug auf die **Finanzberichterstattung** durch die zunehmende **Verbreitung der IFRS** gestützt werden, bestehen für die verschiedenen Anforderungen an die Managementberichterstattung international derzeit kaum einheitliche Maßstäbe. Für die Weiterentwicklung der Finanzmarktberichterstattung in Europa und weltweit haben die aktuellen Überlegungen des IASB daher besondere Bedeutung.[9]

III. Anwendungsbereich

7 Das Thema Managementbericht wurde zunächst im Rahmen eines Forschungsprojektes untersucht.[10] Anschließend wurden die Ergebnisse als Diskussionspapier veröffentlicht und zahlreich kommentiert. Die Ergebnisse der Auswertung der Stellungnahmen wurden dem IASB im Januar 2007 vorgestellt. Die Diskussion hat gezeigt, dass der IASB grundsätzlich an der Entwicklung von Normen für den Managementbericht interessiert ist. Zwar wurden noch keine konkreten Inhalte diskutiert, gleichwohl soll ein **Vorschlag** zur **weiteren Vorgehensweise** erarbeitet werden und mit dem SAC (Standard Advisory Counsil) als beratendem Gremium des IASB diskutiert werden.[11] Anschließend soll auf Grundlage des Projektvorschlags darüber entschieden werden, ob das Projekt auf die aktive Agenda des IASB gesetzt wird.[12] In diesem Zusammenhang soll auch festgelegt werden, ob durch den IASB ein verpflichtender Standard oder unverbindliche Leitlinien entwickelt werden sollen. Mit der Entwicklung von unverbindlichen Leitlinien würde der IASB, der bislang ausschließlich Standards entwickelt hat, neue Wege gehen.

8 Auch wenn der Anwendungsbereich vor diesem Hintergrund derzeit nicht konkretisiert werden kann, ist denkbar, dass die vom IASB zu entwickelnden Normen **mittelfristig** (u. U. auch verpflichtend) relevant sein können (diese Hoffnung wird zumindest aus deutscher Sicht in den Stellungnahmen zum Ausdruck gebracht, → Rz 40). Entscheidend für die Akzeptanz der Normen wird sein, dass der IASB bestehende Vorschriften berücksichtigt und Gesetzgeber und Regulierungsbehörden in den Entwicklungsprozess einbindet. Es sollte angestrebt werden, dass aus den IASB-Vorschriften nicht lediglich zusätzliche Anforderungen, sondern weltweit akzeptierte Managementberichtnormen hervorgehen, die die bestehenden Normen ersetzen können.

IV. Regelungszusammenhänge

1. Mögliche Regelungszusammenhänge: Europa und Deutschland

9 Für kapitalmarktorientierte Unternehmen in Deutschland, die einen Konzernabschluss zu erstellen haben und somit verpflichtend die IFRS anwenden, gelten mangels vergleichbarem IFRS-Berichtsinstrument trotzdem weiterhin die **nationalen Regelungen** zur Lagebericht- und nun auch Zwischenlageberichterstattung

---

6) Vgl. zur Internationalisierung der Lageberichterstattung Krawitz/Hartmann, FS Lück, S. 298;

7) In IAS 1.9 wird der Managementbericht hingegen noch explizit als „außerhalb der Finanzberichterstattung“ angesehen.

8) Bereits 1931 wurden Vorschriften für einen Geschäftsbericht [sic!], der den Jahresabschluss erläutert und ergänzt, gesetzlich verankert; vgl. Verordnung des Reichspräsidenten über Aktienrecht, Bankenaufsicht und über eine Steueramnestie vom 19.9.1931, § 260a HGB, Reichsgesetzblatt I, S. 493.

9) Dazu auch Buchheim/Knorr, WPg 2006 S. 414 ff.

10) Zur Unterscheidung in „Forschungsprojekte“ und „aktive Projekte“ vgl. Due Process Handbook for the IASB.25-26.

11) Vgl. IASB Update 1/2007, S. 5 und World Accounting Report, Februar 2007, S. 2.

12) Zu diesem Entscheidungsprozess siehe Due Process Handbook for the IASB.52 ff.

(vgl. § 315a Abs. 1 HGB und §§ 37y Nr. 2 i. V. m. 37w Abs. 4 WpHG), die im Wesentlichen die europäischen Vorgaben umsetzen.

10 Auf **europäischer Ebene** wird die Lageberichterstattung durch bilanz- bzw. gesellschaftsrechtliche und kapitalmarktrechtliche Vorgaben reguliert.[13] Die europäischen Vorschriften zur Lageberichterstattung wurden in den letzten Jahren konkretisiert und erweitert. Allgemeine Normen enthalten die 4. und 7. EG-Bilanzrichtlinien, die wesentlich durch die Modernisierungsrichtlinie geprägt wurden.[14] Mit der EU-Transparenzrichtlinie[15] ist die Lageberichterstattung nunmehr auch fester Bestandteil der unterjährigen Kapitalmarktberichterstattung (s. § 37w Abs. 2 Nr. 2 WpHG).[16] Erweitert wurde die Lageberichterstattung zudem um Angaben zum Corporate Governance Kodex.[17] Für Aktienemittenten sind zudem die Lageberichtsvorschriften der EU-Übernahmerichtlinie relevant.[18]

11 Gemäß den europäischen **Bilanzrichtlinien** soll der Lagebericht zumindest den Geschäftsverlauf, das Geschäftsergebnis und die Lage der Gesellschaft so darstellen, dass ein den **tatsächlichen Verhältnissen entsprechendes Bild** entsteht. Ferner sollen die wesentlichen Risiken und Ungewissheiten beschrieben werden, denen die Gesellschaft ausgesetzt ist. Die dafür notwendige Analyse soll die wichtigsten finanziellen und – soweit angebracht – nichtfinanziellen Leistungsindikatoren umfassen.[19]

12 Die europäischen Richtlinien werden in nationales Gesetz umgesetzt und ggf. **durch nationale Vorgaben konkretisiert oder ergänzt**. In Deutschland gelten §§ 289 und 315 HGB[20] zur (Konzern-)Lageberichterstattung und §§ 37w und 37y WpHG mit Bezug auf die (Konzern-)Zwischenlageberichterstattung.[21] Erweitert wurden die handelsrechtlichen Lageberichterstattungsnormen zum einen durch das Vorstandsvergütungs-Offenlegungsgesetz (VorstOG, §§ 289 Abs. 2 Nr. 5 und 315 Abs. 2 Nr. 4 HGB), wonach börsennotierte Aktiengesellschaften im Lagebericht auch auf Grundzüge des Vergütungssystems für bestimmte Gesamtbezüge eingehen müssen.[22] Zum anderen sollen Unternehmen, die einen organisierten Markt im Sinne des § 2 Abs. 7 WpÜG für die Ausgabe stimmberechtigter Aktien in Anspruch nehmen, gemäß Übernahmerichtlinie-Umsetzungsgesetz (§§ 289 Abs. 4 und 315 Abs. 4 HGB) Angaben machen, die einen potenziellen Bieter in die Lage versetzen sollen, sich vor Abgabe eines Übernahmeangebots ein umfassendes Bild über die mögliche Zielgesellschaft und deren Struktur sowie etwaige Übernahmehindernisse zu verschaffen.[23]

---

13) Vgl. zur Entstehungsgeschichte nationaler und europarechtlicher Lageberichterstattungsvorgaben Hommelhoff in HGB-Bilanzrecht, § 289 HGB Rn. 2 ff.

14) Vgl. Art. 46 der 4. und Art. 36 der 7. gesellschaftsrechtlichen EG-Richtlinien (RL 78/660/EWG v. 25.7.1978, ABl.EG L 222/11 v. 14.8.1978 und RL 83/349/EWG v. 13.6.1983, ABl.EG L 193/1 v. 18.7.1983) sowie Art. 1 Nr. 14 und Art. 2 Nr. 10 der RL 2003/51/EG v. 18.6.2003, ABl.EG L 178/16 v. 17.7.2003 (Modernisierungsrichtlinie).

15) Richtlinie 2004/109/EG v. 15.12.2004 zur Harmonisierung der Transparenzanforderungen in Bezug auf Informationen über Emittenten, deren Wertpapiere zum Handel auf einem geregelten Markt zugelassen sind, und zur Änderung der Richtlinie 2001/34/EG, Abl.EG L 390 v. 31.12.2004, S. 38 ff.

16) Dem Gesetzesbeschluss des Bundestages zum TUG wurde am 15.12.2006 vom Bundesrat zugestimmt; dieser ist abrufbar unter www.bundesrat.de/cln_051/SharedDocs/Drucksachen/2006/0801-900/891-06,templateId=raw,property=publicationFile.pdf/891-06.pdf.

17) Siehe RL (EG) 2006/46/EG v. 14.6.2006, ABl.EU Nr. L 224/1 v. 16.8.2006 (Richtlinie zur Änderung der 4. und 7. EG-RL); vgl. Pfitzer/Oser/Orth für weitergehende Informationen zum DCGK.

18) Vgl. zu Lageberichtsangaben in Bezug auf Übernahmeangebote Art. 10 der RL 2004/25/EG v. 21.4.2004, ABl.EG L142/12 v. 30.4.2004.

19) Vgl. Art. 46 Abs. 1 der 4. EG-RL und Art. 36 Abs. 1 der 7. EG-RL.

20) Für eine ausführliche Kommentierung dieser Vorgaben vgl. Ellrott in Beck'scher Bilanz-Kommentar, § 289 HGB und § 315 HGB; die europäischen Vorgaben wurden z. B. durch das Bilanzrechtsreformgesetz (BilReG) umgesetzt, vgl. dazu Kirsch/Scheele, WPg 2005 S. 1149 ff.; zu aktuellen Entwicklungen siehe Krawitz/Hartmann, WPg 2006 S. 1262 ff.

21) Diese Normen resultieren aus dem Transparenzrichtlinie-Umsetzungsgesetz (TUG), welches die europäischen Vorgaben umsetzt; vgl. zur Zwischenberichterstattung nach TUG Hebestreit/Rahe, IRZ 2007, S. 41 ff.

22) Vgl. Art. 1 Nr. 3 und 5 des VorstOG vom 3.8.2005, BGBl. I, S. 2267 sowie Art. 4 des Übernahmerichtlinie-Umsetzungsgesetz vom 8.7.2006, BGBl. I, S. 1426 ff; das VorstOG basiert auf einer Empfehlung der Europäischen Kommission (2004/913/EG) v. 14.12.2004, ABl.EG L 385/55 v. 29.12.2004; zu diesen neuen Anforderungen siehe Böcking/Stein, Der Konzern 2006, S. 753 ff.

23) Vgl. Gesetzesbegründung zum WpÜG, S. 10.

13 Darüber hinaus sind die entsprechenden **Deutschen Rechnungslegungsstandards**[24] zur Lageberichterstattung (DRS 15), Risikoberichterstattung (DRS 5) und zukünftig zur Zwischenberichterstattung (E-DRS 21) zu berücksichtigen. Diese Standards werden von dem nationalen Standardsetzer, dem privatrechtlich organisierten DSR, verabschiedet und vom BMJ bekannt gemacht.[25]

14 Grundsätzlich unterliegen die (Konzern-)Lageberichte der **Prüfungspflicht**. Der Abschlussprüfer hat gem. § 316 Abs. 1 und 2 sowie § 317 Abs. 2 HGB zu prüfen, ob der (Konzern-)Lagebericht mit dem (Konzern-) Abschluss in Einklang steht und ob der Lagebericht insgesamt eine zutreffende Vorstellung von der Lage des (Konzern-)Unternehmens vermittelt.[26]

15 Eine **europaweite Harmonisierung** der Vorgaben zur Lageberichterstattung wurde insgesamt jedoch noch nicht erzielt. Dies ist zum einen in der Ausgestaltung der Mitgliedstaatenwahlrechte begründet. So ist es den Mitgliedstaaten z. B. freigestellt, nichtfinanzielle Leistungsindikatoren nur von großen Kapitalgesellschaften zu fordern oder kleine Kapitalgesellschaften von der Pflicht zur Lageberichterstattung auszunehmen. Zudem ist es den Mitgliedstaaten grundsätzlich überlassen, die Anforderungen im Detail auszugestalten.[27]

16 Zwar ist die weitere Entwicklung seitens des IASB offen – insbesondere ist noch nicht entschieden, ob ein Standard oder Anwendungsleitlinien entwickelt werden würden (→ Rz. 25). Grundsätzlich ist jedoch fraglich, welche Auswirkung der Status „Anwendungsleitlinien" für den Prozess zur **Übernahme der Vorschriften des IASB in europäisches Recht** (Endorsement) hätte.[28] Sofern die vom IASB verabschiedeten Normen den Endorsementprozess durchlaufen, könnte ein vom IASB entwickeltes Instrument zur Managementberichterstattung wesentlich zur Vereinheitlichung der europäischen Normen zur Lageberichterstattung und zur Harmonisierung der Managementinformationen beitragen. Entscheidend für die Akzeptanz der Normen wird die Vermeidung von Überschneidungen zwischen den verschiedenen Berichtspflichten und daraus resultierenden Dopplungen von Angaben sein.

2. Mögliche Regelungszusammenhänge: außerhalb von Europa

17 Im internationalen (außereuropäischen) Vergleich ist festzustellen, dass die Vorgaben zur Managementberichterstattung insbesondere durch die **Börsen- bzw. Wertpapieraufsichtsbehörden** geprägt werden. So hat beispielsweise die Internationale Vereinigung der Wertpapieraufsichtsbehörden (International Organization of Securities Commissions, **IOSCO**) allgemeine Prinzipien bezüglich eines Managementreports zur Ergänzung von Jahresabschlüssen sowie einen Standard zu erläuternden Angaben und Trendaussagen des Managements im Rahmen grenzüberschreitender Angebote und Erstnotierungen von Auslandsemittenten herausgegeben.[29] Darin wird ausgeführt, dass der Managementbericht vergangenheits- und zukunftsgerichtete beschreibende Angaben enthält, die den Investor und andere Nutzer der Unternehmensinformationen in die

---

24) Dazu ausführlich Buchheim/Knorr, WPg 2006, S. 416 ff.

25) Die bekannt gemachten Standards tragen aufgrund von § 342 Abs. 2 HGB die Vermutung, GoB für die Konzernrechnungslegung zu sein; E-DRS 21, Rz. 31 ff. konkretisiert die Anforderungen an die Zwischenlageberichterstattung; der Standardentwurf ist abrufbar unter www.drsc.de; die Kommentierungsfrist endete am 31.12.2006.

26) Vgl. zur Prüfung des Lageberichts IDW PS 350.

27) Auch in Großbritannien wurde ein Standard (RS 1) Operating and Financial Review (OFR) entwickelt. Nachdem dieser ursprünglich verpflichtend war (SI 2005/1011), hat die Regierung diese Verpflichtung nachträglich aufgehoben (SI 2005/3442). Zwar müssen weiterhin die europäischen Anforderungen erfüllt werden, allerdings bleiben diese hinter den konkreten Vorschlägen des RS 1 OFR zurück. Für eine Studie zu Managementberichten von kapitalmarktorientierten Unternehmen in Großbritannien vgl. ASB.

28) Art. 2 der Verordnung (EG) Nr. 1606/2002 des Europäischen Parlaments und des Rates vom 19.7.2002 (IAS-Verordnung) stellt klar, dass „IAS" im Sinne dieser Verordnung IAS, IFRS (*Standards*) sowie damit verbundene Auslegungen SIC/IFRIC-Interpretationen bezeichnen. Zum bisherigen Komitologieverfahren vgl. Buchheim/Gröner/Kühne, BB 2004, S. 1783 ff. Allerdings hat der Rat der EU am 17. 7. 2006 beschlossen, die Modalitäten des Komitologieverfahrens dahingehend zu ändern, dass der Europäische Rat und insbesondere das Europäische Parlament stärker eingebunden werden; vgl. Beschluss des Rates (2006/512/EG), ABl.EU L200/11 v. 22.7.2006.

29) Vgl. IOSCO, MD&A sowie IOSCO Cross Border Offerings, S. 14 ff.

Lage versetzen, die derzeitige und insbesondere zukünftige Finanz- und Ertragslage des Unternehmens beurteilen zu können.[30)]

Für am **US-amerikanischen Kapitalmarkt** gelistete einheimische Unternehmen gelten die von der US-amerikanischen Regulierungsbehörde (Securities and Exchange Commission, **SEC**) entwickelten Vorschriften zur Management's Discussion and Analysis of Financial Condition and Results of Operations (MD&A) und Überwachung der Einhaltung dieser Vorschriften.[31)] Auch die von der SEC vorgeschriebenen MD&A sind darauf ausgerichtet, die Jahresabschlussinformationen zu erläutern und dadurch Investoren und andere Nutzer in die Lage zu versetzen, u. a. die Finanz- und Ertragslage und insbesondere („with particular emphasis") die zukünftigen Entwicklungen beurteilen zu können.[32)] Ähnliches gilt auch in **Kanada**, wo die Regulierungsbehörde verpflichtend anzuwendende Lageberichtsvorschriften erlassen hat und deren Einhaltung überwacht.[33)] Einer Abschlussprüfung durch die Wirtschaftsprüfer unterliegen die MD&A üblicherweise nicht (es sei denn, der Managementbericht wird zusammen mit dem zu prüfenden Jahresabschluss in einem Dokument veröffentlicht, so DP Managementbericht.187). 18

Nicht immer wird ein zusammenhängender Managementbericht gefordert.[34)] Es ist jedoch festzustellen, dass **entsprechende Regelungen international weit verbreitet** sind und die Zielsetzung der Managementberichte grundsätzlich der Zielsetzung der Lageberichterstattung in Europa und in Deutschland entspricht. Allgemein anerkannt ist also, dass die quantitativen Angaben der Jahresabschlüsse um verbale Ausführungen des Managements ergänzt werden müssen, um ein tatsächliches Bild der Lage des Unternehmens zu erhalten. Allerdings beschränken sich die internationalen Verpflichtungen zur Managementberichterstattung häufig auf kapitalmarktorientierte Unternehmen, die unter der Aufsicht der jeweiligen Regulierungsbehörde stehen. 19

Der Managementbericht stellt letztlich sowohl ein Kapitalmarkt- als auch ein Rechnungslegungsinstrument dar. Die Anforderungen an einen Managementbericht weichen weltweit und innerhalb von Europa im Detail stark voneinander ab, so dass **keine internationale Vergleichbarkeit** gegeben ist. 20

Daher gilt grundsätzlich auch auf internationaler Ebene, dass ein vom IASB entwickeltes Instrument zur Managementberichterstattung **wesentlich zur Harmonisierung beitragen** kann. 21

V. Definitionen

Zwar nicht im Diskussionspapier selber, aber im Appendix A des DP Managementbericht werden „**Managementbericht**" sowie das berichtende „**Management**" definiert (DP Managementbericht.A3 und A6). Der Managementbericht stellt demnach neben dem Abschluss einen Teil der Finanzberichterstattung dar. Im Managementbericht werden wesentliche Trends und Faktoren dargestellt, die ursächlich für die Entwicklung, das Ergebnis und die Position des Unternehmens in der Berichtsperiode gewesen sind. Es werden zudem die- 22

30) Vgl. IOSCO, MD&A, S. 2 f.; danach werden die Angaben üblicherweise aus Sicht des Managements gemacht; es wird ein Rahmen für die Analyse der Finanzdaten gegeben; Investoren werden in die Lage versetzt, die Nachhaltigkeit von Gewinn und Zahlungsströmen für die Zukunft beurteilen zu können; Risiken werden dargestellt.

31) Die MD&A werden in verschiedenen Vorschriften geregelt (vorrangig Regulation S-K, Item 303). Die SEC hat die Vorgaben im Rahmen des Sarbanes-Oxley-Actes von 2002 erweitert; vgl. SEC, Commission Statement about MD&A (Release Nos. 33-8056; 34-45321) und SEC, Interpretation: Commission Guidance Regarding MD&A (Release Nos. 33-8350; 34-48960). Sämtliche Vorschriften sind abrufbar unter www.sec.gov. Vgl. z. B. Haller/Dietrich, KoR 2001, S. 164 ff. Ausländische Unternehmen, die an einer US-amerikanischen Börse gelistet sind, haben anstelle der MD&A den „Operating and Financial Review and Prospect" (OFR) zu erstellen (Item 5 of Form 20-F). Vgl. zum OFR nach Form 20-F Bruns/Renner, BFuP 2001 S. 7 ff.

32) Vgl. SEC, Securities Act Release No. 6835; zu den Zielen der MD&A siehe auch Regulation S-K, Item 303, Instructions to paragraph 303a.

33) Vgl. MD&A Vorschriften der Canadian Securities Administrators CSA im National Instrument (NI) 51-102 Continuous Disclosure Obligations (2003).

34) Z. B. ergeben sich in Neuseeland ähnliche Anforderungen lediglich aus Einzelregelungen wie New Zealand Stock Exchange Listing Rules; vgl. dazu die Stellungnahme des neuseeländischen Standardsetzers, SN 107, S. 6 – 7 und DP Managementbericht.BC22 ff.

jenigen Trends und Faktoren erläutert, die darauf in Zukunft Einfluss haben könnten. Unter dem Begriff Management werden die Entscheidungsträger und Mitglieder des Aufsichtsgremiums subsumiert.

B. Stand der Diskussion

23 Mit dem DP Managementbericht wird erstmalig eine **international einheitliche Managementberichterstattung zur Diskussion gestellt**. Bisher umfassen die IFRS kein solches Berichtsinstrument. Allerdings umfassen die nach IFRS geforderten Angaben (Disclosures) auch Informationen, die nach nationalem Verständnis dem Lagebericht zugeordnet werden würden (zur notwendigen Abgrenzung von Lageberichtangaben und anderen Angaben → Rz. 37). Dies trifft beispielsweise auf die in IFRS 7.31-.42 geforderten Angaben zu Risiken aus Finanzinstrumenten und dem Management dieser Risiken, Angaben zu Forschungs- und Entwicklungsausgaben nach IAS 38.118-.128 oder bestimmte Angaben der Zwischenberichterstattung, wie etwa saisonale Einflüsse auf den Geschäftsverlauf (IAS 34.16), zu.[35)]

24 Der IASB hat **116 Stellungnahmen** zu diesem Papier erhalten.[36)] Die meisten Stellungnahmen (67) sind aus Europa eingegangen, davon allein 16 aus Deutschland und 26 Stellungnahmen aus Großbritannien.[37)] Von internationalen Organisationen sowie Staaten außerhalb Europas sind insgesamt 49 Stellungnahmen abgegeben worden.

Stellungnahme (SN)	Anzahl
Europa	67, davon:
EU-übergreifend (UNICE – SN 5, FEE – SN 27, CEBS – SN 53, CESR – SN 109, EFRAG – SN 115)	5
Dänemark	2
Deutschland	16
Frankreich	3
Großbritannien	26
Irland	2
Italien	2
Niederlande	2
Norwegen	1
Österreich	1
Schweden	2
Schweiz	4
Spanien	1

35) Vgl. dazu Prigge, 2006 S. 79 ff. und Prigge, KoR 2006 S. 252 ff. Die deutschen Kapitalmarktteilnehmer scheinen den Anhanginformationen jedoch einen im Vergleich zur Lageberichterstattung tendenziell geringeren Bedeutungsgrad beizumessen; vgl. DAI, S. 15.

36) Siehe http://archive.iasb.org.uk/current/comment_letters.asp?showPageContent=no&xml=16_230_79_240 22006.htm für eine Liste der beim IASB eingegangenen Stellungnahmen; die Anzahl der Stellungnahmen entspricht, verglichen mit anderen Veröffentlichungen des IASB, ca. dem Durchschnitt.

37) Das große Interesse Großbritanniens an diesem Thema lässt sich unter anderem mit der zuvor erwähnten Aufhebung der Anwendungspflicht des RS 1 OFR erklären. In den Stellungnahmen wurde vielfach angeführt, dass diese Entscheidung des britischen Gesetzgebers zeigen würde, dass optionale Vorgaben, insbesondere auch die bestehenden, als ausreichend angesehen werden könnten. Vereinzelt wurde kritisch angemerkt, dass diese Entscheidung einen Rückschritt darstelle, vgl. CIMA, SN 40, S. 2. oder Henderson Global Investors, SN 25, S. 1.

Stellungnahme (SN)	Anzahl
International	49, davon:
Internationale Organisationen (z. B. IOSCO – SN 81, Baseler Ausschuss für Bankenaufsicht – SN 105, IFAC – SN 112)	7
Wirtschaftsprüfungsgesellschaften (jeweils internationale Fachabteilungen)	7
Außereuropäische Staaten	35, davon:
Australien	7
China (Hong Kong)	1
Indien	2
Japan	5
Kanada	5
Kenia	1
Korea	2
Malaysia	1
Mexiko	1
Neuseeland	5
USA	4
Singapur	1
Südafrika	1
Summe	**116**

Die nachfolgende Übersicht vermittelt einen Überblick über die Anzahl der Stellungnahmen nach Berufszugehörigkeit:[38)]

Stellungnahme (SN)	Anzahl
Ersteller von Finanzberichten	30
Unternehmensorganisationen (z. B. BDI – SN 90, UK 100 Group – SN 77)	17
Einzelne Unternehmen	13
Adressaten der Rechnungslegung	14
Nationale Standardsetzer (z. B. DRS – SN 19)	14
Wirtschaftsprüfer	33
Wirtschaftsprüferorganisationen (z. B. IDW – SN 12)	24
Wirtschaftsprüfungsunternehmen	9
Akademiker/Hochschulvertreter	5
Regierungsorganisationen	5
Wertpapieraufsichtsbehörden (z. B. CESR – SN 109)	8
Sonstige	7
Summe	**116**

C. Managementbericht als Thema des IASB?

I. Standard oder unverbindliche Leitlinien

Zunächst ist für die weitere Entwicklung in Bezug auf einen Managementbericht die – auch im DP zuerst aufgeworfene – Frage entscheidend, ob der Managementbericht international als **wesentlicher Bestandteil der Finanzberichterstattung** angesehen wird (DP Managementbericht.186 ff. und Frage 1). Im DP Managementbericht (S.12) wird folgende Abgrenzung dargestellt:[39)] 25

38) In Anlehnung an IASB, Agendapapier 11B, S. 2.

39) Vgl. Beiersdorf/Buchheim, BB 2006, S. 100.

<table>
<tr><th colspan="3">Finanzberichterstattung (Financial Report)</th></tr>
<tr><td rowspan="2">Management - bericht
(Management Commentary)</td><td colspan="2">Jahresabschluss
(Financial Statements)</td></tr>
<tr><td>• Bilanz und GuV
• Eigenkapitalspiegel
• Kapitalflussrechnung
• (ggf.) Segmentberichterstattung</td><td>Anhang
(Notes)</td></tr>
</table>

26 **Überwiegend** wird der Darstellung im DP dahingehend **zugestimmt**, dass der Managementbericht einen wichtigen Bestandteil der Finanzberichterstattung darstellt.[40] Die zukunftsorientierten, beschreibenden Informationen des Managementberichts würden den im Wesentlichen auf historischen Informationen basierenden Jahresabschluss ergänzen und vervollkommnen. Gleichwohl haben die Stellungnahmen **verschiedene Problemfelder** aufgezeigt, die nachfolgend skizziert und ausgewertet werden.

27 Auch wenn in den Stellungnahmen fast ausschließlich die Meinung geäußert wurde, dass Vorgaben zur Managementberichterstattung erforderlich sind[41], waren die Ansichten über deren **Ausgestaltung** geteilt. Diskutiert wurden **unverbindliche Leitlinien**, also freiwillig anwendbare Anwendungshinweise („non-mandatory guidance") einerseits und die Entwicklung eines **verbindlichen Standards** andererseits.[42]

28 Zahlreiche Regelungen zum Managementbericht wurden bereits von nationalen, europäischen oder auch internationalen Gesetzgebern, Standardsetzern oder Regulierungsbehörden erlassen. Angesichts der **international unterschiedlich eingerichteten Regelungshoheiten** für Managementberichte sei grundsätzlich fraglich, inwieweit sich der IASB dieses Themas annehmen sollte. Mehrheitlich wurde dazu die Meinung vertreten, dass die Aufgabe durchaus dem IASB als nationalem Standardsetzer zufällt.[43] Aus der Vielzahl der bestehenden Regelungen resultiere die Notwendigkeit zur **Harmonisierung** der Managementberichterstattung. Dies könne ausschließlich durch **internationale Vorgaben** erreicht werden. Zudem ginge damit die Verbesserung der Transparenz auf dem Kapitalmarkt einher.

29 Gleichwohl wurde zum Ausdruck gebracht, dass angesichts der **bestehenden Regelungsvielfalt**, die sich nicht nur auf den Inhalt, sondern auch auf den Verpflichtungsgrad[44] von Managementberichterstattung bezieht, ein **verpflichtend anzuwendender Standard (zunächst) nicht zweckmäßig** sein würde. Mit knapper Mehrheit wurde daher der Entwicklung **unverbindlicher Anwendungshinweise der Vorzug** gegeben. Für die Entwicklung von einer solchen „non-mandatory guidance" spricht somit, dass diese nicht mit bereits bestehenden Regelungen in Konflikt geraten können. Zudem würde damit vermieden, dass Unternehmen weitere, zusätzliche Anforderungen erfüllen müssen.[45] Allerdings könne aus zunächst unverbindlichen Leitlinien langfristig ein verbindlicher Standard entwickelt werden. Es wird davon ausgegangen, dass ein Standard zur Managementberichterstattung auch dazu beitragen könnte, die durch Regulatoren definierten nationalspezifischen Anforderungen einzuschränken bzw. diese zu ersetzen. Unabhängig von Umfang und Inhalt derzeit bestehender Normen könnte auf diese Weise eine internationale Vergleichbarkeit herbeigeführt werden.

30 Unabhängig von der zu entwickelnden Regelung wird nach Auffassung in den Stellungnahmen erforderlich sein, dass der IASB auf die bestehenden Normen eingeht und auch die internationalen, europäischen und US-

40) Vgl. IASB, Agendapapier 11A, S. 2 und 11B, S. 3 f.
41) Gemäß IASB, Agendapapier 11A, S. 5 wurde sich dafür in 100 Stellungnahmen ausgesprochen.
42) Vgl. IASB, Agendapapier 11A, S. 5 und 11B, S. 12 ff.
43) Vgl. IASB, Agendapapier 11B, S. 7.
44) Darunter ist sowohl die optionale oder verpflichtende Erstellung eines Managementberichts als auch der Geltungsbereich (z. B. nur kapitalmarktorientierte Unternehmen oder sämtliche Kapitalgesellschaften) zu verstehen.
45) Vgl. für viele Mazars, SN 72, S. 1.

amerikanischen **Börsenaufsichten** (IOSCO, CESR und SEC) **in den Entwicklungsprozess einbindet**, um die Akzeptanz der geschaffenen Normen sicherzustellen.[46]

II. Prüfung von Managementberichten

Als weiteres Argument für unverbindliche Leitlinien wurde häufig die mit einem verbindlichen Standard möglicherweise verbundene **Prüfungspflicht** angeführt. Im DP werden verschiedene Möglichkeiten für die Integration von Vorgaben für die Managementberichterstattung in das bestehende IFRS-System diskutiert (DP Managementbericht.212 ff.). Es wird dabei auch die Frage der Integration des Managementberichts in die Finanzberichterstattung, einer ggf. erforderlichen Compliance-Erklärung und damit letztlich auch die Frage nach der Prüfung von Managementberichten aufgeworfen. 31

Im Diskussionspapier werden sowohl die **Vermittlung der Informationen aus Sicht des Managements** („through the eyes of management", DP Managementbericht.46 ff.) als auch die **Zukunftsorientierung** („orientation to the future", DP Managementbericht.52 ff.) als Grundsätze der Managementberichterstattung definiert. Auch wenn eine Prüfung der Managementberichte in einigen Jurisdiktionen durchaus üblich ist, wird dem entgegengehalten, dass eine Prüfung zukunftsorientierter, aus der Sicht des Managements dargestellter Informationen nicht möglich oder zumindest von anderer Qualität als die Jahresabschlussprüfung sei. Die erlangbare Prüfungssicherheit erscheint demnach geringer.[47] 32

In einigen Stellungnahmen wurde jedoch darauf hingewiesen, dass der Managementbericht nur dann **entscheidungsnützlich** ist, wenn die Übereinstimmung mit den IFRS bestätigt wird.[48] 33

III. Priorität für den IASB

Konträre Meinungen bestehen dahingehend, ob diesem Projekt derzeit **hohe Priorität** beizulegen ist. Einerseits wird aufgrund der Notwendigkeit und Vorteilhaftigkeit von Managementberichten und mangels existierender Regelungen argumentiert, dass der IASB sich mit diesem Thema auch zeitnah befassen sollte. Andererseits wird die aktuelle Agenda des IASB angeführt, die Anhaltspunkte dafür liefert, dass der IASB sich derzeit mit dringenderen Fragen auseinandersetzen sollte. In den Stellungnahmen wurde diesbezüglich insbesondere auf die in der gemeinsamen Absichtserklärung von FASB und IASB („Memorandum of Understanding") festgelegten kurzfristig zu erreichenden Ziele hingewiesen.[49] Auch die derzeit kontrovers diskutierten Bilanzierungsthemen – verwiesen sei hier etwa auf „Unternehmenszusammenschlüsse" (→ ED IFRS 3amend) oder die Entwicklung eines „Rechnungslegungsstandards für kleine und mittelgroße Unternehmen" (→ ED IFRS für KMU) – sollten vorrangig diskutiert werden. 34

Bezüglich der Zuständigkeit des IASB wird in den Stellungnahmen auch darauf hingewiesen, dass die mit einem Managementbericht einhergehenden Informationspflichten den derzeit im **Rahmenkonzept des IASB definierten Regelungsumfang** überschreiten. Aufgrund des Stellenwerts eines Managementberichts wurde jedoch gleichzeitig vorgeschlagen, das Rahmenkonzept des IASB entsprechend zu erweitern.[50] Das laufende, langfristig angelegte gemeinsame Projekt des FASB und des IASB zur **Überarbeitung der Rahmenkonzepte** 35

---

46) Vgl. u. a. DSR, SN 19, S. 4 oder IASB, Agendapapier 11A, S. 6.

47) Vgl. dazu IASB, Agendapapier 11B, S. 18 ff.; dazu ausführlich z. B. Allianz, SN 8, S. 2-4. Zu den Problemen der Prognoseprüfung Arbeitskreis Externe und Interne Überwachung der Unternehmung der Schmalenbach-Gesellschaft, DB 2003, S. 105;

48) Vgl. z. B. VW, SN 1, S. 3, IDW, SN 12, S. 3 oder AssetEconomics, SN 48, S. 2.

49) In der gemeinsamen Absichtserklärung haben FASB und IASB ihr Ziel zur Konvergenz von IFRS und US-GAAP definiert. Darin werden sowohl kurzfristig anzugleichende Themen als auch langfristige gemeinsame Projekte aufgelistet. Die kurzfristigen Konvergenzziele umfassen z. B. die Angleichung der Vorschriften zu Ertragsteuern, Fremdkapitalkosten oder Segmentberichterstattung. Vgl. Memorandum of Understanding between the FASB and the IASB, v. 27.2.2006, abrufbar unter http://www.iasb.org/NR/rdonlyres/874B63FB-56DB-4B78-B7AF-49BBA18C98D9/0/MoU.pdf (Abruf 2.3.2007).

50) Auch in IASB, Agendapapier 11A, S. 7 f. wurde die Konsistenz mit dem Rahmenkonzept-Projekt besonders hervorgehoben; dazu z. B. Münchner Rück, SN 4, S. 1.

(→ DP Rahmenkonzept-A) sollte entsprechend darauf eingehen. In dem dazu veröffentlichten DP (DP Framework.OB 16 –.OB 17 und BC 1.7) wird zwar die Bedeutung der Abgrenzung des Umfangs der Finanzberichterstattung anerkannt, allerdings soll dieser Aspekt erst zu einem späteren Zeitpunkt eingehender diskutiert werden.[51)]

36 Insgesamt wurde sich jedoch mehrheitlich – auch von den Abschlusserstellern – dafür ausgesprochen, dass der IASB der Entwicklung von Anforderungen für den Managementbericht entsprechende **Priorität einräumt**.[52)] Angeführt wurden die Bedeutung dieser Informationen und die Chance, mit international akzeptierten Normen zur Vereinheitlichung und Harmonisierung dieser Managementinformationen beizutragen.

IV. Abgrenzung von Anhangangaben und Angaben im Managementbericht

37 Zur Diskussion gestellt wurden auch **mögliche Kriterien zur Abgrenzung** von bisherigen Anforderungen der IFRS an **Anhangangaben** und den Informationen eines **Managementberichts** (DP Managementbericht.153 ff., → Rz. 23). Dies ist nicht zuletzt aufgrund unterschiedlicher Regelungen bezüglich der Prüfungspflicht relevant.[53)] Sollte letztlich auf eine Berücksichtigung von Managementberichten im Rahmen der Compliance-Erklärung verzichtet werden (wie es in den Stellungnahmen mehrheitlich gefordert wurde), wäre eine Verschiebung bestehender IFRS-Anforderungen in den Managementbericht kritisch zu beurteilen.

38 Weitgehende Einigkeit besteht jedoch dahingehend, dass die Abgrenzung von Anhangangaben und Angaben im Managementbericht zwar notwendig und wichtig sein wird. Allerdings sei eine intensive **Diskussion möglicher Kriterien** zum jetzigen Zeitpunkt **verfrüht**. Zunächst wäre über das weitere Vorgehen des IASB und in einem zweiten Schritt über die konkrete Ausgestaltung des Managementberichts zu entscheiden. Abschließend sollte das Abgrenzungsproblem anhand konkreter Beispiele diskutiert werden.

V. Einschätzung aus nationaler Sicht

39 Wie zuvor erwähnt, ist der **Anteil an Stellungnahmen** aus Deutschland zu diesem Diskussionspapier mit ca. **14 % besonders hoch**.[54)] Dadurch wird deutlich, welche Bedeutung dem Managementbericht als Teil der Finanzberichterstattung beigemessen wird. Zu den meisten Fragen zeigt sich ein einheitliches Meinungsbild. Aufgrund der langen nationalen Tradition der Lageberichterstattung hat sich – anders als in Europa oder international – die Bereitstellung und Prüfung dieser Informationen etabliert. Mit der Mehrheit der übrigen Stellungnahmen übereinstimmend wurde das Projekt auch aus nationaler Sicht grundsätzlich begrüßt, da der Managementbericht als ein wichtiger und notwendiger Bestandteil der Finanzberichterstattung von kapitalmarktorientierten Unternehmen angesehen wird.[55)] Der IASB könne durch die Erweiterung der IFRS um

---

51) In zahlreichen Stellungnahmen zu diesem IASB-Diskussionspapier für das Rahmenkonzept wurde allerdings kritisch angemerkt, dass hier eine Umstellung des Projektablaufes als sinnvoll erachtet werden würde; vgl. dazu auch die Stellungnahme des Management Commentary Projektteams vom 3.11.2006, SN 63. Zum Entwurf eines gemeinsamen Rahmenkonzepts von FASB und IASB siehe Kampmann/Schwedler, KoR 2006, S. 521 ff.

52) Vgl. IASB, Agendapapier 11A, S. 6 und 11B, S. 6 ff. Z. B. Münchner Rück, SN 4, S. 2 oder Group 100 (Unternehmensvertreter aus Großbritannien), SN 20, S. 1.

53) Nach internationalem Verständnis ist mit der Angabe im Anhang eine Prüfungspflicht, hingegen mit der Angabe im Managementbericht keine Prüfungspflicht verbunden. Dies gilt etwa für die US-amerikanischen MD&A, die keiner Prüfung unterliegen. Allerdings unterliegen alle Anhangangaben den hohen Anforderungen des Sarbanes-Oxley-Actes.

54) Aus Deutschland wurden von Volkswagen (SN 1), Münchener Rück (SN 4), Allianz (SN 8), BdB (SN 10), IDW (SN 12), DSR (SN 19), Prof. Kirsch – Universität Münster (SN 22), SG-AKEU (SN 36), Germanwatch (SN 47), VÖB (SN 55), DSGV (SN 60), GEFIU (SN 63), Wuppertal Institut (SN 68), SD-M (SN 80), BDI (SN 90) und GDV (SN 114) Stellungnahmen eingereicht.

55) Einzige Ausnahme stellt der BdB (SN 10) dar, der die Ausgestaltung eines Managementberichtsinstruments grundsätzlich nicht im Verantwortungsbereich des IASB sieht, da den berechtigten Kapitalmarktanforderungen durch Regeln nationaler Börsenaufsichtsbehörden oder Gesetzgeber ausreichend Rechnung getragen wird; der IASB sei ausschließlich für die Rechnungslegungsnormen zuständig.

einen Standard zum Managementbericht letztlich das „strukturelle Defizit“[56] der bestehenden Regelungen ausgleichen.

Im Gegensatz zur Gesamtheit der Stellungnahmen wird die **Entwicklung eines Standards** zur Managementberichterstattung durch den IASB als vorteilhaft erachtet. So wird darauf hingewiesen, dass es weltweit bereits zahlreiche mögliche Anwendungshinweise gäbe und nur durch einen Standard, nicht jedoch durch unverbindliche Leitlinien, die erstrebte **Harmonisierung der Managementberichte** erreicht werden könne.[57] Ein Standard des IASB wäre insbesondere dann nützlich, wenn europäische Anforderungen aufgegriffen und letztlich ersetzt würden.[58] Allerdings müsste dafür gewährleistet sein, dass es keine Vervielfachung der Berichtsanforderungen, etwa im Rahmen von zusätzlichen nationalen, respektive europäischen Berichtspflichten, gäbe.[59] 40

Obwohl (Konzern-)Lageberichte von Kapitalgesellschaften nach § 316 Abs. 1 und Abs. 2 HGB der Prüfung unterliegen (ausgenommen sind Lageberichte kleiner Kapitalgesellschaften i. S. d. § 267 Abs. 1 HGB), unterstützen die Stellungnahmen aus Deutschland die allgemeine Forderung, dass bei der Ausgestaltung der Anforderungen an die Managementberichterstattung zu berücksichtigen wäre, dass diese der Prüfung unterliegen kann und dass aufgrund der Inhalte des Managementberichts die **Sicherheit des Prüfungsergebnisses eingeschränkt** sein könnte.[60] 41

D. Vorgeschlagene Inhalte des Managementberichts

I. Überblick

Das DP enthält im Appendix A einen konkreten Vorschlag zur Ausgestaltung eines Standards zur Managementberichterstattung, der auf den allgemeinen Ausführungen zu den Zielen und Merkmalen eines qualitativ hochwertigen Managementberichts und dessen Inhalten aufbaut (DP Managementbericht.32 ff. sowie Appendix A, S. 82 ff.). Zu den konkreten Fragen des Diskussionspapiers in Bezug auf: 42

- Ziele der Managementberichts,
- Adressaten des Managementberichts,
- Grundsätze und Eigenschaften des Managementberichts und
- Bestandteile des Managementberichts

wurde zwar größtenteils Stellung genommen. Allerdings wurde in vielen Stellungnahmen eher allgemein zu dem DP Stellung genommen. Die konkreten Vorschläge zur Ausgestaltung der Regelungen durch den IASB wurden daher selten im Detail diskutiert.[61] Die Aussagen lassen jedoch eine weitgehende Zustimmung zu den Vorschlägen des Projektteams erkennen.

II. Ziele des Managementberichts

Nach den im DP definierten Zielen des Managementberichts (DP Managementbericht.34) soll dieser den Investor in die Lage versetzen: 43

56) So Kirsch/Scheele in der Stellungnahme an den DSR, S. 2 (abrufbar unter www.drsc.de) und ähnlich in SN 22, S. 2.

57) Vgl. BDI, SN 90, S. 2.

58) Siehe bspw. VÖB, SN 55, S. 2; GEFIU, SN 63 schlägt ein „two-tier model“ vor, wonach der verpflichtende Standard kurzfristig lediglich minimale Berichtsanforderungen enthält und langfristig, auch unter Berücksichtigung der Best Practice, ein umfassender verpflichtender Standard entwickelt wird.

59) Vorstellbar wäre, dass ein im Endorsement-Verfahren übernommener Standard zum Managementbericht sämtliche europäischen und nationalen Anforderungen ersetzt; vgl. SG-AKEU, DB 2002, S. 2337 ff., SN 36, S. 3 oder DSR, SN 19, S. 4f.

60) Vgl. DSR, SN 19, S. 4; IDW, SN 12, S. 11 oder Allianz, SN 8, S. 1.

61) Im Hinblick auf den Entwicklungsprospekt (due process) beim IASB ist dies durchaus nachvollziehbar; es ist davon auszugehen, dass der IASB – sofern dieses Thema auf die aktive Agenda kommt – einen weiteren Entwurf mit vom IASB autorisierten Vorschlägen zur Kommentierung veröffentlichen wird.

- den **Jahresabschluss** unter Berücksichtigung des Unternehmensumfelds zu **interpretieren** und zu **beurteilen,**
- beurteilen zu können, was nach Ansicht des Managements die **wichtigsten Unternehmensbelange** sind und wie diese gehandhabt werden sowie
- die **Strategien des Unternehmens** und die **Erfolgswahrscheinlichkeit** dieser Strategien einschätzen zu können.

44 Diese Zielsetzung wurde in den meisten Stellungnahmen **befürwortet.**[62] Wenige kritische Anmerkungen gab es lediglich bezüglich der Offenlegung der Strategien des Unternehmens (→ Rz. 54). Häufig wurde allerdings ausgeführt, dass diese Information international üblich sei und demzufolge im Standard festgeschrieben werden sollte.[63]

III. Investoren als primäre Adressaten des Managementberichts

45 In den Stellungnahmen wurde zumeist die Auffassung vertreten, dass der vom Projektteam gewählte **Fokus auf die Investoren zielführend** sei. Den Ausführungen des Projektteams, wonach der Managementbericht als Erweiterung und Ergänzung des Jahresabschlusses dient und somit an keine andere Zielgruppe adressiert sein kann, wurde in vielen Stellungnahmen gefolgt. In einigen Stellungnahmen wurde jedoch wiederum auf die enge Verbindung zum Rahmenkonzept-Projekt hingewiesen. Das dazu vorliegende Diskussionspapier schlägt die Erweiterung des derzeitigen primären Adressatenkreises von existierenden und zukünftigen Investoren (Bereitstellung von Eigenkapital) auf bestehende und zukünftige Gläubiger (Bereitstellung von Fremdkapital) vor (DP Framework.OB12 – OB13). Ein übereinstimmender Fokus soll gewährleistet werden.

46 Abgesehen von der allgemeinen Zustimmung bezüglich des Fokus' auf die Investoren, wurde in einigen Stellungnahmen angemerkt, dass gerade der Managementbericht für eine **breitere Gruppe von Adressaten entscheidungsnützlich** sein könnte. Daher sollte nicht auf eine Adressatengruppe fokussiert, sondern ein breiterer Ansatz gewählt werden.[64] Insbesondere sollten auch Anforderungen zur sog. Nachhaltigkeitsberichterstattung integriert werden. Dies könnte die Umwelt- und Sozialberichterstattung umfassen. Hierzu werden seit einigen Jahren international freiwillig anwendbare Leitlinien entwickelt, die der IASB bei der Entwicklung eines Managementreports berücksichtigen sollte.[65]

IV. Grundsätze und Eigenschaften des Managementberichts

47 Dem Vorschlag des DP (DP Managementbericht.39) entsprechend, soll der Managementbericht nach **folgenden Grundsätzen** aufgestellt werden:

- Ergänzung und Erweiterung der Jahresabschlussinformationen,
- Unternehmensanalyse aus der Sicht des Managements und
- Zukunftsorientierung[66]

48 Diesen Grundsätzen wurde in den Stellungnahmen **weitgehend zugestimmt.** Die sich daran anschließenden Anforderungen an einen Managementbericht (DP Managementbericht.58 ff.)[67] wurden zwar grundsätz-

62) Befürwortung in 89 von 116 Stellungnahmen. Vgl. IASB, Agendapapier 11B, S. 24.

63) So z. B. SG-AKEU, SN 36, S. 5. In der Literatur wurde auch in Deutschland häufig die Meinung vertreten, dass Angaben zur Strategie erforderlich sind. Vgl. u. a. Freidank/Steinmeyer, BB 2005, S. 2512 ff.

64) Vgl. z. B. Dutch Accounting Standards Board (SN 18), The Institute of Chartered Accountants of Scotland (SN 54), Germanwatch (SN 47), Wuppertal Institut (SN 68) oder SD-M (SN 80).

65) Vgl. zur zunehmenden Bedeutung von Nachhaltigkeitsberichten und der Global Reporting Initiative als anerkannte Organisation zur Entwicklung entsprechender Leitlinien Haller/Ernstberger, BB 2006, S. 2516 ff.

66) Anhand dieser Grundsätze wird auch die Entwicklung hin zur Wert- und Zukunftsorientiertung (Value Reporting) deutlich, der aufgrund der zunehmenden Kapitalmarktorientierung eine hohe Bedeutung zukommt. Dazu Arbeitskreis Externe Unternehmensrechnung der Schmalenbach-Gesellschaft, DB 2002, S. 2337 ff., Baetge/Heumann, DB 2006, S. 345 ff. oder Baetge/Solmecke, ZfCM 2006 Sonderheft 3, S. 16 ff.

67) Die Anforderungen umfassen danach: „understandability, relevance, reliability, supportability, balance and comparability".

lich begrüßt, allerdings wurde ein inhaltlicher und **terminologischer Gleichklang** mit den im Rahmenkonzept verankerten qualitativen Anforderungen an Abschlüsse gefordert (vgl. F.24 ff.). Dies betrifft insbesondere das Konzept von „supportability, balance and comparability". Stattdessen sollte auf die bekannte Terminologie Verlässlichkeit und Vergleichbarkeit („reliability and comparability") abgestellt werden.[68)]

Es wurde herausgestellt, dass der **zukunftsorientierten Berichterstattung** im Rahmen des Managementberichts zweifellos große Bedeutung zukommt.[69)] Jedoch sollte konkreter herausgestellt werden, welche Informationen dies umfasse. So werden z. B. weitergehende Erläuterungen und Definitionen bezüglich „forecast and projections" und einer ggf. vorgesehenen Quantifizierung der Informationen als notwendig erachtet.[70)] 49

In **Deutschland** stellt die zukunftsorientierte Berichterstattung ein **zentrales Element** des Lageberichts dar.[71)] DRS 15, Rz. 87 sieht diesbezüglich qualitative Erläuterungen und Beurteilungen für die nächsten beiden Geschäftsjahre vor. Darüber hinaus wird gem. DRS 15, Rz. 120 f. die Quantifizierung der erwarteten Entwicklungen der wesentlichen Einflussfaktoren der Ertrags- und Finanzlage für das folgende Geschäftsjahr empfohlen. Dies umfasst die erwartete Entwicklung von Umsatz, Aufwendungen und Ergebnis. **International** hingegen hängt die Ausgestaltung der zukunftsorientierten Berichterstattung häufig vom **rechtlichen Umfeld** der Unternehmen ab. So sehen z. B. sog. **„Safe-Harbour-Rules"** vor, dass Informationen als zukunftsorientiert und somit „unsicher" zu kennzeichnen sind. Können Unternehmen sich aufgrund des rechtlichen Umfelds nicht auf diese Klausel zurückziehen, werden negative Auswirkungen bei Abweichungen von den Einschätzungen der zukünftigen Entwicklung erwartet. Nicht zuletzt deshalb wird angeregt, die Anforderung auf qualitative Angaben zu beschränken.[72)] 50

V. Bestandteile des Managementberichts

Um die mit der Erstellung eines Managementberichts verfolgten Ziele zu erreichen, soll der Managementbericht **mindestens** zu den nachstehenden **Teilbereichen** informieren (DP Managementbericht.96 ff.): 51

- Geschäft und Rahmenbedingungen,
- Ziele und Strategien,
- Ressourcen, Risiken und Beziehungen des Unternehmens,
- Leistungsindikatoren und -maßstäbe sowie
- Geschäftsergebnis und Geschäftsaussichten.

Diesen Inhalten eines Managementberichts wurde in den Stellungnahmen mit großer Mehrheit zugestimmt.[73)] Dies gilt sowohl für Ersteller, als auch für Prüfer oder Analysten von Managementberichten.[74)] Nachhaltige Kritik wurde weder aus internationaler noch aus europäischer Sicht geübt. **Kritisch** betrachtet wurde jedoch der Vorschlag, Indikatoren (sog. **key performance indicators**) zu definieren, da eine entsprechende Veröffentlichung aufgrund des Detailgrades zum einen gegen die Konzeption des prinzipienbasierten Standards für Managementberichte und zum anderen gegen die Darstellung aus Sicht des Managements sprechen würde. 52

68) Vgl. z. B. Neuseeländischer Standardsetzer, SN 107, S. 5; Kirsch/Scheele, SN 22, S. 3; GDV, SN 114, S. 4.

69) Dies wurde auch in zahlreichen Stellungnahmen betont, z. B. KPMG, SN 75, S. 2; Microsoft, SN 84, S. 2-3, UBS, SN 49, S. 3. Zu diesem Ergebnis kommt auch die Untersuchung von Prigge, S. 64 ff. und Baetge/Prigge, DB 2006, S. 401 ff.

70) Vgl. DSR, SN 19, S. 7; IDW, SN 12, S. 5f; SG-AKEU, SN36, S. 4.

71) Vgl. Buchheim/Knorr, WPg 2006, S. 421. Dennoch wurden in Studien diesbezügliche Defizite dargestellt. Vgl. u. a. Kajüter, DB 2004, S. 197 oder Hans-Böckler-Stiftung. Vgl. PwC/Kirchhoff, S. 36 für eine Analyse der Lageberichte im Geschäftsjahr 2005, für das DRS 15 erstmals anzuwenden war. Danach geben alle DAX-30-Unternehmen „mehr oder wenige konkret eine Prognose für die zukünftige Entwicklung ab".

72) Siehe IASB, Agendapapier 11B, S. 34, 36. Vgl. z. B. Österreichischer Standardsetzer, SN 32, S. 4; IDW, SN 12, S. 5 f. Zu den Problemen der Prognoseprüfungen vgl. auch Arbeitskreis „Externe und Interne Überwachung der Unternehmung", DB 2003, S. 105 ff.

73) Vgl. IASB, Agendapapier 11B, S. 36 ff.

74) Siehe u. a. Microsoft (SN 84), PwC (SN 89) oder Irish Banks Federation (SN 23). Anzumerken ist, dass PwC seit ca. zehn Jahren eigene Untersuchungen zur Weiterentwicklung der Managementberichte durchführt, deren Ergebnisse die hier vorgeschlagenen Inhalte unterstützen; vgl. für diese Berichte www.corporatereporting.com.

VI. Inhalte aus nationaler Sicht

53 In den Stellungnahmen aus Deutschland wurde häufig auf die konkreten Regelungen Bezug genommen. Für die Bewertung der zur Diskussion gestellten Anforderungen an den Managementbericht wurden dafür die Regelungen des ***DRS 15 – Lageberichterstattung*** **vergleichend herangezogen.**[75] Abstellend auf die in Deutschland übliche Risikoberichterstattung (DRS 15, Rz. 83 i. V. m. DRS 5) wurde ausgeführt, dass die diesbezüglichen Anforderungen für den Managementbericht ausgeweitet und konkretisiert werden sollten.[76]

54 Die im DP vorgeschlagenen Inhalte zu den **Zielen und der Strategie** wurden überraschenderweise auch aus deutscher Sicht **befürwortet.**[77] Noch im Entwurf des Bilanzrechtsreformgesetzes[78] wurden diese Angaben stark kritisiert und im weiteren Gesetzgebungsprozess letztlich gestrichen. Man wies darauf hin, dass diese Angabe von Strategien zur Veröffentlichung von wettbewerbsrelevanten Informationen führen könne.[79]

55 Darüber hinaus wurde ein **prinzipienbasierter Standard** für die Managementberichterstattung **befürwortet**[80] und eine einheitliche Struktur angeregt, um die Vergleichbarkeit der Informationen zu fördern.[81] Konkretere Vorgaben wurden insbesondere in Bezug auf die nichtfinanziellen Ressourcen (non-financial resources) für notwendig erachtet. In Übereinstimmung mit den übrigen Stellungnahmen wurde jedoch eine Standardisierung und Definition von Kennzahlen (financial performance measures oder sog. key performance indicators, DP Managementbericht.145 und .148)[82] ebenfalls mit Verweis auf die Prinzipienorientierung und den Management Approach abgelehnt. Darüber hinaus wurde die Auffassung vertreten, dass weitere Beispiele vorgegeben werden sollten, um wenig aussagekräftige Redewendungen (sog. „boiler-plate-language“) zu vermeiden. Angesichts der aktuellen Entwicklungen in Bezug auf die Zwischenberichterstattung wurde aus nationaler Sicht auch dazu aufgefordert, die Anforderungen an einen Managementreport im Rahmen der Zwischenberichterstattung zu berücksichtigen.[83]

E. Ausblick

56 Die Analyse der Stellungnahmen hat gezeigt, dass man dem **Managementbericht** eine **wichtige Funktion** innerhalb der Finanzberichterstattung von Unternehmen zuweist. Dies gilt nicht nur für die Nutzer der Finanzberichte; auch die Gruppe der Ersteller hat die Bedeutung dieses Berichtsinstruments in den Stellungnahmen betont.

57 Gerade die **tendenziell ablehnende Haltung europäischer Institutionen**[84] überrascht. Einerseits wird in den europäischen Bilanzrechtrichtlinien die Verpflichtung zur Erstellung eines Managementberichts verankert. Andererseits will man die sich hier bietende Chance zur Harmonisierung der Ausgestaltung von Managementberichten derzeit mit Verweis auf andere dringendere Fragen bzw. andere Regelungskompetenzen nicht wahrnehmen. Vor dem Hintergrund der sonstigen Bemühungen um eine weitergehende Harmonisierung der

75) Vgl. z. B. SG-AKEU, SN 36, S. 2, die den DRS 15 als Modell für die weiteren Überlegungen bezüglich des konkreten Inhalts des Managementberichts vorschlagen. Für einen Vergleich des DP Managementbericht und den Anforderungen des DRS 15 in Bezug auf Value Reporting siehe Baetge/Solmecke, ZfCM, Sonderheft 3/2006, S. 16 ff.

76) Vgl. z. B. SG-AKEU, SN 36, S. 5 oder DSR, SN 19, S. 9. Zur Risikoberichterstattung in Deutschland vgl. Lück/Bungartz, DB 2004, S. 1789 ff.

77) Vgl. z. B. VW, SN 1, S. 3, Münchner Rück, SN 4, S. 2, Allianz, SN 8, S. 4, SG-AKEU, SN 36, S. 5, GDV, SN 114, S. 3 und S. 5.

78) Vgl. E-BilReG vom 15.12.2003, Art. 1 Nr. 10 Buchstabe a) und Nr. 20 Buchstabe a).

79) Vgl. zu der Diskussion z. B. die gemeinsame Stellungnahme von BDA, BDI, DIHK und GDV zum E-BilReG vom 28.5.2004, S. 2, http://www.dihk.de/index.html?/inhalt/themen/rechtundfairplay/archiv/index.html.

80) Daher Ablehnung des DP Managementbericht.229, wonach in den einzelnen IFRS die Anforderungen für den Managementbericht aufgenommen werden sollten. Siehe DSR, SN 19, S. 12 oder IDW, SN 12, S. 10.

81) Vgl. DSR, SN 19, S. 12.

82) Vgl. IASB, Agendapapier 11B, S. 40. Dazu SG-AKEU, SN 36, S. 5, GEFIU, SN 63, S. 9, DSR, SN 19, S. 9 oder GDV, SN 114, S. 5.

83) Vgl. SG-AKEU , SN 36, S. 3; GEFIU, SN 63, S. 4.

84) Vgl. z. B. EFRAG (SN 115) oder CESR (SN 109).

Finanzberichterstattung für europäische kapitalmarktorientierte Unternehmen erscheint die Zurückhaltung im Hinblick auf dieses IASB-Projekt wenig zielführend.

Angesichts der Vielfalt der internationalen Regelungen ist jedoch die **ausgesprochen breite Zustimmung** für dieses Projekt im Allgemeinen als positiv zu bewerten. In den Stellungnahmen wurde fast ausnahmslos ausgeführt, dass die Vorschläge des DP nicht im Widerspruch zu existierenden nationalen Vorgaben stehen.[85] Inkonsistenzen wurden nicht aufgezeigt. 58

Eine wesentliche Frage betrifft den **Verbindlichkeitsgrad potenzieller Normen** für die Managementberichterstattung. Hier waren Befürworter eines verbindlichen Standards einerseits und einer unverbindlichen Anwendungsempfehlung andererseits zwar fast gleichverteilt, allerdings scheinen die vorgebrachten Argumente zunächst für die Entwicklung unverbindlicher Anwendungsempfehlungen zu sprechen. Vor dem Hintergrund der Heterogenität bestehender Regelungen im internationalen Umfeld sind die Vorschläge an den IASB, zunächst Leitlinien zu entwickeln, verständlich und als ein erster Schritt in Richtung einer Standardisierung der Managementberichterstattung zu begrüßen. 59

Es wird somit insbesondere **abzuwarten** bleiben, ob: 60

- sich der IASB der beinahe einhelligen Meinung in den Stellungnahmen bezüglich der Bedeutung dieses Berichtsinstruments anschließt;
- daraus ein aktives Projekt entstehen wird und
- das Projekt dann das Ziel hat, einen Standard oder eine Anwendungsempfehlung zu entwickeln.

Vor allem in Bezug auf den zuletzt genannten Aspekt könnte der IASB neue Wege gehen. Auf der Januar-Sitzung gab es eine **erste positive Reaktion des IASB**: In einem nächsten Schritt soll zumindest die Möglichkeit der Berücksichtigung als aktives Projekt auf der Agenda des IASB diskutiert werden. In dieser ersten Auseinandersetzung mit den Vorschlägen des Projektteams und den eingegangenen Stellungnahmen kamen die IASB-Mitglieder zu dem vorläufigen Schluss, dass wohl der **Entwicklung von unverbindlichen Leitlinien** zunächst der **Vorzug** zu geben ist.[86] 61

Es ist anzunehmen, dass die bestehenden Vorschriften in Deutschland zunächst erhalten bleiben, da nicht zwingend zu erwarten ist, dass eine vom IASB erstmalig entwickelte Managementberichterstattung die Regelungstiefe nationaler Vorschriften erreichen würde. Langfristig könnte ein vom IASB entwickeltes Managementberichtsinstrument nicht nur bestehende Regelungen ergänzen, sondern ggf. auch ersetzen. Deshalb wird es wichtig sein, sich bei der Entwicklung und Weiterentwicklung des Managementberichts einzubringen. 62

---

85) Vgl. IASB, Agendapapier 11B, S. 47. Aus deutscher Sicht wurde zudem darauf hingewiesen, dass der DRS 15 (z. B. in Bezug auf Chancen- und Risikoberichterstattung oder zukunftsgerichtete Informationen) über die Vorschläge des Diskussionspapiers hinausgehe; siehe DSR, SN 19, S. 11.

86) Vgl. IASB-Update 1/2007, S. 7; dazu auch World Accounting Report, Februar 2007, S. 2.

Stichwortverzeichnis

Die Fundstellen bezeichnen die kommentierte Verlautbarung und die Randziffern. Hierbei werden folgende Abkürzungen verwendet: NIFRIC = IFRIC Nicht-Interpretationen, DP BZ = DP Beizulegender Zeitwert, DP RK = DP Rahmenkonzept-A, DP MB = DP Managementbericht.

Beispiele:
IFRS 7 46 ff. = Randziffern 46 ff. in der Kommentierung des IFRS 7
DP BZ 55 = Randziffer 55 in der Kommentierung des DP Beizulegender Zeitwert

V

W

Z

IFRS-Knowhow zum kleinen Preis

International Financial Reporting Standards (IFRS) 2007

Deutsch-Englische Textausgabe der von der EU gebilligten Standards.
English & German edition of the official standards approved by the EU

2007. 1196 Seiten, Broschur.
ISBN: 978-3-527-50243-1
€ 29,90/sFr 48,-

Alle relevanten
Standards für nur
€ 29,90

Diese kompakte Textausgabe enthält alle International Financial Reporting Standards (IFRS) bzw. International Accounting Standards (IAS) sowie alle Interpretationen des International Financial Reporting Interpretations Committee (IFRIC) bzw. Standing Interpretations Committee (SIC), die von der EU gebilligt und so für kapitalmarktorientierte Unternehmen verpflichtend anzuwenden sind.

Die Standards werden in englischer und deutscher Sprache synoptisch gegenübergestellt. Auf diese Weise wird ein Vergleich mit dem englischen Ursprungstext ermöglicht. Dieser hat besondere Bedeutung, da er in Auslegungsfragen herangezogen werden muss.

Wiley-VCH
Postfach 10 11 61 • D-69451 Weinheim
Fax: +49 (0)6201 606 184
e-Mail: service@wiley-vch.de • www.wiley-vch.de

WILEY-VCH

Ein handliches Sachwörterbuch zu allen Standards

INGE WULF, EVA K. JERMAKOWICZ
und ANDREAS EISELT
IFRS-Wörterbuch / -Dictionary
Englisch-Deutsch / Deutsch-Englisch.
Glossar / Glossary

2007. Ca. 200 Seiten. Broschur.
ISBN: 978-3-527-50244-8
Ca. € 29,90/sFr 48,-

Erscheint
voraussichtlich im
Dezember 2007

Die Anwendung der IFRS wird für viele Anwender dadurch erschwert, dass die Standards in englischer Sprache verfasst und erst bei der Veröffentlichung ins Deutsche übersetzt werden. Will sich der Bilanzierende frühzeitig mit Entwürfen auseinander setzen, um sich auf die anstehende Änderung vorzubereiten, sieht er sich einer Unzahl von englischsprachigen Fachbegriffen ausgesetzt.

Das IFRS-Wörterbuch hilft bei der Übersetzung von englischen Standardtexten oder IFRS-Abschlüssen. Auch bei der Erstellung englischsprachiger Geschäftsberichte oder für das Finanzreporting im Konzern ist das Wörterbuch eine unentbehrliche Arbeitshilfe.

Wiley-VCH
Postfach 10 11 61 • D-69451 Weinheim
Fax: +49 (0)6201 606 184
e-Mail: service@wiley-vch.de • www.wiley-vch.de

WILEY-VCH

IFRS Work-out

ABBAS ALI MIRZA, Deloitte, GRAHAM HOLT, Manchester Metropolitan University, UK, und MAGNUS ORRELL

International Financial Reporting Standards (IFRS) Workbook and Guide

Practical insights, Case studies, Multiple-choice questions, Illustrations

2006. 408 Seiten. Broschur.
ISBN: 978-0-471-69742-8
€ 39,90/sFr 64,-

Aus unserem englischsprachigen Programm

This workbook is a quick reference guide on IFRS/IAS that includes easy-to-understand IFRS/IAS standards outlines, cases studies with solutions, illustrations and multiple choice questions with solutions, that greatly facilitates understanding of the practical implementation issues involved in applying these complex „principles based“ standards.

Wiley-VCH
Postfach 10 11 61 • D-69451 Weinheim
Fax: +49 (0)6201 606 184
e-Mail: service@wiley-vch.de • www.wiley-vch.de

WILEY-VCH